Der deutsche Bildungsroman

Gerhart Mayer

Der deutsche Bildungsroman

Von der Aufklärung
bis zur Gegenwart

J. B. Metzlersche
Verlagsbuchhandlung
Stuttgart

Die Deutsche Bibliothek – CIP-Einheitsaufnahme

Mayer, Gerhart:
Der deutsche Bildungsroman : von der Aufklärung bis zur
Gegenwart / Gerhart Mayer. – Stuttgart : Metzler, 1992
ISBN 3-476-00866-5

Gedruckt auf säurefreiem, alterungsbeständigem Papier

ISBN 3 476 00866 5

Dieses Werk einschließlich aller seiner Teile ist urheberrechtlich geschützt. Jede Verwertung außerhalb der engen Grenzen des Urheberrechtsgesetzes ist ohne Zustimmung des Verlages unzulässig und strafbar. Das gilt insbesondere für Vervielfältigungen, Übersetzungen, Mikroverfilmungen und die Einspeicherung und Verarbeitung in elektronischen Systemen.

© 1992 J. B. Metzlersche Verlagsbuchhandlung
und Carl Ernst Poeschel Verlag GmbH in Stuttgart
Einbandgestaltung: Willy Löffelhardt
Druck: Druck-Partner Rübelmann, Hemsbach
Printed in Germany

Für Margit,
Elke und Jörg

INHALT

Vorwort 11

I. Einführung

Zur Problematik des Bildungsbegriffs 12
Zur Methodik der Untersuchung 14
Zur Forschungslage 17
Die konstante Grundstruktur der Romanart 19
Die Entstehung des Bildungsromans 20

II. Christoph M. Wieland: Geschichte des Agathon

Die Erstausgabe 31
Die letzte Fassung 35

III. Johann W. von Goethe: Wilhelm Meisters Lehrjahre 43

IV. Die Romantik

Einleitung 60

Ludwig Tieck: Franz Sternbalds Wanderungen 72
Jean Paul: Titan 79
Novalis: Heinrich von Ofterdingen 87
Friedrich Hölderlin: Hyperion oder Der Eremit in Griechenland 93
Joseph von Eichendorff: Ahnung und Gegenwart 98

Der Antibildungsroman
Jean Paul: Flegeljahre 105
Ernst T. A. Hoffmann: Lebens-Ansichten des Katers Murr 113

V. Der Bürgerliche Realismus

Einleitung 120

Adalbert Stifter: Der Nachsommer 130
Wilhelm Raabe: Der Hungerpastor 137
Gustav Freytag: Soll und Haben 143
Friedrich Spielhagen: Hammer und Amboß 151
Gottfried Keller: Der grüne Heinrich 156

Der Antibildungsroman
Wilhelm Raabe: Stopfkuchen 165

VI. Die Jahrhundertwende

Einleitung 173

Felix Hollaender: Der Weg des Thomas Truck 183
Franziska zu Reventlow: Ellen Olestjerne 187
Carl Hauptmann: Einhart der Lächler 191
Hermann Hesse: Peter Camenzind 195
Hermann Hesse: Demian 200

Der Antibildungsroman
Friedrich Huch: Peter Michel 207
Robert Walser: Jakob von Gunten 210

VII. Die Weimarer Zeit

Einleitung 214

Karl Bröger: Der Held im Schatten 226
Jakob Wassermann: Christian Wahnschaffe 230
Thomas Mann: Der Zauberberg 234
Hans Grimm: Volk ohne Raum 243
Friedrich Griese: Winter 248

Der Antibildungsroman
Erwin G. Kolbenheyer: Reps, die Persönlichkeit 252

VIII. Das Dritte Reich

Einleitung 256

Joseph Goebbels: Michael 271
Emil Strauß: Das Riesenspielzeug 277
Willy Kramp: Die Jünglinge 281
Leonhard Frank: Mathilde 284

IX. Die Nachkriegszeit (Westeuropa)

Einleitung 287

Vinzenz Erath: Größer als des Menschen Herz
               Das blinde Spiel
               So hoch der Himmel 303
Heimito von Doderer: Die Strudlhofstiege 306
Peter Handke: Der kurze Brief zum langen Abschied
               Langsame Heimkehr
               Die Wiederholung 311
Leonie Ossowski: Wilhelm Meisters Abschied 319
Kurt E. Becker: Du darfst Acker zu mir sagen 322
Exkurs
Peter Weiss: Die Ästhetik des Widerstands 324

Der Antibildungsroman
Günter Grass: Die Blechtrommel 330
Hermann Kinder: Der Schleiftrog 337

X. Der sozialistische Bildungsroman

Einleitung 341

Johannes R. Becher: Abschied 368
Jurij Brězan: Felix-Hanusch-Trilogie
        (Der Gymnasiast
        Semester der verlorenen Zeit
        Mannesjahre) 372
Dieter Noll: Die Abenteuer des Werner Holt 377
Brigitte Reimann: Franziska Linkerhand 381
Hermann Kant: Der Aufenthalt 387

XI. Exkurs

Zum Strukturmuster des englischen und amerikanischen Bildungsromans 391

XII. Der Strukturtypus des deutschen Bildungsromans 407

XIII. Anmerkungen

Einführung 415
Christoph M. Wieland: Geschichte des Agathon 422
Johann W. von Goethe: Wilhelm Meisters Lehrjahre 427
Die Romantik 431
Der Bürgerliche Realismus 447
Die Jahrhundertwende 460
Die Weimarer Zeit 468
Das Dritte Reich 476
Die Nachkriegszeit (Westeuropa) 482
Der sozialistische Bildungsroman 493
Exkurs: Zum Strukturmuster des englischen
und amerikanischen Bildungsromans 501
Der Strukturtypus des deutschen Bildungsromans 505

Autoren- und Werkregister 507

Vorwort

Nach wie vor ist das Genre des Bildungsromans in der Forschung umstritten, sowohl hinsichtlich seiner generischen Definition als auch bezüglich der Frage, welche Werke dieser Romanart zuzuordnen sind. Man hat sogar das Ende des Bildungsromans konstatiert, wobei der terminus ad quem zwischen der Mitte des 19. Jahrhunderts und dem Ende des Zweiten Weltkrieges schwankt. Bei näherer Betrachtung einiger in der ehemaligen DDR und in den USA entstandenen Werke ist jene Hypothese wohl mit einem Fragezeichen zu versehen.

Die Poetik des Romans hat sich bisher als wenig hilfreich für eine interpretationsgerechte Bestimmung von Romanarten erwiesen. Daher möchte ich, wie in der Einführung dargelegt, den Versuch unternehmen, anhand einer überschaubaren Romanart mittels eines strukturalistischen Ansatzes ein hermeneutisch brauchbares, mit ausreichender Merkmalsdichte versehenes Strukturmodell des Bildungsromans zu entwerfen, in dem die transepochalen Konstanten und die historisch bedingten variablen Merkmale miteinander vermittelt sind. Die Gültigkeit dieses Modells kann sich nur in den einzelnen Werkanalysen erweisen, deren Auswahl die ganze historische Bandbreite der Romanart zu vergegenwärtigen sucht.

Dieses Buch wendet sich nicht nur an den Fachmann und den Studierenden, sondern auch an den Laien, der an der deutschen Literatur und Kultur der letzten 200 Jahre interessiert ist. Ich habe mich deshalb um eine möglichst gegenstandsnahe und lesbare Schreibweise bemüht. Aus diesem Grund habe ich auch alles, was den Zusammenhang der Darstellung stören könnte, in den Anmerkungsapparat verwiesen: nicht nur die Quellenbelege und Literaturhinweise, sondern auch zahlreiche weniger relevante Werke, die ergänzend zu berücksichtigen waren. In den Anmerkungen findet die Auseinandersetzung mit der Forschung ihren Platz, die auf das Wesentliche beschränkt wurde, erschien doch angesichts der Thematik und Zielsetzung dieses Buches eine vollständige Auswertung der unübersehbaren Sekundärliteratur weder möglich noch sinnvoll. Auf eine abschließende Gesamtbibliographie, die wenig übersichtlich geworden wäre, habe ich verzichtet; dafür wurde die einschlägige Sekundärliteratur im Rahmen der einzelnen Werkanalysen aufgeführt.

Zum Schluß möchte ich meinen Mitarbeitern, die jahrelang große Geduld bewiesen haben, sehr herzlich danken: allen voran Herrn Klaus von Schilling für zahlreiche anregende Gespräche, Frau Rosita Frisch-Klee für die Herstellung eines korrekt geschriebenen Manuskripts und nicht zuletzt Herrn Jürgen Herber für eine veröffentlichungsreife, ästhetisch ansprechende Textgestaltung.

Gerhart Mayer

I. EINFÜHRUNG

Zur Problematik des Bildungsbegriffs

Seit der Entstehung der modernen Bildungsidee entwickelte sich eine größere Anzahl von Bildungstheorien, die deren anfängliche relative Einheitlichkeit aufgelöst haben, so daß deren Inhalte heute mehr denn je umstritten sind. Die vorwiegend ästhetisch bestimmte Bildungskonzeption der Goethezeit ist heute durch die berechtigte Forderung nach Einbeziehung politisch-gesellschaftlicher und technisch-wirtschaftlicher Inhalte radikal in Frage gestellt. Kann ein solch vieldeutiger, fragwürdiger Bildungsbegriff für die Beschreibung einer Romanart tauglich sein? Zuerst gilt es zu bedenken, daß dieser Terminus von manchen Autoren nach wie vor als unentbehrlich, weil nicht ersetzbar, betrachtet wird.[1] Der Prozeß der Selbstbildung des einzelnen vollzieht sich überall dort, wo die kritische Auseinandersetzung mit dem historischen Erbe einer Gesellschaftskultur gesucht wird. Indem deren Gesamtwissen der Reflexion unterzogen und, wenn auch in modifizierter Form, tradiert wird, gewinnt sie an innerer Stabilität. Bildung in diesem Sinn kann die Emanzipation des einzelnen ermöglichen, ohne dessen notwendigen sozialen Bezug zu beeinträchtigen. So begriff der „Deutsche Ausschuß für das Erziehungs- und Bildungswesen" den Bildungsprozeß als prinzipiell unabschließbar und wagte einen bewußt pragmatischen Definitionsversuch: „Gebildet im Sinne der Erwachsenenbildung wird jeder, der in der ständigen Bemühung lebt, sich selbst, die Gesellschaft und die Welt zu verstehen und diesem Verständnis gemäß zu handeln."[2] Angesichts der ideologischen Erstarrung überlieferter Bildungskonzeptionen vermeidet diese Definition vorgegebene Normen und Werte; sie stellt den theoretischen Entwurf und die praktische Verwirklichung von Bildung allein der subjektiven Kompetenz des Individuums anheim.

Freilich ist der heutige Bildungsbegriff in seiner inhaltlich diffusen Füllung für die Beschreibung einer seit zwei Jahrhunderten existierenden Romanart, die an wechselnden Bildungskonzeptionen partizipierte, nicht geeignet. Der Bildungsbegriff gewinnt erst dann einen gattungsspezifischen hermeneutischen Wert, wenn er nach einigen seiner *formalen* Kriterien befragt wird, die ihm trotz seiner historisch bedingten Variabilität von den Anfängen bis heute erhalten geblieben sind. Das Prinzip der *Bildsamkeit* legt seit dem 18. Jahrhundert die wesentlichste Voraussetzung für den Bildungsprozeß fest, nämlich die formbare, selbstreflexive Individualität. Auf Grund ihrer Plastizität unterliegt die Entwicklung der individuellen Anlagen im Verlauf der Sozialisation dem prägenden Einfluß der soziokulturellen Umweltfaktoren. Aus deren unberechenbarer Kontingenz ergibt sich, daß das Ergebnis des Prozesses der Selbstbildung nicht vorhersehbar sein kann. Damit hatte die alte, metaphysisch begründete

Teleologie gegenüber einem anthropologischen Denken abgedankt, das in der Nachfolge Rousseaus aufgekommen war.

Seit dem 18. Jahrhundert gilt als eines der Ziele des individuellen Bildungsprozesses, daß der junge Erwachsene einen bestimmten *Charakter* gewinnen soll. Dieser Begriff ist im wertneutralen psychologischen Sinn als ein ganzheitlich strukturiertes Gefüge von Eigenschaften und Dispositionen zu verstehen, als „einzigartige Gestalt [...], die mehr als die Summe ihrer Teile ist".[3] Während des Prozesses der Selbstfindung entwickelt der jugendliche Mensch, infolge wachsender Einsicht in die eigenen Möglichkeiten und Grenzen, allmählich ein subjektives Gefühl der *personalen Identität*, ein Bewußtsein der freien Übereinstimmung mit sich selbst als einem konsistenten Ich. Nachdem er sich für einen bestimmten Lebensentwurf entschieden hat, erfährt er im Fortschreiten der Zeit die Kontinuität seiner Verhaltens- und Orientierungsmuster. Diese implizieren in variablem Umfang auch seinen sozialen Bezug, da er als gereiftes Individuum an bestimmten gruppenspezifischen Merkmalen teilhat.[4] Die personale Ich-Identität ist als rein formale Zielbestimmung des Bildungsprozesses des jugendlichen Menschen zu begreifen, da sie mit zahlreichen geschichtlichen Inhalten verträglich ist.[5] Schon in *Wilhelm Meisters Lehrjahre* liegt sie der gelungenen Charaktergestalt als unreflektierte Prämisse zugrunde, und sie besitzt auch in Psychologie und Sozialwissenschaft der Gegenwart den Rang eines Schlüsselbegriffs. Seit den sechziger Jahren versucht man, gestützt vor allem auf die Forschungen der amerikanischen Sozialpsychologie, den funktionalen Identitätsbegriff einer minimalistischen Bildungskonzeption dienstbar zu machen. Man bemüht sich um eine konsensfähige Zielbestimmung formaler Art, was angesichts des heutigen Wertepluralismus, der Vielzahl divergierender Normerwartungen dringend geboten erscheint. Nach dieser Auffassung durchläuft der Bildungsprozeß des Individuums eine irreversible Folge von zunehmend komplexen Entwicklungsphasen, wobei jede höhere „Stufe" die vorhergehende voraussetzt. Dieser Prozeß vollzieht sich nicht nur diskontinuierlich, sondern in der Regel auch krisenhaft, woraus folgt, daß Identitätsbildung durchaus mißlingen kann. Die Richtung des Bildungsprozesses zielt auf zunehmende Selbständigkeit des Ichs gegenüber den determinierenden Mächten von Natur, Gesellschaft und Kultur, auf eine Mündigkeit, die an der wachsenden Fähigkeit des einzelnen zu individuellen Problemlösungen sichtbar wird.[6] So gesehen erweist sich der moderne Begriff der Ich-Identität gewissermaßen als formales Residuum der klassisch-neuhumanistischen Bildungsidee.

Seine personale Identität gewinnt der jugendliche Mensch in der Regel am Ende der Reifungskrise der Adoleszenz.[7] Diese unterscheidet sich deutlich von Identitätskrisen in späteren Lebensjahren, wie sie vor allem der moderne existenzanalytische Roman der Identitätskrise thematisiert.[8] Dort unterzieht ein Individuum in vorgerücktem Alter, dessen Selbstverständnis in eine Krise geraten ist, die bisher vertretenen Normen und Werte einer kritischen Analyse, um seine Selbstentfremdung mittels eines neuen Existenzentwurfs zu überwinden.[9] Anders in der Adoleszenz, in der sich der eigentliche, primäre Prozeß der Identitätssuche vollzieht, indem der Jugendliche verschiedene soziale Rollen gleichsam experimentell erkundet, sich reflektierend allgemeiner Handlungsmaximen versichert und in der Auseinandersetzung mit gesellschaftlichen Normerwartungen sich für einen Existenzentwurf entscheidet, der unter Umständen sein ganzes künftiges Leben bestimmen kann.[10]

Der Bildungsprozeß wäre in seiner formalen Bestimmung unvollständig erfaßt, würde nicht seine sittliche Qualität berücksichtigt. Seit dem 18. Jahrhundert bedeutete Bildung stets Entwicklung zur *Humanität*, deren Inhalte freilich in jeder Epoche neu definiert wurden.[11] Die Zielbestimmung der Menschwerdung war und ist durch einen ethischen Charakterbegriff gekennzeichnet, der den einzelnen einer sittlichen Verantwortung unterstellt, der eine spannungsvolle Balance zwischen den Bedürfnissen des Individuums und den Normerwartungen der Gesellschaft herstellt.

Zusammenfassend läßt sich sagen, daß der inhaltlich vieldeutige Bildungsbegriff bei diachronischer Betrachtung Konstanten formaler Art erkennen läßt, die zwei Jahrhunderte überdauert haben — allen voran das Merkmal der personalen Identität.[12] R. Koselleck bezeichnet den Bildungsbegriff zu Recht als einen „Leitbegriff unserer Neuzeit". Er erkennt in ihm einen „Metabegriff", da Bildung sich weder über gewisse Bildungsgüter oder konkretes Bildungswissen noch durch bestimmte weltanschauliche, religiöse oder politisch-soziale Inhalte hinreichend definieren lasse. „Idealtypische Grundzüge" sieht Koselleck im prozessualen „Weg der Selbstfindung" enthalten, der über die aktive Selbstreflexivität zu personaler Identität als Bedingung der Autonomie des Individuums führen kann.[13] Ein solchermaßen formal umrissener Bildungsbegriff besitzt heuristischen Wert für die Konstitution eines Strukturmusters des Bildungsromans, verstanden als beschreibbarer struktureller Zusammenhang konstanter Merkmale. Es wird zu zeigen sein, daß diese Grundstruktur in ihren thematisch-inhaltlichen Merkmalen durch die hier aufgeführten formalen Bildungsprinzipien wesentlich bestimmt ist. Verhält es sich so, ist nicht einzusehen, warum die herkömmliche Bezeichnung der Romanart nicht beibehalten werden kann.[14]

Zur Methodik der Untersuchung

Das Genre des Bildungsromans ist vorwiegend auf die deutsche Literatur beschränkt. Hier besitzt es einen hohen Stellenwert, weil nicht wenige Autoren von Rang sich mit ihm auseinandergesetzt haben. Zu Recht gilt es als bedeutsamer deutscher Beitrag zur Weltliteratur. Andererseits kommt dem Bildungsroman innerhalb der deutschen Epik keine quantitativ dominierende Rolle zu; die Romanart umfaßt weit weniger Werke, als man gemeinhin ihr zuzuweisen pflegt. Es soll in diesem Buch der Versuch gewagt werden, ein hermeneutisch brauchbares, mit ausreichender Merkmalsdichte versehenes Strukturmodell der Romanart zu entwerfen. Angesichts der noch ungesicherten methodischen Grundlagen für die Beschreibung epischer Dichtungsarten können die Ergebnisse dieses Versuches selbstredend keine Endgültigkeit beanspruchen. Das Buch erhebt auch nicht den Anspruch einer Gattungsgeschichte, die extensive Gesamtinterpretationen möglichst vieler Texte zu bieten hätte, deren Entstehung und Wirkungsgeschichte sie durch detaillierte Analysen des jeweiligen soziokulturellen Umfeldes klären müßte.

Die Schwierigkeit der gestellten Aufgabe ergibt sich aus der Notwendigkeit, zwei heterogene Bereiche korrelieren zu müssen, nämlich den Bildungsprozeß als geistig-seelisches anthropologisches Phänomen und gewisse ästhetische Ausdrucksmittel literarischer Art. Um die übliche Dichotomie von Inhalt und Form zu vermeiden, sind die relevanten Merkmale beider Bereiche in ein Strukturgefüge zu integrieren, wobei sich natürlich gewisse Reduktionen nicht umgehen lassen. Das Strukturmodell einer literarischen Gattung oder auch einer Romanart konstituiert sich also durch ein funktionales Ensemble von formalen und inhaltlichen Merkmalen.[15] Es muß so präzise gefaßt sein, daß vor allem die spezifischen *konstanten Elemente* der Romanart deutlich werden, um eine Zuordnung einer gewissen Anzahl von Texten zu ermöglichen. Das Strukturmodell muß eine Abgrenzung gegen affine Romanarten erlauben und im Fall einer Strukturüberlagerung die Kriterien für die Entscheidung bereitstellen, welcher Romanart das betreffende Einzelwerk primär zuzuordnen ist. Soll es als Bildungsroman bestimmt werden, muß dessen Strukturmuster dominieren, womit das Verständnis weiterer Sinn- und Formschichten des Einzelwerks nicht gefährdet zu werden braucht.[16] Andererseits muß das Strukturmodell flexibel genug sein, um die *variablen Merkmale* berücksichtigen zu können, welche die individuellen historischen Erscheinungsformen der Romanart bestimmen. Diese variablen Elemente müssen als systeminterne Transformationen erklärbar sein. Das Strukturmodell soll genügend inneren „Spielraum" bieten, um der historischen Wandelbarkeit der Romanart gerecht werden zu können.[17] Daraus ergibt sich, daß diachrone und synchrone Betrachtung miteinander zu verbinden sind, um das jeweilige Verhältnis von Kontinuität und epochenspezifischer Variabilität bestimmen zu können.

Dieses Strukturmodell wird künftig als *Strukturtypus* bezeichnet werden. Er ist flexibel strukturiert, so daß er infolge seiner variablen Merkmale nicht als starre taxonomische Klassifizierung mißverstanden werden kann, vielmehr als ein dem mannigfach motivierten geschichtlichen Wandel unterliegendes Ordnungsgefüge begriffen werden muß. Andererseits besitzt er aber auch die Qualität eines Typus, da er infolge seiner konstanten Merkmale das konkrete Einzelwerk und den Kontext der jeweiligen historischen Epoche transzendiert und damit das jeweilige Wiedererkennen der Romanart ermöglicht. Der Strukturtypus, mit dessen Hilfe eine geschichtliche Romanart beschrieben werden soll, konstituiert sich also durch ein Gefüge funktionaler Dependenzen, das im Rahmen einer konstanten Grundstruktur historisch bedingte variable Elemente zuläßt.[18] Der Strukturtypus ist ein Konstrukt, das niemals mit einem Einzelwerk zusammenfallen kann. Daher darf er nicht im Hinblick auf einen zum Paradigma erklärten Bildungsroman, etwa *Wilhelm Meisters Lehrjahre*, entworfen werden, weil damit seine historische Wandlungsfähigkeit gefährdet wäre. Eine Romanart, die sich unter geschichtlichen Bedingungen entwickelt, besitzt kein vorgegebenes Ziel im Sinn einer Vollendung, die sich in einem bestimmten Einzelwerk realisieren könnte. Vielmehr verwirklicht die Romanart im Ablauf der Epochen eine begrenzte Zahl systeminterner Transformationen. Erst wenn dieser Spielraum erschöpft ist, kann sie als „erfüllt" gelten.[19] Angesichts mancher bedeutsamen Romane, die in jüngster Zeit in der ehemaligen DDR und in den USA erschienen sind, spricht einiges für die Vermutung, daß die Fähigkeit der Romanart zur Innovation noch nicht erschöpft ist. Nach wie vor vermag sie einen nicht unbeachtlichen Beitrag zur literarischen Erkundung neuer existentieller Orientierungsmuster zu leisten.

Der hier verwendete Begriff des Strukturtypus ist produktionsästhetisch konzipiert, weil die Forschung zur Gattungsbestimmung mittels rezeptionsästhetischer Kriterien sich noch in ihren Anfängen befindet.[20] Sie dürfte im Bereich des Bildungsromans auf nicht unerhebliche Schwierigkeiten stoßen, da ein rezeptionssteuernder Gattungsbegriff im 19. Jahrhundert praktisch noch nicht existierte.[21] Selbst in unserem Jahrhundert hat kaum ein Autor sein Werk dezidiert als Bildungsroman bezeichnet, was mit der traditionsbedingten Verschwommenheit des Terminus zusammenhängen mag. Natürlich wurde schon im 19. Jahrhundert durch das Paradigma der *Lehrjahre* ein Gattungszusammenhang empfunden, der, wie die Interpretationen zeigen werden, für einige Autoren von nicht unerheblicher Bedeutung gewesen ist. Aber es gilt auch zu bedenken, daß Goethes Roman gerade im 19. Jahrhundert nicht nur als Prototyp des Bildungsromans rezipiert worden ist.[22]

Der Strukturtypus wurde anhand eines Textkorpus von angemessenem Umfang auf induktivem Wege gewonnen. Wenn er hinsichtlich seines invarianten Grundmusters bereits im einleitenden Kapitel vorgestellt wird, so deshalb, weil er dem Leser von Anfang an ermöglichen soll, in den Einzelinterpretationen das für die Werkgestalt konstitutive Verhältnis von transepochalen Konstanten und epochen- bzw. autorspezifischen variablen Strukturelementen zu erkennen. Im Schlußkapitel wird dann der die Romanart konstituierende Strukturtypus auch mit seinen variablen Merkmalen dargestellt und gegenüber affinen Romanarten abgegrenzt. Das Textkorpus wurde nach dem Prinzip der exemplarischen Repräsentanz zusammengestellt. Es umfaßt alle für die Geschichte der Romanart bedeutsamen literarischen Epochen, innerhalb dieser wiederum die Vertreter der wichtigsten politischen und weltanschaulichen Gruppierungen. Die Textauswahl sollte ferner ermöglichen, epochenspezifische Varianten des Strukturtypus vorzustellen. Hin und wieder wurden auch Werke aufgenommen, die eine Affinität zur Trivialliteratur aufweisen, weil an ihnen das konstante Strukturmuster des Bildungsromans besonders deutlich auszumachen ist.[23] Die Auswahl der Texte wurde im hypothetischen Vorgriff auf ein erwartetes Strukturmodell getroffen, das während der Arbeit an diesem Buch durch die zunehmende Zahl von Texten mehrfach revidiert worden ist. Der relativ große Umfang des Textkorpus soll dem Vorwurf begegnen, hier werde ein im voraus fixiertes Strukturmodell auf einige geeignet erscheinende Werke appliziert. Andererseits hätte ein noch umfangreicheres Korpus die Ergebnisse der Untersuchung wohl kaum nennenswert verändert. Im übrigen war schon deshalb keine Erfassung aller Bildungsromane beabsichtigt, da dies für die Beantwortung der Frage nach dem „Gattungshaften" nicht sinnvoll gewesen wäre. Die Zielsetzung der Untersuchung und der Umfang des Textkorpus werden keine allzu einläßlichen Werkanalysen gestatten. Diese konzentrieren sich vielmehr auf die Makrostruktur der Romane, auf das jeweilige Ordnungsgefüge von thematisch-inhaltlichen und formalen Elementen.[24]

Zur Forschungslage

Die Sekundärliteratur zum Bildungsroman zeigt eine auffällige Disparität; einer nicht mehr überschaubaren Fülle von Einzelinterpretationen stehen nur einige wenige Versuche gegenüber, die Problematik der Romanart als solcher zu thematisieren.[25] Hinsichtlich der Werkinterpretationen ergab sich eine Auswahl der Sekundärliteratur von selbst, da nicht wenige Forschungsbeiträge einer strukturbezogenen Formanalyse ermangeln. Im übrigen weiß ich mich, besonders bei den häufig interpretierten Werken, der Forschung dankbar verpflichtet. Der kundige Leser wird feststellen, wo ich auch hier eigene Wege beschreite.

Was hat die Forschung bisher zum Verständnis der spezifischen Grundstruktur der Romanart, wie sie im folgenden entworfen wird, beigetragen? Wesentliche Einsichten begegnen schon in Friedrich von Blanckenburgs *Versuch über den Roman* (1774).[26] Der Autor forderte, die Handlung solle sich auf „die Begebenheiten *einer* Person" konzentrieren (324), woraus sich die Formerwartung der einsträngigen Fabel ergab. Durch sie soll die „Bildung und Formung dieses Charakters" der Zentralfigur dargestellt werden (324). Als eigentlicher Gegenstand des Erzählens wird die „innre Geschichte" des Helden (387), die Entwicklung seiner „Denkungs- und Empfindungskräfte" (395) erkannt, die zu einem innerlich notwendigen „Beruhigungspunkte" zu führen ist (401). Der neue Roman soll schließlich am Leser einen Bildungsauftrag erfüllen, er soll das Wertungsvermögen und „die Empfindungen des Menschen *bilden*" (435).

Karl Morgenstern, der den Terminus des Bildungsromans prägte, hat gegenüber Blanckenburg eigentlich keine neuen Strukturelemente entdeckt, aber er trug nicht unwesentlich zu deren Präzisierung bei.[27] Trotz eines zu weit angelegten Gattungsbegriffs formulierte Morgenstern die Thematik der Entwicklung einer jugendlichen Zentralfigur recht eindringlich: „Bildungsroman wird er heißen dürfen [...], weil er des Helden Bildung in ihrem Anfang und Fortgang [...] darstellt" (257). Morgenstern präzisierte auch das Kompositionsprinzip der funktionalen Zuordnung der Figuren und Räume auf die Zentralgestalt hin: der Bildungsroman zeige „die Menschen und Umgebungen auf den Helden wirkend und die darzustellende allmähliche Bildung seines Innern uns erklärend" (256).

Hingegen trugen Gustav Freytags romantheoretische Überlegungen zur Erkenntnis der Grundstruktur des Bildungsromans nichts bei. Freytag konnte dieser Romanart schon deshalb nicht gerecht werden, weil er eine Verwandtschaft zwischen Roman und Drama postulierte, was mit der rezeptiven Wesensart der Zentralfigur des Bildungsromans unverträglich ist.

Auch Friedrich Spielhagens Romantheorie erwies sich für das Verständnis der Romanart nicht als förderlich, obwohl sich der Autor auf *Wilhelm Meisters Lehrjahre* als Bestätigung seiner Poetik berief.[28] Zwar forderte er die „Entfaltung" der „Qualitäten und Tugenden" des Romanhelden, jedoch solle dieser nur als „Spiegelbild der Welt" dienen, wie überhaupt der Roman auf eine quantitativ verstandene „Totalität des Weltbildes" abzielen müsse (183, 185).

Mit Wilhelm Dilthey setzte die literaturwissenschaftliche Theoriebildung der Romanart unter dem nun weitgehend akzeptierten Terminus des Bildungsromans ein. Dilthey präzisierte diesen von ihm schon 1870 aufgenommenen Begriff auf der Basis der harmonisierenden organologischen Bildungsidee der Goethezeit. Er bestimmte als Zielpunkt der dargestellten Entwicklung des Protagonisten, daß dieser „sich selber findet und seiner Aufgabe in der Welt gewiß wird".[29] Damit war als gattungsspezifische Thematik die Suche eines jungen Menschen nach seiner personalen Identität erkannt. Dilthey bezog sich bei seinem Definitionsversuch auf ein Textkorpus, das, mit Ausnahme von *Wilhelm Meisters Lehrjahre*, der frühen Romantik entstammte.[30] Er begriff jene Zeit als eine „Epoche innerer Bildung", in welcher das Individuum Staat und Gesellschaft als „fremde Gewalt" erfahren habe.[31] Indem Dilthey den Gattungsbegriff an seiner historischen Genese orientierte und dabei die Werke des Bürgerlichen Realismus übersah, leistete er einer ideologisierenden Auffassung Vorschub, die den Bildungsroman häufig als Mittel der Verherrlichung gesellschaftsferner Innerlichkeit begriffen hat.[32]

Melitta Gerhard verstand den Bildungsroman nicht als eigene Romanart, sie identifizierte ihn vielmehr mit dem „nach-Goetheschen Entwicklungsroman".[33] Im übrigen hat sie ihre Untersuchungen weitgehend auf thematisch-gehaltliche Fragestellungen beschränkt. Ernst L. Stahl, der wertvolle Einsichten in die Genese des deutschen Bildungsbegriffs gewonnen hat, begrenzte die Romanart auf „Bildungsromane im humanitätsphilosophischen Sinne", also auf die in der Tradition der Goethezeit stehenden Werke.[34] Hans H. Borcherdt schließlich orientierte sein Modell am Paradigma von *Wilhelm Meisters Lehrjahre*. Er ging von einer organologischen Bildungsidee aus und erklärte das Genre in ideologisierender Verklärung zur Großform des deutschen Romans.[35]

Auch Jürgen Jacobs geht in seiner Studie, die wertvolle Einzelinterpretationen bietet, von Goethes Paradigma aus und gelangt so zu der Feststellung, der Bildungsroman zeige „die Tendenz zu einem harmonischen Zustand des Ausgleichs" zwischen

Individuum und Umwelt.[36] Erfreulicherweise relativiert Jacobs „solche Versöhnung zwischen Ich und Welt" (15) am Schluß seines Buches, wo er einschränkend bemerkt, die Realität dürfe dem Protagonisten zuletzt nicht „vollkommen fremd, sinnlos oder feindlich" erscheinen (272).

Rolf Selbmann schließlich versteht den Bildungsroman als historische „Romanart oder -gattung".[37] Er lehnt einen auf das Paradigma von *Wilhelm Meisters Lehrjahre* begrenzten Gattungsbegriff ab, wodurch er sich die Möglichkeit eröffnet, die Bildungsromane der Romantik als antiklassische „Gegenmodelle" zu begreifen. Als weiterführend erweist sich auch seine Anregung, die „Antibildungsromane" als „eigenständige Verarbeitungen spezifischer Bildungsvorstellungen" zu verstehen (40). In der Tat ist diese Variante der Romanart etwa so alt wie der Bildungsroman selbst. Sie fungiert als kritisches Korrektiv der in den Bildungsromanen gestalteten jeweiligen Leitbilder. Im Antibildungsroman wird in parodistischer oder satirischer Weise eine Bildungsgeschichte erzählt, die „zu Fehlbildungen führt, dem Helden verlorengeht" (40).[38]

Die konstante Grundstruktur der Romanart

Unter „Grundstruktur" sollen die invarianten Merkmale des Strukturtyps der Romanart verstanden werden, die bei allem historischen Wandel deren Konstanz sichern. Die Prämisse des Bildungsromans ist die Idee der Bildsamkeit des Individuums: dessen Fähigkeit, sich während der Jugendzeit und Adoleszenz in Auseinandersetzung mit den Anforderungen der Umwelt zur personalen Identität, zum Bewußtsein der Konsistenz und Kontinuität des Ichs zu entwickeln. Daraus ergibt sich als zentrale Thematik der Romanart die erfolgreiche Suche eines jugendlichen Protagonisten nach existenzsichernden Orientierungsmustern, nach Bestimmung seines gesellschaftlichen Standortes. Diese Suche stellt sich als eine meist nicht krisenfreie innere Progression dar, die in der Regel mit dem Eintritt in die Welt der Erwachsenen, mit der Selbstfindung ihren vorläufigen Abschluß findet.

Dieses Stück biographischer Lebenslinie determiniert in der Regel die Form der Fabel, der eine Tendenz zur Einsträngigkeit eigen ist.[39] Die innere Progression des Helden kann sich nur mittels einer zeitlichen Progression narrativ verwirklichen, weshalb die Handlungsgegenwart, in der sich der heranwachsende Protagonist bewegt, in der Regel chronologisch geordnet ist, d.h., die einzelnen Phasen der Progression, die meist an bestimmte Räume gebunden sind, zeigen eine irreversible Abfolge.

Der zielgerichtete Prozeß des sich selbst suchenden Helden endet in der Regel in der subjektiven Erfahrung gewonnener Ich-Identität. Der Protagonist erlebt sich nun als unverwechselbaren, konsistenten Charakter, der sich für einen individuellen Lebensentwurf verbindlich zu entscheiden vermag. Die Selbstfindung setzt im Prozeß der inneren Progression eine deutliche Zäsur, die sich in der subjektiven Befindlichkeit des Protagonisten äußert. Er hat jetzt eine bestimmte Verhaltensdisposition und Gerichtetheit gewonnen, eine Grundhaltung, die auch die Entscheidung für gewisse sittliche Normen und humane Wertvorstellungen einschließt. Der Held hat sich ein individuell bestimmtes Weltverhältnis erarbeitet, das aus der Erkenntnis der eigenen Möglichkeiten und Grenzen sowie der Einsicht in die notwendigen Widersprüche zwischen Ich und Gesellschaft resultiert. Die Verwirklichung seines Lebensentwurfs ist nicht mehr Gegenstand der Darstellung, weshalb der Romanschluß, der ja nur die Selbstfindung signalisiert, über sich hinausweist.

Aus der Grundthematik der Identitätssuche ergibt sich für den Protagonisten innerhalb der Figurenkonstellation die Funktion einer Zentralgestalt. Ihr sind die übrigen Figuren funktional zugeordnet, weshalb diese nur in relativ beschränktem Umfang ein Eigensein gewinnen. Sie dienen dem Protagonisten mehr oder minder nur als funktionales Korrelat. Teils repräsentieren sie die für dessen innere Progression relevanten Lebens- und Erfahrungsbereiche, teils spiegeln sie – als komplementäre oder als gegensätzliche Figuren – dessen Wesensart. Der Romanheld ist daher, um mit Schiller zu sprechen, „zwar die notwendigste, aber nicht die wichtigste Person [...]. An ihm und um ihn geschieht alles [...], eben weil die Dinge um ihn her die Energien, er aber die Bildsamkeit darstellt und ausdrückt [...]."[40] Aus der Bildsamkeit der Zentralgestalt resultiert deren ausgeprägte Rezeptivität. Der Protagonist ist prädisponiert für die wache Apperzeption der empirischen Erscheinungswelt, weshalb er weniger durch Handlungen als durch Reaktionen Profil gewinnt. Daher entbehrt die Fabel des Bildungsromans in der Regel der spannungsreichen Aktion seitens des Helden.[41]

Der Erzähler erscheint didaktisch motiviert, auf Leserlenkung bedacht. Er bemüht sich um klare Übersichtlichkeit des Romanaufbaus und gibt dem Leser nicht selten Verständnishilfen, etwa durch Vorreden, Kapitelüberschriften oder durch wertende Kommentare und generalisierende Reflexionen. Der Erzähler des Bildungsromans verkündet sein humanes Leitbild mit mehr oder minder entschiedenem Anspruch auf exemplarische Verbindlichkeit, indem er den repräsentativen bzw. musterhaften Protagonisten zu gewissen sinnstiftenden Orientierungsmustern finden läßt und so dem Leser ein Identifikationsangebot liefert, das diesen zur Reflexion über die eigene Person und deren Verhältnis zu Umwelt und Tradition aufruft.[42]

Die Entstehung des Bildungsromans

Die neue Romanart dankt ihre Entstehung gewissen geistesgeschichtlichen, sozialhistorischen und literarischen Voraussetzungen, die knapp umrissen werden sollen.[43] Im 18. Jahrhundert begann sich die ständisch-feudale Gesellschaftsordnung aufzulösen. Der sich emanzipierende Dritte Stand, der durch das merkantilistische Wirtschaftssystem einen beträchtlichen Aufschwung nahm, suchte seine soziale Identität neu zu bestimmen. Im Unterschied zu den westeuropäischen Staaten fand der Bürger in

Deutschland außerhalb von Beruf und Familie keinen Freiraum persönlicher Entfaltung. Infolge der politischen Enge der partikularistischen Kleinstaaterei und des Fehlens einer nationalen Gesellschaftskultur sah er sich auf den privaten Raum seiner Existenz verwiesen. Schiller zog in seinem Distichon die resignative Bilanz:

> Zur Nation euch zu bilden, ihr hoffet es, Deutsche, vergebens,
> Bildet, ihr könnt es, dafür freyer zu Menschen euch aus.[44]

Während der schlichte Bürger sich im allgemeinen mit der patriarchalisch geprägten Gesellschaftsordnung abfand, pochten die jungen Autoren der Geniezeit im Bewußtsein ihrer schöpferischen Potenz auf das Recht, sich frei entfalten zu können.

Die neue, individualistische Bildungsidee entstand während der späten Aufklärung, als sich das allgemeine Lebensgefühl zunehmend verdüsterte. Der einzelne, aus tradierten ständischen Bindungen mehr und mehr entlassen, begann die gesellschaftlichen Normen und Wertvorstellungen als problematische Fremdbestimmung zu empfinden. Schmerzhaft erfuhr er infolge der rasch voranschreitenden Säkularisation des christlichen Weltbildes, verbunden mit dem Vordringen des kausal-mechanistischen Denkens, den Verlust der metaphysisch fundierten teleologischen Seinsordnung. Der bürgerliche Mensch suchte daher nach einem neuen Leitbild, um seine persönliche Identität bestimmen und ein gefestigtes individuelles Weltverhältnis begründen zu können. Die Idee des zur Humanität gebildeten Individuums, in der Aufklärung nur wenig konkretisiert, gewann gegen Ende des Jahrhunderts Inhalt und Kontur. Jetzt begann die Frage nach Eigenrecht und Würde der unverwechselbaren, einmaligen Persönlichkeit das Erkenntnisinteresse auch der psychologischen Forschung zu bestimmen; die kategoriale rationalistische Psychologie wich einer empirisch fundierten Seelenkunde. Die Neigung zu individueller seelenanalytischer Introspektion wurde nicht zuletzt durch die weit verbreitete pietistische Frömmigkeit gefördert.

An der Ausgestaltung der gegen Ende des Jahrhunderts entstehenden neuhumanistischen Bildungsidee wirkten verschiedene Strömungen und Traditionen mit: ein gewisser mystischer Spiritualismus mittelalterlicher Herkunft und vor allem die der Renaissance entstammende naturphilosophische Überlieferung.[45] Sie ging vom Entelechiebegriff des Aristoteles aus und mündete schließlich in das Evolutionsdenken der Aufklärung. Ein neues Weltvertrauen gestattete es nicht mehr, das Irdische pauschal als sündhaft zu verdammen; dieses wurde nun als ein von göttlichen Keimkräften durchwirkter Kosmos erfahren. Das dualistische Weltbild des Barock, geprägt vom Antagonismus zwischen transzendenter Gottheit und gefallener Schöpfung, wich einem mehr monistisch bestimmten Seinsverständnis. Die optimistische Anthropologie der Aufklärung sah in immanenten Kräften, vor allem dem lumen naturale der Vernunft und dem freien Willen, die entscheidenden menschlichen Entwicklungsfaktoren. Deren Genese wurde primär aus der Entfaltung präformierter Anlagen erklärt. Das innere Gesetz, nach dem das perfektible Individuum antritt, sichert ihm in der Regel die Unzerstörbarkeit seiner persönlichen Natur. Dieser Entwicklungsbegriff erschien bei Herder, Wieland und Goethe unter dem Einfluß der französischen Milieutheorie um den Faktor der determinierenden Kraft äußerer Einflüsse erweitert. Hier kam auch der pädagogischen Einwirkung auf den heranwachsenden Menschen eine besondere Bedeutung zu. Die Philanthropen hatten für eine utilitäre Erziehung plädiert, die den einzelnen auf seine ständischen und beruflichen Aufgaben vorbereiten sollte: „Veredelt alle Menschen, insofern es ihre Brauchbarkeit in allen Verhältnissen, in welchen sie zu stehen pflegen, erfordert."[46] Die Aufklärung sah keinen prinzipiellen Konflikt zwischen dem Anspruch des Individuums auf glückhafte Entfaltung und der Forderung nach dessen gesellschaftlicher Brauchbarkeit, denn nur durch deren Erfüllung glaubte sie die persönliche Selbstverwirklichung gewährleistet. Die Moralität des einzelnen wurde als „Geschenk der Gesellschaft" begriffen, der damit die Würde einer Normen setzenden „Pflegemutter des Menschen" zukam.[47] Anders im Neuhumanismus, der zwischen dem Gesetz der individuellen Existenz und den Wertvorstellungen der Gesellschaft einen gewissen Widerspruch konstatierte. Die Heranbildung eines frei sich selbst bestimmenden Charakters implizierte nunmehr die kritische Distanz gegenüber gesellschaftlichen Zwängen, den entschlossenen Verzicht auf vorbehaltlose Übernahme sozialer Rollen. So forderte Wilhelm von Humboldt, das Individuum müsse innerhalb des Gemeinwesens die uneingeschränkte Freiheit besitzen, „sich aus sich selbst in seiner Eigentümlichkeit zu entwickeln", weshalb jedes Bemühen des Staates verwerflich sei, „sich in die Privatangelegenheiten des Bürgers [...] einzumischen".[48] Freilich trachteten auch die Neuhumanisten nach einer Vermittlung dieses Widerspruchs; Bildung war für sie niemals privater Selbstzweck, sie stand letztlich im Dienst einer Humanisierung der Gesellschaft. Dies prägte nachhaltig die spezifische Thematik des Bildungsromans, nämlich die Identitätssuche im Spannungsfeld zwischen privater Innerlichkeit und gesellschaftlicher Wirklichkeit, zwischen Individuierung und Sozialisation. Durch Herder, Wieland, Goethe und Schiller gewann dann die neue Bildungsidee, in jeweils individueller Ausprägung, ihre Dignität als Schlüsselbegriff der Epoche, als Leitbild humaner Vollendung, gestalthafter Integration der sittlichen Persönlichkeit.

Die Bildungskonzeption von *Wilhelm Meisters Lehrjahre* erwuchs aus mehreren Voraussetzungen: einmal dem Vertrauen auf die Bildsamkeit der menschlichen Natur, sodann dem Glauben an eine trotz aller unerklärbaren, widerspruchsvollen Kontingenz letztlich schicksalhaft-sinnvoll wirkende Lebenstotalität, welche die entscheidende Bedingung der Möglichkeit zu sinnhaltiger individueller Entwicklung darstellt. Gegenteilige Welterfahrungen, die etwa einen Anton Reiser in gesellschaftlicher Ortlosigkeit und in Selbstverlust enden lassen, konnten konsequenterweise im Bildungsroman keine zentrale Bedeutung gewinnen. Ferner ist noch der durch Herder angeregte biologisch-organologische Gestaltbegriff Goethes zu nennen.[49] Er impliziert keineswegs eine prästabilierte Teleologie inneren Wachstums, denn schicksalhafte Lebenserfahrungen und die prägende Kraft des Milieus können in den *Lehrjahren* durchaus die Gewinnung personaler Identität verhindern.[50] Goethe propagierte in seinem Roman weder ein neuhumanistisches Erziehungskonzept, noch vertrat er eine normative Moralauffassung. Er schildert eine Reihe von Figuren, deren Entwicklung, bedingt durch Anlage und Umwelt, individuell differenziert erscheint. Sie ist in ihrem Ergebnis nicht vorhersehbar, weil sie aus dem komplexen Ineinander von entelechischem Wachstum, schöpferischer Selbstgestaltung und determinierendem Milieu resultiert. Der Entwicklungsprozeß gewinnt bei Goethe die Qualität von Bildung, insofern er ein — freilich transitorisches — Ergebnis hervorbringt, nämlich die ganzheitliche Charaktergestalt.[51] Diese ist primär als funktionaler Begriff zu verstehen, der durch gewisse formale Merkmale des gebildeten Charakters bestimmt ist: vor allem durch die Fähigkeit zu Selbstbegrenzung und schöpferischer Tätigkeit, durch sittliche Selbstbestimmung im Wissen um eine sich relativierende normative Moral und nicht zuletzt durch das Bewußtsein personaler Identität. Die Mitglieder des Kreises um Lothario erfahren sich als frei mit sich selbst übereinstimmende, konsistente Persönlichkeiten. In ihrer individuellen Vielfalt gelangt der urbildhafte Typus der Gestalt in unterschiedlichen Arten und Stufen zur Erscheinung: von der praktisch gerichteten Therese über den ästhetisch gebildeten Oheim, die religiös gesinnte Stiftsdame bis zur „hülfreichen Gestalt" Natalies. Für die Charaktere Wielands, der noch der empirischen Anthropologie der Aufklärung verpflichtet war, ist Ich-Identität — abgesehen von der utopischen Gestalt des Archytas — nicht zureichend realisierbar, Agathon vermag das Problem seiner geistig-sinnlichen Doppelnatur nicht befriedigend zu bewältigen. Anders in den *Lehrjahren*, wo die Möglichkeit des Individuums, personale Identität zu gewinnen, eine unreflektierte Prämisse bildet.

Für die Darstellung der Genese eines human gebildeten Charakters bot sich im 18. Jahrhundert der Romantypus mit biographischer Lebenslinie an, der in Deutschland bereits eine gewisse, bis zur Renaissance zurückreichende Tradition besaß. Er beschreibt den Werdegang einer Zentralfigur von der Jugend bis zum Mannesalter, einen Weg, der häufig mit der Erkenntnis der eigenen Natur und Bestimmung endet. Hier klingt bereits das Motiv der Selbstfindung an, das später eines der konstitutiven Strukturelemente des Bildungsromans werden sollte. Die Entwicklung des *biographischen Romantypus* seit dem 16. Jahrhundert wurde vor allem durch den Wandel der literarischen Seinsweise der Zentralfigur bedingt. Diese erschien bei Wickram als figuraler Typus, im *Simplicius Simplicissimus* als personaler Typus, und sie gewann im 18. Jahrhundert zunehmend die Qualität individueller Einmaligkeit.

In *Der jungen Knaben Spiegel* (1554) und *Der Goldtfaden* (1557) schilderte Jörg Wickram den Lebenslauf jeweils einer Zentralfigur von der Kindheit bis zum reifen Mannesalter. Er schrieb in erzieherischer Absicht für den städtischen Mittelstand, dem er selbst entstammte. Seine beiden Romane sind speziell der Jugend gewidmet und verstehen sich als lehrhafte Beispielerzählungen. Im Sinne der didaktisch orientierten reformatorischen Literatur stilisierte Wickram seine Charaktere auf den spannungslosen, klar überschaubaren figuralen Typus hin. Individuelle Gestaltung, realistisches

Detail findet sich bei den streng konturierten Hauptfiguren kaum, eher schon bei gewissen Nebengestalten oder in einigen Episoden. Immer aber stehen die realistischen Einzelzüge im Dienst des didaktischen Zweckes.

Die zentrale Figur des *Knabenspiegel* ist der Rittersohn Wilbaldus.[52] Er steht, ähnlich wie später Simplicius, zwischen zwei Kontrastgestalten, dem verkommenen Lottarius und dem edlen Fridbert. In der Vorrede charakterisiert der Autor alle drei Figuren als exemplarische Typen: er habe in seinem Buch „dreyerley arten" von Knaben beschrieben — gute, böse und solche, „die das mittel halten; so sie ir beiwonung bey frummen gehorsamen kinden haben, geratend sie fast wol; wo man sie aber under bößen mutwilligen kinden ir geselschafft laßt haben, werden sie beiwylen in grosse geferlickeit verfürt".[53] Wilbaldus verkörpert also den Typus des leicht beeinflußbaren, labilen jungen Menschen. Er läßt sich durch den verdorbenen Lottarius zum Ungehorsam gegen Eltern und Lehrer verleiten, er entflieht der Heimat und führt ein lasterhaftes Leben, das mit der Hinrichtung des zweifelhaften Freundes jäh endet. Es folgen Armut, Einsamkeit und inneres Elend. Wilbaldus geht in sich, bereut und kehrt gebessert nach Hause zurück, wo er es im Laufe der Jahre noch zu Rang und Ehren bringt. Leicht erkennbar, zumal es der Held selbst andeutet, daß dieser Handlung die Parabel vom verlorenen Sohn zugrunde liegt, ein bevorzugter Stoff der Reformationszeit. Wickram hatte das Thema schon vorher dramatisiert; damals bereits hatte er gleichnishaft zwei Lehren demonstriert, die er auch im Roman vertritt, nämlich die Gefahr schlechter Gesellschaft für den jungen Menschen und die Notwendigkeit einer religiösen Gläubigkeit, die sich demütig dem Gesetz unterwirft. Wenn nun der vereinsamte Wilbaldus plötzlich zu Glauben und Gehorsam zurückfindet, so erwächst dieser jähe Gesinnungswandel nicht aus einer Konfliktsituation, welche die persönliche Entscheidung fordert. Der dem Elend ausgelieferte junge Mann hat gar keine Wahl zu treffen; die Motivation seiner Umkehr liegt nicht in ihm selbst, sondern ist durch das Thema vom verlorenen Sohn, das er exemplarisch zu demonstrieren hat, vorgegeben. Sobald er der bösen Gesellschaft Lottarios ledig ist, tritt bei ihm notwendig ein Gesinnungswandel ein. So verlangt es das Gesetz seiner Figur.[54] Wilbaldus ist also bloßer Funktionsträger innerhalb eines vorgeschriebenen Handlungsablaufs, ein figuraler Typus, dem das Geheimnis der Personhaftigkeit abgeht, der völlig durchschaubar und in seiner Reaktion berechenbar ist.[55]

Dasselbe gilt für Lewfrid, den strahlenden Helden des Prosaromans *Der Goldtfaden*. Er steigt aus ärmlichem Hirtenstand zum Nachfolger eines Grafen auf, wobei er Liebe und Hand von dessen Tochter gewinnt. Es handelt sich hier nicht in erster Linie um eine Liebesgeschichte, sondern um die Darstellung des Lebensweges eines jungen Menschen.[56] Lewfrid ist ein idealtypischer Held ohne jede Einschränkung, ein Inbegriff aller „tugend und mannheit". Von Entwicklung im eigentlichen Sinn kann bei ihm schon deshalb keine Rede sein, weil seine wesentlichsten Eigenschaften — Mut, Fleiß und stolze Beständigkeit — bereits im Kindesalter zutage treten. Der Erzähler spricht schon dem Schüler Lewfrid „gantz hohen sinnreichen verstand" zu,

„als wann er zwentzig jar elter gewesen wer".[57] Nie wird der aufstrebende Jüngling vor eine wirkliche Entscheidung gestellt, alles fällt ihm in den Schoß; gemäß der Lehre des Romans, daß wahre Tugend stets ihren Lohn findet. Sein märchenhafter sozialer Aufstieg schließt also keine innere Wandlung in sich; er besagt nur, daß einem vollendet tugendhaften Mann ohne Rücksicht auf Standesgrenzen ein angemessener gesellschaftlicher Rang gebührt. Die „Motivation von hinten" ist eindeutig, denn das glückhafte Ergebnis von Lewfrids Werdegang, dessen wundersame Erwähltheit, steht schon in seiner Kindheit fest, vor allem durch das Sagenmotiv vom getreuen Löwen, der den Helden von Jugend an begleitet.[58]

Knabenspiegel und *Goldtfaden* entstanden in engster zeitlicher Nachbarschaft. Bedenkt man die Zugehörigkeit beider Werke zum biographischen Romantypus, ergänzen sie sich bestens: hier der ideale Held, der kein Straucheln kennt, dort der gefallene verlorene Sohn; hier der Lebensweg eines absolut tugendhaften Menschen, der sich aus eigener Kraft unbeirrt den Weg zum Erfolg bahnt, dort die Behandlung der Frage, wie Tugend erworben werden könne. In *Goldtfaden* bleibt das Milieu ohne tieferen Einfluß auf den Helden, in *Der jungen Knaben Spiegel* hingegen prägt es den Protagonisten nachhaltig. Beide Romane enden mit der Hochzeit der Hauptgestalt. Dieses im späteren Bildungsroman beliebte Motiv signalisiert bereits bei Wickram, daß der Held in die Reife seiner Mannesjahre eingetreten und auch gesellschaftlich integriert ist.[59]

Simplicius Simplicissimus (1668—69) liegt wie ein erratischer Block in der literarischen Landschaft des 17. Jahrhunderts. Der Einfluß des spanischen Schelmenromans, dem das Werk die autobiographische Form dankt, die Einwirkungen der deutschen Erzähltradition sowie andere Beziehungen sind zwar feststellbar, reichen aber nicht aus, um diese Schöpfung in ihrer strukturellen Einheit begreifen zu können.[60] Der biographische Romantypus hat bei Grimmelshausen durch Aufnahme der autobiographischen Form an äußerer Geschlossenheit gewonnen. Erstmals in der Geschichte des deutschen Romans versucht hier eine Gestalt sich in ihrer inneren Problematik selbst zu begreifen, indem sie sich die Stationen ihrer ruhelosen Weltwanderschaft in kritischer Distanz vergegenwärtigt. Noch immer begegnet man der Ansicht, Grimmelshausens Werk sei ein Bildungs- oder doch ein Entwicklungsroman.[61] Seelisch-geistige Entwicklung eines Individuums setzt jedoch einen Komplex von persönlichen Anlagen voraus, die sich in der Weltbegegnung aus innerem Gesetz verwirklichen. Hingegen wird die Seele des Simplicius mit „einer läeren ohnbeschriebenen Tafel" verglichen, die der „fleissigen Impression", der Formung durch die Umwelt mittels Lehre und Wahrnehmung bedürfe.[62] Das Weltbild des Simplicius entsteht primär nicht aus persönlichen, subjektiven Erfahrungen, sondern es ist von Anfang an in den entscheidenden Grundzügen durch die Lehren des Einsiedels bestimmt, der sich am christlichen Dogma orientiert. Bereits in Hanau erkennt der junge Simplicius in der Welt einen „gefährlichen Irrgarten", in dem er „untergehen und verderben" zu müssen glaubt (57). Schon jetzt weiß er aber auch, daß in ihm „die Begierde / die Welt [...]

zu beschauen" schlummert (37). Diese Bestimmtheit durch seine im Sinne des barocken Menschenbilds „typisch" menschliche Natur prägt ebenfalls von Anbeginn sein Weltverhältnis. Die Erfahrungen, die er während seines weiteren Lebensganges sammelt, ändern nichts an den schon zu Anfang fixierten Grundpositionen seines Weltbildes. Simplicius entwickelt sich nicht in kontinuierlichem Wachstum, sondern er springt gleichsam von einem Rollentypus zum andern: am auffälligsten vom reinen Toren zum weltklugen Hanauer Hofnarren, was auch der Erzähler als einen Sprung „vom Unverstand zum Verstand" empfindet (114). Die Menschenwelt des *Simplicissimus* wird von der unberechenbaren Fortuna (Baldanders) regiert, deren Wesen chaotische Unbeständigkeit ist. Demzufolge kann der „geistliche Fortgang" des Helden „auff die höchste Staffeln der Tugenden" notwendig keinen Bestand haben; vielmehr schwebt er in einem dauernden Auf und Ab zwischen den Forderungen Gottes und den Verlockungen der Welt.

Dennoch darf die Gestalt des Simplicius nicht als figuraler Typus verstanden werden. Das erhellt aus der Allegorie im sechsten Buch, in der Grimmelshausen sein Menschenbild gleichsam modellhaft demonstriert. Julus, ein tugendhafter Edelmann, und sein frommer Diener Avarus werden von zwei Geistern der Hölle versucht, nämlich den Lastern der Verschwendung und des Geizes. Julus beginnt daraufhin sein väterliches Erbe zu verprassen, und Avarus, von Habgier besessen, bereichert sich unrechtmäßig am Vermögen seines Herrn. Die Sendboten der Hölle, die in den beiden Jünglingen diese Begierden wecken, finden jedoch ihren vorläufigen Widerpart in einer „gesunden Vernunfft" und einem wachsamen „Gewissen" (496 f.). Dieses wird hier in christlichem Sinn als Zeuge einer höheren Wahrheit verstanden: es ermahnt Avarus, er habe sich gegenüber „Gott / dem er umb alles rechenschafft geben muste [...] zu verantworten" (496). Das Gewissen gewährt also dem Menschen die Erkenntnis des göttlichen Willens und bürdet ihm damit eine persönliche Verantwortung auf. Hier ist nichts anderes als die menschliche Grundsituation im *Simplicissimus* dargestellt; zwischen die Forderung Gottes und die Verlockungen der bösen Welt gestellt, ist der einzelne immer erneut zur Entscheidung zwischen der Stimme des Gewissens und seinen Begierden aufgerufen. Der Autor zeichnet hier das Bild des barocken Menschen, in dem die metaphysischen Mächte ihren Kampf austragen, des Menschen, der mittels seines vernunftvollen Gewissens an der Gottheit teilhat, während er mit seinen „viehischen Begierden" dem Teufel verhaftet ist (419). Simplicius vollzieht sittlich-religiöse Entscheidungen, deren Ergebnis nicht im voraus bestimmbar ist: er gibt sein Vagantendasein auf und zieht sich in die Einsiedelei zurück, die er sich „freywillig erwöhlet" hat (475); er beschließt nach der Begegnung mit Baldanders, sich wieder in die Welt zu begeben; und er bezeugt nach seinem Schiffbruch den „steifen Willen und Vorsatz", wiederum Einsiedler zu werden (566). Simplicius besitzt ein Bewußtsein von sich als einem personalen Ich. Er versteht sich selbst als identische Ursache all seiner Handlungen in Vergangenheit und Gegenwart. Dieses Wesenselement seiner Personalität läßt sich an den zahlreichen Rückblicken ablesen, in denen sich der Ich-

Erzähler über seine Vergangenheit Rechenschaft gibt. Es ist in diesem Zusammenhang unerheblich, daß diese Vergangenheit weithin der individuellen Züge ermangelt; denn Simplicius ist, wie gesagt, keine einmalige, unverwechselbare Individualität, ihm eignet kein „Charakter" im modernen Sinn. Dennoch empfindet er sich als verantwortlicher Urheber all seiner sündhaften Taten, die er immer erneut bereut. Zur Einheit des personalen Bewußtseins zählt auch die Fähigkeit des Ichs, sich in die Zukunft zu entwerfen, das eigene Geschick sorgend zu planen. Es verschlägt dabei nichts, daß die Entwürfe des Protagonisten fast immer scheitern, sei es an den Launen der Fortuna, sei es an seiner eigenen Schwäche und Unbeständigkeit.

Simplicius ist also wesenhaft personales Ich. Er besitzt die Fähigkeit der Entscheidung, die ihn gegenüber dem berechenbaren Verhalten des figuralen Typus eindeutig abgrenzt. Allerdings findet seine Freiheit ihre Grenzen an der Gesetzlichkeit des barocken Weltbilds, das im Raume des Romans unangefochtene Gültigkeit besitzt. Die bedeutsamste Qualität seines Person-Seins aber — das erhellte bereits aus der Erzählung von Julus und Avarus — ist sein metaphysischer Bezug. Melanchthon definierte die personale Existenz aus christlicher Sicht als „incommunicabilis", als nicht übertragbar.[63] Simplicius ist vor Gott der unvertretbar einzelne. Die innere Mitte des Menschen als „Person" im christlich-theologischen Sinn bildet für Grimmelshausen das Gewissen, „der Zeüg der nimmer gar stillschweigt" (495). Simplicius, der sich die Stationen seiner Weltwanderschaft erzählend vergegenwärtigt, zählt zum personalen Typus.[64] Er ist nicht mehr rein funktionale „Figur" und noch nicht psychologisch zu deutender komplexer Charakter; er ist noch nicht zur differenzierten Fülle der Individualität gediehen, sondern vielmehr exemplarische Person im christlich-theologischen Sinne. Er sieht sich rückblickend in der Verfassung des Sünders, die dem dualistischen Weltbild des Barock entspricht. Die Struktur seiner Person, auf der im ganzen Roman seine Identität gründet, ist durch eine tiefe Zwiespältigkeit gekennzeichnet, denn die geistliche Tugend des christlichen Gewissens sichert ihm zwar eine unaufhebbare Bindung an die Gottheit, aber die Unzulänglichkeit seiner praktischen Tugenden bringt ihn in ständigen Widerspruch zu dem als richtig erkannten göttlichen Gebot. So ist er gottnaher Christ und weltverfallener Sünder in einem.[65]

Gegen Ende des Zeitalters der Aufklärung entwarf Friedrich von Blanckenburg in seinem *Versuch über den Roman* (1774) die Grundzüge einer Poetik des Entwicklungsromans.[66] In der Erstfassung von Wielands *Agathon* (1767) sah er einen auf Humanität abzielenden Entwicklungsprozeß thematisiert, der „die Formung des Charakters auf eine gewisse Art" (321) darstelle. Hier seien „die Begebenheiten bloß der Personen wegen da", die äußeren Vorgänge also der Entwicklung der Zentralgestalt funktional zugeordnet. Agathons „innre Geschichte", die pragmatisch-kausal geordnete Entwicklung seiner „Denkungs- und Empfindungskräfte" mache den eigentlichen Gegenstand des Erzählens aus.[67] Wieland habe in seinem Roman „ein einzelnes Individuum" gestaltet, das man „von allen andern genau unterscheiden" könne.[68] Blanckenburg differenziert zwischen Individualitäten, die als „freye Menschen" agieren, und den personalen Typen des zeitgenössischen Romans — *Sophiens Reise* von Hermes wird genannt —, die sich als „Maschienen des Dichters" gemäß dessen Willkür bewegen.[69] Sie verkörperten mehr oder minder nur eine „abstrahirte Idee", denn der Autor habe es versäumt, sie durch zahlreiche kleine Züge zu „individualisiren" (277 f.).

Blanckenburgs Forderung nach Individualisierung der Charaktere wurde wenig später durch J. C. Wezels Roman *Herrmann und Ulrike* (1780) weitgehend erfüllt. Der Autor begriff sein Werk als „Biographie". Die Entwicklungsthematik ist jedoch vom Grundthema der Auseinandersetzung mit einer von Torheit verblendeten Welt funktional abhängig. Herrmann reift durch Desillusionierung, er lernt die Unvereinbarkeit von Ideal und Wirklichkeit begreifen. Um so weniger überzeugt der Schluß des Werks: durch fürstliche Gunst gewinnt der strebsame, kluge Protagonist eine leitende Stellung in der höfischen Verwaltung, in der er Vorbildliches bewirkt und so zu voller Selbsterfüllung findet. Der abrupte Umschlag zu solcher Harmonie von Ich und Welt erscheint wenig glaubhaft, da gerade die höfisch-aristokratische Gesellschaft in diesem Roman mit spitzer satirischer Feder dargestellt ist. Herrmann durchläuft kein kontinuierliches Wachstum im Sinne des Goetheschen Bildungsromans; dafür ist die Bildsamkeit dieses stolzen Feuerkopfs zu gering. Seine persönlichen Wertnormen erwachsen ihm vornehmlich nicht aus seiner Weltbegegnung, sondern sie sind im wesentlichen durch seine pragmatische, tolerante Erziehung vorgegeben. Hier wird die normative Sicherheit der Aufklärung sichtbar; das Individuum orientiert sich letztlich an den allgemein akzeptierten Wertvorstellungen seines Zeitalters. In diesem Sinn erblickte Wezel das Ziel individueller Entwicklung darin, „durch nützliche Geschäftigkeit auf einen beträchtlichen Teil seiner Nebenmenschen auf eine Art zu wirken, wie sie in unserer Welt und bei unserer Verfassung möglich ist".[70]

Die Grundstruktur dieses Werkes, das die zeitgenössische literarische Produktion weit überragt, weist eine Überlagerung durch den Formtypus des barocken Liebesromans auf, der noch im aufklärerischen Prüfungsroman nachwirkt. Das Paar wird durch widrige Umstände getrennt, besteht mutvoll eine Reihe wechselvoller Schicksalsprüfungen und findet sich zuletzt zu ehelichem Glück zusammen. Die Handlungsführung orientiert sich nun nicht etwa an der biographischen Lebenslinie eines sich entwickelnden Protagonisten, sondern an den wechselvollen Schicksalen der beiden Hauptfiguren.[71] Die Zäsuren der Fabel werden durch die regelmäßige Abfolge von Trennung und Wiedervereinigung gesetzt. Das zentrale Thema ist also, wie gesagt, nicht die Entwicklung eines Individuums, sondern der Kampf zweier Liebenden gegen eine unverständige, teilweise bösartige Umwelt, die durch Intrigen eine „mésalliance" zu verhindern sucht. Herrmann kämpft stolz und verbissen um seinen sozialen Aufstieg, der ihm infolge glücklicher Umstände zuletzt gelingt. Die Vorrede macht darauf aufmerksam, daß die Liebe zu Ulrike sein Handeln vorrangig bestimmt, und der Roman schließt konsequent mit einer Verherrlichung des ehelichen Liebesglücks, das als „Lohn der Treue und Beständigkeit" der beiden Protagonisten begriffen wird.[72] Die vorwiegend negative Erfahrung der gesellschaftlichen Verhältnisse äußert sich in einer

Darstellungsweise, die bei aller Fähigkeit zu detaillierter Beobachtung doch zu abwertender Verzerrung neigt. Es überwiegt die Freude an komisch-burlesker Schilderung menschlicher Schwächen bis hin zu deren satirischer Karikatur. Wezel forderte vom Roman die Affinität zum Lustspiel, was nicht nur inhaltliche, sondern auch formale Konsequenzen hatte. So weicht in markanten Situationen das epische Gespräch dem dramatischen Dialog, und die Figurenreden werden vom Autor als „Rollen" verstanden.[73] Ferner scheinen die typenhaft skizzierten Nebenfiguren dem Szenarium einer Gesellschaftsrevue entnommen.

Der tradierte Romantypus mit biographischer Lebenslinie hatte sich also, nicht zuletzt unter englischem und französischem Einfluß, gegen Ende des Jahrhunderts zum *Entwicklungsroman* entfaltet, der, wie sich zeigen wird, die Grundlage für Wielands und Goethes Bildungsromane darstellt, die ja beide aus entsprechenden Erstfassungen hervorgegangen sind.

Zu dieser Zeit konnte sich das nunmehr kulturell legitimierte, bildungsbewußte Bürgertum als Stand „der Wissenschaft, der nützlichen Tätigkeit, des wetteifernden Kunstfleisses" feiern.[74] Es hatte sich jetzt eine vom neuen bürgerlichen Lesepublikum getragene literarische Öffentlichkeit gebildet, in der sich der Dritte Stand über seine Normen und Wertvorstellungen verständigen konnte. Gerade vom Roman erwartete man, er könne den Leser dessen humaner „Bestimmung [...] näher bringen".[75] Und zwar nicht nur mittels des moralischen Appells, wie ihn schon der aufklärerische Prüfungsroman praktiziert hatte, sondern durch überzeugende, „dem Laufe der Welt" entsprechende Vergegenwärtigung der Genese eines sittlichen Charakters. Der neue Bildungsroman wurde als experimentelles Medium verstanden, in dem „die Bildung selbst [...] in mannigfachen Beispielen dargestellt und in einfache Grundsätze zusammengedrängt" erschien.[76] Die *Geschichte des Agathon* (1794) erweist sich in dieser Sicht als eine Versuchsanordnung, in der die Reaktionen eines bestimmten Charakters unter wechselnden Umweltbedingungen nach den Regeln psychologischer und pragmatischer Kausalität ermittelt werden. Wieland wollte in der Endfassung seines Romans die von ihm vertretenen Wertnormen nicht etwa nur moralisch appellierend verkünden; ihm war vielmehr daran gelegen, sie in ihrer Bedeutung für die Gewinnung personaler Identität dem Leser einsichtig zu machen. In *Wilhelm Meisters Lehrjahre* (1795—96) werden die experimentellen Methoden der zeitgenössischen Biologie — Gruppen- und Reihenbildung — der vergleichenden Darstellung menschlicher Entwicklung nutzbar gemacht. Unter Verzicht auf jegliche normative Morallehre werden höchst verschiedenartige Charaktere und Lebensläufe, geordnet in Gruppen und Reihen, geschildert. So gelingt es dem Erzähler, in wechselseitiger Spiegelung der Gestalten nicht nur Unterschiede, sondern auch Gemeinsamkeiten deutlich zu machen. Der Leser kann verfolgen, wie und warum bestimmte Figuren das formale Kriterium des gebildeten Charakters, die ganzheitliche Gestalt, verwirklichen, andere hingegen an dieser Aufgabe scheitern.

So kam der neuen Romanart — und besonders ihrem Paradigma, Goethes *Lehrjahre* — vor allem die gesellschaftliche Funktion zu, das Vertrauen des bürgerlichen Lesers auf die Bildsamkeit des Individuums, auf dessen Fähigkeit zu sinnhaltiger Entwicklung aus eigenem Gesetz zu stärken.

II. CHRISTOPH M. WIELAND:
GESCHICHTE DES AGATHON

Die Erstausgabe

Der Autor legt im Vorbericht des Romans (1766—67) seinen „Plan" — das, was er in der Vorrede zur Endfassung als die ursprüngliche „Idee des Werks" bezeichnet — in aller Klarheit dar. Er führt aus, daß „der Character unsers Helden auf verschiedene Proben gestellt werden sollte, durch welche seine Denkensart und seine Tugend erläutert, und dasjenige, was darin übertrieben und unecht war, nach und nach abgesondert würde".[1] Der Charakter der Hauptgestalt sollte also erläutert und mittels schwerwiegender Erfahrungen geläutert werden; und dieses bis zu dem Grade, „daß Agathon in der letzten Periode seines Lebens, welche den Beschluß unsers Werkes macht, ein eben so weiser als tugendhafter Mann sein wird" (380).[2] Wieland plante, die Entwicklung eines jungen Menschen zu idealer Vollendung, etwa im Sinne von Shaftesburys „Virtuoso", darzustellen, allerdings mit dem Unterschied, daß „alles mit dem Lauf der Welt" übereinstimmen müsse (375). Er wollte die Idee seines aufgeklärten Zeitalters, den Glauben an die menschliche Perfektibilität, nicht nur romanhaft postulieren, sondern durch eine psychologisch überzeugend dargestellte Entwicklung wahrhaft begründen. Als er mit der Niederschrift des zweiten Teils von Agathons Lebensgeschichte beschäftigt war, erkannte er jedoch, daß er dem Leser im Vorbericht zuviel versprochen hatte. Der Protagonist hätte nur unter Vernachlässigung aller empirischen Wahrscheinlichkeit zu der geplanten Vollendung gebracht werden können. Daher strich der Autor im Vorbericht zur zweiten Auflage (1773) jenen voreilig optimistischen Satz, der Agathons glanzvolle Läuterung prophezeit hatte.

Wieland hatte sich bereits zu Beginn der Arbeit vorgenommen, der Hauptgestalt dadurch Überzeugungskraft zu verleihen, daß er ihr gewisse Züge von sich gab: „Ich schildere darin mich selbst, wie ich in den Umständen Agathons gewesen zu seyn mir einbilde", gestand er dem Freunde Zimmermann.[3] Sein Wirklichkeitssinn gestattete ihm nicht, Agathons Lebensgeschichte in unwahrer Weise zu harmonisieren. Stellte er doch in dieser Figur sein eigenes Dilemma dar, die Frage nämlich, wie die Forderung der sittlichen Vernunft mit dem Verlangen einer maßvollen Sinnenhaftigkeit zu vereinbaren sei. So erkennt Agathon, ganz in Wielands Sinn, nach seinem Erlebnis mit Danae, daß „es ein widersinniges und vergebliches Unternehmen scheine, sich besser machen zu wollen, als uns die Natur haben will, oder auf Unkosten des halben Teils unsers Wesens nach einer Art von Vollkommenheit zu trachten, die mit der Anlage desselben im Widerspruch steht" (677). Ein weiterer Konflikt, den Agathon wie auch sein Autor durchleidet, ist der gerade im zweiten Teil des Romans hervortretende Widerspruch zwischen „Kopf und Herz", zwischen den trüben Erfahrungen, die der Jüngling in Athen, Smyrna und Syrakus mit der Gesellschaft machen muß, und dem unzerstörbaren Enthusiasmus seines tugendgläubigen Herzens. Diese Diskrepanz zwischen sittlicher Idee und unzulänglicher Wirklichkeit vermochte Wieland zu jener Zeit nicht zu bewältigen. Gegenüber Sophie La Roche äußerte er in größter Bitterkeit « la conviction la plus parfaite qu'il n'y a dans ce bas monde ni amitié ni Vertu [...] ».[4]

Die Versöhnung von Idealität und Realität, die in der heiteren Komödienwelt des *Don Sylvio* geglückt war, erwies sich in der wirklichkeitsträchtigeren Geschichte Agathons als unmöglich. Der Autor war daher hinsichtlich der Gestaltung des Schlusses ratlos.[5] Das spiegelt sich deutlich in der tiefen Zwiespältigkeit und Unsicherheit des Erzählers der ersten Fassung. Er leidet, wie Agathon am Schluß seines Aufenthaltes zu Syrakus, unter dem Widerstreit, den „der comische Geist und der Geist des Enthusiasmus" in ihm austragen (823). Er belächelt die Torheiten und Schwächen seines Protagonisten und kann doch nicht umhin, dessen künftige Vollendung zu erhoffen.[6] Daher spaltet sich der Erzähler in zwei Figuren auf, in den „griechischen Autor" und den „Herausgeber", in den schwärmerisch fabulierenden „Romanschreiber" und den kritisch beobachtenden „Geschichtschreiber". Dieser, der empirischen Erfahrung und den kausalen Gesetzen der „Natur" verpflichtet, berichtet die Geschichte Agathons bis zu dessen Scheitern am Hofe zu Syrakus. Relativiert er auch seine griechische Vorlage in ironischem Spiel, so läßt er doch erkennen, daß er für die ersten zehn Bücher des Werks die volle Gewähr übernimmt. Das ändert sich im elften Buch. Seine Absicht, einen Lebensgang nach „den strengsten Gesetzen der Wahrscheinlichkeit" zu schildern, sei bereits erreicht; er habe sich deshalb um die Auflösung des Knotens der Handlung nicht zu kümmern (827). Er wirft zu Beginn des letzten Buchs seinem alter ego, dem griechischen Autor, vor, sich mit der Darstellung von Agathons harmonischer Vollendung zu Tarent „in das Land der schönen Seelen und der utopischen Republiken" verirrt zu haben. Er selbst hält die Umweltbedingungen für eine solche Lösung von Agathons Problemen für „allzuselten, um wahrscheinlich zu sein" (831). Daher entläßt er Agathon am Ende des 10. Buches nicht „aus dem Streit der beiden [...] feindlichen Geister" des Idealismus und des Skeptizismus (826). Dieser Erzähler wagt es — ganz im Gegensatz zur Endfassung des Romans — nicht, eine Voraussage über Agathons künftiges Schicksal zu geben. Er zeigt sich ratlos angesichts der Aufgabe, Agathons Seele, „dieses unerklärbare, launische, widersinnische Ding", in ihrer weiteren Entwicklung zu schildern (825).

Damit enthüllt sich die abschließende Station von Agathons Lebensweg als subjektives Wunschbild eines mit sich selbst uneinigen Autors, der die Perspektiven der beiden Erzähler gegeneinander ausspielt und dadurch Agathons angebliche Vollendung ironisch relativiert. Diese innere Zwiespältigkeit Wielands kennzeichnet die Erzählhaltung der ersten beiden Auflagen des Romans. Dessen eigentlicher Schluß, am Ende des 10. Buchs, ist offen; die weitere Entwicklung der Hauptgestalt bleibt ungeklärt. Wielands Unentschiedenheit spiegelt den tendenziellen Widerspruch zwischen zwei Grundpositionen der Aufklärung: einerseits dem naturwissenschaftlich begründeten, der empirischen Wahrheit verpflichteten Kausalitätsdenken und zum anderen den moralphilosophischen Postulaten von Vernunft, Moralität und Glückseligkeit.[7]

So artikuliert sich das Thema der Erstausgabe in der Darstellung eines typologisch ausgelegten Charakters mit gewissen individuellen Zügen, der „in einem manchfaltigen Licht und von allen seinen Seiten" erläutert wird (376). Unter den verschiedensten Perspektiven — des Herausgebers, des griechischen Autors, der Leser, der Nebenfiguren — wird Agathon betrachtet und gedeutet; eine Reihe von Schauplätzen gibt ihm Gelegenheit, seine komplexe Natur handelnd zu offenbaren. Es geht dem Erzähler nicht um die erzieherische Setzung einer Bildungsidee; die Erstfassung enthält weder den Lebenslauf der schönen Seele Danae noch die vorbildlichen Lehren des Archytas.[8] Nicht die Bildungsidee, über die er sich ja keineswegs im klaren ist, kann den Erzähler interessieren, sondern die empirisch fundierte Darstellung eines Prozesses der Desillusionierung. Er schildert die aktualisierende Entfaltung von Agathons potentieller Wesensnatur, die sich im Zusammenspiel innerer und äußerer Faktoren vollzieht. Agathon erlebt in Smyrna und Syrakus eine innere „Revolution" (812), eine „Entzauberung"; er entfaltet nach der Abkehr von platonisierender Empfindsamkeit seine wahre geistig-sinnliche Doppelnatur. Wieland hat in der 1775 erschienenen Apologie des *Agathon — Unterredungen zwischen W^{xx} und dem Pfarrer zu^{xxx}* — das Hauptthema der ersten und zweiten Auflage des Romans auf eine klare Formel gebracht: „Wie es zuging daß er, durch eine Reihe natürlicher Verwandlungen oder Entwicklungen, endlich der Mann wurde und werden mußte, der er am Ende ist."[9] Der Unterschied dieser Entwicklungsidee zu der des *Wilhelm Meister* ist deutlich: Agathon entwickelt sich nicht nach dem Gesetz organischen Wachstums, im Sinne von ständiger metamorphotischer Wandlung. Er absolviert vielmehr einen bewußtseinsbildenden Lernprozeß; sein moralisches Handeln, das er spontan schon in früher Jugend praktiziert, gewinnt zunehmend einen reflektierten Begründungszusammenhang.[10]

Diese Entwicklungsthematik bestimmt nun Erzählweise und Aufbau des Romans. Der „Geschichtschreiber" berichtet nach dem Prinzip, „die Würkungen so anzugeben, wie sie vermöge der unveränderlichen Gesetze der Natur aus ihren Ursachen herfließen" (510). Er versucht Agathons Entfaltung aus dem Zusammenspiel mannigfaltiger Faktoren innerer und äußerer Art kausal zu erklären. Die einzelnen Lebensabschnitte der Zentralfigur sind hinsichtlich des Umfangs wie auch des Grades der erzählerischen Raffung verschieden geartet. Smyrna liegt mit sechs Büchern und der größten Erzählbreite weit an der Spitze, denn Agathon erlebt dort den für ihn bedeutsamsten seelischen Umbruch. Dann folgen der Aufenthalt in Syrakus mit zwei Büchern und die Jugendgeschichte sowie die Schlußphase in Tarent mit je einem Buch. Da der Erzähler, wie erwähnt, Agathons ganzen Lebensweg keineswegs mit souveräner Sicherheit überschaut, ist der äußere Aufbau weniger streng, gewinnen die einzelnen

Etappen ein größeres Eigengewicht als in der letzten Fassung, in welcher der Autor, wie noch zu zeigen sein wird, mit verschiedenen Mitteln bestrebt war, die Handlungsphasen im Hinblick auf seine veränderte erzählerische Intention besser ins Ganze zu integrieren. Auch der Erzähler beansprucht in der Erstfassung ein größeres Eigenrecht. Er tritt mehr in den Vordergrund als in der Ausgabe letzter Hand; er neigt zu redseligen Abschweifungen, meist zeitkritischen Inhalts, die den Handlungsablauf unterbrechen. Der offene Schluß des Romans bestätigt, daß Agathon sich zwar in einem Zusammenspiel von Zufall und Notwendigkeit entwickelt, daß er aber keine feste Charaktergestalt gewonnen hat.

Es hält nicht schwer, die wesentlichsten Formelemente des *Agathon* in der zeitgenössischen europäischen Literatur aufzuspüren. Die biographische Romanform, im deutschen Schrifttum früherer Jahrhunderte nur vereinzelt vorhanden, trat in der Epik der Aufklärung häufiger hervor. Weniger bei Smollett oder Fielding[11] als in der historisierenden französischen Memoirenliteratur, den Romanen eines Marivaux, Crébillon, Abbé Prevost oder Diderot.[12] Sie alle kreisen um das Thema des Werdegangs einer zentralen Titelgestalt von der Jugend bis zu reiferem Alter. Sie alle beanspruchen Authentizität infolge eines in autobiographischer Ich-Form abgefaßten Lebensberichts, der sich gegen jede herkömmliche romanhafte Erdichtung im Namen der psychologischen Naturwahrheit streng abgrenzt und deshalb auch nur noch gemischte Charaktere schildert. Wieland hat dieses Gestaltungsprinzip der lebenswahren „Geschichte" bis hin zur Ich-Form übernommen, die ja in Agathons Bericht von seiner Kindheit und, in der zweiten Auflage, in Danaes *Geheimer Geschichte* wiederkehrt.[13] Die Darstellung des Werdegangs eines jungen Protagonisten mittels lehrhafter Gespräche und durch Erfahrungen, die er auf einer Weltfahrt sammelt, war im französischen Reise- und Erziehungsroman, etwa in Fénelons *Télémaque* oder in Ramsays *Voyages de Cyrus*, vorgebildet. Dessen staatlich-politische Thematik ist in Agathons Erlebnissen zu Athen und Syrakus noch deutlich erkennbar. Die ironische Erzählweise, die den Leser über die Unzulänglichkeiten der agierenden Figuren aufklärt, die jeglichen Anspruch auf absolute Tugendhaftigkeit als Illusion entlarvt, ist in erster Linie Fielding verpflichtet.

Die letzte Fassung

Erst in der Ausgabe letzter Hand (1794) schien Wieland sein Werk wahrhaft vollendet. Es zeugt von seiner hohen Wertschätzung des Romans, wenn er ihn an den Anfang seiner damals erscheinenden *Gesammelten Werke* stellte.[14] Die gegenüber der Erstfassung umfangreiche Erweiterung von Agathons Aufenthalt in Tarent, wozu auch die (bereits 1773 entstandene) Geschichte der Danae zählt, gab dem Roman nicht nur äußerlich ein neues Gesicht. Sie veränderte ihn thematisch und strukturell. Wieland beschränkte sich nicht mehr auf die Schilderung des Zusammenspiels der Faktoren von Anlage und Milieu, sondern er bezog jetzt diejenigen Kräfte ein, die durch bewußt gestaltenden Eingriff zu Agathons Charakterbildung beitragen. Dazu zählen der Lebensbericht der schönen Seele Danae, die Agathon zum Verzicht auf seine Liebe bewegt, und das moralphilosophische „System" des weisen Archytas. Jetzt erst tritt auch die aktive Selbstgestaltung in den Vordergrund, die „unermüdete Bearbeitung unserer selbst",[15] ohne die für Wieland keine Bildung denkbar ist: Agathons unwiderrufliche Entscheidung für die Moralität in seinem letzten Gespräch mit dem Verführer Hippias, seine systematische Selbsterforschung mittels Niederschrift einer Autobiographie, seine Studien im Hause des Archytas und nicht zuletzt die mehrjährige Bildungsreise. In der Ausgabe letzter Hand greifen also die Mächte der Erziehung und der Selbstgestaltung nachdrücklich in Agathons Werdegang ein. Wieland versuchte jetzt ernstlich, die Ankündigung des Horazischen Mottos „Quid Virtus et quid Sapientia possit" zu erfüllen, nämlich darzustellen, „wie weit es ein Sterblicher [...] in beiden bringen könne".[16] Der Schlußteil der letzten Fassung zielt daher auf die Frage nach den Möglichkeiten und Grenzen der Perfektibilität des Menschen; er kreist um das gerade in Weimar immer wieder erörterte Problem der „Bildungsfähigkeit" des Individuums, das noch den alten Wieland in seinen Bann gezogen hat, wie etwa das *Gespräch im Elysium* bezeugt.[17]

Wielands Bildungsbegriff bestimmt wesentlich die neu hinzugekommenen Teile des Romans.[18] Es fällt auf, daß sich schon in der zweiten Auflage, aber auch in der Endfassung die Ausdrücke, die dem Wortfeld der Bildung angehören, merklich vermehrt haben. Danae spricht in ihrem Lebensbericht immer dann von „bilden" oder „umbilden", wenn sie sagen will, daß sie vor allem durch pädagogischen Eingriff bzw. mittels Selbsterziehung eine bestimmte innere Gestalt gewonnen habe.[19] Den Abschluß der einzelnen Phasen ihrer Entwicklung markiert stets eine gewisse spezifische Form ihres Charakters, eben dessen „Bildung".[20] Auch Archytas äußert sich im gleichen Sinn.[21] Wenn er einmal erwähnt, daß sich sein moralischer Charakter im Laufe der Zeit „bildete und befestigte", so wird nochmals deutlich, daß für Wielands Bildungsbegriff die Gewinnung geprägter Gestalt konstitutiv ist.[22]

Die theoretische Begründung des neuen Bildungsbegriffs bieten die 1770 erschienenen *Beiträge zur geheimen Geschichte des menschlichen Verstandes und Her-*

zens, in denen sich der neuernannte Erfurter Professor für Philosophie mit Rousseaus Menschenbild auseinandersetzte, das ihm allzu naturhaft geartet schien. Zuerst einmal gibt er allerdings der aktualisierenden Entfaltung der Anlagen aus innerem Gesetz und Antrieb ihr Recht. Er vergleicht das Individuum mit einer Knospe, die alle Stufen der Verwandlung zu passieren habe, ehe sie sich zur Frucht bilde.[23] Wieland fragt ganz im Sinne Rousseaus: „Warum sollte es nicht auch die Natur sein, welche im Menschen, nach bestimmten und gleichförmigen Gesetzen, diese Entwicklung und Ausbildung seiner Fähigkeiten veranstaltet?"[24] „Ausbildung" der individuellen Anlagen meint hier deren Realisierung in der Begegnung des Ichs mit der Umwelt. In diesem Sinn äußert Hippias während des *Gesprächs im Elysium*, daß sich die „innere Form [...] nicht anders ausbilden läßt als durch Entwicklung".[25] Solche Entfaltung entspricht der oben geschilderten Thematik der Erstfassung des *Agathon*.

Anders steht es mit der Ausgabe letzter Hand, in welcher der Gedanke einer „Ausbildung" mittels Entfaltung ergänzt wird durch den pädagogisch formenden Eingriff in Agathons Natur, wie er in den neu hinzugekommenen Partien deutlich zutage tritt. In den *Beiträgen zur geheimen Geschichte des menschlichen Verstandes und Herzens* wird diese zielgerichtete selbsterzieherische Gestaltung des Charakters eingehend erörtert. Wieland faßt sie unter dem Oberbegriff der „Kunst" zusammen, unter der er im weitesten Sinn die Summe menschlicher Kulturtätigkeit versteht.[26] Auf den Menschen bezogen, sind es „die vereinigten Kräfte von Erfahrung, Witz, Unterricht, Beispiel, Überredung und Zwang", durch welche die „mangelhaften Seiten" des Charakters korrigiert werden können.[27] Und hier kehrt nun der Begriff der „Ausbildung" wieder, dem wir bereits im Bereich der naturhaften Entfaltung begegneten: der Mensch soll „sich selbst ausbilden, sich selbst diese letzte Politur geben, welche Glanz und Grazie über ihn ausgießt, — kurz, der Mensch muß gewissermaßen sein eigener zweiter Schöpfer sein".[28] Offensichtlich umfaßt der Begriff der Ausbildung sowohl das In-Erscheinung-Treten innerer Anlagen durch naturhafte Entfaltung als auch deren formende Ausgestaltung mittels erzieherisch korrigierender Einwirkung. In diesem Doppelsinn verwendet Archytas das Wort, wenn er sagt, daß sich sein Charakter infolge der natürlichen Zunahme an Jahren wie auch durch kritische Selbstformung ausgebildet habe: „So wie ich an Verstand und Alter zunahm, bildete sich durch die Aufmerksamkeit auf mich selbst, an die ich so früh gewöhnt worden war, auch die [...] Anlage meines Charakters aus [...]."[29] „Bildung" im eigentlichen, umfassenden Sinn vollzieht sich also für den reifen Wieland nur dort, wo die natürliche Entfaltung der individuellen Anlagen sich mit der eigenschöpferischen, erzieherisch formenden Tätigkeit am Menschen verbindet. Bildung verwirklicht sich einzig im spannungsreichen Zusammenspiel der determinierenden Mächte der „Natur" mit den Kräften der „Kunst", die dem freien, zielbewußten sittlichen Willen des Menschen entspringen.[30]

Nur in der Endfassung des Romans gelangt Agathon auf Grund desillusionierender Erfahrungen und infolge von ständiger kritischer Selbstbeobachtung an einen Punkt, der sich für sein Leben als folgenreich erweist. Zum letzten Mal begegnet er dem Versucher Hippias im Gefängnis zu Syrakus. Wieder einmal ist er an der gesellschaftlichen Wirklichkeit gescheitert, was diesmal zur Folge hat, daß er an seinem Tugendideal, das er seit seiner Kindheit spontan bejahte, ernstlich zweifelt. Aber das unvermutete Erscheinen seines Feindes, dessen nur mühsam unterdrückte Schadenfreude und anmaßende Kritik, bringt ihn zur Selbstbesinnung. Erst jetzt gelingt ihm das, was er als die „größte Angelegenheit" seines Daseins betrachtet: „Zu wissen, wer wir selbst sind, wo wir sind, und wozu wir sind."[31] Er erkennt, daß er durch zwei Naturen konstituiert wird: das „sichtbare Ich, mit allen seinen Bedürfnissen, Neigungen, Leidenschaften", und das unsichtbare „bessere Ich", dessen Eigenart es ist, in freier Entscheidung „immer das Gute zu wollen und zu tun; unbekümmert ob es erkannt oder verkannt, mit Dank oder Undank, mit Ruhm oder Schande belohnt werde".[32] Indem Agathon nun das triebhaft niedere dem höheren Ich unterordnet — die Nähe zu Kants empirischem und intelligiblem Ich ist unverkennbar —, hat er die „Würde" seiner Natur und den „Zweck" seines Daseins erkannt. Nicht nur, daß er nunmehr entschlossen ist, Moralität als Selbstzweck zu üben, sie also nicht mehr als eine durch Erziehung und Konvention gesetzte, unreflektiert akzeptierte Norm empfindet; er weiß jetzt, daß er seine autonome Wesensnatur einzig durch sittliche Selbstbestimmung realisieren kann.

Durch diesen Akt der Selbstfindung gelangt Agathon zum Bewußtsein seiner personalen Identität, zur verpflichtenden Erkenntnis eines Bildungsideals, in dem sich der potentielle Sinn- und Wertgehalt seiner individuellen Existenz erfüllt.[33] Er ist jetzt auf die Begegnung mit Archytas vorbereitet, dessen weltanschauliches System er im Prinzip antizipiert; denn die Überlegenheit des Weisen von Tarent gründet ja ebenfalls auf der Einsicht, daß er als autonomes Vernunftwesen „Gesetzgeber und König einer Welt" in sich selbst sei.[34] Der Akt der Selbstfindung bildet in *Agathon* die motivische Voraussetzung für eine bewußte, zielgerichtete Selbstgestaltung. Erst nachdem sich der Protagonist als freies sittliches Vernunftwesen erkannt hat, kann er planmäßig auf seine Selbstverwirklichung hinarbeiten. So nur wird verständlich, warum er erst in Tarent recht eigentlich mit seiner Selbsterziehung beginnt. Jetzt sucht er, wie erwähnt, Beistand bei Archytas, verfaßt seine seelenanalytische Autobiographie, nimmt wissenschaftliche Studien auf und tritt schließlich eine Bildungsreise an. Erst durch die in kritischer Bewußtheit vollzogene Bejahung des Leitbilds sittlicher Humanität erweist sich Agathon als wahrhaft moralisches Wesen. So wird begreiflich, warum Wieland gerade der nachgetragenen letzten Begegnung des Protagonisten mit Hippias besondere Bedeutung beimaß und darüber an Göschen berichtete: „Der moralische Werth des ganzen Agathon hieng davon ab, und nun erst bin ich mit mir selbst und meinem Werke zufrieden."[35] Agathons „Individual-Charakter" hat sich jetzt zur „wahren Gestalt" gebildet, hat eine feste Struktur gewonnen, die ihm eine annähernde Konstanz der Gesinnungen und Verhaltensweisen sichert.[36] Der in solcher Weise „gebildete" Charakter zeigt eine deutliche Affinität zu Kants Definition: „Einen Charakter aber schlechthin zu haben, bedeutet diejenige Eigenschaft des Willens, nach welcher das Subjekt sich selbst an bestimmte praktische Prinzipien bindet, die es sich durch seine eigene Vernunft unabänderlich vorgeschrieben hat."[37]

Agathon ist freilich durch den Akt der Selbstfindung noch längst nicht zu humaner Vollendung gereift. Das Ziel seiner persönlichen Bildung, Weisheit und Tugend, steht jetzt zwar für ihn unverrückbar fest, aber „die Lücken [...] im System seiner Meinungen und Überzeugungen" sind damit noch keineswegs beseitigt.[38] „Kopf und Herz" widerstreiten sich noch immer, denn sein sittliches Bildungsideal steht in schroffem Widerspruch zu den desillusionierenden Erfahrungen, die er in Syrakus gesammelt hat. Infolgedessen vermag er „in den Menschen nichts edleres [...] als eine Herde halbvernünftiger Tiere" zu sehen.[39] Archytas klärt ihn nun über die Doppelnatur des Menschen und über dessen sittliche Autonomie auf, die sich freilich erst durch die Herrschaft des geistigen über das sinnliche Ich herstelle. So gewinnt Agathon über die Prinzipien seiner praktischen Lebensführung letzte gedankliche Klarheit. Der Widerspruch zwischen sittlichem Ideal und brüchiger Wirklichkeit scheint ihm aber erst dann aufgehoben, als Archytas ihn mit der Lehre der „stufenweise wachsenden Vervollkommnung aller geistigen Wesen" bekannt macht, einer Glaubensanschauung, die Agathon zu Delphi nur in vagen Umrissen kennengelernt hatte.[40] In der gläubigen Hoffnung auf den Menschen der Zukunft widmet sich dann der junge Mann in der Nachfolge des Archytas dem Dienst an der Republik Tarent. Allerdings zeigt er nun gegenüber Danae eine Haltung der Entsagung, die seiner sinnenhaften Wesenskomponente widerspricht.[41]

Die Problematik des Schlußteils resultiert daraus, daß es Wieland nur unzureichend gelungen ist, die sich widerstreitenden Prinzipien von empirischer Kausalität und ideeller Moralität miteinander zu versöhnen. Seiner Intention, den Protagonisten zu vervollkommnen, widersprach die Forderung nach empirisch fundierter „Naturwahrheit". Daher enthob Wieland seinen Protagonisten dem verderblichen Einfluß der Gesellschaft, indem er ihn in den Raum der Utopie versetzte. Schon in den programmatischen *Gedanken über die Ideale der Alten* (1777) hatte er den Standpunkt vertreten, es gelte bei aller Respektierung der Naturwahrheit doch, „das Individuelle zu idealisieren".[42] So griff er in der Lehre des Archytas auf das alte teleologische Erklärungsmuster der Perfektibilität zurück, das Agathons inneren Widerspruch durch die Hoffnung auf künftige Vollendung zu lösen scheint. Die Utopie des Schlußteils ermöglicht dem Protagonisten einen harmonischen Ausgleich mit der Umwelt und gewährt ihm so die soziale Integration, die ihm in der gesellschaftlichen Wirklichkeit versagt geblieben wäre.[43] Der reife Wieland erblickte in der literarischen Utopie ein legitimes Mittel im Dienst sittlicher Menschenbildung.[44] Unter Verzicht auf ironische Relativierung entwarf er in der Gestalt des Archytas ein utopisches Leitbild humaner Vollendung, dessen hypothetische Qualität der Erzähler deutlich reflektiert. Er konstituiert die utopische Existenz des weisen Tarentiners durch zwei axiomatische Prämissen: einmal das Geschenk der „Natur" in Gestalt eines Charakters, der frei sei von glühender Einbildungskraft und heftigen Leidenschaften, und zum andern durch den „Zusammenfluß [...] glücklicher Umstände", die seine Entwicklung bestimmt hätten.[45] Wieland war der Meinung, daß die um Archytas kreisenden Teile des 16. Buches „dem ganzen Werke die Krone aufsetzen und daß der moralische Plan desselben ohne sie unvollständig gewesen wäre".[46]

Der Autor versuchte die Endfassung des Romans strukturell an seinen neugewonnenen Bildungsbegriff anzupassen. Dieser bestimmt als idealer Nexus weitgehend die Struktur des Werkes. Als Hauptthema tritt jetzt, wie erwähnt, die Frage nach Möglichkeiten und Grenzen der Bildungsfähigkeit des Individuums in den Vordergrund. Agathons Funktion ist es, ein „lehrreiches Beispiel" zu geben, „quid Virtus et quid Sapientia possit", wie das Motto verkündet.[47] Der Protagonist absolviert einen bewußtseins- und charakterbildenden Prozeß der Selbsterfahrung, dessen Ergebnisse in der moralphilosophischen Lehre des Archytas zusammengefaßt werden. Folgerichtig fungiert Agathon als Zentralfigur.[48] Sein Werdegang gewinnt Gestalt in der biographischen Lebenslinie der weitgehend einsträngigen Fabel, welche die Spanne von der Kindheit bis gegen Ende des dritten Lebensjahrzehnts umfaßt. Davon werden fünf Jahre in großer Breite geschildert, nämlich die für die Entwicklung des Protagonisten entscheidenden Stationen in Smyrna, Syrakus und Tarent.[49] Der Aufbau der Fabel orientiert sich also an der Entwicklungsproblematik der Zentralgestalt. Die lineare Handlungsführung wird, abgesehen von einigen Diskursen, nur von den kommentierenden Digressionen des Erzählers unterbrochen, die in der Ausgabe letzter Hand nicht unerheblich reduziert wurden.[50] Agathons Entwicklung gliedert sich in vier Phasen, die durch Ortswechsel und durch resümierende Rückblicke des Helden deutlich voneinander abgesetzt sind.[51]

Die Jugendgeschichte ist chronologisch umgestellt. Man hat diese Mißachtung des zeitlichen Ablaufs bemängelt und dem Werk deshalb nur eine Randstellung unter den Bildungsromanen zugebilligt.[52] Wieland sah jedoch im Zeitkontinuum nicht den wesentlichsten Ordnungsfaktor bei der Darstellung der Genese eines Charakters. Aus diesem Grund verwandte er auch wenig Sorgfalt auf die epische Integration längerer Diskurse. Die Erzählweise ist vornehmlich durch das Kausalitätsprinzip bestimmt, das selbst scheinbar isolierte Episoden in einen Begründungszusammenhang für Agathons Entwicklung integriert.[53] Daher wird dessen Jugendgeschichte dort eingefügt, wo sie als kausaler Faktor für die Entwicklung des Protagonisten bedeutsam ist. Der Jüngling erzählt ja Danae die Geschichte seiner unschuldigen Jugend gerade zu der Zeit, als sich seine Leidenschaft für sie merklich abzukühlen beginnt. „Die Erinnerungen dessen, was er ehemals gewesen war", fördern nun nachdrücklich den Prozeß seiner Desillusionierung.[54] Die zeitliche Progression und somit die erzählerische Irreversibilität der Stationen seines Lebenswegs besitzt hier nicht die konstitutive Bedeutung wie etwa in *Wilhelm Meisters Lehrjahre*.

Die in der Antike angesiedelten Räume gewinnen relativ wenig Kontur. Es sind Schauplätze, die es Agathon ermöglichen, sich mit bestimmten „Classen" von Charakteren auseinanderzusetzen. Sie sind so ausgewählt, daß er sich „durch Handlungen zu erkennen geben kann", daß er das Spektrum seiner Möglichkeiten zu entfalten vermag: von platonisierender Empfindsamkeit über das erotische Erlebnis und die politische Aktion bis zur Verwirklichung sozial engagierter Humanität.[55] Dasselbe gilt für die relativ seltenen Beschreibungen von Landschaften, die Agathons jeweilige Seelenlage widerspiegeln oder ihn zu bestimmten Reaktionen veranlassen.

Auch die Figuren sind der Zentralgestalt funktional zugeordnet. Sie repräsentieren die für die Entwicklung des Protagonisten relevanten Erfahrungsbereiche und verdeutlichen als komplementäre oder als gegensätzlich geartete Figuren dessen Wesensart. Sie zeigen durch die Vielfalt ihrer Perspektiven den Charakter des Helden „in einem mannigfaltigen Lichte und von allen seinen Seiten".[56] Erst aus der Totalität der Perspektiven, Schauplätze, Begegnungen und Verhaltensweisen Agathons enthüllt sich sein Charakter im ganzen.

Im Vergleich zur beschränkten Sicht des Protagonisten dominiert die überlegene kritische Perspektive des auktorialen Erzählers deutlich. Dessen Haltung hat sich gegenüber der Erstfassung wesentlich verändert. Noch immer existiert zwar neben dem „Geschichtschreiber" als dem eigentlichen Berichterstatter der „griechische Autor"; aber dieser wird vom Erzähler kaum noch ironisch relativiert. Die empirische und die idealisierende Perspektive haben sich einander angenähert; wie erwähnt, Ausdruck der veränderten ästhetischen Anschauungen des reifen Wieland. Der Erzähler hat jetzt, im Unterschied zur ersten Fassung, eine erstaunliche Sicherheit gewonnen. Er überblickt Agathons gesamten Lebensweg und ordnet seine Darstellung zielgerichtet auf den Akt der Selbstfindung und den Romanschluß hin.[57] Allein von hier aus, von der Verwirklichung eines autonomen sittlichen Charakters her, empfängt Agathons Werdegang in der Endfassung seinen umgreifenden Sinn. Die Zielgerichtetheit der Darstellung zeigt sich auch im sich wandelnden ironischen Verhältnis des Erzählers gegenüber dem Protagonisten. Von seinem Standpunkt aus kann er mit wissender Überlegenheit den defizienten Modus jeder Entwicklungsphase entlarven. Seine Neigung zu ironisch-kritischer Abwertung läßt aber in dem Maße nach, als Agathon sich der ihm möglichen Vollendung nähert. Die ironische Erzählweise konfrontiert also ständig zwei Wirklichkeitsebenen miteinander: das subjektive, von Illusionen verblendete Bewußtsein der Titelfigur und die wirklichkeitsnähere Sicht des Erzählers, der sich dem „Endzweck des moralischen Nutzens" verpflichtet weiß.[58] Der reife Wieland verstand sich als didaktischer Autor, wovon ja vor allem seine kulturell so einflußreiche Zeitschrift *Der Teutsche Merkur* zeugt. Kein Zufall, daß gerade dieser Autor, der in zahlreichen Werken dem Geist einer urbanen Humanität und dem aufklärerischen Glauben an die Möglichkeiten vernunftvoller Erziehung huldigte, den ersten Bildungsroman geschaffen hat. Der Endzweck geistig-sittlicher Förderung des literarisch interessierten Publikums bestimmt nun nachhaltig das engagierte Verhältnis des Erzählers zu seiner Leserschaft. Ständig sucht er mit ihr ins Gespräch zu gelangen, sie zu aktivieren und stellt sich dabei der Auseinandersetzung mit den verschiedensten Standpunkten. Er gewinnt dadurch die Möglichkeit, Agathons Werdegang unter weiteren, zusätzlichen Perspektiven darzustellen. Außerdem nützt er jede Gelegenheit, durch aufklärende Vorreden, durch instruierende Kapitelüberschriften und kommentierende Zwischenbemerkungen seine Leser zu lenken. Diese mit ständigen kritischen Reflexionen durchsetzte Erzählweise, die immerwährende Auseinandersetzung zwischen objektiver Faktizität des Erzählten und subjektivem Bewußtsein des kommentierenden Erzählers, bewirkt im Leser den inneren Nachvollzug eines fiktiven bewußtseinsbildenden Prozesses.[59]

Im letzten Buch werden die sinnstiftenden Verhaltensnormen und Wertvorstellungen, zu denen Agathon gefunden hat, mit dem Anspruch auf exemplarische Verbindlichkeit verkündet. Letztere wird freilich insofern relativiert, als der Protagonist trotz gewisser individueller psychologischer Differenzierung doch als typologisch reduzierter personaler Charakter angelegt ist. Er vertritt eine bestimmte „Classe" von Charakteren, eine humane Elite, die der ältere Wieland deutlich von der breiten Masse der „Tiermenschen" unterschied.[60] Der Autor forderte programmatisch, ein Romancier habe „nicht nur einzelne Personen, sondern auch den allgemeinen Charakter jeder besondern Classe von Menschen, jedes Geschlechts, jedes Alters, jedes Standes, mit seinen eigentümlichen, unterscheidenden Lineamenten, Farben und Schattierungen" zu schildern.[61]

Der äußere Aufbau des Romans erfuhr in der letzten Fassung eine nicht unbedeutende Veränderung. Während die erste Auflage elf Bücher zählte, umfaßt die Ausgabe letzter Hand deren sechzehn. Agathons Jugendgeschichte sowie sein Aufenthalt zu Syrakus erhielten, durch Vermehrung der Kapitel, je ein Buch mehr, wobei der Gesamtumfang derselbe blieb. Die Schlußphase (Tarent) wurde im Vergleich zur Erstfassung um drei Bücher stofflich erweitert; zwei bieten den Lebensbericht der Danae, das dritte ist Archytas gewidmet. Damit war das die Gesamtproportion störende Übergewicht der Station zu Smyrna, das die Erstausgabe kennzeichnete, annähernd beseitigt. So hat die neue Thematik auch kompositorisch die ihr angemessene Gestalt gewonnen; anstelle des Prozesses der Desillusionierung, dessen Höhepunkt in Smyrna liegt, tritt jetzt die Tendenz zur Darstellung der Genese eines wohlproportionierten, autonomen moralischen Charakters. Daher war Wieland bemüht, relativ gleichgewichtige Phasen der Entwicklung zu schaffen. Die episch nur unzureichend integrierten Diskurse des Hippias und des Archytas erweisen sich in dieser Sicht als sinnvoll aufeinander bezogen. Ihr antithetisches Verhältnis spiegelt die einander widerstreitenden weltanschaulichen Positionen, mit denen Agathon sich auseinandersetzen muß. Auch Danaes Lebensgeschichte und der Bericht des Protagonisten über seine Jugend stehen in einer spannungsvollen Relation, indem die menschliche Vollendung einer schönen Seele mit dem deprimierenden Verlust jugendlicher Glücksträume kontrastiert. Damit ergibt sich als Aufbauprinzip der Ausgabe letzter Hand die Tendenz, zu einem Gleichgewicht der Gegensätze zu gelangen, eine spannungsreiche Balance zwischen widersprüchlichen, einander relativierenden Perspektiven herzustellen.

Zusammenfassend läßt sich sagen, daß die Struktur der Endfassung der *Geschichte des Agathon* die Merkmale der invarianten Grundstruktur des Bildungsromans aufweist. Als variable Faktoren wurden ermittelt: einmal die relativ geringe Bedeutung des Zeitkontinuums, die sich in der chronologischen Umstellung der Jugendgeschichte und in der mangelhaften epischen Integration der Diskurse bekundet; zum andern der utopische Schluß, der den von der menschlichen Gesellschaft zutiefst enttäuschten Protagonisten in eine Sphäre reiner Humanität erhebt. Beides Formzüge, die im Roman der Aufklärung des öfteren begegnen. Die stellenweise zu beobachtende stoffliche Nähe zum herkömmlichen Staatsroman stellt trotz gewisser thematischer Erweiterungen die Dominanz des Strukturtypus des Bildungsromans nicht in Frage.

III. JOHANN W. v. GOETHE:
WILHELM MEISTERS LEHRJAHRE

Friedrich Schlegel hat das thematische Zentrum dieses Paradigmas des Bildungsromans getroffen, als er feststellte: „Nicht dieser oder jener Mensch sollte erzogen, sondern die Natur, die Bildung selbst sollte in mannigfachen Beispielen dargestellt und in einfache Grundsätze zusammengedrängt werden."[1] Die Forschung hat von jeher Schwierigkeiten gehabt, diesen hermeneutischen Hinweis in rechter Weise aufzugreifen.[2] H. Reiss bedauerte zu Recht, daß es noch nicht geglückt sei, „in den Einzelheiten der individuellen Lebensläufe irgendwelche Gesetzlichkeiten und typische Veränderungen aufzuspüren".[3] Es wird daher nötig sein, die wichtigsten Werdegänge vergleichend zu verfolgen, um die determinierenden Prinzipien, die allgemeinen Kriterien des menschlichen Bildungsprozesses, wie er in den *Lehrjahren* erscheint, zu erschließen. Es wird dabei Goethes Hinweis zu beherzigen sein, daß „den anscheinenden Geringfügigkeiten des *Wilhelm Meister* [...] immer etwas Höheres zum Grunde" liege und man sich deshalb nicht begnügen dürfe, „das gezeichnete Leben als Leben" zu betrachten.[4] Freilich lassen sich die einzelnen Lebensläufe in ihrer individuellen Vielschichtigkeit nur sehr bedingt miteinander vergleichen. Die in ihnen sich manifestierende Bildungsidee ist als irrationales, geheimnisvolles Lebensprinzip durch den analytischen Zugriff nicht voll zu erschließen. Goethe wußte genau, warum er in seinem Roman trotz Schillers Drängen begrifflich verkürzende „Resultate" weitgehend vermied.[5]

Die Forschung hat im allgemeinen die Ansicht vertreten, Wilhelms Bildungsgang stelle das Thema des Romans dar, weshalb dem gesellschaftlichen Raum mehr oder minder nur die dienende Funktion einer „Bildungsmacht" zukomme. Andererseits hat man behauptet, dieser Roman kenne keinen eigentlichen Helden, weil Wilhelm strukturell zu wenig bedeutsam sei; das Werk solle daher weniger als Figuren- denn als Raumroman begriffen werden, der „das Wechselspiel des Lebens" zum Gegenstand habe.[6] Dieser Widerspruch dürfte durch die im folgenden anzuwendende Betrachtungsweise insofern relativiert werden, als die Prinzipien des Bildungsprozesses in den *Lehrjahren* ja nur mittels des Vergleichs einer Reihe von Lebensläufen erschlossen werden können. Es wird sich zeigen, daß die Schlüsselfunktion hierbei nicht etwa Wilhelms Werdegang zukommt, sondern den *Bekenntnissen einer schönen Seele*. Andererseits besitzt natürlich die Entwicklung der Zentralgestalt ein quantitatives Übergewicht gegenüber den anderen Biographien, woraus sich für die Komposition des Romans bestimmte Konsequenzen ergeben.

Bevor Goethe nach seiner Rückkehr aus Italien sich an die Umarbeitung der *Theatralischen Sendung* begab, befaßte er sich mit morphologischen Studien. Er begann mit der vergleichenden Betrachtung pflanzlicher Bildungen; aber schon zur Zeit der Umarbeitung des „Urmeister" war er bemüht, die neugewonnene morphologische Betrachtungsweise auf alle Lebewesen auszudehnen.[7] Er interessierte sich dabei für das urbildhafte „Phänomen der organischen Struktur" schlechthin, das er in eine typologische „Lehre von der Gestalt, der Bildung und Umbildung der organischen Körper" zu integrieren hoffte.[8] Als methodisches Ordnungsprinzip galt ihm hierbei die Bildung von „Gruppen" und „Reihen".[9] Seine auf Analogien gerichtete Denkweise brachte ihn zu der Überzeugung, daß das Prinzip der Reihenbildung auf das ästhetische Medium übertragbar sei; dort vermöge es „das Wesen der Dinge" an den Phänomenen aufscheinen zu lassen.[10] Dieses Formprinzip bestimmt, wie sich zeigen wird, die Figurenkonstellation der *Lehrjahre* in entscheidender Weise: sowohl hinsichtlich der Gruppierungen des Bürgertums, des Rokoko-Adels, der Theaterwelt und der Turmgesellschaft wie auch bezüglich der Reihenbildung etwa der weiblichen Figuren. Durch wechselseitige Spiegelung gewinnen die Gestalten ihre unverwechselbare Kontur.[11]

Natürlich lassen sich die naturwissenschaftlichen Begriffe von Organismus und Metamorphose nur sehr bedingt auf den komplexen Bildungsprozeß des Menschen als eines historischen Wesens übertragen.[12] Dies gilt jedoch nicht vom Gestaltbegriff, dessen Anwendbarkeit noch die moderne Gestaltpsychologie beweist.[13] Nach Goethes Meinung kann sich ein Charakter, wenn Anlage und Umstände es gestatten, zur individuell geprägten „Gestalt" ausbilden. Das Ziel des Bildungsprozesses in den *Lehrjahren* ist die Gewinnung der Qualität der „Gestalt", wie dies von dem Abbé und von Wilhelm deutlich bekräftigt wird.[14] Solch unverwechselbare Charaktergestalt wird freilich nur als transitorisches Ergebnis des Bildungsprozesses begriffen, denn Goethe bezog bekanntlich den Begriff der Bildung sowohl auf das „Hervorgebrachte" als auch auf das „Hervorgebrachtwerdende".[15] Er verstand die Bildung des Individuums als permanenten Prozeß einer durch ständige Umformung sich ergebenden „Gestaltenfolge".[16] Ausgangspunkt dieses Prozesses ist die moralisch indifferente Grunddisposition des Individuums, dessen charakterlicher Wesenskern.[17] Goethe hat, als er die Arbeit an den *Lehrjahren* aufnahm, die wesentlichsten Figuren aus deren personaler Mitte heraus konzipiert und entwickelt. Er wies den Hauptfiguren ihre individuelle charakterliche Grunddisposition zu, die deren personale Einheit sichern solle.[18]

Die Idee der Gestalt bildet das geheime Wertzentrum von Goethes Roman. Sie ist als typologisches Konstrukt zu verstehen, als primär funktionaler Begriff, der durch verschiedene Merkmale des zur Gestalt gebildeten Charakters bestimmt ist: durch die Fähigkeit zu Selbstbegrenzung und schöpferischer Tätigkeit, durch proportionierte Ganzheit, sittliche Selbstbestimmung und das Bewußtsein personaler Identität. Der Gestalttypus offenbart sich in den *Lehrjahren* in vielfältigen individuellen Erscheinungsformen, in unterschiedlichen Arten und Stufen: von der flatterhaften Philine, die sich auf ihre Weise auch treu bleibt, bis hin zu Natalie, der harmonisch in sich ruhenden „Gestalt aller Gestalten" (445). Der typologische Gestaltbegriff fungiert in Goethes

Roman als normativ-werthafter Indikator für die jeweils erreichte Bildungsstufe.[19] Er prägt die dominierende Thematik des Werkes, die als „Entfaltung des Typus" der Gestalt umschrieben werden kann, wobei sich, wie Goethe in anderem Zusammenhang anmerkte, „die Grundgestalt [...] am wunderbarsten aufschließt, dem Auge ganz verschwindet und nur vom Geiste verfolgt werden kann".[20]

Es ist bekannt, welche biographischen, gesellschaftlichen und geistesgeschichtlichen Voraussetzungen Goethes Bildungsidee zugrunde liegen. Daher mögen einige Andeutungen genügen. In Italien wurde ihm in der wachen Auseinandersetzung mit einem Volk und einer alten Kultur, in der Beobachtung von Natur und antiker Kunst das Problem der Bildung zur Humanität zum Erlebnis. Er begann zu erkennen, daß sich der Prozeß der Gestaltwerdung alles Lebendigen nach unwandelbaren Prinzipien vollzieht. Ihnen spürte er mit intuitivem Blick nach, indem er das „Wahre in seinen einfachsten Elementen" zu erfassen suchte. Immer wieder äußerte er gegenüber den Freunden in Weimar die Hoffnung, in Italien „wiedergeboren und gebildet" zu werden. Am Schluß seines zweiten römischen Aufenthalts konnte er mit dankbarer Genugtuung feststellen: „In Rom hab' ich mich selbst zuerst gefunden, ich bin zuerst übereinstimmend mit mir selbst glücklich und vernünftig geworden."[21] Er war sich seiner dichterischen Bestimmung bewußt geworden. Mehr noch: befreit von der Bürde des Ministeramts, gelöst von den gesellschaftlichen Verpflichtungen Weimars gewann er in Italien erstmals gestalthafte Einheit, glückhafte Übereinstimmung von Wollen und Vollbringen.

Die Lektüre von Herders *Ideen zur Philosophie der Geschichte der Menschheit* trug zur Klärung der entstehenden Bildungsidee erheblich bei, ebenfalls die Gedankenwelt von Rousseau und Shaftesbury. Die Form der pietistischen Autobiographie, die den *Bekenntnissen einer schönen Seele* das Gepräge gab, war Goethe durch menschliche und literarische Begegnungen bekannt geworden. Romanciers wie Richardson, Marivaux, Abbé Prévost, vor allem aber der Schöpfer des *Agathon*, hatten ihn mit einer neuen Form der literarischen Individualität vertraut gemacht: eine fiktionale Figur, die sich ihrer Selbstbestimmung bewußt geworden ist, die — jedenfalls bei Wieland — nicht mehr im Rahmen eines fraglos vorgegebenen weltanschaulichen Systems über sich reflektiert, sondern sich in ihrer mehr oder minder komplexen subjektiven Eigenart zu begreifen sucht; die sich schließlich nicht mehr mit der ihr zufallenden sozialen Rolle identifiziert, sondern sich bemüht, den ihren Fähigkeiten und Neigungen entsprechenden Platz in der Gesellschaft einzunehmen.

Man hat die Funktion des sechsten Buches bisher häufig in der Darbietung der Religion als einer Bildungsmacht für den Protagonisten erblickt. Dem steht entgegen, daß Wilhelm, als Natalie ihn nach seiner Meinung über das Manuskript der *Bekenntnisse einer schönen Seele* befragt, überhaupt nicht auf dessen religiöse Thematik eingeht.[22] Sie ist offensichtlich für ihn unerheblich, jedenfalls innerhalb der *Lehrjahre*. Man hat ferner die Funktion des sechsten Buches darin gesehen, daß es Wilhelm wie den Leser in die höhere Bildungssphäre des Kreises um den Oheim und Natalie einführen solle. Daraus lassen sich jedoch nicht die psychologische Differenziertheit und die ungewöhnliche Breite dieser Autobiographie erklären — immerhin die längste Lebensbeschreibung innerhalb des Romans, wenn man von Wilhelms Lebenslauf absieht. Goethe hat bekanntlich die „Bekenntnisse" im unmittelbaren Anschluß an das vierte Buch der *Lehrjahre* verfaßt, dem ja noch die *Theatralische Sendung* zugrunde gelegen hatte. Er sah sich gerade durch das sechste Buch, mit dem er recht eigentlich die Feder neu ansetzte, in seiner Arbeit am Roman sehr gefördert, weil, wie er Schiller erläuterte, „es vor- und rückwärts weist und, indem es begrenzt, zugleich leitet und führt".[23] Zum ersten Mal beschränkt sich ein Buch dieses Werkes auf den Werdegang einer einzigen Figur, wobei die Phasen von deren Bildungsprozeß fast modellhaft geschildert werden, und zwar von der Stiftsdame selbst, die aus der überlegenen Sicht der gereiften Persönlichkeit ihr Leben klar und tiefdringend deutet. Es wird sich zeigen, daß Goethe hier weit mehr als die private Konfession einer frommen Seele bietet. Das sechste Buch „leitet und führt", weil es den Blick des Lesers und natürlich auch des Protagonisten von der bunten Fülle des theatralischen Geschehens der ersten Bücher auf die Grundthematik begrenzend zurücklenkt. Es deutet nicht nur auf Kommendes voraus, sondern weist auch zurück, weil es die Elemente des Prozesses der Gestaltwerdung, die schon in der Theaterwelt sichtbar werden, an einem Einzelfall komplett entwickelt.

Es fällt auf, daß die Verfasserin der *Bekenntnisse* der Schilderung ihres Besuchs auf dem Schlosse des Oheims breiten Raum gibt, ja daß sie entgegen ihrer sonstigen Manier die Belehrungen, die sie dort aufmerksamen Sinnes empfängt, wortgetreu in direkter Rede wiedergibt. Der Oheim erläutert ihr „die moralische Bildung [...] im Gleichnisse" der Kunst (408). Sie nimmt seine Gedanken über die Prinzipien der Bildung in ihre Konfession auf, weil sie ihr ermöglichen, das Gesetz ihrer Existenz besser zu begreifen. Die Stiftsdame beginnt ihren Bericht mit der Beschreibung einer schweren Krankheit im Kindesalter, durch die der Grund zu ihrer späteren Denkart gelegt worden sei: „Ich litt und liebte, das war die eigentliche Gestalt meines Herzens" (358). Eine introvertierte, weltabgekehrte Gefühlsfrömmigkeit kündigt sich bereits jetzt an.[24] Andererseits verfällt das junge Mädchen schon wenige Jahre später den weltlichen Zerstreuungen eines oberflächlichen Hoflebens: „Ich sammelte mich nicht, [...] ich dachte nicht an mich noch an Gott" (364). Nach einiger Zeit wird sie sich jedoch der Leere ihres Daseins bewußt, und sie sehnt sich zurück nach den „erquickenden innerlichen Empfindungen" frommer Ergriffenheit. Sie vollzieht so den ersten Schritt zur Selbstfindung; sie beginnt sich ihrer eigenen „Gesinnung" bewußt zu werden, womit sie der Forderung des Oheims entspricht, der Mensch habe seine „Zwecke recht kennen zu lernen".[25] Sie hat sich inzwischen mit Narziß, einem jungen Mann der vornehmen Gesellschaft, verlobt. Ihre Familie fördert zwar diese Verbindung, sie selbst aber gewinnt mehr und mehr den Eindruck, daß die gesellschaftlichen Verpflichtungen, die ihr Narziß aufnötigt, ihrer religiösen Gesinnung zuwiderlaufen. In langen Auseinandersetzungen ringt sie ihrer Familie die Zustimmung ab, in dieser Herzenssache völlig frei und unbeeinflußt entscheiden zu können. Sie unternimmt damit den ersten Schritt zur ethischen Selbstbestimmung. Der Oheim erläutert ihr das Prinzip der *sittlichen Autonomie*: der Mensch müsse die Umstände soviel als möglich selbst bestimmen und sich sowenig als möglich durch sie determinieren lassen.[26]

Schließlich trennt sich die Erzählerin endgültig von Narziß; sie tut freiwillig und gerne „Verzicht aufs Leben", indem sie sich zu einem beschaulich-frommen Dasein als Stiftsdame entschließt (386). Sie erfüllt damit die Forderung des Oheims, der gebildete Mensch müsse „eins für das andere hingeben, eins vor dem andern wählen" (406). Aus solcher *Selbstbegrenzung* erwachse das Verehrungswürdigste am Menschen, nämlich „Entschiedenheit und Folge". Schritt für Schritt konzentriert und beschränkt sich nun die Stiftsdame auf das für sie einzig Wesentliche, ihr persönliches Gottesverhältnis. Ihr Handeln gewinnt zielgerichtete Entschiedenheit, indem sie mittels des Bekehrungssystems des Älteren Pietismus der Gottheit näherzukommen sucht. Sie entdeckt dabei das Bildungsprinzip der *tätigen Selbstgestaltung*; sie fühlt in sich, um mit dem Oheim zu sprechen, die „schöpferische Kraft, die das zu schaffen vermag, was sein soll" (405).

In den folgenden Jahren empfindet sie jedoch die rigorosen Übungen jenes pietistischen Bekehrungssystems als „fremde Formen", die sie zu überwinden trachtet (388). Das gelingt ihr im Erweckungserlebnis, dem Durchbruch zu ihrer eigenen, von dogmatischer Bevormundung freien Glaubensform. Durch die Wiedergeburt hat sie eine höhere Stufe der Selbstfindung betreten, die es ihr am Schluß ermöglicht, ihre personale Wesensmitte als „das wohlbekannte Ich" zu apostrophieren (415). Sie ist sich ihres „eignen Selbsts [...] in reinem Zusammenhang bewußt" geworden (388). Sie hat ihre persönlichen Grenzen, aber auch ihre Möglichkeiten der Steigerung erkannt und damit das Bewußtsein personaler Identität gewonnen. Im Laufe der Jahre steigert sich die Stiftsdame zu einer nahezu unumschränkten inneren Autonomie, die sie befähigt, in heiterer Freiheit ihren frommen „Gesinnungen" (420) zu folgen. In der Gesinnung manifestiert sich für Goethe der „gemeinsame Mittelpunkt", die Wesensmitte der Individualität, die alle charakterlichen Eigenschaften prägend durchdringen und zu einem Ganzen verschmelzen kann.[27] Die „Gesinnung" bestimmt letztlich die Grundrichtung des Denkens und Tuns.[28]

Die schöne Seele hat damit in stufenweiser Steigerung „Gestalt" gewonnen: eine sittlich autonome Persönlichkeit, die in Freiheit ihren Gesinnungen folgt, deren sie sich als Projektion der eigenen Wesensmitte im Prozeß der Selbstfindung bewußt geworden ist; eine Individualität, welche die daraus resultierenden praktischen Zwecke in bewußter Selbstbegrenzung verwirklicht und ihren Charakter in tätiger Selbstgestaltung formt.

Das wesentlichste Kriterium der gebildeten Gestalt besteht in deren proportionierter *Ganzheit*, die nicht mit allseitiger Universalität gleichzusetzen ist.[29] Die schöne Seele notiert sich aufmerksam die Worte des Oheims, es gelte, sich „mit sich selbst

[...] übereinstimmend zu machen und [...] in Einheit zu bringen" (405). Gemeint ist damit in der Regel nicht die spannungslose innere Harmonie des Menschen — diese zeichnet letztlich nur die Stiftsdame und Natalie als begnadete „schöne Seelen" aus —, sondern dessen sinnvoll integrierte innere Organisation, die produktive Wechselwirkung zwischen den Eigenschaften, Fähigkeiten und Fertigkeiten des Individuums. Das setzt voraus, daß Denken und Tun auf den „gemeinsamen Mittelpunkt" der Individualität hingeordnet sind und von einer kontinuierlichen Grundgesinnung durchwaltet werden.[30] Der Oheim sieht diese innere Verfassung durch „Ökonomie, Zweckmäßigkeit und Festigkeit" bestimmt (405). Nach außen manifestiert sich der gestalthafte Charakter durch „Entschiedenheit und Folge".[31] Die willensmäßige Entschiedenheit und die sinnvoll geordnete Folge des Handelns hängen eng zusammen: „Sehnsucht und Streben" des gestalthaften Individuums sind mit dessen „Tun und Leisten [...] proportioniert": es besteht also ein untrennbarer, fruchtbarer Bezug zwischen Wollen, Können und Vollbringen.[32]

Der exemplarische Bildungsprozeß der schönen Seele wäre unvollständig, würde die Verfasserin nicht zuletzt versichern, daß sie immer vorwärts, nie rückwärts gehe, daß ihre Handlungen immer mehr „der Idee" ähnlich würden, die sie sich von der „Vollkommenheit" gemacht habe.[33] Die Stiftsdame ist sich zwar ihrer eigenen Wesensmitte im Erweckungserlebnis bewußt geworden, sie weiß um ihre mögliche Selbsterfüllung in einer weltabgekehrten, innigen Gottesliebe, aber sie hat diese Haltung noch keineswegs in ihrem Lebensalltag völlig realisiert. Sie befindet sich erst auf dem Wege zur totalen Selbstverwirklichung, und sie orientiert sich dabei an einem traumhaften, idealen Leitbild; der Oheim hatte es als das „Urbild" umschrieben, auf das hin die individuelle Gestalt geschaffen werde (405). Damit ist das unerreichbare, aber richtungsgebende Telos des dynamischen Bildungsprozesses gemeint, das auch bei anderen Figuren begegnet. Der letztlich unabschließbare Vorgang der Gestaltwerdung vollzieht sich bei der Stiftsdame in stufenweiser Steigerung, was die Tatsache von Irrwegen und Fehlleistungen nicht ausschließt. Die geprägte innere Form gewinnt in lebendiger Entwicklung die ihr mögliche Gestalt, und zwar im rhythmischen Wechsel zwischen Systole und Diastole: das junge Mädchen wird durch ihre schwere Krankheit auf sich selbst zurückgewiesen; später folgen die weltlichen Zerstreuungen, die wiederum die Voraussetzung bilden für die Besinnung auf ihre autonome religiöse Wesensart. Um diese weiter zu entfalten, gibt sie sich einem Bekehrungssystem hin, das sie im Durchbruch zu ihrer persönlichen Glaubensform wieder überwindet. Selbst bei dieser weitgehend introvertierten Persönlichkeit wird deutlich, daß sich der Bildungsprozeß nur im Austausch von Ich und Welt, von Hingabe und Zurücknahme vollzieht.

Mit den aus dem Lebensbericht der Stiftsdame gewonnenen Kriterien läßt sich der Prozeß der charakterbildenden Gestaltwerdung bei Wilhelm Meister begreifen. Dabei lassen wir uns von den Einsichten leiten, die der gereifte Protagonist in den *Wanderjahren* als Ergebnis einer Selbstanalyse seiner Kindheit Natalie mitteilt. Er stellt jene Epoche unter sein „Bedürfnis nach Freundschaft und Liebe", das er überall zu befriedigen gesucht habe.[34] Es führt den Jungen dazu, daß er mittels des Puppentheaters eine „Gespannschaft" von Kameraden um sich schart, die seinen Anregungen begeistert folgen (26). Zugleich bietet ihm die Welt des theatralischen Scheins die Möglichkeit, seine schöpferisch idealisierende Einbildungskraft im kindlichen Spiel zu entwickeln; aber auch sie steht in innigem Zusammenhang mit einer frühen Anteilnahme an menschlichen Schicksalen. Der Jüngling äußert seine grundsätzliche Gesinnung fast programmatisch: „Der Mensch", erklärt er Philine, „ist dem Menschen das Interessanteste und sollte ihn vielleicht ganz allein interessieren" (101). Es gelte für den einzelnen, „das Gefühl der Gesellschaft" zu entwickeln, die Fähigkeit, die Menschen zu erfreuen und um sich zu sammeln. Gerade das Theater biete dafür beste Möglichkeiten. Hier offenbart sich ein wesentliches Motiv für seine theatralische Laufbahn: er will das Publikum an seinen Lebensidealen teilhaben lassen; er möchte ihm in geselliger Gemeinschaft „das Mitgefühl alles Menschlichen geben" (196). Schon früh entpuppt er sich als ein auf das Du angelegtes Wesen, erfüllt von tätiger menschlicher Teilnahme, stets bemüht — wenn auch nicht immer erfolgreich —, soziale Beziehungen zu stiften. Alle Lebensbereiche, die er durchläuft, erschließen sich ihm primär durch die persönliche Begegnung in Freundschaft oder Liebe. Sein Grundtrieb (nisus formativus), der seinen Bildungsprozeß entscheidend steuert, äußert sich in einer stark ausgeprägten Soziabilität, in der Fähigkeit zu frei ergriffener sozialer Bindung, in der Neigung und Fähigkeit, sich mit anderen in humaner Gemeinsamkeit gesellig zu verbinden. Daher auch seine ausgesprochene Vorliebe für das Gespräch, für den Austausch von Gedanken und Empfindungen, deren adäquate Wiedergabe die szenische Darstellung fordert, die den Roman auf weiten Strecken beherrscht.[35]

Die gemeinschaftsbildenden Strebungen konstituieren Wilhelms Wesensmitte; sie sichern ihm bei allen späteren Wandlungen seine Identität.[36] Goethe hat, wie erwähnt, die wesentlichsten Figuren aus ihrer personalen Mitte heraus konzipiert und entwickelt. Im Notizbuch des Jahres 1793 umschreibt er Wilhelms Wesensart durch das Festhalten am „ästhetisch-sittlichen Traum".[37] Es gilt, diese Leitidee, diese konstante Grundgesinnung in ihrer Bedeutung für Wilhelms Persönlichkeitsentwicklung zu verfolgen und dabei Goethes Hinweis zu beachten, jede morphologische Betrachtung habe „von einer Einheit auszugehen, aus ihr die Teile zu entwickeln und die Teile darauf wieder unmittelbar zurückzuführen".[38] Das erste Buch schildert Wilhelms Verbindung mit Mariane; es endet mit dem Zusammenbruch dieser menschlichen Beziehung. Im folgenden Buch nimmt sich der seelisch tief verwundete Jüngling mitleidvoll der verlassenen Mignon und des vereinsamten Harfners an; es endet mit dem Glücksgefühl tiefer Verbundenheit zwischen den drei Gestalten. Das dritte Buch wird, wie die vorhergehenden, durch eine ähnliche Bewegung von Diastole und Systole konstituiert: Wilhelm betritt das gräfliche Schloß mit dem Vorsatz, die Vertreter der Adelswelt näher kennenzulernen, scheidet zuletzt jedoch tief enttäuscht. Er fühlt sich durch Standesdünkel, Hartherzigkeit und Oberflächlichkeit auf sich selbst zurückgewiesen und versichert sich mit Genugtuung seiner ungebrochenen Fähigkeit zu Freundschaft und Treue. Das vierte Buch setzt mit seiner Wahl zum Direktor des Ensembles ein; die demokratisch „republikanische Form" dieser Gemeinschaft wird dann durch den räuberischen Überfall jäh zerstört. Wilhelm ist über die niedrige Gesinnung seiner Kollegen enttäuscht und wendet sich Serlo zu, dem Direktor des städtischen Theaters, bei dem die Truppe Unterschlupf gefunden hat. Auch zu dessen Schwester Aurelie bahnt sich eine engere Bindung an. Im fünften Buch erlebt der Protagonist einerseits den lang ersehnten Höhepunkt seiner künstlerischen Laufbahn, den großen Erfolg des „Hamlet", zum andern aber beginnt sich das Ensemble von ihm abzuwenden; sogar seine Beziehungen zu Mignon und dem Harfner werden gestört. Aurelies Tod weist ihn vollends auf sich selbst zurück. Im siebten und achten Buch öffnet sich Wilhelm trotz mancher Enttäuschung und Verwirrung in bewundernder Hingabe gegenüber der Welt eines reifen, humanen Menschentums; die Gesellschaft des Turms, die ihn bisher pädagogisch geleitet hat, nimmt ihn unter die ihrigen auf.[39] Er erkennt in Felix seinen Sohn und gewinnt in Natalie die Mutter seines Kindes. Aber nicht nur im privaten Bereich bildet sich um ihn Gemeinschaft; er schließt sich auch Lotharios Aufruf zu gesellschaftlich-sozialen Zielsetzungen des Handelns willig an.

Wilhelm Meisters Entwicklung stellt sich aus solcher Sicht als ein Sozialisationsprozeß dar: der Protagonist verwirklicht, nicht ohne Retardationen, seine „soziable" Wesensanlage, wobei ihm leidvolle Erfahrungen nicht erspart bleiben. Zuletzt hat er durch die Übernahme sozialer Verantwortung für Felix die wichtigsten „Tugenden eines Bürgers" erworben (502), was jedoch nicht bedeutet, daß er sich in unkritischer Anpassung einer bestehenden Gesellschaftsform eingliederte.[40] Die „Sozietät", in die er eintritt, ist weder national noch durch eine bestimmte soziale Klasse geprägt. Sie besitzt ihre eigenen Wertvorstellungen und Verhaltensnormen, was beispielsweise an den Mesalliancen des Romanschlusses deutlich wird. Sozialisation kann daher für Wilhelm nur heißen, daß er sittliche Grundverhaltensweisen entwickelt, aus denen soziale Gemeinschaft zu erwachsen vermag.[41]

Wie in den *Bekenntnissen einer schönen Seele* existiert auch bei Wilhelm Meister eine in allen Entwicklungsphasen gleichbleibende Wesensmitte, die als gemeinschaftsbildender sozialer Grundtrieb dessen Gesinnung und Tun mit zunehmender Intensität bestimmt. Klammert man den Rückblick auf die Vorstufe der Kindheit aus, so umfaßt die erste Phase das erste bis vierte Buch. Sie ist, wie der Erzähler versichert, dadurch gekennzeichnet, daß Wilhelm ein planlos schlenderndes Leben führe, daß er keine zweckmäßigen Schritte kenne.[42] Zwar klingt die Bildungsthematik hin und wieder an — etwa in den Gesprächen mit den Abgesandten des Turms —, jedoch gewinnt der Protagonist noch keine geprägte Charaktergestalt. Wohl aber schafft er sich wesentliche Voraussetzungen hierfür: er lernt im Spiegel von Shakespeares Kunst „das Räder- und Federwerk" kennen, das den Ablauf des menschlichen Schicksals beeinflußt. Er begegnet Personen aus den Kreisen von Bürgertum, Adel und Theater, an denen sich seine soziable Wesensnatur zu bewähren sucht; Charaktere, denen im allgemeinen die gestalthafte Integration versagt geblieben ist. Wilhelm erkennt diese Zusammenhänge allerdings erst später, auf der nächsten Stufe seiner Entwicklung, als er über die Prinzipien der Gestalthaftigkeit Klarheit zu gewinnen beginnt.[43] Nicht zuletzt entwickelt die Sphäre des theatralischen schönen Scheins seine idealisierende Einbildungskraft, seine Fähigkeit, die unbefriedigende Wirklichkeit durch ein ideales Leitbild — die Amazone — zu überhöhen. Der bildende Wert der Theaterwelt für Wilhelm Meister liegt demnach primär nicht im künstlerischen, sondern im menschlichen Bereich beschlossen. Das wird am besten durch seine herbe Kritik an den Menschen des Theaters belegt, die er im siebten Buch gegenüber Jarno äußert. Sie werden nach den inzwischen erkannten Kriterien der Gestalthaftigkeit beurteilt. Sie sind „mit sich selbst unbekannt", haben also die Selbstfindung nicht oder nur unzulänglich vollzogen; ihre Anforderungen, die sie an die Umwelt stellen, sind „ohne Grenzen": ihnen fehlt die Fähigkeit zur Selbstbegrenzung; sie wirken gegeneinander, ermangeln also der gemeinschaftsbezogenen Tätigkeit. Vor allem lassen sie die vernunftvolle Selbstbestimmung vermissen, da sie nur nach dem „Majestätsrecht ihrer persönlichen Willkür" leben (433 f.).

Damit ist bereits die zweite Phase von Wilhelms Bildungsweg erreicht, die den größten Teil des fünften und das siebte Buch umfaßt — indirekt, über die Lektüre, natürlich auch die *Bekenntnisse einer schönen Seele*. Die Elemente der Charaktergestalt beginnen sich allmählich zu formieren. In dem großen Brief an Werner erkennt Wilhelm erstmals die ganzheitliche Ausbildung seiner Persönlichkeit als vornehmste Lebensaufgabe. Hierbei wirkt insgeheim die leitbildhafte Gestalt der menschenfreundlichen Amazone mit, die am Ende des Kapitels visionär erscheint. Indem Wilhelm einsieht, daß er derzeit mit sich selbst „uneins" ist, hat er bereits einen ersten Schritt zur *Selbstfindung* vollzogen.[44] Er gelangt späterhin zu einer wesentlichen Erkenntnis seiner Bestimmung, indem er die Pflichten der Vaterschaft gegenüber Felix freudig übernimmt. Weitere Aufschlüsse über sich im besonderen und über die Bildungsproblematik im allgemeinen erhält er durch den Lehrbrief, durch die Rolle seiner Lehrjahre und nicht zuletzt über die Lektüre der Konfessionen der Stiftsdame.

Allmählich zeigt sich bei Wilhelm ein entschiedener Zug zu sittlicher *Selbstbestimmung*: trotz Jarnos Spott hält er Mignon und dem Harfner die Treue; die Theatertruppe formt er nach seinen eigenen Vorstellungen. In dem erwähnten Brief an Werner entscheidet er sich entschlossen gegen die Welt des bürgerlichen Lebensalltags. Dieser Durchbruch zu individueller Selbständigkeit steht in unlösbarer Wechselwirkung mit dem jetzt einsetzenden Prozeß der Selbstfindung. So bedingen und steigern sich gegenseitig die verschiedenen Elemente der entstehenden Charaktergestalt. Sie kehren gleichsam spiralförmig auf höherer Ebene wieder: das Prinzip der Selbstbestimmung etwa in der Übernahme der Verantwortung für den jungen Felix, die in ihrer Bedeutung alle bisherigen Entscheidungen des Protagonisten weit überragt.

Wilhelm beginnt sich in dieser zweiten Phase auch in die Haltung der *Selbstbegrenzung* einzuleben, indem er der noch immer geliebten Bühne endgültig den Rükken kehrt und sich der Erziehung seines Sohnes widmet. Diese pädagogische Tätigkeit fällt jedoch bereits in die dritte Phase seines Bildungswegs, die durch eine zunehmende Aktivität charakterisiert ist. Indem er innerhalb des sozialen Bezugs zu Felix tätig wird, formt er zugleich die eigene Persönlichkeit weiter aus. Das Bedürfnis nach *schöpferisch-sozialer Tätigkeit* motiviert auch sein Werben um Therese; sucht er doch für Felix eine Mutter. Er schließt sich dem Kreis um Lothario auch nur deshalb an, weil er sich gewiß ist, daß er in dieser Umgebung zu „einer reinen und sichern Tätigkeit" gelangen wird (491). Er wird seine soziable Wesensnatur in einem Kreis erfüllen, in dem der individuelle Bildungsanspruch mit der aufklärerischen Forderung nach gesellschaftlicher Integration des einzelnen vermittelt ist. Freilich niemals spannungsfrei, denn Wilhelm erfährt manche erzieherische Maßnahme der Turmgesellschaft als einschränkende Fremdbestimmung.[45]

In der dritten Phase kehren alle Strukturelemente der sich bildenden Charaktergestalt in gesteigerter Form wieder: Wilhelm erfährt in der Liebe zu Natalie seine teilnehmende, gemeinschaftsbildende Wesensnatur in einer bisher nicht erlebten Klarheit. Er verehrte ja die wohltätige „Amazone" seit dem räuberischen Überfall, nach dem sie ihm Beistand geleistet hatte, als „hülfreiche Gestalt" (546). Nicht zufällig wird nun auf die Affinität zwischen ihm und Natalie hingewiesen; nicht umsonst gesteht der Protagonist sich ein, daß ihr Wesen einen tiefen Eindruck in ihm hinterlassen habe.[46] In der bewundernden Hingabe an Natalie erfährt er sie als verpflichtendes Vorbild, das seinem Streben nach Verwirklichung seiner teilnehmenden Wesensnatur die Richtung weist. Natalie repräsentiert für den Kreis um Lothario die vorbildhafte „Gestalt aller Gestalten", deren selbstlos-caritative Handlungsweise „unerreichbar" erscheint.[47] In dieser „schönen Seele" (608) haben sich die typologischen Eigenschaften der Charaktergestalt in Vollendung harmonisch integriert. Sie verkörpert eine — nicht unproblematische — Hochform unverletzbarer Autonomie, zeigt sie doch, wie versichert wird, kein Bedürfnis einer Anhänglichkeit an irgendein Wesen.[48] Ihre Idealität läßt sich etwa daran ermessen, daß in den *Wanderjahren* zwischen ihr und Wilhelm keine eheliche Gemeinschaft hergestellt wird — sie tritt persönlich gar nicht mehr auf —, daß der Protagonist jedoch andererseits die wesentlichen Entscheidungen, wie etwa seine Berufswahl, stets vor ihr zu rechtfertigen sucht.[49] Freilich ist die Schwäche solch utopischer Darstellung offenkundig, denn Natalie ermangelt weitgehend des spontanen Gefühls und verliert dadurch an überzeugender Menschlichkeit.

Neben solchen Fortschritten im Prozeß der Selbstfindung, in der Erkenntnis der persönlichen Möglichkeiten und Grenzen, steigert sich auf Wilhelms dritter Bildungsstufe seine Fähigkeit zu sittlicher Selbstbestimmung nicht unerheblich. Wagt er es doch, in einem Kreis von Persönlichkeiten, die ihm offensichtlich überlegen sind und bei denen er das Gastrecht genießt, auf eigene Faust um Therese zu werben. Scheut er sich doch nicht, an den undurchsichtigen Manipulationen der Gesellschaft des Turms freimütig Kritik zu üben.

Der alte Goethe hatte zweifellos recht, wenn er bestritt, daß Wilhelm am Ende der *Lehrjahre* einen festen Charakter humaner Vollendung gewonnen habe.[50] Dennoch kann dem Protagonisten eine gewisse Gestalthaftigkeit nicht abgesprochen werden. Selbst der nüchterne Alltagsmensch Werner ist bei einem späteren Wiedersehen mit Wilhelm von dessen veränderter, gereifter Erscheinung überrascht.[51] Wenn Goethe die ganzheitliche Individualität durch einen „gemeinsamen Mittelpunkt" gekennzeichnet sah, „der sein geheimes Dasein eben durch das harmonische Verhältnis aller Teile zu ihm manifestiert", so trifft dies für Wilhelm bis zu einem gewissen Grade durchaus zu.[52] Seine wesentlichsten Eigenschaften, Fähigkeiten und Fertigkeiten werden von seinem auf Steigerung gerichteten, gemeinschaftsbildenden Grundtrieb geprägt. Verglichen mit Agathon, dessen geistig-sinnliche Doppelnatur am Ende nicht wahrhaft in eine ganzheitliche Charaktergestalt integriert ist, kann Wilhelm Meister eine größere gestalthafte Einheitlichkeit für sich beanspruchen. Endgültig überwunden sind leidenschaftsblinde Verworrenheit und vernunftlose Subjektivität. Er weiß zwar am Ende der *Lehrjahre* noch nicht, welche weiteren sozialen Rollen, etwa beruflicher Art, er übernehmen wird; aber wie er handeln wird — in welcher Gesinnung, nach welchen Prinzipien —, ist ihm nunmehr bewußt. Er hat konstante Orientierungsmuster gewonnen und ist zum Bewußtsein personaler Identität gelangt. In den *Wanderjahren* wird sich seine neugewonnene Haltung dann praktisch bewähren.

Der Schluß der *Lehrjahre* setzt in Wilhelms Entwicklung eine deutliche Zäsur; von ihm her gesehen enthüllt sich der oft wirre Werdegang als zielgerichtet und sinnvoll. Zugleich ist die Verlobungsszene mit Natalie zur Zukunft hin geöffnet; ein Neubeginn innerhalb des nie endenden Bildungsprozesses ist damit gesetzt. Der oft verwendete Begriff der Utopie ist unglücklich gewählt; verdeckt er doch geradezu die Eigenart dieses Romanschlusses, in dem sich real Gewordenes und Zukunftsträchtiges in einer gestalthaften Gegenwärtigkeit vereinigen. Weder Wilhelm noch der Kreis um Lothario repräsentiert die makellose Idealität humaner Vollendung, wie sie Wieland am Schlusse des *Agathon* in Archytas gestaltet. Menschen wie Lothario oder Therese sind im zeitgenössischen bürgerlich-aristokratischen Lebensraum verwurzelt, wenngleich sie zur bestehenden Gesellschaft kritische Distanz wahren. Im übrigen verbietet schon die ironische Relativierung der Turmgesellschaft eine Zuordnung zur Utopie.

Konnte Agathon als typologisch ausgelegter Charakter mit gewissen individuellen Zügen bezeichnet werden, da er eine bestimmte „Classe" von Charakteren beispielhaft vertrat — Typus des reich begabten, ideal gesinnten Jünglings —, so ist die literarische Seinsweise Wilhelm Meisters die einer differenzierten Individualität; er vertritt keine Gruppe, sondern allein sich selbst. Während Agathon noch im Dienst einer didaktischen Demonstration des Nutzens von virtus und sapientia stand, verwirklicht Wilhelm Meister in sich die Einheit von Gestalt und Bedeutung.[53] Wenn Wilhelms Einzelfall überhaupt etwas „bedeutet", dann wohl nur dies, daß er die Prinzipien des Prozesses der Charakterbildung — im Kontext mit anderen Biographien — verdeutlicht.[54]

Wir haben damit bei den beiden umfangreichsten Lebensläufen des Romans dieselben konstituierenden Elemente des gestalthaften Charakters festgestellt, wenn auch auf Grund andersartiger Voraussetzungen jeweils individuell abgewandelt. Bedeutsam nun, daß die *Lehrjahre* trotz ihrer Vielzahl von Figuren nur noch sechs Charaktere aufweisen, denen je eine Kurzbiographie beigegeben ist; und zwar erscheinen sie in paarweiser Gruppierung: Lothario und Therese, Serlo und Aurelie, der Harfner und Mignon.[55] Diese Paare repräsentieren nicht nur für Wilhelm bedeutsame Lebensbereiche, sie demonstrieren vor allem Möglichkeiten und Grenzen des gestalthaft-ganzheitlichen Charakters.

Dessen Elemente ordnen sich in Lothario, dem Gutsherrn, um eine Wesensmitte, die Goethes Notizbuch als „heroisch-aktiver Traum" umschreibt.[56] Er hat am amerikanischen Unabhängigkeitskrieg im Einsatz für freiheitlich-humanitäre Ideale kämpfend teilgenommen; er versucht in gleicher Gesinnung soziale Reformen auf seinen Landgütern durchzuführen. Ein ideenreicher, schöpferischer Mensch, der keine Widerstände scheut, um eine unzulängliche Wirklichkeit tätig zu verändern. Indem er seinen politisch-sozialen Tatendrang auf den überschaubaren Bereich der eigenen Besitztümer konzentriert, übt er zielbewußte Selbstbegrenzung. Er kann so handeln, ohne sich untreu zu werden, weil er seiner persönlichen Bestimmung gewiß geworden ist: „Ordnung im Glück, Mut im Unglück, Sorge für das Geringste und eine Seele, fähig, das Größte zu fassen und wieder fahren zu lassen" (467). Lotharios Fähigkeit zu sittlicher Selbstbestimmung bekundet sich in seinem Mut zu eigenwilligem, unkonventionellem Handeln. Seine Persönlichkeit gewinnt ihre ganzheitliche Integration durch eine dynamische Wesensnatur, die sich in einer weit ausgreifenden sozialen Grundgesinnung manifestiert. Lothario kann freilich nicht die harmonische Ganzheitlichkeit einer schönen Seele, ja nicht einmal die einheitliche Geschlossenheit einer Therese verwirklichen, weil seine hochgesteckten humanitären Ziele das Gleichgewicht von Wollen und Vollbringen immer erneut gefährden. Freilich zeigt sein pragmatischer Charakter auch problematische Eigenschaften, was im übrigen für alle Figuren des Romans gilt. Materielles Besitzstreben und eine gewisse Gefühlskälte sichern ihm nicht die ungeteilte Sympathie des Lesers.

Die nüchterne, klarsichtige Therese, Lotharios spätere Gattin, zählt zu den geschlossensten Charakteren des Romans. Ihr Lebensbericht, den sie Wilhelm gibt, beweist, daß sie sich ihrer „innersten Natur" wohl bewußt ist; diese richtet sich auf die Schaffung und Bewahrung der Ordnung und Reinlichkeit des Hauses.[57] Ihre gestalthafte Ganzheit wird an den bereits bekannten Kriterien sichtbar: Entschiedenheit und Folge bestimmen ihr Denken und Tun; an Lotharios Seite erlebt sie das höchste Glück, das sie als Folge der Verwirklichung ihrer angeborenen praktischen Neigung begreift.[58] Sie schöpft die ihr gegebenen inneren Möglichkeiten restlos aus und setzt sich nur solche Zwecke, die sie zu realisieren imstande ist.

Den Lebensläufen Thereses, Lotharios und der Stiftsdame kommt innerhalb des Werks eine komplementäre Funktion zu; sie stellen zu Wilhelms Entwicklungsprozeß gleichsam Varianten dar, die es erst ermöglichen, die Grundmerkmale des gestalthaften Charakters an sich zu erschließen. Der Weg der vergleichenden Untersuchung führte also von den individuellen Varietäten zum „Typus" der Gestalt. Die Kurzbiographien Lotharios und Thereses gehören in den Umkreis der Gesellschaft des Turms; sie schildern relativ vollendete, vernunftvoll gereifte und gerundete Charaktere. Dagegen repräsentieren die Lebensgeschichten Serlos und Aurelies die Welt des Theaters — zweifellos in der bedeutendsten Form, die Wilhelm erlebt, dennoch aber unvergleichbar mit den oben beschriebenen Gestalten. Daher ist Wilhelms hartes Urteil verständlich; er spricht den Schauspielern, wie erwähnt, schlechthin die Gestalthaftigkeit ab.

Unter dieses Verdikt fällt auch Serlo. Als Kind wurde sein inneres Wachstum gewaltsam beschnitten, indem ihn ein brutaler Vater erbarmungslos für Bühnenrollen dressierte. Nach der Flucht aus dem verhaßten Elternhaus entwickelte er sein künstlerisches Talent zielstrebig weiter, wobei er seine charakterlichen Eigenschaften einzig in den Dienst der beruflichen Karriere stellte: so etwa die Fähigkeit der Menschenbeobachtung, die seiner Darstellungskunst zugute kommt, oder seinen bedenkenlosen Opportunismus, der sich den Wünschen des Publikums anzupassen versteht. Daher läßt Serlo auch im Privatleben die sittliche Autonomie vermissen. Seine eitle, egozentrische „Selbstigkeit" verwehrt ihm die Herstellung normaler menschlicher Beziehungen; er gefällt sich in spöttischer Verachtung seiner Umwelt. Der Erzähler beschließt diese Biographie, indem er den inneren Widerspruch Serlos aufdeckt: dieser habe sich zwar zu einem vollkommenen Schauspieler ausgebildet, aber er sei in Leben und Umgang „immer heimlicher, künstlicher, ja verstellt und ängstlich" geworden (273). Damit ist die Einheit von menschlicher Existenz und beruflicher Tätigkeit, die Lothario und Therese auszeichnet, verfehlt.

Serlos Schwester Aurelie, ebenfalls eine hochtalentierte Künstlerin, berichtet selbst über ihren Werdegang, der von ihrer unglücklichen Veranlagung bestimmt ist, die Goethes Notizbuch als „hartnäckiges, selbstquälendes Festhalten" beschreibt.[59] Aurelie verzehrt sich über ihrer unerfüllten Liebe zu Lothario. Zu vernunft- und willensbeherrschter Autonomie, zu Entschiedenheit und Folge des Handelns unfähig, ist sie ein Spielball ihrer maßlosen Leidenschaftlichkeit. Ihr fehlt die gesammelte innere Mitte des gestalthaften Charakters; daher läßt sie sich durch äußere Einflüsse allzusehr bestimmen. Sie übt ihren Beruf weniger um der Sache als um des Beifalls willen aus, der ihr vom Publikum gespendet wird. Als Lothario nicht mehr zu ihr zurückfindet, flüchtet sie in den Tod, überzeugt, daß ihr jegliche glückhafte Übereinstimmung mit ihrer Umwelt zeitlebens versagt bleiben wird.

Die Funktion der Lebensläufe Serlos und Aurelies ist eine kontrastive: Wilhelm erlebt an ihnen Spielarten mißglückter Bildungsgestalten, die sein schroffes Urteil über die Menschen der Bühne erst verständlich machen.[60] Die beiden letzten Kurzbiographien, die fragmentarischen Lebensgeschichten Mignons und des Harfners, gehören dagegen weder dem Bereich des Theaters noch der Sphäre des Turms an. Ihnen kommt in diesem Bildungsroman die Aufgabe zu, in kontrapunktischer Handlungsführung an die dunklen Mächte zu erinnern, die den Entwicklungsprozeß des Menschen in widernatürliche Bahnen zwingen und so das Individuum vernichten.[61] Mignons Grundstimmung ist eine im hiesigen Dasein nicht stillbare Sehnsucht; ihre Entelechie scheut gleichsam die irdische Verkörperung. Daher notierte Goethe über diese Figur „Wahnsinn des Mißverhältnisses", womit er auf die antagonistische Gespaltenheit zwischen Körper und Geist des Mädchens deutete.[62] Daher ihre ungestaltete Schrift, ihre gebrochene, fremdartige Sprechweise, ihre Tendenz schließlich zu androgyner Unentschiedenheit. Mignon und der Harfner, von poetischem Zauber umwoben, gewinnen keine proportionierte Charaktergestalt. Gesellschaftlich ortlos, verharren sie in rätselvoller Fremdheit und erreichen kein klar entschiedenes Verhältnis zu sich selbst und zur Umwelt. Sie setzen dem entwicklungsgläubigen Optimismus der Turmgesellschaft eindeutige Grenzen.

Die Grundthematik der *Lehrjahre* kreist um die Erschließung des Typus des gestalthaften Charakters. Sie wird mittels einer Vielfalt von Figuren entwickelt, die unterschiedliche Grunddispositionen aufweisen und von verschiedenen Lebensbereichen geprägt sind. Diese erfüllen mehr als nur die Funktion von Bildungsmächten. Das erweist ihre Konstellation, die, wie erwähnt, nach der morphologischen Methode der Gruppen- und Reihenbildung geordnet ist. Sie dient dem Zweck wechselseitiger Spiegelung. Deren Ordnungsprinzip findet sich in der verweisungsträchtigen Beschreibung des ästhetisch komponierten Saales der Vergangenheit, dessen Figurengruppierungen deshalb „eine so vollkommene als deutliche Wirkung" zeigen, weil ihre Anordnung „durch Verbindung oder Gegensatz [...] bestimmt" ist (542). Die Gruppierung in komplementärer bzw. kontrastiver Weise ermöglicht nicht nur die Verdeutlichung der individuellen Varietäten, sondern auch die Erschließung der typologischen Gemeinsamkeiten der gestalthaften Charaktere. Die Figuren in den gesellschaftlichen Bereichen des Theaters, des Bürgertums und des Rokoko-Adels stellen Spielarten mehr oder minder mißglückter Gestalthaftigkeit dar, während die Gesellschaft des Turms vorwiegend Persönlichkeiten von weitgehend harmonisch gefestigtem Charakter aufweist.

Wilhelm Meisters Sonderstellung innerhalb des Figurenensembles ist deutlich; als einziger hat er an allen dargestellten Lebensbereichen teil, weshalb er am wenigsten durch soziale Rollen festgelegt ist. Sein Spektrum der Erfahrung ist am weitesten gefächert. Er ist Mittelpunktsgestalt und episches Integrationszentrum des Romans. Schiller sah richtig, wenn er Wilhelm als die für die Komposition „notwendigste [...] Person" bezeichnete.[63] Die übrigen Figuren sind — in ihrer Eigenschaft als Repräsentanten von Bildungsmächten — bis zu einem gewissen Grad funktional auf ihn bezogen. Aus ihnen ragen, wie erwähnt, sieben Gestalten heraus, deren Lebensläufe Wilhelms Werdegang in geheimer Korrespondenz zugeordnet sind. Die Biographien der

Stiftsdame, Thereses und Lotharios variieren unbeschadet ihres individuellen Eigenwerts den Prozeß von Wilhelms Charakterbildung, allerdings durchweg auf höherer Stufe der Gestalthaftigkeit. Sie sind damit der Zentralfigur komplementär zugeordnet. Hingegen stehen die Lebensläufe Serlos, Aurelies, Mignons und des Harfners, wie erwähnt, in einem gegensätzlichen Verhältnis zu Wilhelms Entwicklungsgang. An ihnen ließen sich die Grundelemente der werdenden Bildungsgestalt mehr oder minder nur ex negatione bestimmen. Aus diesem Beziehungsgefüge der Figurenkonstellation ergibt sich, daß die hergebrachte Dichotomie von Figuren- bzw. Raumroman hier nicht anwendbar ist.

Die Folge, in der all diese Figuren auftreten, ist keineswegs der Willkür des Erzählers anheimgegeben. Die weitläufigen Gespräche über die Komposition des „Hamlet", die scheinbar funktionslos im poetischen Raume stehen, geben hier den erwünschten Aufschluß.[64] Wilhelm erkennt als ein Formprinzip dieses Dramas die unüberbietbare „Folge, in der sie [die Figuren] aufgestellt sind" (295). Das Prinzip der „Folge" steuert in den *Lehrjahren* das Auftreten der meisten Figuren in der Art, daß vor allem den jeweiligen Bedürfnissen der sich entwickelnden Zentralgestalt Genüge getan wird. Beispielsweise können Serlo und Aurelie als höchste Repräsentanten der Schauspielkunst ihren Platz nur dort finden, wo Wilhelm in die letzte Phase seiner theatralischen Laufbahn eintritt, also am Ende der in systematischer Reihenbildung aufgebauten Vertreter des Theaters. Dagegen gehört etwa Natalie weder in jene Theaterwelt, noch entspricht sie überhaupt Wilhelms anfänglichem Zustand innerer Verworrenheit; sie kann deshalb in der ersten Hälfte des Romans höchstens als traumhaftes Leitbild in Gestalt der „Amazone" auftreten. Auch die Schauplätze, im allgemeinen nur mit knappen, aber sicheren Strichen skizziert, sind Wilhelms Werdegang zugeordnet und daher in ihrer Abfolge unvertauschbar.

Die Fügung der Fabel ist durch die Verknüpfung von Gegensätzen gekennzeichnet, der Erzählverlauf entwickelt sich in aufeinander verweisenden Kontrasten:[65] Ausdruck einer in ihrer Kontingenz unerklärbaren, widersprüchlich-komplexen und doch schicksalhaft-sinnvoll wirkenden Lebenstotalität. So lernt Wilhelm erst durch den räuberischen Überfall seine Amazone kennen; nur durch Aurelies Tod gelangt er zu dem Kreis um Lothario; Felix' Unart, aus der Flasche zu trinken, rettet ihm das Leben — dies nur einige wenige Beispiele. Daher konnte der späte Goethe das Handlungsmuster des Romans in dem lapidaren Satz zusammenfassen, „daß alle die falschen Schritte zu einem unschätzbaren Guten hinführen".[66] Die Richtigkeit dieses Urteils wird allerdings durch die kontrapunktische Handlungsführung des letzten Buches in Frage gestellt: während Wilhelm in der Verbindung mit Felix und Natalie ein hohes Glück zuteil wird, nehmen Mignon und der Harfner ein tragisches Ende. Die widersprüchliche Lebenstotalität umschließt Glück und Tragik, Erfüllung und Scheitern, so daß es geraten scheint, das Ende der *Lehrjahre* nicht nur im Blick auf Wilhelms Geschick zu verstehen.

Zwar konstituiert sich die Fabel des Romans, schon wegen der eingelagerten Lebensläufe, nicht durch eine geschlossene biographische Lebenslinie, aber ihr Aufbau orientiert sich dennoch in irreversibler Abfolge an den Erfahrungsbereichen und Entwicklungsphasen der Zentralgestalt. Wie bereits dargelegt, entfaltet sich Wilhelms gesellig-sozialer Wesenskern in ständigen Versuchen, mit Teilen seiner Umwelt in eine Gemeinschaftsbeziehung zu treten, wobei er nach einiger Zeit wieder auf sich selbst zurückgewiesen wird. Dieser rhythmische Wechsel von Diastole und Systole bestimmt die Handlungsführung der ersten drei Bücher sowie den Schluß des fünften Buches.[67] Damit bleiben noch die Zäsuren zwischen dem vierten und fünften sowie zwischen dem siebten und achten Buch unerklärt. Sie markieren, wie erwähnt, Wilhelms wesentliche Entwicklungsphasen: der Tod des Vaters leitet seine Selbstbesinnung ein, verbunden mit der endgültigen Trennung von der Welt seiner bürgerlichen Herkunft.[68] Die Aushändigung des Lehrbriefs am Schluß des siebten Buches führt ihn zur Aufnahme in die Turmgesellschaft und setzt den Anfang für eine eigenverantwortliche soziale Tätigkeit.

Das Zeitgerüst des Romans ist schwach ausgeprägt. Natürlich entwickelt sich Wilhelm in der Zeit, aber diese ist als meßbare physikalische Größe irrelevant. Betrachtet man die *Lehrjahre* als ein Ensemble von Figuren, deren wichtigste durch Kurzbiographien hervorgehoben sind, hingeordnet auf die Entwicklung einer Zentralgestalt, so ist weniger die Darstellung der Sukzessivität des Werdens jener Figuren intendiert als vielmehr die Simultaneität ihres Daseins. Das dominierende Ordnungsprinzip wäre dann dasselbe wie im ästhetisch komponierten Saal der Vergangenheit: eine Darstellung nämlich von mehr oder minder „gebildeten Gestalten [...] in schöner, lebendiger Folge" zum Zwecke wechselseitiger Spiegelung (541).

Die Dynamik der zur Verwirklichung drängenden inneren Potentialität der Zentralgestalt manifestiert sich in einer zielgerichteten Darstellungsweise. Der Erzähler weiß um Wilhelms persönliche Bestimmung; daher orientiert er den Aufbau des Romans an den Phasen der Entwicklung, stellt thematische und leitmotivische Verbindungen her, gibt zukunftsweisende Vorausdeutungen. Letztere allerdings seltener und verschleierter als in Wielands Roman, weil Goethe weniger an lehrhaft-abstrakten Reflexionen gelegen war als an der Darstellung eines komplexen Werdeprozesses.[69] Obwohl der Erzähler, im Vergleich zu *Agathon*, weniger persönliches Profil gewinnt, bemüht er sich doch um einen Bezug zum Leser, nicht zuletzt durch kommentierende Zwischenbemerkungen. Seine didaktische Intention äußert sich in einem Anspruch auf exemplarische Bedeutsamkeit des Dargestellten; durch die ästhetische Gestaltung wird offenbar, „was der Mensch sei und was er sein könne" (540).

Goethe ist es in den *Lehrjahren* weitgehend gelungen, die inhaltlich-thematischen und die formalen Elemente zu einem ästhetischen Ganzen zu integrieren, das trotz mancher Varianten — vor allem im Bereich der Figurenkonstellation — die Grundstruktur des Bildungsromans erkennen läßt.[70] Dennoch sollte man nicht verkennen, daß die Gesamtstruktur dieses wahrhaft vielschichtigen Romans sich letztlich dem rationalen Zugriff entzieht. Er zählt, wie Goethe nachdrücklich angemerkt hat, zu seinen „incalculabelsten Produktionen", weil er von dem unauslotbaren Phänomen der menschlichen Gestalt handelt, deren Summe, durch Vernunft dividiert, niemals rein aufgeht.

IV. DIE ROMANTIK

Einleitung

Die revolutionäre Beseitigung des Ancien régime in Frankreich hatte den Hoffnungen der jungen Generation auf Befreiung von erstarrten ständisch-feudalen Ordnungen neuen Auftrieb gegeben. Die Ära Friedrichs des Großen war zu Ende gegangen; der aufgeklärte Absolutismus mit seinem unbeirrbaren Glauben an den vernunftvollen gesellschaftlichen Fortschritt erschien weiten Kreisen mehr als zweifelhaft. Gerade im politisch zersplitterten, konservativ regierten Deutschland verstärkte sich daher Ende des Jahrhunderts die Neigung, in den Raum der Innerlichkeit auszuweichen, was sich etwa in dem wachsenden Interesse an den mysteriösen Praktiken zahlreicher Geheimbünde bekundete. Die künstlerisch und philosophisch produktiven Vertreter der frühen Romantik begriffen sich als Revolutionäre des Geistes; sie glaubten, nur über die Erweiterung und Veränderung des Bewußtseins lasse sich ein Wandel des gesellschaftlich-politischen Seins herbeiführen.[1]

Die frühromantische Bewegung wurde von gesellschaftlich entfremdeten, „sozial frei schwebenden Intellektuellen" getragen.[2] Um 1770 geboren, wurden sie in ihrer Aufbruchstimmung durch das tiefgreifende Erlebnis der Französischen Revolution ermutigt. Enttäuscht von Kleinstaaterei, politischer Reglementierung und der trägen Ungeistigkeit des Philistertums, suchten sie sich einen inneren Freiraum für ihre Selbstentfaltung zu schaffen. Der fruchtbare Wechselbezug zwischen Ich und Welt, aus dem der deutsche Bildungsroman entstanden war, wurde jetzt prinzipiell in Frage gestellt. Schon der junge Jean Paul vollzog die Trennung zwischen sinnerfüllter Innerlichkeit und als wesenlos empfundener Außenwelt, als er fragte: „Sind wir denn immer bestimmt, außer uns selbst herum zu irren, um zu suchen, was wir schon haben?"[3] Hier begann sich ein neues Selbstverständnis der gebildeten Existenz zu artikulieren, geboren aus dem melancholischen Leiden an der sinnentleerten Normalität des Endlichen. Die Entwicklung des emanzipatorischen Menschenbilds der Aufklärung trat jetzt in eine neue Phase, die Ideen der sittlichen Autonomie und der Perfektibilität des Individuums gewannen einen neuen Inhalt. Das ideologisch erstarrte bürgerliche Menschenbild der späten Aufklärung wich einem geistesaristokratischen Leitbild. Das frühromantische Lebensgefühl ist unbürgerlich, denn es entzieht sich gesellschaftlich gebundener Konformität; es orientiert sich vielmehr am außergewöhnlichen „genialischen Individuum. In permanenter Reflexion suchten die jungen Literaten die erlösende Synthese von Idee und Wirklichkeit, von Geistes- und Sinnenwelt. Sie vollzieht sich im Bildungsroman der Epoche durch den ästhetischen Akt der Poetisierung der empirischen Wirklichkeit, in dessen Vollzug sich die sinnhaltige personale Identität konstituiert. Dagegen hatte ein Wilhelm Meister primär durch einen gesellschaftsbezogenen ethischen Prozeß zu sich selbst gefunden, hatte durch entsagende Selbstbegrenzung und tätige Selbstgestaltung die Tugenden eines Bürgers erworben.

Die Romantik war die letzte Epoche, in der das säkularisierte und emanzipierte Individuum seine metaphysische Dimension zurückzugewinnen suchte, wobei freilich nicht nur die Möglichkeiten, sondern auch die Grenzen universaler Weltdeutung erfahren wurden. Der dialektische Umschlag von der Erlebnisfülle des Absoluten zur Leere des Nichts kennzeichnet die ständige Gefährdung der romantischen Existenz. In Tiecks Lovell, Jean Pauls Roquairol oder in Eichendorffs Graf Rudolf entartet der universale Individualismus zum illusionistischen Subjektivismus. Das sich absolut setzende Ich vermag angesichts des Zerfalls überkommener Ordnungen und Werte die universale Sinngebung nicht mehr zu leisten. Die fruchtlos in sich kreisende Reflexion verdammt zu Einsamkeit und Langeweile, vereitelt letztlich die Gewinnung personaler Identität. Nietzsche deutete später die abgründig dunkle Seite der Romantik als zukunftsschwangere „Vorbereitung des Nihilismus".[4] Aus der wachsenden Einsicht in die Gefährdungen einer rein subjektivistischen Existenz suchten dann die Vertreter der späten Romantik Zuflucht in den tradierten Formen von Staat, Gesellschaft und Kirche.

Friedrich Schlegels berühmter Aufsatz *Über Goethes Meister* (1798) liefert die Begründung für sein enthusiastisches Wort, dieser Roman zähle zu den größten Tendenzen des Zeitalters. Als geistige Mitte des Werkes wird aus romantischer Sicht die Idee menschlicher Bildung erkannt, die ja für diese Epoche von kaum zu überschätzender Bedeutung war: „Nicht dieser oder jener Mensch sollte erzogen, sondern die Natur, die Bildung selbst sollte in mannigfachen Beispielen dargestellt und in einfache Grundsätze zusammengedrängt werden."[5] Noch wagte es Schlegel nicht, an der inhaltlichen Bildungskonzeption des Weimarer Altmeisters öffentlich Kritik zu üben. Sein privates Urteil fiel jedoch schon in jener Zeit wenig günstig aus: Goethe sei überhaupt „nicht romantisch", denn ihm fehle schlechthin die „Universalpoesie".[6] An *Wilhelm Meister* rügte Schlegel, er sei „nicht ganz mystisch".[7] Diese Kritik zielt in dieselbe Richtung wie Novalis' Vorwurf, in Goethes Roman werde die Poesie zugunsten eines Triumphes der „Ökonomie" vernichtet.[8]

Schlegels öffentliche Kritik setzte in seiner *Anzeige von Goethes Werken* (1808) ein.[9] Die *Lehrjahre* werden jetzt — ungeachtet respektvollen Lobes — als „ein Roman gegen das Romantische" angeprangert. Das zeige sich gerade an der Bildungsidee, dem „Hauptbegriff" des Werkes, der als ein „sehr vielsinniger, vieldeutiger und mißverständlicher" dargestellt sei. „Wahre und falsche Bildung" verflössen häufig ineinander, was freilich zum Wesen der geschilderten feineren Gesellschaft zähle. Schlegel konfrontiert die „falsche Vielseitigkeit" der sogenannten „gesellschaftlichen Bildung" mit der eigentlich wahren „inneren Bildung", die in den *Lehrjahren* nicht mit der nötigen Vollständigkeit entfaltet sei. Sie richte sich „streng und unerbittlich auf ein Ewiges, auf ein [...] Unsichtbares" und gedeihe „nur in abgeschiedener Einsamkeit". Hier ist in vorsichtig tastender Formulierung die wesentliche Differenz zwischen den

Bildungsideen von Klassik und Romantik angedeutet: das neue Menschenbild gewinnt eine metaphysische Dimension hinzu, andererseits reduziert sich sein gesellschaftlicher Bezug auf einen prinzipiellen Widerspruch von Innen- und Außenwelt.

Die Abgrenzung der neuen Bildungsidee gegenüber der Aufklärung ergibt sich aus dem unterschiedlichen Individualitätsbegriff der beiden Epochen. Das aufgeklärte Zeitalter vertrat eine mehr quantitativ bestimmte Persönlichkeitsidee, welche die Menschen vorwiegend nach dem Grad ihrer Teilhabe an der allgemeinen Vernunft differenzierte. Infolge des naturrechtlich begründeten Prinzips der Gleichheit wurde das Individuum in erster Linie als Gattungswesen, als generalisierbarer Repräsentant der „Menschheit" definiert. Demgegenüber galt für die frühe Romantik ein primär qualitativer Individualitätsbegriff, der das Individuum nach dessen unverwechselbarer „Eigentümlichkeit" bewertete — ein von zahlreichen Romantikern gebrauchter, mit mystisch-religiöser Bedeutung aufgeladener Begriff, der das faszinierende Geheimnis der Individuation umkreist.[10] In diesem Sinn betonte Schleiermacher, „daß jeder Mensch auf eigne Art die Menschheit darstellen soll, in einer eignen Mischung ihrer Elemente", um sich schließlich „zum vollen Bewußtsein seiner Eigentümlichkeit" zu entfalten.[11] In diesen metaphysischen Tiefen des menschlichen Ursprungs suchte die junge Generation das Arkanum gegen die Schäden der Zeit, den Ersatz für die verlorengegangene dogmatische Glaubensbindung; daraus schöpfte sie ihre Hoffnung auf die Wiederkehr eines Goldenen Zeitalters.[12] Die einmalige, unverwechselbare Eigentümlichkeit des individuellen Wesens lag für die Generation der frühen Romantik weniger in der menschlichen Vernunftfähigkeit beschlossen als vielmehr in den irrationalen, bis ins Unterbewußte reichenden Kräften sinnschöpfender Phantasie und weltverklärenden Gefühls. In diesen Bereichen wollte die junge Generation bis an die äußersten Grenzen des Ichs vorstoßen, dessen letzte Möglichkeiten erkunden, indem sie die bisher zu kurz gekommenen Kräfte der Imagination, des religiösen Enthusiasmus, aber auch der vitalen Sinnlichkeit in ihr Menschenbild integrierte.

Die Abgrenzung gegenüber Goethes harmonisch-ganzheitlicher Bildungsidee ergibt sich aus der mystisch strukturierten anthropologischen Konzeption der Romantik, der „inneren Pluralität" (Novalis) des Menschen, der Unterscheidung zwischen empirischem Ich und höherem Selbst.[13] Hardenberg formulierte stellvertretend für seine Gesinnungsfreunde: „Die höchste Aufgabe der Bildung ist, sich seines transcendentalen Selbst zu bemächtigen, das Ich seines Ich's zugleich zu seyn."[14] Es galt, die potentielle Fähigkeit zur Kommunikation mit dem göttlichen All-Leben zu aktualisieren. Die Hoffnung auf eine solche Existenzform höherer Art beseelt etwa Schleiermachers paradoxe Formulierung in den *Monologen*: „Immer mehr zu werden, was ich bin, das ist mein einziger Wille." Diese in Aufklärung und Klassik unübliche Unterscheidung zwischen wesenhaftem und uneigentlichem Ich ist aus romantischem Geiste geboren.

Die frühromantische Generation griff in erster Linie auf eine christlich-mystische Bildungstradition zurück, die vom Neuplatonismus über die Mystik von Mittelalter und Barock bis in das 18. Jahrhundert lebendig geblieben war.[15] Schon Meister Eckhart hatte den dualistischen Gegensatz zwischen dem durch Erbsünde entstellten Menschen und dem übernatürlichen Gottesfunken im Seelengrunde hervorgehoben, der das Individuum durch die Kraft des Heiligen Geistes zu einer Um- und Überbildung in die göttliche Wesensform Christi befähigt. Solche Wiederherstellung der ursprünglichen Imago Dei wurde innerhalb der mystischen Tradition als Realisierung des inneren spirituellen Gottesbildes — Zeichen der participatio Dei — verstanden.[16] Noch der schwäbische Theologe Friedrich Chr. Oetinger, dessen Einfluß im 18. Jahrhundert nicht unterschätzt werden darf, begriff unter Bildung, daß der unvollkommene Mensch in sein inneres Gottesbild hinein „transformiert" wird.[17] Der holländische Philosoph Hemsterhuis, an die neuplatonische Emanationslehre anknüpfend, feierte den „moralischen Sinn" als die menschliche Fähigkeit, die göttliche Einheit des Universums zu erfühlen und damit die eigene Endlichkeit zu transzendieren. Novalis griff diese Idee auf und notierte sich, daß Philosophie wie Poesie „die Kräfte des Individuums mit den Kräften des Weltalls [...] paart [...] und das Individuum zum Organ des Ganzen macht [...]".[18] Solch mystisch-kontemplative Haltung, in spekulativer Hingabe dem Universum geöffnet, führte in der Romantik, wie erwähnt, zur Idee der „inneren Bildung", die in gesellschaftlicher Abgeschiedenheit die Kräfte von Geist und Gemüt zu entfalten trachtete.[19] Ursache und Ziel des Bildungsprozesses waren nicht mehr, wie in der klassisch-humanistischen Konzeption Weimars, natürlicher Art; sie hatten nunmehr metaphysische Qualität gewonnen.

Der Vollzug der Kommunikation mit dem Absoluten setzt die Fähigkeit der „intellektuellen Anschauung" voraus, die visionäre Aufhebung der Trennung von Subjekt und Objekt, in der sich das Individuum als das von kosmischen Strömen durchpulste Organ des All-Lebens erfährt. „Es ist alles in einem", erklärte Friedrich Schlegel, „und eins ist alles."[20] Daraus erwuchs der vermessene Anspruch der Frühromantik zu umfassender Weltdeutung aus der Geisteskraft des sich autonom setzenden Individuums: ein universaler, absoluter Individualismus, der sich, freilich irrtümlich, vor allem auf Fichtes Lehre von der Freiheit des weltsetzenden Ichs berief. Der romantische Universalismus gründete, selbst im Bereich der Naturwissenschaften, auf der spekulativen Neigung zu umgreifender Synthese alles Seienden. So vertrat etwa J. C. Reil die Theorie von der alldurchwaltenden „Lebenskraft" (1795), indem er, von der mechanistischen Auffassung der Aufklärung abweichend, die Vielheit der Naturvorgänge auf ein einziges Prinzip zurückführte. Der geschichtliche Prozeß wird jetzt als ewig bewegter, in triadischem Rhythmus sich vollziehender Vorgang begriffen, als ständige Auseinandersetzung zwischen gegensätzlichen Kräften, die sich auf höherer Ebene wieder vereinigen, ohne allerdings in Raum und Zeit zu harmonischem Ausgleich zu gelangen. Dieses dialektische Verständnis der Historie grenzt sich gegenüber der geradlinigen Progression des aufklärerischen Geschichtsbildes klar ab. Das utopische Ziel menschheitlicher Entwicklung sahen die Vertreter der frühen Romantik in einer eschatologischen Einheit von Geistes- und Sinnenwelt; daher ihre verächtliche

Abwertung der empirischen Erscheinungswelt als wesenlos, daher ihre Forderung nach einer ins Universale ausgreifenden Bewußtseinserweiterung, nach einer von visionärer Imagination und potenzierender Reflexion getragenen Poetisierung des empirischen Daseins.

Der Gegensatz dieser mystisch-kontemplativen Geisteshaltung zur Bildungsidee der Aufklärung, die der Tradition eines aktiv-weltzugewandten bürgerlichen Humanismus verpflichtet gewesen war, ist offenkundig. Die führenden Vertreter der Romantik begriffen denn auch ihre individualistische Bildungsvorstellung als Korrektiv gegenüber der Forderung des 18. Jahrhunderts nach Anpassung des Individuums an die Normen und Konventionen der Gesellschaft. Franz Sternbald etwa verweigert die Einordnung in die bürgerliche Sozietät, weil in ihr „jedes eigene Gemüt zugrunde geht".[21] Die jetzt aufkommende Polemik gegen die nivellierende Halbbildung des „Philistertums" erweiterte sich dann in der Romantik zu einer fundamentalen Kritik der aufklärerischen Kultur schlechthin. Diese wurde, etwa bei Eichendorff, als Endstadium eines historischen Verfallsprozesses der sittlich-religiösen Lebensordnung des Mittelalters gedeutet. Die Rückkehr zum Ursprung wurde weniger mittels politisch-sozialer Veränderung als durch Wandlung des individuellen Bewußtseins erstrebt. Daher forderte schon Jean Pauls *Levana*, die Kinder seien nicht etwa für die Gegenwart, sondern für eine ferne Zukunft zu erziehen, wobei „die Erhebung über den Zeitgeist" oberstes Gebot sein müsse.[22] In diesem Sinne werden der zeitgenössische Staat und seine Gesellschaft im Bildungsroman der Epoche entweder weitgehend negativ dargestellt oder aber durch Rückzug in eine verklärte Vergangenheit eliminiert. Der romantische Bildungsroman demonstriert, daß die Selbstverwirklichung des Menschen in seiner „Eigentümlichkeit" niemals innerhalb der gegenwärtigen Gesellschaft erfolgen kann, weil das Gesetz der Individualität den Normen und Konventionen der sozialen Ordnung, den nivellierenden Kräften des Zeitgeistes notwendig widerstreitet. Die frühe Romantik entwickelte in dialektischem Umschlag gegen die mehr oder minder gesellschaftskonformen Bildungsvorstellungen des 18. Jahrhunderts eine eigenständige individualistische Konzeption, die Nietzsche zu Recht als eminent schöpferische „Folge des Ungenügens am Wirklichen" begriff, als — allerdings gescheiterten — Versuch, utopische „höhere Typen auszudenken".[23]

Die empirische Anthropologie der späten Aufklärung hatte das Bildungskonzept kausal gesteuerter menschlicher *Entwicklung* vertreten, wobei man mehr oder minder von einer Gleichgewichtigkeit von individueller Anlage (Präformation) und Umwelteinflüssen (Epigenesis) ausging. Hierin bekundete sich das ungebrochene Vertrauen auf die Bildsamkeit des Individuums mittels pädagogischer und gesellschaftlicher Einwirkung. Anders in der frühromantischen Konzeption der „inneren Bildung" (Fr. Schlegel), die auf dem dominanten Modus individueller *Entfaltung* beruht. Sie wurde als korrigierender Gegenentwurf zur aufklärerischen Anthropologie begriffen. Die Romanfiguren werden jetzt weit weniger durch erzieherische Umwelteinflüsse als durch ihre subjektive Potentialität determiniert, woraus sich die eindeutige Dominanz der Präformation ergibt. Nachdrücklich betonte Jean Paul, daß „etwas Freies und Festes im Menschen früher sein muß als jeder Eindruck darauf durch mechanische Notwendigkeit".[24] Der menschliche Reifungsprozeß erfolgt jetzt weniger durch sachlich-kritische Auseinandersetzung mit der gesellschaftlichen Realität, durch bereichernde Anbildung von Welt, als aus der Entfaltung des „geheimen organischen Seelen-Punkts [...], um welchen sich alles erzeugt".[25] Die Außenwelt dient dem Protagonisten des Bildungsromans, wie Novalis notierte, mehr oder minder nur als „Incitament des Organism", er erfährt sie nicht in ihrer widerständigen Eigentlichkeit.[26] Dies gilt sogar für die Liebeserfahrung, die, selig in sich selbst kreisend, den konkreten Partner verfehlt. Die Frühromantiker entwarfen ein gesellschaftsfernes Leitbild einer autonomen ästhetischen Existenz, die, nur im kleinen Kreise freundschaftlicher Geselligkeit beheimatet, letztlich einer utopischen Konzeption humaner Gemeinschaft verpflichtet war. Im Gegensatz zur formalen Normativität der harmonisch-ganzheitlichen Persönlichkeitsidee der Klassik vertraten sie ein antinormatives Menschenbild maximaler individueller Vielfalt und sehnsüchtiger unendlicher Progression.[27]

In der späten Romantik, die hier durch Eichendorffs Roman *Ahnung und Gegenwart* (1815) vertreten ist, wandelte sich das Menschenbild infolge der bestürzenden Erfahrung großer politisch-sozialer Umwälzungen. Hierzu zählen das Ende des Heiligen Römischen Reiches Deutscher Nation, die Erschütterung der alten Ständeordnung durch Mediatisierung und Säkularisierung, die Kapitulation vor den Armeen Napoleons und nicht zuletzt die Geburt eines restaurativen Kultur- und Nationalbewußtseins. A. W. Schlegel sprach für seine Generation, wenn er aus dem Gefühl der Machtlosigkeit des progressiven Geistes die Rückkehr zu traditionellen religiösen und kulturellen Lebensformen forderte. Er bekannte, von „verderblichen Irrthümern" zu „ehemals verworfenen Überzeugungen" zurückgekehrt zu sein, was er als „Reaction gegen unsre bisherige Bildung" begriff, „über deren Nichtigkeit uns die Weltbegebenheiten die furchtbarsten Aufschlüsse gegeben haben".[28] Man wandte sich nun vom spekulativen Universalismus der frühen Romantik ab, der in kühner Zusammenschau Vergangenheit, Gegenwart und Zukunft umgriffen und die räumliche Einheit des Abendlandes beschworen hatte. In *Ahnung und Gegenwart* ist eine raum-zeitlich begrenzte, nationale zeitgenössische Gegenwart gestaltet, die als geistferne Wirklichkeit erfahren wird, welche die volle Selbstentfaltung des Protagonisten verhindert. Der realitätsferne Bildungsoptimismus der frühen Romantik, der Glaube an die grenzenlose geistige Progression des genialischen Individuums war nunmehr einer tiefen Skepsis gewichen, die den starken Rückgang des Bildungsromans in der Spätphase der Epoche erklärlich macht.

Das spekulative Bildungsideal der frühen Romantik, die universale Synthese von Geistes- und Sinnenwelt erwies sich jetzt als unrealisierbare Utopie und verfiel der Kritik. Der unaufhebbare Widerspruch zwischen dem verinnerlichten Individuum und der zeitgenössischen Gesellschaft wurde in Jean Pauls *Flegeljahre* (1804–05) wie in E. T. A. Hoffmanns *Kater Murr* (1819–21) thematisiert. Jean Paul, der eine gewisse

Sonderstellung innerhalb der romantischen Bewegung einnahm, hatte gemeinsam mit anderen Autoren die romantische Bildungsidee entwickelt, er erkannte aber auch die Problematik dieses Leitbildes, die Gefahr des Weltverlusts in Traumidylle und kosmischer Vision. Die *Flegeljahre* thematisieren den unversöhnlichen „Dualismus zwischen Poesie und Wirklichkeit"; der introvertierte Künstler als Repräsentant der Geisteswelt versagt vor der Aufgabe humaner Bewältigung des alltäglichen Daseins, scheitert doch Walt bei dem Versuch, mit seinem Bruder freundschaftlich zusammenzuleben. Jean Paul gestaltete erstmals Größe und Grenzen der Bildungskonzeption des „inneren Menschen", Macht und Ohnmacht der poetisierenden Imagination. Noch schroffer äußert sich der Antagonismus zwischen subjektiver Innenwelt und gesellschaftlicher Wirklichkeit in *Kater Murr*. Der enthusiastisch-skurrile Kapellmeister Kreisler wurzelt im idealen „höheren Sein", kann jedoch in der Gesellschaft nicht Fuß fassen, während der anmutige Kater im sozialen Alltag zuhause ist, nicht dagegen geistige Werte angemessen zu vertreten weiß. Murr und Kreisler verfehlen beide das Menschliche, entarten zum Zerrbild humaner Existenz. Beide Werke stellen keinen neuen Romantypus dar, denn sie entstanden in Auseinandersetzung mit dem zeitgenössischen Bildungsroman. Es sind *Antibildungsromane* — nicht im Sinne einer Verneinung menschlicher Entwicklung schlechthin, sondern in der Funktion eines kritischen Korrektivs gegenüber den Defiziten zeitgenössischer Bildungsideen. In den Figuren Walts und Kreislers wird die Problematik des romantischen Primats einer gesellschaftsfernen ästhetischen „inneren Bildung" des genialischen Individuums dargestellt, zugleich aber auch mittels der Charaktere von Vult und Murr eine entschiedene Philisterkritik gestaltet. Die Form dieser satirisch-parodistischen Romane ist durch einen schroff antithetischen Aufbau bestimmt. Während der Leser im Bildungsroman mittels übersichtlicher Gliederung, erläuternder Kommentare, vorausdeutender und rückblickender Verweise vom Erzähler gleichsam an der Hand genommen wird, empfindet er sich im Antibildungsroman recht unfreundlich behandelt. Der Autor verunsichert ihn durch eine verworren-skurrile Komposition, durch merkwürdige Kapitelüberschriften und rätselhafte Vorgänge. Infolge der fehlenden Finalität des Bildungsprozesses vermißt der Leser die spezifische Zielgerichtetheit des Erzählens. Er kann sich mit der extremen, in gewisser Weise abnormen Hauptfigur nicht identifizieren, fühlt sich befremdet und zu kritischer Überprüfung der eigenen Bildungsvorstellung veranlaßt.

In die Auswahl der zu interpretierenden Werke wurden einige Romane nicht aufgenommen, da sie nicht dem romantischen Strukturtypus des Bildungsromans entsprechen. Fr. Schlegels *Lucinde* (1799) wird im Aufbau nicht durch eine chronologisch geordnete innere Entfaltung bestimmt,[29] sondern durch reich facettierte Erörterungen von Julius' Liebesphilosophie, die in dem Glauben gipfelt, daß „die Liebe es ist, die uns erst zu wahren vollständigen Menschen macht, das Leben des Lebens ist [...]".[30] Ein Werk, das um eine der wichtigsten romantischen Bildungsmächte kreist, das allerdings so eigenwillig gestaltet ist, daß A. W. Schlegel es als Unroman anprangerte. Es ist deshalb ohne geschichtliche Nachfolge geblieben — nicht zuletzt auch seines radikalen Liebesevangeliums wegen, das im 19. Jahrhundert als „schamlose Sinnlichkeit" (Dilthey) mißverstanden wurde.

Auch Brentanos *Godwi* (1801—02) zählt im strengen Sinne nicht zum Bildungsroman. Das Werk fragt, ähnlich wie *Lucinde*, nach der erlösenden Kraft des gesellschaftlich ungebundenen Eros. Godwi vertritt den unumschränkten Individualismus der Frühromantik; er sucht seinen persönlichen Freiraum bis zum Äußersten, bis zum zügellosen Sinnenrausch auszudehnen, muß jedoch zuletzt erkennen, daß „alles Gute [...] dadurch zu Grunde" geht.[31] Er resigniert schließlich in der melancholischen Erinnerung an die versäumten Möglichkeiten einer gescheiterten Liebe. Die Nähe zum Desillusionsroman ist unverkennbar.[32] Die Suche nach zeitlosen Daseinswerten endet in deren skeptischer Relativierung. Eindringlich gestaltet Brentano die gefährlichen Spannungen und Widersprüche des romantischen Charakters, aber er stößt nicht zu einer sinngebenden Mitte der Existenz vor, weshalb das Strukturgesetz des Bildungsromans nicht erfüllt ist. Die Komposition dieses „verwilderten Romans" spiegelt Brentanos eigene Zerrissenheit, zu der er sich offen bekannte: „Meine ganze Bizarrität [...] ist die [...] scheinbar genial drapierte Unordnung und daraus entspringende Mutlosigkeit [...] an dem Leben."[33]

Arnims *Gräfin Dolores* und E. T. A. Hoffmanns *Elixiere des Teufels* zählen nicht zum säkularisierten Bildungsroman im engeren Sinne; sie repräsentieren zwei Modelle des christlichen Lebenslaufs, der, in Anlehnung an die Form der Biographie, von der Jugend bis zum Tode dargestellt ist. Gräfin Dolores entwickelt sich vom oberflächlichen Weltkind zur sozial engagierten Christin, wobei in moralischer Lehrhaftigkeit vier Phasen den Aufbau bestimmen: Armut, Reichtum, Schuld und Buße. Der letzte Teil bildet, schon dem Umfang nach, den Schwerpunkt: Dolores' Metanoia, ihre Umkehr und Befreiung aus den Fesseln der Weltsünde durch gläubig-aktive Buße. Arnim erblickte in solcher Selbstverwirklichung aus christlichem Geist die zentrale Aussage des Romans: „Gottes Hand in dem Zufälligen und die Rettung eines Menschenlebens aus der Sünde [...]."[34]

In *Die Elixiere des Teufels* markiert die reuige Umkehr des sündigen Kapuzinermönchs Medardus ebenfalls einen wesentlichen Einschnitt; sie eröffnet als „Wendepunkt" der Handlung das zweite Buch des Romans. Des Protagonisten Einsicht, daß er nach furchtbaren Erfahrungen nunmehr „wirklich ein reuiger Sünder" sei, bildet die Voraussetzung für seine Bereitschaft zu tätiger Buße.[35] Dennoch liegt hier ein anderes Modell einer christlichen Vita zugrunde. Besagter Wendepunkt bedeutet für Medardus nicht, wie für Gräfin Dolores, den radikalen Durchbruch zu unangefochtener Glaubenssicherheit, vielmehr kreist die Darstellung um das Thema des unaufhörlichen Kampfes zwischen göttlichem und teuflischem Prinzip, zwischen Sünde und Gnade. Medardus leidet bis zu seinem Tod unter dem furchtbaren Konflikt zwischen triebhaftsinnlicher Lebensgier und verzweifelter Glaubenssehnsucht. Hier ist der Mensch in fast barocker Manier als Kampfplatz zwischen Gott und Satan geschildert, aufgerufen zu immer erneuter Auseinandersetzung mit seiner sündigen Triebnatur. Beide der Tradition der christlichen Läuterungsgeschichte verpflichteten Formen blieben für den Bildungsroman der Folgezeit, der sich zunehmend säkularisierte, ohne wesentliche Bedeutung.

Der Strukturtypus der Romantik

Die romantischen Bildungsromane besitzen dieselbe soziale Funktion wie Wielands und Goethes Werke; sie dienen als experimentelles Medium der literarischen Erprobung von leitbildhaften humanen Lebensentwürfen. Der Antinormativität des neuen Menschenbilds entsprach die Abkehr von der normativen Gattungspoetik des Klassizismus. Insbesondere der Roman sollte die neue geistige Universalität in der Mischung der verschiedensten Gattungen spiegeln; das Einzelwerk sollte als ein „abgesondertes Individuum für sich" betrachtet werden.[36] Fr. Schlegel forderte vom Roman die Darstellung der „Enzyklopädie des ganzen geistigen Lebens eines genialischen Individuums".[37] Daraus ergab sich der Stoffbereich der Künstlerbiographie, denn gerade der ästhetisch produktive Mensch galt der jungen Generation als exemplarischer „Repräsentant des Genius der Menschheit".[38]

Die Form des romantischen Bildungsromans entstand aus der Auseinandersetzung mit dem Paradigma des *Wilhelm Meister*. Dessen Einfluß erschöpfte sich nicht in der Übernahme von Figuren und Motiven; er gipfelte vielmehr in der Einsicht, Goethe habe das für diese Romanart schlechthin zentrale Thema gefunden, das es weiter zu entwickeln gelte — die Bildung zur autonomen Individualität. In diesem Sinne konnte Fr. Schlegel schon 1797 den ihm vorschwebenden „absoluten Roman" als „universelle Bildungslehre, poetische Lebenskunstlehre" umschreiben.[39]

Entscheidend für die Entstehung des romantischen Bildungsromans war die Abkehr vom klassizistischen Prinzip der Mimesis. Die romantische Dichtung, erklärte A. W. Schlegel, sei nicht an Gegenstände gebunden, sie entstehe aus der „Umgestaltung der Natur".[40] Damit wurde der Wirklichkeitsbegriff etwa eines *Wilhelm Meister* radikal in Frage gestellt. Die neuen Romane schildern nicht in Goethes Manier die Wechselwirkungen zwischen subjektiven „Gesinnungen" und empirischen „Begebenheiten"; es sind Werke der grenzenlosen Reflexion, der unendlichen inneren Bewegung des einsamen Ichs in Richtung auf das Absolute. Allerdings nicht auf eine transzendente Gottheit hin, sondern auf den metaphysischen Sinngrund des Seins gerichtet, der die chaotische Vielheit der Dinge für den visionären Blick zur universalen Einheit fügt. Von da aus wird Friedrich Schlegels Definitionsversuch des Romans der Epoche verständlich, der in diesem „die Vereinigung zweier Absoluten, der absoluten Individualität und der absoluten Universalität", erblickte.[41]

Die Auseinandersetzung der frühromantischen Generation mit dem Paradigma des *Wilhelm Meister* führte zur Übernahme gewisser Elemente, welche die invariante Grundstruktur des romantischen Bildungsromans konstituieren. Die zentrale Thematik der Identitätssuche eines jugendlichen Protagonisten bleibt erhalten.[42] Sie bestimmt die Form der vorwiegend einsträngigen Fabel, die eine phasengegliederte Lebenslinie entfaltet, und zwar in chronologisch geordneter, irreversibler zeitlicher Progression. Daraus ergibt sich die zentrale Position des Protagonisten innerhalb der Figurenkonstellation. Ihm sind die Nebenfiguren, welche die für ihn relevanten Lebens- und Erfahrungsbereiche vertreten, funktional zugeordnet; sie gewinnen also nur in begrenztem Umfang ein Eigensein. Gemäß der Grundthematik enden die Romane — in zielgerichteter innerer Progression, häufig verstärkt durch leitmotivische Vorausdeutungen — mit der Selbstfindung des Protagonisten. Dieser gewinnt seine personale Identität durch den Entwurf eines Orientierungsmusters, das nicht nur durch die Entscheidung für eine berufliche Lebensform (Künstler, Herrscher, Mönch) bestimmt ist; vielmehr konstituiert sich die gesellschaftsferne Existenz des frühromantischen Protagonisten vor allem durch dessen zunehmende Fähigkeit, den ästhetischen Akt der sinngebenden Poetisierung zu leisten. Dieser wird dann bei Eichendorff durch den christlichen Glaubensakt ersetzt. Im romantischen Bildungsroman begegnet, wie bei Wieland und Goethe, ein didaktisch motivierter Erzähler, der den erzieherischen Leserbezug durch übersichtlichen Aufbau, durch Vor- und Zwischenreden, Reflexionen und Kommentare herstellt. Mit dem Anspruch auf exemplarische Verbindlichkeit verkündet er seine Botschaft, nämlich das vom Protagonisten entworfene sinnstiftende Orientierungsmuster.

Der Strukturtypus des Bildungsromans der Epoche konstituiert sich nun durch ein Ordnungsgefüge konstanter und epochenspezifischer variabler Merkmale. Die letzteren resultieren aus der besonderen Form der inneren Progression des Protagonisten, die sich nach dem dominanten Modus wachstümlicher Selbstentfaltung vollzieht. Die romantische Konzeption gesellschaftsferner „innerer Bildung" fordert den introvertierten Charaktertyp, der seine subjektive Potentialität mit einem Minimum an sozialer Fremdbestimmung entfaltet. Daraus resultieren in funktionaler Abhängigkeit die folgenden Formelemente: einmal ein im Umfang deutlich begrenztes Figurenensemble,[43] dessen Darstellung mehr oder minder zu allegorisierender Entstofflichung tendiert. Besonders in der Frühromantik werden die individuellen Charakterzüge zugunsten von typenhaften Bewußtseinslagen und Verhaltensweisen reduziert.

Sodann erfährt auch die Raumsubstanz eine Reduktion, indem die empirische Realität sich zum subjektiv erlebten Raume wandelt. Die Landschaft verliert ihre klaren Konturen; sie gewinnt durch die bevorzugten Darstellungsmittel von Licht, Farbe, Ton und Bewegung eine gleichsam entstofflichte, verklärte Qualität, die der Protagonist in Momenten enthusiastischen Aufschwungs als allbelebte Einheit des Seins erfährt. Dieses Prinzip der Reduktion der materiellen Dinglichkeit zugunsten einer symbolischen Zeichenhaftigkeit, etwas weniger ausgeprägt bei Jean Paul und Hölderlin, beherrscht die Gestaltungsweise bei Tieck und Eichendorff. In *Heinrich von Ofterdingen* (1802) schließlich erscheint die Natur als solche fast überhaupt nicht mehr; der Protagonist empfindet sie nur noch als Spiegelung seiner „inneren Phantasie".[44]

Im Bildungsroman der Epoche lockert sich auch das Zeitgefüge, indem die strukturelle Bedeutung der physikalischen Zeit zugunsten der erlebten, subjektiven Zeit zurücktritt. Die funktionale Geschlossenheit des Erzählens im Weimarer Roman wandelt sich zu einer Abfolge von scheinbar unzusammenhängenden, durch rätselhaften Zufall bedingten Episoden. Novalis notierte sich 1799 für seinen Roman: „Erzählungen, ohne Zusammenhang, jedoch mit Association, wie Träume."[45] Die Episoden sind auf stimmungshaft-ideelle, assoziative Art verbunden, was auf eine verborgene universale Einheit des Mannigfaltigen verweist. Um die äußere Geschlossenheit des Romans aufzubrechen, betonen die romantischen Autoren die relative Selbständigkeit des Kapitels als kleinstem Bauelement.[46] Die Entfaltung des Protagonisten ist an dessen zunehmender Fähigkeit ablesbar, das Zeitkontinuum zu transzendieren, den gegenwärtigen Augenblick durch erinnernde und ahnende Einbeziehung von Vergangenheit und Zukunft zum poetischen Erlebnis „des Ewigen oder der vollendeten Zeit" zu steigern.[47]

Der dominante Modus der Selbstentfaltung des Protagonisten bedingt eine veränderte Gestalt der Fabel. Für den Helden, der den Weg in die Tiefen des eigenen Ichs beschreitet, verliert der pragmatisch-kausale Handlungszusammenhang an Bedeutung. Reale Begebenheiten wandeln sich in zeichenhafte Projektionen eines erlebenden Ichs, in Chiffren für höchst komplexe Bewußtseinsvorgänge. Die differenzierte Vielfalt der Begebenheiten in *Wilhelm Meister* erfährt eine Reduktion zugunsten von rekurrenten lyrisch-poetischen Grundsituationen wie Abschied und Aufbruch in die lockende Ferne, sich verirren in der labyrinthischen Welt, visionäre Ahnung der All-Einheit des Seins bei der Gipfel- oder Fensterschau. Indem die Welt zunehmend der subjektiven Sinngebung des Ichs unterworfen wird, kehrt der Protagonist in der Selbstfindung zuletzt zum eigenen Ursprung zurück, woraus die zyklische Vorgangsfigur der Fabel resultiert. Während die lineare Entwicklung im Weimarer Bildungsroman nicht zum räumlichen Ausgangspunkt zurückführt, kehren Hyperion und Graf Friedrich wieder in ihre Heimat zurück.[48] Auch Tieck plante bekanntlich, Franz Sternbald nach Nürnberg heimkehren zu lassen, um ihn dort mit seiner Familie zu vereinigen. Heinrich von Ofterdingen ahnt ebenfalls, daß ihn sein Weg „immer nach Hause" führen wird.[49] Hardenberg plante im Entwurf der Fortsetzung, eine symbolische Kreisform zu schaffen, indem Heinrichs Eltern diesem am Ende in verwandelter Gestalt wieder begegnen sollten.[50] Nur Jean Pauls *Titan* (1800—03), hierin dem Paradigma der *Lehrjahre* verpflichtet, bildet eine Ausnahme.

Aus dem Postulat subjektiver Sinngebung durch das sich entfaltende Ich resultiert die Dominanz der Figurenperspektive. Im Gegensatz zum Weimarer Roman verzichtet der Erzähler auf deren Brechung durch ironische Distanz.[51] Will er doch nicht ein kritisch differenziertes Menschenbild aus dem Geist der empirischen Anthropologie und gemäß dem Prinzip der Mimesis entwickeln. So gelten hier nicht mehr Wielands „Gesetze der menschlichen Natur", sondern Jean Pauls „individueller Idealmensch" bestimmt die idealtypische Darstellung des genialischen Individuums.[52] Dessen subjektive Tiefe wird vom Erzähler als Ort höherer Wahrheit gepriesen — wohl die geheimnisvollste und folgenschwerste Aporie des universalen, absoluten Individualismus der frühen Romantik.

Natürlich weisen die Romane, wie die folgenden Interpretationen ergeben, strukturelle Differenzen auf, die im allgemeinen autorspezifischer Art sind. Aber selbst in dem spätromantischen Werk *Ahnung und Gegenwart* überwiegen eindeutig die Übereinstimmungen mit dem hier entwickelten epochalen Strukturtypus der Romantik. Das Formprinzip der Reduktion der dinglichen Mannigfaltigkeit resultiert im romantischen Bildungsroman aus dem Versuch einer paradoxen Synthese von differenzierter, „eigentümlicher" Individualität und allegorischer Figur, von Vielfalt der Begebenheiten und zeichenhafter Grundsituation, von sprachlicher Variation und Formelhaftigkeit, von stimmungshaft-lebendigem und doch stetig wiederkehrendem Raumbild, verknüpft mit allegorisch bedeutsamer Tages- und Jahreszeit. Die Gegenständlichkeit der empirischen Realität wie auch der kontinuierlich fortschreitende Zeitablauf verlieren für den sich nach innen entfaltenden Protagonisten an Bedeutung, gemäß dem Credo der Romantik, daß die höhere, „wahre Individualität [...] nicht unter den Bedingungen der Zeit und des Raumes" existiert.[53] Mit der Reduktion des Stofflich-Mannigfaltigen verbindet sich der Aufbau einer allegorisch strukturierten, universalen Bedeutungssphäre, innerhalb deren die weithin wesenlose Erscheinungswelt den in ihr angelegten Sinn wiedergewinnt. Nur das verweisungskräftige allegorische Zeichen kann nach romantischer Auffassung die irrationale Wirkungsfülle des göttlichen All-Lebens der Phantasie des Lesers erschließen. So formulierte Solger in seinen Vorlesungen zur Ästhetik: „Die wahre Allegorie ist die höchste Lebendigkeit der Idee", und sie hört auf, wahre Allegorie zu sein, „wenn das einzelne allegorische Ding zu vollständiger Existenz ausgebildet und ausgeschmückt wird".[54]

Ludwig Tieck: Franz Sternbalds Wanderungen

Während Wieland und Goethe die letzten Fassungen ihrer Bildungsromane fertigstellten, entwickelte sich im Kreise der frühromantischen Autoren ein neues Menschenbild, das dieser Romanart neue Wege wies. Die Aufklärungsbewegung hatte ihren Höhepunkt längst überschritten und vertrat einen Bildungsbegriff, welcher derart in rationalistischem Zweckdenken und plattem Utilitarismus versandet war, daß der junge Tieck ärgerlich erklärte, er gerate „ins Parodieren und in Unartigkeiten [...], so oft von der Humanität in der Literatur die Rede" sei.[55] Er machte kein Hehl aus seinem tiefen Mißtrauen gegenüber „dem guten Geschmacke und der Bildung, diesen beiden unbekannten tyrannischen Gottheiten" der Zeit.[56] Schon William Lovell hatte Tiecks zynisch-verzweifelten Protest gegen die aufklärerische Überzeugung von der Perfektibilität des freien Menschen artikuliert. Es galt jetzt für die Wortführer der frühen Romantik, den lebensfremden rationalistischen Vernunftglauben abzubauen, das einseitige Menschenbild der Aufklärung durch Einbeziehung irrationaler Komponenten zu korrigieren. Die Kräfte des Gefühls und der Phantasie sollten nunmehr zu ihrem Recht gelangen; die Religion, die im 18. Jahrhundert weitgehend auf die pragmatische Sphäre der Ethik beschränkt geblieben war, wollte man einer universalen, alle menschlichen Kräfte aktivierenden Bildung dienstbar machen. Die *Herzensergießungen eines kunstliebenden Klosterbruders*, aus der befruchtenden Freundschaft mit Wackenroder erwachsen, bahnten dafür den Weg.[57] Während das Menschenbild der Aufklärung sich vorwiegend an den Forderungen eines gesellschaftsbezogenen Normativismus orientiert hatte, betonten die Frühromantiker unter Berufung auf Fichtes subjektiven Idealismus das Recht auf uneingeschränkte Entfaltung der Potentialität des Individuums.

Goethes Bildungsroman beeindruckte Tieck zutiefst, weil hier ein menschliches Werden geschildert war, das in seiner blutvollen Lebendigkeit alle aufklärerischen Systemzwänge sprengte. Dennoch empfand er ein Unbehagen angesichts der erzieherischen Manipulationen der Gesellschaft des Turms, und er stimmte Novalis in der Verurteilung des Romanschlusses zu: „das Zurückführen von begeisterten Zuständen in den Prosaismus einer schwachen Nützlichkeit" schien ihm den poetischen Geist von Wilhelm Meisters theatralischen Erlebnissen zu verraten.[58] Im übrigen war dem innerlich unausgeglichenen jungen Tieck das klassische Bildungsideal des Maßes und der Leidenschaftslosigkeit verdächtig; er, der zu reflexionslosem Enthusiasmus neigte, sah darin einen Verlust an Lebensintensität.[59]

Zu den *Herzensergießungen* steuerte Tieck zwei Briefe junger Künstler bei, in denen erstmals die Entwicklungsthematik anklingt. „Ich bin reiner und heiliger geworden", weiß der Florentiner Antonio zu berichten, und ein junger deutscher Maler teilt seinem Freund Sebastian in Nürnberg mit, daß er sich in Rom verwandelt und geläutert habe. In beiden Fällen wird durch ein ekstatisch-visionäres Kunsterleben ein neues, von religiöser Alliebe getragenes Weltverhältnis gewonnen. Aus dieser Keimzelle erwuchs die Grundkonzeption von Tiecks Bildungsroman, der nicht zufällig in der frommen altdeutschen Zeit angesiedelt ist. Ein Schüler Albrecht Dürers durchläuft auf einer Bildungsreise, die ihn mit der niederländischen und der italienischen Malerei bekannt macht, eine gewisse menschliche und künstlerische Entfaltung. Das Ästhetische wird jetzt nicht mehr wie in *Wilhelm Meisters Lehrjahre* als harmonische Sphäre schönen Scheins verstanden, sondern als wirkungsmächtiges Medium aufwühlender Selbsterfahrung, das mit ekstatischen Erfüllungserlebnissen zu beglücken vermag. An die Seite einer offenbarungsmächtigen Kunst tritt ferner bereits in den *Herzensergießungen* ein enthusiastisches Liebesgefühl, das sich auch für Sternbald als schicksalsbestimmend erweisen wird.

Im Gegensatz zu Goethes Roman ist die empirisch erfahrbare Außenwelt in ihrem Eigensein für Franz ohne Bedeutung. Der Erzähler gestaltet sie ausschließlich in der subjektiven Brechung, die sie im Erleben des jungen Malers erfährt. Der schwärmerische Jüngling ist letztlich nicht daran interessiert, sich die Welt zu erwandern; ihn zieht es in die noch unerschlossenen inneren Bezirke seines Ichs. „Mein Gemüt, meine Stimmung, die mich gerade in diesem Momente regiert, diese will ich mir selber festhalten", erklärt er programmatisch, und der Erzähler beherzigt den Wunsch seines Protagonisten, indem er sich dessen poetisch verklärender Perspektive weitgehend anpaßt.[60] Das Ich bildet in diesem Roman den wahren Schauplatz der Geschehnisse, auf dem die Phänomene der empirischen Welt in ästhetisch verwandelter Form erscheinen. So ist die stimmungserfüllte Naturszenerie vorwiegend Seelenlandschaft, Projektion von Sternbalds jeweiliger Gemütslage. Über seine zahllosen Reiseeindrücke bemerkt der Protagonist, daß sie „mit goldenem Schlüssel die Kammern unseres Geistes eröffnen, und uns die Schätze zeigen, die wir selbst noch nicht kannten. So entsteht ein [...] wohltuender Umgang mit uns selbst."[61]

Der Erzähler hat sich vorgenommen, den Wechsel der „Sonnenblicke" und „Schatten" in Sternbalds Gemüt zu schildern (144). Er unternimmt das offensichtlich sehr einfühlsam und detailliert, was Karoline Schlegel zu der ärgerlichen Feststellung veranlaßte, dieser Wechsel von Stimmungen und Gefühlen sei kleinlich dargestellt.[62] Sternbalds kontemplativ-ästhetische Natur, das ständige „Auf- und Abtreiben" seiner Gedanken und Phantasien verwehrt ihm eine produktive Beziehung zur gesellschaftlichen Wirklichkeit. Er empfindet die bürgerliche Welt des Erwerbsfleißes als profan, weil vorwiegend zweckbestimmter materieller Nützlichkeit verpflichtet. Angesichts seiner melancholischen Verlorenheit innerhalb der kunstfremden Gesellschaft Nürnbergs, in der ihm der treue Freund Sebastian und der fromme Meister Dürer nur geringen Beistand leisten können, entschließt sich Sternbald zu einer Reise nach Italien, wo er die Erfüllung einer unbestimmten traumhaften Sehnsucht zu finden hofft. Seine Wanderungen beglücken ihn mit immer neuen wunderbaren Erlebnissen, die ihn die freudlose Realität des Alltags vergessen lassen. Gemälde, die er enthusiastisch in sich aufnimmt, gewinnen plötzlich ein geheimnisvolles Leben, das sich auch der umgebenden Natur mitteilt: Kunst und empirische Wirklichkeit scheinen nicht mehr getrennt. Im Anblick eines weiten Landschaftspanoramas fühlt er sich von der Allgegenwart des tätigen Weltgeists ergriffen, und die flüchtige Begegnung mit einer schönen Unbekannten, die an die Gestalt der Amazone in Goethes Roman erinnert, empfindet er als Erscheinung eines überirdisch „schützenden Engels" (59). Der schwärmerische Jüngling erlebt in solch ekstatisch-visionären Momenten den sonst schmerzlich vermißten Einklang von Ich und Welt; sein Leiden an der Wirklichkeit des Alltags scheint überwunden. In seligem Enthusiasmus empfindet er alle Dinge als befreundet, er fühlt sich in einem „magischen Zusammenhang mit dem Universum".[63] Eine verklärte, höhere Wirklichkeit glänzt auf, die die Grenzen von Raum und Zeit transzendiert; Traumwelt des Innern und materielle Realität verschmelzen nahtlos. Alle Widersprüche und Mißklänge lösen sich in diesem Akt der Poetisierung auf.[64]

Der eigentliche innere Vorgang des Romans vollzieht sich nun als ständiger, zermürbender Wechsel zwischen diesen beiden extremen Gemütslagen: das Gefühl des beseligenden Einklangs von Ich und Welt wird immer erneut durch die schrillen Dissonanzen einer chaotischen Wirklichkeit zerstört; immer wieder erfolgt der Umschlag von befreiendem Erfüllungserlebnis in die Fesselung durch das ängstigende Hier und Jetzt. Es ist das Grundproblem der deutschen Frühromantik, das die innere Biographie Sternbalds bestimmt — der als bedrohlicher Dualismus erlebte Widerspruch zwischen unendlichem Alleben und endlicher Wirklichkeit, zwischen subjektiver Innen- und gesellschaftlicher Außenwelt.

Wie weit gelangt nun Sternbald in seinem Versuch, das beängstigende Dilemma seiner Existenz zu bewältigen? Die Erstausgabe des Werkes gliedert sich in zwei ungefähr gleich lange Teile, die jeweils etwa den Zeitraum eines Jahres umfassen. Es fällt nun auf, daß der Rhythmus der inneren Befindlichkeit, der Wechsel zwischen enthusiastischer Allverbundenheit und melancholischer Weltentfremdung sich im zweiten Teil merklich verändert. Während in der ersten Romanhälfte nur ein einziger Stimmungshochpunkt und nicht weniger als sechs Tiefpunkte begegnen, verkehrt sich dieses Verhältnis im zweiten Teil fast ins Gegenteil: zwei Tiefpunkten stehen vier Hochpunkte gegenüber.[65] Sternbalds Fähigkeit zu verklärendem Welterleben steigert sich also eindeutig, während die Stimmungen labyrinthischer Lebensverzweiflung sichtlich nachlassen. Vor allem begegnen im zweiten Teil die relativ ausgeglichenen Mittellagen des Gemüts erheblich öfter als in der ersten Hälfte. Sternbald, durch seine hohe Sensibilität anfangs äußerst unentschieden und labil, verliert im Umgang mit dem kecken, lebensfrohen Poeten Florestan allmählich seine ängstliche Schüchternheit, er gewinnt schließlich in Italien sogar eine gewisse Selbstsicherheit.[66] Er hat sich von einigen moralischen Normen seiner bürgerlichen Herkunft befreit, etwa von der Vorstellung, zur menschlichen Entfaltung gehöre notwendig das „Anderswerden" (222). In der Tat erlebt er keine qualitative Veränderung, er durchläuft keinen desillusionierenden Entwicklungsprozeß mittels kritischer Apperzeption der empirischen Realität. Vielmehr entfaltet sich in ihm „durch eigene Kraft" der „Keim" der inneren

Potentialität des Ichs (144 f.): „Meine innerlichen Bilder vermehren sich bei jedem Schritte, den ich tue [...]" (76). Seine menschliche Entfaltung wird durch den Zuwachs an enthusiastischer Gefühlskraft und schöpferischer Imagination bestimmt. Dieser Vorgang vollzieht sich fast unmerklich; er gewinnt in dem Roman der ästhetischen Innerlichkeit nur geringe äußere Konturen, denn Franz Sternbald verharrt bis zuletzt in kontemplativer Passivität. Die sich mehrenden Momente der ästhetischen Vision einer machtvoll strömenden göttlichen All-Einheit des Lebens sind es, die sein inneres Werden bestimmen, indem sie ihn zunehmend befähigen, sein alltägliches Dasein zu poetisieren. Solche ekstatischen Höhepunkte des Welterlebens kann er jedoch nicht durch freie Willensentscheidung herbeiführen, denn das „eigentliche Handeln" liegt „jenseits" des menschlichen Wollens (182).

Franz Sternbalds Wanderungen ist eine innere Biographie, die mit der bangen Frage einsetzt: „Wer bin ich?" (38) Franz wird durch das Geheimnis seiner unbekannten Herkunft verunsichert; er ist sich über seinen künftigen Lebensweg nicht im klaren. Sein zielstrebiger innerer Bildungsprozeß schreitet in dem Maße voran, als es ihm gelingt, die labyrinthische Realität immer öfter zu poetisieren, sie in die glückhafte Vision eines innigen Einklangs von Ich und Welt zu integrieren. Dabei kommen seinen leitmotivisch wiederkehrenden Erinnerungen an die schöne Unbekannte, die zweimal seinen Weg kreuzte, besondere Bedeutung zu. Er verklärt die Gestalt des Mädchens zum „Genius" seiner schöpferischen Innerlichkeit (59), der ihn in der letzten Begegnung mit Marie schließlich zu sich selbst führt. Am Schluß des Romans erfährt er eine allverklärende Liebeskraft als seine Wesensmitte. Er findet zu sich selbst, indem er sich seiner Fähigkeit bewußt wird, das eigene Leben als ästhetisches Kunstwerk zu entwerfen. Die endgültige Vereinigung mit Marie in Rom entspricht nur sehr entfernt Wilhelm Meisters Verbindung mit Natalie, denn Marie wird nicht als individueller Partner erlebt; sie aktiviert lediglich die poetisierende Einbildungskraft des Protagonisten.[67] Daher kann er zuletzt in der Geliebten die „eigne Seele" finden (286).[68]

Der Schluß des Romans erscheint problematisch. Bekanntlich hat Tieck versucht, das Werk einem überzeugenderen Ende zuzuführen, gedieh aber nicht über einige Seiten hinaus.[69] Der überlieferte Entwurf des geplanten dritten Teils sah die Rückkehr der beiden Liebenden in die Reichsstadt Nürnberg vor, gemeinsam mit dem wiedergefundenen Vater und mit Ludovico, der sich als Bruder entpuppen sollte. Daran wird deutlich, daß Tieck darauf bedacht war, seinen Protagonisten aus der Sphäre ästhetischer Kontemplation in gewisse soziale Bindungen hineinwachsen zu lassen. Franz hat bis jetzt die gesellschaftliche Wirklichkeit nur im Medium der Kunst entdeckt; es gälte nun für ihn, seinen sozialen Standort näher zu bestimmen. Es ist aber unwahrscheinlich, daß es diesem sensiblen Künstler gelingen könnte, innerhalb einer verständnislosen bürgerlichen Umwelt zu existieren. In der heiter-sinnlichen Kunstwelt Italiens hat er sich von der Bürgerlichkeit seines Meisters Dürer gelöst, für den die christliche Kunst im Dienst der bestehenden Gesellschaftsordnung gestanden hatte. Es spricht einiges dafür, daß der dritte Teil nicht vollendet werden konnte, weil Sternbald infolge seiner Unfähigkeit zur Auseinandersetzung mit der sozialen Realität auch später ein „erwachsenes Kind" geblieben wäre (52). So scheint der fragmentarische Schluß zu verraten, daß der Autor den Grundkonflikt der frühromantischen Generation, die dualistische Spannung zwischen poetischer Existenz und ernüchternder gesellschaftlicher Wirklichkeit, nicht zu bewältigen wußte.[70]

Der Prozeß von Sternbalds innerer Entfaltung bestimmt nun entscheidend die Struktur des Romans. Dessen Grundthematik besteht, wie in *Wilhelm Meisters Lehrjahre*, in der Suche des Protagonisten nach sich selbst. Ein junger Künstler — ein introvertierter, kontemplativer Charaktertypus, der „nur noch in sich lebt" (52) — sucht wandernd nach seiner „innersten Seele" (39). Dieser Typus erfährt den inneren Bildungsprozeß als wachstümliche Selbstentfaltung der Potentialität des subjektiven Ichs, das durch die Außenwelt nicht in entscheidender Weise determiniert wird, weshalb Sternbalds Charakter, wie gesagt, keine wesentliche qualitative Veränderung erfährt. Der Jüngling wird weniger durch seine Welterfahrung als durch die Steigerung seiner poetisierenden Einbildungskraft geprägt, die er zuletzt als seinen identitätsstiftenden „Genius" begreift. Sternbalds innere Biographie verwirklicht sich in einer konfliktarmen einsträngigen Fabel, in locker gereihten episodischen Reiseerlebnissen, die den rhythmischen Wechsel seiner inneren Befindlichkeit spiegeln. Das erfordert eine lyrisch-musikalische Struktur der Fabel, die den pragmatisch geordneten Handlungszusammenhang weitgehend aufhebt. Die Macht des unberechenbaren Zufalls führt den Protagonisten zu seinen menschlichen Begegnungen und beschert ihm stimmungsträchtige Situationen, in denen er sein emotionales Phantasiepotential zu entfalten vermag. Erst am Schluß beginnen sich die kontingenten Geschehnisse zu einem Schicksalsmuster zu ordnen, das er als sinnvoll empfindet.[71] Die in die Tiefen des Ichs führende Finalität des Entfaltungsprozesses offenbart sich mittels leitmotivischer Vorausdeutungen, die sogar in den epischen und lyrischen Einlagen begegnen.

Die Stationen der Wanderschaft sind durch Altersangaben und durch Hinweise auf die jeweilige Jahreszeit chronologisch geordnet. Das Zeitkontinuum wird jedoch in Träumen und Visionen ständig durchbrochen; es verliert auch durch die zahlreichen lyrischen Einlagen, durch Reflexionen und Gespräche an struktureller Bedeutung. Vor allem im zweiten Teil des Romans weicht die zehrende Zeitlichkeit des öfteren einer beglückenden zeitenthobenen Gegenwart, einer Ahnung der Simultaneität der unendlichen Lebenstotalität. Sternbalds zunehmend poetisierte Existenz offenbart sich in einer farben- und klangreichen Sprache, in einem musikalischen Stil, der das Vorgangshafte in einer schwerelosen Stimmungseinheit zerrinnen läßt. Diese lebt vor allem aus den eingelegten Liedern, die sich im zweiten Teil annähernd verdoppeln.

Der zunehmenden Tendenz zur Aufhebung der physikalischen Zeit korrespondiert der Versuch des Erzählers, die Raumsubstanz sowie die Figuren zu entstofflichen. Wie erwähnt erscheint der Raum vorwiegend als Seelenlandschaft, als Projektion von Sternbalds jeweiliger innerer Befindlichkeit. Solch subjektivierende Darstellungsweise ergibt sich aus Tiecks romantisch erweitertem Naturbegriff, welcher auch der poetischen Imagination einen Wirklichkeitsbezug zugesteht, weil die unerkennbare objektive Wahrheit sich nur noch in unendlichen subjektiven Brechungen zu offenbaren vermag: „[...] selbst der Wahnsinnige erfindet seine Fieberträume nicht. Die Natur ist also die einzige Erfinderin, sie leiht allen Künsten von ihrem großen Schatz; wir ahmen immer nur die Natur nach [...]" (87). So kann Sternbald eine konkrete Lokalität als wundersame „Hieroglyphe" erfahren, die auf die höhere Einheit der Lebenstotalität verweist (181). Die Tendenz zur Reduktion der materiellen Substanz äußert sich in einer allegorisierenden Darstellungsweise, die sich „zwischen Deutlichkeit und Ungewißheit" bewegt (146). Daher verlieren die Figuren im zweiten Teil des Romans zunehmend an individueller Kontur; sie repräsentieren eher überpersönliche Haltungen, die Sternbalds Phantasie beflügeln. So beschreibt er die Arbeiter in einer dunklen Eisenhütte als „verworrene Gestalten", als „unkenntliche Schatten" und gibt diesem wirren, entstofflichten Bild einen allegorischen Sinn, indem er hier die waffenschmiedenden Zyklopen einer mythischen Vorzeit am Werke sieht.[72] Eine solche ästhetisch strukturierte Vision schien Tieck geeignet, die Kontingenz wirrer Geschehnisse als Chiffre einer verborgenen höheren Ordnung zu deuten. Er verstand die Kunst als „psychologia vera", die in glücklichen Momenten „ein Finden unserer Selbst" und zugleich die „Einsicht in alle Kräfte der Welt" ermöglichen könne.[73]

Die Konstellation der Romanfiguren konstituiert sich durch deren funktionale Zuordnung zur dominanten Zentralgestalt. Das Figurenensemble, das Sternbalds Wesensart komplementär oder kontrastiv spiegelt, gibt dem Protagonisten Impulse, die ihn zunehmend in die Tiefen seines Innern führen.

Der anonyme Erzähler verzichtet weitgehend auf eine eigene, seiner langen Lebenserfahrung entsprechende Perspektive. Seine primäre Intention ist es, in nostalgischem Rückblick auf das verlorene „Paradies" der Jugendzeit Sternbalds romantische Subjektivität zu legitimieren (141). Daher wendet er sich nicht etwa an den bürgerlichen Leser, sondern an den kleinen, esoterischen Kreis geistesverwandter, ästhetisch bildsamer junger Menschen. Diese potentiellen romantischen Künstler ermutigt er zur Bejahung ihrer subjektiven Innerlichkeit, indem er ihnen Sternbalds Biographie mit dem Anspruch auf exemplarische Verbindlichkeit vor Augen stellt. Freilich verbirgt der Erzähler keineswegs seine ambivalente Haltung gegenüber solch weltabgekehrter Innerlichkeit, ist er sich doch unschlüssig, ob Sternbald als „erwachsenes Kind" oder als „kindischer Erwachsener" zu bezeichnen sei (52).[74]

Zusammenfassend kann gesagt werden, daß sich die Romanstruktur durch die funktionale Beziehung der hier genannten Merkmale konstituiert. Sie besteht etwa zu gleichen Teilen aus konstanten, der Grundstruktur des Bildungsromans zugehörigen Elementen und aus Variablen, die teilweise als epochenspezifisch zu erklären sind: in erster Linie der introvertierte romantische Charaktertyp mit seiner Tendenz zur wachstümlichen Selbstentfaltung und die daraus resultierenden Dependenzen im Bereich der Fabel, ferner die entstofflichende Darstellungsweise von Figuren und Raum sowie die Unterbrechung des Zeitkontinuums.

Tieck wählte als Zentralgestalt seines Bildungsromans nicht in erster Linie deshalb einen Maler, weil er ästhetische Probleme erörtern oder den Werdegang eines schaffenden Künstlers darstellen wollte. Vielmehr vertrat er die romantisch geprägte Anschauung, gerade der mit schöpferischer Imagination begabte Mensch, dem er ja in der Vorrede das Buch zueignet, sei einer maximalen Steigerung zu ästhetisch-religiöser Lebenskunst fähig — Grund genug, an ihm die Entfaltungsthematik exemplarisch darzustellen.[75]

Friedrich Schlegel hat diese Idee des Lebenskunstwerks knapp formuliert: „Künstler ist ein jeder, dem es Ziel und Mitte des Daseins ist, seinen Sinn zu bilden."[76] Derselbe Kritiker griff in seinem Gesamturteil über Tiecks Roman sehr hoch, um dessen weitreichende Bedeutung für die romantische Bewegung zu betonen: „Ein göttliches Buch [...], der erste Roman seit Cervantes, der romantisch ist und darüber, weit über Meister."[77] Mag das Werk auch Fragment geblieben sein, so weist es doch in seiner gehaltlich-formalen Struktur die wesentlichen Züge des Bildungsromans der Romantik auf, einschließlich der letztlich nicht harmonisierbaren dualistischen Spannung zwischen künstlerischem Individuum und sozialer Realität. So konnte Tiecks vielgelesener Roman innerhalb der literarischen Romantik eine weitreichende Wirkung entfalten.

Jean Paul: Titan

Jean Pauls „General- und Kardinalroman" kann als einziges seiner Werke dem Bildungsroman zugerechnet werden.[78] Er vereinigt allerdings widersprüchliche Züge in sich, woraus sich der Meinungsstreit über die Frage erklärt, ob das Werk näher bei der Klassik oder der Romantik anzusiedeln sei. Jean Paul selbst hat brieflich bezeugt, sein zweijähriger Weimarer Aufenthalt habe die Ausarbeitung des *Titan* wesentlich beeinflußt.[79] So erscheint die Fülle der Gestalten, die Albano lehrend und leitend zur Seite stehen, in keinem der frühromantischen Bildungsromane. An den Geist Weimars erinnert auch die Haltung tätig-sozialer Verantwortung, zu der sich der künftige Herrscher Albano entwickelt. Jean Paul war bekanntlich von *Wilhelm Meisters Lehrjahre* sehr beeindruckt, allerdings mehr von den formalen Qualitäten des Romans als von dessen gesellschaftsbezogener Bildungskonzeption. Er bemängelte an Goethes Protagonist, dieser werde zu sehr durch die soziale Umwelt determiniert. Dagegen wollte Jean Paul eine in sich ruhende, geistes- und willensstarke Vorbildfigur ins Zentrum rücken. Daher befreite er Albano im Laufe der Entstehung von gewissen Zügen titanischer Zerrissenheit, indem er diese auf Figuren wie Roquairol oder Schoppe übertrug.

Trotz gewisser Affinitäten zu Goethes Roman ist Jean Pauls Bildungsidee aus romantischem Geist geboren und bestimmt, wie sich noch erweisen wird, Albanos Entfaltung durchgängig. Wie kaum ein zeitgenössischer Autor hat sich der Autor mit den Problemen von Erziehung und Bildung befaßt. Wenige Jahre nach dem *Titan* erschien seine *Levana oder Erziehlehre*, die einen wesentlichen Beitrag zur Interpretation dieses Romans zu leisten vermag. Im *Titan* setzte sich Jean Paul kritisch mit zeitgenössischen Menschenbildern auseinander, die seinem sittlich-religiösen Empfinden widersprachen. Vor allem ein selbstgenügsamer Ästhetizismus und der Kult des egozentrischen Ichs waren Haltungen, die er als „einkräftig" verurteilte und in Albanos „vielkräftiger" Universalität zu überwinden suchte.

Der *Titan* bietet die Geschichte einer systematisch angelegten Erziehung, und dies mit einem Aufgebot an Mentorgestalten, das selbst noch Goethes *Lehrjahre* übertrifft. Der heranwachsende Albano wird unter der Leitung seines vorgeblichen Vaters Gaspard, im Auftrag des Fürsten zu Hohenfließ, planmäßig auf das Ziel des allseitig gebildeten Herrschers hin erzogen. Dabei hält jedem pädagogischen Einfluß ein anderer, komplementär gerichtet, die Waage. In Blumenbühl, dem idyllischen Ort der Kindheit, wirken neben den Pflegeeltern der naive Dorfschullehrer Wehmeier und der höfische Exerzitienmeister Falterle. Während Albanos Aufenthalt in der Residenzstadt Pestitz werden sie auf höherer Ebene durch den traditionsbewußten Oberhofmeister Augusti und den eigenwilligen Bibliothekar Schoppe ersetzt, der dem Jüngling den Sinn für den Eigenwert der freien Individualität schärft. Ferner bringt ihm der griechische Baumeister Dian den Geist lebensfroher antiker Humanität nahe.

Gaspard hat Albanos Wesensart, „halb zum thätigen, halb zum idealischen Streben ausgerüstet", klar erkannt.[80] Sein erzieherisches Wirken fördert die Entfaltung derjenigen Anlagen, die seinen Zögling zum künftigen Herrscher qualifizieren. Gleich zu Beginn, auf Isola bella, lenkt er dessen Streben auf die zukünftige politische Aufgabe, die Albano mehr und mehr als eigenen „Plan des Lebens" akzeptiert.[81] So vorbereitet, kann er sich zuletzt, als er von seiner fürstlichen Herkunft erfährt, frei für die Thronfolge entscheiden.

Diesem Exempel einer mehr oder minder geglückten Erziehung steht als negative Kontrastfigur der weltgewandte, ästhetisch gebildete Ministersohn Roquairol gegenüber, dem Albano in schwärmerischer Freundschaft zugetan ist. Nicht wie dieser abseits der Gesellschaft in ländlicher Einsamkeit aufgewachsen, gilt Roquairol dem Erzähler als „Kind und Opfer des Jahrhunderts", wurde er doch von seinen philanthropischen Lehrern, im Sinne des aufklärerischen Zeitgeistes, schon in früher Jugend „mit den *Früchten* der Erkenntnis vollgefüttert".[82] Er empfindet die Wirklichkeit als schal, weil übersteigerte Phantasie und reflektierende Selbstbespiegelung ihm die Quellen des unmittelbaren Erlebens verschüttet haben. Als der glaubenslose Lebensspieler die nichtsahnende Linda de Romeiro verführt, wendet sich Albano von ihm ab, bereichert um die bittere Einsicht in das Wesen eines moralisch indifferenten Ästhetentums.

Der Schwerpunkt der Darstellung liegt jedoch nicht auf der Thematik der Erziehung zu politisch-sozialer Tätigkeit, sondern auf dem Prozeß der Bildung des „inneren Menschen". Albanos „zum idealischen Streben" neigende Wesenshälfte entfaltet sich weniger durch pädagogische Beeinflussung als über das subjektive Erleben von Freundschaft und Liebe, den „zwei Brennpunkten in der Ellipse" seiner Lebensbahn.[83] Bildung vollzieht sich für den Autor der *Levana* nicht innerhalb der pädagogischen Institutionen der Gesellschaft, sondern „Vater, Mutter, Geschwister und ein Paar Zu-Menschen" sind die „fortbildende Welt und Form" der Jugend.[84] Im Kreise der Familie, in der er aufwächst, in der Gemeinschaft mit Freunden und geliebten Frauen vollziehen sich in erster Linie seine „sittliche Bildung" und die Entfaltung des „geistigen Bildungstriebs".[85] Jean Pauls Bildungsbegriff gründet auf der Entfaltung der geistig-sittlichen Kräfte des Individuums, und zwar in Richtung auf zunehmende Verinnerlichung, auf wachsende Distanz gegenüber der Gesellschaft.

Der Autor gestaltet Albanos Bildungsprozeß weniger als Entwicklung durch sachlich-kritische Adaption der Umwelteinflüsse — dem Protagonisten eignet nur eine begrenzte Rezeptivität —, sondern weitgehend als Entfaltung der subjektiven Potentialität des Ichs. Dieses, der „geheime organische Seelen-Punkt [...], um welchen sich alles erzeugt", ist weder aus Albanos fürstlicher Herkunft noch aus den Einflüssen des Milieus ableitbar. Die Funktion der intriganten höfischen Gesellschaft erschöpft sich darin, den für die Entfaltung des Charakters notwendigen negativen Widerstand zu bieten, so wie sich ein Edelstein erst „durch Holschleifen lichtet und bessert".[86] Albanos Charakter erfährt dabei keine wesentliche qualitative Veränderung. Seine inneren Kräfte entfalten sich nach einem eingeborenen, anfangs nur geahnten ideellen Leitbild, das seinem „innersten Ich" entspringt.[87] Seine Denk- und Verhaltensweisen werden von einer anfangs recht verschwommenen Freiheitsidee beherrscht. Schon in früher Jugend setzen die so charakteristischen Bilder der Flugsehnsucht ein: der Junge klettert auf eine Vogelstange, möchte er sich doch aus der beengenden Umwelt in die Weiten der Natur verlieren.[88] Erklärend vermerkt hier der Erzähler, Albano strebe „im physischen Himmel dem idealischen" nach, er verwechsle „die äußere Erhebung mit der innern".[89] Albanos Fortschritte in der Bildung des „inneren Menschen" werden daran zu messen sein, inwieweit sich seine Fähigkeit zu idealischem Streben entwickelt.[90]

Seine Freiheitsidee wird durch seinen besten Freund, den heimat- und bindungslosen Weltwanderer Schoppe, nachhaltig vertieft. Dieser lehrt ihn die Haltung kritischer Distanz gegenüber seiner höfischen Umwelt und verweist ihn auf das eigene Ich als höchste Instanz.[91] Die schwärmerische Liebe zu der kränklich-zarten Liane, die ihrem baldigen Tode sehnsüchtig entgegenharrt, löst Albano mehr und mehr aus der Bindung an seine höfisch-gesellschaftliche Umwelt. Hier scheint sich, trotz seiner Kritik an Lianes Lebensferne, seine Traumsehnsucht nach einer höheren Sphäre zu vollenden. Im nächtlichen Lilar-Park erfahren die Liebenden die Befreiung von der unvollkommenen endlichen Wirklichkeit, den magischen Augenblick der Entrückung über die Vergänglichkeit der Zeit. Am Ende des dritten Bandes, nach Lianes Tod, antizipiert Albano in einem allegorischen Traum den Weg der Menschheit von der Schöpfung bis zur eschatologischen Welterlösung. Im visionären Anblick der „weiten Welt" gipfelt das mystisch-irrationale Erlebnis seiner vom Endlichen entbundenen „befreiten, fliegenden Psyche".[92]

Im vierten Band gewinnt die eingeborene Freiheitsidee des Helden eine neue Dimension. Nach wie vor entschlossen, nicht in der „schmutzigen Landenge des gemeinen Seins" heimisch zu werden, sucht Albano jetzt seine Erfüllung in der sittlich-politischen Tat.[93] Angesichts der steinernen Zeugen einer machtvollen historischen Vergangenheit vollzieht sich in Rom seine Wandlung; er entdeckt seine „zum thätigen [...] Streben" veranlagte Natur, die auf Befreiung des Individuums aus erstarrten gesellschaftlichen Konventionen drängt. Daher sein Entschluß, am französischen Revolutionskrieg teilzunehmen, daher auch seine freudige Bereitschaft zur Thronfolge, als er von seiner fürstlichen Herkunft erfährt. In deutlicher Abgrenzung zum herrschenden Feudalismus ist Albano entschlossen, „Selbstregenten zu bilden", die Gesellschaft also in Richtung auf größere Autonomie des Individuums zu entwickeln.[94] Er erstrebt gesellschaftliche Veränderung weniger durch politisch-soziale Reform als über die innere Wandlung des einzelnen. Dem entspricht Jean Pauls radikal individualistische Gesellschafts- und Bildungskonzeption; der Autor notierte sich in jenen Jahren: „Jeder verbessere und revoluzioniere nur vor allen Dingen statt der Zeit sein Ich; dann gibt sich alles, weil die Zeit aus Ichs besteht."[95] Albano verliert sich zuletzt nicht mehr ausschließlich in einer idealen Überwelt, sondern verschreibt sich als künftiger Herrscher dem Dienst an der Gesellschaft, wie er ihn versteht: „Volksglück" und „höchste Gerechtigkeit" sind sein erklärtes Ziel.[96] In diesem freien Entschluß, der Krönung seines sittlichen Werdens, trägt zugleich Gaspards Erziehungsarbeit ihre Früchte. Dieser sittliche Bildungsprozeß setzt nun aber das Wirken des „geistigen Bildungstriebs" voraus, der nach Ansicht des Autors der *Levana* das Vermögen der imaginativen „Ein- oder Vorbildungskraft" entfaltet, die dem „Ideen-Schaffen" und damit letztlich der Entwicklung von Albanos Leitbild der sittlichen Freiheit dient.[97] Albanos geistiger Bildungstrieb entwickelt die „unbändige, alles auseinanderreißende Phantasie" des Knaben zu einer kreativen Imaginationskraft, die ihn zunehmend befähigt, erinnernd in eine verklärte Kindheit zurückzuschweifen und ersehnte Vollendungen zu antizipieren.[98] Auf dem Weg in die Tiefen der subjektiven Innerlichkeit differenziert sich Albanos Leitbild der Freiheit; die schwärmerische Flugsehnsucht des Kindes weicht der Einsicht, daß angesichts der Wesenlosigkeit der vergänglichen Lebenserscheinungen nur das schöpferisch-autonome Ich an der Geisteswelt des Ideals teilhaben kann.[99] Damit hat der Protagonist das Bewußtsein seiner personalen Identität gewonnen; er hat die Idee unumschränkter sittlicher Freiheit als „End-Zweck" seines Daseins erkannt.[100] Er ist entschlossen, sein künftiges Tun an einem subjektiv interpretierten „ewigen Guten" zu orientieren.[101] Damit hatte Jean Paul seinen Vorsatz verwirklicht, Albano „gegen die allgemeine Zuchtlosigkeit des Säkulums [...] gegen dieses irrende Umherbilden ohne ein punctum saliens" zu rüsten.[102]

Die oft behauptete Verwandtschaft mit der Weimarer Klassik ist nur vordergründig, denn der Protagonist erreicht die ihm mögliche Harmonie nicht wie Wilhelm Meister durch entsagende Selbstbegrenzung, sondern über die Entwicklung eines — allerdings stets gefährdeten — Gleichgewichts gegensätzlicher Strebungen. Ist es doch sein „Hauptgrundsaz, alle Kräfte der Seele auszubilden".[103] Weit näher steht Albano dem frühromantischen Prinzip der „inneren Bildung", die, im Gegensatz zu einer „mehr äußerlichen und geselligen Bildung", nach Friedrich Schlegel „streng und unerbittlich auf ein Ewiges, auf ein [...] Unsichtbares" zielt und daher „nur in abgeschiedener Einsamkeit" gedeihen kann.[104] Anstelle der körperlich-geistigen Ganzheit der weltoffenen klassischen Gestalt kultiviert Albano vor allem den gesellschaftsfernen „heiligen Seelen-Geist" subjektiver Innerlichkeit, in dem allein sich ihm der Sinn des Daseins erschließt.[105]

Für den Autor der *Levana* hat der Eintritt des Jünglings in die Phase der Lebensbewährung zur Folge, daß dessen innerer „Idealmensch von Tage zu Tage" mehr verwelkt.[106] Der korrumpierende Zeitgeist verhindert die volle Selbstverwirklichung des einzelnen. Daher dürfte der Hoffnung Gaspards, daß „die Reinheit des Jünglings in den Mann überginge", keine Erfüllung beschieden sein.[107] Albanos idealer Daseinsentwurf ist in der dekadenten Welt dieses Romans nicht zu verwirklichen. Selbst der Erzähler scheint an der intendierten Versöhnung zwischen Ideal und Lebenswirklichkeit Zweifel zu hegen, verschärft er doch durch harte Kontrastierung den Gegensatz zwischen Albanos idealer Gesinnung und der kleingeistigen Welt des Hofes.[108]

Größe und Gefahr von Albanos kompromißloser Idealität liegen nahe beieinander: der weitgehende Absolutheitsanspruch seines subjektiven Weltentwurfs, der ihm unumschränkte innere Freiheit sichert, ist ständig von Weltverlust und Scheitern bedroht. Das tragische Ende des einsamen Schoppe und des weltverachtenden Luftschiffers Giannozzo verrät des Helden eigene Gefährdung. Diese Bildungskonzeption ist, wie man erkannt hat, wirklichkeitsfern;[109] andererseits birgt sie jedoch eine Wahrheit, mit der die Romantik in Absage an das relativ gesellschaftskonforme Menschenbild des 18. Jahrhunderts ihren eigenständigen Beitrag zur Geschichte des Bildungsgedankens geleistet hat: daß nämlich die autonome, schöpferische Individualität die „Wurzel jedes Guten" darstelle.[110]

Inwieweit bestimmt diese Bildungsidee die Struktur des *Titan*? Der Erzähler gibt vor, Albanos „Historiograph" zu sein.[111] Er behandelt eine doppelte, keineswegs spannungsfreie Thematik: die Erziehung eines außergewöhnlichen Jünglings zum Herrscher eines deutschen Duodezstaats und die Bildung seines „inneren Menschen".[112] Die Fabel ist strukturell von geringer Bedeutung; sie hat nur Albanos Erziehungsplan und die gegen ihn gesponnenen höfischen Intrigen zum Inhalt. Sie schafft vor allem die äußeren Voraussetzungen für dessen seelische Aufschwünge und Niederbrüche, die um der kontrastierenden Spiegelung durch extrem geartete Nebenfiguren willen meist in szenisch-dialogischer Form dargeboten werden. Die weitgehend einsträngige Fabel orientiert sich an Albanos Lebensbahn. Sie ist episodisch aufgelockert, also ohne lineare Geschlossenheit. Nach Jean Pauls Meinung soll die „äußere Geschichte" nur als „lackierter Blumenstab" dienen, an dem die innere „psychologische Geschichte [...] emporwächst".[113] Die oft rätselhafte Undurchsichtigkeit der Fabel verweist auf eine unverläßliche, geistferne Lebenswirklichkeit, die in unversöhnlichem Widerspruch zu Albanos metaphysisch gerichtetem Enthusiasmus steht.[114] Immer wieder erlebt er, etwa inmitten der Trümmer des alten Rom, die vernichtende Wirkung der „Sense der Zeit", die seinen inneren Aufschwüngen stets ein jähes Ende setzt.[115] Die Fabel ist allerdings insofern strukturiert, als sie — mit Ausnahme der erzählerisch nachgeholten Kindheit — um der Darstellung von Albanos zielgerichteter innerer Entfaltung willen, die in der Selbstfindung kulminiert, den Wechsel seiner seelischen Zustände in chronologisch geordneter Abfolge bietet. Die Phasen der Entfaltung des Protagonisten sind, wie häufig im Bildungsroman, mit bestimmten Schauplätzen gekoppelt. Die Kindheit im dörflichen Blumenbühl, der Aufenthalt in der Residenzstadt Pestitz, dann die Bildungsreise nach Italien und schließlich die Rückkehr an den heimatlichen Fürstenhof. Der *Titan* besitzt im Vergleich zum frühromantischen Bildungsroman eine größere Raumsubstanz — verbunden mit einem größeren Figurenensemble —, die der Aktivierung von Albanos potentiellen Gefühls- und Verhaltensweisen dient. Dennoch gewinnt der poetische Raum keine autonome Eigenwertigkeit; die Örtlichkeiten deuten zeichenhaft-allegorisch auf die Wesensart der ihnen zugeordneten Figuren. So verklärt sich Blumenbühl, der ländliche Ort von Albanos glückerfüllter Kindheit, für ihn zur Idylle, und der Tartarus, ein finsterunheimlicher Park, spiegelt Roquairols dämonische Zerrissenheit wider. Die Konstellation der Räume verweist auf den Jean Paulschen antinomischen Dualismus von Geistes- und Sinnenwelt. So steht Albanos Lieblingspark Lilar, der Ort seliger Weltentrückung, in einem unversöhnlichen Gegensatz zur weltlichen Residenzstadt Pestitz.

Auch die Figurenkonstellation ist antithetisch strukturiert. Schoppe und Roquairol, Liane und Linda stehen in einem spannungsreichen Gegensatzverhältnis und relativieren sich wechselseitig. Albano ist die dominierende Zentralgestalt; ihm sind die für seine Entfaltung relevanten Figuren funktional zugeordnet. Ihre Erlebnisse bilden nach dem Willen des Autors in der Erzählung „nur ein Kronrad, kein Zifferblattsrad".[116] Sie offenbaren Albanos innere Gefährdungen in extremer Übersteigerung: die ästhetische Phantasienatur Roquairols, die radikale Verabsolutierung des autonomen Ichs bei Schoppe, aber auch Lianes schwärmerische Sehnsucht nach der „höheren Welt" und Lindas egozentrische Willensstärke. Aus diesen Verirrungen der ihm wesensverwandten und doch gegensätzlichen „einkräftigen" Figuren gewinnt Albano die Erfahrungen, die ihm die Harmonisierung der Widersprüche ermöglichen. Die persönlichen Probleme dieser Gestalten bleiben dagegen ungelöst. Ihr Scheitern steht im Dienst der Demonstration von Jean Pauls Bildungsidee.

Das Bauprinzip der Antithese beherrscht nicht nur die Konstellationen der Figuren und der ihnen zugeordneten Räume. Auch der Erzähler neigt zum Wechsel zwischen dem empfindsam-erhabenen und dem komisch-satirischen Ton. Allerdings verlegt er die meisten der desillusionierenden gesellschaftskritischen Digressionen in den „Komischen Anhang", um Albanos idealen Bildungsprozeß deutlich ins Zentrum zu rücken.[117] Der Wechsel zwischen den gegensätzlichen Stillagen dient dazu, durch Kontrastierung mit dem Alltag gesellschaftlicher Oberflächlichkeit Albanos idealer Innerlichkeit zusätzliches Profil zu verleihen. Jean Paul war im übrigen überzeugt, daß „dem reinen durchsichtigen Glase des Dichters die Unterlage des dunklen Lebens notwendig" sei, um die komplexe Totalität der menschlichen Existenz literarisch darstellen zu können.[118]

Die Entfaltung der Zentralgestalt bestimmt also weitgehend die funktionale Figurenkonstellation sowie die antithetische Bauform. Aber auch dem didaktisch motivierten Erzähler fällt eine strukturell bedeutsame Rolle zu. Er sieht sich als „Vortänzer", dessen Führung sich der Leser anvertrauen soll.[119] In auktorialer Perspektive entwirft er eine aus zeitgenössischer Sicht ideale Biographie. Der Autor der *Levana* glaubt an die Bedeutung der Idee als Regulativ des Handelns, denn „der Glanz des in der reinen Ewigkeit wohnenden Ideals wirft uns das Licht auf unseren Richtsteig heller, als die von der Zeit getrübte Menschen-Realität".[120] Albano ist als vorbildhafter, exemplarischer „individueller Idealmensch" konzipiert; er demonstriert auf seine Weise das Bildungsziel, das der Autor als „das harmonische Maximum aller individuellen Anlagen zusammengenommen" umschrieb.[121] Eine Sinnstiftung freilich aus dem Wissen um die Gebrochenheit der menschlichen Existenz. So warnt der Erzähler den Leser, seine „poetischen Träume ins Wachen tragen" zu wollen.[122] Er erzählt eine „romantische Historie", in der die empirische Wahrheit der Mimesis bewußt der Schönheit der Idee geopfert wird.[123] Der didaktische Erzähler bemüht sich um einen übersichtlichen Aufbau seines Werkes, indem er die verwirrenden Digressionen weitgehend in den Anhang verbannt und so eine homogene Gliederung nach Bänden und Kapiteln gewinnt. Er lenkt den Leser durch sein „Antrittsprogramm", durch empfindsam-lehrhafte Zwischenreden und generalisierende Reflexionen.

Jean Pauls *Titan* beansprucht unter den frühromantischen Bildungsromanen eine Sonderstellung. Tieck, Novalis und Hölderlin hatten mittels der Gestalt des Künstlers die höchsten Möglichkeiten menschlicher Entfaltung exemplarisch demonstriert. Während ihre Helden sich mehr oder minder aus der Gesellschaft zurückzogen, ist der künftige Herrscher Albano entschlossen, die Bürger seines Landes zu innerer Autonomie zu erziehen. Ein Sternbald, Ofterdingen oder Hyperion erreicht die Sinngebung des Daseins durch dessen totale Poetisierung: der sich absolut setzende Künstler gestaltet im Werk einen universalen Weltentwurf, den Allzusammenhang sämtlicher Lebensbereiche und Seinsstufen. In solchem ästhetischen Vollzug findet er zu seiner Bestimmung, realisiert er humane Bildung. Anders Albano: sein Bildungsgang beruht primär auf der Entfaltung eines schöpferisch-imaginativen Vermögens, die transzendente Wirklichkeit der „zweiten Welt" zu antizipieren. Nur so vermag er inmitten einer weithin als wesenlos empfundenen Wirklichkeit sich selbst zu bewahren. Solche Bildung des „inneren Menschen" setzt für Albano den desillusionierenden Konflikt mit der gesellschaftlichen Realität, der chaotischen „Brandstätte der Endlichkeit", voraus.[124] Folgerichtig warf Jean Paul seinen romantischen Weggenossen Tieck und Novalis, die ihren Helden diesen Konflikt weitgehend erspart hatten, vor, sie malten „den Aether in den Aether mit Aether".[125] Die soziale Wirklichkeit wird im *Titan* nicht übersprungen, sondern — wenn auch satirisch deformiert — in die Darstellung einbezogen.

Die Grundstruktur des Romans konstituiert sich durch den funktionalen Bezug gewisser Elemente. Als zentrale Thematik erscheint Albanos Prozeß der inneren Bildung, gedeutet als autonome Entfaltung der Potentialität eines empfindsamen subjektiven Ichs. Daraus ergibt sich einerseits die den Bildungsroman kennzeichnende, auf eine Zentralgestalt bezogene Figurenkonstellation, zum andern die episodisch aufgelockerte Fabel, die vorwiegend Albanos innerer Bewegung, seinem zeitenthobenen „Saitenspiel des Herzens" Raum gibt.[126] Daher gewinnen auch die ihm zugeordneten Örtlichkeiten kaum eine eigenwertige, prägende Bedeutung, vielmehr verweisen sie zeichenhaft auf seine jeweilige innere Befindlichkeit. Aus der idealen Überhöhung der Zentralgestalt ergibt sich deren scharfe Abgrenzung gegenüber der intriganten höfischen Gesellschaft, die Albanos Entfaltung nur ex negativo fördert, in geringerem Umfang auch gegenüber den „einkräftigen" Nebenfiguren. Aus der erzieherischen Wirkungsabsicht des Erzählers, der sein Publikum mit einer vorbildhaften Biographie vertraut machen will, resultieren die mannigfachen epischen Mittel der Leserlenkung.

Das strukturelle Ordnungsgefüge des Romans konstituiert sich durch konstante und variable Merkmale. Transepochale konstante Elemente finden sich in der auf Selbstfindung gerichteten Darstellung des Bildungsprozesses einer jugendlichen Zentralgestalt, der die Nebenfiguren funktional zugeordnet sind; sie begegnen auch in der Gestalt des didaktischen Erzählers, der seine Botschaft eines sittlich autonomen Menschentums mit dem Anspruch auf exemplarische Verbindlichkeit verkündet. Variable Strukturelemente epochenspezifischer Art begegnen vor allem in dem von der Welt des gesellschaftlichen Alltags distanzierten, introvertierten romantischen Charaktertypus des Protagonisten, der in seinen enthusiastischen Aufschwüngen immer wieder das Zeitkontinuum der Fabel durchbricht. Zu den autorspezifischen Variablen zählen die zeichenhaft-allegorische Raumgestaltung, das umfangreiche, die Vielfalt menschlicher Existenzweisen darstellende Figurenensemble sowie die exponierte Stellung des Erzählers, der als „Vortänzer" den Leser in die endlose Bewegung des zwischen Transzendenz und Immanenz spielenden Welttheaters hineinzieht. Diese autorspezifischen Strukturelemente weisen Jean Pauls *Titan* eine gewisse Sonderstellung innerhalb des frühromantischen Bildungsromans zu.

Novalis: Heinrich von Ofterdingen

Novalis' Werk wird von der neueren Forschung im allgemeinen nur mit Vorbehalt als Bildungsroman anerkannt.[127] Die kritischen Urteile resultieren letztlich daraus, daß man den Maßstab der klassischen Bildungsidee von *Wilhelm Meisters Lehrjahre* an ein Werk anlegt, dessen Bildungskonzeption unvergleichbar anders beschaffen ist, dem man also nur durch eine Betrachtung gerecht werden kann, die dessen geschichtlichen Kontext erfaßt. Wie alle Autoren der Frühromantik wandte sich auch Novalis gegen die ökonomisch-pragmatische Haltung zahlreicher Aufklärer, die auf Erziehung zu affirmativer gesellschaftlicher Integration abzielte. Diese Einstellung glaubte er auch in Goethes Roman zu finden; daher seine bitteren Worte über das Werk, das er anfangs in Unkenntnis der eigenen Position begeistert begrüßt hatte: „Die oeconomische Natur ist die Wahre — Übrig bleibende [...] Wilhelm Meisters Lehrjahre, oder die Wallfahrt nach dem Adelsdiplom."[128] So unrichtig dieses Urteil auch anmuten mag, in einem Punkt erhellt es doch schlagartig den tiefgreifenden Unterschied zwischen klassischem und romantischem Menschenbild: für Aufklärung und Klassik konnte sich Humanität letztlich nur im historischen Raum der Gesellschaft verwirklichen. Daher bescheinigte Novalis Goethes Werk bereitwillig, es stelle „die Seele der guten Gesellschaft" dar.[129] Hardenbergs Meinung über Wert und Bedeutung der gesellschaftlichen Umwelt für das Individuum widerspricht aber der sozialen Natur eines Wilhelm Meister zutiefst: „Nur der keine Gesellschaft bedarf, ist bon Compagnon. Nur dieser wird von der Gesellschaft unabhängig [...]. Die Andren werden von ihm gehabt — und haben ihn nicht."[130] Novalis schrieb seinen Roman als Gegenentwurf, als Korrektiv zur Bildungskonzeption der Aufklärung, die er auch in *Wilhelm Meisters Lehrjahre* wirksam sah. Das schließt nicht aus, daß er sich der von Goethe geschaffenen Tradition verpflichtet wußte.[131]

Erstmalig setzte sich in der deutschen Frühromantik die subjektive Individualität absolut. Den Kräften des Gefühls, der schöpferischen Einbildungskraft und des Glaubens gestand man quasi objektive Verbindlichkeit zu. Nicht mehr in gesellschaftlich legitimierten Normen und Wertvorstellungen, sondern in den Tiefen des Ichs lag für die enthusiastischen jugendlichen Genies der Jahrhundertwende die erstrebenswerte Wahrheit beschlossen. Dieser absolute Individualismus entsprang bei Novalis einer mystischen Denkart, die ihm durch die Traditionslinie von Plotin bis Böhme und Hemsterhuis hinreichend beglaubigt erschien, in der er sich aber auch durch seine pietistische Herkunft bestärkt fühlte. Seine ästhetisch geprägte religiöse Gläubigkeit wurde durch gewisse Elemente bestimmt, die aller Mystik eigen sind: ein irrationaler, undogmatischer Gottesbegriff panentheistischer Prägung verband sich mit der Überzeugung der potentiellen Teilhabe an einer geistig-göttlichen Sphäre. Hier mag das visionäre Erlebnis am Grabe seiner jung verstorbenen Verlobten Sophie von Kühn von Bedeutung gewesen sein, obwohl Novalis schon vorher an die Existenz eines höheren

„Selbst", eines „Unvergänglichen [...] Göttlichen in uns" geglaubt hatte.[132] Aus dieser inneren Gewißheit entsprang sein unerschütterlicher, vermessener Glaube an die Fähigkeit des Individuums zu unbegrenzter potenzierender Steigerung. Aus derselben mystischen Grundanschauung leitet sich der für sein subjektivistisches Welt- und Menschenbild zentrale axiomatische Satz ab: „Der Mensch ist eine Analogieenquelle für das Weltall."[133] Zumindest der geniale Dichter vermag infolge seiner Partizipation am göttlichen „Gesamtleben" das Wesen der Dinge zu offenbaren; Selbsterkenntnis und Welterkenntnis fallen in unendlicher Approximation zusammen. Ein weiteres Kennzeichen mystischer Geisteshaltung ist das Prinzip der coincidentia oppositorum, der vermessene Versuch, um einer „höheren Logik" willen „den Satz des Widerspruchs zu vernichten".[134] Novalis versuchte in spekulativer Manier, konträre Begriffe wie Innen/Außen, Vergangenheit/Zukunft oder Zufall/Notwendigkeit in einem höheren Dritten aufzuheben. Der tiefste Antrieb seines romantischen Denkens lag in dem ständigen Bemühen um die Synthese des Unvereinbaren, um die Gewinnung einer höheren Identität der Gegensätze.

Hardenbergs mystisch geprägte Grundhaltung bestimmte auch seine Auffassung von menschlicher Selbstentfaltung. „Selbstbildung des Ich" begriff er als eine sich intensivierende Kommunikation mit einem höheren geistigen Wesen, welches das empirische Ich „zur seltensten Selbsttätigkeit auffordert. Dieses Ich höherer Art verhält sich zum Menschen wie [...] der Weise zum Kinde. Der Mensch sehnt sich ihm gleich zu werden [...]."[135] Heinrich von Ofterdingen stellt sich entschlossen der im Traum von der blauen Blume an ihn ergangenen Aufforderung, während sein Vater den inneren Anruf überhört und so auf der Stufe eines Kunsthandwerkers verbleibt. Heinrich durchläuft einen konfliktfreien Prozeß der Bewußtwerdung, der dem „leisen Bilden" seiner „innern Kräfte" entspringt (266). Die Selbstentfaltung der subjektiven Potentialität des Ichs hat keine wesentliche qualitative Veränderung seiner Persönlichkeit zur Folge. Heinrich wird durch die Außenwelt, die nur als „Incitament des Organism" fungiert, nicht entscheidend determiniert.[136] Die Bildungsmächte von familiärer Erziehung, Gesellschaft, Natur und Geschichte vermitteln ihm zwar gewisse Erfahrungen, dienen aber letztlich nur dazu, ihm „neue Fenster" in die geheimnisvollen, wahrheitsbergenden Tiefen des eigenen Ichs zu öffnen (268). Der introvertierte junge Poet erfährt die empirische Welt nicht in ihrem Eigensein — als Widerstand, der zur sachbezogenen Auseinandersetzung herausfordert —, sondern er verarbeitet deren Einflüsse, die er vorwiegend über Gespräche, „Erzählungen und Schriften" (267) aufnimmt, mittels kontemplativer „schöpferischer Weltbetrachtung" (102). Durch seine Fähigkeit kreativer Er-innerung erschließen sich ihm glückhafte Paradiese des Ursprungs, die er mit prophetischer „Ahndung" auf ein ersehntes Goldenes Zeitalter projiziert. Heinrich besitzt die Gabe der imaginativen Assoziation, die Heterogenstes, traumhafte Idee und empirische Realität, zu sinnstiftender höherer Einheit verschmilzt. So gelingt es ihm zunehmend, sein Dasein zu poetisieren, die Bereiche von Innerlichkeit und Außenwelt, von Vergangenheit und Zukunft einander anzunähern. Daher erscheint ihm zu Beginn des zweiten Teils „alles viel bekannter und weissagender als ehemals" (322).

Eine wesentliche Bedingung für die Gewinnung universaler Bewußtheit des „Gesamtlebens" ist die Erfahrung der Liebe, der Heinrich in Mathilde und im zweiten Teil in variierend gesteigerten Mädchengestalten begegnet. Die Liebe erschien Novalis als „höchste Naturpoesie" (287), als schöpferische Imaginationskraft, welche die unendlichen Inhalte des kosmischen Bewußtseins zum sinn- und geisterfüllten Ganzen fügt.[137] So erst wird der hymnische Ton von Heinrichs Liebeserklärung an Mathilde verständlich: sie führe ihn „in die Heiligtümer des Lebens", sie schenke ihm die „höchsten Anschauungen" (289). Im Eros ist der neue Äon der All-Sympathie, der „ewigen Poesie" bereits angebrochen (284); kein Zufall, daß mit diesem überwältigenden Erlebnis die Handlung des ersten Romanteils schließt. Aus dieser metaphysischen Deutung des Eros konnte Novalis dann folgern, die Liebe sei „der Geist [...], der Schlüssel der Bildung".[138]

Heinrich wird sich in der Begegnung mit Klingsohr und Mathilde seiner poetischen Wesensbestimmung voll bewußt; die Geliebte erscheint ihm als Inkarnation des Geistes der Poesie, so daß er sie als seine „innerste Seele" ansprechen kann, weil sie ihm die Erfahrung seines „geheimsten und eigentümlichsten Daseins" vermittelt.[139] So endet der erste Romanteil mit Heinrichs Selbstfindung. Der Jüngling wird „zum Dichter reif", und es erschließt sich ihm die sinnstiftende poetische Sprache.[140]

Eine Interpretation des zweiten Romanteils verbietet sich, da nur der Anfang des ersten Kapitels und einige knapp skizzierende Bemerkungen des Autors vorliegen. Der Prozeß der Erweiterung des Bewußtseins hätte nach der Erfahrung der historischen „großen Welt" zuletzt kosmische Ausmaße gewonnen, denn Heinrich sollte die blaue Blume pflücken und nach einem geistigen Durchgang durch die Reiche der Steine, Pflanzen und Tiere das Stadium der Vollendung erreichen. Der Entwurf schließt lapidar: „Er wird ein Mensch" (348). Über dieses geplante Ende des Weges der verklärenden Menschwerdung des Poeten gibt das den zweiten Teil eröffnende Gespräch Heinrichs mit dem Arzt Sylvester vorausdeutend Auskunft. Als Wesensmitte des verklärten Menschen erscheint hier das „Gewissen", ein von mystischer Unerklärbarkeit verhülltes menschliches Vermögen, das wohl als universales, wirkungsmächtiges Bewußtsein verstanden werden muß, denn es manifestiert sich als „allumfassende Freiheit, Meisterschaft oder Herrschaft" über das Leben (331).[141] Hierin erblickt Sylvester das Ziel aller menschlichen Bildung. Heinrich hätte zuletzt am „unendlich veränderlichen Gesamtleben" teilgehabt, er hätte die Simultaneität der Zeiten und Räume erfahren.[142] Die „höchste Aufgabe der Bildung" wäre für ihn erfüllt gewesen: „sich seines transcendentalen Selbst zu bemächtigen, das Ich seines Ich's zugleich zu seyn".[143] Der mystisch geartete Bildungsprozeß — das sich intensivierende „Gespräch" des empirischen Ichs mit dem höheren Selbst — hätte in der unio mystica, der Vergöttlichung des Menschen, kulminiert.[144] Novalis verstand bekanntlich diesen Prozeß nicht als weltflüchtiges, todessüchtiges Transzendieren, sondern als Eroberung eines gewandelten irdischen Daseins, als „Übergangs Jahre vom Unendlichen zum Endlichen".[145] Die utopische Selbsterfüllung des poetischen Individuums fiel für ihn mit der erlösenden Wesens- und Werterfüllung der Welt zusammen.

Hardenbergs Bildungskonzeption ist in seine triadische Geschichtsauffassung eingebettet, für die sich der unendliche Entfaltungsprozeß der Menschheit in drei großen Phasen vollzieht: von der vorbewußten, urzeitlichen Einheit von Geist und Natur über die dualistische, disharmonische Gegenwart zum harmonischen Einklang in universaler Bewußtheit, zur eschatologischen All-Einheit des Seienden.[146] Dieser universale heilsgeschichtliche Entwurf hätte den zweiten Romanteil weithin geprägt und damit die zielgerichtete Strukturlinie des Bildungsromans, die in der Selbstfindung der Zentralgestalt gipfelt, überlagert.[147]

Hardenbergs Bildungskonzeption prägt die Struktur des ersten Romanteils. Sein kühner Glaube an die potentiell unbegrenzte „Bildsamkeit" des Individuums bestimmt die Grundthematik des Werkes, die Selbstentfaltung eines jungen Protagonisten, die in der Erkenntnis seiner dichterischen Bestimmung kulminiert.[148] Heinrich ist „von Natur zum Dichter geboren" (267). „In diesem Zufall" der Geburt, notierte Novalis, „müssen alle [...] seine Zustände determinirt seyn."[149] Damit mußte die Determination durch die Außenwelt zurücktreten, was eine handlungsarme, konfliktfreie Fabel zur Folge hatte. In ihrer Einsträngigkeit stellt sie, trotz episodischer Auflockerung, Heinrichs Bewußtseinsprozeß „in einer continuirlichen Reihe" dar.[150] Die Reihenbildung vollzieht sich, gemäß Hardenbergs Bildungskonzeption, nach dem Prinzip der sublimierenden Steigerung.[151] Novalis begriff den ersten Teil („Die Erwartung") als Voraussetzung, als „Fußgestell" des zweiten, der den Protagonisten zur inneren „Erfüllung" führen sollte.[152] Die Bereiche, die Heinrich im ersten Teil durchläuft, nämlich Familie, Natur, Geschichte, Dichtung, vermitteln ihm immer sublimere Erfahrungen. Die zunehmende Poetisierung seiner Existenz äußert sich im Ordnungsprinzip einer irreversiblen Progression. Novalis notierte: „Der Roman [...] ist anschauliche Ausführung — Realisierung einer Idee [...]. Das Gesetz ihrer Fortschreitung läßt sich [...] aufstellen."[153] In den ersten sechs Kapiteln wechselt die Erzählung ständig zwischen zwei Realitätsebenen, nämlich der faktischen Handlungsgegenwart und den eingeschobenen märchenhaft-poetischen Erzählungen, und Liedern sowie den Traumschilderungen. Die surreale Ebene konstituiert sich also mittels der Poesie als der Offenbarung dessen, „was außer der Welt ist" (287), und durch den Traum als den Ort der Befreiung der von der empirischen Realität „gebundenen Phantasie" (199). Bis zum sechsten Kapitel, das die festliche Begrüßung der Reisenden am Zielort schildert, sind die beiden Wirklichkeitsebenen deutlich unterscheidbar. In den folgenden zwei Kapiteln existiert dann nur noch die szenische Erzählform des Dialogs, an dem Heinrich erstmals als vollwertiger Partner aktiv teilnimmt. In der Begegnung mit dem prophetisch-weisen Dichter Klingsohr erfährt er das verwandelnde Gespräch als die „Seele" der Welt.[154] Die empirische und die „höhere Welt" (289) beginnen sich jetzt zu durchdringen, Heinrich nähert sich dem „unendlich veränderlichen Gesamtleben".[155] In Klingsohrs und Mathildes Gegenwart glaubt er an einem „höheren Leben" (280) teilzuhaben, denn „in der Nähe des Dichters bricht die Poesie überall aus" (283). Den Abschluß des ersten Romanteils bildet Klingsohrs Märchen, das die erlösende Vollendung im neuen Zeitalter antizipiert. Die irreversible Progression in der Reihung der neun Kapitel wird durch die „Operation" des Romantisierens erreicht, das zunehmend „dem Endlichen einen unendlichen Schein" verleiht.[156] Die Finalität des Entfaltungsprozesses, die sich im Bereich des ersten Romanteils in Heinrichs Selbstfindung erfüllt, manifestiert sich in gewissen Leitmotiven und in Vorausdeutungen, etwa in seinen Träumen oder im schicksalkündenden Buch des Einsiedlers.

Die Figurenkonstellation orientiert sich an der Zentralgestalt, die sich auf der Suche nach ihrer Bestimmung befindet. Ihr sind die Figuren funktional zugeordnet, die Heinrich den Weg in die Tiefen des Bewußtseins weisen, sei es aus einer gegensätzlichen Position wie die ökonomisch gesinnten Kaufleute, sei es aus innerer Verwandtschaft wie der naturkundige Bergmann, der geschichtsbewußte Einsiedler, der weise Klingsohr oder die liebende Mathilde. Da Heinrich, wie gesagt, die empirische Erscheinungswelt in ihrer Eigentlichkeit nicht wahrnimmt, sie vielmehr zur Seelenlandschaft verklärt, entstofflichen sich für ihn auch die ihm begegnenden Personen. Novalis konzipierte seine Figuren als archetypische Glieder eines kosmischen Weltentwurfs, als Personifikationen universaler Kräfte und Seinsweisen. Seine romantisierende Figurengestaltung reduzierte daher die Fülle der individuellen Züge durch „Classification des individuellen Moments", durch „leise Hindeutung auf Allegorie".[157]

In den zahlreichen Dialogen, den Träumen und Liedern dominiert die Figurenperspektive. Zunehmend tritt die subjektive Sicht der Zentralgestalt in den Vordergrund, ist diese doch „das Organ des Dichters im Roman".[158] Diese Entwicklung erreicht in Heinrichs eschatologisch gerichteten Gesprächen mit Klingsohr und Sylvester ihren Höhepunkt. So wird die „Universalisierung" seines Bewußtseins unmittelbar vergegenwärtigt. Folgerichtig hält sich der Erzähler zurück, gibt aber dem Leser dennoch gewisse Orientierungshilfen, etwa durch die klare Gliederung des Textes oder durch knappe Kommentare. Seine didaktische Intention ist unverkennbar, zielt er doch beim Leser auf die „Erweckung höherer Sinne" (334). Offensichtlich maß Novalis dem wirkungsästhetischen Aspekt des poetischen Kunstwerks größte Bedeutung bei; es sollte den Leser zur höchsten „Sympathie und Coactivität", zur innigsten „Gemeinschaft des Endlichen und Unendlichen" steigern.[159] Dieser Intention dient vor allem der Sprachstil, der dem Prinzip der beseelenden Transparenz gehorcht. Der wiegendruhige Rhythmus, die verhaltene Sprachmelodie, der an bedeutsamen Stellen lakonisch knappe Satzbau, die über sich hinausweisende Bildlichkeit wecken die assoziative Phantasie des Lesers. Der Erzähler verbindet mit der Darstellung von Heinrichs Selbstentfaltung einen exemplarischen Anspruch, denn der Dichter erschien Novalis als „vollkommener Repräsentant des Genius der Menschheit".[160] Heinrich partizipiert in besonderer Weise an jenem „inneren Kraftreich", das den Akt der sinnstiftenden poetischen Synthesis leistet.[161] Dennoch ist für Novalis in jedem Individuum der „Keim zu einem unendlichen Genius" veranlagt, weshalb in diesem Roman die Poesie als „die eigentümliche Handlungsweise des menschlichen Geistes" schlechthin erscheint.[162]

Der Autor hat trotz seiner Ablehnung des Goetheschen Menschenbildes den Einfluß von *Wilhelm Meisters Lehrjahre* hinsichtlich der epischen Form und des Sprachstils nie geleugnet. In der Tat übernahm er die konstanten Elemente, welche die transepochale Grundstruktur des Bildungsromans konstituieren. Dazu zählen vor allem die zielgerichtete Darstellung des Prozesses der Selbstfindung einer jugendlichen Zentralgestalt, der die Nebenfiguren mehr oder minder streng funktional zugeordnet sind. Ferner der didaktisch motivierte Erzähler, der dem Leser seine Botschaft mit dem Anspruch auf exemplarische Verbindlichkeit zu vermitteln sucht.

Seine eigentümliche Qualität gewinnt *Heinrich von Ofterdingen* freilich erst durch gewisse variable Strukturelemente, die zu einem nicht geringen Teil epochenspezifisch geprägt sind. Heinrich repräsentiert den introvertierten, kontemplativen romantischen Charakter, der in einem Prozeß imaginativ-reflexiver Selbstentfaltung, relativ unbeeinflußt von der Außenwelt, seine subjektive Potentialität verwirklicht. Dieser Modus der inneren Progression verlangt, wie gesagt, eine konfliktfreie, aktionsarme Fabel, die den pragmatisch geordneten Handlungszusammenhang in seiner strukturellen Bedeutung relativiert. Die Abfolge der locker gereihten Episoden spiegelt insofern Heinrichs Bewußtseinsprozeß, als spätestens ab dem vierten Kapitel die Ebenen der empirischen und der höheren Wirklichkeit sich zunehmend durchdringen. Aus der eingeschränkten Determination des Protagonisten durch die Außenwelt ergibt sich die typisierende Entstofflichung der Figuren und der Verlust des Raumes an substantiellem Eigenwert. Damit hängt wiederum die Relativierung der Bedeutung des Zeitkontinuums zusammen, denn die eingeschobenen Märchen schildern nicht nur paradiesische Vergangenheit, sie antizipieren auch die Wiederkehr des Goldenen Zeitalters, stellen also „Zukunft in der Vergangenheit" dar (318).

Aus dem verminderten erzählerischen Eigengewicht von Figuren und Raum ergibt sich, im Vergleich zu *Wilhelm Meisters Lehrjahre*, daß die Zentralgestalt eine wesentlich größere Bedeutung als episches Integrationszentrum gewinnt, was sich etwa in der Dominanz von Heinrichs subjektiver Perspektive auswirkt.

Der intendierte utopische Schluß des Romans ist autorspezifischer Art. Hardenbergs kühner Glaube an die „schnelle Progressivität, oder Perfectibilitaet" des Menschen veranlaßte ihn zu einem „befehlend kategorisch" beschworenen utopischen Entwurf.[163] Dennoch ist *Heinrich von Ofterdingen* der repräsentativste Bildungsroman der deutschen Frühromantik, weil er das von Fr. Schlegel betonte Prinzip der „inneren Bildung", der autonomen Selbstentfaltung der subjektiven Potentialität des Ichs, in modellhafter Klarheit verwirklicht hat.[164]

Friedrich Hölderlin:
Hyperion oder Der Eremit in Griechenland

Relativ spät ist Hölderlins Roman intensiv von der Forschung bearbeitet worden.[165] Es gelang bisher noch nicht, das komplexe Werk in überzeugender Weise einer bestimmten Romanart und einem epochalen Zusammenhang zuzuweisen.[166] Hölderlins Werk handelt von Möglichkeiten und Grenzen menschlicher Bildung. Freilich vermeidet der Erzähler — ähnlich wie in den Romanen von Tieck und Novalis — den durch die Aufklärung verflachten, ihm daher anstößigen Begriff.[167] Meist verwendet er ihn kritisch abwertend, um eine fortschrittsgläubige bürgerliche Verstandeskultur anzuprangern, die sich im Erwerb von pragmatischen Kenntnissen und Fertigkeiten, von Fleiß und Zucht erschöpft. In diesem Sinne berichtet Hyperion rückblickend über seine in Smyrna erworbene „Bildung".[168] Ihr stellt er das utopische Menschenbild des Athen-Briefes entgegen, der, in der Romanmitte stehend, das geistige Wertzentrum des Werkes bildet. Hier interpretiert Hyperion die athenische Kultur als Modell eines universalen Bildungsgesetzes, das gleichwohl die historisch bedingte Variabilität individueller Entfaltung nicht ausschließt: „Vollendete Natur muß in dem Menschenkinde leben, eh' es in die Schule geht, damit das Bild der Kindheit ihm die Rükkehr zeige aus der Schule zu vollendeter Natur" (78).[169] Ein zyklisches Werdegesetz, das, analog zu Rousseaus Prinzip der negativen Erziehung, die Funktion der gesellschaftlichen Bildungsinstitutionen entschieden einschränkt. Keine pädagogische Bemühung darf das „Bild der Kindheit" verschütten, weil dessen harmonische Ganzheitlichkeit auch die künftige Endstufe humaner Vollendung mit konstituiert.

Hölderlins Bildungskonzeption ist in sein triadisches Geschichtsbild eingebettet:[170] auf die frühzeitliche schicksallose Einheit von Mensch und Natur im Zeichen harmonischer Schönheit folgt die konfliktreiche Periode der Entzweiung von Ideal und Wirklichkeit, die einst, im „zweiten Lebensalter der Welt" (63), zur Wiedergewinnung der verlorenen Einheit auf höherer Bewußtseinsstufe führen wird. Hölderlin übernahm das dialektische Entwicklungsschema der idealistischen Geschichtsphilosophie, nach der das Absolute im Durchgang durch die Endlichkeit sich selbst begrenzen muß, um in gesteigerter Bewußtheit seine ursprüngliche Einheit wiedergewinnen zu können.

Hyperions inneres Werden ist durch den krisenhaften „Wechsel des Entfaltens und Verschließens", durch „Ausflug und [...] Rükkehr zu sich selbst" gekennzeichnet (38). Der introvertierte Protagonist tritt durch menschliche Begegnungen aus sich heraus und wird jeweils durch den Verlust der Freunde sowie durch Diotimas Tod auf sich selbst zurückgeworfen. Der dialektische Wechsel von enthusiastischer Lebensteilhabe und desillusioniertem Rückzug auf sich selbst bildet die Voraussetzung für den Prozeß der Entfaltung der Potentialität des Ichs. Ein Prozeß, der keine wesentliche qualitative Veränderung hervorbringt, denn Hyperion gibt seinen „elegischen Karakter" (5) nicht auf: die Unvereinbarkeit von humanem Ideal und gesellschaftlicher

Wirklichkeit bleibt die ihn prägende Grunderfahrung. Nach dem dominanten Modus der Entfaltung vollzieht sich Hyperions Bewußtseinserweiterung. Sie resultiert weniger aus einer sachlich-kritischen Adaption der zeitgenössischen Bildungsmächte als primär aus seiner subjektiven Kraft poetisierender Imagination, die er durch die universalen „Geseze der Natur" (116) bestimmt glaubt, wie sie sich in seiner abschließenden Vision des zyklischen Lebensprozesses offenbaren.

In Hyperions innerem Werden verkörpert der weise Adamas die prägende Kraft einer an idealen Leitbildern orientierten Erziehung. Durch ihn lernt der Protagonist die sagenhaften Heroen der Antike und die griechischen Götter verehren. Der Lehrer erweckt in Hyperion „die Allmacht der ungetheilten Begeisterung" (14), Voraussetzung seines künftigen idealistischen Enthusiasmus. Die Freundschaft mit Alabanda konfrontiert ihn mit dem Typus des tatbesessenen Helden, dessen Wesensart der seinigen diametral entgegengesetzt ist. Alabanda glaubt an die befreiende Wirkung der politischen Tat; er will die Gesellschaft mit den Mitteln der Macht verändern, worin ihm Hyperion auf die Dauer nicht zu folgen vermag.

Die Voraussetzung für die Überwindung des ständigen Wechsels von inneren Aufschwüngen und Niederbrüchen schafft die Begegnung mit Diotima. Hyperion erlebt sie als Maß humaner Vollendung; Wirkung seiner enthusiastischen Liebe, die „allverklärend" letztlich auf das Absolute gerichtet ist (75). Aus ihr erwächst sein Schönheitserlebnis, denn Diotima vermittelt ihm das Bildungsideal des ganzheitlich-harmonischen „Gleichgewichts der schönen Menschheit" (88), das seinen utopischen Entwurf des athenischen Menschenbilds konstituiert. Diotima initiiert auch Hyperions abschließende Vision des all-einen Seins, in dem „der Tod und alles Wehe der Menschen" aufgehoben sind (159). Die Schönheit des Absoluten, zu Ende des ersten Bandes noch in eine utopische Zukunft verlegt, wird jetzt als allgegenwärtige „Seele" der Welt erfahren, welche die Fülle der Widersprüche und Antagonismen umgreift.

Die Grundthematik des Romans resultiert aus Hyperions Versuch, das utopische Menschenbild athenischer Kultur mit seiner leidvollen Erfahrung von dessen gesellschaftlicher Unrealisierbarkeit schreibend zu vermitteln und so einen Weg zu finden zur „Auflösung der Dissonanzen" (5) in sich selbst. Hyperion ringt um die Beantwortung der Frage: „Warum sind wir ausgenommen vom schönen Kreislauf der Natur? Oder gilt er auch für uns?" (17) Rückblickend gibt er sich, wie Hölderlin in anderem Zusammenhang notiert, Rechenschaft über „die wesentlichsten Richtungen [...], Umwege oder Abwege" seines „Bildungstriebs"; er sinnt darüber nach, „wovon und worauf jener [...] überhaupt ausgehe", um sich dann für seine „eigene Richtung" zu entscheiden.[171]

Aus der Grundthematik der Sinnsuche des Protagonisten ergibt sich die einsträngige Fabel, die Hyperions Lebenslinie chronologisch geordnet darbietet. Der erste Band schildert seine sich steigernde Erfahrung humaner Vollendung. Durch Adamas lernt er, wie gesagt, die Idealbilder antiker Heroen und Götter kennen. In Alabanda begegnet ihm dann ein Heros, der ihn „von einer großen Harmonie zur andern" führt

(30). In Diotima schließlich offenbart sich ihm die Schönheit des Absoluten. Hatte das Motto des ersten Bandes das potentielle „divinum" der menschlichen Existenz angesprochen, so artikuliert der Vorspruch zum zweiten Band in antithetischem Umschlag Hyperions verzweifelte Sehnsucht nach Selbstvernichtung. In zunehmender Intensität erfährt er die „fliehende Gestalt des Schönen". Sein Plan, einen neuen Staat schöner Menschlichkeit zu begründen, scheitert; Alabanda und Diotima, in denen er die Vorboten einer neuen Menschheit sah, werden ihm entrissen, die ingrimmigdesperate Anklage des Briefes über die Deutschen besiegelt zuletzt seine Ablehnung der zeitgenössischen Gesellschaft.

Hyperions Lebensbahn wird auf zwei Zeitebenen entwickelt: die Handlungsgegenwart schildert die Ereignisse von der Kindheit bis zu Diotimas Tod, und der zeitlich sich bruchlos anschließende Schreibvorgang wird in Parallelführung auf der Erzählerebene thematisiert. Hier vollzieht sich der Prozeß der Bewußtseinserweiterung und der reflektierenden Sinngebung seines wechselvollen Daseins. Das erzählte Leben und der selbstreflexive Schreibvorgang gelangen gleichzeitig an ihr (vorläufiges) Ziel. Hierbei überwindet das poetische Ich bis zu einem gewissen Grade den „realen Widerspruch" seiner inneren Dissonanzen und verwirklicht seine „dreifache Natur", in der „das erkannte [sic!] [...] mit dem Erkennenden und der Erkenntniß beeder zusammengenommen" existiert.[172]

Die dialektische Struktur des Aufbaus spiegelt sich auch in den drei rhythmischen Grundformen des Erzählens, die sich in mannigfaltiger Weise mischen.[173] Im ersten Band tendiert der Erzähler, soweit er über die glücklichen Zeiten seiner Vergangenheit berichtet, zu einem hymnisch-enthusiastischen Ton; er bevorzugt lange, rhythmisch gespannte Perioden, die von einem strömenden Bewegungsablauf belebt sind. Im zweiten Band erfolgt der Rückblick auf die tragischen Geschehnisse der Vergangenheit vorwiegend in einem elegisch-resignativen Ton: kürzere Sätze in prosanaher Fügung mit pausenreicher, gestauter rhythmischer Bewegung. In denjenigen Partien des ersten Bandes, in denen der Erzähler über seinen gegenwärtigen Zustand berichtet, neigt er ebenfalls zu diesem Ton. Im zweiten Band jedoch, in dem das schreibende Ich allmählich zu einer gewissen inneren Ruhe gelangt, wandelt sich seine rhythmische Sprachgestalt; zwar bleibt die Tendenz zu kürzeren Sätzen bestehen, aber die rhythmischen Abläufe werden glatter und geschmeidiger. Das Sprachtempo wird bedächtiger; die Pausen signalisieren weniger spannungsvolle Zerrissenheit als gedankentiefe Gelassenheit.

Die Fabel weist eine kreisförmige Vorgangsfigur auf, die dem zyklischen Werdegesetz des Athen-Briefes entspricht. Hyperion geht von der unbewußten Einheit mit der Natur aus, verzweifelt an der chaotischen Wirklichkeit der Gesellschaft und findet als „Eremit" zu einer gesteigerten Form naturhafter Existenz zurück. Diese Vorgangsfigur begegnet nicht selten in Bildungsromanen, die das innere Werden unter dem dominierenden Modus der Entfaltung der Potentialität des Ichs interpretieren.

Der Prozeß der Bewußtseinsentfaltung kulminiert zielgerichtet in Hyperions Selbstfindung. In der abschließenden Vision der All-Einheit des Seienden ahnt er „seine Bestimmung [...], welche darin besteht, daß er sich als Einheit in Göttlichem-Harmonisch-entgegengeseztem enthalten, so wie umgekehrt, das Göttliche, Einige, Harmonischentgegengesezte, in sich, als Einheit enthalten" erkennt.[174] Diese Beschreibung des anzustrebenden Verhältnisses von Ich und Welt, niedergelegt in Hölderlins Schrift „Über die Verfahrungsweise des poetischen Geistes", bestimmt den Aufbau der Schlußvision, die deutlich in zwei Teile zerfällt. Die meisten Worte findet der Erzähler für sein Erlebnis der Integration in das Strömen des göttlichen All-Lebens; erst im letzten Satz setzt er das notwendige Gegengewicht und verweist auf die Gegenwart des Absoluten im eigenen Ich: „Es scheiden und kehren im Herzen die Adern und einiges, ewiges, glühendes Leben ist Alles."

Zum vollen Bewußtsein seiner persönlichen Bestimmung als „Priester [...] der göttlichen Natur" (149) gelangt Hyperion durch seine strafende Scheltrede an und über die Deutschen, deren barbarische „Unnatur" er auf Grund der anthropologischen Norm des Athen-Briefes geißelt, sowie vor allem durch die poetische Versprachlichung seiner ursprünglich halbbewußten Vision der All-Einheit des Seienden, mit welcher der Roman ausklingt. Hier sind biographische Schilderung und deren Kommentierung durch den Erzähler nicht mehr getrennt; gelöst vom zeitlichen Bezug spricht Hyperion jetzt mit der Autorität des wortmächtigen priesterlichen Poeten, der sich durch seine Botschaft legitimiert weiß.[175]

Hyperion hat zuletzt auch seinen sozialen Standort bestimmt. Er hat die Überlegenheit des lebensnahen, aber gesellschaftsfernen Poeten gewonnen, der gelernt hat, „die Außendinge abzuschütteln", ohne doch auf den „Blik ins menschliche Leben" zu verzichten.[176] Als priesterlicher Mittler zwischen der Menschheit und dem Absoluten bleibt er stets auf die Gesellschaft bezogen.[177]

Aus der Grundthematik der Sinnsuche eines Individuums ergibt sich die gattungstypische Figurenkonstellation, in der die Zentralgestalt als episches Integrationszentrum fungiert. Hyperion erzählt sein Leben aus seiner subjektiven Perspektive, wobei er die ihm wesentlichen Figuren sich funktional zuordnet. Sie verkörpern die für seine Entfaltung relevanten Erfahrungsbereiche, worin sich ihr persönliches Dasein erschöpft.

Der als Entfaltung eines subjektiven Bewußtseins interpretierte Bildungsprozeß hat für die Darstellung der Außenwelt zur Folge, daß sie primär als symbolischer Ort für Hyperions enthusiastische Aufschwünge und verzweifelte Niederbrüche fungiert. Die ideal stilisierte Naturlandschaft und der Raum der Gesellschaft, der allerdings kaum sichtbar wird, spiegeln die Grundbefindlichkeit des Protagonisten wider. Andererseits weist die Außenwelt mehr Raumsubstanz als bei Tieck und Novalis auf, nicht nur durch den zeitgeschichtlichen Bezug auf den griechisch-türkischen Krieg, sondern auch durch detaillierte Landschaftsschilderungen, die der Autor zeitgenössischen Reiseberichten entnahm.

Hölderlin entdeckte für den Bildungsroman den Ich-Erzähler, der seinen Werdegang retrospektiv in Briefform schildert, wobei sich Vergangenheit und Erzählergegenwart wechselseitig durchdringen. Es ist typisch für die Romanart, daß der Erzähler mit erzieherischer Wirkungsabsicht auftritt; er wendet sich mittels der Briefform über den Adressaten Bellarmin an den deutschen Leser.[178] Auf diesen zielt auch Hyperions strafende Scheltrede.[179] Dieselbe pädagogische Intention gilt für die Vorrede des Autors, die dem Leser Wege zum rechten Verständnis des Werkes zu weisen versucht. Leserlenkung geschieht auch durch Hyperions generalisierende Reflexionen und vor allem durch die kommentierenden Zwischenbemerkungen des wissenden Erzählers, der des öfteren die mit dem erzählten Ich übereinstimmende Perspektive aufgibt, um dessen beschränkte Sicht zu korrigieren.[180] Hymnisch preisend verkündet er zuletzt das sinnstiftende Orientierungsmuster, die alle Widersprüche und Antagonismen in sich aufhebende All-Einheit des Seienden.

Hölderlin sah als Fernziel der ästhetischen Erziehung, über deren Prinzipien er zur Entstehungszeit des Romans nachdachte, den aufgehobenen „Widerstreit [...] zwischen unserem Selbst und der Welt".[181] Und zwar nicht durch eine Veränderung der gesellschaftlichen Institutionen bewirkt, sondern durch „eine künftige Revolution der Gesinnungen und Vorstellungsarten" der Individuen.[182] Sie sollte durch den Künstler und sein Werk initiiert werden. Daher tritt Hyperion mit exemplarischem Anspruch auf, denn die poetische Existenz antizipiert für ihn in vorbildlicher Weise allgemeinmenschliche Entwicklungsmöglichkeiten.

Die Struktur des Romans konstituiert sich durch konstante und variable Merkmale. Konstante Elemente, welche die transepochale Grundstruktur des Bildungsromans ausmachen, begegnen in der zielgerichteten Darstellung des irreversiblen Prozesses der Selbstfindung einer jugendlichen Zentralgestalt, der die Nebenfiguren funktional zugeordnet sind; auch im erzieherisch motivierten Erzähler, der, um Leserbezug bemüht, seine Botschaft mit dem Anspruch auf universale Verbindlichkeit verkündet. Variable Strukturelemente epochenspezifischer Art begegnen vor allem in dem von der Welt des gesellschaftlichen Alltags distanzierten, introvertierten romantischen Charaktertypus, dessen subjektive Potentialität sich zu universalem poetischem Bewußtsein entfaltet. Zu den autorspezifischen variablen Strukturmerkmalen zählen die Briefform mit ihrer komplexen Erzählweise, die zyklische Vorgangsfigur der Fabel und die symbolische Naturgestaltung.

Hölderlin war ein Einzelgänger, der von den führenden Vertretern der Frühromantik, wenn man von A. W. Schlegel absieht, nicht zur Kenntnis genommen wurde.[183] In der Tat weist sein Roman autorspezifische variable Strukturelemente auf, die dessen Sonderstellung in gewisser Hinsicht rechtfertigen.[184] Dennoch bleibt, wie die epochenspezifischen Variablen beweisen, die Verwandtschaft mit dem frühromantischen Bildungsroman festzuhalten.[185]

Joseph von Eichendorff: Ahnung und Gegenwart

Das in den Jahren 1810—12 entstandene Jugendwerk Eichendorffs wird häufig unter die Bildungsromane eingereiht, ohne daß Einigkeit darüber besteht, ob der Protagonist, Graf Friedrich, einen Prozeß innerer Entfaltung durchläuft.[186] Das Werk sollte nach dem Willen des Autors die „verworrene, unbefriedigende Zeit" vor dem Ausbruch der Befreiungskriege spiegeln:[187] eine Zeit politischer Instabilität und weltanschaulicher Richtungslosigkeit, schwankend zwischen euphorischer Aufbruchstimmung und lähmender Resignation. Eichendorff hatte mit wachem Sinn die zeitgeschichtlichen Vorgänge verfolgt: das Ende des Heiligen Römischen Reiches Deutscher Nation, die Erschütterung der alten Ständeordnung durch Mediatisierung und Säkularisierung, die politische und militärische Kapitulation vor Napoleons Armeen, aber auch die Geburt eines Nationalbewußtseins, das die Hoffnungen auf gesellschaftlichen Wandel beflügelte. Es drängte den Autor, sein christlich-romantisches Menschenbild in der Konfrontation mit dieser Zeit politischer und sozialer Wirren literarisch zu überprüfen. Er versuchte die Realität einer prosaischen Gegenwart in seine Weltdeutung einzubeziehen, wobei sich diese Wirklichkeit nur zum geringsten Teil als poetisierbar erwies. Die dekadente Aristokratie und das philiströse Bürgertum, denen Graf Friedrich fremd gegenübersteht, entbehren für den romantisch gesinnten Erzähler in ihrer aufklärerischen Rationalität, ihrem ökonomischen Zweckdenken, ihrer materiellen Genußsucht jeglicher Sinnhaftigkeit.

Der Roman thematisiert die Konfrontation des christlichen Romantikers mit einer poesie- und glaubenslosen Gesellschaft, mit einer Epoche des Übergangs, bestimmt von dem beginnenden Konflikt zwischen „Altem und Neuem", zwischen tradiertem „Recht" und politisch-sozialem „Unrecht".[188] Eichendorff sah in Graf Friedrich — mit Einschränkung auch in dessen Freund Leontin — das „Ideal eines vollkommenen Mannes",[189] eine von christlich-romantischen Wertvorstellungen durchdrungene „poetische" Existenz. „Plan und Ordnung" (126) von Friedrichs Werdegang resultieren daraus, daß er in der Begegnung mit einer geistfernen Gesellschaft sich zunehmend seiner religiösen Glaubenskraft, in der seine personale Identität gründet, bewußt wird. Am Schluß des Romans hat er sich seiner christlich-mystischen Gefühlsreligiosität als des „sicheren Mittelpunkts" seines Daseins unwiderruflich vergewissert (296).

Der Romantiker Eichendorff grenzte sich von der „pädagogischen Fabrik" (55) aufklärerisch-rationalistischer Erziehung zunächst dadurch ab, daß er den Kräften der schöpferischen Phantasie und des enthusiastischen Gefühls besondere Bedeutung zumaß.[190] Die Fähigkeit, das Leben poetisch zu verklären, bestimmt den menschlichen Rang der Romanfiguren. Die Grafen Friedrich und Leontin, trotz ihres Landbesitzes von allen beruflichen Bindungen frei, erfahren das gesellschaftsferne Dasein inmitten der Natur aus der jugendlichen Kraft einer romantischen Innerlichkeit, wovon besonders das erste Buch zeugt. Sie fühlen sich von der „Poesie selber" ergriffen, in der sie, unabhängig von aller professionellen Kunstübung, „das ursprüngliche, freie, tüchtige Leben" erfahren (134). Die Teilhabe am alldurchwaltenden Lebensgeist setzt das Vermögen der Erinnerung und Ahnung voraus: wehmütige Vergegenwärtigung der sittlich-religiösen Ordnungen und Werte eines idealisierten Mittelalters verbindet sich mit visionärer Ahnung einer Erneuerung von Gesellschaft und Kultur aus dem Erbe der Tradition.

Am nachdrücklichsten grenzte sich Eichendorff durch seine tiefempfundene Religiosität von den Bildungsbegriffen der Aufklärung und Klassik ab.[191] Er war überzeugt, die menschliche Entwicklung gipfele im gläubigen „Rapport mit dem Überirdischen".[192] Daraus ergab sich des Autors Kritik am Menschenbild des *Wilhelm Meister*. Eichendorff konfrontiert das romantische Streben „nach Gottähnlichkeit in Christo" mit der sittlich-ästhetischen Humanitätsidee der Klassik, die sich lediglich die „Ausbildung des ganzen *menschlichen* Charakters" zum Ziel gesetzt habe.[193] Goethes Roman kritisiert er als das „Evangelium der fünf Sinne", dem der „Rapport mit dem Überirdischen" fehle.[194] Der Autor sah in Goethes Werk seine These bestätigt, von der Reformation bis zur Aufklärung habe sich ein Prozeß zunehmender „Selbstvergötterung des emanzipierten Subjekts" vollzogen, der erst durch die Gegenbewegung der Romantik eingedämmt worden sei.

Eichendorff gab dem säkularisierten Individuum wieder die metaphysische Dimension zurück.[195] Sie zu aktualisieren, die „lebendige Religion des Lebens" zu gewinnen, galt ihm als höchstes Ziel des Bildungsprozesses.[196] Die Kommunikation mit dem Absoluten kann allein der „eigentümlichen" Individualität gelingen, die nicht in oberflächlichen gesellschaftlichen Konventionen befangen ist.[197] Der Grad der religiösen Ergriffenheit bestimmt den menschlichen Wert der Figuren in *Ahnung und Gegenwart*, weshalb etwa der glaubenslose Subjektivismus des Grafen Rudolf hart verurteilt wird. Während Friedrich als missionarischer Vorkämpfer des christlichen Glaubens zuletzt zu sich selbst findet, gesteht Rudolf verzweifelt ein, er wisse nicht, wer und was er selber sei (263).

Eichendorffs christlich-romantisches Weltbild beruht auf der Prämisse, die empirische Wirklichkeit an sich sei nicht sinnerfüllt, sie bedürfe daher in ihrer Uneigentlichkeit der Sinnstiftung aus der Kraft metaphysischer Gläubigkeit – eine Haltung, die durch die katholische Herkunft des Autors ihre spezifische Qualität gewann. Graf Friedrich möchte „was Rechtes in der Welt vollbringen" (18); dasselbe gilt für den Poeten Faber und den Amerikafahrer Leontin. Diese Figuren integrieren sich zwar nicht in die zeitgenössische deutsche Gesellschaft, die sie im Bild der wesenlosen Marionette und des selbstentfremdeten Narren satirisch verspotten, aber sie erhoffen deren sittliche Erneuerung aus christlichem Geiste, wozu Friedrich und Faber ihren Beitrag leisten. Freilich bleibt die erhoffte Wiederkehr der alten Sitte, des Rechts und der alten Freiheit ohne konkreten politisch-sozialen Inhalt; sie wird in erster Linie als Befreiung von wesenlosen gesellschaftlichen Normen und ökonomischen Zwängen verstanden.[198]

Als einzige der Figuren durchläuft Graf Friedrich einen Prozeß der Bewußtseinsentfaltung. Dieser Modus der individuellen Reifung verbindet sich in der Regel nicht mit einer qualitativen Veränderung der Person. Die soziale Umwelt bereichert Friedrich im wesentlichen nicht; sie bewirkt in ihrer Uneigentlichkeit lediglich seine Desillusionierung. Daher ist es die innere Potentialität des Ichs, die zur Verwirklichung drängt; Friedrichs ernüchternde Weltbegegnung entfaltet in ihm „die ursprüngliche, religiöse Kraft seiner Seele" (284). Dieser Prozeß vollzieht sich, gemäß der Dreiteilung des Romans, in drei Phasen. Das erste Buch schildert die romantische Bildungsreise des jugendlichen Protagonisten, der eben die Universität absolviert hat; in ziellosem Schweifen werden Natur, Freundschaft und Liebe erfahren. Friedrich präsentiert sich als naturhaft-ursprungsnahe „poetische" Existenz. Im zweiten Buch wandelt sich der romantische Wanderer zum politisch engagierten, zielbewußt Handelnden, der am Hofe der Residenzstadt gesellschaftliche Veränderungen zu initiieren sucht und sich auch am nationalen Befreiungskampf beteiligt, was ihm die Enteignung seiner Güter einträgt. Ernüchtert und enttäuscht wendet er sich im dritten Buch von der dekadenten städtischen Adelsgesellschaft ab. Erst jetzt findet er, „dessen Bildung langsam aber sicherer fortschritt" (167), zu sich selbst. Nur am Rande der Gesellschaft, in der Haltung nonkonformistischer Verweigerung, vermag er als entschlossener „Kämpfer Gottes" (284) in mönchischer Askese die personale Einheit von Leben und Glauben zu verwirklichen. Als missionarischer Glaubensstreiter will er dafür wirken, daß „die Gemüter [...] von den göttlichen Wahrheiten der Religion [...] erweitert, gereinigt und wahrhaft durchdrungen" werden (297). Damit mündet der Prozeß der Bewußtseinsentfaltung zielgerichtet in die Selbstfindung des Protagonisten, in den klaren Lebensentwurf, der Friedrichs personale Identität konstituiert. Eichendorff präsentierte seiner „verworrenen Zeit" als humanes Leitbild nicht mehr den vagierenden Poeten der Frühromantik, der an der dissonanten Wirklichkeit notwendig scheitert, sondern den christlichen homo religiosus, der sich die Einheit von Ideal und Leben auf seine Weise zu bewahren weiß.[199]

Dem dominanten Modus der Entfaltung des Protagonisten korrespondiert die zyklische Vorgangsfigur der Fabel. Friedrich begreift seine Lebensbahn als „Zirkel" (225), kehrt er doch zuletzt zum Ausgangspunkt seiner Weltfahrt zurück. Er rettet sich aus der labyrinthischen Fremde der städtischen Gesellschaft in die heimatlichen Wälder, in die Geborgenheit frommer Kontemplation.[200] Der exemplarische Charakter des dreiphasigen Entfaltungsprozesses wird daran deutlich, daß dieser Eichendorffs christlich-heilsgeschichtliche Kategorien von Ursprung, Entfremdung und Rückkehr spiegelt.[201]

Eichendorffs Bildungsidee zielt, wie gesagt, auf die Aktivierung des metaphysischen Bezugs der Individualität. Dieser spiegelt sich in der allegorischen Gestaltungsweise des romantischen Figuralismus.[202] Ihm liegt eine Weltsicht zugrunde, welche die heillose Gegenwart auf einen überzeitlichen heilsgeschichtlichen Sinnzusammenhang bezieht, der in ihr selbst nicht sichtbar ist. Eichendorff versucht die geistferne Wirklichkeit zu poetisieren, indem die Figuren heilsgeschichtlich vorgegebene Verhaltensmuster nachvollziehen und so über sich selbst hinausweisen. Der metaphysische Sinnhorizont des Romans öffnet sich in der Mitte des Werks, im zwölften Kapitel, in Form eines allegorischen Tableaus: ein Ritter, einer weiblichen Gestalt christlicher Frömmigkeit zugewandt, begleitet von einer anderen Figur sinnlicher Weltlust. Tatsächlich reicht das ideelle Spannungsfeld des Romans von der Haltung christlicher Demut bis zur heidnisch-antiken Selbstvergötterung. *Ahnung und Gegenwart* beginnt mit der Schilderung der menschlichen Lebensfahrt zwischen rettendem Kreuz und tödlichem Verderben und schließt mit Friedrichs apokalyptischer Vision des künftigen Kampfes zwischen „Recht und Unrecht", zwischen göttlichen und dämonischen Mächten.

In diesem ideellen Kraftfeld beziehen sämtliche Figuren ihren Standort und gewinnen von daher ihr Selbstverständnis wie auch ihre allegorische Bedeutung. Graf Friedrich kommt die Funktion der Zentralgestalt zu, die fast immer die Szene beherrscht.[203] Ihre Entfaltung organisiert nicht nur die zyklische Vorgangsfigur der Fabel, sondern sie bestimmt auch die Zuordnung der Nebengestalten. Sie spiegeln entweder kontrastiv Friedrichs Wesensart, oder sie repräsentieren den Erfahrungsbereich der weltlichen Gesellschaft. Graf Friedrich bestimmt sich im Akt der Selbstfindung als Typus des christlichen Gralsritters, der durch die Welt glaubensloser Narrheit hindurch seinen Weg zum hochgelegenen Kloster zurückgelegt hat, von wo aus er „durch Wort und Tat" den Geist des Glaubens verbreiten will.[204] Als Gegensatzfigur erscheint etwa sein Bruder Rudolf, der in seiner Subjektivität verkapselte glaubenslose Skeptiker. Die Macht sinnlicher Weltlust verkörpern die betörende, innerlich bindungslose Gräfin Romana in der Funktion der heidnischen Venus und Rosa, Typus des labilen Weltkinds. Dieser „armen Schönheit Lebenslauf" führt von der beglückenden Freundschaft mit Friedrich zur Ehe mit dem lasterhaften Erbprinzen.

Alternative Lebensentwürfe bieten die Figuren Leontins und Fabers. Graf Leontin vertritt den Typus des homo viator. Ein unsteter Wanderer, gesellschaftlichen Bindungen abhold, der sich seinen persönlichen Freiraum gegenüber einer unpoetischen Welt sichert, indem er in die noch unerschlossenen Weiten Amerikas emigriert, die als Ort eines ursprungsnahen Lebens verstanden werden. Leontin sucht nicht die geistliche Kontemplation, sondern den aktiven, unmittelbaren Lebensbezug. Als Komplementärfigur zu ihm fungiert der behäbige Poet Faber, bezeichnenderweise der einzige Nichtadlige unter den dominierenden Gestalten. Während Leontin die poetisch-enthusiastische Existenz repräsentiert, ohne Dichter zu sein — er hält seine Verse nicht auf dem Papier fest[205] —, ist Faber der professionelle Künstler, der den in der Spätromantik einsetzenden Bruch zwischen poetischer Idealität und empirischer Realität akzeptiert: „poetisch sein und Poet sein" (31) erscheinen ihm als unvereinbare Lebensformen. Er ist nicht bereit, die künstlerisch von ihm vertretenen sittlich-religiösen Werte in der eigenen Existenz voll zu verwirklichen, weshalb er die christlich-humane

Bildung in Eichendorffs Sinn vermissen läßt. Der Autor notierte: „Faber soll ein manierierter Kerl sein, und kein Ideal eines vollkommenen Mannes, was keiner ist, der bloß Dichter ist."[206] Dennoch bleibt festzuhalten, daß Faber als Poet dieselbe Aufgabe wie Friedrich als Prediger zukommt, nämlich wegweisender Mittler zu sein zwischen erlösender Transzendenz und sündiger Welt.

Die Gestaltung der Charaktere verbindet allegorische Typisierung mit individueller Profilierung gemäß Eichendorffs Intention, daß „die Allegorie lebendig wird, die poetischen Gestalten nicht bloß bedeuten, sondern wirkliche, individuelle, leibhaftige Personen sind".[207] Graf Friedrich ist autonome Individualität, in Denken und Handeln seiner „Eigentümlichkeit" bewußt. Seine Entfaltung wird folgerichtig überwiegend von innen motiviert; Individualität und allegorische Bedeutsamkeit vereinigen sich weitgehend widerspruchslos. Anders bei den Nebenfiguren, etwa bei Rosa, die durch ihre Oberflächlichkeit und ihr unstetes Leben sich nur als bloßer Typus des labilen Weltkindes erweist. Eichendorff reduziert die farbige Fülle der Persönlichkeit, die differenzierte psychologische Motivierung zugunsten von typenhaften Bewußtseinslagen und Verhaltensweisen, die den allegorischen Bezug zum sinngebenden überzeitlichen Wertsystem herstellen.[208]

Auch die Fabel, die vorwiegend auf die Zentralgestalt bezogen ist, weist einen zeichenhaften Charakter auf. Die Handlungsführung läßt in ihrer Verrätselung und Widersprüchlichkeit klare Konturen vermissen. Sie spiegelt damit einerseits die beunruhigende „Verwirrung der Zeit" (317), zum andern soll sie aber auch der Phantasie des Lesers einen „unendlichen Spielraum" (55) eröffnen. Die Technik des allegorisierenden Figuralismus zeigt sich in der Reduktion der Vielfalt der Begebenheiten zugunsten von stereotyp wiederkehrenden Situationen, deren Bedeutung nur durch den Rückbezug auf das zugrunde liegende christlich-romantische Weltbild zu erschließen ist. Dazu zählen Fensterschau, Baumklettern, Gipfelblick, Beobachtung einer Gesellschaft von außen, Abschied und Aufbruch, sich Verirren, gefährdende Verlockung, einsame Selbstbesinnung. Solche immer wiederkehrenden Situationen teilen zeichenhaft die Grundbefindlichkeit der Figuren mit.

Auch die Raumbilder unterstehen dem Formgesetz des Figuralismus, denn sie verweisen auf einen höheren Sinnbereich. Besonders die ständig wiederkehrenden Landschaftsbilder bauen sich, ungeachtet gewisser Abwandlungen, aus einem Gerüst von formelhaft fixierten Attributen auf. Ihren allegorischen Charakter verrät schon der öfter begegnende deutende Kommentar.[209] So bezeichnen landschaftliche Höhen und Weiten Zustände innerer Befreiung, während etwa die Tiefe einer engen Schlucht dämonische Bedrohung signalisiert. Eichendorffs Naturszenen verlieren durch den bevorzugten Einsatz von Licht, Farbe, Klang und Bewegung die scharf konturierte Gegenständlichkeit; sie gewinnen dynamische Bewegtheit und, infolge ihrer ausgeprägten Tiefendimension, eine Entgrenzung zur ersehnten Ferne hin.

Der romantische Figuralismus prägt auch die Zeitgestaltung des Romans. Friedrichs Entfaltung vollzieht sich zwar in der zeitlich geordneten Abfolge der Phasen von

Ursprung, Entfremdung und Rückkehr, aber es dominieren allegorisch bedeutsame Zeitausschnitte: der zum Aufbruch ermunternde Morgen, der zu innerer Einkehr mahnende Abend und die erhebende, aber auch gefährdende Nacht. Sie wiederholen sich in rhythmischem Wechsel, und zwar fast ausschließlich vor dem Hintergrund der heiteren Jahreszeiten von Frühjahr und Sommer. So entsteht der Eindruck einer gleichsam in sich kreisenden Zeit; die zyklische Vorgangsfigur erweist sich auch hier als strukturbestimmend. Durch die Verschränkung von wehmütiger Erinnerung und sehnsuchtsvoller Ahnung wird die begrenzte Gegenwart immer wieder transzendiert. Mit den Worten des Freundes Friedrich Schlegel, dessen christlich orientierte Ästhetik Eichendorff beeinflußt hat: in solchen Momenten bewährt sich die Poesie, „alle Zeiten, Vergangenheit, Gegenwart und Zukunft vereinend, als wahrhaft sinnliche Darstellung des Ewigen, oder der vollendeten Zeit".[210]

Der romantische Figuralismus wirkt sich auch in der stilistischen Gestaltung des Romans aus, denn Eichendorffs Sprache neigt bekanntlich stark zu formelhafter Wiederholung.[211] Der Autor entwirft seine Landschaften mittels eines relativ kleinen Wortschatzes mit stereotyp wiederkehrenden Schlüsselwörtern. Auch der Diskurs der Figuren ist nur wenig differenziert. Mittels sprachlicher Reduktion soll die schöpferische Phantasie des Lesers freigesetzt werden: durch Begriffe mit großem Umfang, aber geringer inhaltlicher Bestimmtheit; durch unscharfe, entstofflichende Adjektive; durch Reflexionen, welche die Begrifflichkeit meiden und die irrationale Metapher suchen; durch Stimmungsbilder, die auf klare Anschaulichkeit verzichten; durch Dialoge schließlich, die zu lyrischem „Wechselgesang" neigen (295).

Der didaktisch motivierte Erzähler, dem Eichendorff etwa in Arnims Roman *Gräfin Dolores* begegnete, prägt nicht unwesentlich die narrative Darbietung. Trotz seiner auktorialen Überlegenheit tritt er hinter die Figuren zurück und identifiziert sich perspektivisch weitgehend mit der Zentralgestalt, die ja, gemäß ihrem Modus der Entfaltung, schon zu Beginn die vom Erzähler intendierte religiöse Grundhaltung zeigt. Das erzieherische Bemühen um den Leser manifestiert sich in den zwar knappen, aber lehrhaft-eindringlichen Kommentaren und in der klaren, dreiteiligen Gliederung des Romans. Um Friedrichs Entfaltung in der Auseinandersetzung mit einer glaubenslosen Zeit als Verbindlichkeit beanspruchenden, exemplarischen Vorgang innerhalb eines universalen heilsgeschichtlichen Prozesses sichtbar zu machen, war die figurale Darstellungsform erforderlich: die allegorisch-zeichenhafte Überhöhung der Gestalten, die archetypischen Situationen, die über sich hinausweisenden Raumbilder und Tageszeiten.

Ahnung und Gegenwart ist in der Spätromantik entstanden. Der frühromantische Bildungsroman hatte die zeitgenössische Gegenwart mehr oder minder ausgespart und sich meist in die Vergangenheit oder in außerdeutsches Milieu zurückgezogen, das eher poetisierbar erschien. Nur so konnte er der Forderung nach totaler Romantisierung aus der Allmacht schöpferischer Phantasie genügen. Dagegen vermeidet der Gegenwartsroman der späten Romantik die problematische poetische Synthesis von utopischer Idee und sozialer Wirklichkeit. Eichendorff lehnte es, unter Berufung auf

Jean Paul, ab, nach frühromantischer Manier „mit Äther in Äther" zu malen, also die zeitgenössische Wirklichkeit bewußt auszusparen.[212] Allerdings maßte sich der spätromantische Autor nicht mehr an, die Welt durch die Macht seines dichterischen Wortes erlösen zu können, empfand er sich doch als Teil der gefallenen Schöpfung.

Die Struktur von *Ahnung und Gegenwart* konstituiert sich durch den funktionalen Bezug gewisser Elemente. Als zentrale Thematik erscheint die Konfrontation des christlichen Romantikers mit einer wesenlosen Umwelt, wobei der Nachdruck auf Friedrichs Reaktionen, auf der zielgerichteten Entfaltung seiner inneren Potentialität liegt. Ein Prozeß, der im Rahmen von Eichendorffs christlich-romantischem Weltbild als Teil eines heilsgeschichtlichen Geschehens gedeutet wird. Daraus resultiert einerseits die für den Bildungsroman typische, um eine Zentralgestalt gruppierte Figurenkonstellation, zum andern die einsträngige Fabel, die gemäß dem Gesetz von Friedrichs Bewußtseinsentfaltung eine zyklische Vorgangsfigur aufweist. Aus der idealen Überhöhung der Zentralfigur ergibt sich deren scharfe Abgrenzung gegenüber einer morbiden städtischen Gesellschaft, die Friedrichs Entfaltung nur ex negatione fördert. Die erzieherische Wirkungsabsicht des Erzählers zielt auf die exemplarische Darstellung einer christlich-romantischen Existenz.

Die Struktur des Romans weist konstante und variable Merkmale auf. Transepochale Konstanten begegnen in der auf Selbstfindung gerichteten Darstellung des inneren Bildungsprozesses einer jugendlichen Zentralgestalt, der die Nebenfiguren funktional zugeordnet sind. Sie finden sich auch in der Gestalt des didaktisch motivierten Erzählers, der seine Botschaft mit dem Anspruch auf exemplarische Verbindlichkeit verkündet. Variable Strukturelemente epochenspezifischer Art begegnen vor allem in dem von der Welt des gesellschaftlichen Alltags distanzierten, introvertierten romantischen Charaktertypus des Protagonisten, dessen Bildungsprozeß dem Modus der Entfaltung des Ichs gehorcht. Ferner in dem auf ironische Distanz verzichtenden Erzähler, der dem Leser eine vorbildhafte Biographie vorstellen möchte, und nicht zuletzt in der allegorisierenden Technik des romantischen Figuralismus, der die Vorgänge auf eine höhere Sinnebene transponiert. Zu den autorspezifischen Variablen zählt vor allem Eichendorffs Verzicht auf die Einbeziehung bürgerlicher Lebensformen in sein gesellschaftliches Panorama.

Ahnung und Gegenwart ist als Zeit- oder Gegenwartsroman bezeichnet worden. Er bietet freilich, wie gesagt, weniger eine konkrete Schilderung der zeitgenössischen Gesellschaft als die atmosphärische Stimmung der Epoche, weniger die Darstellung äußerer Vorgänge als innere Haltungen und Bewußtseinslagen. Die gesellschaftskritische Thematik ist jedoch der Entfaltung des Helden funktional zugeordnet; sie ist ein Glied in dem von der individuellen Bildungsidee geprägten zyklischen Aufbau, weil sie Friedrichs Desillusionierung bewirkt; und die glaubenslose Gesellschaft ist es wiederum, auf die sich zuletzt sein missionarischer Eifer richtet. Das Werk entspricht also durchaus dem Strukturtypus des Bildungsromans.

DER ANTIBILDUNGSROMAN

Jean Paul: Flegeljahre

Die Vorarbeiten zu diesem Roman führte der Autor jahrelang gleichzeitig mit der Niederschrift des *Titan* durch und plante ursprünglich sogar, beide Werke miteinander zu verschmelzen. Ihm schwebte „eine bürgerliche Fixleinische Parallel-Geschichte" zum *Titan* vor: der spätere Walt als komisch-unbeholfene Kontrastfigur zu dem urban gebildeten Albano.[213] Auf die inneren Bezüge zwischen den beiden Romanen verweist schon die gleichartige Gliederung in jeweils vier Bände. Der erste beschäftigt sich, wenigstens teilweise, mit der Kindheit der jeweiligen Zentralgestalt, der zweite und dritte behandeln die Themen von Freundschaft und Liebe (Roquairol/Klothar; Liane/Wina). Im vierten Band enden dann die Gemeinsamkeiten infolge der unterschiedlichen Zielsetzung der Werke. Albano wendet sich nach seiner italienischen Bildungsreise den Aufgaben des Herrschers zu, während sich Walt in Liebesschwärmerei zu Wina und in einem weltenthobenen Paradiestraum vom „rechten Land" verliert.

Der Entwurf der *Flegeljahre* konnte erst dann seine endgültige, gegensätzliche Gestalt gewinnen, als der vierte Band des *Titan* vollendet, Albanos Bildungsziel also fixiert war. Daher konzipierte Jean Paul erst gegen Ende des Jahres 1802 den „Fokus" von Walts Charakter: „die dichterischste [...] kindlichste Seele — aber unbeholfen weltlos und unbesonnen und so scheinbar-dum wie möglich."[214] Walt war damit als Gegensatzfigur zu dem königlichen Jüngling Albano festgelegt.

Jean Paul gestaltete in den wesensverschiedenen Zwillingsbrüdern seine persönlichen inneren Spannungen, poetisierende metaphysische Sehnsucht und satirische Weltverlachung in einem. Zwei gegensätzliche Pole einer Welthaltung, die er nur im Medium des literarischen Humors bis zu einem gewissen Grade vermitteln konnte.[215]

Das leitende Thema, die „Summe" des Romans, läßt sich mit Jean Paul als „Poesie und Liebe im Kampf mit der Wirklichkeit" umschreiben.[216] Zielte die Technik des *Titan* auf Versöhnung der individuellen Ansprüche des „inneren Menschen" mit dessen gesellschaftlicher Aufgabe, so hat sich in den *Flegeljahren* die Spannung zwischen Ich und Welt, zwischen poetischer Innerlichkeit und sozialer Realität zum antinomischen Dualismus gesteigert.[217] Die „Tölpeljahre eines Dichters" beschreiben die Existenz des weltlosen, einer höheren Wirklichkeit verpflichteten romantischen Künstlers, dessen Unfähigkeit zu Kommunikation und Interaktion.[218] Dieser Intention dienen die dominierenden Motive des Romans: neben dem Testamentsplan die zum Scheitern verurteilte Freundschaft mit dem weltmännischen Grafen Klothar, ferner die schwärmerisch-poetische Liebe zur adligen Generalstochter Wina, schließlich Walts romantisch-ziellose Reise, die zu burlesken Konfrontationen mit der alltäglichen

Wirklichkeit führt, und nicht zuletzt das Motiv der ungleichen Brüder — denn vor Vults Lebensklugheit wird die unbeholfene Weltfremdheit des träumerischen Poeten ganz offenbar.

Gottwalt Harnisch ist der Typus des närrischen Träumers aus romantischem Geiste. Von seinen Eltern zum ungeliebten Beruf des Notars bestimmt, lebt er in idyllischen Visionen, die in seraphisch-empfindsamer Lyrik Gestalt gewinnen. Durch seine weltfremde poetische Phantasie bleibt dieser Schwärmer in sich selbst gefangen. Während Albanos Bildung zu einem guten Teil aus den menschlichen Begegnungen in verschiedenen Lebensbereichen erwächst, wird Walt durch solche Erfahrungen nicht beeinflußt. Er verfehlt die historische Wirklichkeit, weil er, in der Zeitlosigkeit der poetischen Imagination beheimatet, „jede Nähe" als „Ferne" erlebt.[219]

Im Gegensatz zum *Titan* existiert in den *Flegeljahren* keine pädagogische „Gränzberichtigung durch Ausbildung des entgegengesetzten Kraftpols".[220] Das verdeutlicht das Motiv des Testaments, das Jean Paul zu jener Zeit als „perspektivisch alles ordnenden Punkt" in den Entwurf übernahm.[221] Walt wird von einem ihm wohlgewogenen, schrulligen Sonderling unter der Voraussetzung zum Universalerben eingesetzt, daß er sich in verschiedenen praktischen Tätigkeiten bewährt. Sieben Erben, reputierliche Honoratioren, werden zu Aufpassern bestellt, um ihm als Beckmesser jeden Fehler anzukreiden. Walt versagt denn auch weitgehend vor diesen Anforderungen, bezeichnend für seine Grundhaltung, die der Autor in den letzten Studienblättern so bestimmt: „Walt stehe als Träumer immer im Kontrast mit dem Wirklichen."[222] Er „verliere alles durch seine Fehler [...]".[223] Wie erwähnt versagt denn auch der unerfahrene Jüngling mehr oder minder vor den Anforderungen der „Erbämter". Der Autor benutzt hier die dem Bildungsroman eigene, auch im *Titan* vorhandene Fabelstruktur der stufenweisen Erziehung des Protagonisten durch Auseinandersetzung mit wechselnden Lebensbereichen. Aber die Hoffnung des Erblassers wird, wie gesagt, enttäuscht, er könne durch die Erbämter des Testaments „den leichten Poeten vorwärts bringen und ihn schleifen und abwetzen".[224] Die *Flegeljahre* korrigieren also die Bildungsauffassung des *Titan* hinsichtlich des von der Weimarer Klassik übernommenen Glaubens an die Erziehbarkeit des Individuums.

Jean Paul stellt in seinem Roman aber auch gewisse Ideen der Frühromantik kritisch in Frage. Die gesellschaftsferne „innere Bildung" wurde von den romantischen Zeitgenossen als progressiver Prozeß begriffen, eine Vorstellung, in der noch die aufklärerische Idee der Perfektibilität in sublimierter Form nachklang. Mochten sich die Protagonisten jener Bildungsromane mehr oder minder nur in die Tiefen der eigenen Subjektivität hinein entfalten, weil sie einer vorwiegend negativ erfahrenen Umwelt begegneten, immer vollzog sich doch eine gewisse Reifung, stets erwiesen sie sich in gewissem Umfang als bildsam. Anders Walt. Er besitzt den „geistigen Bildungstrieb", das „Ideen-Schaffen" — konstitutiv für die wesenhafte Existenz im Sinne der *Levana* — ungeschmälert von Anfang an, was seine Polymeter beweisen, während Albanos schöpferisches Ideenvermögen erst entfaltet werden muß.[225] Auch in sittlich-praktischer Hinsicht bleibt sich dieser Fremdling des Lebens von Anfang bis Ende gleich. Und seiner eigentlichen Bestimmung, der „himmlischen Dichtkunst", ist er schon zu Beginn des Romans gewiß.[226] Jean Paul proklamierte in dieser Gestalt die im wesentlichen unveränderbare Individualität, an der alle vorgegebenen Bildungsforderungen zunichte werden. Selbst in seinem pädagogischen Traktat, der *Levana*, bekundete er die Ehrfurcht vor der „Eigentümlichkeit" der einmaligen, autonomen Individualität, forderte er die Erzieher auf, „jede Kraft heilig" zu halten.[227] Jean Paul hegte keine allzu großen Hoffnungen hinsichtlich der geistig-sittlichen Entwicklungsmöglichkeiten des Individuums und der Gesellschaft. Er setzte dem klassisch-romantischen Entwicklungsdenken den nachdrücklichen Hinweis auf die der Individualität eigenen Grenzen entgegen.

Auch in ihrer sozialen Haltung sind Albano und Walt gegensätzlich geartet. Jener verschreibt sich zuletzt als künftiger Herrscher dem Dienst an seinem Volk. Dagegen integriert sich der poetisch versponnene, „einkräftige" Walt keineswegs in die Gesellschaft, denn sein juristischer Beruf bleibt ihm wesensfremd. Fordert die *Levana* die Entwicklung des „Geschäfts- oder Welt-Sinns", die „Gegenwart des Geistes für die äußerliche Gegenwart", so kann Walt diesem Anspruch nicht genügen, weil er seiner Umwelt, wie gesagt, gar nicht begegnet.[228] Seine weltverklärende Einbildungskraft, die einer absoluten Subjektivität entspringt, erspart ihm jeden desillusionierenden Konflikt mit den Normerwartungen der Gesellschaft. Der Begriff einer auf soziales Engagement ausgerichteten Bildung, wie er, durch Aufklärung und Klassik geprägt, noch im *Titan* nachwirkt, hat hier seinen Sinn verloren.[229]

Nicht nur Walt entzieht sich einer allzu engen, entfremdeten Lebenswelt, die ihm die persönliche Entfaltung verwehrt; auch Vult vermeidet die produktive Auseinandersetzung mit dem philiströsen Kleinbürgertum und einer dünkelhaften Aristokratie, indem er sich in ein hochstaplerisches, maskenhaftes Rollenspiel flüchtet. „Weltsüchtig und weltscheu" zugleich, zieht er unstet durch die Lande.[230] Er flieht das ihm chaotisch erscheinende endliche Dasein, weil er eine höhere Wertsphäre ahnt, die sich ihm in der Musik andeutungsweise offenbart. Allerdings hat er, im Gegensatz zu Walt, nicht an ihr teil, da er jeder tieferen Glaubensüberzeugung ermangelt.

Beide Brüder vermögen nicht zu ihrer personalen Identität zu finden. Vults dissonante Natur verrät seine tiefe Selbstentfremdung, und Walts im Unbewußten gründende Übereinstimmung mit sich selbst kann sich nicht zu bewußter Ich-Identität steigern, da er nicht fähig ist, sich am Nicht-Ich seiner selbst reflektierend zu vergewissern. Die Bildung des „inneren Menschen" vollzog sich in den frühromantischen Bildungsromanen, auch im *Titan*, vor allem über die potenzierende Reflexion. Noch in der *Levana* erscheint das „reflektierende Selbstanschauen", die Erkundung der subjektiven Innenwelt, als „das Wichtigste" des geistigen Bildungsprozesses.[231] Diese Fähigkeit führt den Protagonisten zur Einsicht in seine eigentliche Wesensart und künftige Bestimmung. Der Träumer Walt hingegen besitzt keineswegs die Voraussetzung für solch reflektierende Selbsterfahrung, da er sich selbst gar nicht zum Problem wird.[232] Er bedarf keines zielsetzenden Leitbilds, weil er bewußtlos-selig in sich selbst ruht. Jean Paul gestaltete in Walt ein provozierendes Gegenbild zur übersteigerten Reflexionssucht der frühen Romantik, der er selbst in nicht unerheblichem Maße verfallen war. Während Vult an seiner zersetzenden Selbstbespiegelung leidet und Schoppe daran zugrunde geht, sichert sich Walt durch seine ungebrochene Einfalt die innere Unverletzbarkeit. Das Janusbild der beiden gegensätzlichen Zwillingsbrüder verrät des Autors wahre Meinung über Nutzen und Nachteil reflektierender Selbstvergewisserung.

Man hat die *Flegeljahre* bisher entweder mit wenig Glück dem Genre des Bildungsromans zuzuweisen versucht[233] oder aber die fehlende Entwicklungsthematik mehr oder minder nachdrücklich bemängelt.[234] Hatte Jean Paul, unter dem Eindruck Weimars, im *Titan* noch den Versuch unternommen, seine Bildungskonzeption mit den Ansprüchen der Gesellschaft zu versöhnen, so vertrat er in den *Flegeljahren* einen radikal individualistischen, letztlich gesellschaftsfeindlichen Bildungsbegriff. Das subjektive Ich grenzt sich gegenüber den Erwartungen seiner Umwelt eindeutig ab; es widersetzt sich jeglicher Bildungsnorm, die mit generellem Anspruch auftritt. Es erweist sich als kaum entwicklungsfähig, nicht erziehbar, nicht imstande zu reflektierender Selbsterkundung wie zu sozialer Integration. Damit stellte Jean Paul die junge Tradition des deutschen Bildungsromans, die auf der Voraussetzung der Bildsamkeit des Individuums beruhte, bewußt in Frage. Nicht daß er die Bedeutung des Bildungsprinzips an sich geleugnet, die Notwendigkeit der Erziehung zur Bewältigung der Gegenwart bestritten hätte, er verwahrte sich nur gegen jeglichen normierenden Eingriff in die Sphäre des Individuums, dessen unumschränkter Autonomie er den höchsten Wert zusprach.[235] Die *Flegeljahre* erweisen sich damit als kritisches Korrektiv gegenüber der Erziehungsgläubigkeit der klassischen Tradition wie auch der frühromantischen Idee spiritueller Steigerung eines sich absolut setzenden autonomen Ichs. In diesem Sinne kann man die *Flegeljahre* als den ersten deutschen Antibildungsroman bezeichnen, der eine bis in unsere unmittelbare Gegenwart reichende Tradition begründet hat.[236] Nicht zufällig konfrontierte Jean Paul in seinen Vorstudien den Autor des *Wilhelm Meister* mit der Zentralfigur seines Antibildungsromans: „Goethe würde oft hart mit Walt umgehen."[237]

Die Struktur der *Flegeljahre* konstituiert sich durch parodistische Destruktion von Grundelementen des klassischen und des frühromantischen Bildungsromans. Die Fabel besteht aus locker gereihten, szenisch dargebotenen Situationen, deren chronologische Abfolge, im Gegensatz zum *Titan*, strukturell bedeutungslos ist, weil keine Progression der Zentralfigur stattfindet. Das die Fabel des Bildungsromans konstituierende Moment der Erziehung des Protagonisten durch wechselnde Lebensbereiche wird mittels eines total unangemessenen, skurrilen Inhalts parodistisch deformiert. Walts Erbämter zeichnen sich größtenteils durch komisch-triviale Bedeutungslosigkeit aus: einen Tag Klavierstimmer; einen Monat Gärtner; „so lange bei einem Jäger sein, bis er einen Hasen erlegt, es dauere nun zwei Stunden oder zwei Jahre", „als Korrektor zwölf Bogen gut durchsehen" u. a. m.[238] Jean Paul parodiert hier offenkundig den erziehungsgläubigen Weimarer Bildungsroman. Zielt er nicht auch auf den *Titan*, in dem eine Schar von Mentoren um Albanos Entfaltung bemüht ist? Der Autor relativierte in kritischer Skepsis seine dort geäußerte Überzeugung, der heranwachsende Mensch könne vor allem im sittlich-praktischen Bereich durch erzieherischen Eingriff bis zu einem gewissen Grade beeinflußt werden. Denn Vult, der den Bruder für den Lebensalltag erziehen wollte, verläßt ihn schließlich resignierend: „ich lasse dich, wie du warst, [...] du bist nicht zu ändern [...]."[239] Die melancholische Dissonanz des fragmentarisch-abrupten Schlusses signalisiert die Eliminierung des für den Bildungsroman typischen Strukturelements der Selbstfindung, wodurch die Fabel ihre innere Zielgerichtetheit verliert. Der Schluß bedeutet, im Gegensatz zum *Titan*, das Scheitern der Erziehung, das Verfehlen der selbstreflexiven personalen Identität.

Auch die Figurenkonstellation ist parodistisch deformiert: zwar ist Walt Zentralgestalt,[240] aber er vermittelt nicht, wie Albano im *Titan*, die Tendenzen antithetisch geordneter Nebenfiguren. Mehr noch: die Figurenkonstellation ist nicht durch das Prinzip funktionaler Zuordnung bestimmt, sondern durch kommunikationslose Dysfunktionalität.

Der Erzähler, der im *Titan* verbindliche Wertmaßstäbe setzte, zieht sich jetzt zurück und überläßt dem „zertierenden Konzert" der gegensätzlichen Zwillingsbrüder das Feld. Er sieht sich außerstande, ein sinnstiftendes Orientierungsmuster mit exemplarischem Anspruch zu entwerfen, zumal sich seine Zentralfigur jeglicher Norm entzieht, die Identifikation ermöglichen könnte. Daher treibt er mit dem Leser ein mystifizierendes Verwirrspiel. Zwar verspricht er, „Arzneimittel, Rathschläge" geben zu wollen, aber er relativiert zugleich seine Zusage mit der hintergründigen Bemerkung, selbst in den Druckfehlern des Romans seien „Wahrheiten" verborgen.[241] Im Gegensatz zum Erzähler des *Titan* zeichnet er sich nicht durch eine souveräne auktoriale Perspektive aus, vielmehr zeigt er sich ratlos, wie eine „der verwickeltsten Geschichten" zum glücklichen Ende zu führen sei.[242]

Im Gegensatz zum *Titan* vermag also der Erzähler die grundverschiedenen Lebenshaltungen seiner Hauptfiguren nicht in einer Zentralgestalt zu vermitteln. Er verhehlt keineswegs seine Bewunderung für die so ungleichen Brüder. Er zeigt sich von Walts liebenden Gefühlsaufschwüngen ergriffen und zögert andererseits auch nicht, Vults herbe Weltverachtung weitgehend zu akzeptieren. Der Erzähler empfindet sich als geistesverwandt mit seinen Hauptgestalten. Er, der unter des Autors eigenem Namen auftritt, identifiziert sich sogar in verhüllter Weise mit den Zwillingen. Er macht Vult zum Verfasser des Jean Paulschen satirischen Jugendwerks, der *Grönländischen Prozesse*, und Walt läßt er durch Joditz, des Dichters Kindheitsdorf, ziehen und dieses als „eine Heimat alter Bilder" wiedererkennen.[243]

Die Struktur der *Flegeljahre* ist auf der pragmatischen Ebene von spannungsvoll-dissonanter Antithetik geprägt, werden sie doch im ganzen wesentlich dadurch bestimmt, daß der thematische „Dualism zwischen Poesie und Wirklichkeit" bis zuletzt unauflösbar bleibt.[244] Auf der Handlungsebene findet zwischen Walt und seiner Umwelt keine Versöhnung statt; der Roman schließt mit der herben Dissonanz der Trennung der Brüder. Die Antinomie zwischen dem Wesensgesetz der poetischen Individualität und den Verhaltensnormen der Gesellschaft ist und bleibt unüberbrückbar. Daher vollzieht sich die zunehmende Entfremdung zwischen den Brüdern mit innerer Notwendigkeit.

Einzig im Medium der Poesie gelingt den beiden ungleichen Zwillingen eine gewisse Kommunikation. In ihrem „Doppelroman" gelangen sie zu einer fruchtbaren Zusammenarbeit, indem Vult die „scherzhaften und witzigen und philosophischen" Digressionen, Walt hingegen die „poetischen Darstellungen" übernimmt.[245] Indem Vults Witz alles mit allem verbindet, indem er die entlegensten und widersprüchlichsten Begriffe auf einen Nenner bringt, hebt er mit spielerischem Ernst die konventionellen Denkschemata seiner spießbürgerlichen Umgebung auf. Solch allgemeiner Einebnung des überkommenen Wertungssystems fällt fast alles zum Opfer, und so gelangt denn der ziellos schweifende Weltwanderer zu der generell verdammenden Einsicht: „Mich erbittert die Zeit, das Leben, der Satan."[246] Dagegen will Walts dichterisches Sprechen den in der Schöpfung verborgen angelegten göttlichen Sinn dechiffrieren und in visionärer Bildlichkeit offenbaren. Seine Sprache lebt aus der Kraft traumhafter Phantasie und einem schwärmerischen Gefühl glühender Alliebe, was sich stilistisch in einer expressiven Satzmelodie sowie einem weitgespannten fließenden Rhythmus manifestiert, der in schroffem Gegensatz zu des Bruders rauhem, eigenwillig stoßendem Numerus steht.[247]

Der Doppelroman konstituiert sich durch die „Parität" zwischen den beiden gegensätzlichen Autoren.[248] Er stellt das perspektivisch verkleinerte Modell der *Flegeljahre* dar.[249] Denn der Erzähler des Romans erscheint, wie Jean Paul in den Vorstudien andeutet, als „der synthesierende Dichter", der die einander widerstreitenden Haltungen der beiden Brüder in sich vermittelt.[250] Der Autor postulierte daher folgendes Gestaltungsprinzip der *Flegeljahre*: „Walts und Vults Dissonanz mus sich höher lösen, wenigstens bei mir, wenn auch nicht bei ihnen."[251] Der Erzähler bewertet Walt ambivalent: er belächelt zwar mit Vult die Unbehilflichkeit des lebensfremden Notars, aber er bewundert auch dessen souveräne, der Gesellschaft nicht bedürfende poetische Individualität. Er vereinigt also Vults skeptischen Geist, der alles Endliche mehr oder minder als unzulänglich entlarvt, mit Walts gläubiger Alliebe, die das Irdische in der Hoffnung auf eine eschatologische Erfüllung poetisch verklärt. Mit hoher Meisterschaft stellt er die beiden gegensätzlichen Brüder in solchen Verhältnissen dar, in denen sie sich wechselseitig relativieren, so daß die Stärke des einen die Schwäche des andern offenbart. Bei keinem von ihnen liegt die ganze Wahrheit; jeder behält auf seine Weise recht.

Diese Haltung des Erzählers, welche die Spannung zwischen gegenwärtiger Trostlosigkeit und erhoffter metaphysischer Erfüllung in souveräner Gestaltung umgreift, läßt sich im Sinne Jean Pauls als epischer Humor verstehen.[252] Der humoristische Charakter der *Flegeljahre* erwächst daraus, daß sich der Erzähler einem spannungsvollen Widerspruch zwischen geglaubter ideeller Norm und faktischer Abnormität des Daseins ausgesetzt sieht. Dieser wird durch das Bild des Januskopfes symbolisiert, das sowohl in der *Vorschule der Ästhetik* wie auch im Roman selbst begegnet.[253] Der Januskopf trägt die Gesichtszüge der Brüder, und die *Vorschule* deutet ihn als das Ideogramm des Menschen, „welcher nach entgegengesetzten Welten schauet", der gleichzeitig seinen Blick auf „Zeit und Ewigkeit" richtet. Auf die desillusionierende Entlarvung der nichtigen Endlichkeit erfolgt stets der vermittelnde Brückenschlag einer religiös fundierten poetischen Phantasie, die, vor allem in Idylle und Traum, eine geglaubte Vollendung des Daseins dichterisch antizipiert.

Jean Pauls Roman unterzieht, wie erwähnt, zeitgenössische Bildungsvorstellungen einer kritischen Umwertung, die sich durch die Stilmittel seines epischen Humors sprachlich realisiert. Dieser „erniedrigt das Große, [...] um ihm das Kleine, und erhöht das Kleine, [...] um ihm das Große an die Seite zu setzen [...]".[254] Die relativierende Abwertung gewisser tradierter Bildungsideale wird sprachlich vor allem durch Komik, Witz und Ironie, ferner durch Eliminierung oder parodistische Deformation konventioneller Strukturelemente des Bildungsromans vollzogen. Die Aufwertung der eigengesetzlichen, poetisch imaginierenden Individualität erfolgt hingegen mittels eines empfindsam-enthusiastischen Sprachtons. Der hohen Kunst des Erzählers gelingt es weitgehend, die beiden Stilebenen so zu vermitteln, daß ein schwebendes Gleichgewicht zwischen den sich relativierenden Positionen entsteht, daß noch im Uneigentlichsten das Eigentliche spürbar bleibt. Das macht sich schon in denjenigen Kapiteln bemerkbar, in denen die Zwillingsbrüder gemeinsam auftreten und jeder dem anderen gegenüber die kontrapunktische Widerlage bildet. Hier – in der Hälfte aller Nummern – tritt der Erzähler weitgehend zurück und beschränkt sich im wesentlichen auf knappe Zwischenbemerkungen. Er kann das tun, weil er in der parallellaufenden, antithetischen Stimmführung sein Stilideal verwirklicht hat. Anders dagegen in denjenigen Nummern – sie umfassen knapp die Hälfte des Romans –, in denen Walt allein das epische Geschehen bestimmt. Hier beteiligt sich der Erzähler selbst an der brillanten Kunst einer doppelstimmigen Darbietung. Immer wenn der tumbe Notar mit seiner philiströsen, hartherzigen Umwelt zusammenstößt und in seiner lebensfremden Ungeschicklichkeit den kürzeren zieht, ist ihm zwar das Mitgefühl, aber auch der Spott des Erzählers sicher. Dessen Persiflage realisiert sich in der Stilform des Witzes, also in Vults desillusionierendem Sprachton. Sobald sich Walt jedoch in die Tiefen seines Innern versenkt und die Ideale der Freundschaft oder Liebe dichterisch beschwört, sobald er im Musik- und im Naturerleben die Grenzen des Irdischen zu transzendieren scheint, wechselt der Erzähler plötzlich seinen Ton und gleicht sich Walts Sprachduktus an.

Der *Titan* und die *Flegeljahre* repräsentieren die poetische Summe der Bildungsideen Jean Pauls. Daher müssen die beiden Werke in ihrer Gegensätzlichkeit als Ausdruck einer spannungsreichen Gesamtkonzeption verstanden werden, welche die Sonderstellung ihres Schöpfers innerhalb der romantischen Bewegung kennzeichnet. Er hatte gemeinsam mit anderen Autoren dieser Epoche die romantische Bildungsidee entwickelt, die in der Gewinnung weithin unumschränkter subjektiver Freiheit des Ichs gegenüber den Zwängen der Gesellschaft gipfelte; er erkannte aber auch die Problematik des romantischen Bildungsideals, die Gefahr des Weltverlusts in Traumidylle und kosmischer Vision. Was im *Titan* nur anklingt, wird in den *Flegeljahren* deutlich: Größe und Grenzen der Bildungskonzeption des „inneren Menschen", des schöpferisch imaginierenden „heiligen Seelen-Geistes", Macht und Ohnmacht der weltverklärenden Phantasie. Der „Dualismus zwischen Poesie und Wirklichkeit" signalisiert die unvermeidbare Isolation des verinnerlichten Menschen in einer veräußerlichten Welt.[255]

Ernst T. A. Hoffmann: Lebens-Ansichten des Katers Murr

Der Roman spiegelt Hoffmanns Grunderlebnis, den konfliktreichen Widerstreit zwischen künstlerischer Existenz und politisch-gesellschaftlichen Lebensbedingungen. Gerade während der Niederschrift erfuhr der Autor besonders schmerzlich die Einschränkung seines persönlichen Freiraums durch die politische Restauration, was seinen Niederschlag in der Kreisler-Biographie gefunden hat. Hingegen thematisiert der Lebensbericht der Titelgestalt, der das äußere Gerüst des Romans bestimmt, die Bildungsgeschichte einer fiktiven Kunstfigur. Der anmutige, belesene Kater Murr, ein Nachfahre von Tiecks gestiefeltem Kater, der sich als homme de lettres très renommé versteht, will dem Leser mit seiner Autobiographie demonstrieren, „wie man sich zum großen Kater bildet".[256] Zwei Biographien also, in denen, romantischer Tradition gemäß, die Figur des Künstlers exemplarisch bestimmte Formen menschlicher Existenz vertritt. Der Autor konfrontiert die Wertwelt einer gefährdeten individualistischen Romantik mit der lebensbehaglichen Ideologie eines epigonalen Bildungsbürgertums.

Bei Hoffmann ist die in den Anfängen der Romantik noch bewahrte, metaphysisch begründete universale Einheit des Seins zerbrochen. In seinem Roman existieren zwei eigengesetzliche Wirklichkeitsebenen, die in unterschiedlicher Gewichtung Murrs und Kreislers Existenz gleichermaßen bedingen: das „höhere Sein" einer ästhetischen Geisteskultur und die wirre Endlichkeit der materiellen empirischen Realität (541). Durch diese dissonante „Duplizität" von Innen- und Außenwelt ist für den Spätromantiker Hoffmann das menschliche Dasein im wesentlichen determiniert, womit das ganzheitliche Menschenbild des klassisch-romantischen Idealismus für ihn seine Gültigkeit verloren hatte.[257]

Der unheilbare Widerstreit zwischen triebhafter Körperlichkeit und sublimer Geistigkeit konstituiert die Existenz der beiden Hauptfiguren. Kreisler leidet nicht nur unter dem unlösbaren Konflikt zwischen der Idealität seines musikalischen Schaffens und dem Unverstand einer kunstfeindlichen Gesellschaft, sondern auch unter einer heillosen inneren Zerrissenheit. Ihn beunruhigen nicht nur die undurchschaubaren Intrigen seiner höfischen Umwelt, denen er als Außenseiter hilflos ausgeliefert ist, ihn ängstigt vor allem ein rational unbewältigter Antagonismus gegensätzlicher Gefühle und Strebungen: etwa zwischen der poetisierenden Liebe zu Julia, seiner Muse, und einer latenten Sinnlichkeit. Noch deutlicher zeigt sich die Wesensgespaltenheit bei dem gelehrten Kater, dessen Doppelnatur menschliches Bewußtsein mit tierischer Animalität vereint. Eine fiktive Kunstfigur, nach Callots grotesker Manier montiert, die nach Hoffmanns Auffassung, „indem sie das Menschliche mit dem Tier in Konflikt setzt, den Menschen mit seinem ärmlichen Tun und Treiben verhöhnt".[258]

Kreislers Biographie widerlegt das Menschenbild des frühromantischen Bildungsromans, das durch den dominanten Modus der geglückten Entfaltung der subjektiven Potentialität des Ichs geprägt war. Ein Sternbald oder ein Albano waren zwar auch dem abrupten Wechsel zwischen enthusiastischem Aufschwung und desillusionierendem Niederbruch ausgesetzt, aber ihre innere Progression zielte tendenziell auf die Versöhnung ihrer poetischen Imagination mit einer gesellschaftlichen Realität, die sie nicht als bedrohlichen Widerstand erfuhren. Solch wirklichkeitsfremder Subjektivismus wird durch Kreislers Biographie als illusionär entlarvt. Der ruhelose Musiker lebt am Miniaturhof eines Duodezfürsten, wo ihm die Möglichkeiten persönlicher Entfaltung beschnitten sind. Durch intrigante Machenschaften wird er vom Hofe vertrieben, flieht in ein Kloster, findet aber auch dort nicht die ersehnte innere Ruhe. Der Kapellmeister leidet, wie erwähnt, unter dem Antagonismus zweier sich ausschließender Bereiche, der nur innerlich erfahrbaren musikalisch-ästhetischen Sphäre des „höheren Seins" und der erstarrten Lebensform einer kunstfeindlichen höfischen Gesellschaft. Zutiefst verachtet er diese „sogenannte höhere gesellschaftliche Kultur", die „alle Physiognomien zu einer einzigen zu gestalten" bestrebt ist (640). Gegenüber einem satirisch abgewerteten restaurativen Feudalismus, der sich politisch und kulturell selbst überlebt hat, verficht der eigenwillige Kapellmeister mit Nachdruck seinen individuellen Freiheitsanspruch.

Kreisler ist auch, wie gesagt, einem Widerstreit gegensätzlicher Denk- und Verhaltensweisen ausgeliefert. Er fühlt sich im gesellschaftlichen Dasein nicht zuhause, kann aber auch nicht von ihm lassen, weshalb er ja auf die klösterliche Weltabkehr verzichtet. Hat er doch in der Welt „so manches hübsche Gärtlein voll duftender Blumen" entdeckt (541). Dem Konflikt zweier sich ausschließender Werthaltungen unentrinnbar ausgeliefert, fällt Kreisler seiner inneren Zerrissenheit unrettbar zum Opfer. In diesem Sinne deutet er auch seinen Namen.[259] Er ist unfähig, seine inneren Widersprüche als notwendige Bedingungen seiner künstlerischen Existenz zu begreifen. Obwohl sich Kreisler seiner künstlerischen Berufung gewiß ist, verbleibt seine personale Identität in problematischer Unentschiedenheit. Entgeht er auch der Gefahr des totalen Selbstverlusts — der gespenstische Doppelgänger erscheint nur vorübergehend (536) —, erreicht er doch nur eine fragwürdige, zweideutige Identität. Weder zu seiner beruflichen Existenz noch gar zu Julia gewinnt der unstete Künstler ein entschiedenes Verhältnis.

Im Gegensatz zu Kreisler durchläuft der gelehrige Kater durch bereichernde Welterfahrung, durch Anhäufung eines beachtlichen literarischen Bildungswissens einen Entwicklungsprozeß, wodurch er sich qualitativ verändert und zuletzt zu einer mehr oder minder geglückten sozialen Integration findet. Das bildsame Tier wird so zum Medium einer ironischen Persiflage des aufklärerisch-klassischen Entwicklungsmodells. Murr hat sich als aufklärerischer Autor in den Gattungen des didaktischen Romans, des Heldengedichts und in pathetisch-empfindsamer Lyrik versucht. Er erweist sich als Erbe der Geisteskultur des 18. Jahrhunderts, wenn er moralisierend für die „Tugend [...], Weisheit und die Sittlichkeit der höhern Ausbildung" schwärmt, wenn er in optimistischem Vertrauen behauptet, diese Welt sei die denkbar beste, und demgemäß in unsäglichem Lebensbehagen die „süße Gewohnheit des Daseins" preist.[260] Murr vertritt den Bildungsoptimismus des 18. Jahrhunderts, wenn er die „äußere und innere Gestaltung" des Menschen allein auf den prägenden Einfluß der Umwelt, der Sitten und Gebräuche zurückführt (307). Er ist das reine Gesellschaftswesen, das sich, ungeachtet einer gewissen kritischen Distanz, den „Normalprinzipien" der bürgerlichen Sozietät anpaßt (320). Nach zwei mißglückten Ausbruchsversuchen zu den zechfreudigen Katzburschen und in die vornehmen Salons der adligen Hunde zieht er sich in sein biedermeierliches Heim zurück, wo er — in Abkehr von burschenschaftlicher Liberalität und von feudaler Restauration — einzig seiner „Liebe zur Kunst und Wissenschaft" lebt (646). Murrs Denk- und Verhaltensmuster, nicht zuletzt seine zeremoniös gespreizte, klischeehafte Bildungssprache, sind vorwiegend durch die aufklärerisch-empfindsame Tradition geprägt. Die Normen und Konventionen der bürgerlichen Gesellschaft bestimmen sein Denken und Schreiben. In diesem Sinne versteht er seine Entwicklung als „Bildung für die Welt" (305). Der Kater stellt ein satirisches Zerrbild des aufklärerischen gesellschaftskonformen Bildungsideals dar, das die Entwicklung des Individuums den Bedürfnissen der Gesellschaft weitgehend untergeordnet hatte.

Murr ist durch das Mißverhältnis zwischen kulturellem Anspruch und tierischer Animalität gekennzeichnet. Seine Bildung erwächst aus dem Buchstaben des überlieferten Kulturguts; er sucht nicht wie Kreisler nach der idealen Wahrheit eines „höheren Seins", vielmehr glaubt er diese in Gestalt seines angehäuften Wissens bereits zu besitzen. Kultureller Anspruch und die Forderungen der gesellschaftlichen Realität gelangen in Murr zu einer scheinbaren Versöhnung, deren fragwürdige Qualität die Unmöglichkeit dieser Verbindung beweist.

Genauer betrachtet richtet sich die Satire nicht gegen das recht sympathische, kluge Tier, sondern gegen die bürgerliche Gesellschaft der „Tierphilister", deren epigonale Bildungsideologie er repräsentiert. Der Entwicklungsbegriff des 18. Jahrhunderts, der Glaube an die unbegrenzte Bildsamkeit des Individuums wird hier parodistisch deformiert, denn des Katers geistige Fortschritte werden durch seine tierische Animalität ständig konterkariert. Auch die klassische Humanitätsidee kann für Murr, das schöngeistig gebildete Tier, nicht mehr gelten, ist es doch durch einen Widerspruch zwischen physischer Erscheinung und geistigem Wesen bestimmt. Der gelehrige Kater kann nicht zu personaler Identität finden, denn er erkennt nicht den problematischen Widerspruch seiner Doppelnatur. So gerät diesem grotesken Doppelwesen sein kultureller Anspruch notwendig zur unfreiwilligen Parodie.

Die beiden gegensätzlichen Hauptfiguren verfehlen, jede auf ihre Weise, das Menschliche; weder soziales Außenseitertum noch gesellschaftliche Anpassung ermöglichen die Gewinnung personaler Identität. Der Kapellmeister wurzelt im idealen „höheren Sein", kann aber im sozialen Bereich nicht Fuß fassen, während der anmutige Kater im Lebensalltag zuhause ist, nicht dagegen geistige Werte zu verwirklichen weiß. Damit zog Hoffmann die sozialkonforme „gesellschaftliche Bildung" der Aufklärung und die subjektivistische „innere Bildung" der Romantik gleichermaßen in Zweifel.

Der Antibildungsroman bot dem Autor die Möglichkeit, seiner Kritik an den tradierten Menschenbildern die adäquate ästhetische Form zu geben. Die kritische Revision des Entfaltungsmodells im Bildungsroman der Frühromantik betrieb er durch dessen satirische Deformation, während er das neuhumanistische Menschenbild durch parodistische Brechung des klassischen Bildungsromans in Frage stellte.[261]

Der Roman besitzt eine dissonante antithetische Struktur. Dieses Kompositionsprinzip ist dem der *Flegeljahre* verwandt, deren Autor von Hoffmann als hohes Vorbild verehrt wurde.[262] Die beiden Hauptgestalten vertreten gegensätzliche Lebensformen und relativieren sich durch wechselseitige Brechung: gesellschaftsfeindliche, ekstatische Weltfremdheit kontrastiert mit geselliger Lebensbehaglichkeit; tragische Zerrissenheit zwischen Idealität und Realität widerspricht komischer satter Selbstzufriedenheit; gefühlstiefer Schöpferkraft steht epigonale Seichtheit entgegen. Die beiden konträren Figuren setzen sich gegenseitig ins rechte Licht: Murrs Unfähigkeit, den Forderungen des Geistes zu entsprechen, wird erst voll einsichtig in der Kontrastierung mit dem Geistesmenschen Kreisler; umgekehrt wird die lebensfremde, skurrile Exaltiertheit des genialen Künstlers erst ganz deutlich angesichts der weltfreundlichen Behaglichkeit des Katers. Die Unvereinbarkeit der beiden Existenzweisen zeigt sich auch in der Handlungsführung, indem Kreisler und Murr auf der pragmatischen Ebene nicht miteinander agieren; der eine ist in der höfischen Welt, der andere im Tierreich zuhause. Die antithetische Struktur deutet auf den Verlust der Sinneinheit des Daseins, auf den unversöhnbaren Widerstreit zwischen subjektiver Innerlichkeit und gesellschaftlicher Lebensform. Hoffmanns Werk ist von einer tiefen Wertunsicherheit geprägt, die sich besonders in dem Formprinzip der Ambivalenz offenbart.[263] Leitmotivisch wiederkehrende formelhafte Wertbegriffe gewinnen eine ironisch schillernde Zwielichtigkeit, wenn sie im menschlichen wie im tierischen Bereich begegnen. So sieht sich zwar Kreisler als einen Mann von „leidlicher Bildung", aber auch der gelehrte Kater schwärmt kurz darauf von seiner „reifern Bildung".[264] Oder wenn vom „Wohlbehagen" berichtet wird, das die kultivierte Häuslichkeit des Abtes beim Besucher erregt, wenig später aber das „katzliche Behagen" geschildert wird, das Murr im Kreise seiner trinkfreudigen Zechkumpane empfindet.[265]

Die Fabel der Kreisler-Biographie ist nicht mehr einsträngig, sondern in diskontinuierliche Vorgangsfragmente aufgesplittert, die weit stärker als im Bildungsroman der Frühromantik von bedrohlich-verwirrender Rätselhaftigkeit überschattet sind. Auch die chronologische Ordnung ist der Erzählung abhanden gekommen, was auf den Verlust der Zielgerichtetheit von Kreislers innerer Progression verweist. An die Stelle einer relativ ungestörten Entfaltung der inneren Potentialität des frühromantischen Ichs tritt die unentrinnbare Gefangenschaft im Gehäuse einer in sich gespaltenen Subjektivität, die in konfliktreichem Widerspruch zu ihrer gesellschaftlichen Umwelt steht.[266] Auch ordnen sich die kontingenten Vorgänge nicht mehr zu einem Schicksalsmuster, das der Zentralgestalt die Gewinnung personaler Identität ermöglichen könnte.

Die Autobiographie des gelehrten Katers stellt eine gelungene literarische Parodie des *Wilhelm Meister* dar, denn er bemüht sich, seinen Werdegang dessen Strukturmuster anzupassen, er durchläuft eine stufenweise gegliederte Entwicklung von der Kindheit über die Jünglingsphase, die Zeit der Lehren und Erfahrungen, bis zum Eintritt in das Mannesalter, wobei seine Mentoren, der Katzbursch Muzius und der Salonhund Ponto, ihm helfend zur Seite stehen.[267] Die einsträngige Fabel gipfelt in der scheinbaren Selbstfindung, die bei Murr die Form eines pathetischen Bekenntnisses zu den „tieferen und bessern Ansprüchen des Lebens" annimmt, worunter er allerdings lediglich seine fragwürdigen künstlerischen Intentionen und seine animalischen Bedürfnisse versteht (646). Der gelehrte Kater kann nicht zu seiner personalen Identität finden, denn er erkennt, wie gesagt, nicht den problematischen Widerspruch seiner Doppelnatur, die Diskrepanz zwischen angemaßter Bildung und animalischem Sein. So gerät diesem grotesken Doppelwesen sein kultureller Anspruch notwendig zur unfreiwilligen Parodie.

Kater Murr steht in der durch Jean Pauls *Flegeljahre* begründeten Tradition des Antibildungsromans, der die Funktion eines kritischen Korrektivs gegenüber problematisch gewordenen zeitgenössischen Bildungsvorstellungen besitzt. Die ideologisch verfestigte Humanitätsidee des 18. Jahrhunderts wird, wie erwähnt, in der Figur des literarisch verbildeten, den sozialen Normen verhafteten Katers in Frage gestellt, während der weltfremde, exaltierte Künstler die Problematik wirklichkeitsfremder romantischer Subjektivität demonstriert. Vermochte Walt, der traumselige Poet, die Kluft zwischen sich und einer nicht bedrohlichen Gesellschaft durch seine Imaginationskraft noch zu überbrücken, ist dies Kreisler versagt. Die politisch-sozialen Verhältnisse hatten sich seit Entstehung der *Flegeljahre* gewandelt. Der Sturm der napoleonischen Befreiungskriege war über Deutschland hinweggefegt; die gesellschaftliche Wirklichkeit hatte angesichts wachsender staatlicher Intoleranz im Zeichen der Demagogenverfolgung bedrohliche Züge gewonnen. Die weltverklärende poetische Synthesis der Frühromantik erschien Hoffmann nicht mehr vertretbar. Kreisler verfügt nicht mehr über den Zugang zu einer „zweiten Welt", die noch für Walt die tröstende Kraft einer religiös-eschatologischen Utopie besessen hatte. Sein inneres Erlebnis des „höheren Seins" ist nur ästhetischer Qualität und kann ihm nicht mehr die Unverletzlichkeit jenes romantischen Träumers sichern. Dem desillusionierenden Konflikt mit der Gesellschaft ausgeliefert, gewinnt sein Dasein nur noch in Momenten musikalischer Verzauberung vorübergehend Sinn.

Die *Flegeljahre* stellten strukturell den Prototyp des Antibildungsromans dar. Dessen Strukturmuster prägt weitgehend *Kater Murr*. Der Aufbau beider Werke ist durch die relativierende Verschränkung zweier Gegensatzfiguren gekennzeichnet, die sich wechselseitig brechen: die schöpferisch-geniale ästhetische Existenz wird mit dem mehr oder minder sozial angepaßten Künstler konfrontiert. In beiden Werken werden typische Strukturelemente des Bildungsromans parodistisch oder satirisch deformiert. Das die Fabel ordnende Formprinzip der Erziehung des Protagonisten durch wechselnde Lebensbereiche wird im Testamentsplan der *Flegeljahre* wie in der Bildungsgeschichte des gelehrten Katers durch einen skurril-grotesken Inhalt parodistisch verzerrt. Das für den Bildungsroman typische Strukturelement der Gewinnung personaler Identität weicht in beiden Werken der melancholischen Dissonanz eines fragmentarisch-abrupten Schlusses. Die auf die Hauptgestalt zentrierte Figurenkonstellation zerfällt bei Jean Paul zu einer weitgehend dysfunktionalen Korrelation, während sie bei Hoffmann einer grotesken Verkehrung unterworfen wird: das Tier präsentiert sich als die zentrale Titelfigur, während die Lebensspur des genialen Künstlers nur in „zufälligen" Makulaturblättern erscheint. Der überlegene Erzähler des Bildungsromans, der sinnstiftende Orientierungsmuster entwirft, überläßt in beiden Werken seinen gegensätzlichen Hauptfiguren das Feld. Die eigentliche Aussage beider Romane ergibt sich allein aus der ironischen Verschränkung der Biographien. Hier wie dort treibt ein kritisch distanzierter Erzähler ein mystifizierendes Vexierspiel mit dem Leser, der vom Bildungsroman her auf ein übersichtliches, zielgerichtetes Erzählen vertraut. Dessen Erwartungen werden schon durch die hintergründig angelegten, ambivalenten Hauptfiguren, die keine Identifikation erlauben, provokativ enttäuscht. Der Leser wird so zu kritischer Reflexion über die Problematik zeitgenössischer Verhaltensnormen und Wertvorstellungen herausgefordert.

Der fiktive Herausgeber, der, unter E. T. A. Hoffmanns Namen auftretend, der wahre Erzähler ist, steht in einem ambivalenten Verhältnis zu seinen beiden Hauptgestalten. Er betrachtet Kreisler, den „in seiner Art nicht unmerkwürdigen" Mann, mit achtungsvollem Respekt, keineswegs aber ohne kritische Distanz (298). Auch der Erzähler der Kreisler-Biographie, den eine geheime Beziehung mit dem Herausgeber verbindet,[268] verhehlt bei aller Bewunderung für den genialen Künstler nicht sein Bedauern über dessen extravagante Skurrilität (409). Auch gegen den unoriginellen, eitlen Literaten Murr hat der Herausgeber manches einzuwenden, was ihn jedoch nicht daran hindert, den anschmiegsamen Kater zuletzt seiner liebevollen Zuneigung zu versichern.[269] Der Herausgeber verschränkt die beiden Biographien so ineinander, daß deren Hauptfiguren durch motivische Parallelführung sich wechselseitig relativieren: die Stärke der einen erweist sich als die Schwäche der anderen. Zwischen den beiden auf pragmatischer Ebene unvereinbaren Positionen versucht der Herausgeber zu vermitteln. Er bemüht sich um eine ironische Überlegenheit, „die aus der tieferen Anschauung des Lebens in all seinen Bedingnissen, aus dem Kampf der feindlichsten Prinzipe sich erzeugt" (394). Er weiß im Positiven das Negative, aber auch im Uneigentlichen das Eigentliche zu erspüren. Indem er die widersprüchlichen Lebensformen des Kapellmeisters und des Katers in eine wechselseitig sich brechende Beziehung setzt, gelingt es ihm mehr oder minder, „das Ganze zu erkennen und darüber zu schweben" (639). Allein auf seiner Bewußtseinsebene erfahren die im Roman gestalteten Antinomien des Daseins eine gewisse Vermittlung; die Konflikte werden zwar nicht durch den Entwurf einer neuen, umfassenden Bildungskonzeption gelöst, aber sie sind durch überlegene Distanz bis zu einem gewissen Grad entschärft. Dies im Sinne einer romantischen Ironie, die sich „über alles Bedingte unendlich erhebt".[270] Ob hier von einer Haltung epischen Humors gesprochen werden kann, hängt von der jeweiligen Definition des Interpreten ab. Jean Pauls Humorbegriff scheidet jedenfalls aus, da die Umwertung des trostlosen gesellschaftlichen Daseins durch eine antizipierte metaphysische Sinnerfüllung bei E. T. A. Hoffmann entfällt.

Kater Murr signalisiert einen tiefgreifenden Zweifel an der Bildungstradition der Goethezeit. Das romantische Bildungsprinzip der sich absolut setzenden Individualität erschien Hoffmann, der sich aus dem gesellschaftlichen Bereich nicht zurückziehen konnte und wollte — daher sein "Doppelleben" als Künstler und Jurist —, nicht mehr vertretbar, zum andern vermochte ihn aber auch die bürgerliche Existenzform biedermeierlicher Provenienz nicht zu überzeugen, die er als epigonale Verflachung der Humanitätsidee des 18. Jahrhunderts begriff. Humane Bildung realisiert sich in *Kater Murr* bestenfalls im verzweifelten Widerstand des Individuums gegen eine banale, bösartige Umwelt. Auch dem lebensklugen Meister Abraham, Kreislers väterlichem Freund, gelingt es allein durch sein Wissen um die Hintergründe der höfischen Intrigen, sich in dieser zwielichtigen Gesellschaft zu behaupten. Lediglich dem in seiner geistlichen Idylle geborgenen Abt des Klosters ist es noch vergönnt, ein Dasein in harmonischer „Anmut und Würde" zu führen.[271] Dieser Roman, in seiner Gebrochenheit Ausdruck eines Umbruchs zwischen zwei Epochen, artikuliert das beängstigende Gefühl der Ungesichertheit menschlichen Daseins, der Fragwürdigkeit kultureller Überlieferung.

V. DER BÜRGERLICHE REALISMUS

Einleitung

Das 19. Jahrhundert weist drei Perioden auf, in denen die Produktion von Bildungsromanen kulminierte. An der Wende vom 18. zum 19. Jahrhundert gestalteten die Frühromantiker einen Gegenentwurf zum klassischen Paradigma von Goethes *Lehrjahren*. In den Jahrzehnten zwischen Märzrevolution und Reichsgründung entstanden neben traditionsgebundenen Werken auch Romane, welche aus liberalem Geist die neue Idee einer realistisch-pragmatischen Bildung propagierten. Um die Wende zum 20. Jahrhundert schließlich dominierte der antibürgerliche Bildungsroman. Die Romanart war also im 19. Jahrhundert weniger durch eine restaurative als durch eine innovative Tendenz gekennzeichnet; sie machte sich zum Anwalt jeweils neuer sozialethischer Leitbilder.

Mit dem Ausklingen der späten Romantik brach sich allmählich, bedingt durch die sozialen Wandlungen in der nachnapoleonischen Zeit, ein positiveres Verständnis der gesellschaftlichen Wirklichkeit Bahn. Die Prämissen des metaphysisch gerichteten Idealismus verloren ihre uneingeschränkte Gültigkeit. Der aufkommende weltnahe Liberalismus war von einem optimistischen Fortschrittsglauben beseelt, der trotz gewisser weltanschaulicher Verunsicherungen die Entstehung einer „positiven" Lebenshaltung förderte. Hegels bekannte Formel umreißt die Grundthematik des Bildungsromans der Epoche: er gestaltet „den Konflikt zwischen der Poesie des Herzens und der entgegenstehenden Prosa der Verhältnisse".[1] Bedrängt durch eine veränderte soziale Umwelt, konnte das Individuum nicht mehr, wie einst Wilhelm Meister, einzig danach trachten, seine Anlagen auszubilden; es mußte vielmehr im Laufe seiner Entwicklung jene soziale Konfliktsituation zu bewältigen suchen. Hegel forderte daher die Versöhnung zwischen den Ansprüchen des einzelnen und den Erwartungen der Gesellschaft mittels der „Erziehung des Individuums an der vorhandenen Wirklichkeit",[2] die schließlich zur „freien Anerkennung und Einsicht in die Vernünftigkeit des Vorhandenen" führen müsse.[3] Um die Jahrhundertmitte forderten Julian Schmidts einflußreiche *Grenzboten* im Sinne Hegels die Erziehung des einzelnen zum national gesinnten „Bürger", zum integrierten „Glied einer sittlichen Gemeinschaft".[4] Dieser volkspädagogischen Intention sind vor allem Freytags *Soll und Haben* (1855) und Spielhagens *Hammer und Amboß* (1869) verpflichtet. Freilich gestaltete sich die postulierte Versöhnung zwischen Individuum und Gesellschaft in der zweiten Jahrhunderthälfte zunehmend spannungsvoller, was besonders Kellers *Grüner Heinrich* (1879—80) bezeugt.

Einleitung

Die Restauration stellt auch für die Geschichte des Bildungsromans eine Epoche des Übergangs zwischen Romantik und Bürgerlichem Realismus dar. Das Individuum, zunehmend auf seine Lebensansprüche pochend, begann sich allmählich von einer Gesellschaft zu distanzieren, deren tradierte Normen und Wertvorstellungen ihm fragwürdig geworden waren. Ein unklares, aber tiefwurzelndes Krisenbewußtsein erwuchs aus den Erschütterungen der Freiheitskriege und der Julirevolution, aus den Spannungen zwischen politisch konservativen und fortschrittlich-liberalen Kräften, aus der beginnenden Industrialisierung, aus der Auflösung der alten ständischen Strukturen und Wertvorstellungen. Schon die Romantik hatte in ihren Bildungsromanen die gesellschaftsbezogene aufklärerisch-klassizistische Humanitätsidee mit dem Gegenentwurf der „inneren Bildung" konfrontiert, und diese wiederum in ihren Antibildungsromanen, den *Flegeljahren* und *Kater Murr*, selbstkritisch relativiert. In der Restaurationsperiode geriet jene irrationale, metaphysisch gerichtete Bildungskonzeption mehr und mehr in Mißkredit, da man sich von den spekulativen Systemen des Deutschen Idealismus abzuwenden begann. Im Zusammenhang mit dem Aufstieg der exakten Naturwissenschaften wurden die Realien des Daseins aufgewertet; in der empirisch-sensuellen Erfahrung glaubte man, dem von Theorien unverfälschten, echten Leben zu begegnen. Folgerichtig wurde der Subjektivismus der Romantik angeprangert, der sich auf die These von der qualitativen „Eigentümlichkeit" der schöpferischen Persönlichkeit gestützt hatte. Der Junghegelianer A. Ruge konstatierte ganz im Sinne der Zeit: „Der Hochmut, als wäre der einzelne etwas für sich, ist eine theoretische Täuschung."[5] Th. Mundt kritisierte den selbstgenügsamen Individualismus des Bildungsromans der Goethezeit, wenn er vor der Darstellung von autonomen Persönlichkeiten warnte, die sich zu einer „geistigen Universalherrschaft über die Zeit" berufen dünkten.[6] Die harmonische Entfaltung des Individuums innerhalb eines weitgehend gesellschaftsfreien Raumes wurde angesichts der veränderten politisch-sozialen Wirklichkeit als unrealistisch und unverantwortlich empfunden. Man begriff jetzt in verstärktem Maße den Vorgang der Bildung als einen weitgehend von gesellschaftlichen Kräften determinierten Sozialisationsprozeß.

Das Interesse der Restaurationsliteratur richtete sich daher weniger auf die Frage individueller Bildung als auf die Wiedergewinnung überpersönlicher Normen und Ordnungsprinzipien, da die aufklärerisch-klassizistische wie die frühromantische Tradition ihre Verbindlichkeit verloren hatten.[7] Wo Bildungsprobleme thematisiert wurden — etwa in Immermanns *Epigonen* —, zeigte sich das Unvermögen der von widersprüchlichen Kräften bewegten Epoche, eine zukunftsträchtige Konzeption zu entwickeln. Hermann, die Hauptgestalt dieses Gesellschafts- und Zeitromans, fühlt sich weder dem konservativen Adel noch dem frühkapitalistischen Bürgertum zugehörig. Er verharrt in passiver Unentschiedenheit und zieht sich trotz eines ansehnlichen Vermögens, das ihm zufällt, resignierend in eine ländliche Idylle zurück. Unfähig zu schöpferischer Auseinandersetzung mit den Problemen der Gegenwart sucht er Geborgenheit im privaten Bereich der Familie. Der Versuch, zwischen Ich und Welt angemessen zu vermitteln, ist Immermann mißlungen.[8]

Bezeichnend für die restaurative Tendenz der Zeit ist der christliche Roman: von Pfarrer Pustkuchens moralisierender Bearbeitung der Goetheschen *Wanderjahre* bis zu Gotthelfs Erziehungsromanen. Uli, der gutherzige Knecht, wird auf eine fraglos vorgegebene, von der Überlieferung geheiligte Ordnung hin erzogen. Pfarrer Bitzius demonstriert ein predigthaftes Exempel eines bäuerlichen Lebensganges; er führt von christlicher Ethik geprägte praktische Verhaltensweisen vor. Hier kehrt die alte, auch in der späten Romantik vorhandene Form der christlichen Läuterungsgeschichte wieder.

Eine Sonderstellung nimmt Stifters *Nachsommer* (1857) ein. Dem Erscheinungsdatum nach zu den Bildungsromanen des Bürgerlichen Realismus zählend, verbindet ihn doch vieles mit der Periode der Restauration. Wesentlich älter als die Romanciers des Realismus, fest verwurzelt in den Traditionen seiner österreichischen Heimat, wertete Stifter die politischen Erschütterungen der Märzrevolution als Beweis dafür, daß die Zeit aus den Fugen geraten sei. Im *Nachsommer* entwarf er ein vom restaurativen Geist des Biedermeiers getragenes Gegenbild, erfüllt von aufklärerischem Glauben an eine vernunftvoll-sittliche Weltordnung. Julian Schmidt, einer der Wortführer des programmatischen Realismus, warf dem Roman eine wirklichkeitsfremde Personendarstellung vor; Stifter verkläre im Gefolge romantischer Vorbilder das Leben in seiner Totalität.[9] Tatsächlich gestaltete dieser Autor bei allem detailgetreuen Realismus doch eine utopische Welt; der junge Protagonist wird unter bewußter Vernachlässigung seiner gesellschaftlichen Bezüge in eine universale, transempirische Ordnung integriert.

Im Vormärz verringerte sich die Bedeutung von *Wilhelm Meisters Lehrjahre*, verstanden als „Bildungsgeschichte eines Individuums".[10] Zwar avancierte jetzt, gefördert durch rege literaturkritische und romantheoretische Bemühungen, die Gattung des Romans zur repräsentativen Kunstform der Epoche, aber man betrachtete nunmehr die „bürgerliche Epopöe" unter dem Aspekt der Spiegelung der vollen gesellschaftlichen Realität. Angeregt durch westeuropäische Vorbilder, gelangten im Vormärz der historische und der zeitkritische Gesellschaftsroman zur Vorherrschaft.

Die bedeutendsten Bildungsromane der Epoche des Bürgerlichen Realismus erschienen in der Zeit zwischen der Märzrevolution und dem Jahrzehnt der Reichsgründung, vorwiegend also in den fünfziger und sechziger Jahren.[11] Nach dem gescheiterten Versuch von 1848, die nationale Einheit und die demokratische Freiheit zu erringen, distanzierte sich das Bürgertum mehr oder minder vom staatlich-politischen Bereich und wandte sich seinen persönlichen Belangen zu. Es wurde in seinem Klassenbewußtsein durch einen raschen industriellen Aufschwung gestärkt, der den Werten von Arbeit, Besitz und bürgerlicher Ordnung neuen Glanz verlieh. Ein optimistischer Fortschrittsglaube griff um sich, der sich auf die Erfolge von Naturwissenschaft und Technik berief. Gleichzeitig gewann der Liberalismus, der sich seit den dreißiger Jahren zu formieren begonnen hatte, eine dominierende Position. Er wurde vor allem vom städtischen Bürgertum getragen. Trotz des Wissens um die einschränkende Macht der gesellschaftlichen Verhältnisse huldigte man dem Glauben an die vernunftvolle, freiheitliche Selbstbestimmung des Individuums, das seine Glückserfüllung aus eigener Kraft finden sollte. Für das akademisch gebildete Bürgertum beschränkte sich der Bildungsanspruch des einzelnen, neben einem zweckfreien humanistischen Bildungswissen, zunehmend auf den Besitz von berufsqualifizierenden universitären Studienpatenten. Dieses Bildungsbürgertum differenzierte sich im Laufe des 19. Jahrhunderts durch Zugewinn neuer Berufsfelder immer mehr, so daß es allmählich seine soziale Kontur verlor.[12] Dagegen gewann das Wirtschaftsbürgertum, das sich durch Kapitalbesitz definierte, als soziale Formation mehr und mehr an Homogenität und Umfang.

Die im folgenden aufgeführten Autoren des Bürgerlichen Realismus, zwischen 1816 und 1831 geboren, zählen, mit Ausnahme Stifters, zu der Generation, welche die Periode zwischen Revolution und Reichsgründung geprägt hat. Ihre Romane spiegeln die Ambivalenz des Zeitgeistes wider: einerseits propagieren sie das optimistische Leitbild des aufstrebenden Wirtschaftsbürgers (Freytag, Spielhagen), zum andern prangern sie die Erstarrung der idealistisch-neuhumanistischen Bildungstradition an und konstatieren die spannungsvolle Distanz des einzelnen gegenüber einer zunehmend entfremdeten gesellschaftlichen Umwelt (Raabe, Keller).

Das Wiederaufleben des Bildungsromans nach jahrzehntelanger Pause beruhte auf verschiedenen Voraussetzungen. Wie erwähnt beschränkte sich das Bürgertum nach der gescheiterten politischen Aktion von 1848 auf seinen privaten Lebensbereich. Teilweise erfolgte eine Rückbesinnung auf die kulturelle Funktion des Individuums als Träger des Bildungserbes. Das spiegelt sich im gesellschaftsfernen Individualismus des *Hungerpastor* (1864) und im *Nachsommer* (1857), in dem der Versuch einer Restauration der idealistisch-neuhumanistischen Bildungstradition unternommen wurde. Andere Autoren propagierten, wie gesagt, das Leitbild des aufsteigenden Wirtschaftsbürgers. Eine weitere wesentliche Voraussetzung für die erneute Blüte der Romanart bildete die liberale Grundhaltung der Autoren, die ihren Protagonisten eine mehr oder minder große Fähigkeit zu individueller Entwicklung zugestanden. Ferner erwies sich in jenen Jahrzehnten die „Symbiose von Wirtschafts- und Bildungsbürgertum" für die Entwicklung der Romanart als günstig.[13] Trotz einer gewissen sozialen Distanz herrschte noch keine größere Spannung zwischen Bildungsbürgertum und kapitalistischer Bourgeoisie, die sich erst seit der Jahrhundertmitte zu konstituieren begann. Die Mehrheit des liberalen Bürgertums begrüßte den Prozeß der Industrialisierung als bedeutsamen nationalen Fortschritt. So propagierten die dem akademischen Bildungsbürgertum zugehörigen Autoren Freytag und Spielhagen in ihren beiden Romanen die realistisch-pragmatische Bildungsidee des aufstrebenden Wirtschaftsbürgertums, womit sie nicht unerheblich zu dessen sozialer Legitimation beitrugen.

Folgenreich für das Wiederaufleben der Romanart um die Jahrhundertmitte war auch, daß der zeitkritische soziale Roman der Jungdeutschen inzwischen seinen Höhepunkt überschritten hatte. Erneut begann man, sich mit der Interpretation von *Wilhelm Meisters Lehrjahre* als individualistischem Bildungsroman auseinanderzusetzen. Die ästhetische Legitimation für den Roman des nur begrenzt versöhnbaren Widerspruchs zwischen Individuum und Gesellschaft lieferte Friedrich Th. Vischer. Nach der gescheiterten Revolution wies er dem Roman die Aufgabe zu, den Rückzug des Individuums in den privaten Bereich zu schildern, wo ihm angesichts der Umklammerung durch die Prosa der Verhältnisse die letzte Möglichkeit einer humanen Existenz gegeben schien: „Der Roman sucht die poetische Lebendigkeit da, wohin sie sich bei wachsender Vertrocknung des öffentlichen geflüchtet hat: im engeren Kreise, der Familie, dem Privatleben, in der Individualität, im Innern."[14] Vischer wies dem Bildungsroman unter Berufung auf Goethes Paradigma erneut die Thematik der „Reifung der Persönlichkeit" zu,[15] womit er zum Weiterwirken der klassisch-neuhumanistischen Bildungstradition nicht wenig beitrug.

Diese Wissenstradition, die bis zur Jahrhundertmitte das deutsche Geistesleben geprägt hatte, wurde danach — mit Ausnahme des *Nachsommer* — in keinem bedeutenden Bildungsroman mehr uneingeschränkt propagiert.[16] Das literarisch produktive Bildungsbürgertum hatte erkannt, daß das Ideal der harmonisch-ganzheitlichen, sozial integrierten Persönlichkeit im Sinne von Goethe und Humboldt angesichts der zunehmenden gesellschaftlichen Zwänge nicht mehr zu realisieren war. Je größere Bedeutung der einzelne seinen privaten Lebensansprüchen beimaß, in desto tieferen Widerspruch geriet er zu einer Gesellschaft, die sich ihm infolge Industrialisierung und Kommerzialisierung zunehmend entfremdete. Zu Beginn der fünfziger Jahre klagte der Historiker J. G. Droysen: „So ist die Gegenwart: Alles im Wanken [...]. Alles Alte verbraucht, gefälscht, wurmstichig, rettungslos. Und das Neue noch formlos, ziellos, chaotisch [...]."[17]

Daher wird im *Hungerpastor*, Raabes einzigem Bildungsroman,[18] individuelle Entwicklung im Sinne von bedingungsloser Sozialisation als Gefährdung wahrer Bildung abgelehnt. Humane Existenz setzt für Raabe die Abkehr von zahlreichen Wertvorstellungen der zeitgenössischen Gesellschaft voraus. Hans Unwirrsch, der besitzlose „Proletarier", verweigert um seiner Selbstverwirklichung willen die vorbehaltlose Anpassung an die Normen und Konventionen des Bildungsbürgertums wie auch der Bourgeoisie.[19] Der gehobene Mittelstand verkörpert sich abschreckend in seinem späteren Feind Dr. Stein, dem der Erzähler bescheinigt, trotz seiner humanistischen Bildung „bürgerlich tot im furchtbarsten Sinne des Wortes" zu sein.[20] Der Hungerpastor gestaltet sein Leben in schützender Distanz gegenüber den gefährdenden Mächten der Gesellschaft, aus der Kraft einer sittlich-religiös gestimmten subjektiven Innerlichkeit. Der zentrale Widerspruch zwischen dem „inneren Reich" der Wesenhaftigkeit und dem uneigentlichen, philiströsen „Säkulum" entstammt einer säkularisierten mystisch-pietistischen Tradition romantischer Provenienz. Bereits die Zeitgenossen erkannten Raabes geistige Herkunft; so zählte Fontane ihn zu Recht zur „realistisch-romantischen Dichtergruppe".[21] Nicht zufällig wurde Raabes Werk von dem maßgebenden Organ des liberalen Bürgertums, den *Grenzboten*, weitgehend ignoriert.

Bedingt durch das in der zweiten Jahrhunderthälfte sich konsolidierende kapitalistische System entstand, wie gesagt, die expandierende soziale Formation des Wirtschaftsbürgertums, das sich durch Zugewinn von naturwissenschaftlich-technischen Berufen zunehmend vergrößerte. Es fühlte sich dem Leitbild des arbeitsamen, standes- und nationalbewußten Bürgers verpflichtet. Es entwickelte eine realistisch-pragmatische Bildungsidee, die infolge ihrer Affinität zur beruflichen Praxis im erklärten Gegensatz zur zweckfreien neuhumanistischen Bildung stand. Gegen Ende des Jahrhunderts wurde jene dann innerhalb des staatlichen Schulsystems als gleichwertig anerkannt.[22] Literarisch war die neue Bildungsidee durch die von Julian Schmidt und Gustav Freytag seit 1848 herausgegebene liberale Zeitschrift *Die Grenzboten* vertreten, welche die Entwicklung der Literatur dieser Epoche wesentlich beeinflußt hat. Schmidt skizzierte die Grundzüge seines realistischen Erziehungs- und Kunstprogramms in dem Aufsatz *Wilhelm Meister im Verhältniß zu unserer Zeit*.[23] Er gestand Goethes *Lehrjahren* zwar eine gewisse Wirklichkeitsnähe zu, aber es überwog doch der kritische Vorbehalt. „Das wichtigste Moment des deutschen Volkslebens, das Bürgerthum", sah er von Goethe nicht objektiv dargestellt. Wilhelm selbst sei ein Lebensdilettant, unfähig zu zweckgerichteter Arbeit und pflichtbewußter beruflicher Bindung. Zur Familie, „der Grundlage aller sittlichen Entwicklung", habe er ein recht leichtfertiges Verhältnis. All diese für den Bürgerlichen Realismus bedeutsamen Wertvorstellungen versammelte dann G. Freytag in *Soll und Haben*. Diese Lebensgeschichte eines jungen Kaufmanns wurde von Fontane als „die erste Blüthe des modernen Realismus" begrüßt.[24] Das Werk kreise um die Idee der „Verherrlichung [...] des deutschen Bürgerthums".[25] Freytag selbst sah die zentrale Aussage seines Romans in Anton Wohlfarts Erfahrung, „daß Gedanken und Wünsche, welche durch die Phantasie in ihm aufgeregt werden, nicht allzu große Herrschaft über sein Leben erhalten" dürfen.[26] Der Protagonist orientiert sich nicht mehr primär am Ideal, das er in sich trägt, sondern an der sozioökonomischen Realität, an Sitte und Gesetz. Die ästhetisch gerichtete Bildung der Goethezeit, vertreten durch die Figur des Künstlers als potentieller Höchstform humaner Existenz, wich der pragmatischen Erziehung eines mehr oder minder durchschnittlichen bürgerlichen Charakters. „Die wahre Bildung", erklärte J. Schmidt, „erfüllt sich im Markt des wirklichen Lebens."[27]

Die folgenschwerste Wandlung des Bildungsgedanken im 19. Jahrhundert vollzog sich durch die Entdeckung der beruflichen Arbeit als eines persönlichkeitsbildenden sittlichen Wertes. Schon Hegel hatte konstatiert, daß „die Arbeit bildet".[28] Er verstand darunter den erkennend-tätigen Umgang mit der Erscheinungswelt, die Auseinandersetzung des Individuums mit der Widerständigkeit des Wirklichen, wodurch erst realitätsnahe Selbsterfahrung ermöglicht wird. *Soll und Haben* sucht, nach Julian Schmidts Motto, das deutsche Volk dort auf, wo es „am größten und schönsten" ist, nämlich bei der Arbeit.[29] Anton Wohlfarts pflichtgetreues, zweck- und planvolles Tun im Handelshause Schröter trägt entscheidend zur „Bildung seines Charakters" bei.[30] Im Sinne des zeitgenössischen Liberalismus verherrlicht Freytag die Arbeit als grundlegende Voraussetzung für Kultur und Fortschritt. Der Geistesbildung trat jetzt die berufliche Arbeit als weltgestaltende und menschenbildende Macht zur Seite. Aus dem Geist einer säkularisierten protestantischen Ethik wurde sie als Sinnerfüllung des Daseins begriffen. Ihre Früchte in Gestalt des materiellen Besitzes wurden guten Gewissens genossen, schienen sie doch von Fleiß und Tüchtigkeit zu zeugen. In der Praxis verlor die Arbeit freilich zunehmend den Bezug zur Persönlichkeitsbildung; sie entartete zur profitbezogenen Leistungsforderung, sie verkam zur ideologischen Floskel des bürgerlichen Kapitalismus. In *Hammer und Amboß* wird die berufliche Arbeit als eine Kraft gefeiert, die alle Gesellschaftsklassen einigend umgreift. Spielhagen, der trotz seines Kulturoptimismus ein geschärftes Bewußtsein für die wachsenden sozialen Spannungen besaß, versuchte das Volk um die bürgerlich-liberale Mitte zu gruppieren. Er schuf in seinem Bildungsroman ein verklärtes Wunschbild der harmonischen Vereinigung von proletarischer und besitzender Klasse, dargestellt am sozialen Aufstieg eines strebsamen Arbeiters zum humanitär gesinnten Unternehmer.[31]

Das traditionslose Wirtschaftsbürgertum suchte die Verbindung mit dem traditionsreichen Bildungsbürgertum, um sich sozial und kulturell zu legitimieren. Aus dieser Tendenz erwuchs die ideologieträchtige poetische Verklärung des Wirtschaftsbürgers durch die zwei akademisch gebildeten Autoren Freytag und Spielhagen. Zwei soziale Aufsteiger machen beruflich und privat ihr Glück; die Romanschlüsse preisen die gelungene Versöhnung von Individuum und gesellschaftlicher Umwelt.[32] Auch die pathetisch übersteigerte, sentimental getönte Sprache dient der Verklärung der sozialen Realität. Freytag und Spielhagen verfolgten eine Gemeinsamkeit stiftende, volkspädagogische Intention, die der Erwartungshaltung des bürgerlichen Publikums entsprach. Sie machten die kulturellen Grundwerte des Bürgertums für die Bourgeoisie verbindlich. Sie feierten die Tugenden von pflichtgetreuer Tüchtigkeit, von Erwerbs- und Ordnungssinn; sie machten die bergende Kraft der ehelich-familialen Gemeinschaft und des regionalen, landschaftlich geprägten heimatlichen Raumes bewußt.

In den Jahren nach der Reichsgründung vollzog sich ein folgenschwerer Wandel in den staatlich-gesellschaftlichen Verhältnissen. Der politische Liberalismus kapitulierte vor den sichtbaren Erfolgen der Bismarckschen nationalistischen Machtpolitik, die immerhin die Einigung des Reiches zustande gebracht hatte. Das nationalliberale Bürgertum zeigte sich zunehmend staatstreu. Vergeblich warnte damals Nietzsche vor der „Niederlage, ja Exstirpation des deutschen Geistes zugunsten des ‚deutschen Reiches'".[33] Konservative Kräfte drängten nach vorne, was zu einer Verschärfung der Klassengegensätze führte. Als Folge der wachsenden Materialisierung des Daseins trat eine ideelle Verarmung ein, eine Veräußerlichung der überkommenen kulturellen Werte. Die Entartung der humanistischen Bildung zu unreflektiertem, oberflächlichem Wissensbesitz prangerte Nietzsche mit unnachsichtiger Schärfe an.[34] Der „Bildungsphilister" setze Wohlstand und Kultur in eins; seine angebliche Bildung diene in Wahrheit materiellen Interessen. Darin erblickte auch Fontane ein „Weltunglück": der Mensch müsse „klug sein, aber nicht gebildet".[35] Dem urbanen Autor galt als Ziel menschlicher Entwicklung eine liberale „Weltbildung", wie sein Fragment *Allerlei Glück* (1878) bezeugt, das ursprünglich als Bildungsroman konzipiert war: „Vielgereiste, sprachensprechende, kosmopolitisch geschulte Menschen, die sich von dem Engen des Lokalen und Nationalen, von Dünkel und Vorurteilen freigemacht haben, Mut, Sicherheit, Wissen und freie Gesinnung haben."[36] Solche Entwertung der erstarrten idealistisch-neuhumanistischen Bildungsidee zeugte von einer allgemeinen Kulturkrise, die denn auch von Autoren wie Nietzsche, Lagarde und J. Burckhardt diagnostiziert wurde. Sie alle griffen die durch verkrustete soziale Konventionen verursachte „Zwangsnivellierung" an und forderten eine neue, lebensnahe Kultur des Individuums.[37] Ihre Ideen begannen allerdings erst um die Jahrhundertwende in die Breite zu wirken. Kennzeichnend war freilich für die deutschen Verhältnisse, daß die Kritik am Bürgertum im allgemeinen systemimmanent blieb; die Autoren verließen nicht den Boden des Mittelstandes.

In den letzten drei Jahrzehnten des 19. Jahrhunderts erschien in Deutschland kein bedeutender Bildungsroman. Die veränderten politischen und sozialen Verhältnisse entzogen der Romanart die wichtigste Voraussetzung, nämlich den liberalen Glauben an die Möglichkeit der freien Selbstverwirklichung des einzelnen trotz Verstrickung in eine entfremdete Umwelt. Was blieb, war letztlich nur die mehr oder minder resignierte soziale Anpassung — wie im *Grünen Heinrich* — oder aber der energische Protest gegen die entleerten zeitgenössischen Bildungswerte. Er artikulierte sich vor allem in einem *Antibildungsroman* wie *Stopfkuchen*. Sprach Nietzsche von der Pseudokultur des modernen „Herdenmenschen", so versucht Heinrich Schaumann dem „Herdenkasten" des Philistertums zu entrinnen. Raabe gestaltete einen höchst provokativen Gegenentwurf zum neuhumanistischen Bildungsideal: Stopfkuchen gelangt trotz und wegen des Widerstandes der Gesellschaft zu persönlicher Sinnerfüllung. Der späte Raabe sicherte sich eine Sonderstellung unter den Autoren des Bürgerlichen Realismus. Er destruierte den zeitgenössischen Romantypus; er enttäuschte die auf Darstellung einer heilen bürgerlichen Welt gerichtete Lesererwartung, indem er auf vordergründig verklärende Versöhnung der Widersprüche verzichtete. Er schrieb für das gebildete deutsche Bürgertum — nur dieses konnte ja die zahllosen literarischen Anspielungen und Zitate verstehen —, ein Bürgertum, dessen klassisch-neuhumanistische Bildungstradition er gleichwohl in Frage stellte, indem er sie mit einer volkstümlichen Wissenstradition konfrontierte, an der er ungeachtet aller Relativierungen mit didaktischem Eifer festhielt.

Freilich erschienen auch noch im letzten Drittel des Jahrhunderts Romane, die einer scheinbar ungebrochenen christlich-humanistischen Tradition verpflichtet waren. Zu ihnen zählen die *Stufenjahre eines Glücklichen* (1877) der preußischen Autorin Luise von François. Sie schildert den Werdegang des armen Hirtensohnes Dezimus

Frey zu einer von christlichem Glauben und hilfsbereiter Güte geprägten Menschlichkeit. Die Entwicklung des Protagonisten vollzieht sich, wie der Titel andeutet, relativ problemlos. Hier liegt freilich kein Bildungsroman vor, sondern ein ins Politisch-Gesellschaftliche ausgreifendes „Erziehungsbuch allerersten Ranges", wie die befreundete Marie von Ebner-Eschenbach richtig bemerkte. Pastor Blümel, der besorgte Pflegevater des Protagonisten, begleitet seinen Schützling fast bis ans Ende des Buches. Innere Entfaltung und pädagogische Führung gehen harmonisch Hand in Hand; allzu wenig sucht sich Dezimus seinen Weg aus eigener Kraft, allzusehr bleiben ihm Konflikte, Schuld und Irrtum erspart. Er wächst schließlich in eine durch Elternhaus und Tradition vorgegebene Lebensordnung hinein.

Der Strukturtypus des Bürgerlichen Realismus

Die Auseinandersetzung mit dem Paradigma von *Wilhelm Meisters Lehrjahre* führte zur Übernahme gewisser Elemente, welche die invariante Grundstruktur des realistischen Bildungsromans konstituieren. Die Grundthematik der Identitätssuche eines jugendlichen Charakters bleibt erhalten. Sie bestimmt die Form der einsträngigen Fabel, die eine chronologisch geordnete, phasengegliederte Lebenslinie entfaltet. Daraus ergibt sich die zentrale Position des Protagonisten innerhalb der Figurenkonstellation. Ihm sind die Nebenfiguren, welche die für ihn relevanten Lebens- und Erfahrungsbereiche vertreten, funktional zugeordnet. Gemäß ihrer Grundthematik enden die Romane in zielgerichteter innerer Progression mit der Selbstfindung des Protagonisten. Der Bildungsroman des Bürgerlichen Realismus thematisiert vorrangig den Prozeß der Sozialisation eines das bürgerliche Mittelmaß repräsentierenden Individuums, das lernen muß, sich den gesellschaftlichen Konventionen mehr oder minder anzupassen. Es gewinnt seine personale Identität mittels des Entwurfes eines Orientierungsmusters, das vor allem durch die berufliche Entscheidung geprägt ist; sie führt bei Freytag und Spielhagen zur Lebensform des Wirtschaftsbürgers, bei Raabe und Keller zur Haltung eines, wenn auch unterschiedlich motivierten, sozialen Engagements. Der Erzähler zeigt sich didaktisch motiviert; er konstituiert den erzieherischen Leserbezug durch planvolle Auswahl des Stoffes, durch übersichtlichen Aufbau sowie durch thematische Reflexionen und Kommentare. Mit dem Anspruch auf exemplarische Verbindlichkeit verkündet er seine Botschaft, nämlich das vom Protagonisten entworfene sinnstiftende Orientierungsmuster.

Der Strukturtypus des Bildungsromans der Epoche konstituiert sich durch ein Ordnungsgefüge transepochaler Konstanten und epochenspezifischer variabler Merkmale. Die letzteren resultieren vor allem aus der zunehmend sich verstärkenden Determination des einzelnen durch politische, gesellschaftliche und ökonomische Zwänge. Daher wird nunmehr die Identitätssuche des Protagonisten nicht mehr ausschließlich als Entwicklung zur autonomen Individualität dargestellt. Vielmehr sucht der

Protagonist den ihm angemessen erscheinenden gesellschaftlichen Standort zu gewinnen, wobei seine Identität vor allem durch die Entscheidung für Beruf und Ehe gesichert wird. Konsequenterweise erhält jetzt das soziale Umfeld ein größeres Eigengewicht. Dies manifestiert sich in einer wesentlich stoff- und aktionsreicheren Fabel, in einem erweiterten Figurenensemble und in einer stärker ausgeformten Raumsubstanz. Angesichts der wachsenden Komplexität und Unüberschaubarkeit der sozioökonomischen Verhältnisse beginnt sich der Erzähler auf den begrenzten, aber authentischen Erfahrungsbereich des Individuums zurückzuziehen, was den Einsatz der autobiographischen Ich-Form erklärt. Der Erzähler zeichnet sich durch eine volkspädagogische Intention aus, wenn er seinem Publikum mittels eines vorbildhaften Helden bürgerliche Grundwerte demonstriert. Der Protagonist, der jeglicher genialischer Züge entbehrt, vermag dem bürgerlichen Leser als überzeugendes Identifikationsangebot zu dienen. Aus dieser pädagogischen Intention erklärt sich auch, weshalb der Erzähler — mit Ausnahme des *Grünen Heinrich* — auf kritische Distanz zu seinem Protagonisten verzichtet.

Unter den autorspezifischen Variablen verdient wenigstens eine erwähnt zu werden, weil sie immerhin in drei Werken begegnet. Es handelt sich um eine ideologisch verengte Erzählerperspektive, aus der eine verkürzte Darstellung der sozialen Wirklichkeit resultiert. Beim jungen Raabe erwuchs diese Haltung aus einer Position gesellschaftsferner subjektiver Innerlichkeit, bei Freytag und Spielhagen aus einer bedingungslosen Affirmation der Lebensform des aufstrebenden Wirtschaftsbürgertums. Literarisch manifestiert sich solch ideologisch verengte Perspektive in einer schematisch kontrastiven Figurenkonstellation und Handlungsführung, vor allem aber in einem scheinbar problemfreien, harmonisch verklärenden Romanschluß, der suggerieren soll, der Protagonist sei am Ziel seiner Entwicklung angelangt.

Adalbert Stifter: Der Nachsommer

Dieses Werk nimmt innerhalb der Geschichte des Bildungsromans eine Sonderstellung ein. Es grenzt sich auch gegenüber der poetologischen Programmatik der Epoche des Bürgerlichen Realismus ab, in der es entstanden ist. Ein letztes Mal tritt in der Geschichte der Romanart ein Werk mit dem Anspruch auf, zeitenthobene Offenbarung universaler sittlicher Normen und Werte zu vermitteln. Noch immer ist freilich umstritten, ob sich *Der Nachsommer* dem Genre des Bildungsromans zuordnen läßt.[38] Durchläuft Heinrich Drendorf eine Entwicklung im Sinne qualitativer Veränderung? Bildet er oder der lebenskluge Freiherr von Risach die Mitte des Werkes? Weshalb der für einen Bildungsroman ungewöhnliche, leise Melancholie signalisierende Titel? Alles Fragen, deren Beantwortung eine Analyse der den Roman prägenden Bildungsidee erfordert.

Heinrich durchläuft einen typologisch reduzierten Bildungsprozeß, ungestört durch die wirre Kontingenz des historisch-gesellschaftlichen Umfeldes, unbehelligt von antagonistischen subjektiven Bedürfnissen. Seine Entwicklung orientiert sich primär am vorgegebenen Bildungskosmos des Asperhofes. Weit über die Hälfte des Romans ist Heinrichs Aufenthalt auf dem Mustergut des Freiherrn von Risach gewidmet. „Wenn ich irgend etwas bin", erklärt abschließend der Ich-Erzähler, „so bin ich es hier geworden."[39] Die Bedeutung von Risachs vorbildhafter Mentorengestalt ist, verglichen mit den Erzieherfiguren anderer Bildungsromane, einmalig. Risach zeichnet sich durch eine universale Weite des Blickes, maßvolle Verständigkeit und souveräne sittliche Autonomie aus. Er setzt im *Nachsommer* die unanfechtbar gültigen geistigen und moralischen Maßstäbe. Hier offenbart sich der ungebrochene Glaube des Pädagogen Stifter an die Macht des erzieherischen Vorbilds und an die Perfektibilität des Menschen; Vernunft und Willenskraft können „immerfort bis zu einer Grenze, die wir jetzt noch gar nicht zu ahnen vermögen, ausgebildet werden".[40] Der Autor sah in der die Leidenschaften bändigenden „sittenbauenden Vernunft" „das irdische Reich Gottes", die Erfüllung humaner Existenz.[41]

Heinrichs ästhetische Erziehung orientiert sich am humanistisch-klassizistischen Bildungsideal des harmonisch-ganzheitlichen Menschen. Sein Bildungsprozeß erweist sich einerseits als ein außengesteuerter Vorgang, in dem er subjektunabhängige Grundformen und Grundwerte sittlicher Existenz erfährt. Zum andern aber entwickelt er allmählich ein strukturelle Zusammenhänge erschließendes Vermögen der Apperzeption. Er bleibt nicht bei der präzisen sinnlichen Wahrnehmung der Phänomene stehen, sondern macht sich Eustachs Rat zu eigen, das Auge müsse der imaginierenden „Seele" dienen (332). So besteht seine qualitative Veränderung, die sich im Laufe einer mehrjährigen Entwicklung vollzieht, weniger in einer vielfältigen Aneignung von Welt oder im Erwerb bestimmter individueller Fertigkeiten als in der Begründung eines spezifischen Weltverhältnisses. Wie noch zu zeigen sein wird, findet er dadurch zur

„Erfüllung seiner Kräfte" (704), daß er lernt, die Erscheinungswelt sinnstiftend zu apperzipieren und in humaner Weise handelnd mit ihr umzugehen.

In solcher Bildung sah Stifter die einzige Macht, die den Menschen von den zur Selbstentfremdung führenden funktionalen Zwängen einer von Unvernunft und Unmoral beherrschten Gesellschaft „sittlich frei" machen könne.[42] Daher unterstellte er sein Werk dem Primat der Ethik und erklärte, im *Nachsommer* habe er „eine große einfache sittliche Kraft der elenden Verkommenheit gegenüberstellen wollen".[43] Es ist ein kompromißlos gegen den zunehmenden Wertezerfall der Zeit geschriebenes Buch, ausgestattet mit dem hohen erzieherischen Anspruch, den Stifter all seinen Werken zubilligte, nämlich „sittliche Offenbarung" schlechthin zu sein.[44]

Heinrichs Entwicklung vollzieht sich nicht wie diejenige Wilhelm Meisters in konfliktreicher subjektiver Auseinandersetzung mit der Fülle der Lebenswirklichkeit. Von Anfang an ist dieser Jüngling ohne sittlichen Makel, überaus lernwillig und bildsam, ohne kritischen Vorbehalt gegenüber Elternhaus, Erziehern und Freunden. Seine Entwicklung verläuft unauffällig und still, ohne schroffe Zäsuren. In der Begegnung mit Wissenschaft, Natur und Kunst eignet er sich einen weitgehend vorgegebenen, systematisch geordneten Bildungsstoff von erheblichem Umfang an. Jedoch nicht als Selbstzweck, sondern um seiner persönlichen „reinstmöglichen Menschwerdung" willen.[45] Heinrich entscheidet sich bis zuletzt nicht für eine gesellschaftlich bestimmte berufliche Tätigkeit, sondern versteht sich als „Wissenschafter im Allgemeinen" (13).

Die Bildungsbereiche, die er durchläuft, sind hierarchisch gegliedert: Erscheinungen der Natur, Gegenstände der häuslichen Kultur, schließlich die Sphäre von antiker Dichtung und bildender Kunst. Heinrich gelangt in der wiederholten Begegnung mit bestimmten Dingen zu sich vertiefenden Einsichten, was durch den Rückblick des Ich-Erzählers auf frühere Entwicklungsphasen verdeutlicht wird. Die Stufen der Apperzeption erschließen sich ihm im ersten und vor allem im zweiten Band.[46] Als ersten großen Bildungsbereich erlebt er die Natur, vermittelt vor allem durch die Wissenschaft, die sich mit der „Bildung der Erdoberfläche" befaßt (40). Durch Sammeln und Ordnen „vieler kleiner Tatsachen", durch exakte empirische Beschreibung der „Merkmale" sucht er die Naturdinge objektiv zu apperzipieren (38). Es gelingt ihm zunehmend, die physische „Gestalt" von Pflanzen und Tieren zeichnerisch zu erfassen.[47] Dennoch erfährt er sie nur in ihrer Isoliertheit, gleichsam als Addition von „Teilen" (329). Die nächste Stufe der Apperzeption setzt mit dem zweiten Band ein, als Heinrich mit der Zuwendung zur Landschaftsmalerei den „Übergang in das Kunstfach" (339) wagt. Er erfährt jetzt den übergreifenden Zusammenhang der Einzelphänomene, indem er sie in ihre räumliche Umgebung integriert. So entwickelt sich seine Fähigkeit zu ganzheitlicher Apperzeption.

Die antike Kunst endlich erschließt Heinrich die humanistisch-klassizistische Bildungsidee. An der griechischen Marmorstatue lernt er, nicht zufällig im zentralen neunten Kapitel, das Gesetz gestalthafter Schönheit verstehen: die harmonische „Übereinstimmung aller Teile zu einem Ganzen" (387). Auch durch die antike Epopöe erfährt er „das ewig Dauernde in uns", ausgeformt in der „holden Gestalt", lernt er die transepochalen „inneren menschlichen Seelengeseze" sittlich-ästhetischen Menschentums kennen.[48] So gewinnt er das Vermögen der sinnstiftenden ästhetischen Apperzeption, die ihm zuletzt Natalies sittlich-harmonisches Wesen erschließt. Die höchste Stufe sinnschöpferischer ästhetischer Apperzeption erreicht Heinrich, als er die empirischen Erscheinungen transzendiert und eine Ahnung der „inneren Schönheit" des Weltganzen gewinnt (499).[49] Hier offenbart sich der teleologische Charakter, der religiöse Sinngrund von Stifters Weltbild.

Heinrich absolviert auch gewisse Stufen der sozialen Kommunikation, die vor allem im dritten Band thematisiert werden. Der Erwerb der kommunikativen Normen und Werte setzt in seinem Elternhaus ein, in dem er eine patriarchalische Ordnung zu respektieren lernt. Auf dem Asperhof übt er sich im pfleglich bewahrenden Umgang mit Kunst- und Gebrauchsgegenständen bürgerlicher Hauskultur. Da sich in ihnen Risachs Wesensart objektiviert, beginnt er allmählich dessen Lebensanschauungen zu verstehen, ein Vorgang, der durch zahllose Lehrgespräche noch intensiviert wird. Im Laufe der Jahre erwächst zwischen Mentor und Schüler ein tiefes Vertrauen, das schließlich zu einer freundschaftlichen Bindung führt.

Als bedeutendste Bildungsmacht erfährt Heinrich das erwachende Vermögen der liebenden „Hinneigung" (619). Sie besitzt als „unbedingte Werthaltung" den höchsten Rang innerhalb des im *Nachsommer* entfalteten Wertsystems. In ihr vollendet sich die humane Existenz, denn wer ihrer entbehrt, „der lebt kaum [...], er ist nur da" (619).[50] Daher bestimmen die Stufen von Heinrichs allmählich erwachender Liebe zu Natalie die dreiteilige Gliederung des Romans: die Bände enden mit der ersten „Begegnung", dem „Bund" des Verlöbnisses und dem „Abschluß", der die Eheschließung enthält. Das zu erwartende „reine Familienleben" (838) wird Heinrich zu glückhafter Erfüllung führen, denn es bedeutet für ihn den Ort der Realisierung der nunmehr internalisierten kommunikativen Grundwerte und Grundformen. In diesem Sinne kann Risach zuletzt Heinrichs Selbstfindung bestätigen: dieser sei sich seiner allgemeinen Kräfte bewußt geworden, sein Selbst habe sich entwickelt.[51] Der innere Werdegang des Protagonisten geht vom Familienverband aus und mündet wiederum in diesen.

Stifter wollte den Prozeß der „allgemeinen menschlichen Bildung" (19) darstellen, vor allem die Entwicklung des Vermögens der Apperzeption und der Kommunikation. Im Sinne des scholastischen Universalienrealismus beabsichtigte er,[52] transempirische Grundwerte und Grundformen sittlich-ästhetischer Bildung zu vermitteln, die er als allgemeine Bedingung der Möglichkeit wesenhaft humaner Existenz verstand. Diese Universalien menschlicher Bildung wollte er in ihrem normativen Anspruch gestalten. Er begriff sie als „das, was dem Geiste und Körper des Menschen als letzter Grund inne wohnt" (521), als Kräfte, die „gleichsam keinen irdischen Ursprung an sich" haben (780). Aus dieser Gestaltungsintention erklärt sich die seltsame Abstraktheit auch der sinnenhaftesten Schilderung im *Nachsommer*. Der Erzähler versucht die sittlichen und ästhetischen Phänomene in ihrer generalisierten „Reinheit" und

„Einfachheit" darzustellen, sie, wie schon die Kapitelüberschriften andeuten, auf archetypische Situationen, Verhaltensweisen und Werthaltungen zu reduzieren. Er bezieht sich damit nicht etwa auf den Wissenskanon der neuhumanistischen Allgemeinbildung, sondern auf ein Menschenbild, das „Alles auf einige ausgedehnte aber einfältige Grundlinien zurückführt" (518). Nur die subjektunabhängigen, transempirischen Universalien humaner Bildung vermögen für Stifter das rechte Weltverhältnis des Menschen zu begründen, und zwar in den Formen sinnstiftender Apperzeption und sittlich fundierter sozialer Kommunikation.

Der Autor übersah jedoch, daß solche Universalien nur im jeweiligen historischen Kontext zur Erscheinung gelangen, daß sie nur in individueller Brechung Existenz gewinnen können.[53] Daher glaubte er darauf verzichten zu müssen, Heinrichs inneren Werdegang als eine Entwicklung zur unverwechselbaren Individualität darzustellen. Er klammerte dessen „Streben nach dem Einzelnen" bewußt aus (383), weil er meinte, dies würde die intendierte „reine" Vergegenwärtigung der Universalien beeinträchtigen.[54] Die literarische Utopie schien ihm die Möglichkeit der typologisierenden Darstellung eines Prozesses der Internalisierung von transepochalen Grundwerten und Grundformen humaner Bildung zu bieten. Stifter beabsichtigte keine mimetische Schilderung einer mehr oder minder idealen, gesellschaftsfernen Lebensgemeinschaft zu geben, ihn faszinierte vielmehr in erster Linie das An-sich-Sein der Universalien humaner Bildung. Daher gestaltete er eine quasi-geschichtslose Sonderwelt, einen ästhetisch strukturierten Bildungskosmos, der als normative Utopie die negativ bewertete zeitgenössische Wirklichkeit verdrängt. Diese tritt nur in den Begegnungen der Bewohner des Asper- und des Sternenhofes mit ihrer sozialen Umwelt in Erscheinung.[55] Dennoch ist Stifters Utopie durch gewisse Prämissen mit der empirisch-gesellschaftlichen Realität vermittelt. Heinrich ist als unproblematisches Individuum konzipiert: universal interessiert, anpassungsfähig und leidenschaftslos. Er hat das Glück, in einem idealen Bildungskosmos verweilen zu können, der ihm irrendes Suchen erspart. In jenem kann sich sein künftiges Leben erfüllen, weil die ökonomischen Voraussetzungen in Gestalt eines ererbten Vermögens es gestatten. So bleibt er von dem zur Selbstentfremdung führenden „Broderwerb" (704) im Raume der Gesellschaft, wie ihn Risach erfahren mußte, verschont.

Die wirkungsästhetische Problematik dieser Utopie ergibt sich aus der bereits erwähnten Überzeugung des Autors, um der möglichst „reinen" Vergegenwärtigung der Universalien willen weitgehend auf Individualisierung und Differenzierung der Figuren verzichten zu müssen.[56] So verhindert das übermächtige Ordnungspotential der sittlichen und der ästhetischen Universalien, das sich in der ständigen Präsenz der erziehenden Mächte manifestiert, eine glaubhafte Bildungsgeschichte; es vereitelt die Entfaltung subjektiver Spontaneität und schließt für den Protagonisten die Möglichkeit fruchtbaren Irrtums und produktiven Konflikts mit der Umwelt aus. Durch Minimierung der subjektiven Merkmale und Eigenschaften der Figuren suchte Stifter die differenzierte Individualität zur generalisierten Person zu reduzieren, was schon aus den typologischen Ähnlichkeiten zwischen Risach und dem alten Drendorf sowie zwischen Mathilde und Natalie erhellt.[57]

Vor allem die Figuren Heinrichs und Natalies werden mehr oder minder auf die Eigenschaften reduziert, die der Person innerhalb einer sittlich-vernunftgemäßen Seinsordnung zukommen.[58] Das bedeutet freilich nicht, daß die Gestalten zu bloßen Funktionsträgern einer transempirischen Wertordnung verkümmern. Ihre Gefühlstiefe wird zwar infolge der Außenperspektive des Erzählers nicht thematisiert, aber sie ist für den Leser immer wieder spürbar, nicht zuletzt durch die häufige Verwendung des Wortschatzes der Innerlichkeit.

Das Prinzip der Reduktion prägt, wie man erkannt hat, weite Teile des Romans.[59] Reduktion der empirischen Vielfalt bedeutete für Stifter keinen essentiellen Wirklichkeitsverlust, sondern Überwindung der wirren Kontingenz geschichtlichen Geschehens. Er suchte „Objectivität [...] und Idealflug", „wahrste Naturtreue und größte Durchsichtigkeit" miteinander zu verbinden, um zur ontologischen „Wesenheit" der Dinge vordringen zu können.[60] Dazu griff er auf die „Einfachheit" der antiken Epopöe zurück, auf ihre Darstellung der „Allgemeinheit" (383) der menschlichen Natur.[61] Die zeitenthobenen Gestalten Homers schienen ihm in ihrer Simplizität die ursprungsnahe Wahrheit und transempirische „Gesetzmäßigkeit" (379) der menschlichen Existenz zu erschließen. Daher bezeichnete Stifter sein Werk als episierende „Erzählung" — in bewußter Abgrenzung zur „Romanwirthschaft" des zeitgenössischen Realismus, der sich der Darstellung der bürgerlichen Lebens- und Arbeitswelt verschrieben hatte.[62] Das Formprinzip der vereinfachenden Reduktion steht im Dienst der dominierenden Formtendenz von „Maß und Ordnung" (387). Dieses Bauprinzip prägt den *Nachsommer* in seiner harmonisch-ganzheitlichen Struktur: die tableauhaft gruppierten Figuren bewegen sich in rituell-gemessenen Umgangsformen; durch Ausklammerung des gesellschaftlich-politischen Bereichs, durch Beschränkung auf die ahistorischen Welten von Natur und Kunst entstehen klar umgrenzte, einheitlich strukturierte Räume, in denen jeder Gegenstand seinen funktionalen Stellenwert, jede Tätigkeit ihren geregelten Ablauf besitzt; der Herr des Asperhofes erscheint Heinrich als „ein Ganzes mit seiner Umgebung" (205), die Risachs universale Grundwerte widerspiegelt.

Das Bauprinzip von „Maß und Ordnung" prägt auch die Zeitgestaltung. Heinrichs innere Progression gewinnt in einem streng chronologisch geordneten, phasengegliederten Zeitablauf Gestalt. Je öfter aber der Protagonist in die Bildungswelt des Asperhofes zurückkehrt, je vertrauter sie ihm wird, desto mehr erfährt er eine gleichsam in sich kreisende Zeit: im gleichmäßigen häuslichen Tagesablauf, im unwandelbaren Rhythmus der Jahreszeiten oder in seinen jährlich sich wiederholenden, nur geringfügig variierten Reisen vom Elternhaus über den Asperhof ins Gebirge. Sein neues, subjektives Zeiterlebnis erschließt ihm nun das „ewig Dauernde" (334) im Wechsel der Dinge.

Auch die einheitliche Sprache des Romans, die keine verbale Individualisierung der Figuren gestattet, gehorcht den Prinzipien von Reduktion, Maß und Ordnung. Der Erzähler bekennt sich zum „einfachen folgerichtigen Ausdruck" (72). Unter Verzicht auf sprachliche Variation repetiert er die sinntragenden Wörter und sucht seinem Erzählton die Weihe einer rituellen Monotonie zu verleihen. Stifter war sich der Magie eines solchen Sprechens bewußt; er glaubte, „daß es im Leser jede Stimmung aufhebt und seine hervorbringt".[63]

Die Struktur des Romans konstituiert sich durch die Besonderheit einer Bildungsidee, die auf der konfliktfreien Internalisierung vorgegebener transempirischer Normen und Werte durch ein perfektibles Individuum beruht. Die vorbehaltlose Adaption dieser Universalien humaner Bildung erfordert ein personales Ich, das, wie erwähnt, durch Reduktion seiner widerständigen historisch-individuellen Besonderheit weitgehend entkleidet ist. Dieses Ich sucht nicht nach seiner unverwechselbaren, individuellen Identität und seinem Standort innerhalb der zeitgenössischen Gesellschaft, sondern es thematisiert als Erzähler die Entwicklungsstufen seiner „allgemeinen menschlichen Bildung" (19), den Erwerb der Fähigkeiten sinnerschließender Apperzeption und Sittlichkeit verwirklichender Kommunikation. Daraus resultiert eine lineare, einsträngige Fabel, deren Gliederung in drei Bände annähernd gleichen Umfangs die Hauptphasen dieses Prozesses markiert. Ein zielgerichteter Vorgang qualitativer Veränderung wird geschildert, ein Lernprozeß in der Lebensphase der Adoleszenz, an dessen Ende kein individueller Lebensentwurf steht, sondern die Selbstfindung eines bewußt gewordenen Ichs, dessen Existenz in universalen Orientierungsmustern „Einfachheit Halt und Bedeutung" (838) gewonnen hat.

Heinrich ist innerhalb der Figurenkonstellation Mittelpunktsgestalt und episches Integrationszentrum. Seine Entwicklung bedingt, wie gesagt, den dreibändigen Aufbau und die Gliederung der Romanfabel; seine Erzählperspektive bestimmt die Darstellung, und nicht zuletzt ist er es, der die eigene Familie und die Figuren der Nachsommerwelt in eine neue Gemeinschaft integriert. Die dem Bildungsroman eigene funktionale Zuordnung der Nebenfiguren zur Zentralgestalt kehrt sich allerdings mit fortschreitender Erzählung um, denn Heinrich gerät infolge seiner extremen Rezeptivität zunehmend in funktionale Abhängigkeit von seinem Mentor, der als normsetzende Instanz des utopischen Bildungskosmos fungiert. So weist die Figurenkonstellation des *Nachsommer* zwei Zentralgestalten auf, die eine in ihrer „Vollendung und zum Überblike entfaltet da liegend", die andere in ihrer „Entwicklung begriffen [...]".[64]

Das utopisch funktionalisierte Bauprinzip von „Maß und Ordnung" bestimmt die ästhetische Qualität des Romans. Es prägt Heinrichs unbeirrte, zielstrebige Entwicklung; es verleiht Risachs Bildungskosmos die unanfechtbare Legitimität eines Wertezentrums; es sorgt für den Ausschluß einer ungeordneten gesellschaftlichen Wirklichkeit; es bestimmt die klare Gestalt der Innen- und Außenräume; es bedingt die Wiederkehr des Immergleichen, in dem sich das erhabene „Einerlei" einer essentiell unveränderlichen teleologischen Weltordnung spiegelt (518); es reduziert schließlich die übliche Doppelperspektive der autobiographischen Erzählform auf die Sicht des erlebenden Ichs, das seine subjektive Innenwelt um der Darstellung universalistischer Bildungswerte willen ausklammert. Aus diesen quasi-ahistorischen Grundformen humaner Gesittung resultiert der Anspruch der normativen Utopie auf exemplarische Verbindlichkeit. Die didaktische Intention des Erzählers äußert sich in der Ich-Form, die zur Identifizierung mit dem Protagonisten einlädt, in den zahllosen Lehrgesprächen, schließlich auch in der übersichtlichen Gliederung des Romans nach Bänden und Kapiteln, deren Überschriften typologische Grundformen und Grundwerte humaner Bildung signalisieren.

Untersucht man das Verhältnis von transepochalen Konstanten und variablen Merkmalen der Werkstruktur, so ergibt sich eine in der Geschichte der Romanart einmalige Dominanz der Variablen. Lediglich der zielgerichtet in die Selbstfindung mündende Prozeß der inneren Progression des Protagonisten, die einsträngige Fabel und der didaktisch motivierte Erzähler zählen zur konstanten Grundstruktur des Bildungsromans. Alle anderen strukturellen Merkmale sind, bedingt durch utopisch funktionalisierte ästhetische Formen, variabel. Aus dieser Modifikation erklärt sich die Sonderstellung des *Nachsommer*, die in der Forschung zur Uneinigkeit hinsichtlich der Gattungsbestimmung geführt hat. Das Werk zählt jedoch zum Bildungsroman, weil sämtliche Variablen nicht rein autorspezifischer Art sind, sondern auch in anderen Bildungsromanen wiederkehren.[65]

Stifters Roman bedeutet in geistesgeschichtlicher Sicht einen letzten Versuch, das Individuum des 19. Jahrhunderts angesichts zunehmenden Werteschwunds in einem universalen transempirischen Wertgefüge zu verankern. Freilich verrät die leise Melancholie des Titels die Ratlosigkeit des Autors gegenüber den Tendenzen der Zeit, die er als sittlich zerstörerisch empfand. So schuf Stifter den utopischen Bildungsroman als typologisches Gesetzbuch des erkennenden und handelnden humanen Umgangs mit Welt, wohl wissend, daß seine normative Utopie keine Handlungsanweisung für die historisch-gesellschaftliche Wirklichkeit bieten konnte.[66]

Wilhelm Raabe: Der Hungerpastor

Gleich zu Beginn legt der Erzähler programmatisch seine zentrale Thematik fest: „Vom Hunger will ich [...] handeln [...]." Planmäßig entfaltet er die leitmotivische Metaphorik, indem er seinen Protagonisten den „Hunger nach dem Wissen, nach der Welt, nach der Liebe" erfahren läßt, bis hin zur religiösen Ergriffenheit, „dem letzten Sehnen, in welchem im Grunde jeglicher Hunger wurzelt".[67] Diese Werthaltung bildet die determinierende Triebkraft für die Entfaltung des Hungerpastors Hans Unwirrsch. Der Roman thematisiert also nicht in erster Linie dessen sozialen Aufstieg, er zielt auch nicht primär auf eine soziale Mißstände anprangernde Gesellschaftskritik, sondern er schildert einen von geistig-sittlichen Werten getragenen individuellen Entfaltungsprozeß.

Der seelische Hunger des verträumten Sohnes eines über letzten Fragen grübelnden ehrbaren Schusters äußert sich in einer glückhaft-schmerzlichen Sehnsucht nach einer idealen Welt liebreicher Menschlichkeit, ein Streben, das auch in der Hungerpfarre an der Ostsee nicht völlig gestillt werden kann. Nach absolviertem Theologiestudium lernt Hans als Hauslehrer die „vornehme Welt" kennen, deren entfremdete, egozentrische Lebensweise ihm „die große Enttäuschung" seines Lebens bereitet.[68] Durch glückliche Schicksalsfügung, vor allem durch die Hilfe von Leutnant Götz, seinem „treuen Eckart", gewinnt er schließlich nicht nur eine Pfarrstelle in einem kleinen Fischerdorf, sondern auch die geliebte Braut. Er erfüllt sich im „engsten Ringe" (442) eines beschränkten, humanen Lebensbereichs.

Den Werdegang des Protagonisten, „die Geschichte seiner Bildung", bestimmt eine im zeitgenössischen Roman kaum anzutreffende unverstörbare Innerlichkeit, die Hans Unwirrschs „völlig subjektive Natur" kennzeichnet.[69] In seiner gemütstiefen Einfalt wird er vor allem durch die liebende Zuwendung seiner Familie bestärkt, kaum dagegen durch die Bildungsinstitutionen der Schule und Universität, deren intellektuell-abstrakte Lehrweise ihm innerlich fremd bleibt. Schon früh ist er sich seiner theologischen Berufung gewiß. Während seiner Wanderjahre in der Welt des höheren Bürgertums setzt er sich nicht etwa produktiv mit dieser auseinander; sie verwirrt und beunruhigt ihn lediglich. Allerdings veranlaßt sie ihn zur entschlossenen Verteidigung seiner eigenen Wertvorstellungen, die er dann im Kreise innerlich verwandter Seelen in Grunzenow bestätigt findet. Hans kennt keine Entwicklung im Sinne qualitativer Veränderung durch bereichernde Weltaufnahme, er wird sich vielmehr über die Phase der Desillusionierung seiner Identität bewußt. Er entfaltet die in ihm potentiell veranlagte Werthaltung, die sich zuletzt als die einzig richtige erweist; seine „glänzenden jungen Träume und Hoffnungen" scheinen ihm in der Hungerpfarre volle „Wirklichkeit" geworden zu sein (392). Daher glaubt der Hungerpastor mit staunenswerter Sicherheit „das Nichtige von dem Echten", die falschen von den richtigen Werten unterscheiden zu können (432). Der „Einklang seines Wesens" (431) ist am Ende des dreiphasigen Bildungsprozesses wieder hergestellt. Damit hat Hans Unwirrsch Raabes programmatische Forderung erfüllt, „seiner eigenen Natur" zu folgen, „sie in ihren vorteilhaften Seiten" auszubilden.[70] Der vom Hunger der Seele geleitete Bildungsprozeß des Protagonisten gehorcht dem Prinzip der Entfaltung der subjektiven Potentialität des Ichs, die gegenüber dem durch Erziehung „erworbenen Charakter" (84) absolut dominant ist.

„Im stillsten Herzen weltweite Dinge" (440) zu bewegen, ist des Hungerpastors angeborene Mitgift, die sein Leben determiniert. Diese vom Vater ererbte Fähigkeit der sinnstiftenden kontemplativen „Einbildungskraft" (13) wird durch die glänzende Glaskugel symbolisiert, deren magisches Licht den Anfang und das Ende des Romans überstrahlt. Sie „verklärte die Welt mit den schönsten Farben, und doch konnte sie auch jedes Ding wieder in das rechte Licht stellen" (95). Hans ist vom Hunger nach dem harmonischen „Gleichmaß aller Dinge" erfüllt, er möchte jeden ihm begegnenden „Widerspruch [...] auflösen" (248). Er imaginiert im Zeichen Jakob Böhmes die Welt ins Heile, in ein Sein, in dem das chaotische Säkulum von der göttlichen Ewigkeit umgriffen wird, die „nur *Einen* Willen hat" (13); eine dogmatisch ungebundene mystische Gefühlsreligiosität, die einen „Hauch von Pantheismus" nicht verleugnet (132). Sie sichert dem Protagonisten gegenüber der Welt sozialer Zwänge, die er als trostloses „Gefängnis" (260) empfindet, die innere Freiheit.

Nur am Rande der bürgerlichen Gesellschaft, in schützender Distanz zur bedrohlichen „großen Welt", vermag der kontemplative, traumselige Gemütsmensch sich selbst zu finden, sich als „Herrscher seiner selbst" (432) zu erkennen. Er wird sich jetzt seiner Identität voll bewußt, die er schon immer besessen hat. Jetzt erst gelingt ihm die Niederschrift seines autobiographischen „Buches vom Hunger" (333), zu dem er schon früher vergeblich die Feder angesetzt hatte. Sozial engagierte Arbeit und beglückende eheliche Liebe sichern ihm, gemäß dem Motto des Romans, seine persönliche Erfüllung.

Der Erzähler des *Hungerpastor* distanziert sich vom aufklärerischen wie vom antik-humanistischen Bildungserbe, das im 19. Jahrhundert nur noch in veräußerlichter Form tradiert wurde. Schule und Universität bieten dem Protagonisten vornehmlich toten Wissensstoff, und es steht nicht zum besten um die „fortschreitende Bildung und humane Entwicklung" der Gesellschaft (38). Der Erzähler belächelt die „Humaniora", in denen der theologische Hauslehrer seine Zöglinge unterweist, als belangloses „Allotria" (173 f.). Er schmückt sich zwar mit Bildungszitaten aus Antike und deutscher Klassik, aber die Entlehnungen aus Bibel, Märchen, Sage, Volksbuch und Volkslied sind etwa doppelt so häufig![71] Raabe griff in kritischer Distanzierung gegenüber der verflachten Idee des Neuhumanismus auf das schlichte Ethos der volkstümlichen Wissenstradition zurück, vor allem auf die säkularisierte mystisch-pietistische Innerlichkeit, wie sie vor allem im zeitgenössischen Kleinbürgertum gepflegt wurde. Seit seiner Kindheit, die er in Kleinstädten verbracht hatte, wußte er um die humane Qualität des volkstümlichen Ethos, von dem noch Figuren des Alterswerks wie die „lateinischen

Bauern" Just Everstein und Stopfkuchen zehren. Geradezu hymnisch preist Hans Unwirrsch die regenerierende Kraft der unteren Volksschichten, denen er entstammt: „Aus der Tiefe steigen die Befreier der Menschheit; [...] der Acker der Menschheit [wird] ewig aus der Tiefe erfrischt."[72]

Ein wesentliches Element innerhalb der volkstümlichen Bildungstradition des Romans stellt die literarische Welt der Romantik dar: von der gesellschaftsfernen „Waldeinsamkeit" über zahlreiche Märchen und Sagen bis zu Don Quijote, dem einsamen Sucher nach dem Ideal, der den Protagonisten in eine „vollkommen romantische Stimmung" versetzt.[73] Hier klingt der gesellschaftsferne, verinnerlichte Individualismus nach, der den romantischen Roman der „inneren Bildung" geprägt hatte. Hier triumphiert die unverstörbare, freilich auch wenig bildsame subjektive Innerlichkeit, die sich dem aus der Tiefe zum Licht emporstrebenden romantischen „Volksgeist" verbunden weiß (188). Allerdings ist die romantische Bildungsidee im *Hungerpastor* infolge des Verlustes der metaphysischen Tiefe verblaßt.

Eine zweite Form der Selbstbehauptung des einzelnen gegenüber der Welt wird am negativen Gegentypus des Moses Freudenstein, den ein zerstörerischer Hunger der Seele umtreibt, demonstriert. Er bahnt sich seinen Weg nach oben mit klarsichtigem Intellekt; seinem nüchternen Wirklichkeitssinn ist die kontemplative Imagination fremd, die die Welt ins Heile denkt. Der oft gedemütigte Judenjunge, ohne Bindung an Familie und Heimat, verachtet seine Umwelt, assimiliert sich ihr jedoch durch Konversion und Namenswechsel. Moses ist dem Protagonisten in strenger Antithetik zugeordnet: herzenskalte Intellektualität widerspricht gemüthafter Einfalt, Egoismus widerstreitet idealistischem Altruismus, veräußerlichte humanistische Bildung steht gegen das Ethos der volkstümlichen Wissenstradition, atheistisches Renegatentum wird mit christlicher Gefühlsfrömmigkeit konfrontiert. Der arrivierte Hofrat vertritt, freilich in übersteigerter Dämonisierung, Denk- und Verhaltensmuster des höheren Bürgertums im Vormärz, weshalb er zuletzt vom Erzähler verachtungsvoll für „bürgerlich tot" erklärt werden kann.[74]

Hans und Moses repräsentieren in schematisierter Kontrastierung zwei Spielarten des geistig-seelischen Hungers. Derselbe schroffe Gegensatz prägt auch die Darstellung des Verhältnisses von sittlichem Individuum und veräußerlichter Gesellschaft. Der Widerspruch zwischen schlechter Welt und sittlich hochstehender, im gesellschaftlichen Abseits verharrender Individualität sichert dem *Hungerpastor* eine Sonderstellung innerhalb des Bildungsromans der Epoche. Die Welt des seelenhaften Individuums, durch soziale Armut geprägt, wird ins Idyllische verklärt, während die Lebensform des höheren Bürgertums der satirisch-ironischen Ablehnung verfällt. Nur Hans Unwirrschs „Waffen des Lebens" (463) sind es wert, an die Nachwelt weitergereicht zu werden; mit dieser appellativen Feststellung des Erzählers schließt der Roman. Angesichts solch ideologisierender Verkürzung der gesellschaftlichen Wirklichkeit kann der Werdegang des Protagonisten nur eingeschränkte exemplarische Qualität gewinnen. In lehrhafter Manier entwirft der Erzähler ein Menschenbild mit absolutem Geltungsanspruch — der zerstörende und der erhaltende Hunger wird mit den indischen Göttern Schiwa und Wischnu verglichen —, ein Weltbild, das den Lebensraum von Adel und höherem Bürgertum pauschal als „arme, irrende Welt" denunziert (333), hingegen dem randständigen, sinnschöpferischen subjektiven Ich die wahre humane Bildung zuspricht. Die ideologisierende Tendenz des Erzählers verrät schon seine Sprache, deren unklare politisch-soziale Begrifflichkeit sich hinter gefühlvoller Emphase verbirgt.

Die „vornehme Welt", die der Protagonist als Hauslehrer kennenlernt, entspricht den sozialen Schichten des Landadels und besonders des höheren Bürgertums. Hier begegnen seelisch verkrüppelte bourgeoise Figuren wie der amusische, geschäftstüchtige Fabrikant von Kohlenau oder der Geheimrat Götz, ein innerlich unfreier, lebensfremder „trübseliger Vielwisser" (191). Die in dem damaligen monarchisch-kleinstaatlichen System staatstragende großbürgerliche Schicht wird vom Erzähler schonungslos satirisch karikiert. Er sieht in dieser Welt inhumaner Scheinwerte und beengender gesellschaftlicher Konventionen den entfremdeten einzelnen dem „Streit mit den Dämonen" ausgesetzt (463). In diesem Sinne fordert das lebenszerstörende Treiben des gesinnungslosen Parvenüs Dr. Stein seine tragischen Opfer.

Zuflucht vor sozialer Entfremdung bietet allein das gesellschaftsferne Asyl zu Grunzenow, wo Hans Unwirrsch in einer Gemeinschaft innerlich verwandter Seelen schlichte Mitmenschlichkeit und familiäre Liebe erfährt. Hier vermag er, geschützt vor politischen und sozialen Zwängen, seine subjektive Potentialität in Freiheit zu entfalten.[75] Mit dieser wertkonservativen Ideologie einer am Rande des uneigentlichen „Säkulums" angesiedelten kleinen Gemeinschaft, die in wesenhafter Innerlichkeit Humanität verwirklicht, ist Raabe der spätromantischen Tradition verpflichtet.[76] Er verkündete im *Hungerpastor* eine Botschaft der Innerlichkeit, die G. Freytags ideologischer Verklärung des nationalen Besitzbürgertums diametral entgegengesetzt war.

Die Struktur des Romans wird entscheidend durch die ideologisch bedingte schroffe Dichotomie zwischen einem entfremdeten, problematischen Konventionen verhafteten Bürgertum und dem kleinen Kreis eines innerlich freien, sittlichen Menschentums geprägt. Daraus folgt für die Figurenkonstellation die antithetische Konfrontierung der beiden jugendlichen Hauptgestalten als Exponenten jener sich ausschließenden Lebensformen. Die eine ist dem ehrbaren kleinstädtischen Bürgertum zu Neustadt, aber auch den schlichten Dorfbewohnern in Grunzenow zugeordnet, die andere charakterisiert die schillernde „vornehme Welt" (472) des höheren Bürgertums, die pauschal als „arme, irrende Welt" (333) verurteilt wird. Infolge geringer psychologischer Differenzierung wirken die Figuren stark typisiert; sie leiden, wie Geheimrat Götz, am Werteschwund der Zeit, oder sie genießen den zerstörenden Hunger, wie die schöne, geistreiche Kleophea und deren heuchlerische Mutter. Diese Welt des höheren Bürgertums verliert weitgehend ihren historischen Eigenwert und verkümmert zum symbolischen Ort, an dem der „Streit mit den Dämonen" ausgetragen wird (463).

Die Raumsymbolik bestätigt die Dichotomie der gegensätzlichen Lebensformen. Hans Unwirrsch verbringt seine Kinder- und Jugendjahre in der heimatlichen Kleinstadt, in der ärmlichen Wohnung mit dem „niedern, dunkeln Zimmer" (19). Der „kleine, enge Kreis" der fürsorglichen Familie schenkt ihm ein Lebensgefühl der Geborgenheit (133). Der zweite Teil des Romans schildert die „Lehrjahre" des Protagonisten, seine pädagogische Tätigkeit in unvertrauter, gefährdender Umwelt. Der Heimatlose wandert auf fremden Straßen, er fühlt sich vereinsamt und verlassen in der weiten Ebene Kohlenaus, in der Anonymität der Großstadt (321).[77] Hans erreicht sein Lebensziel in der „neuen Heimat", wohlgeborgen an der Seite der Braut „unter dem niedern Dache" der Hungerpfarre im kleinen Fischerdorf.[78] Das überschaubare Dasein im „engsten Ringe" (442) familiärer und nachbarschaftlicher Geborgenheit ist einem humanen Menschentum zugeordnet, während das verwirrende „Durcheinander" (437) der unüberschaubaren großstädtischen und industriellen Welt das entfremdete höhere Bürgertum charakterisieren soll. Die Räume besitzen nur spärliche Konturen, weil sie letztlich allein der Entfaltung der kontemplativen Subjektivität des Protagonisten dienen. „Aus allen Räumen", die er durchschritten hat, gewinnt er wenig mehr als „ein holdes Träumen" (440), denn er kehrt zuletzt, wenn auch auf höherer Bewußtseinsstufe, zu der begrenzten Existenzweise seelenhafter Innerlichkeit zurück, die schon seine Kindheit kennzeichnete.

Diese ideologisch vorgegebene Abfolge der Lebensstationen fordert die Dreiteilung des Romans;[79] auf die kleinstädtische Heimat folgt die großstädtische Fremde, vor der sich Hans im dritten Teil in die „neue Heimat" des kleinen Fischerdorfes rettet. Dieser Wechsel der symbolischen Räume bestimmt auch die Phasenbildung innerhalb des chronologisch geordneten Zeitgerüsts der einsträngigen Fabel.[80] Die dem Protagonisten zur Seite stehenden schützenden Figuren sorgen dafür, daß das vom Erzähler vorgegebene Ziel, das bergende Asyl zu Grunzenow, ungeachtet aller Widerstände der wirren Welt erreicht wird.

Der Erzähler ist die dominierende Figur des Romans. Gleich zu Beginn verweist er mit programmatischer Entschiedenheit auf die Zielgerichtetheit der Fabel, sein Buch müsse unbedingt zu einem „befriedigenden Abschluß" gelangen. Mit auktorialer Souveränität, mit lehrhaften Reflexionen und wertenden Kommentaren verkündet er seine ideologisch verkürzte weltanschauliche Botschaft. Mit emphatischer Didaktik verwirklicht er das Prinzip der poetischen Gerechtigkeit, indem er den edlen Hunger der Titelgestalt triumphieren läßt und der zerstörerischen Lebensgier des Dr. Stein eine moralische Niederlage bereitet. Der Erzähler setzt mit lyrisierendem Pathos, aber auch mit launiger Ironie die sittlichen Maßstäbe, die Wertnormen einer gesellschaftsfernen Innerlichkeit, die der Protagonist verwirklicht, während dessen Widersacher sie zum eigenen Schaden verwirft.

Die Struktur des Romans konstituiert sich durch dem Bildungsroman eigene Konstanten und autorspezifische variable Merkmale. Zu den ersteren zählen der zielgerichtet in die Selbstfindung mündende Prozeß der inneren Progression einer jugendlichen Zentralgestalt. Er realisiert sich mittels einer phasengegliederten, chronologisch geordneten, einsträngigen Fabel und eines dem Protagonisten funktional zugeordneten Ensembles von Nebenfiguren, ferner durch einen um didaktischen Leserbezug bemühten Erzähler. Die autorspezifischen variablen Strukturelemente sind durch die ideologisierende Tendenz des Erzählers bedingt: der vorgegebene introvertierte Charaktertypus des Protagonisten fordert den dominanten Modus der Entfaltung der subjektiven Potentialität des Ichs; die schroff antithetische Bauweise bedingt die Abfolge der Lebensstationen Hans Unwirrschs, die Darstellung der zugehörigen symbolischen Räume und nicht zuletzt auch die Figurenkonstellation. Der Erzähler verzichtet auf ironische Distanz gegenüber seinem Helden, will er doch dem Leser eine vorbildhafte Biographie vermitteln. Daher auch der nicht über sich hinausweisende, scheinbar problemfreie Romanschluß, der den Protagonisten bereits am Ziel seiner Entfaltung darstellt.

Die Rezeptionsgeschichte des *Hungerpastor* belegt nochmals den Bezug des Werkes zur romantischen Tradition. Der eigentliche, große Erfolg des Romans stellte sich nämlich erst im letzten Jahrzehnt des 19. Jahrhunderts ein,[81] als ein neuer irrationalistischer Subjektivismus die Oberhand gewann. Moritz Necker sah in Raabe einen „der letzten Romantiker [...] in unserem Zeitalter der Wirklichkeitskultur", und Heinrich Hart urteilte: „Überall spielt etwas Übersinnliches, Mystisches, Himmlisches in das Irdische hinein, und ganz wie bei Tieck und Novalis spielt das Ich scheinbar launenhaft mit den Dingen und Personen, die es gestaltet."[82]

In seinem Spätwerk überwand Raabe allerdings die ideologische Verkürzung der Wirklichkeit, wohl der Hauptgrund, weshalb er später den *Hungerpastor* zu seinen „Kinderbüchern" (493) zählte. Er fand zu einer differenzierteren Darstellung: die Bourgeoisie wird nicht mehr pauschal abgewertet, was schon die bürgerlichen Erzählerfiguren der späteren großen Romane verdeutlichen, und der Protagonist verliert seine ideale Musterhaftigkeit.

Gustav Freytag: Soll und Haben

Während der Niederschrift des Romans richtete Freytag an die deutschen Autoren die Mahnung, es sei an der Zeit, „das tüchtige, gesunde, starke Leben eines gebildeten Menschen" zu thematisieren, „seine Kämpfe, seine Schmerzen, seinen Sieg" zu schildern.[83] Tatsächlich kreist das Werk um die Entwicklung eines aus kleinbürgerlichen Verhältnissen stammenden jungen Mannes, der zum geachteten Teilhaber eines Handelshauses aufsteigt, wobei dem Autor als „poetische Idee" vorschwebte, seine Leser vor der lebensgefährdenden Übermacht schwärmerischer Phantasie zu warnen.[84]

Der in diesem Roman vorherrschende Bildungsbegriff signalisiert eine neue geschichtliche Epoche. Die Idee ästhetisch-philosophischer Bildung zur harmonisch-ganzheitlichen Persönlichkeit, die den Roman der Klassik und Romantik bestimmt hatte, wich, in Zusammenhang mit dem erstarkenden Historismus, einer geschichtlich und zunehmend auch naturwissenschaftlich orientierten Wissenskultur.[85] Ein pragmatisch-realistischer Bildungsbegriff begann sich — vor allem im erstarkenden Wirtschaftsbürgertum — neben der humanistischen Bildungstradition zu etablieren. Bildung wurde zunehmend als Rüstzeug für die beruflich-praktische Lebensbewältigung verstanden, womit sich bestimmte sittliche Wertvorstellungen verbanden. Eine solch pragmatische Konzeption vertrat auch Julian Schmidt, Freytags geistiger Mentor, der erklärte, wahre Bildung erfülle sich „im Markt des wirklichen Lebens".[86] Der überständische Bildungsgedanke des klassisch-romantischen Romans wich nun einem bürgerlich-nationalen Leitbild, das „die Eingliederung des Einzelnen in ein organisches Ganze" implizierte.[87] So konnte Felix Dahn *Soll und Haben* zu Recht als „Gegenbild" zu *Wilhelm Meister* bezeichnen.[88]

Gemäß der Tradition der Romanart besitzt der Bildungsbegriff in *Soll und Haben* eine starke ethische Komponente: „einen großen Charakter zu bilden", erscheint dem aufrechten Kaufmann Schröter, Prinzipal eines florierenden Handelshauses, als vorrangige Lebensaufgabe.[89] Daher erzieht er den in seinem Geschäft heranwachsenden Anton Wohlfart zu einem Musterbild kaufmännisch-bürgerlicher Tugenden: Ordnungsliebe, Fleiß, Tüchtigkeit, Pflichtbewußtsein, Sparsamkeit und ein lebensfreundlich-gemüthaftes „behagliches Wohlwollen" zeichnen den jungen Protagonisten aus.[90] Dazu tritt nun, wie schon das Motto ausweist, die „freie Arbeit" als grundlegende Voraussetzung für humane Kultur und wirtschaftlichen Fortschritt.[91] Als Anhänger des zeitgenössischen Liberalismus glaubte Freytag an die immanente Vernunft des sozioökonomischen Organismus, die mittels freien Wettbewerbs die optimale Entwicklung, das größtmögliche Glück der meisten gewährleistet. So ließ sich auch, gleichsam naturnotwendig, das Ausscheiden der lebensschwachen Elemente des Volkskörpers rechtfertigen: der Untergang des von seinen Privilegien zehrenden, untüchtigen konservativen Landadels, repräsentiert durch Freiherrn von Rothsattel, gilt dem erfolgreichen Kaufmann Schröter als durchaus verdient: „Wo die Kraft aufhört in der Familie oder im einzelnen, da soll auch das Vermögen aufhören [...]."[92]

Der Erzähler feiert den arbeitsamen Menschen, dessen biologische und sittliche Kraft sich durch zweck- und planvolles tägliches Tun steigert. Antons „bescheidene und regelmäßige Tätigkeit" in Schröters Kontor trägt zur „Bildung seines Charakters" entscheidend bei.[93] Freytag propagiert ein sozial verpflichtetes Arbeitsethos, wenn er zwischen Arbeitgeber und -nehmer ein „sittliches Verhältnis" fordert, das die Einordnung in den gesellschaftlichen Organismus garantiert.[94] Er erkennt aber auch die materiellen Voraussetzungen geistiger Kultur; ein Volk benötigt gewisse „Kapitalien", um „Menschlichkeit und Bildung zu erwerben".[95] Dabei gerät die letztere allerdings in eine bedenkliche Abhängigkeit von ökonomischer Produktivität, was Freytag den unzutreffenden Vorwurf des Materialismus eingetragen hat. Der dynamische Kaufherr Schröter sieht das anders: „Besitz und Wohlstand haben keinen Wert [...] ohne die gesunde Kraft, welche das tote Metall in Leben schaffender Bewegung erhält."[96] Die Eigentum produzierende Arbeit dient primär der Entfaltung menschlicher Lebens- und Leistungskraft. Freilich begegnen bei Freytag auch verfängliche Formeln wie die „Erwerbenden und Gebildeten", die eine Identität von Kapital und Kultur, von Besitz- und Bildungsbürgertum anzudeuten scheinen.[97] Hier bahnte sich an, was Nietzsche zwei Jahrzehnte später als die „Selbstsucht der Erwerbenden" anprangerte, die in der anmaßenden Behauptung gipfele, „daß ein natürlicher und notwendiger Bund von ‚Intelligenz und Besitz', von ‚Reichtum und Kultur' bestehe [...]".[98] Die berufliche Arbeit avancierte jetzt zum entscheidenden Bildungsfaktor; sie galt als der eigentliche Ort, wo sich bürgerliche Tugenden realisieren. Sie stellt für Anton Wohlfart den zentralen Erfahrungsbereich dar — nicht etwa Familie, Schule, Freundschaft oder Liebe. Aus solch hoher Wertschätzung des ideellen Arbeitsethos erklärt sich Freytags Bestreben, die kaufmännische Berufswelt zur „Poesie des Geschäfts" zu verklären.

Das Prädikat humaner Bildung wird in *Soll und Haben* also nur denjenigen Charakteren zuerkannt, denen bestimmte moralische Qualitäten, beruflicher Erfolg und eine gewisse Lebenserfahrung zukommen.[99] Nicht zufällig gehören diese Figuren fast ausnahmslos dem Bürgertum an. Sieht doch in dieser Klasse Antons Prinzipal den „ersten Stand des Staates", „den Stand, welcher Zivilisation und Fortschritt darstellt".[100] Um die Jahrhundertmitte begann sich im Zuge der Industrialisierung das liberale Bürgertum als soziale Klasse zu formieren, in Abgrenzung gegen das allmählich entstehende Proletariat wie vor allem gegenüber einem Adel, der in Staat und Gesellschaft nicht wenige Führungspositionen besetzt hielt. Freytag war ein zielbewußter politischer Schriftsteller, der mit der nationalliberalen Bewegung in engem Kontakt stand. In seinen Werken gab er dem neuen Selbstverständnis des Dritten Standes literarischen Ausdruck, und dies mit einer gewaltigen Breitenwirkung.

Der Primat des bürgerlichen Bildungsanspruchs verbindet sich in *Soll und Haben* mit einem aufklärerisch-optimistischen Glauben an die vernunftgemäße Bildsamkeit, an die letztlich unzerstörbare „Güte der menschlichen Natur".[101] Anton Wohlfart reift durch Erfahrungen im beruflichen Bereich, durch die desillusionierenden Begegnungen mit Adel und Judentum, nicht zuletzt auch in der großen Bewährungsprobe, als er während des polnischen Aufstands die Frachtwagen der Firma und das Leben des Prinzipals rettet. Er demonstriert den sozialen Aufstieg eines Kleinbürgers, der von Anfang an von der „Sehnsucht nach dem freien, stattlichen, schmuckvollen Leben der Vornehmen erfüllt" ist.[102] Freytag schildert den Prozeß der Sozialisation eines Individuums; Anton wächst zielstrebig in die soziale Rolle eines deutsch-bürgerlichen Kaufmanns hinein. Als Vorbild fungiert sein Prinzipal T. O. Schröter, an dem er weniger die individuelle Persönlichkeit als vielmehr die musterhafte Repräsentation ebendieser Rolle bewundert.[103] Anton adaptiert die vorgegebenen Normen und Wertvorstellungen des Mittelstandes als Maximen des Handelns. Bildung, wie Freytag sie versteht, ermöglicht den sozialen Aufstieg, indem sie die Voraussetzungen für den Erwerb klassen- und berufsspezifischer Denk- und Verhaltensweisen schafft. Daher findet der Protagonist, im Gegensatz zu dem eigenwilligen adligen Kaufmann Fink, zuletzt nicht zu einer unverwechselbaren individuellen Identität.

Julian Schmidt bescheinigte Freytag „die einsichtsvollste Verherrlichung des Bürgerthums, welche die deutsche Poesie bisher kennt".[104] Dies Lob verkehrt sich heute in sein Gegenteil, denn es offenbart die Ideologieträchtigkeit von *Soll und Haben*. Hier wird die gesellschaftliche Wirklichkeit deformiert, indem die Wertnormen des Bürgertums verabsolutiert werden, das damit seinen wirtschaftlichen und kulturellen Führungsanspruch bekräftigt. Der Autor entwirft ein bei aller Wahrheit im Detail doch harmonisch verklärtes, typenhaft schematisiertes Gesellschaftsbild. Freytag lehnte es ab, den „Verlauf des wirklichen Lebens, die ungelösten Gegensätze, die Spiele des Zufalls" in seine Darstellung eingehen zu lassen. Er zog es vor, dem bürgerlichen Leser „das Gefühl des Vernünftigen und Zweckmäßigen" zu geben, ihm ein legitimierendes Leitbild zu vermitteln.[105]

Soll und Haben spiegelt die um die Jahrhundertmitte zunehmende Verkümmerung des Bildungsbegriffes zur ideologischen Leerformel. Schon hier erscheint Nietzsches Verdikt des „Bildungsphilisters" berechtigt, mit dem er zwei Jahrzehnte später seine umfassende Kulturkritik eröffnen sollte. Gerade auf die bürgerlichen Figuren des Romans trifft seine Klage über das „gleichförmige Gepräge aller ‚Gebildeten'" zu; sein Zorn über „das Band einer stillschweigenden Konvention" hinsichtlich vieler Lebensfragen scheint berechtigt.[106] Die bürgerlichen Gestalten dieses Romans leben im Bewußtsein eines normativ verpflichtenden Wertsystems, das nirgends kritisch in Frage gestellt wird. In Freytags Roman ist die humanistisch-liberale Bildungskonzeption der autonomen Individualität, der zweckfreien Menschwerdung des Individuums zu Grabe getragen. Die persönliche Selbstverwirklichung ist jetzt eng an heteronome Mächte gekoppelt: an die ökonomische Produktivität, an die Wertvorstellungen der bürgerlichen Klasse und nicht zuletzt an die Idee der Nation, die nach 1848 zunehmend an Bedeutung gewann. Diese Idee thematisiert der zweite Teil des Romans, wo der Protagonist, der Rothsattels polnisches Landgut verwaltet, als „einer von den

Eroberern" auftritt, „welche für freie Arbeit und menschliche Kultur einer schwächern Rasse die Herrschaft über diesen Boden abgenommen haben".[107] Wiederum ein typisches Rollenverhalten; die Persönlichkeit geht hier restlos im Volksganzen auf: „denn überall erscheint uns der Mensch durch Sitte und Gesetz, durch die Sprache und den ganzen gemütlichen Inhalt seines Wesens als kleiner Teil eines größeren Ganzen."[108] Gemeinsam mit dem Freunde von Fink, dem Vertreter eines weltoffenen, liberal gesinnten deutschen Adels, demonstriert Anton Wohlfart die biologische, wirtschaftliche und kulturelle Überlegenheit des deutschen Volkes gegenüber der slawischen Rasse. Deutsche Arbeitsamkeit und Ordnung, Art und Sitte werden mit der Unordnung der „polnischen Wirtschaft", deutsche Bildung mit angeblicher slawischer Kulturlosigkeit konfrontiert.[109] Polen liefert das negative Gegenbild, in dem nationale Vorurteile in stereotypen Formeln fixiert sind: von der traurig-öden Landschaft über die verwahrlosten Dörfer bis zur unzivilisierten Bevölkerung. Die mit negativen Vorzeichen versehene „Fremde" dient als Kontrastfolie für die vertraute „Heimat", für den „Segen der heiligen Kreise, welche um jeden einzelnen Menschen Tausende der Mitlebenden bilden, die Familie, seine Arbeitsgenossen, sein Volksstamm, sein Staat".[110] Freytag huldigt hier einem ideologisch verengten Chauvinismus, der sich im wesentlichen aus dem Wertsystem des national-liberalen Bürgertums speist.[111] Er räumte selbst ein, ihm habe während der Arbeit an *Soll und Haben* „am meisten an der Tendenz, und zwar an der *politischen*" gelegen, er sei von einem „stillen Eifer" beseelt gewesen, den er am liebsten „einen *preußischen*" nennen wolle.[112] Freytags Preußentum kann schon zu jener Zeit mit deutsch-nationaler Gesinnung gleichgesetzt werden.[113]

Dieselbe schroffe Gegensätzlichkeit wie zwischen Deutschland und Polen beherrscht das Verhältnis zwischen den Wertvorstellungen und Verhaltensnormen des Landadels und des Mittelstandes: kosmopolitisches Denken widerspricht heimatverwurzeltem Patriotismus, ein aufwendiger Lebensstil kontrastiert mit bürgerlicher Bescheidenheit, ökonomische Unerfahrenheit widersetzt sich zielstrebiger kaufmännischer Tüchtigkeit. Auch die Vertreter des Judentums werden vorwiegend negativ dargestellt.[114] Der Erzähler spricht ihnen die bürgerlichen Tugenden weitgehend ab; Antons ehemaliger Schulkamerad Veitel Itzig verkörpert als Gegensatzfigur zum Protagonisten sogar das Böse schlechthin. Die kulturellen Prätentionen der Familie des neureichen Maklers Ehrenthal werden als Halbbildung ironisch abgewertet. Fast jede dieser Gestalten ereilt denn auch, gemäß dem Prinzip der poetischen Gerechtigkeit, das verdiente traurige Ende. Freytag begriff das noch nicht assimilierte Judentum als soziale Minorität, welche die Einheit des bürgerlichen Mittelstandes, den er als Fundament des Staates ansah, bedenklich gefährdete.

In *Soll und Haben* werden alle sozialen Gruppen, die nicht dem deutschstämmigen bürgerlichen Mittelstand angehören, weitgehend abgewertet, um die kapitalistische Leistungsgesellschaft, die sich um die Jahrhundertmitte zu formieren begann, kulturell zu legitimieren. Ihre Werte vertritt der musterhafte Held des Romans, der als Identifikationsangebot an den Leser konzipiert ist. Im Mittelstand sah der Autor „die treibende geistige Kraft" der Nation gesammelt, woraus er einen alle Klassen umfassenden kulturellen Bildungsauftrag ableitete.[115] Er wollte das ganze Volk „mit dem Segen der freien bürgerlichen Bildung [...] erfüllen".[116] Daher klammerte er in *Soll und Haben* die neuhumanistische Bildungsidee, zu der er sich an anderer Stelle nachdrücklich bekannt hatte, bewußt aus, um eine pragmatisch-realistische Bildungskonzeption entwickeln zu können, die für alle Schichten verbindlich sein sollte.[117] In diesem Sinne propagierte Freytag in seinem Roman, den er der „Literatur deutscher Volksbücher" zuordnete,[118] das Leitbild des arbeitsamen, sittlichen deutschen Menschen.

Um seiner ideologisch perspektivierten Botschaft „bei dem Leser Wirkung zu sichern", bediente er sich gewisser wirkungsästhetischer „Kompositionsgesetze".[119] Das Formprinzip einer schematischen Kontrastierung prägt die Konstellation der Hauptfiguren des Romans.[120] Freytag bekannte sich zum „Schaffen in Gegensätzen": jede Gestalt fordere die kontrastierende Gegensatzfigur.[121] Dadurch entstehen analoge Gruppierungen, die einen Verweisungszusammenhang herstellen. Die mehr oder minder abwertend dargestellten nichtbürgerlichen Figuren dienen ex negativo der Bestätigung der Werthaltung des Helden. Sie sind als Repräsentanten gewisser sozialer Gruppen stark typisiert und daher unfähig zu persönlicher Entwicklung.

Eine Ausnahme bildet Antons Freund, der adlige Kaufmann und spätere Gutsherr Fink, der bürgerliche und aristokratische Lebensnormen auf durchaus individuelle Art verbindet. Er repräsentiert den modernen, weltoffenen, ökonomisch kompetenten Adel. Im Umgang mit ihm erweitert sich Antons Horizont, so daß Fink, trotz gewisser problematischer Züge, eine positive Komplementärfigur darstellt.[122]

Die aus der ideologischen Erzählhaltung resultierende Kontrastivität prägt auch die Gestaltung der Fabel. Anton Wohlfart wird zwar schon zu Beginn als der „Held dieser Erzählung" bezeichnet — durchaus zu Recht, da der ihm zugeordnete Handlungsstrang dominiert und er an allen drei Gesellschaftskreisen mehr oder minder teilhat. Der Roman ist aber nicht als einsträngige Entwicklungsgeschichte konzipiert, denn er besitzt drei in kontrastiver Parallelität verlaufende Handlungsstränge, die den Bereichen des Bürgertums, der Aristokratie und des Judentums zugeordnet sind. Sie durchziehen im wesentlichen den ganzen Roman; innerhalb der einzelnen Bücher erscheinen sie in fast schematischer, kontrastierender Reihenfolge.

Für die strenge Komposition seines Romans hat sich Freytag bekanntlich durch das Drama anregen lassen.[123] Dies entsprach der wirkungsästhetischen Intention seines epischen Schaffens; der Leser sollte eine rational nachvollziehbare, „vollständig verständliche Geschichte" vermittelt bekommen.[124] Daher erhielt die Fabel eine streng lineare Zielgerichtetheit und eine kausale, auf jeglichen Zufall verzichtende Motivierung. Freytag nahm sich vor, die Handlung aus den typisierenden Charakteren „mit logischer Notwendigkeit" zu entwickeln.[125] Im Vergleich zum früheren Bildungsroman herrscht jetzt eine weit strengere Phasenbildung vor, die Antons Entwicklung übersichtlich gliedert:[126] im ersten Buch die Exposition, in der die patriarchalisch geordnete Arbeitswelt des Schröterschen Handelshauses entfaltet wird; dann der Aufstieg des Protagonisten in der Firma; im dritten Buch der Konflikt zwischen der bürgerlichen und der aristokratischen Lebensform; in den beiden folgenden Büchern die desillusionierende Erkenntnis der fragwürdigen Qualität der Adelswelt; und im letzten Buch schließlich die Selbsterfüllung des Protagonisten, die aus seiner Entscheidung für die bürgerliche Existenz resultiert. Mit der Einheirat in Schröters Firma ist das glückliche Ende gesichert.

Auch die Gestaltung des Schlusses hat Freytag der Poetik des Dramas entnommen, von dem er forderte: „Der Ausgang aber muß die vollständige Beendigung des Kampfes und der aufgeregten Conflicte darstellen."[127] So zeigt *Soll und Haben* einen aus der ideologischen Tendenz resultierenden problemfreien, optimistischen Schluß, in dem Antons Grundkonflikt, sein Schwanken zwischen bürgerlicher und aristokratischer Lebensform, endgültig gelöst ist. Der Protagonist hat nicht nur die Selbstfindung vollzogen,[128] ihm ist auch die uneingeschränkte Selbstverwirklichung gelungen; er ist am Ziel seiner Entwicklung angelangt. Der Erzähler versichert zuletzt, die auf das kaufmännische Berufs- und Lebensziel gerichteten „poetischen Träume" Antons seien vollauf in Erfüllung gegangen.[129] Eine solche nicht über sich hinausweisende Schlußart weicht vom überlieferten Muster des Bildungsromans ab.

Der auktoriale Erzähler verkündet seine ideologisch perspektivierte Botschaft mit absolutem Wahrheitsanspruch. Er präsentiert in Anton Wohlfart einen exemplarischen Vertreter deutsch-bürgerlicher Musterhaftigkeit, der vom Leser als Identifikationsangebot verstanden werden soll, denn der Autor will diesem ja in der Gestalt des Helden einen „Spiegel seiner Tüchtigkeit" vorhalten.[130]

Freytags Roman war ein ungeheurer Erfolg beschieden. Bis 1890 erlebte er bereits 36 Auflagen. Kurz nach 1900 nahm der Absatz sprunghaft zu und erreichte jeweils einen Höhepunkt in den auf die beiden Weltkriege folgenden Epochen.[131] Der über ein Jahrhundert währende Dauererfolg des Romans dürfte vor allem darauf zurückzuführen sein, daß er die tradierten Normen und Wertvorstellungen des deutschen Mittelstandes in idealtypischer Form verkündete, daß er also das bürgerlichnationale Selbstverständnis repräsentierte.[132]

Die Formtradition des *Wilhelm Meister* blieb für Freytag verbindlich, hatte sich doch die Kritik der „Grenzboten" an Goethes Roman ausschließlich auf dessen angeblich lebensdilettantische ästhetische Bildungsidee bezogen. Julian Schmidt sah in *Wilhelm Meister* das nach wie vor gültige formale Paradigma. „Der spätere deutsche Roman", erklärte er, „ist keinen Schritt über ihn hinausgegangen."[133] *Soll und Haben* besitzt, unbeschadet mancher variabler Elemente, die konstanten Merkmale des Strukturtypus des Bildungsromans. Als Grundthematik erscheint die Entwicklung eines jungen Protagonisten, die im Erwerb gewisser sozialer Orientierungsmuster gipfelt. Dies stellt sich als Prozeß der Internalisierung eines unanfechtbar vorgegebenen, ideologisch verengten bürgerlichen Wertsystems dar. Der „Held dieser Erzählung"[134] figuriert als dominierende Zentralgestalt; die wesentlichen Nebenfiguren, die bestimmte soziale Schichten vertreten, sind ihm funktional zugeordnet. Sie repräsentieren die für Antons Entwicklung relevanten Erfahrungsbereiche und verdeutlichen kontrastiv seine bürgerliche Wesensart. Obwohl das umfangreiche Figurenensemble ein relativ gewichtiges Eigensein beansprucht, entsteht nicht das gesellschaftliche Panorama des Zeitromans, denn nicht einmal das Bürgertum wird in seiner ganzen Breite geschildert. Die sozialen Gruppen von Landadel und Judentum dienen lediglich als negative Kontrastfolie, um die wirtschaftliche und kulturelle Überlegenheit des Mittelstandes zu demonstrieren. Derselbe Befund ergibt sich bei der Betrachtung der Raumsubstanz, die im Vergleich zum *Hungerpastor* weit stärker ausgeformt ist. Das Schrötersche Handelshaus dominiert quantitativ eindeutig gegenüber den anderen Gesellschaftskreisen, deren Lebenswelt zudem mit kritischem Vorbehalt geschildert wird.

Die Entwicklungsthematik der Zentralgestalt bedingt einen phasengegliederten, chronologisch geordneten Erzählstrang, gegenüber dem die beiden anderen Handlungsstränge (Landadel und Judentum) an Bedeutung zurücktreten. Sie erschöpfen sich mehr oder minder im Aufriß einer negativ kontrastierenden Gegenwelt. Der dem Protagonisten zugeordnete Erzählstrang ist zielgerichtet, was durch Vorausdeutungen des Erzählers unterstrichen wird. Die Suche des Helden nach seiner Bestimmung mündet in die Selbstfindung, die als unkritische Affirmation der von seinem Mentor und Prinzipal vertretenen Wertvorstellungen interpretiert wird. Damit gibt Anton freilich den Anspruch auf individuelle Selbstverwirklichung preis; er gewinnt lediglich eine auf ständisch-bürgerliche Normen gegründete Identität.

Der didaktisch motivierte Erzähler glaubt, wie gesagt, an die exemplarische Verbindlichkeit der Normen und Werte des von ihm präsentierten bürgerlichen Lebensentwurfs. Er will einen musterhaften Werdegang darstellen, den er dem bürgerlichen Leser als Identifikationsangebot unterbreitet. Hierbei greift er über die im Bildungsroman üblichen Mittel der Leserlenkung deutlich hinaus: neben einem strengen, übersichtlichen Aufbau und wertenden Kommentaren fällt die weitgehende Übereinstimmung der Perspektiven von Erzähler und Protagonist auf, die jegliche ironische Relativierung vermissen läßt. Ein weiteres wirkungsästhetisch bedingtes Strukturelement ist die unumschränkte Dominanz der szenisch-dialogischen Erzählform, die, vom Drama übernommen, einer unmittelbaren, lebendigen Vergegenwärtigung der Figuren dient.[135]

Die Struktur von *Soll und Haben* ist durch die konstante Grundstruktur des Bildungsromans bestimmt: der phasengegliederte Entwicklungsprozeß einer jugendlichen Zentralgestalt, welcher zielgerichtet in deren Selbstfindung mündet; die für den Protagonisten wesentlichen Nebenfiguren, die ihm funktional zugeordnet sind; schließlich der um didaktische Leserlenkung bemühte Erzähler. Auffällig ist die Zahl der variablen Strukturelemente, die autorspezifischer Art sind. Sie resultieren vor allem aus der ideologisierenden Tendenz des Erzählers. Dazu zählen die schematisch-kontrastive Figurenkonstellation und Handlungsführung; ferner der nicht über sich hinausweisende affirmative Schluß, der den Protagonisten am Ziel seiner Entwicklung zeigt, womit die fruchtbare Spannung zwischen Individuum und Gesellschaft aufgehoben ist. Hier zeigen sich Innovationen, die für den ideologisch geprägten Bildungsroman späterer Epochen bedeutsam werden sollten. Als folgenreich für die Entwicklung der Romanart werden sich auch die variablen Strukturelemente erweisen, die dem Aufbau eines erweiterten sozialen Umfeldes der Zentralgestalt dienen: eine vermehrte Zahl von Nebenfiguren mit erhöhtem epischem Eigengewicht, verbunden mit größerer Raumsubstanz. Diese Innovation dürfte einerseits durch den zeitgenössischen Sozialroman bedingt sein, zum andern aber resultierte sie aus der Entdeckung der beruflichen Arbeit als dem entscheidenden humanen Bildungsfaktor.

Friedrich Spielhagen: Hammer und Amboß

Ähnlich wie Gustav Freytag schildert Spielhagen den vorbildhaften sozialen Aufstieg eines ehrbaren, tüchtigen jungen Menschen aus dem Kleinbürgertum. Die Fabel orientiert sich am Werdegang Georg Hartwigs, der, von seinem strengen Vater wegen einer Jugendtorheit von der Schule genommen und verstoßen, durch einen zwielichtigen Landadligen zu kriminellen Abenteuern verführt wird. Im Gefängnis erfährt er dann eine berufliche und sittliche Erziehung, die sein Leben grundlegend verändert. Begünstigt durch manche glücklichen Umstände, gelingt es ihm nach seiner Entlassung, vom Arbeiter zum Direktor einer Maschinenfabrik aufzusteigen.

Ähnlich wie Freytag huldigt auch Spielhagen einem optimistischen „Glauben an die Güte der Menschennatur [...], an den wachsenden Sieg des Guten und Tüchtigen in unserer Zeit".[136] Solch aufklärerisch-liberale Überzeugung von der vernunftgemäßen Bildsamkeit des Individuums wird im negativen Sinn an Georg Hartwigs Jugendzeit demonstriert, die infolge der Starrsinnigkeit des hartherzigen Vaters und der Unzulänglichkeit der Schule zur Geschichte einer „Mißerziehung" entartet.[137] Die Wende tritt während seines Aufenthaltes im Gefängnis ein, wo sich zwei Mentoren um ihn bemühen: der humanistisch gebildete Direktor der Anstalt und ein ironisch-weltkluger Arzt, der sozialistische Ideen vertritt.

Ähnlich wie der Protagonist von *Soll und Haben* verfügt Georg Hartwig nur über ein bescheidenes historisch-kulturelles Wissen;[138] er entwickelt seine schöpferische Leistungskraft in einem technisch-wirtschaftlichen Beruf. Auch Spielhagen vertrat, im Sinne des erstarkenden Wirtschaftsbürgertums, primär eine realistisch-pragmatische Bildungskonzeption. Er versuchte die Ideen eines liberalen Humanismus mit den Forderungen der zeitgenössischen industriellen Arbeitswelt zu vermitteln. Daher warf er Goethes Bildungsroman, den er im übrigen vorbehaltlos bewunderte, die Aussparung der „breiten Schicht des Volkes" vor, auf der sich „der Wunderbau der modernen Bildung" erhebe.[139] Diese Kritik zielte auch auf Freytags Roman, der ebenfalls die Darstellung des Vierten Standes ausgeklammert hatte. Aus der sozialliberalen, republikanischen Position Spielhagens resultierte seine Tendenz, das Prinzip partnerschaftlicher Kooperation der Gesellschaftsklassen zu demonstrieren, und zwar in erster Linie im Bereich der Arbeitswelt.

Georg erfährt den Bildungswert der schöpferischen Leistung, des beruflichen Erfolgs als unabdingbare Voraussetzung für seine Selbsterfüllung; er notiert: „Nur die Arbeit kann uns frei machen."[140] Spielhagen sah im Ethos der sozial verpflichteten Berufstätigkeit den entscheidenden humanen Bildungsfaktor; der Protagonist erkennt, daß die redliche „Arbeit Aller für Alle [...] die eigentliche Bestimmung, das höchste Gut des Menschen" ist.[141] Georgs Mentor von Zehren durchschaut die Diskrepanz zwischen solch idealer Zielsetzung und der Realität der zeitgenössischen Arbeitswelt, in der nach seiner Ansicht ein „grundbarbarisches Verhältnis [...] zwischen der dominierenden und der unterdrückten Kaste" herrschte, weshalb er das solidarische Miteinander von Bürgertum und proletarischer Unterschicht fordert — jeder der Sozialpartner Hammer und Amboß in einem.[142] Die Botschaft, die der zum Manne gereifte Protagonist seinen Lesern ans Herz legt, gipfelt daher in der „großen schönen Lehre von der gegenseitigen Hilfsbereitschaft, der Brüderlichkeit, der Gemeinschaft aller menschlichen Interessen".[143] Die Entwicklung seiner Fabrik zu einem blühenden Unternehmen ist letztlich allein der Solidargemeinschaft von Arbeitern und Angestellten zu danken, die am Produktionskapital der Firma beteiligt sind. Der vom Arbeiter zum Unternehmer aufgestiegene Held demonstriert Spielhagens Bildungsideal: die spannungsfreie, klassenübergreifende soziale Integration des Individuums.[144]

Dieses Bildungsideal der harmonisch entwickelten humanen Persönlichkeit kann der Protagonist freilich nur innerhalb der idyllisch abgegrenzten Arbeitswelt seiner Fabrik realisieren. Diese ist jedoch Teil eines frühindustriellen Gesellschaftssystems, in dem der einzelne durch „geschichtliche und ökonomische Gesetze" determiniert ist.[145] Der Widerspruch zwischen der Forderung nach autonomer Selbstverwirklichung des Individuums und dessen gesellschaftlicher Fremdbestimmung wird im zweiten Teil des Romans nicht vermittelt. Indem der Autor die Spannungen der realen zeitgenössischen Arbeitswelt aussparte, gewann sein Bildungsideal ideologische Züge, was sich für die epische Gestaltung als folgenreich erweist. Im Bemühen um Darstellung eines Leitbildes humaner Vollendung schuf Spielhagen einen allzu musterhaften Helden, dessen Werdegang zudem von wenig überzeugenden glückhaften Zufällen bestimmt ist. Die Arbeiter seines Betriebs sind nach dem Prinzip idealer Typisierung gestaltet. Vor allem das letzte Kapitel bietet einen poetisch verklärten Schluß, der dem Leser eine überdeutlich pointierte ideologische Botschaft verkünden soll. Der Ich-Erzähler spricht hier aus der Perspektive seiner eigenen Zeitebene, aus dem Abstand also von etwa drei Jahrzehnten. Er ist am Ziel seiner Entwicklung angelangt, er hat sich als erfolgreicher Unternehmer und als glücklicher Familienvater uneingeschränkt selbst verwirklicht. Damit hat der Autor den Protagonisten, gemäß seiner Romantheorie, „zu dem voraus berechneten Ziele" geführt, das die von ihm propagierten Normen und Werte impliziert.[146]

Der Ich-Erzähler verfaßt seine Biographie, weil er dem Leser bestimmte Einsichten und Werte vermitteln möchte, die er als Schlüssel zum Lebenserfolg betrachtet. Hinter ihm verbirgt sich der auf die Kraft des aufklärenden Geistes vertrauende Volkserzieher Spielhagen, der „die Objektivität des echten Künstlers" daran mißt, wie sehr dieser imstande ist, „sein Werk zum Ausdruck der Idee, welche er eben darstellen will", zu machen.[147] Am Beispiel einer musterhaften Selbstverwirklichung predigt er „dem Volke die großen Grundsätze einer vernünftigen Selbsterziehung zu einer in materieller und ethischer Hinsicht menschenwürdigeren Gestaltung des Daseins".[148] Dazu bedient er sich wirkungsästhetischer Elemente, die dem zeitgenössischen Unterhaltungsroman entnommen sind, vor allem einer stoff- und aktionsreichen, mit spannungssteigernden Intrigen und trivialen Motiven durchsetzten Fabel. Um der anschaulichen Unmittelbarkeit der Darstellung willen bevorzugt Spielhagen die szenisch-dialogische Erzählform. Der Erzähler berichtet, gemäß der Romantheorie des Autors, meist aus der Perspektive des erlebenden Ichs, um so die Wirklichkeitstreue der Darstellung zu suggerieren. Wo immer er seine ideologische Botschaft verkündet, bedient er sich einer pathetisch übersteigerten, sentimental getönten Ausdrucksweise.

Um das Leitbild des sozial engagierten arbeitenden Menschen einem breiten Publikum literarisch zu vermitteln, wählte Spielhagen das Strukturmodell des Bildungsromans. Hierbei griff er auf das Goethesche Paradigma zurück, worin er sich durch Freytags Vorbild, aber auch durch das Wiederaufleben der klassizistischen Ästhetik in den sechziger Jahren bestärkt sah. *Wilhelm Meister*, erklärte der Autor, ist „für den modernen Roman der besten Schemata eines", da er sich der „Schilderung des Lebensganges eines Menschen" widmet, der durch mannigfache Lebenserfahrungen die „Idee vollkommener Bildung an sich zu verwirklichen strebt [...]".[149] Zur klassischen Formtradition zählten für Spielhagen vor allem die Zentralfigur des bildsamen Helden, der sich durch „Schmiegsamkeit und Biegsamkeit" auszeichnen soll, sowie die Zielgerichtetheit der Fabel, die in der Selbstfindung des Protagonisten gipfelt, in dem Augenblick nämlich, „wo der reifere Mensch seine Geschicke selbst in die Hand nimmt [...]".[150] Dies vollzieht sich im vorletzten Kapitel, wo Georg Hartwig, der gerade zum selbständigen Unternehmer aufgestiegen ist, durch Heirat eine Familie gründet.

Spielhagen vertrat die Ansicht, episches Leben müsse „Handlung und nur Handlung" sein, woraus sich in *Hammer und Amboß* die Dominanz des Sichtbaren und Vorgangshaften über die Beschreibung der seelischen Befindlichkeit der Figuren ergibt.[151] Gleichwohl steht die Fabel weitgehend in funktionaler Abhängigkeit zum Werdegang des Helden, dem, gemäß Spielhagens Romantheorie, „alle Dinge zum besten, nämlich zu der bestmöglichen Entfaltung und Bethätigung seiner Qualitäten und Tugenden dienen".[152]

Die Figurenkonstellation des Romans ist durch die dominierende Zentralgestalt Georg Hartwigs bestimmt. Das Figurenensemble ist trotz seines nicht unerheblichen Eigengewichts weitgehend dem Protagonisten zugeordnet, fordert ihn zur Auseinandersetzung heraus, ist also funktional abhängig von der Entwicklungsthematik der Zentralgestalt.[153] Diese Struktur hat der Autor wenige Jahre nach Fertigstellung des Werks theoretisch umrissen: der Roman brauche „solche Individuen, die noch in der Entwicklung stehen, infolgedessen [...] durch die Verhältnisse, durch die Menschen ihrer Umgebung in ihrer Bildung, Entwicklung bestimmt werden [...]".[154] Georg durchschreitet im ersten Teil vorwiegend negative Erfahrungsbereiche: das kleinbürgerlich enge, lieblose Elternhaus, die lebensfremde Schule, das abenteuerliche Dasein auf einem heruntergekommenen Landgut. Fruchtbare Erfahrungen, die sein Leben entscheidend verändern, sammelt er dann in der Gefangenschaft des „Arbeitshauses" und in der Arbeitswelt der Berliner Maschinenfabrik.

Der von unwahrscheinlichen Zufällen bestimmte soziale Aufstieg des Helden vom Arbeiter zum Unternehmer kann den Anspruch auf exemplarische Verbindlichkeit dieser Biographie nicht mehr einlösen. Die soziale Repräsentanz des Protagonisten nahm im 19. Jahrhundert ab. Spielhagen erkannte den Unterschied zum Goetheschen Paradigma sehr wohl, wenn er feststellte, daß der im Kunstwerk dargestellte „einzelne Fall doch niemals die Regel konstituieren" könne.[155]

Die Werkstruktur zeigt eine Affinität zum klassischen Bildungsroman. Spielhagens ungebrochener Glaube an die Bildsamkeit und Entwicklungsfähigkeit des Individuums stellt die Prämisse des Romans dar. Der Held verdankt die harmonische Entfaltung seiner Anlagen nicht den pädagogischen Institutionen von Elternhaus und Schule, sondern der selbständigen Auseinandersetzung mit verschiedenen Lebensbereichen. Vor allem reift er, wie gesagt, durch den Einfluß der Arbeitswelt, in der die partnerschaftliche Solidarität von Drittem und Viertem Stand, die „Gemeinschaft aller menschlichen Interessen" praktiziert wird.[156] Aus diesen Voraussetzungen ergibt sich als Grundthematik die Entwicklungsgeschichte eines musterhaften jungen Mannes, der in der Haltung eines sozial verpflichteten Arbeitsethos zu humaner Selbsterfüllung findet. Dieser Prozeß gewinnt in der einsträngigen, chronologisch geordneten, zielgerichteten Fabel Gestalt. Sie gliedert sich in zwei Teile: der erste umfaßt Georgs krisenreiche Jugendzeit, die mit dem Tiefpunkt der Gefängnishaft endet; der zweite schildert den sozialen Aufstieg zur vollen Selbstverwirklichung in Beruf und Familie. Der Protagonist gewinnt zuletzt seine personale Identität, indem er nicht nur seinen privaten und beruflichen, sondern auch seinen gesellschaftlichen Standort bestimmt, den er im humanistischen Sinne klassenübergreifend und übernational definiert. Die Figurenkonstellation ist, wie erwähnt, durch die funktionale Zuordnung der Nebenfiguren zur Zentralgestalt des Helden gekennzeichnet, der gemäß Spielhagens Romantheorie als „Träger der Idee" fungiert.[157] Ähnlich wie in *Soll und Haben* bewegt sich der Protagonist in einem umfangreicheren sozialen Umfeld, woraus ein erweitertes Figurenensemble und eine größere Raumsubstanz resultieren. Letztere besitzt allerdings nur eine stimmungshaft-symbolische Funktion. Der souveräne Ich-Erzähler, der das Geschehen aus großem zeitlichem Abstand überschaut, ist das epische Integrationszentrum des Romans. Seine didaktische Intention ist auf Vermittlung sinnstiftender humaner Normen und Werte gerichtet, weshalb er einen musterhaften Helden präsentiert, den er als Identifikationsangebot an den Leser verstanden wissen will.

Die konstanten Merkmale des Strukturtyps des Bildungsromans sind auch in *Hammer und Amboß* vorhanden. Als Grundthematik erscheint die Entwicklung einer jugendlichen Zentralgestalt, die zuletzt gewisse soziale Orientierungsmuster erwirbt. Dem Helden sind die wesentlichen Nebenfiguren, welche die für seine Entwicklung relevanten sozialen Schichten vertreten, funktional zugeordnet. Die einsträngige, phasengegliederte Fabel ist zielgerichtet; sie mündet in die Selbstfindung des Protagonisten. Der didaktische Erzähler vermittelt seine Botschaft durch verschiedene Formen der Leserlenkung.

Infolge der Anlehnung an das Goethesche Paradigma erscheinen in *Hammer und Amboß* nur relativ wenige variable Strukturmerkmale autorspezifischer Art. Sie resultieren aus Spielhagens ideologisch verkürzter Bildungsidee, sind allerdings nicht so stark ausgeprägt wie in *Soll und Haben*.[158] Hierzu zählen die poetisierte berufliche Arbeitswelt, ferner die Vorgangsfigur der trotz vorangegangener Gesellschaftskritik letztlich affirmativen sozialen Integration des Helden und schließlich die wertende Typisierung mancher Nebenfiguren. Dazu gesellt sich der nicht über sich hinausweisende, poetisch verklärte Schluß, der den zum Manne gereiften Protagonisten am Ziel seiner individuellen Entwicklung zeigt.

Spielhagen besaß einen Blick für die krisenhaften sozialen Spannungen, die im Verlaufe der Industrialisierung aufgebrochen waren. Er versuchte in seinem Roman, den Anforderungen der modernen Arbeitswelt gerecht zu werden, ohne die Werte der klassisch-neuhumanistischen Tradition preiszugeben. Er wollte das resignierte nachrevolutionäre Bürgertum zu aktiver Selbstbestimmung, arbeitsfreudiger Lebensgestaltung und sozialem Engagement aufrufen. Sein Roman kann allerdings nur mit erheblichen Einschränkungen als gelungen bezeichnet werden. Auch seine anderen Werke fanden aus verschiedenen Gründen nicht den Widerhall, den sie ungeachtet ihrer künstlerischen Schwächen verdient hätten.[159]

Gottfried Keller: Der grüne Heinrich

Es ist nach wie vor umstritten, ob Kellers großes Werk dem Genre des Bildungsromans zugerechnet werden kann. Die erste Fassung (1854—55) wird einem Vergleich mit dem klassischen Paradigma schon wegen des tragischen Schlusses nicht gerecht: der gescheiterte Künstler, der sich am Tode der Mutter schuldig weiß, stirbt ihr in Verzweiflung nach — Ausdruck einer mißlungenen Selbstfindung, eines Versagens gegenüber den Forderungen des Lebens und der Gesellschaft.[160] Dieser Untersuchung liegt die positiver endende Ausgabe von 1879—80 zugrunde, vom Autor selbst als die einzig rechtmäßige Fassung anerkannt. Der späte Keller hatte sich von dem in der Erstausgabe vorwaltenden Lebensgefühl entfernt; vor allem beurteilte er nunmehr Heinrichs sittliche Schuld gegenüber der Mutter wesentlich distanzierter.[161] Daher war er bei der Umarbeitung bemüht, das Moment der inneren Entwicklung des Protagonisten zu verstärken und den elegischen Schluß aufzuhellen. Diese Absicht ließ sich nur unzureichend verwirklichen, weil, wie Keller klagte, die „bedachtlos und verfehlt angelegte" Erstfassung eine im Grunde „nicht zu verbessernde Uniform" darstellte.[162] Aus dieser Entstehungsgeschichte erklärt sich so manche kompositorische Schwäche in der Gliederung, im problematischen Schluß oder im episodenreichen Erzählverlauf des Romans.

Heinrich Lees Werdegang wird von unbeherrschter jugendlicher Phantasie, von der „Unverantwortlichkeit der Einbildungskraft" weniger gefördert als gefährdet.[163] Der grüblerisch-unbeholfene Einzelgänger verfehlt die Wirklichkeit, weil er sie nach seinen eigenen Vorstellungen von poetischer Gerechtigkeit manipuliert. Daher muß er folgerichtig das „immerwährende Mißlingen" seiner Weltbegegnung beklagen, ob in der Schule, in seinen Liebesenttäuschungen oder während seines Kunststudiums.[164] Mindestens in gleichem Maß wie sein „irrgängliches", zwiespältiges Naturell bestimmen äußere Einflüsse Heinrichs Schicksal: die kleinbürgerliche Herkunft, die fehlgeschlagene Erziehung durch Mutter und Schule, seine ärmlichen finanziellen Verhältnisse und nicht zuletzt zahlreiche glückliche und gefährdende Zufälle.

Das Scheitern als Maler, der Kampf um das tägliche Brot, naturwissenschaftliche und historische Studien vermitteln dem Protagonisten schließlich Einsichten, durch die sein phantasiebestimmtes Verhältnis zur Wirklichkeit sich allmählich zu wandeln beginnt. Eine besondere Rolle spielt dabei die Wirksamkeit des Unbewußten, das sich ihm in vielsagenden Träumen offenbart. Heinrich gelangt endlich zur Erkenntnis, daß er weder zum Maler berufen ist noch sich in gesellschaftsferner, egozentrischer Isolation erfüllen kann. So strebt er sehnsüchtig in die Heimat zurück und entscheidet sich, des Menschen „lebendiges Wesen und Zusammensein zum Berufe" zu wählen, sich also einer gesellschaftsbezogenen Tätigkeit zu widmen.[165]

Der Schweizer Autor stellt eine relativ geschlossene Gesellschaft dar, deren Glieder sich als organische Bestandteile eines demokratischen Gemeinwesens begreifen. Ein ausgeprägtes Traditionsbewußtsein, eine gewachsene Rechtsordnung und festgefügte sittliche Normen, die nicht zuletzt auch den familialen Bereich prägen, bestimmen das Selbstverständnis dieses Volkes. Von hier aus läßt sich Heinrichs existenzbedrohendes Schuldgefühl angesichts des frühen Todes der von ihm vernachlässigten Mutter verstehen. Er erkennt über die gestörte Beziehung zur Mutter sein nach wie vor gebrochenes Verhältnis zur Gesellschaft: „So war nun der Spiegel, welcher das Volksleben widerspiegeln sollte, zerschlagen und der Einzelmann [...] rechtlos geworden."[166] Wieder einmal sieht sich Heinrich Lee aus der Lebensordnung der Gemeinschaft ausgeschlossen.[167] Seine ahnungsvollen „Träume von der mißlungenen Heimkehr" haben sich erfüllt.[168]

Erst Judith, der Jugendgeliebten, gelingt es, den grünen Heinrich zu einer freundschaftlichen Lebensbindung zu führen. Die lebenstüchtige, selbstsichere junge Frau schenkt ihm durch ihre vorbehaltlose, liebende Zuwendung ein gewisses Welt- und Selbstvertrauen. Heinrich beginnt jetzt sein politisches Amt mit sozialem Engagement auszuüben. Er bewundert Judith in ihrer traumhaften Lebenssicherheit als die personifizierte „Stimme der Natur".[169] Gerade die weiblichen Gestalten des Romans ruhen meistens geborgen im „Lebensgrund": die nimmermüde Mutter, die vitale Judith, das lebens- und todesbejahende Dortchen Schönfund. Allein die teilnehmende Liebe, welcher der Erzähler als seinem „Doppelstern" huldigt,[170] hebt letztlich seine gesellschaftsferne Isolation auf und stiftet Humanität. Es verschlägt dabei nur wenig, daß Heinrich das volle Glück der Ehe versagt bleibt — Ausdruck seines Mißtrauens gegen jede allzu enge Bindung, die ihm die vernunftbestimmte „Freiheit der Person" zu gefährden scheint.[171]

Der Protagonist findet zuletzt zu seiner personalen Identität.[172] Die Vorstufe dazu bildet im vierten Band die Reflexion desillusionierender Erfahrungen und die Auseinandersetzung mit Ideen, die ihm neue Perspektiven erschließen. Hier vor allem die in der Erstfassung noch nicht vorhandene Entscheidung für einen sozial gerichteten Beruf, der es Heinrich erlaubt, „in bescheidener und doch mannigfacher Wirksamkeit" tätig zu sein.[173] Durch Judiths liebende Zuwendung überwindet er schließlich den quälenden „Zweifel und Zwiespalt"; er lernt mit seinen Schuldgefühlen in rechter Weise umzugehen und fühlt sich zuletzt „frei und gesund".[174] Der alte Ich-Erzähler hat zwar kein harmonisches, aber doch ein klar entschiedenes und letztlich positives Weltverhältnis gewonnen. Es stellt sich als distanzierte Weltbejahung, als spannungsreiche Vermittlung von Individuum und Gesellschaft dar. Heinrich Lee hat gelernt, den „Lauf der Welt", die widerständige soziale Wirklichkeit in ihrem notwendigen Eigensein anzuerkennen, wodurch die Entfremdung zwischen Ich und Welt weitgehend aufgehoben ist.[175] Sein Traum von der Identität der schweizerischen Nation bildet die Voraussetzung für die Gewinnung personaler Identität. Er ist Ausdruck seiner existentiellen Bindung an die Heimat, er bekundet die Sehnsucht nach sozialer Identität, die Bereitschaft zur Integration in die völkische Gemeinschaft, ohne die, wie schon der junge Keller erkannte, der einzelne „allen innern Halt verlieren" würde.[176]

Die hin und wieder bezweifelte Entwicklung des Protagonisten ergibt sich eindeutig aus der autobiographischen Erzählweise, aus der distanzierten Überlegenheit des jeweiligen erzählenden über das erlebende Ich, und damit auch des alten über den jungen Erzähler. Der im höheren Mannesalter stehende Heinrich Lee ist, verglichen mit dem Erzähler der Jugendgeschichte, „kaum derselbe Mensch"; er verliert sich nicht mehr in episch ausschweifendem Enthusiasmus an seine Erinnerungen; als gelassener „Lebenszuschauer" kommentiert er vielmehr seinen Irrtum im Kunstberuf sowie die Geschichte seiner Heimkehr mit klarsichtiger Sachlichkeit, selbstkritischem Ernst und einem nüchternen Sinn für die „Textur" der Wirklichkeit.[177] Durch den herben Verlust seiner jugendlichen Illusionen ist er zwar zu resignativer „Bescheidenheit" gelangt, hat aber erfahren, daß gerade Leiden und Irrtum „das Leben lebendig" erhalten, weshalb er nicht auf verlorene Jahre zurückblickt.[178] Von der Klage des heimgekehrten Protagonisten über dessen „ausgeplünderte Seele" distanziert sich der alte Erzähler entschieden, indem er sie als vorübergehende „kranke Stimmung" diagnostiziert.[179] Er fügt seinem Lebensbericht die Geschichte des realitätsblinden, unentschiedenen Zwiehan ein, weil er in dem „Verlust [...] seiner [Zwiehans] Person und Identität" für sich ein warnendes „heilsames Memento" erblickt.[180] Die Bescheidenheit des alten Erzählers resultiert aus der Erkenntnis der „Grenzen", die ihm „überhaupt gezogen sind".[181] Damit entfiel erstmals bei Keller der harmonisierende Schluß des tradierten Bildungsromans. Der Protagonist, der am Ende zu sich selbst gefunden hat, kann nicht mehr auf uneingeschränkte Selbsterfüllung hoffen, daher der resignative Grundton des Romanschlusses. Gerade dieser Verzicht auf ideale Verklärung verleiht dem *Grünen Heinrich* seine innere Wahrheit.[182]

Keller wußte sich zeitlebens mit Goethe in dem „Streben nach Humanität" einig, schränkte jedoch zugleich ein: „*Was* aber diese Humanität jederzeit umfassen solle: dieses zu bestimmen, hängt [...] von der Zeit und der Geschichte" ab.[183] Heinrich Lee fühlt sich der Humanitätsidee des 18. Jahrhunderts, den „edlen Gütern der Bildung und Menschenwürde", verpflichtet.[184] Er entstammt dem Mittelstand und orientiert sich an dessen traditionsgebundener Konzeption einer sittlich-ästhetischen Bildung. Das kleinbürgerliche Handwerkertum, zu dem Heinrichs Vater zählt, begann schon im Vormärz sich die Inhalte der tradierten höheren Bildung anzueignen. Von da aus wird verständlich, warum der Protagonist im allgemeinen keine grundsätzliche Kritik an den überkommenen bürgerlichen Wertvorstellungen übt, weshalb er vielmehr bedauernd seiner eigenen „zufälligen und zerstreuten Bildung" gedenkt.[185] Allerdings erfährt der zeitgenössische liberale Bildungsoptimismus bei Keller insofern eine Einschränkung, als die ökonomisch-soziale Bedingtheit des Individuums nachdrücklich thematisiert wird. Man verweist Heinrich wegen einer Unbedachtheit von der Schule, und er bleibt infolge seiner finanziellen Notlage auch späterhin ein bescheidener Autodidakt. Im vierten Band setzt sich dann das zeitgenössische realistisch-pragmatische Bildungsprinzip durch, indem Heinrich ein „Bewußtsein von den Dingen" gewinnt,

„die da sind, gelehrt, gelernt und betrieben werden [...]".[186] Solche an den Realien orientierte Wirklichkeitsnähe wird seiner späteren Berufstätigkeit zugute kommen.

Bildung zielt im *Grünen Heinrich* auf die Gewinnung eines einigermaßen ausgeglichenen Verhältnisses von subjektiver Innerlichkeit und empirischer Realität, eine Haltung, die sich erst im vierten Band anzubahnen beginnt. Meist irritiert den Protagonisten seine Umwelt; sie zwingt ihm die Rolle des Außenseiters auf, führt ihn auf Abwege, die sich häufig nicht als fruchtbar erweisen. Der klassische Bildungsbegriff einer entelechisch gesteuerten, harmonischen Entwicklung ist hier nicht mehr anwendbar; Heinrichs Werdegang wird nicht durch stets bereichernde Wechselwirkung zwischen Ich und Welt gefördert. Daraus ergibt sich eine nur begrenzte Möglichkeit von individueller Entwicklung im Sinne von qualitativer Bewußtseins- und Verhaltensänderung, weil das Individuum, abgesehen von seiner problematischen Anlage, den funktionalen Zwängen einer zunehmend komplexer werdenden kapitalistischen Gesellschaftsordnung unterworfen ist. Der Bildungsprozeß verläuft nicht mehr teleologisch-linear, freilich auch nicht kreisförmig im Sinne konstanter Repetition derselben Grundfigur, sondern in Form der „Spirale", die dem alten Erzähler als die „wahre Lebenslinie" erscheint.[187]

Aus diesen Voraussetzungen ergibt sich auch eine Modifikation der klassisch-neuhumanistischen Bildungsidee hinsichtlich des Postulats der unumschränkten Selbstverwirklichung. Heinrich bewundert zwar Schiller, dessen Leben allein in der „Erfüllung seines innersten Wesens" bestanden, der „ein einheitliches organisches Dasein" realisiert habe: „Leben und Denken, Arbeit und Geist dieselbe Bewegung."[188] Der Protagonist setzt dem jedoch in Erkenntnis der eigenen begrenzten Möglichkeiten ein anderes Bildungsziel „von gleicher Ehrlichkeit und Friedensfülle" entgegen: „ein getrenntes, gewissermaßen unorganisches Leben", die resignativ-tapfere Hinnahme einer unumgänglichen Spannung zwischen Gesellschaft, beruflicher Arbeitswelt und dem Anspruch auf private Selbstverwirklichung.[189] Denn sein „anspruchsloses und stilles Amt" vermag ihm keine volle Selbsterfüllung zu gewähren.[190] Keller verzichtete damit bewußt auf den harmonisch-ganzheitlichen Gestaltbegriff der Klassik, der ihm in der Konfrontation mit einer beengenden, oft notvollen Wirklichkeit nicht mehr realisierbar erschien.[191]

Heinrichs Werdegang vollzieht sich nicht in kontinuierlichen Übergängen, vielmehr tritt er „immer ruckweise" in einen neuen Lebensabschnitt ein.[192] Schon seine Jugendgeschichte ist durch den Umschlag von hoffnungsvollem Aufbruch und verzweifelter Krise bestimmt: eine mehr oder minder glückliche Kindheit wird durch den Verweis von der Schule jäh unterbrochen; die wehmütig-beseligende Doppelliebe des Jünglings findet durch äußere Umstände ein abruptes Ende. Diese Bewegung setzt sich im zweiten Teil fort: nach ersten Bemühungen in der Malkunst der Aufbruch nach München und das Scheitern als Künstler; die erwartungsvolle Rückkehr in die Heimat und das Mißlingen der sozialen Integration angesichts des frühen Todes der Mutter; schließlich die zwei Jahrzehnte während Freundschaft mit Judith bis zu deren traurigem Tod. Dann der erneute geistige Aufbruch, die Niederschrift des zweiten Teils der Autobiographie, der dem wiederum verdüsterten Dasein einen Sinn abzuringen bemüht ist.

Damit wird das dialektische Lebensgesetz des „goldenen Zirkels von Verteidigung und Angriff" offenbar, der geschichtliche Rhythmus von „Bewegung und Rückschlag", von Aufbruch und Krise, der, wie Heinrichs Entwicklung beweist, keineswegs die monotone Wiederkehr des Immergleichen bedeutet.[193] Die historische „Dialektik der Kulturbewegung", von welcher der junge Keller sprach, prägt das Weltbild des *Grünen Heinrich* in Form einer Korrelation der Gegensätze: Leben und Tod, Schönheit und Vergänglichkeit sind ineinander verschränkt, auf Gräbern grünt frisches Gras, und der Autor, auf den ernsten Grundton des Romanschlusses angesprochen, antwortet: „[...] wer wollte am Ende ohne diese stille Grundtrauer leben, ohne die es keine echte Freude gibt?"[194] Die kontingente Mannigfaltigkeit der gegensätzlichen Erscheinungen ist in der Einheit eines umfassenden Lebensstromes aufgehoben, aus der sich nach Ansicht des alten Erzählers kein Wert verlieren kann, erscheint er doch infolge der „unaufhörlichen Veränderlichkeit" der Natur „in allen möglichen Gestalten" wieder.[195] So kann der gereifte Protagonist den Verlust der Mutter und seines christlichen Glaubens mit den dunklen Worten kommentieren, dies seien „Dinge [...], deren Wert nicht aus der Welt fällt und immer wieder zum Vorschein kommt".[196] Tatsächlich tritt an die Stelle der Fürsorge der Mutter Judiths liebende Zuwendung, und der religiöse Vorsehungsglaube weicht einem Vertrauen auf die kausale „Folgerichtigkeit der Dinge", in der sich eine umgreifende „Weltordnung", ja eine „Weltsicherheit" manifestiert.[197] Heinrichs Werdegang demonstriert also nicht etwa einen Zerfall der humanen Werte, sondern deren Bewahrung in jeweils wechselnder Gestalt. Damit erweist sich für den Protagonisten trotz krisenhafter Gefährdungen, trotz resignativer Ergebung in den „Lauf der Welt" die auf Goethes Spuren erworbene Einsicht in „den Zusammenhang und die Tiefe der Welt" letztlich als richtig.[198]

Inwieweit bestimmt nun die Bildungsidee des *Grünen Heinrich* die Struktur des Romans? Die Gesetzlichkeit von Heinrichs Lebensweg, der kontinuierliche Rhythmus von Aufbruch und Krise, spiegelt sich in der Grundthematik des Erzählens, welche die heterogenen Elemente in einen ersten strukturellen Zusammenhang rückt. Es wird die ständige schmerzhafte Korrektur der subjektiven Vorstellung durch die empirische Wirklichkeit thematisiert — Ausdruck des konfliktträchtigen Widerspruches von imaginativer Innenwelt und faktischer Realität, dem der Protagonist unterworfen ist. Sein Reifungsprozeß, der sich vor allem im letzten Band vollzieht, läßt sich formelhaft verkürzt als allmähliche Reduzierung — nicht Überwindung — des Widerspruchs zwischen Innerlichkeit und Gesellschaft umschreiben.

Diese Grundthematik prägt nun weitgehend nicht nur die Großgliederung des Romans, sondern auch die kleineren, teilweise mit den Kapiteln übereinstimmenden Episoden. Der Lebensrhythmus des Protagonisten bestimmt den Abschluß des ersten Bandes: das jähe Ende des Kinderglücks infolge des Verweises von der Schule. Der zweite Lebensabschnitt, den zweiten Band bis zum Ende der Jugendgeschichte (III/8) umfassend, gewinnt äußere Kontur durch Heinrichs wehmütiges Glück der Doppelliebe, das abrupt abbricht. Der Rest des dritten Bandes, mit dem die zweite Autobiographie einsetzt, schildert den euphorischen Aufbruch in die Kunststadt und das notvolle Scheitern. Der vierte Band (bis Kap. 15) beschreibt die hochgestimmte Rückkehr in die Heimat und das Mißlingen der sozialen Integration. Das Schlußkapitel — Keller bedauerte dessen allzu knappen Umfang —[199] berichtet über den Lebensbund mit Judith und endet mit deren Tod. Die Eigenart dieser Phasengliederung besteht darin, daß gemäß dem dargestellten Entwicklungsgesetz die traditionellen, harmonisch gleitenden Übergänge durch harte Zäsuren, durch dialektische Umschläge ersetzt sind.

Dennoch ist das Strukturmuster des Bildungsromans unverkennbar. Die einsträngige, phasengegliederte Lebenslinie der Titelfigur ist chronologisch geordnet. Jede Station gewinnt ihr Profil durch eine eigene Figuren- und Raumkonstellation. Die Nebenfiguren sind der Zentralgestalt des Protagonisten funktional zugeordnet. Die Schauplätze spiegeln Heinrichs jeweilige innere Befindlichkeit; so gewinnt das Spannungsfeld zwischen der vitalen Judith und der kränklich-zarten Anna im Doppelbild des früchtereichen Gartens und des stillen, unberührten Sees Gestalt.

Schon Keller hat erkannt, daß das wesentliche Strukturprinzip des Romans in der autobiographischen Erzählweise beschlossen liegt.[200] Die fiktionale Ich-Form verbietet es, die unstrittig vorhandenen autobiographischen Bezüge des Romans allzu unbedenklich für dessen Deutung heranzuziehen. Die Figur Heinrichs Lees, die sich in erzählendes und erzähltes Ich aufspaltet, muß aus sich selbst verstehbar sein. Der junge Erzähler unterzieht sich gegen Ende seines Münchener Aufenthaltes einer „Selbstprüfung", indem er seine Jugendgeschichte zu Papier bringt. Angesichts seiner derzeitigen desolaten Lage sucht er in der heimatlichen Vergangenheit Zuflucht, weshalb ihm die Niederschrift zunehmend zu einem „Erinnerungsvergnügen" gerät.[201] Judiths Tod veranlaßt den nunmehr im höheren Mannesalter stehenden Heinrich Lee, nach etwa 25 Jahren nochmals zur Feder zu greifen. Ein wesentlich gereifter, distanzierter „Lebenszuschauer" betätigt sich jetzt als „Sorgenschreiber",[202] indem er sich die Enttäuschungen seines Kunststudiums, die unverwirklichte Liebe zu Dortchen und die Probleme beim Aufbau seiner Existenz in der Heimat vergegenwärtigt. Aber sein Bericht gipfelt dennoch in der beschwörenden Erinnerung an den „Doppelstern" seines Lebens,[203] an die zwei Frauen, durch die er nicht nur liebende Zuwendung erfahren hat, sondern auch einer Existenzform ungebrochenen Lebensvertrauens und selbstsicherer Identität begegnet ist. In der Selbstfindung des alten Erzählers ist die typische Zielgerichtetheit des Bildungsromans erkennbar. Heinrich Lee, zu ruhiger Kontinuität des Lebensvollzugs gelangt, hat sich schreibend gewisser sozialer Normen und humaner Werte versichert.[204] Beide Erzähler ergehen sich nicht nur in narzißtischer Selbstbespiegelung, sondern sie entlarven auch illusionäre Phantasien des erlebenden Ichs. Darüber hinaus gelingt dem alten Erzähler eine Sinndeutung seiner Existenz, indem sich in seinem Lebensbericht problematische Realität und sinnstiftende Imagination wechselseitig durchdringen.[205] Beide Erzähler bemühen sich, gemäß der Konvention der Romanart, um einen didaktischen Leserbezug. Sie streben nach Klarheit des Aufbaus: die Kapitel erhalten in der zweiten Fassung Überschriften, die Großgliederung verdeutlicht Heinrichs Lebensstationen, die jetzt in chronologischer Abfolge dargeboten werden. Keller verwirklicht meist erfolgreich seinen Vorsatz, „das Didaktische im Poetischen aufzulösen",[206] aber er gleitet doch auch des öfteren in allegorisierende Schilderung ab, so etwa im Schlußtableau, das Heinrichs Selbstfindung in der Wiederbegegnung mit Judith mehr oder minder nur statuiert — eine gestalterische Schwäche, die Keller wohl selbst erkannt hat.[207]

Der Autor bemühte sich auch, dem Leser eine Figur mit gewissem exemplarischem Anspruch zu präsentieren. Daher verzichtete er bewußt auf die Thematik des Künstlertums und wählte für die Titelgestalt einen bürgerlichen Beruf.[208] Er versuchte die Neubestimmung humaner Existenz in einer sozial und ökonomisch sich wandelnden Zeit literarisch zu gestalten. Im *Grünen Heinrich* werden, ungeachtet aller individuellen Besonderheiten und Absonderlichkeiten, menschliche Grundsituationen dargestellt, was beispielsweise die mythologischen Bezüge verdeutlichen. Die lebensvolle Judith erscheint dem Protagonisten als „reizende Pomona", und seine eigene Unbehaustheit spiegelt sich in dem heimatlosen Weltfahrer Odysseus.[209] Keller bemühte sich bei der Umarbeitung der ersten Fassung, das Individuelle zugunsten des Typischen zurückzudrängen, indem er manche „unrepräsentabeln Velleitäten" strich, ferner die zahlreichen örtlichen und zeitlichen Bezüge erheblich reduzierte.[210] Auch sprachlich sind die Figuren relativ wenig individualisiert; sie gleichen sich mehr oder minder dem Stilduktus des Erzählers an.

Keller stand der epischen Gattungstheorie reserviert gegenüber. Er ließ für den Roman keine „aprioristischen Theorien und Regeln" gelten, diese müßten vielmehr „aus den für mustergültig anzusehenden Werken abgezogen werden".[211] Es wird sich im folgenden zeigen, daß die konstanten Merkmale des tradierten Strukturmodells, ergänzt durch zahlreiche variable Elemente, in der zweiten Fassung des *Grünen Heinrich* wiederkehren. Die Werkstruktur wird durch die Entwicklung eines eigenwilligen Außenseiters von begrenzter Bildsamkeit dominiert. Deren Problematik resultiert einerseits aus Heinrichs egozentrischer Introvertiertheit, zum andern aus einer Vielzahl von gesellschaftlichen, ökonomischen und politischen Faktoren. Die qualitative Bewußtseinsveränderung, die der Protagonist zuletzt erreicht, beruht weniger auf bereichernder Weltaufnahme als auf einer krisenreichen, desillusionierenden Auseinandersetzung mit der empirischen Wirklichkeit, die sich, wie gesagt, in der Grundfigur von Aufbruch und Krise, von Bewegung und Rückschlag vollzieht. Der scheinbar unlösbare Konflikt von Innen- und Außenwelt gewinnt in der zyklischen Vorgangsfigur der Fabel Gestalt: Heinrich verläßt die Heimat, um in der Weltbegegnung die berufliche Selbsterfüllung zu finden; er erfährt jene aber als enttäuschenden „Weltbetrug"[212] und kehrt desillusioniert in die Heimat zurück, wo er zuletzt zu sich selbst finden wird. Die Fabel besitzt im Sinn der Konvention des Bildungsromans, trotz eingeschobener kleiner Erzählungen und episodischer Auflockerungen, Einsträngigkeit. Das erst in der Zweitfassung eingeführte, chronologisch geordnete Zeitgerüst unterstreicht die Irreversibilität der Lebenslinie. Die Zielgerichtetheit zumindest des zweiten Teils der fiktionalen Autobiographie resultiert aus der distanzierten Perspektive des gereiften schreibenden Ichs. Der alte Erzähler beharrt auf den Normen und Wertvorstellungen seiner personalen Identität, die infolge des nur beschränkt vermittelbaren Konflikts von Innen- und Außenwelt einen resignativen Grundzug aufweist.

Die Figurenkonstellation ist durch das Prinzip der funktionalen Zuordnung der dominanten Nebenfiguren zur Zentralgestalt bestimmt. Sie sind vom Ich-Erzähler als dem epischen Integrationszentrum unter dem Gesichtspunkt persönlicher Relevanz ausgewählt und vertreten die für ihn wesentlichen Lebens- und Erfahrungsbereiche, oder sie spiegeln, komplementär bzw. kontrastiv, Heinrichs Wesensart. Auch die Raumdarstellung wird durch die subjektiven Erfahrungen des Ich-Erzählers geprägt, der über der Freude an der prallen Schilderung der Erscheinungswelt nicht vergißt, im „poetischen Spiegelbild" den Dingen eine zeichenhaft verweisende Bedeutung zu erschaffen,[213] die allerdings hin und wieder zum allegorischen Sinnbild verkümmert. Aber gerade die Tendenz zu allegorischer Eindringlichkeit verrät die didaktische Motivation des alten Erzählers, der aus großer Distanz seinen Werdegang überschaut. Er greift nicht nur zur Feder, um sich seiner erworbenen Lebens- und Werthaltung zu versichern, sondern er verkündet diese einem imaginären Publikum mittels generalisierender Reflexionen und wertender Zwischenbemerkungen. Die intendierte Leserlenkung wirkt sich, wie erwähnt, auch in der veränderten Gliederung nach Bänden und Kapiteln aus.[214] Der alte Erzähler erhebt Anspruch auf eine gewisse exemplarische Verbindlichkeit seiner Aussage, was angesichts seines ungewöhnlichen, ja absonderlichen Werdegangs nicht unproblematisch erscheint. Immerhin lädt aber die Ich-Form den Leser zur Identifikation mit dem Protagonisten ein.

Damit scheint erwiesen, daß die konstanten Grundmerkmale des Strukturtyps der Romanart im *Grünen Heinrich* vorhanden sind.[215] Die Grundthematik des Werdeganges eines jungen Menschen wird mittels einer chronologisch geordneten, phasengegliederten, einsträngigen Fabel entfaltet, die zuletzt in die Selbstfindung des Protagonisten mündet. Diesem als Zentralgestalt sind die Nebenfiguren funktional zugeordnet. Als didaktisch motivierter Erzähler bemüht er sich um einen gewissen Leserbezug. Die variablen Elemente des Strukturtyps bedingen eine Werkstruktur, der eine gewisse Selbständigkeit innerhalb der Tradition der Romanart zukommt. Hierzu zählt die zyklische Vorgangsfigur der Fabel, die im allgemeinen mit dem romantischen Modus der Entfaltung der subjektiven Potentialität des Protagonisten verbunden ist: eine Darstellungsform, die im Bürgerlichen Realismus nur noch im *Hungerpastor* begegnet. Sie verweist auf den nur begrenzt versöhnbaren Konflikt zwischen der „Poesie des Herzens" und der widerständigen „Prosa der Verhältnisse". Die für die Romanart ungewöhnliche Form der Zeitgestaltung deutet auf ein Ich, das sich infolge innerer und äußerer Gründe schwertut, eine realitätsbezogene Identität auszubilden. Das gewinnt in einer atypisch breiten Darstellung der Kindheits- und Jugendzeit Gestalt — Ausdruck einer regressiven Entwicklungsproblematik des jungen Erzählers angesichts der Misere seiner Münchener Jahre, aber auch Folge einer stark verzögerten Ablösung von der Mutter. Nach hinten verlängert sich der geschilderte Werdegang weit über die Adoleszenz hinaus bis in das beginnende Mannesalter, was auf eine retardierte Selbstfindung schließen läßt. Diese verspätet gewonnene Identität bestimmt auch die Gestaltung des nicht über sich hinausweisenden, resignativen Schlusses. Erstmals in der Geschichte der Romanart fungiert als episches Integrationszentrum ein Ich, das die autobiographische Erzählweise mit betont subjektiver Authentizität gebraucht, also auf die Legitimation durch die objektivere Er-Form verzichtet.

Der grüne Heinrich bedeutet das Ende derjenigen Art von Bildungsroman, die der tradierten harmonisch-ganzheitlichen Bildungsidee verpflichtet gewesen war. Kellers Weltbild, gewandelt infolge der historischen „Dialektik der Kulturbewegung", verlangte nach einer veränderten Bildungsidee. Von jetzt an wird die Gesellschaftswelt primär in ihrer durch soziale, politische und ökonomische Zwänge bestimmten Faktizität und damit als kontingente, komplexe Wirklichkeit erfahren. Es spricht für die poetische Qualität des *Grünen Heinrich*, daß die Widersprüche zwischen den Bedürfnissen des Individuums und den Normen der Gesellschaft weder durch eine ideologische Scheinlösung verdeckt werden, wie dies Freytag und Spielhagen versucht hatten, noch die spannungsvolle gesellschaftliche Wirklichkeit ausgeklammert wird, wie das im *Nachsommer* und im *Hungerpastor* weitgehend geschehen war.

DER ANTIBILDUNGSROMAN

Wilhelm Raabe: Stopfkuchen

Raabes berühmtestes Werk, 1891 erschienen, kreist um die alles überragende Titelfigur. Stopfkuchen, Besitzer eines stattlichen Bauernhofes, möchte dem Jugendfreund Eduard, der zu Besuch bei ihm weilt, seinen Lebenssieg demonstrieren: „Und ich hoffe es dir im Laufe des Tages doch noch zu beweisen, daß auch [...] der unterste Platz in jeder Schulklasse, der tränenreiche Sitz am Wiesenrain den Menschen doch noch zu einem gewissen Weltüberblick und zu einem Zweck und Ziel im Erdendasein gelangen lassen können."[216] Im folgenden beschreibt ein Außenseiter der bürgerlichen Gesellschaft seine tapfere Selbstbehauptung gegenüber einer mitleidlosen Umwelt, seinen schmerzensreichen Werdegang zu humaner Selbsterfüllung. Zentrales Thema des Romans, der vorwiegend von Stopfkuchen erzählt wird, ist also die Frage nach der Möglichkeit der Selbstverwirklichung des einzelnen inmitten einer inhumanen Gesellschaft. Will Heinrich Schaumann beweisen, daß er nichts geringeres als „Zweck und Ziel" seines Daseins erreicht hat, so fragt sich Eduard betroffen: „Wie kommen Menschen dahin, wo sie sich [...] zu eigener Verwunderung dann und wann finden?" (7) Was den Farmer aus Südafrika angesichts der beunruhigenden Überlegenheit des Freundes zur Niederschrift seiner Besuchserinnerungen treibt, ist das Bedürfnis, sich der Grundwerte der eigenen Existenz zu vergewissern.

Stopfkuchen vermeidet, wie auch der späte Raabe, weitgehend den ihm suspekt gewordenen Begriff der Bildung. Soweit er ihn doch verwendet, prangert er damit ironisch die lebensfremde Scheinbildung eines Bürgertums an, als dessen Vertreter er den „klugen, gebildeten" Eduard empfindet (48). Er provoziert den Jugendfreund durch seine Bemerkung, er selbst habe nicht ohne Nutzen für seine Bildung das Kochbuch studiert (56). Kurz nach Erscheinen des Romans notierte sich Raabe einen Aphorismus, der das Verhältnis der gegensätzlichen Freunde schlaglichtartig erhellt: „Erkenntnis macht frei, Bildung fesselt [...]."[217] Schaumanns unverbildete, humane Ursprünglichkeit und seine enttäuschenden gesellschaftlichen Erfahrungen bewahren ihn vor unkritischer Übernahme bürgerlicher Normen und Wertvorstellungen, denen jedoch Eduard weitgehend verpflichtet ist. Der „lateinische Bauer" (147) auf der Roten Schanze verfügt zwar über das klassisch-humanistische Geisteserbe, aber er ist in einer anderen Bildungstradition beheimatet. Zitiert er doch aus dem Umkreis des Neuhumanismus nur etwa halb so häufig wie aus dem Fundus volkstümlichen Wissens: aus der Bibel – freilich in säkularisierender Weise –, aus Märchen und Sage, aus dem lebendigen Erfahrungsschatz von Sprichwort und Redensart.[218] Schaumanns bevorzugte Lektüre entspricht nicht zufällig der des jungen Raabe – Bücher, die dieser Autor zeitlebens hochschätzte: Freiligraths Werke, die Märchen und volkstümlichen

Erzählungen der Gebrüder Grimm, von Andersen und Musäus.[219] Während Schaumanns Zitate aus diesem volksnahen Wissensbereich weitgehend affirmativer Art sind, erscheinen seine literarischen Entlehnungen aus Antike, deutscher Klassik und Romantik vorwiegend ironisch gebrochen.[220] Dieser radikale Individualist ist aus dem „Herdenkasten" einer erstarrten neuhumanistischen Bildungstradition ausgebrochen; er bekämpft die konventionellen Denk- und Verhaltensweisen, die Normen und Wertvorstellungen des zeitgenössischen Bürgertums, soweit sie seine persönliche Entfaltung hemmen.

Während Schaumanns Zitate fast immer einen Sinnzusammenhang erschließen, lassen Eduards literarische Anspielungen meist jegliche Funktion innerhalb des Kontextes vermissen; sie sind respektheischende Bildungsrelikte, Zitate um des Zitierens willen.[221] Der weitgereiste afrikanische Farmer ist zwar frei von philiströser Enge und Borniertheit — davon zeugt symbolisch das zuhause unter dem Spitzwegbild hängende Löwenfell —, aber der ehemalige Musterschüler des Gymnasiums ist doch weitgehend dem klassisch-humanistischen Bildungserbe verpflichtet. Er repräsentiert das konservative Besitz- und Bildungsbürgertum der Wilhelminischen Ära, pocht er doch gleich zu Beginn seiner Niederschrift, in Abwehr des beunruhigenden Eindrucks von Schaumanns übermächtiger Persönlichkeit, auf seine umfassende Bildung und sein afrikanisches Besitztum.

Der Herr der Roten Schanze und sein urbaner Freund sind, wie gesagt, in zwei verschiedenen Wissenstraditionen beheimatet; daraus erklärt sich ihr unterschiedliches Verhältnis zu den zeitgenössischen kulturellen Werten und gesellschaftlichen Normen.[222] Während Eduard durch humanistisches Gymnasium und Universität wesentlich geformt wird, lehnt Schaumann den schulischen „Kulturpferch" samt dessen „klassischer Bildung" kategorisch ab.[223] Auch die Hochschule scheint ihm nur einem sterilen Kult der „Mutter Eruditio" zu huldigen (135). Die sogenannte höhere Bildung empfindet er als Produkt einer erstarrten neuhumanistischen Bildungstradition, die es dem einzelnen geradezu verwehrt, sich auf die eigenen Möglichkeiten zu besinnen. Schaumann beurteilt sein „schnellfüßiges", von naivem Fortschrittsglauben beseeltes Jahrhundert recht skeptisch; er stellt dessen Ideale von Prestige gewährendem Besitz, von Bildung und leistungsorientiertem Berufsethos grundsätzlich in Frage.

Die innere Entfaltung des nonkonformistischen Außenseiters vollzieht sich außerhalb der vorgegebenen Normen. Die Schulkameraden lassen den fettleibig-trägen Jungen in leidvoller Einsamkeit unter der „Hecke" liegen und belegen ihn mit dem Spottnamen Stopfkuchen. Ähnlich verhalten sich die Lehrer. Die uneinsichtigen Eltern können ihm kein bergendes Zuhause schaffen; sie zwingen ihn wider seine Natur zu einem „Brotstudium" (130), an dem er denn auch willentlich scheitert. Der erzürnte Vater weist den Heimgekehrten aus dem Hause. In tiefer Verbitterung bricht Schaumann jetzt endgültig aus dem „Herdenkasten" der philiströsen Konventionen aus. Er verweigert sich einer Gesellschaft, die das Recht beansprucht, „etwas anderes aus mir zu machen, als was in mir steckt" (48). Stopfkuchen akzeptiert die ihm zugewiesenen sozialen Rollen nicht; „halb Pfarrherr, halb Landbebauer" (154), entzieht er sich den Normen eines bürgerlichen Berufes, verzichtet er auch auf die Gründung einer Familie. Schon frühzeitig findet er zu sich selbst, indem er sich, der eigenen Möglichkeiten und Grenzen bewußt, für die Rote Schanze als Lebensziel entscheidet. Schon im jugendlichen Alter sieht er, „immer munter bei sich selber" (64), sein Ich als einzig verbindliches „Ideal" (82). Im Gegensatz zum Protagonisten des zeitgenössischen Bildungsromans, dessen Reifung dem dominanten Modus der Entwicklung entspricht, weil er sich durch sachlich-kritische Rezeption verschiedener Bildungsmächte innerlich bereichert, verbleibt Stopfkuchen im Umkreis der Roten Schanze und frißt sich, gemäß seinem Wahlspruch, durch die Widrigkeiten einer entfremdeten Existenz hindurch. Sein Lebensgesetz ist die Selbstentfaltung aus der Kraft der subjektiven Potentialität des Ichs, weshalb sein Werdegang keine lineare, zielgerichtete innere Progression aufweist. Ohne sich qualitativ zu verändern, wird er das, was er immer schon war.[224] Gerade infolge seiner gesellschaftlichen Isolation gelingt es ihm, eine autonome Existenz zu verwirklichen, unbehelligt von vorgegebenen Denk- und Verhaltensmustern. Aus seinem unbedingten Willen zur Selbstentfaltung erwächst seine unumschränkte sittliche Autonomie.[225] In distanzierter „Weltverachtung" entlarvt er die Intoleranz und Herzlosigkeit der Bauern von Maiholzen, die dem alten Quakatz das Leben vergällen, wie auch die Inhumanität des städtischen Bürgertums, die ihm vor allem in der Schule begegnet ist. Das Gesellschaftsbild des späten Raabe hat sich merklich verdüstert: es ist nicht mehr die „arme, irrende Welt", die den Hungerpastor Hans Unwirrsch relativ ungeschoren ließ, sondern eine unmenschlich „schlimme Welt" (23). Es gehört zur unerhörten Provokation dieses Romans, daß dessen Zentralgestalt, auf gesellschaftliche Partizipation verzichtend, hart am Rande des Weltverlusts zur Sinnerfüllung gelangt.[226]

Ganz anders Eduard, dessen Werdegang den dominanten Modus der Entwicklung repräsentiert: er bereichert sich innerlich durch Aufnahme von Welt. Er verlebt eine wohlbehütete, glückliche Jugend; seine Wanderjahre verbringt er nach absolviertem Studium als Schiffsarzt auf See; sein Lebensziel erreicht er mit dem Erwerb einer Farm in Südafrika. Eduard paßt sich im wesentlichen den Normen und Wertvorstellungen der bürgerlichen Gesellschaft an, trotz einer gewissen Kritik an deren philiströser Entartung, die seiner Weltläufigkeit zuzuschreiben ist.

Raabe zählte mit Nietzsche und Lagarde zu den großen Kulturkritikern des späten 19. Jahrhunderts. Selbst ein Angehöriger des Bürgertums, erhoffte er dessen Regeneration aus den Kräften individueller Eigentümlichkeit und ursprungsnaher Volksverbundenheit. Er stellte sich der Auseinandersetzung mit der tiefgreifenden Gesellschafts- und Bildungskrise der Zeit, in der Humanität und technischer Fortschritt nicht mehr versöhnbar erschienen. In *Stopfkuchen* hat Raabe die zeitgenössische Gesellschaft mit unerhörter Radikalität herausgefordert: der träge Außenseiter, der nach allgemeiner Ansicht Gescheiterte, sichert sich gegen allen äußeren Widerstand einen nahezu unbegrenzten Lebenssieg, während der tüchtige, welterobernde Vertreter des höheren Bürgertums mehr oder minder resigniert. Raabe war sich dessen durchaus bewußt; er freute sich über „eines der unverschämtesten Bücher [...], die jemals geschrieben worden sind".[227] Es ist gegen den realistischen Bildungsroman und gegen das zeitgenössische bürgerliche Leitbild gerichtet. Schaumann, der den Herdenkasten der Konvention verläßt, um sich selbst zu finden, hat das Problem gelöst, das Raabe im selben Jahr, als er die Arbeit an *Stopfkuchen* aufnahm, aphoristisch umriß: „Wer wird in der ganzen Welt mit der Welt fertig *ohne* sie?"[228] Die Darstellung des sozialen Außenseiters war im Bürgerlichen Realismus nicht Thema des Bildungsromans, führte dieser doch fast immer einen Protagonisten vor, der trotz mancher Spannungen zuletzt zu einem Gleichgewicht zwischen seinen Bedürfnissen und den gesellschaftlichen Zwängen gelangt. Dagegen schuf Raabe in *Stopfkuchen* einen genuinen Antibildungsroman, indem er die nicht mehr zeitgemäße neuhumanistische Bildungskonzeption mit einem provokativen Gegenentwurf, einem kritischen Korrektiv zum zeitgenössischen Bildungsroman konfrontierte. Damit war der bürgerliche Leser aufgefordert, seine konformistische Lebensform durch den Versuch zu individueller Selbstbestimmung in Frage zu stellen.

Stopfkuchen wird durch die antithetische Grundstruktur bestimmt, die Raabe Jean Pauls *Flegeljahre* und E. T. A. Hoffmanns *Kater Murr* verdankte. Die Gegensatzfiguren des Protagonisten und seines Jugendfreundes, die unterschiedliche Lebensformen vertreten, relativieren sich wechselseitig und rücken einander in kontrapunktischer Doppelstimmigkeit ins rechte Licht, wobei Stopfkuchens Überlegenheit offenkundig ist, ohne daß er deshalb zur Idealfigur stilisiert würde. Schaumann konfrontiert seinen Werdegang ständig mit dem des ehemaligen Schulkameraden, gegen dessen Positionen er sich kritisch abgrenzt. Er benötigt ihn als verstehenden Zuhörer, aber auch als Repräsentanten des gegnerischen Besitz- und Bildungsbürgertums. Die spannungsvolle Figurenkonstellation ist durch die fehlende kommunikative Interaktion des autarken Protagonisten mit den Personen außerhalb der Roten Schanze gekennzeichnet. Die kleinstädtische Gesellschaft erscheint weitgehend als gesichtsloses Kollektiv, während Eduard, dessen Person, nicht nur wegen des fehlenden Familiennamens, merkwürdig unscharf bleibt, vorwiegend als Kontrastfolie dient, durch die Stopfkuchens provokative Existenzweise verdeutlicht wird.

Eduard dominiert als Ich-Erzähler nur in der knappen Rahmenerzählung (Abschnitt 1—8, 31—32), während Schaumann in seiner breit ausladenden Lebensschilderung die führende Rolle übernimmt. Eduard bleibt nicht nur als textinterne Figur, sondern auch als Erzähler — durch die eingeschobenen Berichte über die Schreibsituation auf dem Schiff — ständig präsent. Er steht in einer ambivalenten Beziehung zum Jugendfreund. Einerseits ist er von dessen „wundervoll erleuchteter [...] Seele" zutiefst betroffen (204). Er besitzt ein Gespür für Schaumanns gelassene Überlegenheit, zeigt sogar selbst gewisse Ansätze zu einer humoristischen Erzählweise, was ihn eindeutig vom zeitgenössischen Philistertum unterscheidet. Andererseits bleibt ihm die Überlegenheit des großen Welthumors verwehrt.[229] Dessen konstitutive Elemente — die provozierende subjektive Ichbezogenheit, die abwertende Weltverlachung, die Neuentdeckung sinnstiftender humaner Werte — sind Eduard weitgehend fremd. Er ist im Grunde seines Herzens kein Nonkonformist, er scheut die prinzipielle Auseinandersetzung mit dem Wertsystem der Gesellschaft. Schon seine Selbsteinschätzung, er zähle zu „den ganz Gewöhnlichen, den ganz Gemeinen, an jedem Wege Wachsenden", beweist, daß er im Prinzip als Gegensatzfigur zu Stopfkuchen verstanden werden muß (109).[230] Erschüttert von der Tatsache, daß sich sein väterlicher Freund und Mentor Störzer als Mörder entpuppte, erlebt Eduard einen „halben Welteinsturz" (164) seiner scheinbar gefestigten Lebenswerte; er flieht zurück an Bord seines Schiffes und gibt sich auf der Rückreise in einer Mischung aus Betroffenheit und Abwehr Rechenschaft über die Begegnung mit dem Jugendfreund. Und dies nicht etwa in Form einer rückhaltlosen, eigene Positionen in Frage stellenden Selbsterforschung, sondern mit der ausgesprochenen Absicht, „den Kopf aus der Geschichte" (200) zu ziehen. Daher setzt die Niederschrift mit der beschwörenden Berufung auf die bürgerlichen Werte von Besitz und Bildung ein, und sie schließt mit dem unzulänglichen Versuch, menschliches Schicksal durch vordergründiges logisches Kalkül zu erklären. Der verschleiernden Feststellung, die Sache habe „sich ja noch ganz erträglich gemacht" (198), widerspricht allerdings die ambivalente „froh-unruhige" Stimmung, mit der die Aufzeichnungen ausklingen (207). Stopfkuchen bleibt für den in eine schwere Identitätskrise geratenen Eduard „der Unbegreiflichste, der Unheimlichste" (195).[231]

Die antithetische Grundstruktur des Romans prägt auch die gegensätzlichen Apperzeptions- und Redeweisen der beiden Erzähler. Für Schaumann bedeutet der theoretisch gewonnene „Begriff" nur wenig, hingegen die empirisch erfahrene „Anschauung" alles (117). In intuitiver Spontaneität erfaßt er die Lebenserscheinungen und assoziiert das zeitlich und räumlich Getrennte zu kühner Synthese. So gewinnt für ihn etwa die Rote Schanze durch Ineinssetzung mit dem kriegerischen Belagerungsaufwurf des Prinzen Xaver eine neue Qualität.[232] Schaumanns Vermögen der „Anschauung" bedeutet mehr als nur die Fähigkeit zu wirklichkeitsnaher Erfahrung; es meint eine kreative kombinatorische Phantasie, die sein imaginativ-assoziierendes Reflektieren steuert.[233] Nicht zufällig beruft er sich in diesem Zusammenhang auf Schopenhauer (117), der erklärte: Die intellektuale „Anschauung nun aber ist es, welcher zunächst das eigentliche und wahre Wesen der Dinge [...] sich aufschließt und offenbart. Alle Begriffe, alles Gedachte, sind ja nur Abstraktionen, mithin Theilvorstellungen aus jener [...]. Deshalb bedarf es der Phantasie, um alle bedeutungsvollen Bilder des Lebens zu vervollständigen, zu ordnen [...]." „Alles Urdenken geschieht in Bildern."[234] Stopfkuchens frei spielendes, diskontinuierliches Erzählen beruht letztlich auf einer autonomen schöpferischen Einbildungskraft, die das erstarrte konventionelle bürgerliche Normen- und Wertsystem einer Umwertung unterwirft.

Der Autor selbst hat die Rote Schanze, Schaumanns Lebensziel, in Bezug zum Humor gesetzt.[235] Ein höchst komplexer Begriff bei Raabe, der sich letztlich jeder Formel entzieht. Dennoch läßt sich Wesentliches über Stopfkuchens Erzählhaltung und

Redeweise aussagen, wendet man die Kategorien an, die Jean Paul, Raabes großes Vorbild, in der *Vorschule der Ästhetik* entwickelt hat.[236] Der „Welthumor" konstituiert sich vor allem durch „humoristische Subjektivität", „humoristische Totalität" und durch die „unendliche Idee". Auch bei Stopfkuchen spielt „das Ich die erste Rolle"; sein Lebensbericht thematisiert die Entfaltung eines subjektiven Ichs, das mit seiner Umwelt ebenso souverän und unberechenbar verfährt wie mit den Elementen seiner Erzählung. Die „humoristische Totalität" besagt, daß hier ein Gericht über die „ganze Welt" (27) schlechthin ergeht. Die „Welt-Verlachung" vollzieht sich durch Abwertung leitender Normen und Wertvorstellungen des Besitz- und Bildungsbürgertums. Stopfkuchen stellt die leistungsbezogene vita activa und das neuhumanistisch geprägte Bildungsideal in Frage. Umgekehrt wertet er humane Verhaltensweisen auf, die in seinem „schnellfüßigen" Jahrhundert nicht hoch im Kurse stehen: die ruhevolle Kontemplation, die distanzierte Gelassenheit, die geduldige Lebenstapferkeit, mitmenschliches Verstehen und helfende Güte, nicht zuletzt auch den individualistischen Eigen-Sinn, der einer freien Übereinstimmung mit sich selbst entspringt. Stopfkuchen fühlt sich allerdings nicht mehr Jean Pauls „unendlicher Idee" verpflichtet, die ein künftiges metaphysisches Dasein antizipierte. Jedoch legitimiert sich seine humoristische Weltüberlegenheit durch ein auf persönlicher Erfahrung beruhendes Vertrauen in den sinnstiftenden immanenten Schicksalszusammenhang seines Lebens.[237] Er erfährt die verschlungene Dialektik des Lebens, indem er lernt, negative Ereignisse in ihren positiven Folgen für den eigenen Werdegang zu bedenken und ihnen so einen, wenn auch nur subjektiv gültigen, Sinnaspekt zu verleihen. In solchem Vertrauen auf den Zusammenhang des individuellen Lebensschicksals erfüllt sich die Bildungsidee des späten Raabe: „Dem ungebildeten Menschen erscheint alles als Einzelheit, dem gebildeten alles im Zusammenhange."[238] Aus dem persönlich erfahrenen Schicksalssinn erklärt sich letztlich Stopfkuchens mammuthaft gelassener amor fati, seine Fähigkeit, alle Widrigkeiten „aus dem Fett, der Ruhe, der Stille heraus" zu bewältigen (204). Aus seiner Perspektive, die bis in die prähistorischen Tiefen der Zeit zurückreicht, erwächst ihm die Fähigkeit zu gelassener Relativierung des gegenwärtigen Zeitmoments.

Schaumanns latent aggressiver Humor verzichtet auf harmonisierende Versöhnung der Gegensätze, auf lächelndes Einverständnis mit menschlichen Schwächen und gesellschaftlichen Unzulänglichkeiten. Er löst die Phänomene aus ihrem vorgegebenen Kontext und ordnet sie zu neuen Sinnkonstellationen. Dies offenbart sich etwa in der humoristischen Umwertung der leitmotivischen Bildkomplexe des Le Vaillant und des Riesenfaultieres. Störzers und Eduards Lieblingsbuch vertritt die bürgerliche Lebensform des hektischen „Laufens", das Faultier steht für Stopfkuchens kontemplative Existenzweise des „Sitzens". Der Vorgang der humoristischen Umwertung artikuliert sich in dem an bedeutsamer Stelle stehenden Satz: „Zum Laufen hilft eben nicht immer ‚schnell sein', lieber Eduard."[239]

Im Zeichen eines überlegenen Humors existieren für Stopfkuchen keine gesicherten Traditionen, keine fraglosen Normen und Werte mehr. Er verabsolutiert auch seine eigene antibürgerliche Position keineswegs, hat er doch beispielsweise als Aktienbesitzer, der sich seine Lebensbehaglichkeit zu sichern versteht, durchaus an der bourgeoisen Zivilisation teil. Daher übersieht er auch nicht, daß ihm seine friedvolle Rote Schanze eventuell zum beengenden „Kasten" werden könnte (165). Nur aus ständiger Infragestellung aller Positionen erwächst die unumschränkte Freiheit des Darüberstehens, die Schaumanns Welthumor auszeichnet. Er ist der geborene Einzelgänger; seine Freiheit ist, wie Raabe in anderem Zusammenhang vermerkte, „bloß individuell, haftet dem einzelnen als einzelnem [an], aber nie als Mitglied eines Gemeinwesens".[240]

Stopfkuchens humorgeprägter, spannungsvoll-gelassener Charakter bestimmt dessen eigenwilligen Erzählstil. Die „humoristische Subjektivität", seine nonkonformistische radikale Ichbezogenheit, bewirkt einen höchst individuellen Redestil, der, monologisch in sich kreisend, selbst das Kauzig-Absonderliche nicht scheut. Schaumann vermeidet die sprachliche Anpassung an die Normierungstendenzen des ausgehenden 19. Jahrhunderts. Der „lateinische Bauer" liebt volkstümlich-heimatsprachliche Ausdrücke, urtümliche Archaismen, umgangssprachliche Formen und Redewendungen, die seinem Sprechen eine knorrig-derbe Note verleihen. Er mißtraut den hochsprachlichen Satzbaumustern und ihren Kategorien logischer Ordnung. Wie der ihm wahlverwandte Vetter Just zieht er es häufig vor, nicht „nach der Syntax" zu sprechen.[241] Ein eigenwillig-subjektives Ich vergewissert sich redend seiner selbst. Nur die gesprochene Sprache vermag in ihrer parataktisch gelockerten Beweglichkeit Schaumanns aus der erlebten Situation entspringende Reflexion adäquat wiederzugeben.

Die abwertende pauschale „Welt-Verlachung" vollzieht Stopfkuchen, dem „Zauber des Gegensatzes" (77) verfallen, mittels der komplexen Technik der Verfremdung.[242] Durch Kontrastierung von disparaten Sprachschichten und Sinnbereichen, durch abnorme Wortbildungen und ironisch-parodistische Zitate wird das konventionelle System der Normen und Werte kritisch in Frage gestellt: illusionäre Vorstellungen werden entlarvt, absolut geltende Ideale relativiert, scheinbar Eindeutiges gerät ins Zwielicht der Brechung. Andererseits können, wie erwähnt, Zitate, besonders aus der volkstümlichen Wissenstradition, in umwertender Absicht sinnstiftend wirken. Dieselbe Funktion erfüllen die leitmotivisch wiederkehrenden Zentralsymbole: der Herdenkasten der Konvention, der unter der Hecke sich verbergende Außenseiter, die Schanze der Weltüberlegenheit.

Dagegen vermag sich Eduard nicht zu Schaumanns Höhe der Weltbetrachtung zu erheben. Ihm eignet eine andere Apperzeptions- und Sprechweise. Seine Verbundenheit mit der aufklärerisch-rationalistischen Wissenstradition wird deutlich, als er am Ende seines Berichts versucht, das rückblickend erfahrene komplexe Schicksalsgeflecht durch das Kausalprinzip, den Wolffschen Satz vom zureichenden Grunde, zu entwirren (197 f.). Ihm bleibt das eigentliche Verständnis für die durch kategoriale Deutung unergründbare Dialektik des Lebens verwehrt.[243] Er ordnet die Inhalte seiner Erfahrung mittels logischer Erklärungsmuster, indem er die Geschehnisse in ihrem zeitlich-kausalen Nacheinander analysiert. Seinem nüchtern-begrifflichen Denken entspricht der meist „gehobene Ton" (76), eine häufig hypotaktisch strukturierte Schriftsprache, die auf dem Wortschatz konventioneller bürgerlicher Bildung fußt.

Die antithetische Grundstruktur dieses Antibildungsromans bestimmt also, wie gesagt, die Konstellation der beiden Hauptfiguren, die Konfrontation der beiden Ich-Erzähler sowie deren unterschiedliche Apperzeptions- und Redeweisen. Darüber hinaus konstituiert sich der Antibildungsroman seit Jean Paul durch gezielte Destruktion von Strukturelementen des konventionellen Bildungsromans, um den Leser, der dem Werk mit einer traditionsorientierten Erwartungshaltung begegnet, in einen Prozeß provozierender Irritation zu verwickeln. Die Fabel verliert ihre lineare Geschlossenheit durch die ständige Einblendung von Eduards Erzählerebene. Die chronologische Ordnung der Vorgänge wird durch den permanenten Wechsel zwischen verschiedenen Zeitstufen aufgehoben. Schließlich mündet die Fabel nicht mehr zielgerichtet in die Selbstfindung des Protagonisten, vielmehr bildet umgekehrt diese die immanente Voraussetzung für Schaumanns ungewöhnliche Biographie. An die Stelle des zuverlässigen, souveränen Erzählers des herkömmlichen Bildungsromans, der dem Leser verbindliche, sinnstiftende Orientierungsmuster vermittelt, treten zwei subjektive Ich-Erzähler, die sich wechselseitig relativieren. In *Stopfkuchen* wird keine Bildungsidee verkündet, denn dem Protagonisten fehlt infolge seiner normverletzenden Haltung die exemplarische Qualität.[244] Nur die Figur des bürgerlichen Eduard lädt den Leser zur Identifikation ein. Je mehr aber Eduards Wertwelt ins Wanken gerät, desto stärker fühlt sich auch der Leser verunsichert und zu kritischer Überprüfung des eigenen konventionellen Menschenbilds herausgefordert. Auch die Raumdarstellung weicht von der Konvention der Romanart ab, denn die Perspektive beider Erzähler konzentriert sich allein auf die Rote Schanze, so daß deren Umwelt kaum Konturen gewinnt.

Dem späten Raabe ist der einzige große Antibildungsroman der Epoche gelungen. Den Vorbildern Jean Pauls und E. T. A. Hoffmanns verpflichtet, läßt er sich als appellativer provokatorischer Gegenentwurf zu einer Bildungskonzeption verstehen, die steriler Erstarrung verfallen war.

VI. DIE JAHRHUNDERTWENDE

Einleitung

Diese Periode, die sich zeitlich mit der Wilhelminischen Ära (1888—1918) deckt, war eine Epoche des Umbruchs zwischen der monarchischen Bürgerkultur des 19. Jahrhunderts und der republikanischen Gesellschaft der Weimarer Zeit. Eine Periode, die von dem „geistigen Chaos einer zerrissenen Übergangsgeneration" geprägt war, wie Rudolf Borchardt 1908 konstatierte.[1] Bei allem Stolz auf die politische Größe und wirtschaftliche Prosperität des Reiches war doch das Gefühl weit verbreitet, daß sich zahlreiche Traditionen verbraucht hatten und neue, tragfähige Bindungen noch nicht gewonnen waren. Daher die innere Zwiespältigkeit der Epoche, deren Bewußtseinslage sich in Nietzsches Selbstcharakterisierung spiegelt: „*décadent* zugleich und *Anfang*".[2] Das Nebeneinander von spätzeitlichem Kulturpessimismus und euphorischer Aufbruchstimmung kennzeichnet die ambivalente Grundhaltung des Zeitalters, die sich in widersprüchlichen Positionen äußert: dekadente Morbidität und lebensbejahender Vitalismus, wissenschaftlicher Positivismus und irrationale Lebensmystik, Verbundenheit mit dem zivilisatorischen Fortschritt und Flucht in die seelenhafte Idylle des gesellschaftsfernen einfachen Lebens.

Das Zweite Reich hatte sich sehr bald zu einem „bürokratischen Obrigkeitsstaat mit Scheinparlamentarismus" entwickelt, wie Max Weber mißbilligend feststellte.[3] Um die Jahrhundertwende war Deutschland zu einem der bedeutendsten Industriestaaten Europas geworden. Das nunmehr voll entfaltete kapitalistische Wirtschaftssystem sicherte dem Besitzbürgertum eine erhebliche Macht, die jedoch in keinem Verhältnis zu seinem politischen Einfluß stand. Ganz zu schweigen von der Arbeiterschaft, deren Partei bis zum Zusammenbruch der Monarchie von der Regierungsverantwortung ausgeschlossen blieb. Es fehlte diesem Staat an einer breiten Mehrheit, die ihn in kritischer Distanz und eigenverantwortlicher Mitarbeit zu tragen fähig war. Selbst ein loyaler Patriot wie Otto Ernst tadelte die philiströse Enge seines Volkes, dessen Staat einer „Kleinstadt mit 65 Millionen Einwohnern" gleiche.[4] Derselbe Widerspruch zwischen Bewußtseinsstand und historischer Entwicklungsstufe zeigte sich auch im ökonomischen Bereich. Das Leistungsethos der Arbeitswelt verband sich mit einem blinden Glauben an den naturwissenschaftlich-technischen Fortschritt, der in seiner Problematik kaum reflektiert wurde.

Daran trug zu einem nicht geringen Grade das zeitgenössische Erziehungswesen Schuld. Zwar hatte sich der Kaiser für dessen Modernisierung nicht ohne Erfolg eingesetzt, indem er Realgymnasien und Technische Hochschulen ins Leben rief, aber es dominierte doch bis zum Weltkrieg das humanistische Gymnasium des 19. Jahrhunderts, aus dem die geistige Führungsschicht des Staates hervorging. Hier wurde ein epigonaler neuhumanistischer Idealismus gepflegt. Die Antike diente als Legitimation einer ahistorisch-normativen Erziehung, die auf die „innere Formung des Menschen" im Sinn einer ganzheitlichen Universalität gerichtet war.[5] Ein solch wirklichkeitsferner Bildungsbegriff, der die besonderen Bedürfnisse der Gesellschaft bewußt ignorierte, mußte angesichts der ökonomischen und sozialen Entwicklung seine integrierende Funktion verlieren. Er wich allmählich, wie erwähnt, einem realistisch-pragmatischen Bildungskonzept, das vor allem vom Wirtschaftsbürgertum getragen wurde.

Gegen Ende des Jahrhunderts zeigte sich, daß das von Adel und höherem Bürgertum getragene gesellschaftskonforme Bildungsideal des Neuhumanismus die Möglichkeit der freien Selbstverwirklichung des einzelnen zwar versprach, sie einzulösen aber keineswegs imstande war. Friedrich Nietzsche sagte der „sogenannten ‚klassischen Bildung'" den Kampf an, weil sie infolge ihrer Lebensferne die Wirklichkeit verfehle.[6] Er warf dem bürgerlichen „Kulturphilister" vor, er verleugne die ewig suchende Natur des Geistes, indem er ihn als festen Wissensbesitz betrachte und seinen ökonomischen Zwecken dienstbar mache.[7] Nietzsche verurteilte nachdrücklich den erstarrten Normativismus der herrschenden Wertvorstellungen; er sah sich als Prophet neuer Ideale, welche die schöpferisch-spontane Subjektivität des Individuums freisetzen sollten. Sein antinormatives Bildungsideal — „Werde der du bist" — forderte die Überwindung der Lebensentfremdung durch Steigerung zum „höheren Menschen". Voraussetzung hierfür war die Weigerung des einzelnen, sich „den allgemeinen Bedürfnissen anzupassen".[8] Nietzsche widersetzte sich der zeitgenössischen Tendenz zur „Schwächung und Aufhebung des Individuums", da er den Menschen zur vollen, von sozialen Zwängen unbelasteten Existenz befreien wollte.[9] Er vertrat, im Gegensatz zum normativen Neuhumanismus, einen dionysischen subjektivistischen Individualismus, dessen irrationales Lebenspathos in allen Bildungsromanen der Epoche wiederkehrt.[10]

Das wachsende gesellschaftliche Krisenbewußtsein äußerte sich in einem erstarkenden internationalen Sozialismus marxistischer Prägung, mit dem sich weite Teile der entrechteten Arbeiterschaft solidarisierten. Auch die Emanzipationsbewegung der Frau erlebte um die Jahrhundertwende einen bedeutenden Aufschwung. 1894 wurde der Bund Deutscher Frauenvereine gegründet, der für die weibliche Gleichberechtigung in Gesellschaft, Beruf und Politik eintrat. Gräfin zu Reventlows Bildungsroman *Ellen Olestjerne* (1903) schildert den autobiographisch geprägten emanzipatorischen Werdegang einer jungen Frau, die sich von ihrer adligen Herkunft löst, um sich in einem sozialen Freiraum selbst verwirklichen zu können.[11] Die zunehmende Zivilisationskritik griff auch auf breite Gruppierungen der jungen Generation über, die nach eigenen Wegen der Selbsterfüllung zu suchen begannen, indem sie sich von den konventionell erstarrten Autoritäten in Elternhaus, Schule, Kirche und Staat mehr oder minder entschieden distanzierten. Die Emanzipationsformel der Jugend wurde 1913 auf dem Hohen Meißner verkündet: die jungen Menschen wollten nunmehr „aus

Einleitung

eigener Bestimmung, vor eigener Verantwortung, mit innerer Wahrhaftigkeit ihr Leben [...] gestalten".[12] Von einem enthusiastischen Lebensgefühl erfüllt, strebten sie zukunftsgläubig nach einer kulturellen Erneuerung, durch welche die isolierten sozialen Klassen zu einem Volksganzen verschmolzen werden sollten. Schon 1887 hatte der Soziologe Ferdinand Tönnies gefordert, der nüchterne Zweckverband der zivilisatorischen Gesellschaft müsse einer werthaltigen Form beseelter Gemeinschaft weichen.[13] Die Jugendbewegung griff diese Idee auf, indem sie in eigentümlicher Weise idealistisches Streben nach individueller Autonomie mit völkischem Gemeinschaftssinn verband.

Angesichts einer desintegrierten Gesellschaftskultur bemühte man sich mit Nachdruck um ein einheitstiftendes Weltbild. Nietzsches „Grunderkenntnis von der Einheit alles Vorhandenen" wurde zum wegweisenden Losungswort.[14] Der Zoologe Ernst Haeckel, dem eine große Breitenwirkung beschieden war, vertrat die Lehre des naturwissenschaftlichen Monismus, der sämtliche Erscheinungen der Natur aus kausalmechanischen Gesetzen ableitete. Um 1900 gewann diese Lehre, teilweise unter dem Einfluß von Gustav Th. Fechner, eine irrationale Qualität; so bekannte sich Bruno Wille, ein führendes Mitglied des Friedrichshagener Dichterkreises in Berlin, zu einem „panpsychistischen Naturbild".[15] Diesem Kreis standen auch der Haeckel-Schüler Carl Hauptmann und Felix Hollaender nahe. Ihre Bildungsromane sowie die im folgenden besprochenen Werke Hesses gipfeln in einer enthusiastischen Gefühlsstimmung der All-Verbundenheit, in einer vorgeblichen Teilhabe des Protagonisten am pulsierenden Lebensstrom. Man erstrebte in jener Zeit eine das Faktisch-Empirische überschreitende Bewußtseinserweiterung des Ichs.[16] Damals vermochte ein bedeutender Historiker wie Friedrich Meinecke den „Vorzug des germanischen Geistes" darin zu erblicken, daß „er ärmer ist an bindenden Formen und Grenzen des Denkens und Handelns" und „reicher [...] an kosmischem Allgefühl".[17]

Die Protagonisten der zeitgenössischen Bildungsromane sehen ihre wichtigste Aufgabe in einer individuellen Selbstverwirklichung, die mit affirmativer gesellschaftlicher Integration unvereinbar erscheint. Ihr Individualismus ist nicht aufklärerischer Herkunft, da er sich nicht auf allgemeine Vernunftprinzipien gründet. Er ist mehr oder minder mystischer Qualität, er lebt aus dem Geheimnis der Einzelseele, die allein durch ihre subjektive Erfahrung am universalen Lebensstrom teilhat: eine Partizipation, die sich bis zum visionären Erlebnis der Simultaneität von Zeiten und Räumen steigern kann. Verbindliche, wesenhafte Wirklichkeit wird letztlich nur noch durch das subjektive Bewußtsein erfahren. So propagierte der Bildungsroman der Jahrhundertwende das Ideal einer neuen Innerlichkeit: als ästhetischer Lebenskult in *Peter Camenzind* (1904) und *Einhart der Lächler* (1907), als mystische Religiosität in *Thomas Truck* (1902) und als Erfahrung des kollektiven Unbewußten in *Demian* (1919). Die institutionell gebundenen, normierten Bildungsmächte der Wilhelminischen Ära traten jetzt in den Hintergrund: Ehe und Familie als Ort der Einübung gesellschaftlicher Konventionen, die Schule als pädagogische Anstalt im Dienst des Staates, der Beruf als einengende soziale Rolle, die industrielle städtische Arbeitswelt und nicht zuletzt die Bindung an die christliche Kirche. Die kritische Distanz zum Obrigkeitsstaat bekundet sich in zahlreichen Bildungsromanen der Zeit. Sie galt auch für die Jugendbewegung, die nachdrücklich die „Entpolitisierung" des einzelnen forderte, „um die neue Politik: Mensch zu werden", zu verwirklichen.[18] So ziehen sich die Protagonisten des Bildungsromans in ein außerbürgerliches Einzelgängertum zurück, das von passiver Resignation (*Thomas Truck*) bis zu entschlossenem Nonkonformismus (*Demian*) reicht. Solch antinormatives, bindungsscheues Außenseitertum gestattet sich nicht einmal mehr die Solidarisierung mit fortschrittlichen gesellschaftlichen Gruppierungen; so endet die Auseinandersetzung mit dem Sozialismus oder der Bohème stets mit dem Rückzug in die eigene Innerlichkeit.

Aus der ideologisierenden Verabsolutierung der Idee einer in sich kreisenden, irrationalen Lebenstotalität ergab sich die Hinwendung zu bestimmten Bildungsmächten. Im einfachen Leben inmitten der zivilisationsfernen freien Natur glaubte man die Allseele des Lebens direkt zu erspüren. Dieses Erlebnis bestimmt nachhaltig Camenzinds und Einharts Werdegang. Ferner wurde das kosmische All-Leben in dem von gesellschaftlichen Konventionen befreiten Eros erfahren, dessen Hemmungslosigkeit freilich auch zur Selbstentfremdung führen konnte (*Thomas Truck, Ellen Olestjerne*). Vor allem wurde die irrationale Lebenstotalität durch die ästhetische Erfahrung vermittelt. Einhart und Sinclair gestalten malend ihre surrealen Visionen; Camenzind formuliert mit dichterischem Anspruch seine Erfahrungen; Thomas Truck schließlich erlebt die Musik als Offenbarung kosmischer Mächte. Man begann jetzt die Kunst als Mittel zu harmonischer Persönlichkeitsbildung neu zu entdecken. Wortführer dieser antiintellektualistischen Bewegung war Julius Langbehn, der mit großer Breitenwirkung *Rembrandt als Erzieher* propagierte. Er folgte hierin Nietzsches These, sinnstiftende Lebensdeutung sei nur noch im Medium der Kunst möglich.

So erschien nunmehr im Bildungsroman die Figur des Künstlers als musterhafte Präfiguration des „neuen Menschen". Die literarische Avantgarde wandte sich von den bürgerlichen Bildungstraditionen des alten Jahrhunderts entschlossen ab. Sie beließ es nicht mehr bei der bisher üblichen systemimmanenten Kritik an gewissen Entartungen bürgerlicher Lebenspraxis, sondern präsentierte einen provokativen Gegenentwurf, das neue Leitbild eines elitären, ästhetisch geprägten Individualismus, der mit dem Anspruch auftrat, über die Emanzipation des subjektivistischen Ichs gesellschaftlichen Wandel bewirken zu können. Hierbei spielte der diffuse Begriff der „Seele" eine zentrale Rolle. So erklärte Hesse es zur vorrangigen Aufgabe des Menschen, „Seele zu entwickeln", um damit die „wertvollste Stufe und Welle alles organischen Lebens" zu erreichen.[19] Die entscheidenden Erfahrungen der Protagonisten ereignen sich nicht im Medium rationaler Reflexion, sondern im spontanen, empfindungsstarken Lebensvollzug. Daher dominieren nunmehr Figuren einer introvertierten Seeleneinfalt, die Hesse enthusiastisch als „Gottes Lieblinge" feiert.[20] Sie erfüllen sich in einer scheinbar wandellosen Sphäre zeitloser Gesetzlichkeit, die sie als gesellschaftsfernen Ort humaner Kultur begreifen. Hier bildete sich ein Grundmerkmal der literarischen Moderne heraus, nämlich der Rückzug des Künstlers aus einer gesellschaftlichen Wirklichkeit, die er als depraviert betrachtet.

Die Epoche der Jahrhundertwende war durch eine auffällige Affinität zur deutschen Romantik geprägt. Schon der Germanist Wilhelm Scherer ergriff im alten Streit „Aufklärung contra Romantik", teilweise unter nationalen Gesichtspunkten, Partei für die letztere. Ihr Wirken vor allem habe, betonte er, die Grundlagen des zeitgenössischen geistigen Lebens geschaffen.[21] So gab Scherer „gegenüber Verstand und Schlußverfahren Gemüth und Anschauung" den Vorzug, stellte der „mathematischen Form die organische", „dem Mechanischen das ‚Lebendige'" entgegen.[22] In ihrem Romantikbuch, das, aus kongenialem Geist entstanden, im Jahre 1900 erschien, wies dann Ricarda Huch auf die Verwandtschaft der Epoche mit der Frühromantik hin. Im gleichen Jahr forderte Hesse unter Berufung auf Novalis' *Heinrich von Ofterdingen* die menschliche „Vertiefung durch Verinnerlichung". Es gelte, die „ewigen Gesetze" des Alls, die „in jeder Seele schlummernd" wohnten, „im eigenen Mikrokosmos zu kennen" und aus ihnen den „Maßstab für jede neue Erkenntnis zu nehmen".[23] Hier kehrten, wenn auch modifiziert, mystisch strukturierte Erlebnisweisen und Vorstellungsmuster der frühromantischen Transzendentalpoesie wieder. Autoren wie Hesse, Hollaender oder C. Hauptmann neigten dazu, das kontemplativ-ästhetische Ich ihrer Protagonisten zu verabsolutieren, indem sie ihm eine potentielle Teilhabe am universalen All-Leben zusprachen. Im Akt der visionären „Universalisierung", im Erleben der Simultaneität von Zeiten und Räumen, erfahren sich die Protagonisten als identisch mit der kosmischen All-Einheit des Seins, überwinden sie vorübergehend den quälenden Widerstreit von Natur und Geist, von Ich und Welt. Freilich war die metaphysische Instanz, auf die sich Novalis noch berufen konnte, nicht mehr erfahrbar; an ihre Stelle trat eine innerweltliche Lebenstotalität. Aus solch extremem Subjektivismus resultierte nun ein tiefes Mißtrauen gegen jedes Übermaß von erzieherischer Einflußnahme auf die Jugend. Der Protagonist des Bildungsromans absolviert jetzt weniger eine Entwicklung durch bereichernde Auseinandersetzung mit der Umwelt als eine Entfaltung der angeblich wahrheitbergenden Tiefen des eigenen Ichs. Aus dem Prinzip möglichst ungestörten eigengesetzlichen Wachstums folgt, daß der Held, analog zur Frühromantik, sein Ziel nicht mittels sozialer Integration erreichen kann, sondern einzig durch Abkehr von den depravierten gesellschaftlichen Normen und Wertvorstellungen. Das neue Bildungsprinzip ist, wie erwähnt, entschieden antinormativ. Darin liegt seine Faszination, aber auch seine Problematik beschlossen.[24]

Schon früh erkannte Hugo von Hofmannsthal den subjektivistischen Individualismus als Krankheitssymptom der Epoche. Er beklagte „die Flucht aus dem Leben", den Mangel an „Zusammenspiel der äußeren und inneren Lebensmächte, an Wilhelm-Meisterlichem Lebenlernen [...]".[25] Dieser Eskapismus steigerte sich etwa bei Hesse zu einer irrationalen Feindschaft gegenüber dem Gemeinwesen und der Industriegesellschaft: „Das Geld, das Geschäft, die Maschine und der Staat" seien schlechterdings „Erscheinungsformen des Teufels".[26] Hier enthüllt sich die ideologische Verkürzung der neuen Bildungskonzeption, forderte diese doch den Rückzug aus einer entfremdeten Gesellschaft in die scheinbar heile Existenz des nonkonformistischen Außenseiters, der noch an der Lebenstotalität teilzuhaben glaubte. Diese ideologisierende Tendenz offenbart sich auch in der zeitgenössischen stereotypen Opposition von Stadt und Land, von wesenloser sozialer Angepaßtheit und antimodernistischer autonomer Existenz. Letztere realisiert sich in einem ahistorischen, idyllischen Raum zeitenthobener Werte, der häufig durch eine pseudoreligiöse Aura verklärt wird. Dieses Leitbild des „neuen Menschen" klammerte unverzichtbare Elemente des menschlichen Daseins aus; es vernachlässigte den politisch-sozialen Bereich sowie Familie und Arbeitswelt.

In den letzten zwei Jahrzehnten des alten Jahrhunderts waren keine bedeutenden Bildungsromane entstanden, da sich das literarische Interesse auf naturalistische Milieustudien konzentriert hatte, die das Individuum vorwiegend in seiner sozialen Determination zeigten. Später dominierten impressionistische Seelenanalysen, welche die Thematik der Entwicklung ebenfalls vernachlässigten. Erst die euphorische Aufbruchstimmung der Jahrhundertwende schuf die Voraussetzung für den neuen avantgardistischen Bildungsroman. Inspiriert durch Nietzsches Forderung nach dem „höheren Menschen" verkündete Felix Hollaender: „Eine neue Zeitlichkeit bricht an, der neue Mensch will geboren werden."[27] Die Autoren der hier besprochenen Werke hatten sich ihrer eigenen bürgerlichen Klasse entfremdet. Zwischen 1858 und 1877 geboren, zählten sie nicht zu der Generation, die das Wilhelminische Reich maßgeblich geprägt hatte. Sie fanden es als gegeben vor und gerieten auf der Suche nach einer humaneren Bildungskonzeption zunehmend in Opposition zum herrschenden Gesellschaftssystem.[28] Derselbe Vorgang wiederholte sich in gesteigerter Form gegen Ende der Epoche, als eine weitere Generation der Wilhelminischen Bourgeoisie den Kampf ansagte. So gesehen stellt der Expressionismus, ungeachtet seiner zukunftsweisenden Elemente, eine modifizierte Form des individualistischen Ästhetizismus der Jahrhundertwende dar.[29] Die Kluft zwischen Kunst und Leben, Dichter und Bürger prägte die literarische Gruppenbildung dieser Epoche. Hauptmann und Hollaender verkehrten in der Berliner, Gräfin zu Reventlow in der Münchener Bohème.[30] In der Erkenntnis, daß der bürgerliche Liberalismus seit der Bismarckzeit seine gesellschaftliche Bedeutung eingebüßt hatte, griffen sie, wie gesagt, auf romantische Traditionen zurück. Daraus ergab sich ein Funktionswandel des avantgardistischen Bildungsromans; er setzte nicht mehr, wie bei Freytag oder Spielhagen, ein aus bürgerlichem Selbstverständnis geborenes Leitbild, sondern er gestaltete, auf der Suche nach unverbrauchten humanen Werten, einen provokativen Gegenentwurf, der die bourgeoise Gesellschaftskultur in Frage stellte. Der neue Bildungsroman wirkte destruierend und sinnstiftend in einem. Das irritierende Leitbild eines antibürgerlichen elitären Individualismus stellte für die Mehrzahl der bürgerlichen Leser kein überzeugendes Identifikationsangebot dar. Andererseits stillte es aber eine diffuse Sehnsucht vor allem der jüngeren Generation nach einer zeitenthobenen sinngebenden Lebensordnung.

Freilich gab es auch konservativ gesinnte Autoren, die, in vollem Bewußtsein der bürgerlichen Kulturkrise, versuchten, dem entfremdeten Individuum ein positives Verhältnis zur Gesellschaft zu vermitteln. Der Protagonist von Paul Ernsts Roman *Der schmale Weg zum Glück* (1903) entstammt einer ländlich-kleinbürgerlichen Familie mit fester Traditionsbindung. In der Großstadt begegnet er der „zersetzten alten Welt und der sozialdemokratischen Welt, die keine neue ist", wie er glaubt.[31] Er erlebt ein bindungsloses Besitz- und Bildungsbürgertum sowie einen von unerfüllbaren Illusionen geleiteten Sozialismus. Enttäuscht zieht er sich in ein abgeschiedenes Dasein zurück. Er ergreift den Beruf des Landwirts und begründet eine eheliche Gemeinschaft, die sich an den Wertvorstellungen der „kleinbürgerlich deutschen Familie der alten Art" orientiert, die dem Autor „noch unberührt von der Zersetzung" des höheren Bürgertums zu sein schien.[32] Durch eine religiös getönte, wertkonservative Haltung vermag sich der Protagonist zuletzt bis zu einem gewissen Grade sozial zu integrieren. Paul Ernst stand in der literarischen Tradition des alten Jahrhunderts; er begriff sich als heimatverbundener Volkserzieher, der den Lesern „eine höhere Welt" idealer Leitbilder vorstellte, „nach welcher sie sich bilden können".[33]

Otto Ernsts Romantrilogie, die den Werdegang des liebenswerten Asmus Semper schildert, erschien zwischen 1904 und 1916.[34] Es ist die Geschichte eines erstaunlichen sozialen Aufstiegs vom Sohn eines Zigarrenmachers zum Volksschullehrer und angesehenen Schriftsteller. Die Autobiographie Otto Ernsts dient dem ganzen Roman als Folie. Aus kleinen Verhältnissen stammend und in späteren Jahren geadelt, bewahrte er sich stets den Sinn für die Nöte des einfachen Volkes. Er scheute nicht vor Kritik an der profitgierigen Bourgeoisie zurück, stand aber in einem ungebrochenen Verhältnis zu Kaiser, Staat und Kirche. Zu Recht wird nur der zweite Band (*Semper der Jüngling*) im Untertitel als Bildungsroman angekündigt. In diesem verläuft die einsträngige Lebenskurve des Protagonisten vom Jüngling zum Mann, vom Besuch des Hamburger Lehrerseminars bis zum Eintritt in Beruf und Ehe. Asmus gewinnt zuletzt seine personale Identität in einem untrüglichen „Richtungsgefühl", das ihm trotz mancher Irrtümer „den Weg zur Vollendung" weist (312). Die Bildungsmächte, die ihn geformt haben, entstammen der klassisch-idealistischen Tradition des alten Jahrhunderts: die heile Welt des Elternhauses, das Leistungsethos in Arbeit und Beruf, die menschliche Erfüllung in Liebe und Ehe, die Bindung an die Gesellschaft durch zivilisatorischen Fortschrittsglauben und nationales Selbstbewußtsein. Alles in allem ein Bildungsroman, der sich zum Wilhelminischen Gesellschaftssystem affirmativ verhält, dessen Erzähler soziale Mißstände mit launigem Humor überspielt und der dem Leser eine gelungene gesellschaftliche Integration präsentiert.

Auch Hugo von Hofmannsthal versuchte auf seine Weise, der Tendenz der avantgardistischen Literatur zum Rückzug in die private Innerlichkeit entgegenzuwirken. Sein Romanfragment *Andreas oder die Vereinigten* wurde 1912–13 verfaßt.[35] Ein junger österreichischer Aristokrat bemüht sich, auf einer Reise nach Venedig seine selbstgenügsame ästhetische Existenz zu überwinden. Er sucht, gemäß der

Thematik des Bildungsromans, die „Vereinigung mit sich selbst, Identität".[36] Geist und Körper, Ich und Welt sollen zu harmonischem Zusammenspiel gebracht werden, wobei einer Liebesbegegnung entscheidende Bedeutung zukommt. Freilich gelingt der „Weg zum Sozialen als Weg zum höheren Selbst" nur ansatzweise, soweit das Fragment dies überhaupt erkennen läßt.[37]

Um die Jahrhundertwende blühte die literarische Heimatkunst auf, die sich, im Unterschied zum avantgardistischen Bildungsroman der Epoche, nicht in grundsätzlicher Opposition zur Wilhelminischen Ära befand. Zwar gab auch sie sich antimodernistisch, gleichermaßen kritisch gegen Kapitalismus wie Sozialismus, aber die von ihr vertretenen Gemeinschaftsformen – Sippe, Stamm, Volk und Nation – widersprachen keineswegs den allgemeinen gesellschaftlichen Wertvorstellungen. Hier fand das Individuum in überpersönlichen Bindungen sinnerfüllte Geborgenheit, während es im avantgardistischen Bildungsroman als außerbürgerlicher Einzelgänger auf sich selbst zurückverwiesen wurde. In diesem Zusammenhang steht auch Gustav Frenssen, von dessen Werken einige hin und wieder dem Bildungsroman zugerechnet werden. Dem widerspricht aber schon die Gestaltung der Fabel, die sich zumeist auf die Lebensbewältigung der Mannesjahre konzentriert.[38] Frenssen war beruflich wie literarisch ein Prediger, der sein Publikum zu kraftvoller, gläubiger Lebensgestaltung aufrief. Auch in *Hilligenlei* (1905) thematisiert der Erzähler nicht in erster Linie die Suche des Protagonisten nach sich selbst. Der junge Pastor Kai Jans dient einer überpersönlichen Idee, mit der er sich zunehmend identifiziert. Sie findet ihren Niederschlag in einem den Roman beschließenden theologischen Traktat, der etwa ein Sechstel des Werkes umfaßt: „Das Leben des Heilands, nach deutschen Forschungen dargestellt: die Grundlage deutscher Wiedergeburt". Der Protagonist ringt um eine zeitgemäße Glaubensform, in der sich die liberale protestantische Bibelkritik des 19. Jahrhunderts mit völkisch-rassischen Gedankengängen paart. Der junge Pfarrer sucht der dogmatischen Lebensferne der Kirche zu entrinnen, indem er sich, ganz im Geiste der Zeit, bemüht, Humanismus und Christentum, Naturwissenschaft und Frömmigkeit in einer neuen weltnahen Religiosität zu vereinigen. Hier liegt also keine individuelle Bildungsgeschichte vor, sondern der Lebensweg eines Mannes, der ein neues Evangelium verkündet, das zur nationalen Wiedergeburt führen soll, „zur sozialen Gerechtigkeit, zu einem einfachen, edlen germanischen Menschentum".[39] Das Werk schließt denn auch nicht mit der Selbstfindung des Protagonisten, sondern mit dessen Tod, auf den ein religiös verklärendes Licht fällt.

Der *Antibildungsroman* der Epoche entwarf naturgemäß kein neues, sinnstiftendes humanes Leitbild, sondern er destruierte mit den Mitteln von satirischer Ironie und Parodie die zeitgenössischen Bildungsvorstellungen. Friedrich Huch entlarvte in *Peter Michel* (1901) die lebensschwache, fragwürdige Existenz eines biederen Lehrers, der durch vorbehaltlose Übernahme bildungsbürgerlicher Denkweisen und Verhaltensmuster im Philistertum untergeht.[40] Heinrich Lilienfein prangerte in seinem Antibildungsroman die ästhetizistische Dekadenz eines außerbürgerlichen Literatentums an. Er veröffentlichte 1904 *Modernus. Die Tragikomödie seines Lebens — aus Bruchstücken ein Bruchstück.*[41] Hier wird die Thematik des Bildungsromans in ihr Gegenteil verkehrt, indem eine Geschichte des Verfehlens personaler Identität berichtet wird. Ein schwermütiger, dekadenter Literat schildert seinen Werdegang: unter dem übermächtigen Eindruck des Schopenhauerschen Pessimismus verliert er seinen christlichen Gottesglauben, durch den neuromantischen Eskapismus Richard Wagners und die antibürgerliche Kulturkritik Nietzsches kommt ihm seine Bindung an die Gesellschaftswelt abhanden, was schließlich zum Selbstverlust des hilflosen Außenseiters führt, der die Lebenswirklichkeit verfehlt hat. Hier wird die Entwicklungsthematik des Bildungsromans zu einer Geschichte heilloser Desillusionierung destruiert, die im Verlust aller stabilisierenden Orientierungsmuster gipfelt. Der nervös-sensible Protagonist endet als „Hanswurst seiner Stimmungen" (210); sein Leben entartet zum dissoziierten „Bruchstück". Auch die Fabel, die sich in zahllose tagebuchähnliche Stimmungsbilder aufsplittert, ist satirisch deformiert. Dem Erzähler fehlt naturgemäß jede sichtbare didaktische Intention; er treibt mit dem Leser ein Verwirrspiel, nicht zuletzt durch eine verdeckte Stilparodie von Nietzsches *Zarathustra*. Mit hintergründiger Ironie führt der Autor einen Ich-Erzähler vor, der bemüht ist, sich „die Tragikomödie seines Lebens" zu vergegenwärtigen. Da die Leser der Erstausgabe Lilienfeins satirische Intention nicht erkannten, schuf dieser im Vorwort zur zweiten Auflage hierin die nötige Klarheit. Die Wertvorstellungen des späteren Generalsekretärs der Deutschen Schiller-Gesellschaft beruhten schon damals auf dem harmonisch-ganzheitlichen Menschenbild der Klassik.[42] Von dieser Position aus kritisierte Lilienfein gewisse ästhetizistische Strömungen der Jahrhundertwende.[43]

Max Herrmann-Neiße verfaßte 1914 den Roman *Cajetan Schaltermann*, der erst nach Kriegsende veröffentlicht wurde. Auch dies die Geschichte des Verfalls eines Individuums. Die Titelfigur wächst im Kleinbürgertum einer schlesischen Provinzstadt auf. Im Studium gescheitert, fristet der Protagonist als glückloser, unbegabter Literat ein bescheidenes Dasein. Anfangs entschiedener Kritiker gesellschaftlicher Mißstände, resigniert er im Laufe der Jahre — Ausdruck seiner dekadenten Lebensschwäche. Weder das konventionelle neuhumanistische Bildungsideal noch die außerbürgerliche Lebensform der Berliner Bohème vermögen ihm die nötige Orientierung zu vermitteln. Unfähig zu entschiedener Entwicklung findet der ehelose Cajetan trotz äußerer Anpassung an seine Umwelt weder zu einer sozialen Identität, noch gewinnt er seine personale Wesensmitte.

Die Problematik eines radikal subjektivistischen Individualismus demonstrierte schließlich Robert Walser im herausragenden Antibildungsroman der Epoche. *Jakob von Gunten* (1909) schafft sich zuletzt zwar einen gewissen individuellen Freiraum, dies aber um den Preis eines totalen Wirklichkeitsverlustes. Der zeittypische Prozeß der Verinnerlichung schlägt hier ins Absurde um, denn gerade der wahnhafte Weltverlust vereitelt letztlich Jakobs Selbstfindung.

Der Strukturtypus der Jahrhundertwende

Die Auseinandersetzung mit dem epochenspezifischen Strukturtypus des Bürgerlichen Realismus führte zur Übernahme gewisser Elemente, welche die invariante Grundstruktur des Bildungsromans der Jahrhundertwende konstituieren. Die Grundthematik der Suche eines jugendlichen Charakters nach personaler Identität bleibt erhalten. Sie bestimmt die Form der einsträngigen Fabel, die eine chronologisch geordnete, phasengegliederte Lebenskurve entfaltet, welche in der Regel von der Kindheit bis zur ausklingenden Adoleszenz reicht. Gemäß ihrer Grundthematik enden die Romane in zielgerichteter innerer Progression mit der Selbstfindung des Protagonisten. Daraus resultiert die zentrale Position des Helden innerhalb der Personenkonstellation. Ihm sind die Nebenfiguren, die sein soziales Umfeld bilden, funktional zugeordnet. Der Erzähler ist didaktisch motiviert; mittels übersichtlichen Aufbaus und thematischer Reflexion bemüht er sich um einen fruchtbaren Leserbezug. Er erhebt den Anspruch auf Vermittlung einer exemplarischen Präfiguration des „neuen Menschen".

Der Strukturtypus des Bildungsromans der Epoche konstituiert sich durch ein Ordnungsgefüge transepochaler Konstanten und epochenspezifischer variabler Merkmale. Die letzteren resultieren vor allem aus dem dominanten Modus der wachstümlichen Entfaltung, dem die Progression des Protagonisten gehorcht. Ein mehr oder minder introvertiertes Ich realisiert in einem Prozeß zunehmender Verinnerlichung seine subjektive Potentialität. Es vertritt einen elitären Individualismus, der eine starke Affinität zu einer künstlerisch-ästhetischen Lebenshaltung zeigt. Der Protagonist emanzipiert sich weitgehend von den Normen und Wertvorstellungen der Gesellschaft und endet meist in außerbürgerlichem Nonkonformismus. Diese Vorgangsfigur des resignativen Rückzugs aus der bürgerlich-aristokratischen Gesellschaft bestimmt die Gestaltung der Fabel, die häufig zwei Makrophasen umfaßt: die Kindheit in einem sozial integrierten Elternhaus und die allmähliche Selbstbefreiung aus gesellschaftlicher Fremdbestimmung. Es begegnet auch ein dreiphasiger, zyklischer Aufbau: der Protagonist verläßt das Kindglück der ländlichen Heimat, durchwandert die sich ihm zunehmend entfremdende Gesellschaftswelt, um sie schließlich desillusioniert wieder zu verlassen. Die subjektivistische Bildungsidee bedingt die Dominanz der Ich-Perspektive des Protagonisten. Allein dessen subjektives Erleben erschließt wesenhafte Realität, denn nur die individuelle Seele scheint „Gefäß der Weisheit und Liebe" zu sein.[44] Aus der Tendenz zur subjektiv erzählten Seelenbiographie resultieren eine deutliche Reduktion des gesellschaftlichen Figurenensembles und der Raumsubstanz. Die Außenwelt entstofflicht sich bis zu einem gewissen Grade; ihre Darstellung erfüllt häufig nur die Funktion einer stimmungshaft-atmosphärischen Grundierung der Erfahrungen des Protagonisten. Damit bestätigt sich in der Analyse des Strukturtypus der Epoche dessen deutliche Affinität zum Bildungsroman der Romantik.

Felix Hollaender: Der Weg des Thomas Truck

Kaum ein Bildungsroman der Jahrhundertwende spiegelt so getreu die Tendenzen dieser Epoche wider wie Hollaenders Werk. Zu Recht resümierte ein zeitgenössischer Kritiker, der Roman ziehe „die Summe aus den Entwicklungen des vorigen Jahrhunderts", er sammle in sich „die Ergebnisse der modernen Literatur und Geistesbewegungen".[45] Die Titelfigur, die weltanschaulich vieles mit ihrem Schöpfer gemein hat, ist von der ruhelosen Aufbruchstimmung der Zeit ergriffen, von der „Zersetzung und Auflösung der Geister", in der „die gehetzten Seelen nach einem ruhenden Punkt", einer orientierenden Weltsicht suchen.[46] Eine Reihe von stark typisierten Nebenfiguren führt wichtige soziale Gruppierungen der Zeit vor: vom asozialen Stirnerschen Anarchismus bis zur erstarrten christlichen Orthodoxie, vom selbstzufriedenen Besitz- und Bildungsbürgertum bis zur nonkonformistischen Bohème. Hollaender, der acht Jahre an dem Roman arbeitete, stand in enger Beziehung zur zeitgenössischen Kulturszene. Als Mitglied des Berliner „Ethischen Klubs" war er beispielsweise den Gebrüdern Hart freundschaftlich verbunden, denen er ein Buch des Romans gewidmet hat.[47] Nicht zufällig begegnet Thomas Truck auch historischen Gestalten der Zeit, die für den Autor Bedeutung gewonnen hatten: Eugen Dühring, der einen ökonomischen Liberalismus vertrat, und Christoph von Egidy, ein damals viel beachteter Fürsprecher eines überkonfessionellen Christentums der sittlichen Tat. Kein Wunder, daß angesichts solcher Zeitnähe der Roman bei seinem Erscheinen einen starken Widerhall fand und bereits nach drei Jahren die achte Auflage erreichte.

Die Entfaltung des aus bürgerlichem Elternhaus stammenden Protagonisten steht von Anfang an unter dem Zeichen der Auflehnung gegen die strenge Hand des verständnislosen Vaters und die rigorose Autorität der Schule. Thomas protestiert „gegen jeden Zwang, er mochte von außen oder von innen kommen" (II, 95). Dabei vermag ihm seine sensible Mutter kaum zu helfen, da sie selbst an der Seelenlosigkeit ihrer Umwelt zerbricht. Eher schon seine Cousine Bettina, eine verklärte Leitfigur autonomer sittlicher Integrität, an deren Seite er aufwächst. Der Berliner Medizinstudent erfährt seine innere Unfreiheit durch eine lustvoll-schmerzliche erotische Abhängigkeit von einer verheirateten Frau; ein Erlebnis, das ihn bis an die Grenze des Selbstverlusts geraten läßt. Dieses Verhältnis wird durch eine noch engere Bindung abgelöst; Thomas heiratet, vorwiegend aus Mitleid, ein willensschwaches Mädchen mit unglücklicher Vergangenheit. Erst durch ihren Tod wird er zuletzt frei für Bettina, die wahlverwandte Partnerin.

Je mehr sich der Protagonist in erotischer Abhängigkeit zu verlieren droht, desto beharrlicher ringt er um die gedankliche Klärung des Ideals der autonomen Persönlichkeit, dem er sich verschrieben hat. An der Seite seiner Gesinnungsfreunde des „Nachtlichts", einer gesellschaftskritischen Diskussionsrunde, attackiert er im Namen der Freiheit des Individuums einen angeblich drohenden parteigebundenen „Staatssozialismus" (II, 184). Erst sehr spät trennt er sich von diesem Kreis und entdeckt eine undogmatische pantheistische Religiosität, die „große Ureinheit von Ich und All" (II, 354). In solch mystischer Verklärung der Individualität findet Thomas schließlich zu seiner persönlichen Identität (II, 414).

Der Werdegang des Protagonisten orientiert sich durchgängig an der Idee eines elitären, freiheitlichen Individualismus, welcher der Haltung des Autors entspricht. Nur wenigen Menschen mit einer „tieferen Bildung" (II, 130) gelingt es, meint Thomas, sich von der Masse zu emanzipieren und zu sich selbst zu finden. Die Gesellschaft sei mit politischen Mitteln nicht zu verändern, der einzelne nur in begrenztem Umfang erziehbar. Der Protagonist entwickelt sich nicht so sehr in bereichernder Auseinandersetzung mit der Umwelt, vielmehr entfaltet er vor allem seine innere Potentialität.[48] Er vertritt einen hybriden, irrationalen Individualismus; wer sich selbst verwirklicht habe, besitze „den Maßstab der Ewigkeit", bilde „den Mittelpunkt des Weltganzen".[49] Der Lebensweg des Protagonisten beginnt im Zustand kindhafter Unfreiheit und gipfelt in der unreflektierten Behauptung des Mannes: „Ich fühle mich frei" (II, 397). Andererseits bestreitet Hollaender keineswegs die vielfältige Determiniertheit des Menschen; er verurteilt die Idee einer solipsistischen individuellen Autonomie als verhängnisvolle Illusion. Der Autor schloß sich der irrationalistischen Meinung seines Freundes Julius Hart an: „[...] das freie Ich treibt auf einem dunklen breiten Strom eines All-Lebens dahin [...]."[50]

Die Grundthematik individueller Selbstbefreiung bestimmt weitgehend die Figurenkonstellation des Romans. Eine Reihe von Nebengestalten demonstriert, daß der einzelne seiner Umwelt oder seinen Trieben zum Opfer fallen kann. Es sind Figuren, die in ihrer hilflosen Unfreiheit und Entwicklungslosigkeit scharf mit Thomas Truck kontrastieren. So verharren mehrere weibliche und männliche Charaktere in erotischer Hörigkeit. Vergeblich versucht Katharina, die Frau des Protagonisten, sich von ihrer Trunksucht zu befreien. Im politischen Bereich ist es die jüdische Minorität, die erfolglos um soziale Gleichberechtigung kämpft. Andererseits begegnen auch Vertreter einer amoralischen Bindungslosigkeit, die im Sinne Stirners eine anarchisch-freiheitliche Weltanschauung vertreten.

Demgegenüber fühlt sich der Protagonist allein seinem Gewissen verantwortlich, wobei er sich allerdings „aller Moralitäten und aller Gesetze, die Menschen schufen", enthoben glaubt (II, 413). Daraus resultiert eine pauschale Ablehnung des repressiven Staates „in jeder Form" (II, 186), ebenso der ihn tragenden Parteien. Die gesellschaftlichen Normen und Wertvorstellungen werden aus der Position einer angemaßten Selbstgewißheit relativiert, welche die Treue des Ichs zu sich selbst als höchstes Ideal postuliert. Der Protagonist zeigt wenig Verständnis für die ökonomischen Nöte des Volkes. Er erhofft sich, höchst realitätsfremd, die Lösung der sozialen Probleme durch Steigerung der Persönlichkeit zu einem die Menschheit umgreifenden „Allbewußtsein" (II, 353). Tatsächlich gipfelt Trucks Entfaltung in einer humanitären, irrationalen Lebensmystik, deren kosmische Weite vom Buddhismus entlehnt, deren Personalismus christlicher Mystik, besonders Angelus Silesius, verpflichtet ist. Der Roman endet mit Tagebuchnotizen des Protagonisten, in denen Jesus, recht undogmatisch, als der „neue Mensch" der universalen Liebe gefeiert wird.

Hollaender versuchte, ganz im Geist der Aufbruchstimmung der Jahrhundertwende, das orientierungslose Individuum in eine universale Lebensganzheit einzubeziehen. Der „Strom des Lebens" (II, 369) wird weder durch wissenschaftliche oder philosophische Systeme noch durch religiös-dogmatische Lehren vermittelt; er erschließt sich einzig der empfindungstiefen Erlebniskraft und der pantheistischen Gläubigkeit des Individuums. Mit Julius Hart vertrat Hollaender die Auffassung, es gelte primär nicht den begrifflich reflektierenden, sondern den „fühlenden Menschen" darzustellen, „in dem zusammengedrängt doch all die Gestalten und Formen wohnen, aus denen die Natur [...] gebildet und gewoben ist".[51] Solch irrationaler Subjektivismus verbleibt trotz beredter Bekundung seiner sozialen Tendenz letztlich im gesellschaftlichen Abseits. Thomas Truck ergreift zwar engagiert den Beruf des Arztes, beschließt aber zugleich, „in der Einsamkeit, fern von dem Lärm der Gassen", seinem „Wesentlichen zu leben" (II, 408). An seiner Seite steht zuletzt nur noch die leidenschaftliche Musikerin Bettina, seine künftige Frau, eine stilisierte Verkörperung weiblicher Reinheit und seelischer Größe. Nach vergeblichen Versuchen, die Gesellschaft zu verändern, — die von Thomas ins Leben gerufene kulturkritische Zeitschrift muß ihr Erscheinen einstellen — zieht sich der Protagonist in seine private Existenz zurück. Die grundsätzliche Distanzierung von Staat und Gesellschaft spiegelt sich auch in der zyklischen Anordnung der Räume: der kleinstädtischen Idylle der Kindheit im ersten Buch entspricht am Schluß der Rückzug „aus der Großstadt in die Stille" (II, 416); dazwischen liegt die hektische Unruhe der Berliner Jahre.

Das Werk wird vorwiegend durch die invariante Grundstruktur des Bildungsromans konstituiert.[52] Die Grundthematik der Selbstbefreiung des Protagonisten aus innerer und äußerer Fremdbestimmung prägt die weitgehend einsträngige, chronologisch geordnete Fabel und den Aufbau des Romans. Die vier Bücher beschreiben die wichtigsten Phasen des Werdegangs von Thomas Truck: die Kindheit, die Zeit der erotischen Gebundenheit, den vergeblichen Kampf um die geistige Erneuerung der Gesellschaft und den Rückzug schließlich in eine lebensmystisch verklärte Innerlichkeit. Die innere Progression des Protagonisten mündet zielgerichtet in die Gewinnung einer personalen Identität, die von den tradierten Leitbildern des Bildungs- und des Wirtschaftsbürgertums deutlich abweicht. Die Titelfigur fungiert als Zentralgestalt, der die meist kontrastiv angelegten Nebenfiguren funktional zugeordnet sind. Sie vertreten die weltanschaulichen Zeitströmungen, mit denen sich der Protagonist auseinanderzusetzen hat. Sie gewinnen kaum ein angemessenes Eigengewicht, wenngleich einige episodische Handlungsteile ihnen zugeordnet sind. Hollaender versuchte offensichtlich ein pralles Zeitbild zu gestalten, was ihm jedoch mißlungen ist, weil diese weitgehend typisierten Figuren lediglich den engen Erfahrungsbereich des Protagonisten umschreiben. Dies offenbart sich auch in der relativ geringen Raumsubstanz des Werkes, die, bar jedes größeren Eigenwerts, nur der stimmungshaft-atmosphärischen Grundierung der Erfahrungen des Protagonisten dient. Der didaktisch motivierte auktoriale Erzähler gliedert den Roman übersichtlich nach Büchern, die er mit kommentierenden Überschriften versieht, und präsentiert mit dem Anspruch auf exemplarische Musterhaftigkeit einen Protagonisten, der Hollaenders Leitbild des freiheitlich-humanitär gesinnten „neuen Menschen" entspricht.[53] Der Erzähler bedient sich weitgehend der Figurenperspektive; unter Verzicht auf kritische Distanz zur Zentralgestalt gibt er deren subjektiver Sicht weitgehend Raum. Daher bevorzugt er auch die szenisch-dialogische Erzählform, die ihm Gelegenheit zu manchmal überspitzten dramatischen Effekten gibt. Der zu sentimentalem Pathos neigende Erzählton entspricht dem damals vorherrschenden literarischen Geschmack.

Franziska zu Reventlow:
Ellen Olestjerne. Eine Lebensgeschichte

Die künstlerisch-literarische Bohème als soziale Randgruppe der Industriegesellschaft des neunzehnten Jahrhunderts entstand, vor allem in Deutschland und Frankreich, in bewußtem Widerspruch zu den Normen und Konventionen des Bürgertums. In ihr lebte das subjektivistische Bildungsprinzip der Romantik in radikaler Form wieder auf. Die Vertreter der Berliner und Münchener Bohème verkündeten mit programmatischer Entschiedenheit ihre Emanzipation von der Welt bürgerlicher Konventionen. Es wäre verfehlt, die Bohème ausschließlich als Verfallserscheinung des Bürgertums zu deuten, verfocht sie doch eine alternative Lebensform, die, allerdings selten, zu persönlicher Selbstverwirklichung führen konnte. Hier artikulierte sich die unterschwellige Zivilisationsmüdigkeit der Zeit, der Zweifel am Sinn des wirtschaftlichen Fortschritts, das Unbehagen über die zunehmende Uniformierung des Lebens und über die konservativ erstarrten Strukturen innerhalb von Familie, Berufswelt, Kirche und Staat. Man predigte einen Nonkonformismus der moralischen Ungebundenheit und des gesellschaftlichen Außenseitertums, um die freiheitliche Persönlichkeit zu retten.

Franziska Gräfin zu Reventlow entstammte einer Familie des preußischen Beamtenadels. Kaum mündig geworden, entfloh sie der Gefangenschaft des lieblosen Elternhauses, das ihr die freie Berufswahl verwehrt hatte. In der Bohème von München-Schwabing versuchte sie unter großen Entbehrungen, sich zur Malerin auszubilden. Nach gescheiterter bürgerlicher Ehe lebte sie, gemeinsam mit ihrem unehelichen Kind, in selbstgewählter Einsamkeit und Freiheit. Um ihre Existenzform der emanzipierten Bohémienne vor sich selbst und der Welt zu rechtfertigen, verfaßte sie den weitgehend autobiographischen Roman *Ellen Olestjerne*, eine leidenschaftliche Konfession, für sie selbst „eine große innere Befreiung".[54] Sie verband damit keine allzu hohen literarischen Ansprüche, glaubte sie doch, ihre eigentliche Begabung läge auf dem Gebiet der bildenden Kunst. Die Fabel des Romans zeichnet den ruhelosen Werdegang der Reventlow bis zu ihrer Mutterschaft getreulich nach: den Protest gegen die einengende, starr konventionelle Erziehung des Elternhauses, den Bruch mit der Familie durch ihre Flucht nach München, den verfehlten Versuch, in einer bürgerlichen Ehe Fuß zu fassen, die Rückkehr in die schrankenlose Freiheit der Bohème, schließlich die Geburt des Kindes, das sie in verantwortlicher Bindung zur Ruhe gelangen läßt. Der Roman umkreist das Thema der Selbstbefreiung von den verkrusteten Normen und Konventionen der Gesellschaft; er beschreibt einen höchst individuellen Weg zur Selbsterfüllung in einer alternativen Lebensform.

Das Werk wird durch die chronologisch geordnete Lebenslinie der Zentralgestalt strukturiert. Die Auswahl der Nebenfiguren bestimmt sich nach deren Bedeutung für Ellens Entfaltung. Diese spielt sich im wesentlichen auf zwei Schauplätzen ab, die durch die Zweiteiligkeit des Werks hervorgehoben werden: das strenge Elternhaus auf

Schloß Nevershuus, dem sie sich in trotziger Abwehr widersetzt, und die lebensvolle Schwabinger Bohème-Welt, die sie enthusiastisch bejaht. Der zweite Teil, der Ellens ruhelose Suche nach sich selbst schildert, gliedert sich durch wechselnde Erzählformen in drei Phasen. Zunächst die Zeit der zunehmenden inneren Lösung von der Familie, dargeboten in erzählerischer Er-Form, jedoch mit eingestreuten Briefen an Jugendfreunde, in denen das Mädchen ihren unbändigen Freiheitsdrang artikuliert. Sie nimmt insgeheim an den Versammlungen des literarischen „Ibsenklubs" teil, erfährt dort von der gesellschaftlichen Lebenslüge und vom „unveräußerlichen Recht" des Menschen „an sein Ich".[55] Nietzsches Kulturkritik, aber auch Ideen der Münchener Kosmiker, begeistern sie zur Hingabe an das „heilige, große Leben".[56] Die nächste Phase setzt mit der Flucht nach München ein, wo Ellen als Jüngerin der Malkunst sich ganz ihrer sinnenhaften Leidenschaft überläßt. Sie erfährt den Sexus als elementare lebenssteigernde Macht, lebensfeindliche Konventionen sprengend, zur eigentlichen „Natur" befreiend. Der Erzählerbericht verbindet sich jetzt, wo sie „auf dem Weg" ist, sich selbst zu finden, mit der Form des Tagebuchs, dem Versuch, „für mich selbst über mein Leben Chronik zu führen", um so zu einer verbindlichen Selbstdeutung zu gelangen.[57] In der letzten Phase scheidet der Erzähler aus und überläßt das Feld der vereinsamten Tagebuchschreiberin. Hinter ihr sind „die Tore der ‚Gesellschaft'" auf Grund der Scheidung und des unehelichen Kindes „für immer [...] zugefallen".[58] Über ihre Unfähigkeit zu dauernder Bindung gestattet sie sich jetzt keine Illusionen mehr: „Was hatte sie nicht schon alles hingegeben in dem unbändigen Drang nach ihrem innersten Selbst, das so viel zum Opfer wollte — Heimat, Geschwister, [...] den Mann, dem ihre erste große Leidenschaft gehörte — sein Kind — Reinhard — alles, alles von sich geworfen, ihr war, als ob sie immer nur über Leichen hinweggegangen sei [...]."[59] Allmählich gelingt es ihr, den „letzten Mut zu sich selbst" zu fassen und ihre Einsamkeit als Chance einer autonomen Lebensgestaltung zu begreifen.[60] Durch die Geburt ihres Kindes lernt sie trotz ihrer labilen Gesundheit und ungeachtet des Wissens um eine ungesicherte Zukunft ihr Schicksal zu bejahen. Ihre Aufzeichnungen klingen in einem an Nietzsche gemahnenden hymnischen Lobpreis des „heiligen" Lebens aus, das Lust und Leiden in sich schließt. Ellen Olestjerne hat zu sich selbst gefunden, indem sie sich aus allen konventionellen gesellschaftlichen Bindungen löste. Sie hat die Unvereinbarkeit gewisser sozialer Normen mit ihren eigenen Wertvorstellungen und Lebensansprüchen erkannt.

Dieser Roman der Jahrhundertwende formuliert einen radikalen Gegenentwurf zur Existenzform des Individuums im Bildungsroman des Bürgerlichen Realismus. Hier vollzieht sich kein sozialer Aufstieg; das Individuum entwickelt sich nicht auf Grund von bereichernder Sozialisation, sondern es entfaltet seine subjektive Potentialität im zähen Widerstand gegen eine entfremdete Umwelt, im Erleben zunehmender gesellschaftlicher Isolation. Es begreift sich in erster Linie nicht als soziales Wesen, sondern setzt in schrankenlosem Individualismus die Treue zu sich selbst als obersten

Wert, womit es — in bewußtem Verzicht auf Beruf, Ehe und kirchliche Bindung — sein gesellschaftliches Außenseitertum besiegelt.

Ellen Olestjerne weist die wesentlichen invarianten, transepochalen Strukturelemente des Bildungsromans auf.[61] Die Autorin thematisiert die ruhelose Suche der Protagonistin nach ihrer personalen Identität, beginnend in der Kindheit und endend mit der ausklingenden Adoleszenz. Das bedingt eine einsträngige, chronologisch geordnete Fabel, die sich in Phasen gliedert, die den jeweiligen Stand der Selbstbefreiung aus gesellschaftlicher Fremdbestimmung signalisieren. Der Roman endet mit Ellens Selbstfindung, die sich weder in der Ehe noch im Kunstberuf vollzieht, denn die Protagonistin bleibt als Malerin erfolglos. Einzig die uneheliche Mutterschaft, mit der die Aufzeichnungen schließen, begründet ihre Identität. Damit ist auch ihr nonkonformistischer gesellschaftlicher Standort definiert. Aus der Thematik der Identitätssuche resultiert die dem Bildungsroman eigene Figurenkonstellation: die Titelfigur fungiert als Zentralgestalt, der die Nebenfiguren, die ihr soziales Umfeld konstituieren, funktional zugeordnet sind. Als Tagebuchschreiberin, die sich gegenüber dem konturlosen, unpersönlichen Erzähler im zweiten Teil zunehmend durchsetzt, wirkt sie als episches Integrationszentrum. Der in Er-Form berichtende Erzähler ordnet sich ihrer subjektiven Perspektive weithin unter, denn er verzichtet auf kritische Distanz gegenüber der Protagonistin. Wie die Tagebuchschreiberin beschränkt auch er sich auf impressionistische Psychogramme von Ellens Erlebnismomenten. Dies erscheint aus der Sicht der Autorin völlig konsequent, denn ihre von Nietzsche beeinflußte irrationalistische Lebensphilosophie kennt keine von einem objektiven Erzähler zu vertretende normative Wahrheit; Realität erschließt sich einzig durch Ellens subjektives Erleben.

Die monologisierende Ichbezogenheit der Protagonistin deutet darauf hin, daß sich hier ein Ich nach seinen ureigenen Gesetzen entfaltet. Ellens innere Progression vollzieht sich nicht nach dem Modus der Entwicklung durch Anverwandlung von Welt, sondern dem der Entfaltung der subjektiven Potentialität des Ichs. Ihr Reifungsprozeß zielt nicht auf eine qualitative Veränderung ihrer Grundhaltung. Sie erfährt ihre aristokratische und bürgerliche Umwelt weniger als Bereicherung denn als auferlegte Fremdbestimmung, der sie sich durchgängig entzieht. Nur die Welt der Bohème akzeptiert sie vorbehaltlos, weil diese ihr eine freiheitliche, alternative Lebensform zu bieten scheint. Reifung bedeutet für die Protagonistin primär, daß sie ihre von widersprüchlichen Stimmungen bewegte Rastlosigkeit überwindet und in der freudig bejahten Mutterschaft zu innerer Ruhe gelangt. Aus dem dominanten Modus der Entfaltung von Ellens subjektiver Innerlichkeit resultiert die relativ geringe Raumsubstanz des Romans, das mangelnde Interesse an der dinglichen Außenwelt, die gegenüber der Beschreibung ihrer wechselvollen Stimmungslagen zurücktritt. Aus demselben Grund verzichtet der Erzähler auch auf eine breitere Gesellschaftsschilderung und begnügt sich mit einem reduzierten Figurenensemble.

Trotz der uneinheitlichen Erzählweise dominiert, wie gesagt, die monologische subjektive Konfession der Tagebuchschreiberin. Obwohl sie dem Leser die Motive ihres Handelns einsichtig zu machen sucht, verzichtet sie auf jede direkte Lesersteuerung. Ist sie sich doch bewußt, daß sie in provokativer Manier gegen die bürgerliche Erwartungshaltung anschreibt und daß ihr antibürgerlicher elitärer Individualismus kein Identifikationsangebot für die Mehrzahl ihrer Leser darstellen kann. Die nonkonformistische Autorin schildert also zwar keinen repräsentativen Werdegang, aber sie betont doch die exemplarische Musterhaftigkeit ihrer kompromißlosen Identitätssuche und ihrer autonomen Existenz. Hier bahnte sich gegenüber dem Bürgerlichen Realismus ein Funktionswandel des Bildungsromans an; er präsentiert jetzt den unbürgerlichen Helden, verstanden als Gegentypus zu den immer noch gültigen Leitbildern des Wirtschafts- und des Bildungsbürgertums.

Die Struktur von *Ellen Olestjerne* konstituiert sich einmal durch die dem Bildungsroman eigenen transepochalen Konstanten: die Thematisierung der in die Selbstfindung mündenden Identitätssuche eines jugendlichen Charakters, die sich in einer einsträngigen, chronologisch geordneten, phasengegliederten Fabel manifestiert; ferner die funktionale Zuordnung der Nebenfiguren zur Zentralgestalt, deren Streben nach Autonomie exemplarische Verbindlichkeit beansprucht. Zum andern konstituieren epochen- bzw. autorspezifische variable Merkmale die Romanstruktur. Sie resultieren, wie dargelegt, im wesentlichen aus der Dominanz des Modus der Entfaltung von Ellens innerer Potentialität. Dies bedingt eine Verabsolutierung der erzählerischen subjektiven Ich-Perspektive und, resultierend aus der Thematik der Innerlichkeit, eine Reduzierung der Darstellung von Gesellschaft und Außenwelt.

Carl Hauptmann: Einhart der Lächler

Der Roman schildert den Werdegang eines einfältig-genialen Malers zu künstlerischer und menschlicher Vollendung. Einharts Erfüllungen erwachsen einzig aus dem „Entfalten und Sichdarbieten" seiner unverwechselbaren, schöpferischen Individualität.[62] Schon der Knabe erweist sich zum Schrecken seines ordnungsstrengen Elternhauses wie auch der seelisch verhärteten Lehrer als ein „unheilbar Unbürgerlicher", der sich in seiner unverbesserlichen Art (28) den Anforderungen zur sozialen Anpassung lächelnd entzieht (13). Zunehmend erfährt er die Welt der Gesellschaft als „große Fremde" (282), die ihn nicht zu bereichern vermag. Im zweiten Buch wird dann Einharts konsequenter Rückzug aus der Gesellschaft dargestellt, sein Hineinwachsen in die Rolle des Außenseiters – zuletzt ein „Eremit ohne Kutte", der sich freilich als Künstler durchgesetzt hat (325). Der Protagonist durchläuft keine Entwicklung im Sinn einer Internalisierung der zeitgenössischen sozialen Normen und Wertvorstellungen; er lehnt es ab, „im Dienste der Gesellschaftsmächte" zu wirken (212). Hier vollzieht sich eine Entfaltung aus den Kräften einer ekstatisch-visionären Innerlichkeit, die sich den Forderungen der „grauen Megäre Wirklichkeit" erfolgreich widersetzt (34). Die Außenwelt erfüllt lediglich die Funktion, den Prozeß der künstlerischen Imagination auszulösen. Hauptmanns Menschenbild ist extrem individualistisch geartet; der autonome, von sozialen Bindungen befreite wahre „Mensch" wird in realitätsferner Einseitigkeit dem gesellschaftlich normierten bloßen „Werker" entgegengesetzt (212). Die Adaption sozialer Normen und Werte erscheint weitgehend als Fremdbestimmung. „Wir sind nicht zuerst soziale, sondern kosmische Wesen", erfährt der junge Einhart (67); er träumt denn auch von Menschen, die einzig „ihre eigene und die ewige" Welt widerspiegeln (212).

Menschwerdung bedeutet für den Protagonisten die Verwirklichung eines seelen- und gemüthaften Menschentums. Das entspricht einer Grundthematik in Hauptmanns Werken, hatte dieser doch schon um die Jahrhundertwende programmatisch erklärt: „Ich fahnde allenthalben nach Seele."[63] In jener Zeit, als sein dichterisches Schaffen einsetzte, wandte er sich von Haeckels kausal-mechanistischem Monismus ab, der sein Bedürfnis nach umfassender Sinngebung der irrationalen Lebensmächte nicht befriedigen konnte. Er glaubte an die „einheitbildende oder gestaltgebende" Funktion der Seele, an deren Fähigkeit, den in analytischen Intellekt und dumpfe Körperlichkeit gespaltenen Menschen wieder zur Ganzheit zu bilden.[64] Alle im Sinne des Erzählers positiven Romanfiguren zeichnen sich durch eine empfindungsstarke Beseeltheit aus; ganz besonders Einhart, der in naiver Einfalt allein „aus seiner Seele als der einzigen Lebensquelle" schöpft (136). Hauptmann glorifiziert allerdings die dunkle Tiefe der irrationalen Psyche auf Kosten der nüchternen Klarheit des Intellekts. In romantisierender Manier verabsolutiert er das subjektive Seelenvermögen und gerät mit der Behauptung „Die Welt ist Seele" ins ideologische Abseits (257). Er huldigt einem weltentrückten elitären Individualismus, der die empirische Wirklichkeit realitätsblind als „Wolf" denunziert, der den „Traumgarten" des Menschen zerstöre (244). Hauptmann vertritt eine für die Jahrhundertwende zeittypische Lebensmystik, eine pantheistisch getönte Deutung des strömenden All-Lebens als irrationaler Seinsgrund. In sehnsüchtiger „Begierde nach dem wahren Leben" (254), die den seelen- und wesenhaften Menschen auszeichnet, öffnet sich der Protagonist zunehmend dem Erleben der kosmischen All-Natur, erfährt er ahnungsvoll „das ganze, weite Eine" (208). In ländlicher Abgeschiedenheit, inmitten einer grenzenlos anmutenden Natur — weite Ebenen, Himmel und Meer — erlebt er mit ekstatischer Intensität eine nahezu schrankenlose Freiheit. Hauptmann entwirft seine Naturszenerie als verklärtes Gegenbild zur technisierten zeitgenössischen Zivilisation. Er preist das einfache Leben, zu dem auch die von gesellschaftlichen Konventionen befreite Liebe zählt. Einharts langjährige Gefährtin, die fröhlich-unbekümmerte Putzmacherin Johanna, lehrt ihn, „daß unser tiefstes Leben nur leben will ohne Rest und ohne Spiegel" (327). Ihre naive Spontaneität läßt ihn das Leben als eigenwertigen Selbstzweck erkennen, läßt ihn erfahren, daß es um seiner selbst willen, unter Verzicht auf die Sinnfrage, gelebt werden muß. So bewältigt der Protagonist schließlich weitgehend den Grundwiderspruch seiner Existenz, den Antagonismus zwischen verklärender Innerlichkeit und widerständiger Außenwelt. Dies freilich nur auf Grund eines verengten Wirklichkeitsbegriffes, der den Raum der Gesellschaft letztlich ausklammert.

Zu personaler Identität gelangt der Protagonist nicht auf Grund eines sozialen Lernprozesses, denn schon in früher Jugend (2. Buch) entscheidet er sich mit intuitiver Sicherheit für den Lebensweg des Malers. Er klärt sein Weltverhältnis nicht über die Reflexion, sondern mittels künstlerischer Gestaltung. Indem er sich der Außenwelt schaffend bemächtigt, vermag er Wesentliches „vom eigenen Leben zu greifen" (237). Hauptmanns Skepsis gegenüber jeglicher wissenschaftlich fundierten Bildung bekundet sich in Dr. Poncet, der Gegensatzfigur zu Einhart. Er ist mit sich selbst zerfallen, seiner Ehe und sogar dem wissenschaftlichen Beruf entfremdet. Der Autor distanzierte sich prinzipiell von der Bildungsvorstellung der Bourgeoisie; er mißtraute den Normen und Werten, die im zeitgenössischen Elternhaus, den schulischen Institutionen, in Ehe und Familie sowie in der bürgerlichen Arbeitswelt galten. Er engagierte sich für andere Bildungsmächte, die nach seiner Ansicht zu einer lebensvollen Selbstverwirklichung außerhalb bürgerlicher Konventionen führen konnten: das kreative künstlerische Schaffen, die ekstatische Hingabe an die Lebenswelt der Natur und die in einem sozialen Freiraum sich entfaltende innige Liebesbegegnung. Der Anspruch dieses unrepräsentativen, gesellschaftsfernen Bildungsideals auf exemplarische Verbindlichkeit, den der Erzähler durch generalisierende Formulierungen erhebt, erscheint allerdings fragwürdig.

Einhart der Lächler weist, mit einer Ausnahme, die invarianten strukturellen Merkmale des Bildungsromans auf. Der Erzähler thematisiert die innere Progression des introvertierten Protagonisten, dessen „Jahre innerlicher Raffung zu sich selber"

(207). Das bedingt eine wenig konfliktreiche, einsträngige Fabel, welche die wichtigsten Phasen des inneren Wachstums in chronologischer Abfolge darbietet. Die Vorgangsfigur zunehmender gesellschaftlicher Entfremdung gliedert sich in vier Lebensstationen, die mit dem Aufbau des Romans in fünf Büchern weitgehend übereinstimmen: Elternhaus und Schule, die Studienzeit auf der Kunstakademie, Liebesbegegnungen und Freundschaften, ausklingend in der Weisheit des gesellschaftsfernen Alters. Die Titelfigur des Protagonisten ist Zentralgestalt, der die Nebenfiguren funktional zugeordnet sind. Der didaktisch motivierte auktoriale Erzähler versucht den Leser durch wertende und kommentierende Zwischenreden zu lenken; er tritt allerdings im allgemeinen hinter der Perspektive des Protagonisten zurück, dem er in Sympathie verbunden ist. Er präsentiert Einharts wesenhafte, autonome Außenseiterexistenz mit dem Anspruch auf exemplarische Musterhaftigkeit, ohne damit freilich dem zeitgenössischen bürgerlichen Leser eine Identifikationsmöglichkeit zu bieten.

In Einharts innerer Progression, dem „Entfalten und Sichdarbieten" (243), dominiert der Modus der Entfaltung der inneren Potentialität des Ichs.[65] Es vollzieht sich keine qualitative Veränderung der sozial distanzierten Grundhaltung des Protagonisten, der die Gesellschaftswelt prinzipiell als „Fremde" erlebt. So erkennt Einhart schon früh seinen sozialen Standort. Auch findet der „Traumgänger" frühzeitig zu seiner künstlerischen Berufung und gilt dem Erzähler bereits in relativ jungen Jahren als „erwachsen" (108). Bedingt durch den dominanten Modus der Entfaltung vorgegebener Anlagen, befreit von der lästigen Pflicht zu differenzierter Auseinandersetzung mit der Umwelt, wird sich der Protagonist schon in der ersten Romanhälfte seiner personalen Identität bewußt. Die Zielgerichtetheit der inneren Progression bleibt dennoch durchgängig erhalten, mündet diese doch in die totale Selbstverwirklichung, in die radikale Verinnerlichung des lebensweisen „Einsiedlers" (325). Im Unterschied zum tradierten Bildungsroman endet *Einhart der Lächler* also nicht mit der Selbstfindung des Protagonisten, sondern mit der Realisierung einer unumschränkten Lebensmeisterschaft. Einhart gelingt es nunmehr, sein „tiefstes Leben [...] ohne Rest" zu leben (327). Aus dieser gestalterischen Intention erklärt sich Hauptmanns Rückgriff auf den Formtypus der Künstlerbiographie, was zu einer Abweichung vom Strukturtypus des Bildungsromans führte. Trotz der Überlagerung durch jene epische Form dominiert aber eindeutig das Strukturmuster des Bildungsromans. Denn die zentrale Thematik besteht nicht in Einharts künstlerischer Entwicklung, sondern in der Entfaltung seiner gesamten Wesensnatur. Außerdem widerspricht der Intention der Biographie der Anspruch dieses didaktischen Erzählers auf exemplarische Musterhaftigkeit seines Helden. Schließlich wird hier auch nicht ein Lebensweg in seiner Totalität ausgewogen geschildert, denn Einharts letzte Lebensjahrzehnte werden nur mit einem knappen „Ausklang" von wenigen Seiten bedacht.

Da vorwiegend aus der Perspektive des gesellschaftsfernen, verinnerlichten Protagonisten erzählt wird, verkleinert sich das Figurenensemble, besonders bei den männlichen Gestalten, beträchtlich. Die Personen werden weniger in ihrer Körperlichkeit als in ihrer seelischen Befindlichkeit beschrieben. Dieses Gestaltungsprinzip der Entstofflichung bedingt auch die geringe Raumsubstanz des Romans. Die Erscheinungswelt, besonders die Landschaft, wird nicht in ihrem spezifischen Eigensein geschildert, sondern als Projektion eines in seiner Subjektivität gefangenen Ichs dargestellt. Die Phänomene erfahren in expressionistischer Manier, als „Schemen- und Lichtwelt" (66), eine musikalisch-stimmungshafte Entgrenzung: „Draußen und drinnen die eine Welt, die ihn trug und die er war" (191). Der reduzierten Raumsubstanz entspricht ein nur locker gefügtes Zeitgerüst. Der Erzähler arbeitet mit großen temporalen Sprüngen; die strukturelle Bedeutung der subjektiven erlebten Zeit steigert sich auf Kosten des physikalischen Zeitkontinuums.

Die Struktur von *Einhart der Lächler* konstituiert sich einmal durch die dem Bildungsroman eigenen Konstanten: die Thematisierung der inneren Progression eines jugendlichen Protagonisten, die sich in einer einsträngigen, chronologisch geordneten, phasengegliederten Fabel manifestiert; ferner die funktionale Zuordnung der Nebenfiguren zur Zentralgestalt, deren lächelnde Weltüberlegenheit, präsentiert durch einen didaktisch motivierten Erzähler, musterhafte Verbindlichkeit beansprucht. Zum andern konstituieren epochen- bzw. autorspezifische variable Merkmale die Romanstruktur. Sie resultieren, wie erwähnt, im wesentlichen aus der Dominanz des Modus einer relativ ungestörten Entfaltung innerer Potentialität: der Prozeß der zunehmenden Verinnerlichung mündet zielgerichtet in die uneingeschränkte Selbstverwirklichung, während die Selbstfindung des Protagonisten zeitlich nach vorne gerückt wird; Figurenensemble und Raumsubstanz werden reduziert; die physische Erscheinungswelt wird entstofflicht und entgrenzt.

Hauptmanns Stilprinzip stimmt mit dem des Malers Einhart überein; er möchte, ganz im Sinne des frühen Expressionismus, „das Innerste" zur Sprache bringen (306), daher der ekstatisch beseelte Erzählton, dessen Emphase sich dem Rhythmus, der Sprachmelodie und der Bildwahl mitteilt. Eine unalltägliche, hoch stilisierte Redeweise, deren Spektrum von pathetischen Neologismen bis zu umgangssprachlicher Innigkeit reicht. Das auffälligste Stilmoment ist die überzeugende Vergegenwärtigung des wortlosen Zwiegesprächs der Seelen, gemäß der Einsicht des Erzählers, daß „die Sprache der Rede [...] nur eine unter tausend" ist (224). In lakonisch verhaltenen, pausenreichen Kurzsätzen gewinnt das beredte Schweigen Raum, offenbart sich die sprachlich unauslotbare Seelenhaftigkeit des Lebendigen, um deren Geheimnis Hauptmanns Werk kreist.

Hermann Hesse: Peter Camenzind

In seinem ersten Roman suchte Hesse sich von der schwermütig-morbiden Introvertiertheit seiner frühesten Werke zu lösen. In *Hermann Lauscher* hatte er einem weltfernen Ideal ästhetischer Vollendung gehuldigt, das ihm eine schützende Zuflucht vor der andrängenden Wirklichkeit des Tages bieten sollte. In neuromantischer Manier erhoffte er sich von seiner Dichtung die traumhafte Gestaltung eines Glückes „irgendwo hinter dem Leben". Dagegen thematisiert Peter Camenzind, wesentlich weltverbundener, in seinem autobiographischen Lebensbericht seine Suche nach einer sinnerfüllten realen Existenz. Mehr oder minder verwirklicht er sie nach langen Irrwegen in seinem heimatlichen Schweizer Bergdorf.

In drei Phasen vollzieht sich die Entfaltung des Protagonisten. Der stämmige Bauernknabe aus dem Berner Oberland wird weniger durch Elternhaus und Schule als durch die herb-schöne Bergnatur geprägt. Eine gewisse soziale Geborgenheit erfährt er in der dörflichen Lebenswelt von Nimikon. Schon früh neigt Camenzind zu „grundloser Schwermut" (235), die letztlich durch eine diffuse Sehnsucht nach dem wahren, glückhaften „Leben" verursacht ist.[66] Die Jugendzeit setzt mit dem Studium in Zürich ein, das bald abgebrochen und von einer gesellschaftskritisch orientierten journalistischen Tätigkeit abgelöst wird. Camenzind leidet an den veräußerlichten Konventionen des städtischen Besitz- und Bildungsbürgertums, und auch in der Liebe findet der weltfremde Träumer nicht das erhoffte Glück. Einzig die Freundschaft mit einem heiter-unbeschwerten Studenten schenkt ihm vorübergehend das Gefühl intensiver Lebensverbundenheit. Die naiv-unreflektierte Empfindung einer Einheit von Ich und Welt weicht jetzt einer zunehmenden gesellschaftlichen Entfremdung. Der jähe Tod des Freundes bewirkt eine tiefe Zäsur in seinem Leben, verbunden mit qualvollen Fragen nach Sinn und Zweck seiner Existenz.

Die frühen Mannesjahre sind von dem Bemühen beherrscht, „neue Notbrücken zum Leben zu schlagen" (319). Der Aufenthalt in einem umbrischen Dorf vermittelt dem Protagonisten das Erlebnis südländischer spontaner Daseinsverbundenheit. Franz von Assisi lehrt ihn, die Menschen als „Kinder und Teile der Erde und des kosmischen Ganzen" zu sehen (328). Er versteht den Heiligen weniger als caritativ tätigen Christen denn als frommen dichterischen Visionär, der „die verlorene Einheit der Welt", die menschliche Existenz als Teil einer umgreifenden Lebenstotalität wiederentdeckt hat.[67] In der Begegnung mit einem gelähmten jungen Menschen wird dem Protagonisten ein Blick „ins Allerheiligste" des Daseins vergönnt (358). Boppis bedingungslose Lebensfrömmigkeit, seine unumschränkte Bejahung des ihm auferlegten Schicksals wird als menschliche Vollendung gefeiert.

Camenzind ersehnt und erlebt auch in gewissen Momenten die volle Teilhabe am „Leben des Ganzen", am „Herzschlag der Erde" (328). Der höchste Wert, dem der Erzähler begeistert huldigt, ist die kosmische Macht des flutenden All-Lebens in Werden und Vergehen, in Lust und Leid, in Leben und Tod. Der Protagonist begegnet seiner Umwelt in einer ästhetisch-kontemplativen, neuromantischen Haltung. Sie prägt seine Erlebnisse, die zu kosmischen Erfahrungen hochstilisiert werden: die archaisch-wilde Bergnatur, die göttlich-heitere Jugendlichkeit des Freundes, das an die Grenzen des Selbstverlusts führende Liebesleid, der das Universum beschwörende Sonnengesang des Franz von Assisi und nicht zuletzt das in Gott versöhnte Sterben des verkrüppelten Boppi. Solche Erfahrungen kulminieren im visionären Erlebnis der All-Einheit des Seins, das „die ganze Fülle des Lebens" zu offenbaren scheint, das „alles zugleich und jedes doch für sich" deutlich werden läßt (251). In *Peter Camenzind* gewinnt die sinnentleerte empirische Realität nur in der subjektiven Apperzeption, in der verklärenden Imagination Wert und Bedeutung. Von einer unstillbaren neuromantischen Sehnsucht getrieben, hängt ein nonkonformistischer Einzelgänger im gesellschaftlichen Abseits seinem ästhetischen Traum eines von sozialen Zwängen erlösten Daseins nach. Der bürgerlichen Gesellschaft, wie auch der Bohème, entfremdet, weiß er eigentlich nur über mehr oder minder gescheiterte „Lebensversuche" zu berichten, die er als Zeichen einer bedenklichen „Lebensunfähigkeit" selbstkritisch registriert.[68]

In Hesses Weltbild dominierte, wie der Autor selbst einräumte, bis gegen Ende der zwanziger Jahre die „biozentrische [...] Anschauungsart",[69] die von der um die Jahrhundertwende verbreiteten Lebensmystik nachhaltig geprägt wurde. Hesse vertrat damals einen diffusen Glauben an einen verborgenen deus absconditus als Prinzip der All-Einheit des Seins. Dieser hypostasiert sich in der mütterlich bergenden Natur und in der intellektfeindlichen Mutterwelt der imaginierenden Seele.[70] In jener Zeit definierte der Autor die humane Existenz geradezu als „Weg zur Seele", in der er das „Endziel", die höchste „Form und Äußerungsmöglichkeit des Lebens" erblickte.[71]

Die neuromantisch getönte Lebensmystik darf nicht als pragmatische Handlungsanweisung, als konkrete Alternative zur bürgerlichen Lebensform mißverstanden werden. Hesse begriff die Botschaft seines Romans als einen ästhetisch vermittelten sinnstiftenden Schein des schönen Lebens, den der Protagonist nicht einmal im heimatlichen Nimikon uneingeschränkt in gelebte Realität überführen kann, erscheint doch auch dieses Bergdorf nur als „ein kleines Abbild der großen Welt" (222). Das subjektivistische, antinormative Menschenbild des *Peter Camenzind* will als kritisches Korrektiv zu den Normen und Wertvorstellungen des zeitgenössischen Besitz- und Bildungsbürgertums verstanden sein. Mit dem schon am Ende seiner Studienzeit gefaßten Entschluß, sein Leben künftig „außerhalb dieser Gesellschaft" (291) zu führen, erweist sich der Protagonist als außerbürgerlicher Nonkonformist, der den „Einrichtungen der Gesellschaft, des Staates, der Wissenschaften, der Künste" gleichgültig begegnet (261). Hesses individualistischer Persönlichkeitsbegriff, der gesellschaftsfernen „inneren Bildung" der Romantik verpflichtet, impliziert als Sinn menschlicher Entfaltung die Forderung, „ohne äußeren Zweck an sich selber zu bauen" (261). Folgerichtig distanziert sich Camenzind vom Menschen als normiertem, vergesellschaftetem Wesen, von der „stereotypen Form des homo socialis" (302). Hesses Sozialkritik bleibt allerdings vage; sie artikuliert ein um die Jahrhundertwende weit verbreitetes Unbehagen an der raschen Urbanisierung der Gesellschaft. Camenzind, der arbeitsscheue weinselige Träumer, verweigert sich dem bürgerlichen Leistungsethos der Arbeitswelt wie auch dem naturwissenschaftlich-technischen Fortschrittsglauben.[72] Er wendet sich von staatlich-politischer Lebensorientierung ab, ohne deshalb die Welt schlechthin zu fliehen; er mißtraut den von Familie, Schule und Wissenschaft vermittelten konventionellen Bildungswerten. Daher enden Camenzinds Aufzeichnungen mit einer generellen Absage an seine vergangenen „Zickzackflüge im Reiche des Geistes und der sogenannten Bildung" (370). Er verläßt die Stätten einer intellektualisierten antiquarischen Bildung und zieht sich in die ländliche Abgeschiedenheit Nimikons zurück, in die idyllische Geborgenheit eines naturhaft einfachen Lebens. Ein Rückzug also in eine geschichtslose Existenz, die nicht der Vielfalt historischen Werdens zugewandt ist, sondern sich der sehnsüchtigen Suche nach dem „Unendlichen und Zeitlosen" (289), nach dem mystischen Quellgrund des All-Lebens verpflichtet weiß. Dieses ideologieträchtige irrationale Menschenbild manifestiert sich in einer klischeehaften Opposition von ländlicher Idylle und städtischem Lebensraum, wie sie auch im zeitgenössischen Heimatroman begegnet.[73] Camenzinds ländliches Dasein soll individuelle Selbstbestimmung und gesunde Lebensart gemäß unveränderlichen Naturgesetzen signalisieren, während die städtische Lebensform als fremdbestimmt und dekadent abgewertet wird.[74]

Mit der Rückkehr in seine ländliche Heimat gewinnt der Protagonist das volle Bewußtsein seiner personalen Identität. Er fühlt sich nunmehr der Existenzform eines kontemplativen Künstlertums verpflichtet, indem er „das Unverlorene" (372) seines Lebens erinnert, nämlich die Momente partieller imaginativer Sinnerfahrung. Er hat jetzt endgültig seinen sozialen Standort im gesellschaftlichen Abseits bestimmt. Einem hilflosen Eskapismus ausgeliefert, sieht er seine ländliche Idylle als Ort der Freiheit von sozialen Zwängen. Freilich prägt, wie gesagt, eine neuromantisch getönte unstillbare Sehnsucht seine personale Identität. Im Wissen um die Unmöglichkeit voller Sinnerfüllung vermag er einen leichten „Schleier von [...] Bedrücktheit" (222) nicht zu beseitigen, die dem Romanschluß den Charakter eines resignativen Rückblicks verleiht.

Die innere Progression des introvertierten Protagonisten vollzieht sich vorwiegend im Modus der Entfaltung der eigenen subjektiven Potentialität, der Fähigkeit des ästhetisch-kontemplativen Ichs, seinen neuromantischen „Lieblingstraum" (325) zu imaginieren. Hierbei fungieren die Nebenfiguren gleichsam als Katalysatoren, die in Camenzind gesteigerte subjektive Erlebnisse auslösen. Dagegen wird er überall, wo er der widerständigen Außenwelt real begegnet, weit weniger bereichert als vielmehr desillusioniert. Dies gilt für die Erziehung in Elternhaus und Schule, für das aufgezwungene erfolglose Studium wie für seine journalistische Tätigkeit. Anstatt sich mit der gesellschaftlichen Realität sachlich-kritisch auseinanderzusetzen, entzieht er sich dieser durch Flucht in die neuromantische Illusion eines „schönen" Lebens. Hier vollzieht sich also weniger ein qualitative Veränderung bewirkender charakterlicher Reifungsprozeß als die Steigerung einer schon im Kinde veranlagten Fähigkeit zu weltverklärender Imagination.[75]

Peter Camenzind weist die invarianten strukturellen Merkmale des Bildungsromans auf. Es wird die Progression eines verinnerlichten Protagonisten thematisiert, was eine konfliktarme, einsträngige Fabel bedingt. Sie schildert in chronologischer Abfolge die wichtigsten Phasen von Camenzinds Werdegang, woraus sich der Aufbau des Romans ergibt. Das erste Kapitel umfaßt die Kindheit als unbewußt gelebte Einheit von Ich und ländlicher Umwelt. Im 2.—4. Kapitel wird die Jugendzeit geschildert, die durch eine wachsende gesellschaftliche Entfremdung gekennzeichnet ist. Die Kapitel 5—8 sind dann den frühen und mittleren Mannesjahren gewidmet. Die Titelfigur des Protagonisten fungiert als Zentralgestalt, der die Nebenfiguren funktional zugeordnet sind. Der Erzähler schildert seinen Lebensweg weniger zwecks Selbstvergewisserung als um der Belehrung des Lesers willen. Er möchte „lehren und beglücken" (344), was in Leseranreden und zahlreichen wertenden Kommentaren seinen Niederschlag findet. Camenzind verkündet mit dem Anspruch auf exemplarische Verbindlichkeit die Botschaft seiner verinnerlichten Lebensform, indem er sie in das Gewand quasi mythischer, überzeitlicher Bedeutsamkeit kleidet. Natürlich konnte die Figur des weltflüchtigen Träumers für die Mehrheit der zeitgenössischen bürgerlichen Leser kein überzeugendes Identifikationsangebot darstellen. Dennoch entsprach sie der Erwartungshaltung eines gewissen Publikums, weil sie — hierin der Trivialliteratur verwandt — dessen diffuse Sehnsucht nach einer archaisch-zeitlosen, sinnstiftenden Ordnung zu befriedigen schien. Daraus erklärt sich die begeisterte Aufnahme des Romans bei der zeitgenössischen Leserschaft.

In Camenzinds Progression dominiert, wie gesagt, der Modus der Selbstentfaltung der inneren Potentialität des Ichs. Der Protagonist wird im Laufe seines Lebens das, was er potentiell schon immer war. Daher findet er bereits relativ früh zum Bewußtsein seiner künstlerischen Berufung und zur Bestimmung seines gesellschaftlichen Standortes. Die fehlende bereichernde Adaption von Welt spiegelt sich in der zyklischen Vorgangsfigur der Fabel: Camenzind verläßt das Kinderglück der ländlichen Heimat, durchwandert die ihm fremde „große Welt", um sie schließlich desillusioniert wieder zu verlassen und auf höherer Bewußtseinsstufe zu seiner ursprünglichen Seelenlage zurückzufinden. Hier zeigt sich der formale Einfluß des romantischen Bildungsromans (*Hyperion, Ahnung und Gegenwart*), aber auch des *Grünen Heinrich*.

Da die „Seelenbiographie" aus der Perspektive des gesellschaftsfernen, introvertierten Protagonisten erzählt wird, verkleinert sich das Figurenensemble beträchtlich. Die wenigen Nebengestalten gewinnen lediglich ein geringes persönliches Profil, kommen sie doch selbst nur selten zu Wort. Die Erzählhaltung der subjektiven Imagination bedingt eine gewisse Entstofflichung der an sich schon geringen Raumsubstanz des Romans. Die gegenständliche Darstellung wird in den Naturszenarien von einer stimmungshaft-impressionistisch getönten Schilderung überlagert, die „Licht und Atem durch alle Dinge" (243) strömen läßt. Der reduzierten Raumsubstanz entspricht ein nur locker gefügtes Zeitgerüst: die Seelenbiographie weist große temporale Sprünge auf, worin sich ansatzweise Hesses spätere Form der Zeitgestaltung andeutet, nämlich „Löcher in das Netz der Zeit und der Scheinwirklichkeit" zu reißen.[76]

Der Erzähler sieht sich zu Recht in der Tradition des *Grünen Heinrich*; er bezeichnet sich, abgesehen von dem Hinweis auf intensive Keller-Lektüre, hintersinnig als „grüner Peter" (256).[77] Das Werk zählt nicht zum Formtypus des Künstlerromans, weil es die Entwicklung von Camenzinds literarischem Talent nur am Rande thematisiert. Auch ist es nicht als Heimatroman zu begreifen, da das Ziel der inneren Entfaltung des Protagonisten, wie gesagt, primär nicht darin besteht, sich in die Gemeinschaft des heimatlichen Dorfes zu integrieren. Auch in Nimikon gelangt Camenzind nicht zu voller Sinnerfüllung, woraus sich der resignative Ton des Romanschlusses erklärt.

Die Struktur von *Peter Camenzind* konstituiert sich einmal durch die transepochalen Konstanten des Bildungsromans: die Thematisierung der inneren Progression eines Protagonisten, die sich in einer einsträngigen, chronologisch geordneten, phasengegliederten Fabel manifestiert; ferner die funktionale Zuordnung der Nebenfiguren zur Zentralgestalt, deren Wertvorstellungen, präsentiert durch einen lehrhaft räsonierenden Erzähler, exemplarische Verbindlichkeit beanspruchen. Zum andern konstituieren epochen- bzw. autorspezifische variable Merkmale die Romanstruktur. Sie resultieren, wie erwähnt, aus dem dominanten Modus der Entfaltung innerer Potentialität, nämlich: die Reduktion von Figurenensemble und Raumsubstanz sowie eine gewisse Entstofflichung der gegenständlichen Naturwelt mittels stimmungshafter Beseelung.

Hermann Hesse: Demian

Etwa ein Jahrzehnt nach Erscheinen des *Peter Camenzind* geriet Hesse in die „bitterste Prüfungszeit" seines Lebens.[78] Eheliche und familiäre Nöte bedrückten ihn; in der deutschen Öffentlichkeit galt er während des Weltkriegs als pazifistischer „vaterlandsloser Geselle"; auch war der Konflikt mit der christlich-bürgerlichen Welt seiner Herkunft noch längst nicht bewältigt. Rückblickend konstatierte Hesse über seine erste Schaffensperiode, „daß ich, unter dem Einfluß von Vorbildern wie Goethe, Keller etc. als Dichter eine schöne und harmonische, aber im Grunde verlogene Welt aufbaute, indem ich alles Dunkle und Wilde in mir verschwieg [...]. Das führte zu Typen wie Camenzind [...]."[79] Hesse wollte seine tiefe Lebenskrise überwinden, indem er sich 1916–17 in eine ausgedehnte psychoanalytische Behandlung begab, um die „Unordnung in mir selbst anzupacken und ihre Ordnung zu versuchen".[80] So lernte er wichtige Schriften von S. Freud und C. G. Jung kennen, die für die gedankliche Klärung seines Weltbilds von entscheidender Bedeutung waren. Vage Vorstellungen einer irrationalen monistischen All-Einheit des Seins[81] konkretisieren sich nunmehr in der Idee des kollektiven Unbewußten, des schöpferischen Seelengrundes der Menschheit. Hesse sah sich jetzt zu vorbehaltloser Selbstanalyse und aktiver Persönlichkeitsgestaltung aufgerufen; Peter Camenzinds resignativer Rückzug in eine ästhetisch verklärte naturhafte Existenz erschien angesichts der neugewonnenen Einsichten nicht mehr vertretbar. So entstand 1917 in wenigen Monaten der Roman *Demian*, Ausdruck „einer Konversion oder Inversion", die der Autor als biographisch „deutliche Zäsur" empfand.[82] Zwar blieb die Fragestellung in *Demian* im Prinzip dieselbe wie im Roman der Jugendjahre, nämlich der Weg zu sinnerfüllter Existenz, die Antwort jedoch signalisierte einen mutigen Neubeginn, weshalb es der Autor vorzog, das Buch anonym erscheinen zu lassen. Hier wie dort ein individualistischer Außenseiter der Gesellschaft, aber diesmal ein Protagonist, der die Verbindlichkeit tradierter Normen und Wertvorstellungen kompromißlos verneint und die Lösung seiner Probleme in totaler Introversion zu finden glaubt. Solch absoluter Subjektivismus, kennzeichnend für Hesses mittlere Schaffensperiode, schien dem Autor die Möglichkeit zu bieten, die in ihm veranlagten Spannungen zwischen weltüberwindender Geistigkeit und dionysischer Sinnenhaftigkeit, zwischen religiöser Glaubenssehnsucht und intellektueller Skepsis in die Einheit eines erweiterten Bewußtseins zu integrieren. Vertrauensvoll überließ er sich der angeblich untrüglichen irrationalen Stimme seines Innern, die ihm „Zuflucht" in sich selbst versprach, und verlor so zunehmend den Bezug zur gesellschaftlichen Wirklichkeit.[83] Erst im *Glasperlenspiel* gelang es ihm dann, diese bedenkliche Entwicklung etwas zu korrigieren.

Der Erzähler thematisiert die konstante Fragestellung des Bildungsromans, nämlich „die Schritte, die ich in meinem Leben tat, um zu mir selbst zu gelangen".[84] Der Grundthematik der Suche nach personaler Identität liegt nunmehr eine klare Zielvorstellung zugrunde: nicht mehr Camenzinds vage Ablehnung der „sogenannten Bildung" der bourgeoisen Gesellschaft, sondern die Entfaltung einer „neuen Bildung" (187) aus der autonomen Schöpferkraft eines erweiterten, zum Unbewußten entgrenzten Bewußtseins. Sinclairs Entfaltung wird in chronologischer Abfolge vom zehnten bis etwa zum zwanzigsten Lebensjahr dargestellt, also von der Kindheit über die Jugendzeit bis zur Adoleszenz. Und zwar nach dem dreistufigen Schema des „Weges der Menschwerdung", das Hesse in späteren Jahren als universale „Entwicklungsgeschichte der Seele" ausführlich beschrieben hat.[85] Die unproblematische erste Stufe („Paradies, Kindheit, verantwortungsloses Vorstadium") bleibt aus einsichtigen Gründen ausgespart. Die Erzählung setzt mit dem Widerstreit der „zwei Welten" ein, zwischen die sich der junge Sinclair gestellt sieht. Da ist das christlich-pietistische Elternhaus eines kleinstädtischen Bürgertums, eine von Vernunft und Glauben geprägte normative Wertwelt, die dem Jungen glückliche Geborgenheit schenkt. Zum andern setzen jedoch erste Erfahrungen mit einem dunkel-bedrohlichen, aber faszinierenden Lebensbereich ein, der mit den bürgerlichen Konventionen unvereinbar erscheint. Dessen Vertreter ist Sinclairs Schulkamerad Kromer, der ihn wegen eines vermeintlichen Deliktes schamlos erpreßt. Aber auch positive Impulse erfährt der Protagonist aus jener Welt. Sein Freund Demian, ein frühreifer, außergewöhnlicher Junge, befreit ihn von Kromers Belästigungen. Er weckt in Sinclair erste Zweifel an der Verbindlichkeit seiner christlich-bürgerlichen Moralvorstellungen. Die ersten drei Kapitel schildern also den ständigen Wechsel — Progression und Regression — zwischen der kindheitlichen ersten und der zweiten Entwicklungsstufe, die von Hesse durch „das Wissen um Gut und Böse", um „die Forderungen der Kultur, der Moral" definiert wird.[86] Trotz mancher Zweifel akzeptiert Sinclair in dieser Phase die Normen und Wertvorstellungen des zeitgenössischen Bürgertums.

Mit dem vierten Kapitel setzt seine entscheidende innere „Wandlung" ein (184). Sie wird ihn zuletzt zur dritten Stufe menschlicher Entfaltung führen, „zum Erleben eines Zustands jenseits von Moral und Gesetz", zur Relativierung bürgerlicher Sittlichkeitsnormen innerhalb eines erweiterten Sinnhorizonts.[87] Sinclairs Kindheit ist mit dem Einzug ins Gymnasium der Stadt St. beendet. Nach einer Periode verzweifelter Orientierungslosigkeit beginnt er zielstrebig den „Weg nach innen" zu beschreiten, auf der Suche nach der Mutterwelt der Seele, die schon Camenzind ahnungsweise ersehnt hatte. Er ringt um den Zugang zur Sphäre des Unbewußten, wenn er sich seine Träume malend und meditierend vergegenwärtigt. Es vollzieht sich im Sinne C. G. Jungs ein Individuationsprozeß der Psyche, indem Bewußtsein und Unbewußtes zunehmend kompensatorisch aufeinander bezogen werden. Hierbei gewinnen die archetypischen Seelenbilder von Beatrice und Eva sowie das mythische Ideogramm des Abraxas wegweisende Bedeutung.

Sinclair sublimiert die pubertäre Traumvision eines Mädchens zu einem gesteigerten Seelenbild, dem der Jungsche Archetypus der anima zugrunde liegt.[88] Es zeigt zuerst eine gewisse Ähnlichkeit mit Demian, gewinnt dann aber zusehends wieder weibliche Züge, erscheint ihm als „Mutter, Geliebte, Göttin" (233). Als er Frau Eva, Demians Mutter, begegnet, erkennt er in ihr beglückt sein ersehntes Traumbild. Der allegorische Charakter dieser Gestalt „ohne Zeit und Alter" ist unverkennbar.[89] Zwar erscheint sie kurz als handelnde Figur, muß aber doch primär als „Mutter aller Wesen" (236) verstanden werden, als „ein Meer", in das Sinclairs Ich „strömend mündete" (243). Der Protagonist taucht in den „Abgrund" seines Innern, den Hesse als „Seele" oder als „das Unbewußte" deutet, aus dem „jede Regung unsres Lebens" quillt.[90] Sinclair erlebt in Momenten der Versenkung den universalen Seelengrund der Menschheit, das schöpferische Chaos, das alle Möglichkeiten zu höchster Steigerung wie zu tiefster Entartung in sich birgt.[91] Der Einfluß von C. G. Jungs Archetypenlehre ist auch hier spürbar: die alterslose Frau Eva verweist auf die Magna Mater, das schaffende und bewahrende Lebensprinzip.[92]

In der Begegnung mit der Urmutter — sie vollzieht sich während eines planlosen Studiums an der Universität H. — nähert sich Sinclair dem „Endziel" des menschlichen Bildungsprozesses.[93] Er hat jetzt die Fähigkeit einer erweiterten Wahrnehmung gewonnen, welche die raum-zeitlich begrenzte Realität transzendiert. In einer visionären Gesamtschau überblickt er seinen bisherigen Lebensweg (231 f.). Das „magische Denken" erschließt ihm eine surreale Wirklichkeit, die er als Zeiten und Räume übergreifende Simultaneität erfährt. Die kühne Behauptung von Pistorius, es gebe „keine Wirklichkeit als die, die wir in uns haben" (206), ist nunmehr durch eigene Erfahrung bestätigt. In diesem Sinne gestaltet der Erzähler seinen Werdegang als konsequenten Rückzug aus der empirischen Realität. Spätestens ab dem vierten Kapitel, das die zweite Phase seiner Selbstentfaltung eröffnet, beginnen sich empirische Wirklichkeit und surreale Traumwelt zu überlagern, um ab dem siebten Kapitel, das die Begegnung mit Frau Eva schildert, fast unterscheidbar zu werden. Das visionäre Erlebnis der Gesamtschau seines Werdeganges bestätigt Sinclair die Richtigkeit des Satzes von Novalis, den er einst notierte: „Schicksal und Gemüt sind Namen eines Begriffs" (178). Ich und Welt erscheinen plötzlich in geheimnisvoller Weise verbunden; das persönliche Schicksal, von der Herrschaft des kontingenten Zufalls befreit, wird als sinnvoll erfahren und daher vorbehaltlos bejaht.

In den beiden letzten Kapiteln vollzieht Sinclair „das Finden des Selbst". Zu diesem Vorgang erklärte Hesse: „Das andere Ich [...], im ersten Ich verborgen, [...] ist nicht persönlich, sondern ist unser Anteil [...] am Leben, am Ganzen, am Un- und Überpersönlichen."[94] Sinclair hat nunmehr ein „innigeres Verhältnis zum eigenen Unbewußten" gewonnen; er hat durch dessen Integration in die gelebte Existenz sein Bewußtsein erheblich erweitert: eine These, die auch im zeitgenössischen Expressionismus häufig begegnete.[95] Damit sind die neurotischen Ängste überwunden, die durch Verdrängung der unbewußten Triebe und Strebungen entstanden waren. Zuletzt erblickt Sinclair in sich sein „eigenes Bild, das nun ganz Ihm gleicht, Ihm, meinem Freund und Führer" (257). Demian, eine willensstarke, lebenstüchtige Persönlichkeit, steht dem Protagonisten lange Jahre, bis zu seinem frühen Tod, helfend zur Seite. Wie seine Mutter Eva besitzt er vorwiegend allegorische Qualität. Er „ist in der Tat", wie Hesse erklärte, „nicht eigentlich ein Mensch, sondern ein Prinzip [...]. Er spielt genau dieselbe Rolle, die im *Steppenwolf* die ‚Unsterblichen' [...] spielen."[96] Die Titelfigur verkörpert den Idealtypus des Vollendeten, der sich selbst uneingeschränkt verwirklicht hat. Ihm, dem göttergleichen höheren Ich, gebühren die großen Initialen des obigen Satzes, mit dem der Roman schließt: ein alterslos, zeitenthobenes Wesen von maskenhafter Fremdheit; ein androgynes, überpersönliches Bewußtsein von höchster Wachheit. Demian partizipiert als Sohn der Urmutter Eva am universalen Seelengrund der Menschheit. Seine allegorisch dargestellte Internalisierung durch Sinclair signalisiert also die Selbstfindung des Protagonisten. Diese allerdings nicht verstanden als gnadenhafte Erlösung durch eine christusähnliche Figur, sondern als Steigerung aus eigener Kraft. Um mit Hesse zu sprechen: wenn der Mensch „stark ist, wird aus einem Sinclair ein Demian".[97]

Die hier propagierte Bildungsidee gewinnt im mythischen Ideogramm des Abraxas Gestalt. In dieser Gottheit vereinigen sich im Sinn eines universalen Monismus göttliche und teuflische Qualitäten; sie umschließt die lichte und die dunkle Welt, aus deren unbewältigtem Widerstreit Sinclairs neurotische Ängste entsprangen.[98] Abraxas erhebt im Sinne Nietzsches die Forderung nach Umwertung der christlich-bürgerlichen Moralvorstellungen. Er verläßt jeden, der „tadellos und normal geworden" ist (203). Er vertritt das in jener Epoche verbreitete kulturrevolutionäre Prinzip der Antinormativität: den Protest gegen die sterile normierte Ordnung der bürgerlich-zivilisatorischen Lebensformen, die Absage an erstarrte konventionelle Denkmuster, seichtes Fortschrittsdenken und an unkritische Wissenschaftsgläubigkeit. Weiß Hesse auch, wogegen er protestiert, so vermag er doch dem Aufbruch zum „neuen Menschen" kein inhaltliches Ziel zu setzen. Sinclair imaginiert lediglich „eine ferne Zukunft [...], deren Bild niemand kannte, deren Gesetze nirgends geschrieben standen" (237). Hesse erweist sich hier als wahlverwandt mit der Romantik, deren Revolte gegen die gesellschaftliche Normalität er nachvollzieht. Seine Bildungsidee ist prinzipiell antinormativ. Notwendigerweise fehlt ihr daher weitgehend eine inhaltliche Bestimmung, hätte diese doch nur eine erneute Normierung zur Folge gehabt.[99] Hier bahnt sich das moderne Bildungsdenken an, das sich angesichts des Zerfalls allgemein verbindlicher Normen und Wertvorstellungen auf den funktionalen Begriff der Identität zurückzieht. Die Identität des Ichs ist in *Demian* nur formal, als Einheit antagonistischer Seelenkräfte definierbar; ihre inhaltliche Qualität bleibt unbestimmbar.[100]

Die innere Progression des Protagonisten vollzieht sich vorwiegend nach dem Modus der Selbstentfaltung, wobei der Außenwelt lediglich eine mäeutische Funktion verbleibt. Sie vermittelt gewisse Schlüsselerlebnisse (Kain, Beatrice, Abraxas, Eva), durch die potentiell vorhandene Strebungen des Protagonisten aktualisiert werden. So vermag er das zu leben, „was von selber aus mir heraus wollte", wie das Motto seines Lebensberichtes lautet. Selbst Demian, der souveräne Seelenführer, verkörpert letztlich nichts anderes als Sinclairs innere Potentialität. Folgerichtig ist *Demian* nicht der klassischen Tradition und deren typologischem Bildungsprozeß der gesellschaftsbezogenen individuellen Entwicklung verpflichtet. Dort vermittelte die produktive Auseinandersetzung mit der Außenwelt soziale Normen und Werte, die vom Protagonisten mehr oder minder adaptiert wurden. Dessen Entwicklung vollzog sich im Prinzip als soziale Integration. Hesses Vorbehalte gegen Goethes Bildungsroman sind im Aufsatz über *Wilhelm Meisters Lehrjahre* (ca. 1911) deutlich spürbar. Wilhelm erscheint als „Durchschnittsmensch", als „wenig differenziertes Exemplar des guten, des wohlgesinnten, des kulturell brauchbaren Menschen", der „zum Leben mit seinesgleichen, zur Wirkung und Unterordnung" gewillt ist.[101] Konsequenterweise ist in *Demian* das Problem der sozialen Integration ausgeklammert. Der Krieg, mit dem das Buch endet, wird als Zertrümmerung einer Welt verstanden, die sich überlebt hat. Sinclair gerät mit zunehmender Introversion in eine heillose Entfremdung gegenüber der Gesellschaft. Seine Frage, ob aus ihm noch einmal „ein guter Sohn und brauchbarer Bürger" (163) werden könne, beantwortet sich von selbst. Er entzieht sich jeder differenzierten Auseinandersetzung mit sozialen Problemen; er polemisiert gegen die gesellschaftliche „Herdenbildung" (227 f.), der er einen elitären Aristokratismus der Seele entgegensetzt. Die das „Kainszeichen" tragenden Auserwählten, die von der Natur mit besonderer psychischer Energie Begabten stehen unter dem Gesetz der „Überwindung des Niederen zum Höheren".[102] Mehr noch: Hesse klammerte in seiner zweiten Schaffensperiode die „enttäuschende und öde Wirklichkeit" der empirischen Erscheinungswelt aus, die er als „Abfall des Lebens" verabscheute.[103] Sinclair vollzieht keine reale Weltbegegnung; eine bereichernde Adaption der Außenwelt bleibt ihm versagt. Hier geht es nicht mehr um die systemimmanente Kritik eines Stopfkuchen an der bürgerlich-zivilisatorischen Gesellschaft; vielmehr propagierte Hesse ein radikales Außenseitertum, er forderte die große Verweigerung, den Rückzug des Individuums in einen uneingeschränkten imaginativen Subjektivismus. Er war davon überzeugt, man könne zu einer neuen Gesellschaft nicht durch veränderte „Regierungsformen und politische Methoden" gelangen, sondern einzig durch den neue Wirklichkeiten erschließenden „Bau der Persönlichkeit".[104]

Demian zählt zu Hesses monologischen „Seelenbiographien", die typologisch dem frühromantischen Roman der „inneren Bildung" zuzurechnen sind. Der Autor erwähnte ausdrücklich *Heinrich von Ofterdingen* und *Hyperion* als ihm „heilige Vorbilder".[105] Die handlungsarme einsträngige Fabel beschränkt sich auf die Schilderung der wesentlichen Stationen von Sinclairs innerer Biographie. Hierbei dienen die äußeren Vorgänge letztlich nur der Vergegenwärtigung seelischen Geschehens. Daher ist es die innere Progression des Protagonisten, welche die Vorgangsfigur der Fabel konstituiert: von der anfänglichen Determination durch zwei antagonistische Lebenswelten über eine zunehmende gesellschaftliche Entfremdung bis zum kompromißlosen Rückzug in die eigene Innerlichkeit. Auch die Figurenkonstellation ist durch die sinntragende Zentralgestalt des Protagonisten bestimmt. Dieser sind die Nebenfiguren strikt zugeordnet. Sie besitzen die Qualität von funktionalen Korrelaten, reduziert auf ihre Bedeutsamkeit für die Entfaltung des Protagonisten, der sie nur aus seiner subjektiven Perspektive darstellt. Sie wirken gleichsam als Katalysatoren, die in Sinclair jeweils einen Erkenntnisschub auslösen. Sein „Weg nach innen" spiegelt sich in poetischen Räumen, die konsequenterweise nicht nur bar jeder Weltfülle sind, sondern auch zunehmend an Stofflichkeit verlieren, bis sich zuletzt reale und surreale Wirklichkeit vermischen, die Trennung von Außen- und Innenwelt aufgehoben scheint. Dies hat für das an sich schon locker gefügte Zeitgerüst zur Folge, daß das physikalische Kontinuum zunehmend der erlebten Zeit eines subjektiven Bewußtseins weicht.

Die „Seelenbiographie" erscheint in der Form der Ich-Erzählung. Ein Mann, der seine Identität gefunden hat, vergewissert sich schreibend des zurückgelegten Weges. Er beschränkt sich dabei auf den Erfahrungsbereich der eigenen Innerlichkeit. Er gibt vorwiegend dem erlebenden Ich das Wort, spart aber auch nicht mit deutenden Kommentaren aus der Perspektive des Wissenden. Sie treten in der zweiten Romanhälfte weniger häufig auf, da der Abstand zwischen dem erlebenden und dem erzählenden Ich sich zusehends verringert und zuletzt aufgehoben ist. Der Erzähler ist aber, wie das Vorwort bekundet, auch darauf bedacht, dem Leser die Botschaft von „einer anderen Möglichkeit zu leben" (236) zu verkünden. Glaubt er doch zu den wenigen zu zählen, die zu einer Aussage darüber legitimiert sind, „was der Mensch ist" (102). Der Anspruch auf deren exemplarische Verbindlichkeit beruht, wie erwähnt, nicht auf der inhaltlichen Beschreibung eines neuen humanen Leitbildes, sondern auf der formalen Bestimmung personaler Identität. Sinclairs Selbstentfaltung soll das „Wesen" der Menschwerdung demonstrieren, soll einen idealtypischen Bildungsprozeß darstellen, der auf eine von gesellschaftlichen Zwängen befreite, autonome Existenz angelegt ist. Diese Botschaft entsprach der Erwartungshaltung besonders der jüngeren Generation, die aus dem verlorenen Krieg desillusioniert heimkehrte. Angesichts des Zusammenbruchs der Wilhelminischen Monarchie und ihrer erstarrten Gesellschaftsordnung gab Hesse der Jugend, was sie suchte, nämlich ein radikal individualistisches Bildungsideal der freien, selbstverantwortlichen Persönlichkeit, die an die überkommenen Normen und Wertvorstellungen nicht mehr gebunden schien.[106]

Der Erzähler thematisiert die Progression eines introvertierten jungen Protagonisten, der sich auf der Suche nach seiner personalen Identität und seinem gesellschaftlichen Standort befindet. Dies bedingt eine einsträngige Fabel, die in chronologischer Abfolge die wesentlichen Stationen der Entfaltung des Protagonisten schildert. Die durch Ortswechsel markierte Phasengliederung des Werdeganges bestimmt den Aufbau des Romans: Sinclairs Kindheit (1.–3. Kap.), Jugendzeit (4.–6. Kap.) und seine Adoleszenz (7.–8. Kap.). Auch die Figurenkonstellation ist durch die funktionale Zuordnung der Nebengestalten auf den Protagonisten hin zentriert. Dieser erzählt die modellhaft-typologische Geschichte seiner Selbstfindung in bekenntnishafter, dem Leser zugewandter Haltung, und zwar mit dem Anspruch auf exemplarische Bedeutsamkeit. Sinclairs innere Progression stellt sich, wie erwähnt, vorwiegend unter dem Modus der Selbstentfaltung der Potentialität des Ichs dar, das der bereichernden Adaption von Welt nicht bedarf. Daher bestimmt der Protagonist schon relativ früh seinen gesellschaftlichen Standort, indem er sich für die Position des einsamen Außenseiters entscheidet. Dies prägt seine auf die eigene Innerlichkeit gerichtete Perspektive, woraus sich die erhebliche Verkleinerung des im Bildungsroman üblichen Figurenensembles erklärt. Die Nebengestalten gewinnen mit Fortgang der Erzählung zunehmend die Qualität von Projektionen des erlebenden Ichs. Die subjektiv imaginierende Erzählhaltung bedingt auch eine zunehmende Entstofflichung der an sich schon stark reduzierten Raumsubstanz des Romans. Analog dazu wird die kalendarische Chronologie zunehmend außer Kraft gesetzt, werden „Löcher in das Netz der Zeit" gerissen.[107]

Die Struktur des *Demian* konstituiert sich einmal durch die oben erwähnten Konstanten des Bildungsromans, zum andern durch epochen- bzw. autorspezifische variable Merkmale. Sie sind, wie gesagt, durch den dominanten Modus der Entfaltung individueller Potentialität bedingt, der diese „Seelenbiographie" prägt: die weitgehende Ausklammerung des gesellschaftlichen Umfeldes, die allegorisierende Entstofflichung gewisser Nebenfiguren, eine zunehmend sich entgrenzende Räumlichkeit und eine wachsende Aufhebung des physikalischen Zeitkontinuums.

Der Konstruktivismus des *Demian* ist vor allem dem zeitgenössischen Expressionismus verpflichtet, dessen Formsprache durch die Verwendung von Zeichen, Formeln und ideogrammatisch verschlüsselten Ideen bestimmt war. Die Handlungsführung ist surreal verfremdet; es begegnen zeichenhafte Chiffren (Abraxas); archetypische Symbolfiguren (Beatrice, Eva, Demian) beanspruchen, durch Verzicht auf psychologische Motivierung, „irgendwie zeitlos" (146) zu wirken. Die Sprache des Erzählers gewinnt immer wieder eine vorandrängende, expressionistisch getönte Dynamik, Ausdruck der ungestümen Suche des Protagonisten nach seiner Identität. Parataktisch gereihte Langsätze evozieren eine ruhelose rhythmische Bewegung. Infolge seiner konventionellen Wortwahl mißlingt es allerdings dem Autor, surreale Bewußtseinserfahrungen zu vermitteln. Mit Attributen wie „Reife", „Wärme", „Liebe" oder „Seele", die der Urmutter Eva zugeschrieben werden, läßt sich Sinclairs neue Qualität des Erlebens nicht angemessen darstellen. Hesse war sich dessen durchaus bewußt, beklagte er doch zu jener Zeit die „Armut und Sprödigkeit der Sprache", die das Gemeinte nur fragmentarisch andeuten könne.[108]

Demian ist ein Buch der Jugend schlechthin: ein Aufruf zur Befreiung von überholten Konventionen der Väter, ein leidenschaftlicher Protest gegen jede gesellschaftliche Normierung des Lebens, ein Plädoyer für die Wahrhaftigkeit der Existenz, für den Mut zur Selbstverwirklichung um jeden Preis. Darin liegt seine immerwährende Modernität begründet.

DER ANTIBILDUNGSROMAN

Friedrich Huch: Peter Michel

Zu den bedeutenderen Romanciers der Jahrhundertwende zählt Friedrich Huch, dessen Erstling bereits das Hauptthema der späteren Werke anschlägt, nämlich den Verfall des zeitgenössischen Bürgertums. Huch war mit Ludwig Klages befreundet und stand dem Münchener Kreis der Kosmiker nahe. Er teilte dessen sozialkritische Meinungen und forderte mit Klages, der kontemplative Seelenmensch dürfe nicht zum „brauchbaren Glied einer Gesellschaft" entarten, die sich einem leistungsbesessenen Intellektualismus verschrieben habe.[109] Huch gestaltete bereits in seinem ersten Roman in ironisch-satirischem Ton die Spielarten des bürgerlichen Niederganges: die Borniertheit kleinbürgerlicher Moralvorstellungen, die materialistische Fortschrittsideologie der Bourgeoisie und den klischeehaft erstarrten, lebensfremden Neuhumanismus des Bildungsbürgertums. Der beachtliche Widerhall, den der Roman bei seinem Erscheinen fand, läßt darauf schließen, daß sich in ihm das fin de siècle selbst erkannte.

Das Werk entstand, wie L. Klages berichtet, aus anekdotischen Skizzen, die sich allmählich um einen Mathematiklehrer gruppierten, der Huch aus seiner Schulzeit unvergeßlich geblieben war: ein gutmütig-einfältiger Mensch, lächerlicher Spielball seiner Zöglinge.[110] Es drängte den Autor, ein solches Zerrbild der Persönlichkeit nach seinen Entwicklungsbedingungen zu befragen. Der Roman thematisiert also das Scheitern eines Entwicklungsprozesses. Der schüchtern-sensible Peter Michel ist von Anfang an zu autonomer Selbstbestimmung unfähig; seine bürgerliche Umwelt beugt ihn unter starre Normen und Konventionen, so daß er in der Fron eines ungeliebten Berufes und in der kargen Pflichterfüllung für die Familie seelisch verkümmert.

Peter Michel ist der Typus des lebensschwachen Dekadenten, wie ihn Huch des öfteren gestaltet hat. Er entstammt einer ländlichen Handwerkerfamilie. Der grüblerische Vater und die Tante enden in Gemütskrankheit und geistiger Verwirrung. Der Junge hat die „schwache Natur" des Vaters ererbt:[111] ein introvertierter Träumer, der melancholischen Gefühlen und sehnsüchtigen Stimmungen nachhängt. Seine Lebensschwäche bekundet sich vor allem in der Unfähigkeit, entschiedene „Verpflichtungen gegen die Welt" einzugehen (136). Der Protagonist entzieht sich den Forderungen, die Eltern, Freunde und Frauen an ihn stellen, durch Rückzug in die Traumwelt seiner Innerlichkeit. Seine Entwicklung unterliegt vorwiegend der Fremdbestimmung, denn er wird durch Erziehung und Milieu entscheidend determiniert. Seine energische, vom Drang nach sozialem Aufstieg besessene Mutter steuert seinen beruflichen Werdegang zum Gymnasiallehrer. Sein späterer Schwager Treuthaler, gutsituiert und geistig beschränkt, verhilft ihm, eigentlich gegen seinen Willen, zu einer Frau. Treuthaler, der „Philister", vertritt ein selbstzufriedenes, fortschrittsgläubiges Wirtschaftsbürgertum (258). Unfähig, die Traumwelt seiner Seele zu bewahren, akzeptiert der Protagonist schließlich beruflich wie privat die ihm zugewiesenen sozialen Rollen. So bildet er sich nicht zum emanzipierten „Mann" (306), sondern er endet als sozial angepaßter Bildungsphilister, der die „städtische Bildung", die gesellschaftlichen Aufstieg verheißt (29), in Gestalt eines sterilen Neuhumanismus vertritt.

Die künstlerische Existenz, in der die Lebensprobleme des Protagonisten vielleicht zu lösen wären, bleibt ihm mangels Talent verwehrt. Unfähig zu vernunftvoller Selbstreflexion, verfehlt er schließlich seine personale Identität. Mit leiser Trauer konstatiert der Erzähler, daß sich Michels Seele nur „im Traume" wiedergefunden habe (291). So versandet dessen geistige Entwicklung in einem öden Lebensalltag. R. M. Rilke, einer der Bewunderer des Romans, sah richtig: ein bei aller äußeren Komik tragisches Schicksal ist hier gestaltet, der Verfall eines innerlich einsamen Menschen, dem das eigentliche Leben unaufhaltsam entgleitet.[112] Die Mächte, welche die Protagonisten der literarisch relevanten zeitgenössischen Bildungsromane aus der Enge ihrer entfremdeten bürgerlichen Umwelt befreien, nämlich der Eros und die sinnenfrohe Hingabe an Natur und vitalistisch gedeutetes „Leben", bleiben für Peter Michel bedeutungslos. Er wird durch die gesellschaftlichen Institutionen der Zeit geprägt, durch das Erziehungswesen, durch Berufs- und Arbeitswelt, Ehe und Familie. Diese erscheinen durchweg innerlich gebrochen und mit negativer Wertung versehen, ganz im Sinne der radikal gesellschaftskritischen Haltung des Autors, der damals erklärte: „Ich bekomme einen immer stärkeren Widerwillen gegen alles, was Welt, Beruf, Familie etc. etc. heißt."[113]

Peter Michel ist ein Antibildungsroman, der invariante Strukturelemente des tradierten Bildungsromans durch Eliminierung oder durch Deformation destruiert. An gattungstypischen Konstanten bleiben nur wenige Elemente erhalten. Die einsträngige Fabel orientiert sich an der biographischen Lebenslinie der Titelfigur. Die Kapitel gliedern deren Lebensphasen in chronologischer Abfolge: von der Kindheit bis zum Abschluß des Studiums (1—5), sodann die ersten Jahre der Berufstätigkeit bis zur Eheschließung (6—11). Das zwölfte Kapitel setzt, nach einem Zeitsprung von etwa zwei Jahrzehnten, den tragischen Schlußpunkt, nämlich den Untergang des Protagonisten im Philistertum. Zu den konstanten Formzügen des Bildungsromans zählt auch die funktionale Zuordnung der Nebenfiguren zur Zentralgestalt. Soweit sie nicht Michels Werdegang negativ manipulieren, kennzeichnen sie dessen determinierenden Lebensraum.

Völlig eliminiert wird die Grundthematik der Romanart, denn die Suche des lebensschwachen Protagonisten nach seiner personalen Identität bleibt schon früh in hilflosen Ansätzen stecken. Eine Deformation erleidet das Strukturmerkmal der Entwicklung, denn Michel, unfähig zu kritischer Auseinandersetzung mit der gesellschaftlichen Wirklichkeit, durchläuft nur einen zunehmend fremdbestimmten Prozeß sozialer Anpassung. Auch die Figuren sind mittels komischer Überzeichnung durchgängig deformiert. So steht der lebensschwache, einfältige Protagonist in einem lächerlichen

Widerspruch zu den Forderungen des gesellschaftlichen Alltags. Bisweilen steigert sich die Komik von Charakteren und Situationen ins Grotesk-Unheimliche. Die innere Gebrochenheit der Figuren verrät sich auch im unangemessenen Pathos ihrer klischeehaften Redeweise. Der Erzähler verunsichert den Leser durch Verzicht auf deutende Kommentare und durch eine verschleiernde ironische Diktion. Er vermittelt seinem bürgerlichen Publikum kein Identifikationsangebot, sondern eine mehr oder minder provozierende Philisterkritik. Dieser „komische Roman", wie der Untertitel der Erstausgabe lautete, stellt eine gelungene Satire auf die erstarrten zeitgenössischen Institutionen von bürgerlicher Familie und staatlichem Bildungswesen dar, welche die autonome Entfaltung des Individuums erschweren, wenn nicht verhindern. Das geheime Bildungsideal des Romans kann nur ex negatione erschlossen werden. Es ist, wie auch in anderen Werken des Autors, der Existenz des antibürgerlichen Künstlers zugeordnet.[114]

Robert Walser: Jakob von Gunten

Ein rätselhaft-hintergründiges Werk, das bei seinem Erscheinen auf weitgehendes Unverständnis stieß, das jahrzehntelang unbeachtet blieb und erst in jüngster Zeit erschlossen zu werden beginnt.[115] Der Roman entstand während Walsers mehrjährigem Aufenthalt in Berlin. In dieser Zeit hatte der unstete Außenseiter vorübergehend auch eine Dienerschule besucht.

Der Roman thematisiert das „Hände-Ausstrecken nach einer Bedeutung" innerhalb eines sinnentleerten Daseins, die Suche des Protagonisten nach dem von gesellschaftlichen Zwängen befreiten wahrhaften Leben, ein bevorzugtes Sujet der Epik der Jahrhundertwende.[116] Jakob von Gunten, aus soliden bürgerlichen Verhältnissen stammend, hat sich schon zu Beginn von der Welt seiner Herkunft losgesagt, um sich von einengenden Traditionen und Konventionen zu befreien. Eigene Erfahrungen, nicht zuletzt die Begegnung mit seinem Bruder Johann, einem gesellschaftlich anerkannten Künstler, führen ihn zu einer kompromißlosen Verurteilung der „auf die Phrase, Lüge und Eitelkeit gestellten und abgerichteten Welt" (377 f.). Jakob leidet unter der Verdinglichung menschlicher Beziehungen; er vermißt besonders in der großstädtischen Zivilisation die Substanz der individuellen Persönlichkeit: „Alle sind einander ähnlich [...]" (443). Solch schroffe Gesellschaftskritik stützt sich weniger auf rationale Argumente; sie resultiert vielmehr aus Jakobs heilloser Weltentfremdung.

Angesichts seiner negativen sozialen Erfahrungen, die nur in einigen knappen Episoden skizziert sind, entschließt sich der Protagonist, „ganz von unten anzufangen" (397), um den bedrohlichen Widerstand einer entfremdeten Welt zu minimieren. Er kapselt sich in der lebensfernen Abgeschlossenheit des Instituts Benjamenta ein, das in einem großstädtischen Hinterhaus untergebracht ist. Abgesehen davon, daß hier Diener ausgebildet werden, unterhält die Schule keine Beziehungen zur Außenwelt. Sogar die Natur ist ausgeschlossen; den Zöglingen ist das Betreten des verwahrlosten Gartens verboten. Der „Lebenslehrling" betrachtet das Institut als „Vorzimmer" des gesellschaftlichen Daseins.[117] Er lernt die grundlegenden „Pflichten und Gebote" des gesellschaftlichen Umgangs kennen und respektieren (393); in mechanischem Drill übt er soziale Verhaltensmuster ein. Er versucht, die harten Notwendigkeiten des Daseins in „Geduld und Gehorsam" auf sich zu nehmen (335). Als wichtigstes Gebot prägt er sich ein: „Klein sein und bleiben", glaubt er doch, „nur in den untern Regionen atmen" zu können (473). Der eigenwillige Zögling, der sich äußerlich den Spielregeln einer entfremdeten Gesellschaft fügt, verweigert aber in Wahrheit die uneingeschränkte soziale Anpassung. Er sucht dem Konflikt mit der Welt durch Verzicht auf sozialen Aufstieg zu entgehen. Die Problematik dieser Haltung offenbart sich an Kraus, dem Musterschüler des Institutes. In ihm steigert sich Jakobs demütige Selbstentäußerung zu totaler Fremdbestimmung, zum Verlust individueller Personalität.

Kraus — unbegabt, aber von grenzenloser Hilfsbereitschaft — ist bloße Funktion der ihm erteilten Aufträge, der geborene Diener.

Fräulein Benjamenta verkörpert in liebevoller Strenge die Haltung der bedingungslosen Unterwerfung unter die sozialen Normen des gesellschaftlichen Daseins. „Solange ich ihr gehorche", erkennt der Protagonist hellsichtig, „ist sie am Leben" (463). Sie stirbt, als er das Institut verläßt. Das Prinzip vorbehaltloser Subordination unter ein gesellschaftliches Normensystem führt, wie die Figur von Kraus belegt, tendenziell zum Verlust personaler Identität. Das Prinzip bloßer funktionaler Brauchbarkeit für eine an sich verachtete Gesellschaft verrät durch seine hypertrophe Übersteigerung Walsers satirische Intention. Diesem Außenseiter war das Leitbild des sozial angepaßten Individuums zutiefst suspekt. Von hier aus versteht sich auch seine Persiflage des zeitgenössischen Bildungswesens; das Institut Benjamenta zeichnet sich nämlich dadurch aus, daß seine Lehrer „schlafen" oder „versteinert" sind (337).

Herr Benjamenta, der energische Direktor, erscheint dem Zögling anfangs als „Riese" und „Herkules". Obwohl vom Leben enttäuscht, repräsentiert er die Haltung kraftvoller Selbstbehauptung, herrscherlicher Autorität. Allerdings besteht in Wahrheit seine einzige, fragwürdige Größe „im Sehnen" nach tätiger Selbsterfüllung (457). Er sieht sich als einsamen „abgesetzten König" seiner früheren jugendlichen Zukunftserwartungen (435). Ein dilettantischer Traumtänzer des Lebens also, der seinen verlorenen Illusionen nachtrauert. Er verkörpert das Prinzip autonomer Selbstbestimmung, das freilich infolge einer totalen Weltentfremdung zur Dissoziation des Ichs tendiert, was Benjamentas potentiellen Wahnsinn erklärt. Er vertritt die Haltung spontaner, unreflektierter Lebensunmittelbarkeit, die sich in solch hypertropher Übersteigerung nur außerhalb gesellschaftlicher Bindungen verwirklichen kann, im erklärten Vorsatz nämlich, „der Kultur [zu] entrücken" (491). Walsers satirische Intention zielt hier auf einen Entwurf moderner Subjektivität, der seine scheinbare Autonomie nur auf einen negativen Freiheitsbegriff gründet. Diesem Leitbild war der irrationale, vitalistische Lebenskult der zeitgenössischen literarischen Avantgarde verpflichtet, die in ihren Bildungsromanen einem gesellschaftsfernen, elitären Individualismus huldigte.

Jakob verharrt gegenüber dem Institut in ambivalenter Gespaltenheit. Einerseits unterwirft er sich mit zunehmendem Eifer den normativen Geboten der Schule, zum andern ist er, trotzig sich selbst behauptend, nicht bereit, seine personale Würde zu opfern. So führt der äußerlich gehorsame Zögling insgeheim ein „Doppelleben" (468), dessen kritisch distanzierte Haltung sich im ironischen Stil seiner Aufzeichnungen spiegelt. Zuletzt bricht er in ein soziales Niemandsland auf, aus dem eine Rückkehr in die menschliche Sozietät kaum mehr vorstellbar ist. Sein Tagebuch präsentiert sich als ein einziger innerer Monolog, der sich nach anfänglicher Außenbeobachtung in totaler Introspektion verliert — Abbild eines zunehmend weltlosen Bewußtseins. Indem sich der Protagonist der Auseinandersetzung mit der gesellschaftlichen Wirklichkeit entzieht, bestätigt er seine Unfähigkeit zu bereichernder Adaption von Welt. Bis zum Ende seines Lebensberichts sieht er sich als „eine Null", befürchtet er, in absehbarer

Zeit zu verfallen und „auf eine gewisse Art tot" zu sein.[118] Das Ende der schreibenden Selbsterkundung bedeutet für ihn die Erlösung von einem quälenden, letztlich ergebnislosen „Gedankenleben" (492), aber auch den resignativen Verzicht auf reflexive Bewußtheit. Sein Aufbruch in das wüstenhafte Niemandsland signalisiert abschließend eine wahnhaft-illusionäre, von irrationalen Lebens-„Wallungen" bestimmte donquijoteske Existenz.[119] Die Fabel des Romans mündet also nicht in die Gewinnung des Bewußtseins personaler Identität. Der Protagonist experimentiert in seinem Bericht mit Lebensentwürfen, die sich durch ihre mit der Wirklichkeit unvermittelte, hypertrophe Übersteigerung gegenseitig ausschließen.[120] Der unversöhnbare Dualismus von bedingungsloser Subordination und radikaler autonomer Selbstbestimmung, von reflektierender Sinnsuche und bewußtlos-spontanem Lebensvollzug verhindert die Überwindung der Gespaltenheit des Ichs.[121]

Dieselbe Spannung erscheint in der agnostizistischen Apperzeptionsweise des Protagonisten, die kein stabiles Weltverhältnis begründen kann. Seine Erfahrungen einer disparaten Wirklichkeit sind in sich widersprüchlich; reflektierend gelangt er nur zu Ergebnissen von paradoxer Diskrepanz. Daraus resultiert des Tagebuchschreibers tiefe Skepsis gegenüber den angeblich „treffenden Worten" (378), die nach seiner Ansicht allzuleicht zum „Geschwätz" entarten. Seine schwebende, jede Endgültigkeit der Aussage vermeidende Diskursform erwächst aus der Erkenntnis der Unmöglichkeit, sich „die Wahrheit zu sagen" (463).

Jakob von Gunten ist ein Antibildungsroman, weil er die invariante Grundstruktur des herkömmlichen Bildungsromans parodistisch destruiert.[122] Durch Eliminierung oder durch Deformation gewisser konstitutiver Elemente entstehen spannungsvolle Diskrepanzen innerhalb der Werkstruktur. Von den Konstanten der Romanart bleiben nur die Grundthematik der Suche nach personaler Identität und die auf eine Zentralgestalt bezogene Figurenkonstellation erhalten.[123] Walsers Roman läßt vor allem das Strukturmerkmal der Entwicklung bzw. der Entfaltung vermissen. Jakob verneint die Idee der Steigerung der Persönlichkeit (472), sei es durch bereichernde Adaption von Welt, sei es durch Entfaltung der inneren Potentialität des Ichs. Daher entfällt die zielgerichtete Progression des Protagonisten, die üblicherweise in die Selbstfindung mündet. Jakob gewinnt kein Bewußtsein personaler Identität.

Die invariante Grundstruktur des Bildungsromans wird von Walser auch durch Deformation gewisser Elemente destruiert. Der didaktisch motivierte Erzähler, der den Leser normalerweise mit hilfreichen Kommentaren begleitet, weicht einem monologisierenden Tagebuchschreiber, dessen ziellos in sich kreisende Reflexionen großenteils sich selbst aufheben. Als Ich-Erzähler bildet er kein episches Integrationszentrum, weil er sich nur der subjektiv beschränkten Perspektive des erlebenden Ichs bedient. Seine Aufzeichnungen stellen fragmentarische, verrätselte Momentaufnahmen seiner wechselnden inneren Befindlichkeit dar. Jakobs Redeweise ironischer Ambiguität signalisiert eine tiefe existentielle Verunsicherung. Angesichts der Erfahrung eines rätselvoll antinomischen Daseins flüchtet er sich in den jegliche Position relativierenden ironischen Vorbehalt: „[...] scherzen mit seiner Existenz und spielen mit seinen Gefühlen."[124] Von dieser Haltung erhofft er sich rettende Selbstbewahrung, was sich freilich zuletzt als Irrtum erweist. Mit einem solchen Protagonisten, der „beinahe an das Absurde" grenzt und damit den Anspruch auf exemplarische Verbindlichkeit einbüßt, konnte sich der zeitgenössische Leser nicht identifizieren, weil dies seinen weltanschaulichen Prämissen zutiefst widersprach (436). Daher der geringe Widerhall, ja die Ratlosigkeit, die das Buch bei seinem Erscheinen hervorrief. Auch die herkömmliche Struktur der Fabel wird planmäßig deformiert, indem sie die chronologische Ordnung und die klare Phasengliederung verliert. Das Tagebuch bietet lediglich eine unübersichtliche Folge isolierter Episoden. Die Figuren des Romans erfahren durch hypertrophe Überzeichnung ebenfalls eine Deformation. In parodistischer Anspielung auf *Wilhelm Meister* wird der Protagonist als vielversprechender „Lebenslehrling" vorgestellt (473), der zuletzt freilich das Leben und seine personale Identität verfehlt.[125] Kraus, der heteronom bestimmte Kollektivmensch, wird ironisch als „schöne Seele" gepriesen (360); ausgerechnet ihm wird „menschliche Bildung" zuerkannt, weil er „ein festes, gutes Ganzes" darstelle (407). Allerdings entpuppt sich seine harmonische Geschlossenheit als Konsequenz eines „ganz eintönigen [...] Wesens" (410).

Jakob von Gunten läßt sich nicht mehr als kritisches Korrektiv einer wenigstens ansatzweise bejahten zeitgenössischen Bildungsidee begreifen. Walser stellte hier aus persönlicher Betroffenheit die humanen Leitbilder der Epoche radikal in Frage, einer der Gründe, warum er heute als Wegbereiter der literarischen Moderne gilt.

VII. DIE WEIMARER ZEIT

Einleitung

Das Bildungsbürgertum der Wilhelminischen Ära hatte sich seinerzeit als soziale Schicht mit eigenen Normen und Wertvorstellungen etabliert. Man fühlte sich der großen Tradition des Deutschen Idealismus und der klassischen Literatur verbunden, woraus der Anspruch abgeleitet wurde, zur kulturellen Elite der Nation zu zählen. Allerdings zeigten sich schon früh krisenhafte Symptome eines schwindenden Selbstbewußtseins: einerseits die Nachahmung aristokratischer Lebensformen, zum andern die ängstliche Abgrenzung gegen Kleinbürgertum und Proletariat. Im Weltkrieg, der „bisher größten, gewaltigsten Kollektivisierung", erlebten der Wirtschafts- und der Bildungsbürger die Unmöglichkeit autonomer Lebensgestaltung.[1] Der verlorene Krieg, der revolutionäre Zusammenbruch der Monarchie leiteten Jahre chaotischer gesellschaftlicher Zerrissenheit ein. Putsche und Streiks lähmten das öffentliche Leben; die inflationäre Wirtschaftskrise von 1923 führte zu einer Verarmung großer Teile des Bürgertums. Besonders im Mittelstand vollzogen sich tiefgreifende Umschichtungen, die zu einer gewissen sozialen Nivellierung führten. Von 1924 bis 1929 begannen sich die ökonomischen und die politischen Verhältnisse zu konsolidieren, um anfangs der dreißiger Jahre erneut chaotisch auszuufern, bedingt durch die zunehmende Radikalisierung der Parteien, vor allem aber durch die Weltwirtschaftskrise. Die Mehrheit der Bürger gewann zu der durch ständigen Regierungswechsel und Parteienhader gelähmten Republik kein positives Verhältnis.

Robert Musil konstatierte nach Kriegsende eine tiefgreifende gesellschaftliche „Bildungskrise".[2] Er erkannte, daß der erstarrte neuhumanistisch-individualistische Bildungsbegriff der Wilhelminischen Ära, diese „abgebröckelte und durch nichts Neues ersetzte Ideologie des 18. Jahrhunderts", nicht mehr in der Lage war, eine politisch und ökonomisch veränderte soziale Wirklichkeit deutend zu bewältigen.[3] Die Bourgeoisie war in ihrer zivilisatorischen Fortschrittsgläubigkeit zutiefst verunsichert, und auch die Hoffnung auf die Erlösung des Menschen durch die Kunst, wie sie den individualistischen Bildungsroman der Jahrhundertwende beherrscht hatte, war nunmehr verschüttet. Kurz vor Ausbruch des Weltkrieges hatte Thomas Mann die „Krise des Individualismus" als Signatur des Zeitgeistes erkannt, und gegen Ende der Weimarer Epoche prophezeite Ernst Jünger den bevorstehenden „Tod des Individuums" in einer kollektivierten technischen Zivilisationswelt.[4]

Der zeitgenössischen Gesellschaftskultur fehlten verbindliche Wertvorstellungen und Ordnungsbegriffe, es mangelte ihr an verläßlicher weltanschaulicher Orientierung. Zwischen den extremen Polen von Restauration und Revolution entwickelte sich ein

Spektrum antagonistischer Haltungen. „Unsre Zeit", diagnostizierte Robert Musil klarsichtig, „beherbergt nebeneinander und völlig unausgeglichen die Gegensätze von Individualismus und Gemeinschaftssinn, von Aristokratismus und Sozialismus, von Pazifismus und Martialismus, von Kulturschwärmerei und Zivilisationsbetrieb, von Nationalismus und Internationalismus, von Religion und Naturwissenschaft, von Intuition und Rationalismus und ungezählt viele mehr."[5] Weit verbreitet war angesichts einer total veränderten historischen Konstellation das Empfinden, die bürgerliche Ära des 19. Jahrhunderts sei unwiderruflich beendet und man befinde sich auf der Schwelle einer neuen Epoche. Freilich gab es keinen euphorischen Aufbruch zu weltfernen Idyllen, wie ihn Autoren der Jahrhundertwende unternommen hatten, sondern man wagte mit moralischem Engagement den Versuch, sich mit den politischen, sozialen und ökonomischen Sachzwängen der Gegenwart nüchtern-kritisch auseinanderzusetzen. Es wurde jetzt von den Autoren erwartet, daß sie sich offen zu ihrem politischen Standort bekannten. Die divergierenden Bildungsideen der Zeit waren nicht unwesentlich von den politisch-sozialen Gruppierungen bestimmt, denen sich die Schriftsteller verbunden fühlten. Von einem nicht geringen Teil des Bürgertums, dessen Einfluß ständig stieg, wurden völkisch-nationale und kulturkonservative Ideen vertreten. Vor allem die Mehrheit der Akademiker und die Reichswehr machten aus ihrer Ablehnung des Sozialismus wie auch einer liberalen Demokratie kein Hehl. Ihre antimodernistische Gesinnung entsprang einer tiefen Ratlosigkeit angesichts der fortschreitenden Technisierung der Lebenswelt und des wachsenden Wertezerfalls im kapitalistischen Wirtschaftssystem. Man flüchtete sich in die irrationale Sehnsucht nach einer vermeintlich heilen völkischen Gemeinschaft mit festen Normen und absoluten Werten. Eine radikal gegensätzliche Position bezogen die sozialistischen Gruppierungen, die weitgehend der aufklärerischen Tradition verpflichtet waren. Ihre Spannweite reichte von staatsverdrossenem politischem Utopismus bis zur Bejahung der sozialdemokratischen Republik. Als relativ gering erwies sich dagegen der öffentliche Einfluß der Vertreter einer bürgerlich-humanistischen Mitte, die der politischen Polarisierung der Republik in deren Schlußphase nicht zu wehren vermochten. Vergeblich warnten diese „Vernunftrepublikaner" vor jeglichem politischen Extremismus, vergeblich bemühten sie sich um die Konsolidierung einer pluralistischen liberalen Demokratie.

Die Autoren der hier interpretierten Bildungsromane wurden zwischen 1873 und 1890 geboren, erfuhren also ihre Sozialisation in der Wilhelminischen Ära. Zu deren Staat und Gesellschaft standen sie, im Gegensatz zu den Romanciers der Jahrhundertwende, meist nicht in prinzipieller Opposition. Bedingt durch das Kriegserlebnis und den Zusammenbruch der alten Ordnung gerieten sie in eine tiefe weltanschauliche Krise. Sie verharrten, je nach Herkunft und politischer Haltung, in mehr oder minder großer Distanz zur jungen Republik. Im Lichte der neuen Erfahrung überprüften sie ihr bisheriges Schaffen; sie fragten nach den Ursachen des Zusammenbruchs und suchten ihren sozialen Standort neu zu bestimmen, wobei sie ihre Legitimation aus einem gesellschaftlich verpflichteten erzieherischen Auftrag ableiteten. Es galt neue Leitbilder, sinnstiftende Ordnungsprinzipien sozialer Lebensgestaltung zu entwickeln. Alle Autoren wußten sich in der Ablehnung der Haltung „machtgeschützter Innerlichkeit" einig; sie verneinten die um die Jahrhundertwende propagierte politisch abstinente, ästhetizistische Selbstgenügsamkeit des Individuums. Diese wurde als ideologische Fluchthaltung eines wirklichkeitsfremden kontemplativen Individualismus entlarvt, dem man das Leitbild des mehr oder minder lebenstüchtigen, sozial engagierten Menschen entgegensetzte. Freilich gewinnen die Protagonisten dieser Bildungsromane, die mehrheitlich gescheiterte Sozialisationsprozesse schildern, ihren sozialen Bezug nur über die kritische Distanz zu den bestehenden gesellschaftlichen Verhältnissen.

Gemeinsam war diesen Autoren auch die Suche nach einer neuen Totalität des Weltbildes, beruhend auf überindividuellen Prinzipien und Leitwerten. Sie bekannten sich zu Volk und Nation, Sippe und Stamm, zur Idee einer sozialistischen Gesellschaftsordnung, zu einem naturwissenschaftlich-philosophisch vertieften Humanismus oder einer mystisch-religiösen Glaubenserfahrung. Bedingt durch den Zerfall des Wilhelminischen Bürgertums in heterogene Gruppierungen, bedingt auch durch die Emanzipation der Arbeiterschaft entstand eine Vielzahl divergierender, teilweise gegensätzlicher Bildungsideen — von einer technisch-naturwissenschaftlichen über die humanistisch-liberale, die sozialistische, die völkisch-konservative Idee bis hin zu religiös-konfessionellen Erziehungskonzeptionen. Wahrlich eine Epoche „produktiver Anarchie", wie Hofmannsthal formulierte.[6] Der Bildungsroman suchte jetzt wirklichkeitsnahe Normen und Werte, Denk- und Verhaltensmuster zu vermitteln, durch die eine verwirrend vielschichtige, letztlich unergründbare Erscheinungswelt bewältigt werden konnte. Daher vermochte nun nicht mehr die Zentralfigur des elitären Künstlers exemplarisch die Möglichkeiten humaner Existenz zu vertreten, vielmehr entstammen die Protagonisten allen sozialen Schichten.

Völkisch-nationale und kulturkonservative Autoren wie Grimm, Griese oder Kolbenheyer suchten, beeinflußt von der Heimatkunst, eine transempirische Totalität des Weltbildes zu gewinnen, indem sie gewisse Ideen und Werte ideologisch verabsolutierten. Diese wurden als ewige Wahrheiten mit dichterischem Pathos verkündigt, worin sich eine irrationale Sehnsucht nach Überwindung der „transzendentalen Heimatlosigkeit" des modernen Individuums offenbarte.[7] Wenn etwa Hans Grimm die Forderung nach „denkerischer Einheit" des Weltbildes erhob, so verstand er darunter die politische Idee der Erfüllung individueller Existenz in der Geborgenheit heimatlichen Stammes- und Volkstums.[8] Ein zeitgenössischer Rezensent zählte denn auch *Volk ohne Raum* (1926) zu denjenigen Bildungsromanen, deren Held über sich selbst hinauswachse „zu neuer Gemeinschaftsbildung, zur Einordnung seines Ich in eine überpersönliche Bindung".[9] Ferdinand Tönnies' Buch *Gemeinschaft und Gesellschaft*, 1887 erschienen, war vor dem Weltkrieg relativ unbeachtet geblieben. In den zwanziger Jahren erlebte es hingegen mehrere Auflagen. Tönnies interpretierte die Gemeinschaft, ganz im Sinne der völkisch-nationalen Gruppierungen, als „reales und organisches Leben", dem die jetzige Gesellschaft lediglich eine „ideelle und mechanische Bildung" entgegenzusetzen habe. Diese soziologische Scheinalternative ist der Tradition der Hochromantik verpflichtet, die das Volk als organische Wesenheit, als Träger und Objekt der Geschichte verstanden hatte. Damit war der überkommene individuelle Freiheitsbegriff aufklärerischer Prägung weitgehend preisgegeben. Konsequent prophezeite daher Ernst Jünger in seiner Schrift *Der Arbeiter* ein Zeitalter der kollektiven Planung und Herrschaft. „Die Tat", eine konservative Zeitschrift, verkündete gegen Ende der Weimarer Zeit: „Im neuen Staat wird uns eine Ordnung [...] als Freiheit erscheinen, eben weil sie Ordnung ist."[10] Solches Denken, das der humanistischen Bildungsidee radikal widersprach, war mit einem demokratisch-pluralistischen Liberalismus unvereinbar. Mit Blick auf diese völkisch-nationale Strömung urteilte Kurt Tucholsky: Das „deutsche Bürgertum ist ganz und gar antidemokratisch [...], und das ist der Kernpunkt allen Elends".[11] Hier bildeten sich präfaschistische Denkweisen heraus, die dem Nationalsozialismus den Boden bereiteten. Ein später führender nationalsozialistischer Pädagoge forderte schon in den zwanziger Jahren eine arteigene deutsche Bildung, da die „Nationalidee [...] immer zugleich Humanitätsidee" sei, woraus sich ergebe, daß die Aufgaben und Ziele des Individuums mit denen der Gemeinschaft prinzipiell übereinstimmten.[12] So glich sich gegen Ende der Republik die völkisch-nationale Bildungsidee zunehmend einem volkhaft-nationalistischen Totalitarismus an.

Zu den völkisch-nationalen Autoren zählte auch der Schweizer Jakob Schaffner mit seinem vierbändigen Bildungsroman um die Zentralfigur des *Johannes Schattenhold*.[13] Ein Werk mit stark autobiographischen Zügen: Protagonist und Autor entstammen dem schweizerischen Kleinbürgertum, durchleben in der Armenerziehungsanstalt eine freudlose Kindheit, wandern als Handwerksgeselle durch Europa und gelangen zuletzt zu schriftstellerischem Erfolg. Ein bezeichnender Unterschied fällt allerdings auf; im Gegensatz zu seinem Protagonisten kehrte Schaffner nicht mehr in seine Heimat zurück, sondern ließ sich in Deutschland nieder und bekannte sich mehr oder minder offen zum Nationalsozialismus.[14] Der Autor steht in der volkstümlichen Erzähltradition des 19. Jahrhunderts; Gotthelf und Keller waren ihm verehrte Vorbilder. Schattenhold bekennt sich zur vaterländischen Heimat als dem „großen Thema" seines Lebens.[15] Die zuletzt erlangte Gewißheit der schriftstellerischen Berufung gründet zwar in seinem Glauben an die geprägte Persönlichkeit als „Quelle alles Lebens", diese aber weiß sich eingebettet in die heimatlich-völkische „Gemeinschaft der Seelen", die allein dem einzelnen Erfüllung verheißt.[16] Kennzeichnend für das zeitgenössische Kleinbürgertum ist Schattenholds Bemühen, sich zwar gegen das Proletariat abzugrenzen, sich aber in die gehobene bürgerliche Gesellschaft zu integrieren. Dies mißlingt, da ihm wegen Herkunft und fehlender Bildungsvoraussetzungen die soziale Anerkennung verweigert wird. So sucht er Zuflucht in der Geborgenheit verheißenden Idee einer völkisch-humanen „Großen Gemeinschaft".[17] Volle personale Identität gewinnt er nur durch gläubige Antizipation einer erhofften sozialen Identität. Bezeichnend für die Mehrzahl der völkisch-konservativen Autoren ist Schattenholds Antimodernismus, ein hilflos-unreflektiertes Mißtrauen gegenüber der Industriegesellschaft, dem „verworrenen, unreinen Getöse der Welt".[18] Er kämpft als Schriftsteller gegen die „seelenverderbenden und seelenzerstörenden Mächte" der Zeit, wobei der Autodidakt sich unfähig zu analytischer Durchdringung und rationaler Argumentation erweist.[19] Überzeugt, daß „im Wortlosen [...] die Kraft" des Menschen ruhe, huldigt er einem religiös geprägten, grüblerisch spintisierenden Irrationalismus.[20]

Die völkisch-nationalen, kulturkonservativen Autoren bekannten sich mehr oder minder offen zu einem biozentrischen Weltbild. Schon um die Jahrhundertwende war die Bildungsdiskussion von dem Antagonismus zwischen Geist und Leben, Logos und Bios nachhaltig bestimmt gewesen. Der mystisch-irrationale Lebenskult jener Epoche setzte sich auch in den zwanziger Jahren fort. Ludwig Klages betrachtete den Geist als Widersacher der Seele und definierte das Individuum als „Durchgangsort des elementaren Wirkens [...] derselbigen Mächte, die den erscheinenden Kosmos weben".[21] In Friedrich Grieses Bildungsroman *Winter* (1927) ist der ursprungsnahe Protagonist nicht mehr zu rationaler Selbsterkundung fähig; seine Stärke gewinnt er aus einem instinktgeleiteten Bewußtsein, aus dem intuitiv das richtige Handeln erwächst. Hier entstand eine Bildungsidee, deren Vertreter durch Erschließung unbewußter Seelenschichten zur Quelle des schöpferischen Lebens vorzudringen glaubten: eine Konzeption, welche die biologischen Kräfte von naturhaftem Erbgut und urtümlicher Landschaft als absolute Werte verherrlichte — teilweise mit rassistischem Einschlag, indem man sich an der vermeintlichen Lebensmacht nordisch-germanischen Volkstums orientierte. Robert Musil beklagte solche „Unbildung" der Zeit zu Recht als „ein ungenügendes Zusammenspiel zwischen den Einseitigkeiten des Gefühls und einem Verstand, der zu ihrer Zügelung nicht hinreicht."[22]

Die Sehnsucht einer orientierungslosen Epoche nach ewigen Wahrheiten und zeitlosen Werten führte häufig zu mythisierender Überhöhung der Aussage.[23] Man huldigte dem Mythos der schöpferisch-unbewußten „Seele" — das galt in dieser Epoche auch für Autoren der bürgerlich-liberalen Mitte wie Hesse oder Wassermann —, man kreierte den Mythos der bergenden völkischen Gemeinschaft, man bekannte sich zur erlösenden Kraft von Blut und Boden. Hier wurde keine metaphysische Totalität des Weltbildes aus der Kraft eines universalen Glaubens gewonnen, es wurden vielmehr einzelne Lebensmächte unkritisch verabsolutiert, die dann in den Protagonisten gewisser Bildungsromane Gestalt gewannen. In den zwanziger Jahren setzte sich ein neues Verständnis des Mythos durch; er wurde nicht mehr als eine Geschichte aus ferner Götterwelt begriffen, sondern als lebenserneuernde, erlösende Idee, welche die Flucht aus der krisengeschüttelten Gegenwart in eine heile Welt überzeitlicher Ordnungen zu ermöglichen schien. Schon früh warnte Robert Musil vor solch illusionärer Totalität des Weltbildes: „Man sei gegen nichts so mißtrauisch wie gegen alle Wünsche nach Entkomplizierung der Literatur und des Lebens, nach homerischer oder nach religiöser Stimmung, nach Einheitlichkeit und Ganzheit."[24]

Die dem Sozialismus nahestehenden Autoren erstrebten, unterstützt von der seit der Jahrhundertwende einsetzenden Volksbildungsbewegung, eine alle Schichten umgreifende Volkskultur. Leonhard Frank vertrat in seinem sozialkritischen Entwicklungsroman *Der Bürger* (1924) die These, das Individuum könne nur in einer von sozialistischem Geist getragenen klassenlosen Gesellschaft zur Erfüllung gelangen. Diese Bildungskonzeption schloß die Wiederentdeckung des sinnstiftenden Wertes der Arbeit ein, die in Karl Brögers Roman *Der Held im Schatten* (1919) als Grundlage humaner Existenz gepriesen wird: „Schaffen ist tiefster Sinn des Daseins."[25] Damit verband sich die marxistische Hoffnung auf Überwindung der im Kapitalismus herrschenden Entfremdung zwischen Mensch und Arbeitswelt.[26]

Die Autoren der bürgerlich-liberalen Mitte stellten eine besonders heterogene Gruppierung dar. Es fehlte ihnen eine soziale Bezugsgruppe, weshalb sie in kritischer Distanz zur Gesellschaft verharrten und meist nicht in die Gefahr gerieten, einseitige politisch-soziale Positionen zu vertreten. Ihre Protagonisten finden zwar die personale Mitte, sie gewinnen jedoch mehrheitlich nicht ihre soziale Identität. Ihr Weg führt sie meist ins gesellschaftliche Abseits. Den Autoren der bürgerlichen Mitte gemeinsam war eine mehr oder minder starke Bindung an die klassisch-romantische Tradition, die sich in einem relativ deutlich ausgeprägten Individualismus bekundete, der die Einheit des Weltbildes stiften sollte. Wie problematisch dieses Unterfangen in einer Epoche war, in der sich das Individuum als vielfältig determiniert erkannte, bezeugt Albrecht Schaeffers dreibändiger Roman *Helianth* (1920). Der Protagonist, Prinz Georg von Trassenberg, sieht sich in Parzivals Spuren wandelnd: „Erkennen und Wissen um eine Bestimmung, Suchen des Weges, das Streben nach Erlösung."[27] Das Thema der Suche nach sich selbst wird in diesem „Buch des Werdens" mittels einer individuellen Entwicklungsgeschichte entfaltet.[28] Georg erscheint als sensibler Träumer, der, letzten Lebensfragen nachgrübelnd, der Wirklichkeit des Alltags nicht gewachsen ist. Er gerät in eine tiefe Krise, als er erfährt, daß er nicht der legitime Sohn seines fürstlichen Vaters ist. Es gelingt ihm aber, „vom Zweifel an sich selber zum Vertrauen auf sich selber" zu gelangen und in ein sozial verpflichtetes Herrscheramt hineinzuwachsen.[29] Indem er zu sich selbst findet, meistert er sein Schicksal und steigert sich zu „einer bedeutenderen Form seines Ichs".[30] Die anderen Gestalten sind der Zentralfigur mehr oder minder funktional zugeordnet. Sie repräsentieren typenhafte Haltungen, Grundkräfte der menschlichen Existenz, mit denen Georg sich auseinanderzusetzen hat. Ihm begegnen einerseits Frauen unterschiedlichster Art, denen er sich liebend hingibt, zum andern aber Künstler und Literaten. Besondere Bedeutung erlangt für ihn die schöne Renate von Montfort, eine blaß geratene Inkarnation humaner Vollendung. Georg umwirbt dieses statuarische „Idealbild der Vollkommenheit", ohne es je besitzen zu können.[31] Seinen eigentlichen Mentor findet er in dem schöpferisch-genialen Künstler Bogner, der ihm die Geheimnisse der Malerei erschließt und sein Weltbild entscheidend prägt.

Kunst und Eros erweisen sich, ähnlich wie in den Werken der Jahrhundertwende, als die dominierenden Bildungsmächte des Romans. Ein künftiger Herrscher wird durch eine vorwiegend ästhetisch vermittelte Erziehung, die der Bildungsidee des Deutschen Idealismus verpflichtet ist, auf sein Amt vorbereitet. Nicht nur befaßt er sich mit Malerei, Musik und Architektur, er unternimmt auch eigene poetische Versuche. So stellt sich Bildung, ganz im Sinne der Jahrhundertwende, während der dieser Roman spielt, als „Fortschritt zur Innerlichkeit" dar (III, 36), was freilich nicht ausschließt, daß Georgs Geschichte zuletzt in den Entschluß mündet, sich dem Dienst an der Gesellschaft zu verschreiben.

Schaeffer war sich der verpflichtenden Strukturform des Bildungsromans sehr wohl bewußt, zählen doch zu Georgs Lektüre Werke wie *Wilhelm Meister*, *Hyperion* oder *Der grüne Heinrich* (III, 752). Der Autor ist ein letzter, verspäteter Nachfahre der klassisch-romantischen Tradition, wovon schon die zahlreichen Hinweise auf Goethe, Novalis, Jean Paul, Hofmannsthal und George zeugen. Die ästhetisch-idealistische Bildungsidee kann nur noch in einem lebensfernen hocharistokratischen Milieu angesiedelt werden, in dem sich teilweise stark idealisierte Figuren bewegen. Schaeffer ist es nicht geglückt, die Spannweite zwischen der zerfallenden Gesellschaftswelt der Jahrhundertwende und der Ahnung einer universalen Lebensordnung gestalterisch zu bewältigen. Ein letztes Mal beanspruchte hier ein Autor, am Werdegang eines künstlerischen Protagonisten ein „Jedermanns-Schicksal" darzustellen, an der ästhetischen Existenz exemplarisch die Möglichkeiten menschlicher Entwicklung auszuloten.[32] Auch der äußerlich formstrenge Aufbau des Werkes ist der Tradition verpflichtet. Er wird durch eine manieristische Zahlensymbolik bestimmt. Neun Bücher gliedern sich in drei Gruppen, deren erste und dritte (die Bücher 1—3 und 7—9) in symmetrischer Weise analog strukturiert sind: das erste und das letzte Buch in jeder der beiden Gruppen umfaßt nur einen Tag, der allerdings für die Entwicklung des Protagonisten von besonderer Bedeutung ist. Die übrigen fünf Bücher stellen Zeitverläufe von je neun Monaten dar, so daß die chronologisch geordnete Fabel einen Zeitraum von etwa vier Jahren umspannt. Auch die Sprache, die immer dann zu hochstilisierter Manier entartet, wenn sie sich an der Darstellung einer sublimen höheren Wirklichkeit versucht, zehrt vom klassisch-romantischen Erbe.

Eine fortschrittlichere Position unter den Autoren der bürgerlich-liberalen Mitte glaubte Otto Flake einzunehmen.[33] Im Vorwort seines Romans *Die Stadt des Hirns* (1919) beanspruchte er, die überkommene Form des Entwicklungsromans „durch Vereinigung von Abstraktion Simultaneität Unbürgerlichkeit" zu sprengen. Dieser Roman dokumentiert die Schwundstufe des neuhumanistischen Idealismus, der hier, unter deutlichem Einfluß expressionistischer Tendenzen, zu einem radikalen Subjektivismus entartet. Ein sich philosophisch gebärdendes, eigenwilliges Künstler-Ich relativiert in angemaßter Souveränität die Realität der empirischen Erscheinungswelt und ignoriert damit die dominierende Tendenz der Epoche. Der Erzähler entfaltet den „Kosmos eines Hirns", das sich zum Maß aller Dinge aufwirft. Der Bildungsprozeß eines der

Welt entfremdeten Individuums reduziert sich auf den bloßen Entwurf einer sinnhaltigen „Ordnung als Diktatur eines einzelnen Geistes, der nicht gewillt ist, für seine Person Chaos zu sein".[34]

Auch J. Wassermann und H. Hesse zählen zu den Autoren einer liberalen Mitte, wenngleich sie, bedingt durch Herkunft und Schicksal, sich von der bürgerlichen Zivilisationswelt besonders entschieden distanzierten. *Christian Wahnschaffe* (1919) entzieht sich der Gesellschaft in der Haltung einer mystisch-religiösen Innerlichkeit, die sich freilich dem Leiden des Nächsten offenhält, und Hesses Legende *Siddhartha* (1922) — ein Bildungsroman in nuce — schildert die Entwicklung eines Brahmanensohnes zum weltüberwindenden Heiligen.[35] Beide Figuren begeben sich auf den Weg nach innen und praktizieren die totale gesellschaftliche Verweigerung. Solcher Rückzug auf eine radikal individualistische Existenzform, auf das reine Eigensein der Persönlichkeit entsprach angesichts des Verlustes verbindlicher gesellschaftlicher Leitbilder dem Bedürfnis gewisser Kreise. Die Berufung auf die irrationalen Kräfte der „Seele", in der man die Einheit des Ichs zu erfahren glaubte, verband sich mit einem weithin geschichtslosen, antimodernistischen Weltbild, das für die Probleme der Industriegesellschaft keine Lösungen anzubieten vermochte.[36]

Unter den bürgerlich-liberalen Autoren nahmen Robert Musil und Thomas Mann eine gewisse Sonderstellung ein. Sie setzten sich mit der geistigen Tradition schöpferisch auseinander, wobei sie es vermieden, komplexe Sachverhalte auf allzu einfache Formeln zu reduzieren. Sie versuchten die Einheit des Weltbildes nicht durch eine simplifizierende Ideologie, sondern durch die Synthese der vielfältigen Tendenzen und Strömungen der Zeit zu gewinnen. Sie waren die eigentlichen Vertreter einer verbindenden Mitte, jeglichem politischen und weltanschaulichen Extremismus abhold. An ihrer Seite standen führende Gelehrte wie Ernst Troeltsch oder Eduard Spranger, aber auch ein Autor wie Hugo von Hofmannsthal. Dieser forderte seine Zeit zum Streben nach „geglaubter Ganzheit" auf, nach wahrer Einheit von Geist und Leben, die nur dem „synthesensuchenden Geist" glücken könne.[37] Der Religionsphilosoph Troeltsch sah angesichts der chaotischen Vielfalt divergierender Bildungsideen die Notwendigkeit, zu einer Rangordnung der Werte und einer konzentrierenden Synthese der dominierenden Geistesströmungen zu gelangen. Er befürwortete eine „heimatlich gesättigte" deutsche Bildung, die in einer „Dreiheit der zentralen Geisteskräfte" fundiert sein sollte, „in welcher das christliche und das nordisch-germanische Element den Mittelpunkt bilden und das antik-humanistische die Bedeutung der Ergänzung" haben könne.[38] Troeltsch bejahte die zeitgenössische Tendenz, die Prinzipien einer gesellschaftlich-politischen Neugestaltung in die Bildungsidee zu integrieren. Hier fand er sich an der Seite Eduard Sprangers, der als „Formel des neuen Bildungsideals" die „Durchseelung des Staates und Durchstaatlichung der Seele" forderte.[39] Mißtrauen gegen solch harmonistische Synthese bekundete einer der genialsten Diagnostiker der Epoche, Robert Musil, der in dem spannungsvollen Widerstreit von „Rationalität und Mystik [...] die Pole der Zeit" erkannte.[40] Der Antagonismus von aktivem Geist und kontemplativer Seele, von analytischem Intellekt und intuitiv-unmittelbarer Seinserfahrung erschien ihm als Ausdruck zweier „Geisteszustände, die einander zwar mannigfach beeinflußt haben und Kompromisse eingegangen sind, sich jedoch nie recht gemischt haben".[41]

Diese Synthese konträrer Geisteshaltungen versucht nun Ulrich, der *Mann ohne Eigenschaften* (1930—43), zu vollziehen. Naturwissenschaftlich geschult, bemüht er sich um die Vermittlung von exakter Analyse der Lebenserscheinungen und „mystischer" Erlebnisfähigkeit, worunter Musil die „tiefere Einbettung des Denkens in die Gefühlssphäre" verstand.[42] Ulrich erkundet Möglichkeiten „rechten Lebens", ohne sie freilich dauerhaft verwirklichen zu können.[43] Es sind utopische Lebensentwürfe, die — nicht zuletzt auch wegen der fragmentarischen Form des Werkes — keinen verbindlichen Charakter gewinnen, sondern lediglich Denkmöglichkeiten darstellen, die in der versuchten Synthese von Ratio und Mystik gipfeln. Die Affinität des Musilschen Werkes zum Bildungsroman ist offenkundig.[44] Ähnlich wie in Thomas Manns *Zauberberg* macht sich ein junger Mann inmitten des allgemeinen Kulturverfalls auf die Suche nach den Prinzipien humaner Existenz. In beiden Werken wird der Prozeß intellektueller Bewußtseinsbildung aus ironischer Distanz geschildert. Die Nebenfiguren repräsentieren jeweils die dominierenden Strömungen, Normen und Werthaltungen der Epoche. Dennoch hegte Musil berechtigte Bedenken, das Werk dem „Bildungsroman im engeren technischen [...] Sinn" zuzurechnen. Allenfalls im „weiteren Sinn", worunter er nicht den „Bildungsroman der Person", sondern den „Bildungsroman der Idee" verstand.[45] Näheren Aufschluß darüber geben seine Arbeitsentwürfe zum zweiten Band des Romanfragments. Musil versuchte sich hier Klarheit über dessen „Problem-Aufbau", über die „Hierarchie der Fragestellungen" zu verschaffen, „damit die Erzählung enger zusammengehalten werde [...]".[46] Hierzu notierte er sich: „Immanente Schilderung der Zeit, die zur Katastrophe geführt hat, muß den eigentlichen Körper der Erzählung bilden, den Zusammenhang, auf den sie sich immer zurückziehen kann, ebensowohl wie den Gedanken, der bei allem mitzudenken ist."[47] Damit nahm er sich als „oberstes Problem", als primäre Aufgabe vor, den „Zusammenbruch der Kultur (u. des Kulturgedankens)" darzustellen.[48] Dies freilich nicht als Zeit- oder Gesellschaftsroman im hergebrachten Sinne, sondern als diagnostische Ergründung der „geistigen Konstitution der Zeit", die er vor allem durch „den christl[ichen], den sozial[istischen], den völk[ischen] Ideenkreis" bestimmt sah.[49] Daher verpflichtete sich Musil konsequenterweise folgender „Grundidee" für den Schlußteil des zweiten Bandes: „Immer wieder Zeitschilderung vorschieben. Die Problematik Us [Ulrichs] u. der Nebenfiguren sind solche der Zeit!"[50] Indem er so die zeitanalytische Darstellung der geistigen Epochenkonstellation — verteilt auf zahlreiche handlungstragende Figuren — der persönlichen Entwicklungsproblematik der Zentralgestalt überordnete, hatte er den Strukturtypus des Bildungsromans preisgegeben.[51]

Anders verfuhr Thomas Mann, der im *Zauberberg* (1924) die bedeutsamen Nebenfiguren, Repräsentanten der Normen und Werthaltungen der Epoche, der Zentralfigur funktional zuordnete. Die Vorgänge werden vorwiegend aus der Perspektive Hans Castorps geschildert, der die gesamte dargestellte Welt persönlich aufnimmt und verarbeitet. Ihm scheint die kühne Synthese der antagonistischen Strömungen der Epoche zu gelingen; er scheint die „deutsche Mitte" zu finden „zwischen ästhetizistischer Vereinzelung und würdelosem Untergange des Individuums im Allgemeinen, zwischen [...] Innerlichkeit und Staatlichkeit".[52] Castorps Vision des lebensnahen und doch todesbewußten Homo Dei umgreift die bedrohlichen Spannungen der sich zunehmend polarisierenden Republik; sie vermittelt zwischen aufklärerischer Vernunftgläubigkeit und irrationalem Lebenskult, zwischen fortschrittlichem Liberalismus und kulturkonservativem Totalitarismus.

Der Strukturtypus der Weimarer Zeit

Im dritten Jahrzehnt dieses Jahrhunderts grassierte das Schlagwort von der „Krise des Romans".[53] Sie erfaßte vor allem den tradierten Bildungsroman, dessen Voraussetzungen durch die Erschütterung des neuhumanistischen Bildungsideals in Frage gestellt wurden. Die normsetzende Kraft der Paradigmen des klassischen und des romantischen Bildungsromans schien erschöpft; die Autoren fühlten sich unter veränderten historischen Bedingungen zu freiem Experimentieren aufgerufen. Dennoch öffnete sich die Romanart nur zögernd den formalen Neuerungen epischer Gestaltung. So blieb deren transepochale invariante Grundstruktur weitgehend erhalten; allerdings wurden gewisse Elemente infolge der Überlagerung durch andere epische Formtypen nicht unerheblich modifiziert.

Folgende strukturelle Konstanten blieben erhalten: die Thematik der inneren Progression eines jugendlichen Protagonisten, die, mit Ausnahme von Grieses Roman, zielgerichtet in dessen Selbstfindung mündet. Die Thematik bestimmt die Form der Fabel, die eine chronologisch geordnete, phasengegliederte Lebenslinie entfaltet. Der Zentralgestalt des Protagonisten sind, ebenfalls mit Ausnahme von Grieses Werk, die Nebenfiguren funktional zugeordnet. Der didaktisch motivierte Erzähler ist vor allem durch seine thematischen Reflexionen um Leserlenkung bemüht, was wiederum für Grieses Roman nicht zutrifft. Alle hier interpretierten Werke erheben Anspruch auf exemplarische Verbindlichkeit ihrer Botschaft. Allerdings verändert sich die Qualität der exemplarischen Repräsentanz des Protagonisten. Konnte noch im avantgardistischen Bildungsroman der Jahrhundertwende die Zentralgestalt des Künstlers ein epochales Leitbild verkörpern, so reduziert sich nunmehr die Verweisungskraft des Protagonisten angesichts vielfältiger Determinationen auf eine schichtenspezifische Repräsentanz. Der exemplarisch-musterhafte Held erscheint bei Grimm und Griese als vorbildhafter Vertreter der bäuerlich-handwerklichen Unterschicht und bei Bröger als entwicklungsfähiger Repräsentant des Proletariats. Nur in Wassermanns Roman ist die Musterhaftigkeit der Zentralgestalt nicht schichtenspezifisch bedingt. Im *Zauberberg* dagegen liegt der Anspruch auf exemplarische Verbindlichkeit der Aussage nicht in der Figur des Protagonisten beschlossen, sondern er gründet auf dessen im Verlauf seiner hermetischen Geschichte gewonnenen Einsichten in die ideellen Möglichkeiten und Gefährdungen der Epoche.

Der Strukturtypus des Bildungsromans der Weimarer Zeit konstituiert sich durch ein Ordnungsgefüge transepochaler Konstanten und autorspezifischer variabler Merkmale, die, wie gesagt, zumeist aus der Überlagerung zweier epischer Formtypen resultieren. So bedient sich Griese gewisser Formelemente der altisländischen Saga, wodurch seine Sprache eine germanisierende epische Simplizität gewinnt. Er gestaltet mythisch-archetypische Figuren, denen infolge fehlender Selbstreflexivität ein Prozeß kognitiver Bewußtseinserweiterung und damit die Selbstfindung versagt bleibt. Die Figurenkonstellation ist in seinem Roman nicht mehr durch konsequente funktionale Zuordnung der Nebengestalten zum Protagonisten gekennzeichnet, da dieser fast ununterscheidbar in die Lebensgemeinschaft von Sippe und Stamm integriert ist. Ferner verzichtet Grieses chronikalisch berichtender Erzähler auf die für den Bildungsroman typischen thematischen Reflexionen und Kommentare. Auch Hans Grimm war der Saga verpflichtet. Von ihr übernahm er die epische Form der ein ganzes Leben umspannenden Biographie.

Der verstärkte Einfluß politischer, ökonomischer und gesellschaftlicher Mächte auf die Entwicklung des Protagonisten führte dazu, daß man der Form der linearen Lebenskurve zu mißtrauen begann, weil sie die vielschichtige Realität nicht mehr widerzuspiegeln vermochte. Im Wissen um die das Individuum determinierenden Mächte wird jetzt dessen Entwicklung in den gesellschaftlichen Gesamtzusammenhang eingeordnet, was im allgemeinen eine erhebliche Vergrößerung und gesteigerte epische Eigenwertigkeit des Figurenensembles zur Folge hat. Daher erweitert sich nun auch die Raumsubstanz; der Protagonist wird mit den zerstörenden und bewahrenden Kräften der Natur, mit Luxus und Elend der Großstadt, mit den Lebensräumen Deutschlands und Afrikas konfrontiert. Der Einfluß des Gesellschaftsromans führt hier zu einer Modifikation der herkömmlichen Fabel des Bildungsromans. Sie tendiert bei Wassermann und Grimm zu episodisch aufgesplitterter Mehrsträngigkeit, um der Erzählung „Welt, [...] Umfang, [...] Zusammenhang" zu verleihen.[54] Hier wurde die triadische Gliederung der Fabel des Bildungsromans aufgelöst. Sie war im 19. Jahrhundert des öfteren im Sinne der Hegelschen Dialektik gestaltet worden: auf die glückerfüllte Kindheit folgte die Phase der Desillusionierung des Protagonisten in der Begegnung mit der gesellschaftlichen Wirklichkeit. Die Entwicklung gipfelte in der „Synthese" eines mehr oder minder versöhnten Ausgleiches zwischen der Poesie des Herzens und der Prosa der Verhältnisse, zwischen subjektiver Glückserwartung und enttäuschender Realität. Schon im Bildungsroman der Jahrhundertwende war diese Versöhnung nicht mehr möglich, da der elitäre Ästhet sich meist auf die Rolle des sozialen Nonkonformisten zurückzog. Im Bildungsroman der Weimarer Zeit verharrt dagegen der Protagonist nicht mehr in unfruchtbarer Opposition, sondern er sucht, nach Maßgabe der eigenen Möglichkeiten, das soziale Engagement. Freilich verbleibt auch er zumeist in einer gewissen gesellschaftlichen Isolation.

Thomas Mann vollzog die Modifikation des tradierten Strukturmusters durch eine konsequent eingesetzte relativierende Ironie. Er suchte die spätzeitliche Trennung zwischen ästhetisierender Kultur und bürgerlichem Lebensalltag zu überwinden, die noch den „romantisch-unpolitischen [...] Bildungsindividualismus" der Jahrhundertwende gekennzeichnet hatte.[55] Zu Recht glaubte er, im *Zauberberg* die Modernisierung des Bildungs- und Erziehungsromans" erfolgreich betrieben zu haben.[56] Dies leistete er — abgesehen von der Übernahme einiger Elemente des zeitanalytischen Gesellschaftsromans und des mythisierenden Epos — vor allem durch das ironische Spiel mit dem überkommenen Modell des Bildungsromans, indem er antagonistische Positionen kontrapunktisch verschränkte.

Der Protagonist des Bildungsromans der Weimarer Zeit sucht überpersönliche weltanschauliche Bindungen zu gewinnen, weil er nicht mehr an die Möglichkeit der Selbstverwirklichung aus der Autonomie subjektiver Innerlichkeit glaubt. Daher die entschiedene Parteinahme für die Ideologien des Sozialismus, des Nationalismus oder eines biozentrischen Vitalismus. Soweit ein humanistischer Individualismus überhaupt noch vertreten wurde, gewann er eine deutliche soziale Komponente: bei Wassermann erfüllt er sich im caritativ tätigen, religiös ergriffenen Mit-Leiden, bei Thomas Mann in ironischer Selbstrelativierung und einer für die Vielfalt des Menschlichen offenen Toleranz.

Als Beispiel des *Antibildungsromans* der Epoche kann Kolbenheyers *Reps, die Persönlichkeit* gelten. Der oben entwickelte Strukturtypus des zeitgenössischen Bildungsromans wird hier in der Mehrzahl seiner invarianten Merkmale durch deren Eliminierung oder Deformation weitgehend destruiert. Vordergründig erscheint das Werk als Philistersatire. Reps versagt im privaten wie im beruflichen Leben, ist unfähig zu persönlicher Entwicklung wie zu sozialer Integration — ein egozentrisch in sich verkapselter Mensch, bar jeder überindividuellen Bindung. Die eigentliche Intention dieser Satire liegt aber in der Entlarvung der „heuchlerischen Formel unserer Persönlichkeit und ihrer Idee" beschlossen.[57] Kolbenheyer wandte sich gegen den neuhumanistischen Individualismus, indem er dem einzelnen jegliche Fähigkeit zur Selbstbestimmung absprach. Er sah im Individuum den bloßen Exponenten streng determinierender überpersönlicher Lebensprozesse. Damit stellte er die meisten der hier interpretierten Bildungsromane der Epoche in Frage.

Karl Bröger: Der Held im Schatten

Der Autor zählt zu den profiliertesten Repräsentanten der Arbeiterdichtung, die in den ersten drei Jahrzehnten dieses Jahrhunderts im Gefolge der deutschen Arbeiterbewegung entstanden ist.[58] Schon im Wilhelminischen Reich hatte sich die Sozialdemokratie zu einer eigenständigen politischen Kraft entwickelt, wodurch sich die Arbeiterschaft als geschlossene Klasse, als historisch notwendige Schicksalsgemeinschaft begreifen lernte. In der Weimarer Republik übernahm dann die sozialdemokratische Partei erstmals die Regierungsverantwortung. Die Arbeiterbewegung hoffte nun, die konventionell erstarrte Bürgerkultur durch die elementare Lebenskraft des Vierten Standes regenerieren zu können. In den Arbeiterbildungsvereinen bemühte man sich um Zugang zu den überlieferten Kulturgütern der Nation, erschien doch die Kulturfähigkeit des sozialistischen Menschen als unabdingbare Voraussetzung für die Neugestaltung der künftigen Gesellschaft, für die Versöhnung der Klassengegensätze innerhalb einer Ordnung sozialer Gerechtigkeit. Die Arbeiterbewegung adaptierte wesentliche Elemente der bürgerlichen Bildungstradition des 19. Jahrhunderts, besonders die Werte der Familie, der Arbeit, des zivilisatorischen Fortschritts sowie die Idee des Nationalstaates.

Die Arbeiterdichter traten erstmals in der Weimarer Republik als eigenständige literarische Gruppierung in das öffentliche Bewußtsein.[59] In diese Epoche fällt auch die Blütezeit ihrer literarischen Produktion. Sie thematisierten die Existenznot, aber auch die Zukunftshoffnungen des städtischen Proletariats, dem sie selbst entstammten und mit dessen Schicksal sie sich identifizierten. Sie verstanden sich als Mittler zwischen den Ansprüchen einer aufstrebenden, selbstbewußten Arbeiterklasse und dem Erbe der bürgerlichen Kulturtradition. Sie lenkten die Blicke der Gesellschaft auf das menschliche und kulturelle Potential des Vierten Standes; zugleich erschlossen sie dem Arbeiter mit pädagogischem Eifer die überkommenen kulturellen Werte. Aus dieser doppelten Zielsetzung ergab sich folgerichtig — im Gegensatz zu den proletarisch-revolutionären Autoren — ihr Rückgriff auf die Ausdrucksmittel der Literatur des 19. Jahrhunderts, ihr Verzicht auf literarische Abgrenzung durch eine eigenständige Form und Sprache.[60]

Der Roman thematisiert den schwierigen Sozialisationsprozeß eines jungen Proletariers. Ernst Löhner erleidet, wie sein Autor, soziales Elend im proletarischen Elternhaus. Wegen Übertretung der Schulordnung wird er vorzeitig vom Gymnasium gewiesen. Auch in seiner kaufmännischen Lehre scheitert er und hat schließlich wegen eines Betrugs eine Gefängnisstrafe zu verbüßen. Er gerät in eine verbitterte Selbstisolation; zunehmend entfremdet er sich seiner proletarischen Herkunft wie auch der bürgerlichen Gesellschaft. Nur langsam beginnt er seine Bindungslosigkeit zu überwinden, indem er in verschiedene Formen sozialer Gemeinschaft hineinwächst. In der Armee lernt er die pflichtgemäße Einordnung in eine gesellschaftliche Institution kennen. Sinn und Zweck gewinnt sein Leben durch Identifikation mit der politischen Zielsetzung der Arbeiterbewegung, wodurch er sich mit der Welt seiner proletarischen Herkunft versöhnt. Auch im privaten Bereich erschließt sich ihm durch Ehe und Familie menschliche Gemeinschaft. In der Euphorie des Kriegsausbruches erfährt er schließlich das überwältigende Gefühl einer nationalen Schicksalsgemeinschaft, hinter das alle privaten und sozialpolitischen Probleme zurücktreten.[61]

Erstmals wird der Protagonist eines Bildungsromans durch Armut und Elend seiner proletarischen Abstammung entscheidend determiniert. Die beiden ersten Jahrzehnte seines Lebens verbringt er auf der Schattenseite des Daseins, indem er mit der sozialen Ungerechtigkeit der wilhelminischen Klassengesellschaft schmerzhaft konfrontiert wird. Gerade aus der bitteren Erfahrung, im gesellschaftlichen Abseits zu stehen, erwächst dann aber Löhners tiefe Sehnsucht nach sozialer Integration. Neuartig auch, daß sich die „zweite Geburt" (131) des Protagonisten innerhalb der sozialdemokratischen Arbeiterbewegung vollzieht.[62] Er macht sich zum literarischen Anwalt der Armen und Entrechteten, er propagiert den „Klassenkampf" zur Errichtung der neuen gesellschaftlichen Ordnung, „des Weltreiches der Freiheit, Gleichheit und Brüderlichkeit" (177). So vollzieht sich in der zweiten Hälfte des Romans, mit zunehmender sozialer Integration des Protagonisten, stufenweise dessen Selbstfindung; Löhner erkennt seine innere Berufung zum sozialistischen „Dichter des kämpfenden Volkes" (131). Mit der Übernahme der sozialen Rollen des pflichtbewußten Vaters und des national gesinnten Staatsbürgers gewinnt er schließlich seine personale und soziale Identität.

Wie die meisten Vertreter der Arbeiterliteratur adaptierte auch Bröger wesentliche Elemente der Bildungstradition des 19. Jahrhunderts, wobei er eklektizistisch verfuhr. Unter sozialistischem Vorzeichen suchte er ein kulturelles Erbe wiederzubeleben, das von der avantgardistischen Literatur der Jahrhundertwende großenteils in Frage gestellt worden war. Das hatte zur Folge, daß seine Werke in der Weimarer Zeit auch von konservativen und völkisch gesinnten Kreisen des Mittelstandes mit Zustimmung rezipiert wurden. Ernst Löhner, ursprünglich ein entschiedener Gegner der entwürdigenden industriellen Produktionsverhältnisse, feiert zuletzt das persönlichkeitsbildende und sozial verpflichtende Ethos der Arbeit: „Schaffen ist tiefster Sinn des Daseins" (180). Bröger wertete die Arbeit als „geistig-sittliche Tat des Menschen", womit er sich in der Nachfolge eines Spielhagen befand.[63] Freilich gründete solch hohe Wertschätzung der Arbeit in seinem sozialistischen Zukunftsglauben, seinem Vertrauen auf die progressive Kraft des Vierten Standes, aus der allein ein „neuer Geist der Gemeinschaft" entstehen könne.[64] Ehe und Familie erfährt der Protagonist gemäß der Tradition des 19. Jahrhunderts als Ort menschlicher Geborgenheit gegenüber den gefährdenden Mächten der Gesellschaft. Die Idee der klassenübergreifenden Einheit der Nation entstammt ebenfalls dem alten Jahrhundert. Löhners Sozialisationsprozeß vollendet sich im Erlebnis der fraglosen Zugehörigkeit zu seinem Volk, indem er bei Kriegsausbruch seiner vaterländischen Pflicht entschlossen gehorcht.[65]

Bröger sah in der Thematik seines Bildungsromans zu Recht eine „ethische Angelegenheit": der Protagonist strebe nach einer gewissen „Form" seiner Persönlichkeit.[66] In Anlehnung an die klassische Bildungsidee des ganzheitlichen Menschen vertraute Bröger auf die „selbsttätige Formkraft" des Individuums, die, angeleitet durch eine kindgemäße Erziehung, ein Gleichgewicht von Vernunft und Phantasie, von Reflexion und Spontaneität herzustellen vermöge.[67] Der Autor, der sich als „nationaler Sozialist" verstand, wollte das neue Selbstverständnis einer Arbeiterklasse artikulieren, die sich ihrer ökonomischen und politischen Macht bewußt geworden war.[68] Bröger hat den herausragenden Bildungsroman der deutschen Arbeiterliteratur geschrieben, in dem er die Kulturfähigkeit des proletarischen Menschen zu demonstrieren suchte.[69]

Hierfür bediente er sich des herkömmlichen Strukturmodells des Bildungsromans. Natürlich war ihm auch, wie häufig in dieser Romanart, die autobiographische Konfession ein Bedürfnis; zu Recht bezeichnete Bröger sein Werk als einen persönlicher Selbstvergewisserung dienenden „Monolog über Gelebtes".[70] Andererseits aber sind die romanhaft-fiktionalen Elemente unübersehbar: die objektivierende Er-Form, die sprechenden Namen, die die Vorgänge untermalende Natursymbolik, die Lichtmetaphorik und nicht zuletzt die eingestreuten Gedichte des Protagonisten, die seine innere Entwicklung spiegeln. Der Roman weist die konstanten Strukturmerkmale der Romanart auf. Er thematisiert den Werdegang eines jungen Menschen, der nach manchen Irrwegen seine personale Identität gewinnt und durch das Bekenntnis zu einem national geprägten Sozialismus seinen gesellschaftlichen Standort bestimmt.[71] Die Grundthematik bedingt eine einsträngige Fabel, die sich an der inneren Progression des Protagonisten orientiert. Dessen erste drei Lebensjahrzehnte werden in zeitlich fixierten Phasen dargestellt. Die Vorgangsfigur der handlungsarmen Fabel wird durch zwei Großphasen gleichen Umfanges konstituiert: die soziale Not der Jugendjahre, die in einer schweren Lebenskrise kulminiert, (Kap. 1—7) und der darauf folgende Sozialisationsprozeß, der sich in vier Stufen vollzieht. Auf das Gemeinschaftserlebnis in der Armee (8) folgt die Entscheidung für den Beruf des sozialistischen Schriftstellers (9—11); an die Gründung der Familie (12—16) reiht sich die beglückende Erfahrung der nationalen Einheit bei Kriegsausbruch (17—18), in der sich Löhners Bewußtsein personaler und sozialer Identität rundet. Die Figurenkonstellation ist um die Zentralgestalt des Protagonisten gruppiert. Ihm ist ein nur kleines Figurenensemble funktional zugeordnet, das seine beschränkten Lebens- und Erfahrungsbereiche repräsentiert. Der didaktisch motivierte Erzähler, der sich sogar in den Kapitelüberschriften in volkstümlich-schlichter Lehrhaftigkeit präsentiert, bietet einen übersichtlich gegliederten Text. Durch generalisierende Reflexionen unterstreicht er seinen Anspruch auf exemplarische Bedeutsamkeit seines Protagonisten, dessen Werdegang das Streben des Proletariers nach sozialer Gleichstellung demonstriert. Der auktoriale Erzähler, der auf moralisierende Kommentare nicht verzichtet, berichtet vorwiegend aus der Perspektive des erlebenden Protagonisten. Dabei tritt die objektive Schilderung des sozialen Umfeldes hinter der Beschreibung der Innerlichkeit des Helden zurück. Daher wird auch die Substanz des Raumes reduziert, dessen Funktion weitgehend auf die Vermittlung einer stimmungshaft-atmosphärischen Kulisse beschränkt bleibt.

Die Struktur des Werkes wird also durch die transepochale Grundstruktur des Bildungsromans konstituiert. Mit Ausnahme des zeitgenössischen Leitbildes des sozialistischen Menschen begegnen keine relevanten variablen Merkmale autoren- oder epochenspezifischer Art. Daraus erhellt der epigonale Charakter des Romans. Auch dessen Sprache zeigt vorwiegend konventionelle Züge. Sie ist, besonders in den eingestreuten Gedichten, nicht frei von epigonalem Pathos; auch fehlt ihr die Fähigkeit des analytischen Zugriffs. Einen eigenen, überzeugenden Ton gewinnt Bröger nur dort, wo er seinen Stil zu lapidarer Knappheit verdichtet, wo er in hartgefügten kurzen Sätzen die kämpferische Kraft seines Protagonisten evoziert. Die formale und sprachliche Epigonalität von Brögers Roman war durch die allzu starke Abhängigkeit des Autors von der klassisch-romantischen Dichtungstradition bedingt.[72] Ihr entnahm er das ehrwürdige Strukturmodell des Bildungsromans, um sein Leitbild des neuen Menschen zu propagieren. Bröger, der eine eigenständige proletarische Kultur ablehnte, sah keinen Widerspruch darin, daß er für die Entwicklung einer sozialistischen Literatur eintrat, die sich am ästhetischen Kanon des Bürgertums orientieren sollte. Freilich hatte auch die Sozialdemokratie zu jener Zeit noch keine eigene sozialistische Literaturtheorie entwickelt. Diese sollte erst Jahrzehnte später, im sozialistischen Bildungsroman der ehemaligen DDR, für die Romanart Bedeutung gewinnen.

Jakob Wassermann: Christian Wahnschaffe

Schon früh hatte Wassermann erkannt, daß der Weltkrieg, in dem der voluminöse Roman entstand, das Ende einer Epoche bedeutete, der ein tiefgreifender Umbruch der sozialen Ordnung folgen würde. Er bezweifelte die Möglichkeit, auf politischem Wege, durch wirtschaftliche oder soziale Programme die Probleme der Zeit lösen zu können. Einer Zeit, die nach seiner Ansicht „kein Gültiges mehr" anerkannte, weil ihr die tradierten Werte und Normen abhanden gekommen seien — eine Meinung, die er mit seinem Freunde Hofmannsthal teilte.[73] „Zu früher Verzicht auf Bindung" schien die wesentliche Ursache der sinnleeren Isolation des orientierungslosen Menschen der Gegenwart zu sein.[74] Die Krankheit der Epoche sah Wassermann in der „Schrumpfung des Herzens und Hypertrophie des Intellekts" begründet.[75] Daher suchte er nach neuen, gemeinschaftsstiftenden Werten, die er im Bereich einer religiös gestimmten Innerlichkeit zu finden glaubte. „Aufschwung ist nötig, Sehnsucht ist nötig", mahnte er seine Leser, „eine Gestalt muß sein, ein Gott muß erscheinen. Und erscheint er nicht, so muß er beschworen und aus den Höhen und Tiefen [...] des Innern ans Licht gezwungen werden."[76] Christian Wahnschaffe, Sohn eines Großindustriellen, entäußert sich, ähnlich wie Franz von Assisi, seines Besitzes und wendet sich in dienender Hingabe den Armen und Leidenden zu. Der Roman endet mit einer Legende, welche die charismatische Wirkung eines idealtypischen, „siegreich-vollendeten" Menschen verherrlicht.[77] Keine der den Protagonisten umgebenden Figuren kann sich der Ausstrahlung seiner außergewöhnlichen Persönlichkeit entziehen, einer seltsamen Mischung aus hoheitsvoller Distanz und leidensbereiter Güte. Aus solch sittlich-religiöser Haltung erhoffte sich Wassermann den Durchbruch zu neuer Orientierung, die er weder im Kapitalismus noch im Sozialismus noch in einer völkisch-nationalen Ideologie gegeben sah. Der Protagonist repräsentiert den edlen Außenseiter, der auf der Suche nach Selbsterfüllung die höhere Gesellschaft verläßt und sich mit den Armen und Entrechteten verbündet. Kaspar Hausers Schicksalsformel „Das Menschenherz gegen die Welt" gilt auch für ihn.[78] Die autobiographischen Zusammenhänge sind evident: auch der Jude Wassermann empfand sich auf Grund bitterer Erfahrungen als ungeliebter Außenseiter im eigenen Vaterland.[79] Er beklagte — und die Zukunft sollte ihm rechtgeben — die „Aussichtslosigkeit der Bemühung" um volle Integration der jüdischen Minderheit in die deutsche Gesellschaft.[80]

Christian Wahnschaffe wächst „ohne innere Führung" (I, 76) in einer Welt des Luxus auf, gleichgültig gegenüber den sozialen Problemen seiner Zeit. Von seinem ständigen Begleiter Crammon von Weißenfels, einem melancholisch-humoristischen Genußmenschen, trennt er sich, als er dessen seelische Verödung durchschaut. Zunehmend entfremdet er sich seiner Familie und deren Freundschaftskreis, denn er erfährt in dieser veräußerlichten Welt von Adel und höherem Bürgertum keinen bereichernden Einfluß. Desillusionierende menschliche Enttäuschungen beschleunigen den Prozeß der Selbstentfaltung der inneren Potentialität des Ichs, die zunehmend seine anerzogenen Denk- und Verhaltensweisen entmächtigt. Mehr und mehr erfüllt ihn die unbezwingliche „Sehnsucht nach einem Anderssein und Anderswerden" (I, 157). Er entledigt sich schließlich seiner Vermögenswerte und betreut in selbstgewählter Isolation eine kranke Prostituierte. Hier öffnet sich ihm eine Welt notvollen Leidens, die ihn gleichermaßen provoziert und fasziniert. Er glaubt zu erkennen, daß den Parias der Gesellschaft weder durch sozialistische Programme noch durch caritativen Aktivismus wahrhaft zu helfen sei, daß menschliches Leiden vielmehr nur durch mitmenschlichen „Schmerz gelindert oder beseitigt" werden könne (II, 444), eine säkularisierte christliche Leidensmystik, wie sie dem Autor in den Werken des von ihm verehrten Dostojewski begegnete. Die befreiende Kraft opferbereiten, teilnehmenden Mit-Leidens, die sich dem Protagonisten zunehmend erschließt, erweckt sogar in dem Mörder des jüdischen Mädchens Ruth einen letzten Rest menschlichen Fühlens. Endgültige Klarheit über seine persönliche Bestimmung gewinnt Christian Wahnschaffe in der Begegnung mit Ruth, die sich in opferbereiter Güte der Notleidenden annimmt: „Sie gab ihn sich selbst. [...] Er wußte sich durch sie. Sie war der Mensch" (II, 241). Ruth verkörpert den vorbildhaften Idealtypus des begnadeten „Erfüllten", „seiner selbst [...], der Welt und der Menschheit sicher".[81] In der Begegnung mit ihr erfährt der Protagonist eine innere „Neuwerdung" (II, 445), er gewinnt seine volle personale Identität; Ruths „Herzensdienst" setzt ihm den gültigen Wertmaßstab (II, 241).

Dieses Leitbild bedeutete für Wassermann die Abkehr von einem zu bloßer Intellektualität entarteten Neuhumanismus. Die zeitgenössische „allgemeine Bildung" (I, 17), die für sämtliche Figuren existentiell bedeutungslos ist, verfällt dem Spott des Erzählers. Wassermann konstatierte: „Die ganze Entwicklung seit dem Ende der humanistischen Ära ging in die horizontale Richtung, von der Tiefe und Höhe weg in die Fläche und Verflachung, vom Bilde weg zur Bildung [...]."[82] Er bezichtigte sogar seine Epoche, „ihre ganze Gedankensphäre durch Bildung verfälscht" zu haben.[83] Die Rettung sah er allein in der entschlossenen Überwindung der Trägheit des Herzens. Wassermann vertrat, wie gesagt, eine irrationale Leidensmystik christlicher Provenienz, die sich mit der visionären Ekstatik des „neuen Menschen" verband, den die damalige expressionistische Bewegung verkündigte. In diesem Sinn sah der Autor wahre Humanität nur „durch das Leiden, durch den Grad des Aneinanderleidens" verwirklicht.[84]

Dieses humane Leitbild stellte Wassermann mittels des Strukturtyps des Bildungsromans dar, dessen invariante Merkmale durchweg erhalten blieben. Die Grundthematik des Werkes besteht in der Suche eines Protagonisten, der sich in der Phase der Adoleszenz befindet, nach existenzsichernden Orientierungsmustern. Diese Thematik entfaltet sich in einer gegenüber anderen Handlungssträngen dominanten biographischen Lebenslinie, die durch chronologische Abfolge und durch Gliederung in zwei Großphasen gekennzeichnet ist. Im ersten Band, welcher der schönen Tänzerin Eva Sorel gewidmet ist, erfährt der Protagonist die Unterwerfung fordernde Macht der betörenden „Frau Welt"; im zweiten Band, „Ruth" betitelt, erlebt er dann die befreiende Kraft dienender Liebe. Seine Entfaltung spiegelt sich im Wechsel der sozialen Räume: wachsender Entfremdung gegenüber der höheren Gesellschaft folgt der Eintritt in die Welt der Armut und des Leidens. Die Mehrzahl der Kapitel markiert die Stationen der inneren Progression des Protagonisten. Die Vorgangsfigur besteht in der Zurücknahme eines bereits abgeschlossenen Sozialisationsprozesses; eine Entwicklung, die nicht, wie in der Epoche der Jahrhundertwende, in einer antibürgerlichen Randstellung endet, sondern in die radikale Vereinzelung mündet. In kompromißloser Weltabkehr findet der Protagonist zu uneingeschränkter personaler Identität. Die Zielgerichtetheit seiner inneren Progression bekundet sich in abnehmender erzählerischer Raffung, verbunden mit zunehmendem Umfang der Kapitel und wachsender narrativer Intensität. Die Figurenkonstellation weist der Zentralgestalt des Protagonisten eine Sonderstellung zu, denn nur er entfaltet sich zu personaler Identität.[85] Ihm sind überwiegend scharf kontrastierende Gegensatzfiguren zugeordnet, die typisierend bestimmte Werthaltungen vertreten. Der didaktisch motivierte Erzähler verfügt über die üblichen Mittel der Leserlenkung: den klar gegliederten Aufbau, die Kapitelüberschriften und den deutenden Kommentar, der allerdings nur sparsam eingesetzt wird, weil der Erzähler im allgemeinen die Figurenperspektive bevorzugt, was die Dominanz der szenisch-dialogischen Erzählform bedingt. Er vermittelt dem Leser ein sinnstiftendes Orientierungsmuster, nämlich die ideal überhöhte Präfiguration des „neuen Menschen" — ein Ideologem, das im Expressionismus in der Regel mit der Problematik des Generationskonflikts verbunden war: „Die Welt der Söhne muß sich gegen die Welt der Väter erheben, anders kann es nicht anders werden" (II, 441). Natürlich konnte ein Protagonist, der die sozialen Normen in solcher Radikalität verletzt, kein Identifikationsangebot für den bürgerlichen Leser darstellen. Gleichwohl ist der Anspruch auf exemplarische Verbindlichkeit der Botschaft unüberhörbar, denn Wassermann entwarf in der den Roman beschließenden „Legende" ein utopisches Leitbild von zeitloser Gültigkeit.

Die transepochale konstante Grundstruktur der Romanart wird in *Christian Wahnschaffe* durch variable Elemente ergänzt, die autorspezifisch bedingt sind. Wassermann bekannte sich zu dem recht schematischen gestalterischen Prinzip einer ideologisierenden „Dualisierung der Erscheinungswelt".[86] Er konfrontierte den Bereich gesellschaftlicher Wesenlosigkeit mit dem sozialen Raum des Elends als dem Ort möglicher Humanität. Aus diesem antithetischen Strukturprinzip resultiert die Gliederung des Romans in zwei Bände, welche die schroffe Dichotomie von höherer Gesellschaft und proletarischer Welt der Armut spiegeln. Dasselbe Prinzip prägt die schematische Opposition von verklärter wesenhafter Existenz und uneigentlichem, sinnentleertem Dasein. Demzufolge gliedert sich das Figurenensemble in zwei Gruppen. Sozial angepaßt kreisen die Angehörigen der gesellschaftlichen Oberschicht, denen besonders der erste Band gewidmet ist, egozentrisch um sich selbst. Der Vater des Protagonisten ist einem manischen Leistungsdenken verfallen; die Mutter leidet an melancholischer Introversion; die begnadete Tänzerin Eva Sorel verrät ihre Kunst an Macht und Besitz; der berühmte Schauspieler Lorm verliert in künstlerischer Routine sich selbst; der intellektuelle Amadeus Voss schwankt selbstquälerisch zwischen Askese und Lebensgier; Johanna Schöntag schließlich verliert zuletzt den Glauben an sich und die Welt, sie empfindet sich als „das direkte Gegenteil von Ich" (II, 140). Diese bürgerlich-aristokratische Gesellschaft ist unfähig zu menschlicher Gemeinschaft, da sie keine überpersönlichen Bindungen respektiert. Ihre Vertreter ahnen in der Begegnung mit dem charismatischen Außenseiter die eigene Selbstentfremdung; sie reagieren hilflos oder aggressiv auf Christians Entschluß, zu den Parias der Gesellschaft hinabzusteigen. Ihnen allen bleibt die Selbsterfüllung versagt: ob im Beruf, in der Familie, in Wissenschaft und Kunst, im privaten Lebensgenuß oder in politischer Aktion. Gebunden an ihren materiellen Besitz, schuldhaft verfallen an die Trägheit des Herzens, verbaut sich diese Gesellschaft die Möglichkeit wahrhafter Teilhabe an der Not des Mitmenschen. Die zweite Gruppe, die nur aus dem Protagonisten und Ruth besteht, vertritt das wahrhafte Leben, die charismatische, mit sich selbst identische Existenz. Als Utopie humaner Vollendung transzendiert sie die gesellschaftliche Realität.

Auffällig ist ferner der ungewöhnlich große Umfang des Figurenensembles. Wassermann bevorzugte die Darstellungsart des „Sphärischen", weil er „das bloß Entwicklungshafte einer bestimmten Figur in seiner linearen Unabsehbarkeit" ablehnte.[87] Er mißtraute dem Wahrheitsgehalt einer abstrahierend vereinfachten linearen Lebenskurve. Daher bettete er den Werdegang des Protagonisten in ein soziales Umfeld ein, das durch eine Fülle von Figuren konstituiert wird, die in getrennten, parallel geführten Handlungssträngen agieren. Durch die umfangreiche Untergliederung der Kapitel ist die Fabel episodisch aufgesplittert. Nur „das im weitesten Sinn Anekdotische" repräsentierte für Wassermann das „legitime Geschehen", barg die vielschichtige Kontingenz der Lebenswirklichkeit.[88] Dem Prinzip einer „dramatischen Epik" verpflichtet, verfügte er gewandt über die Kunst der szenischen Klimax, verstand auch die separaten Handlungsstränge zielstrebig bis zum Ende durchzuziehen, wo dann die Figuren, die alle menschlich scheitern, mit der humanen Selbsterfüllung des Protagonisten wirkungsvoll kontrastieren. Eine gewisse Affinität zum sozialkritischen Gesellschaftsroman ist unübersehbar, da nicht wenige Nebenfiguren ein ausgeprägtes Eigenleben entfalten. Sie sind nicht nur funktionales Korrelat zum Werdegang des Protagonisten, denn ihre Schicksale überschreiten die Grenzen seines Lebens- und Erfahrungsbereichs.[89] Dennoch stehen sie in einem Verweisungszusammenhang zur Denk- und Verhaltensweise der Titelgestalt, da sie als Repräsentanten der Gesellschaftswelt in all deren sozialen Schichten in kontrastiver Antithetik das singuläre charismatische Individuum spiegeln.

Trotz gewisser ästhetischer Schwächen[90] verdient *Christian Wahnschaffe* durchaus seine nicht unerhebliche Breitenwirkung, zeugt das Werk doch von einem Autor, der als religiös ergriffener Moralist auf der Suche nach wahrhafter Humanität neue Wege beschritten hat.[91]

Thomas Mann: Der Zauberberg

Die Entstehungsgeschichte des Romans gibt bereits Aufschluß über seine spezifische Struktur. In der ersten Arbeitsphase (1913—15) hatte der Autor nur etwa ein Sechstel des Gesamttextes bewältigt, das er nach einer längeren Unterbrechung im Jahre 1919 eingehend überarbeitete. Jetzt erst begann die endgültige Konzeption des Werkes Gestalt zu gewinnen. Das Tagebuch enthält den Entwurf, der die Darstellung gegensätzlicher geistiger Zeitströmungen — „humanistischer Aufklärung" und romantisierender „Reaktion" — vorsah, die in einer „Synthese", einem neuen Menschenbild der „Geist-Leiblichkeit", vermittelt werden sollten. Dahinter verbarg sich die Absicht einer „Erneuerung des christlichen Gottesstaates ins Humanistische gewandt", also der Versuch, die christliche Tradition, wie sie Thomas Mann verstand, mit der humanistischen Überlieferung zu verbinden.[92] Die Hauptfiguren stellen „Exponenten, Repräsentanten und Sendboten geistiger Bezirke, Prinzipien und Welten" dar, so daß dieses Werk auch als Zeitroman, als „Dokument der europäischen Seelenverfassung und geistigen Problematik im ersten Drittel des 20. Jahrhunderts" verstanden werden kann.[93] Es schildert detailliert Ideen, Normen und Wertvorstellungen von politischen und sozialen Gruppen, die den Geist der Epoche nachhaltig geprägt haben. So repräsentiert der Italiener Settembrini einen fortschrittsgläubigen aufklärerischen Neuhumanismus, der fanatische marxistische Jesuit Naphta einen menschenfeindlichen Radikalismus und politischen Totalitarismus, Chefarzt Behrens die naturwissenschaftliche Weltsicht und der Plantagenbesitzer Peeperkorn einen dionysischen Vitalismus, der die um die Jahrhundertwende entstandene Strömung einer irrationalen Lebensmystik widerspiegelt.

Die den Erzähler bewegende Grundfrage formuliert Thomas Mann im Essay *Goethe und Tolstoi* (1921): „Die Frage ist heute gestellt, ob die mediterran-klassisch-humanistische Überlieferung eine Menschheitssache und darum menschlich-ewig, oder ob sie nur Geistesform und Zubehör einer Epoche, nämlich der bürgerlich-liberalen, war und mit ihr sterben kann."[94] Thomas Mann war nicht gewillt, sich resignierend aus der bürgerlich-neuhumanistischen Tradition zurückzuziehen; er wollte vielmehr eine geistige Bestandsaufnahme vornehmen, aus der sich die Chancen des Überlebens dieser Kulturströmung ergeben sollten. Es galt dabei veränderte historische Voraussetzungen zu bedenken. Das tiefgreifende Erlebnis des Weltkrieges — „Epoche, Revolution, Anbruch eines Neuen" — verbot hinfort jeglichen unkritischen idealistischen Höhenflug.[95] Die von Krisen geschüttelte junge Republik verlangte nach einer Stärkung der demokratischen Kräfte der bürgerlichen Mitte, um den Radikalismus der extremen Flügelparteien abwehren zu können. Der Autor hatte sich während der Niederschrift des Romans vom konservativen Monarchisten zum gemäßigt fortschrittlichen Republikaner entwickelt, der sich vom neudeutschen nationalen Konservatismus bewußt distanzierte.[96] Er bemühte sich, seinen früheren ästhetizistischen Individualismus zugunsten einer größeren Aufgeschlossenheit für politische und soziale Belange zu überwinden. In diesem Sinne suchte er nach einer neuen, zeitgemäßen Form von Humanität, indem er den überkommenen bürgerlichen Neuhumanismus kritisch revidierte.

Die Idee einer neuen Humanität wird nun im räumlich isolierten, zeitenthobenen Milieu eines Bergsanatoriums gleichsam experimentell entwickelt. Hans Castorp, ein junger Mann aus einer Hamburger Patrizierfamilie mit bürgerlich-liberaler Tradition, erfährt sieben Jahre lang den verwandelnden Einfluß einer „hermetischen Pädagogik". Obwohl er seine Ausbildung als Ingenieur erfolgreich abgeschlossen hat und kurz vor dem Eintritt ins Berufsleben steht, bezweifelt er schon bald den fraglosen „Sinn und Zweck des Lebensdienstes" (321). Zunehmend gewinnt er eine skeptische Indifferenz gegenüber den Normen und Wertvorstellungen des „Flachlandes". Castorp, mit einer dekadent-kontemplativen „Neigung zur Krankheit" behaftet (279), fühlt sich schon zu Beginn der bürgerlichen Leistungsgesellschaft entfremdet. Ein „Sorgenkind des Lebens", dessen fehlende ideologische Entschiedenheit ihm die Aufnahmefähigkeit für die vielfältigen Einflüsse der neuen Umgebung sichert.

Die eigentliche Grundthematik des Werkes ist die Geschichte einer „Steigerung", einer geistig-seelischen Entwicklung, die Castorps Vision einer neuen Humanität überhaupt erst ermöglicht. „Es könnte Gegenstand eines Bildungsromanes sein", notierte Thomas Mann, „zu zeigen, daß das Erlebnis des Todes zuletzt ein Erlebnis des Lebens ist, daß es zum Menschen führt."[97] Castorps Bewußtseinserweiterung gründet auf der Veränderung seines Zeitgefühls. In der weltfremden Abgeschlossenheit des Hochgebirges erschließt sich ihm der Sinn für den „hermetischen Zauber" des stehenden „Immer-und-Ewig" (984). Der gleichförmig-monotone Tagesablauf im Sanatorium bewirkt allmählich eine Verkümmerung seines normalen Zeitsinnes. Zunehmend verliert die zielgerichtete, lineare Zeitvorstellung des „Flachlandes" ihre kategoriale Konsistenz und weicht einer ziellos in sich kreisenden Zeitbewegung, deren Erlebnisinhalte in zyklischer Form wiederkehren. Im Kreis als der Chiffre des neuen, gesteigerten Zeiterlebens offenbart sich dem Protagonisten die „ohne Richtungsdauer in sich selber laufende Ewigkeit" (876).

Castorps hermetische Erziehung wird im ersten Band von den dominierenden Kontrastfiguren Settembrinis und Frau Chauchats entscheidend bestimmt. Der Italiener propagiert die Position der vernunftgemäß fortschrittlichen, aufgeklärten Zivilisation des Westens, während die Russin die vorbehaltlose Hingabe an die irrationalen Mächte von Schicksal und Leben vertritt. Selbstbewahrung mittels bürgerlich-moralischer Konventionen widerstreitet der Forderung nach leidenschaftlicher „Selbstvergessenheit" (824). Die Verachtung von Krankheit und Leiden im Namen humaner Würde steht im Widerspruch zu verstehender Teilhabe an menschlicher Not. Im zweiten Band dominieren anfänglich die großen Streitgespräche zwischen Settembrini und Naphta. Dem weltanschaulichen Monismus des einen widerstreitet die dualistische Trennung von Immanenz und Transzendenz beim anderen. Der Jesuit verneint die sündhaft gebrochene endliche Natur unter Berufung auf eine göttliche Transzendenz, weshalb ihn der Humanist zu Recht eines lebensfeindlichen Antiliberalismus bezichtigt. Naphtas intoleranter geistiger Radikalismus zeigt im politischen Bereich die Züge eines fanatischen Totalitarismus, der einen „kommunistischen Gottesstaat" herbeiführen will (814). Hier verbinden sich eschatologische Hoffnungen mit sozialistischen Ideen einer klassenlosen Gesellschaft, unvereinbar mit den politischen Vorstellungen des italienischen Demokraten. Naphtas wichtigste Funktion ist es, die offenkundigen Schwächen des tradierten Neuhumanismus aufzuzeigen. Ideologiekritisch entlarvt er dessen harmonistische Verflachung und geistige Entartung, indem er ihn für „nichts als ein Interessenzubehör der bürgerlichen Klassenherrschaft" erklärt (720).

Zwischen diesen antithetischen Positionen der beiden schärfsten Kontrahenten des Romans weiß Castorp in seinem Schneetraum zu vermitteln. Er lehnt die weltimmanente Konzeption des humanistischen „homo humanus" ab, wie sie der italienische „Drehorgelmann" mit seinem rhetorischen Pathos verkörpert, indem er sich Naphtas Idee des „Homo Dei" nähert, dessen im Spannungsfeld zwischen Zeitlichkeit und Ewigkeit, zwischen Natur und Geist angesiedelte Existenz sich rationaler Begründung entzieht. Ohne die irrationale Faszination zu verleugnen, welche die Erscheinungsformen von Krankheit, Verfall und Tod auf ihn ausüben, bekennt Castorp sich andererseits zur Haltung einer aus Liebe und Güte entspringenden „Lebensfreundlichkeit" (804). Das Prinzip der dialektischen Vermittlung gegensätzlicher Positionen, aus dem allein humane Gemeinschaft erwachsen kann, erscheint in Castorps utopischem „Traumgedicht vom Menschen" (685) in archetypischer Idealität. Zu Recht sah der Autor in dieser Vision „das Herzstück" des Romans.[98] In seinem halbbewußten allegorischen „Gedankentraum" entwirft der Protagonist ein antithetisch strukturiertes, normatives Leitbild einer neuen Humanität. Bei den „Sonnenleuten" entsteht humane Gesittung gerade aus dem „stillen Hinblick" (686) auf die ständige Bedrohung durch die Kräfte chaotischer Unform: die triebhafte Gebrochenheit der menschlichen Natur sowie die Mächte von Krankheit und Tod. Der Mensch ist aufgerufen, sich als „Herr der Gegensätze" zu erweisen, fähig zu dialektischer Vermittlung der antagonistischen Daseinsmächte. Sein „Denken und Regieren" soll auf die „verständig-freundliche Gemeinschaft" humanen Menschentums gerichtet sein, freilich im klaren Wissen um die verführerisch-gefährdende „Sympathie mit dem Tode". In diesem Sinne wird die lustvolle Selbstvergessenheit des Fleisches und des Geistes als produktives Moment des Lebensvollzugs gedeutet: die Erfahrung der Unform des Chaos vermag ideologisch erstarrte Konventionen aufzubrechen und eine flexiblere, zeitgemäße Lebensform zu begründen. Thomas Manns humane Utopie entsteht also nicht aus harmonistischer Synthese antinomischer Lebensmächte, sondern aus deren spannungsvoller dialektischer Vermittlung.[99]

Hans Castorp hat im Entwerfen dieses humanen Leitbildes seine Selbstfindung vollzogen. Er hat eine gewisse mentale Disposition erworben, indem er jetzt die gefährliche Sogkraft seiner Sympathie mit dem Tode „bewußt" erkennt (904), indem ihm klar wird, daß sein weiteres Verbleiben auf dem Zauberberg letztlich eine Hingabe an das „tote Leben" bedeutet (872). Der Protagonist hat auch eine veränderte Verhaltensbereitschaft gewonnen. Sie bekundet sich in einem selbstbewußten, freundlich-distanzierten Verhältnis zu seinen beiden Mentoren sowie zu Mynheer Peeperkorn und Frau Chauchat. Entscheidend aber ist seine gesteigerte Fähigkeit zur Vermittlung sich scheinbar ausschließender gegensätzlicher Positionen. Er weiß jetzt „das Menschliche oder Humane [...] inmitten zwischen den strittigen Unleidlichkeiten" seiner eifernden Mentoren zu suchen (722). Mit ironischem Vorbehalt verweigert er sich jeglichem ideologischen Dogmatismus, hält er sich um einer höheren Wahrheit willen offen gegenüber der unerschöpflichen, widerstreitenden Vielfalt der Erscheinungen. Allerdings bleibt er hinter seinen visionär gewonnenen Einsichten zurück, weil jetzt „das Unpersönliche um ihn her, die Zeit selbst" ihre „lähmende Wirkung" voll entfaltet (50). Der „große Stumpfsinn", der auf die Vorkriegsstimmung eines dekadenten Fatalismus verweist, schlägt ihn in seinen Bann. Castorp, „der Welt abhanden gekommen",[100] vermag im gesellschaftsfernen Lebensraum des Zauberbergs seine persönlichen Möglichkeiten und Grenzen nicht voll zu erkunden. Daher kann er keine uneingeschränkte personale Identität im Sinne einer entschiedenen Konsistenz des Ichs gewinnen. Außerdem erfährt er zuletzt durch das Erlebnis des Weltkrieges, das unter dem Vorzeichen des Todes steht, die unentrinnbare Determination des Individuums durch die historischen Mächte der Zeit.

Der Prozeß der relativierenden Vermittlung antagonistischer Lebenshaltungen, der Castorps „Gedankentraum" prägt, setzt sich mit dem Erscheinen des hünenhaftmajestätischen Mynheer Peeperkorn fort, der als Kontrastfigur zu Settembrini und Naphta angelegt ist. Er degradiert die beiden Mentoren zu bloßen „Schwätzern". Die Machtlosigkeit des analytischen Intellekts gegenüber einer elementaren Natur wird offenbar. In Peeperkorn begegnet Castorp einer echten „Persönlichkeit", die als solche für Thomas Mann „außerhalb des Gebietes des Rationalen", nämlich in der „Sphäre des Mystischen und Elementaren" beheimatet ist.[101] Castorp erfährt jetzt, intensiver noch als bei Frau Chauchat, die transrationale Qualität des Lebendigen, die unerklärbare Ausstrahlung eines imposanten, gestalthaften Charakters. Dessen irrationale Gefühlsmächtigkeit stempelt ihn zum Vertreter eines dionysischen Vitalismus, der allerdings infolge seiner Übersteigerung zum Scheitern verurteilt ist. Hans Castorp fühlt sich dem Holländer zwar freundschaftlich verbunden, er erkennt auch dessen Persönlichkeit als bedeutenden „Lebenswert" an (809), aber er distanziert sich doch deutlich von der „Rigorosität" (837) dieses rauschhaften Pantheismus. Vor allem trifft die Unfähigkeit des „königlichen Stammlers", sich rational zu artikulieren, auf Castorps ironischen Vorbehalt.

Während der Niederschrift des *Zauberberg* pries Thomas Mann das Prinzip der Bildung als ewig gültigen „kulturellen Heilsbegriff", der auf dem „Gefühl der Verbesserungs- und Vervollkommnungsbedürftigkeit [...] des eigenen Ich als einer *Aufgabe*, einer sittlichen, ästhetischen, kulturellen *Verpflichtung*" beruhe.[102] Der Autor bekannte sich nunmehr entschieden zur Tradition der Goetheschen Bildungsidee, die er als Einheit von leiblich-geistiger Selbstformung und verantwortlichem Ausgriff in den gesellschaftlichen Bereich verstand. Den Schlüssel zur Bildungskonzeption des Romans stellt Castorps „Liebe zum Organischen" dar (907), zu der er durch die erotische Begegnung mit Frau Chauchat und über die medizinisch-biologische Unterweisung von Dr. Behrens erweckt wird. Thomas Mann notierte während der Entstehung des Werkes, „die Idee des Organischen" sei „mit der Bildung verwandt bis zur Identität", denn Bildung beruhe auf der gestalthaften Verbindung von „Plastik und Geist".[103] In der Tat sind wesentliche Aspekte der Bildungsidee des Romans aus der strukturellen Gesetzlichkeit des organischen Lebens abgeleitet. Der Protagonist entdeckt die neue Idee des Menschen, „des Hochgebilds organischen Lebens", primär auf dem sinnlichen Wege, „der in der lyrischen und verliebten Abhandlung über das Organische angedeutet" ist.[104] Frau Chauchats schöner, wenngleich moribunder Körper erscheint Castorp als « image miraculeuse de la vie organique » (477), als ganzheitliche „Menschengestalt" (540), in der sich stoffliche Natur und organisierender Geist untrennbar durchdringen. Der Protagonist erahnt eine Analogie zwischen den „eingeborenen Bildungsgesetzen" des menschlichen Organismus (385) und den Prozessen des naturhaften Lebens. Hier wie dort ein labiles Geichgewicht zwischen gegensätzlichen biologischen Tendenzen, ein „fiebriger Prozeß von Zerfall und Erneuerung", der „auf dem Punkte des Seins" balanciert (384 f.). Auch die menschliche Existenz erscheint in solcher Sicht als eine gefährdete, ständiger Vermittlung bedürftige Balance zwischen formenden und deformierenden Kräften, getreues Abbild der „formerhaltenden Bestandlosigkeit" des organischen Lebens (384).

Thomas Mann verstand den *Zauberberg* als „eine Art von Modernisierung des Bildungs- und Erziehungsromans".[105] In der Tat weist das Werk die transepochale Grundstruktur des Bildungsromans auf.[106] Es thematisiert die Geschichte der „Steigerung" eines bildsamen Protagonisten, der sich auf der Suche nach verbindlichen Orientierungsmustern befindet. Sie gewinnt in der einsträngigen Fabel Gestalt, die Castorps irreversible innere Progression in chronologischer Abfolge schildert. Deren Phasen sind durch die Grobgliederung des Romans deutlich markiert. Die ersten vier Kapitel beschreiben Castorps zunehmende Entfremdung gegenüber den Normen und Wertvorstellungen des „Flachlandes"; im fünften Kapitel erfährt er die deformierende Macht erotischer Lust; sodann erlebt er den Widerstreit der Ideologien Naphtas und Settembrinis, die in der humanen Utopie des Schneetraums dialektisch vermittelt werden, was allerdings auf der pragmatischen Ebene durch den Tod von Leutnant Ziemßen wiederum relativiert wird. Das Schlußkapitel beschreibt dann in der Begegnung mit Peeperkorn einen letzten Höhepunkt des Erlebens, und es endet im vermutlichen physischen Untergang des Protagonisten. Castorps qualitative Bewußtseinsveränderung kulminiert im Entwurf des humanen Leitbilds, in dem er sich „recht zum Ziele" geträumt hat (686): er findet zu sich selbst, indem er den deformierenden, dionysisch-chaotischen Triebkräften des Daseins seine Verhaltensbereitschaft zu „Form und Gesittung verständig-freundlicher Gemeinschaft" entgegensetzt. Auch die Figurenkonstellation zählt zu den konstanten Strukturelementen des Bildungsromans, denn die wichtigsten Nebenfiguren sind der Zentralgestalt des Protagonisten funktional zugeordnet. Sie repräsentieren die für seine Entwicklung relevanten Lebenshaltungen und Erfahrungsbereiche. Um Castorp gruppieren sich im ersten Band die Gegensatzfiguren Settembrinis und Frau Chauchats, denen als komplementäre Gestalten Joachim Ziemßen bzw. Dr. Behrens beigesellt sind. Im zweiten Band ist der Protagonist zwischen die Kontrastfiguren Settembrinis und Naphtas gestellt, die beide zuletzt mit Mynheer Peeperkorn konfrontiert und damit relativiert werden. Der didaktisch motivierte Erzähler zeigt sich um der Vermittlung seiner hermetischen Geschichte willen sichtlich um den Leser bemüht. Das wird nicht nur am übersichtlichen Aufbau des Romans offenbar, sondern auch am einleitenden „Vorsatz", an den Überschriften der Unterkapitel sowie an den zahlreichen Erörterungen und Kommentaren. In ihnen gibt sich der Erzähler auktorial, während er sonst meist aus der Perspektive des Protagonisten berichtet, um den Leser an dessen Bewußtseinsveränderung direkt teilhaben zu lassen. Wie der Erzähler im „Vorsatz" ausführt, liegt ihm weniger an Castorps individuellem Werdegang als an der Darstellung der hermetischen Geschichte an sich. Wie schon seine generalisierenden Reflexionen bekunden, erhebt er für die Erkenntnisse seines Protagonisten, welche die ideellen Möglichkeiten und Gefährdungen der Epoche erschließen, den Anspruch auf exemplarische Verbindlichkeit.

Die eigentliche, individuelle Werkstruktur des *Zauberberg* konstituiert sich allerdings weniger durch die eben erwähnten Konstanten als durch gewisse variable Elemente des Strukturtyps des Bildungsromans. Diese begründen als autorspezifisch bedingte Merkmale die deutliche Abweichung vom herkömmlichen Strukturmuster. Die Distanz des Erzählers vergrößert sich im *Zauberberg* zu einer Grundhaltung der Ironie, die gleichsam sub specie aeternitatis eine relativierende Umwertung der zeitgenössischen Normen und Wertvorstellungen vollzieht. Sie stellt das dominante Ordnungsprinzip der Werkstruktur dar. „Im Geiste eines duldsamen Relativismus" (755) sucht der Erzähler antagonistische Lebenshaltungen und Ideologien wechselseitig zu vermitteln, weil es ihm, wie auch seinem Protagonisten, um „das Ganze" (684) der widersprüchlichen Lebensphänomene geht.[107] Ihm, der über den kosmischen Charakter des Atoms meditiert, ist „der Maßstab von Groß und Klein" abhanden gekommen (396). So erfahren die bürgerlichen Konventionen und moralischen Normen der wilhelminischen Gesellschaft in der Welt des Sanatoriums eine grundlegende Abwertung. Beruf und Arbeit, familiale und nationale Bindungen verlieren vor der Allmacht von Krankheit und Tod an Bedeutung. So erscheint etwa der bürgerlich-pflichtbewußte Joachim Ziemßen, der in das Flachland zum „Lebensdienst" zurückkehrt, dem Protagonisten als Deserteur; bedeutet doch Hans Castorp der Aufenthalt hoch über der Gesellschaftswelt die wahre Schule der Lebensfreundlichkeit, die „höhere Gesundheit" schenkt.

Aus der gleichsam kosmischen Distanz einer Ironie, welche die „Zeitform der tiefsten Vergangenheit" bevorzugt (9), erklärt sich der große Abstand des Erzählers zu seinem gesamten Figurenensemble und dessen Ideenpotential, das dem Geist des „Flachlandes" entstammt. Daraus resultiert die Notwendigkeit, die Entwicklung des Protagonisten in einem gesellschaftsfernen Raum unter Sonderbedingungen stattfinden zu lassen, die Castorps Apperzeptionsweise verändern. Wie erwähnt, gewinnt er ein neues Zeitgefühl, das sich in der temporalen Struktur der Kapitelfolge konkretisiert. Während das erste Kapitel lediglich die Stunden der Ankunft des Protagonisten in Davos schildert, umfaßt das Schlußkapitel mehr als vier Jahre. Die zunehmende Zeitraffung signalisiert die wachsende Beschleunigung von Castorps temporalem Erleben: es verläuft zuletzt „holterdiepolter" (796). Andererseits spiegelt der sich steigernde Umfang der Kapitel die größeren Zeitrechnungseinheiten des Protagonisten. Gliedert er anfangs den Zeitverlauf nach Tagen, so ordnet er ihn zuletzt, als er auf Uhr und Kalender zu verzichten gelernt hat, nur noch nach Jahren. Daher verliert die Fabel zunehmend die chronologische Fixierung. Dennoch behält die physikalische Zeit, in der sich Castorps Geschichte ereignet, bis zu einem gewissen Grad ihr Recht, denn es wird ja eine irreversible innere Progression geschildert.[108] Der „Verwischung der zeitlich-räumlichen Distanzen" entspricht eine Raumgestaltung, die mit „ungeheuren Verkürzungen" die Raumsubstanz reduziert (755 f.). Die karge Berglandschaft wirkt bei Sonne „gemäldeartig" (97), im Winter zerfließt sie zu einem „dunstigen Nichts", zu „weißlicher Transzendenz" (669 f.). Der Raum, den Castorp erlebt, hat weitgehend die Tiefendimension verloren, die er im „Flachland" besessen hatte. Der Protagonist wird gleichsam der determinierenden Faktizität des empirischen Raumes entrückt und verliert sich, im Kreise gehend, in dessen endloser Gleichförmigkeit, wie er auch seiner temporalen Vorstellung der kreisenden Zeit hilflos ausgeliefert ist.

Schon der Bildungsroman der Frühromantik hatte durch seine Technik der Reduktion des Mannigfaltigen der Romanart neue Gestaltungsimpulse gegeben; die individuellen Charakterzüge der Figuren traten zugunsten von typenhaften Bewußtseinslagen und Verhaltensweisen zurück, der Raum gewann eine entstofflichte Qualität, und die Entfaltung des Protagonisten war an seiner zunehmenden Fähigkeit abzulesen, das physikalische Zeitkontinuum in Richtung einer Sphäre mythisch-allegorischer Bedeutsamkeit zu transzendieren. So auch im *Zauberberg*, wo der Erzähler schon im „Vorsatz" auf eine gewisse Beziehung seiner Geschichte zum „Märchen" verweist. Das Sanatorium erscheint in mythisierender Anspielung als Schattenreich des Todes, Chefarzt Behrens und sein Assistent als dessen Herrscher Rhadamanthys und Minos. Hans Castorp erlebt das Sanatorium Berghof vor allem als bannenden Venusberg, auf dem Frau Chauchat als Lilith, Kirke und Kalypso ihr bezauberndes Unwesen treibt. Der zwielichtige Götterbote Hermes, der in seiner Eigenschaft als Seelenführer im Schattenreich der Unterwelt das zeitlose Prinzip der „hermetischen Pädagogik" repräsentiert, erscheint in mancherlei Figurationen.[109] Besonders deutlich offenbart er sich in Castorps Mentor Settembrini, dem moribunden Verfechter des aktiven Lebensdienstes, der öfters mit gekreuzten Füßen dargestellt wird. Sein jesuitischer Gegenspieler Naphta erscheint hingegen als „Teufel" (669), als Vertreter des mephistophelischen Prinzips der „Weltverneinung und Weltvernichtung" (815). Mynheer Peeperkorn, der Anwalt eines dionysischen Lebenskultes, wird als Bacchus eingeführt. Hans Castorp schließlich spielt die mythische Rolle des „Neophyten" (707), dem sich durch Initiation im Grenzbereich zwischen Zeitlichkeit und Ewigkeit das Wesen des „Homo Dei" offenbart.

Aus der ironischen Grundhaltung der Ablehnung einseitiger ideologischer Positionen resultiert die narrative Bauform der kontrapunktischen Verschränkung gegenläufiger Tendenzen. *Der Zauberberg* war seit 1919 auf die Zielvorstellung der „Synthese" antagonistischer idealler Positionen festgelegt.[110] Der Erzähler verwirklicht des Autors Kunstideal, das schon in den *Betrachtungen eines Unpolitischen* formuliert war: die Dichtung als „tönende Ethik, als fuga und punctum contra punctum, als eine heitere und ernste Frommheit, als ein Gebäude [...], wo eines ins andere greift".[111] Diese der Musik entlehnte Struktur dient der ästhetischen Sinngebung einer antagonistisch-widersprüchlichen Wirklichkeit. Sie zielt nicht etwa auf harmonistische Versöhnung der Gegensätze, sondern auf ein variables, spannungsvoll-lebendiges Gleichgewicht gegenläufiger Tendenzen, das eine neue Wertqualität darstellt. Die Bauform der kontrapunktischen Verschränkung prägt nun die antithetische Figurenkonstellation, die relativierende Erzählweise sowie das Bezugssystem der Leitmotive.[112] Der Erzähler setzt die verschmitzte „Lebensfreundlichkeit" seines Protagonisten ein, um zwischen den unversöhnlich scheinenden antithetischen Positionen der „ungleichartigsten Personen" zu vermitteln: zwischen intellektuellem Geist und vitalem Lebenskult, zwischen individualistischer Selbstbewahrung und kollektiver Selbstvergessenheit, zwischen Liberalismus und Radikalismus. Die kontrapunktische Stimmführung des Erzählers verwandelt die antithetischen Widersprüche in mehr oder minder ausgewogene dialektische Korrelationen. In den Streitgesprächen der beiden intellektuellen Mentoren, die sich wechselseitig relativieren, unterstützt er die vermittelnde Funktion seines Protagonisten durch abwertende Zwischenbemerkungen, die den jeweiligen Sprecher kritisch relativieren. Das Kapitel „Fülle des Wohllauts" endet mit einer Reflexion des Erzählers, in der er Castorps ambivalentes Verhältnis zu Schuberts Lied vom Lindenbaum erörtert (904 ff.). Dies geschieht kontrapunktisch in ständigem Wechsel von These und Antithese. Castorps tiefe Neigung zu romantisierender Verklärung ursprungsnaher Vergangenheit wird in immer neuen Variationen mit der Gegenthese konfrontiert, hier handle es sich um verderbliche „Sympathie mit dem Tode".[113] Zuletzt ringt sich der Erzähler zur kühnen dialektischen Synthese durch: die Überwindung der in dunkle Vergangenheitstiefen weisenden Liebe sei nur demjenigen möglich, der für „das neue Wort der Liebe und der Zukunft" zu sterben bereit sei (907). Mit gewissem Recht verwahrte sich daher Thomas Mann gegen den Vorwurf, er habe im *Zauberberg* einem zersetzenden Relativismus gehuldigt: „Mir war es wirklich um Totalität zu tun."[114] Die Bauform der kontrapunktischen Verschränkung prägt auch die leitmotivische Technik des *Zauberberg*. Es entsteht ein vieldeutiger Verweisungszusammenhang, ein ideelles Beziehungsgeflecht, in dem antithetische

Positionen miteinander vermittelt werden. Die ideelle Textur des Romans konstituiert sich vor allem durch das „Zauberwort mit unbestimmt weitläufigen Assoziationen" (706): die verweisungskräftigen Formelwörter von Leben und Tod, Gesundheit und Krankheit, Natur und Geist, Lust und Liebe verbinden heterogene Bereiche und stiften dadurch gewisse Sinnbezüge. Die Leitmotive repräsentieren ein auf Totalität zielendes ideelles Bezugssystem, das den geistigen Standort der wesentlichen Figuren signalisiert.

Thomas Mann hat im *Zauberberg* versucht, die verflachte bürgerlich-humanistische Bildungstradition des 19. Jahrhunderts unter Berücksichtigung der veränderten historischen Verhältnisse zu erneuern. Er wollte seiner Hoffnung auf eine neue Form der Humanität, auf eine „jenseits von Optimismus und Pessimismus stehende Idee des Menschen" Ausdruck geben.[115] Dieses spannungsvoll-dialektische Leitbild bedingt die antithetisch-kontrapunktische Struktur des Romans. Es bleibt allerdings festzuhalten, daß Thomas Mann nicht überall, besonders nicht im ersten Band, seine Intention der dialektischen Vermittlung der Gegensätze erzählerisch realisieren konnte.

Hans Grimm: Volk ohne Raum

Obwohl nicht unumstritten, zählt Hans Grimm doch zu den bedeutenderen nationalkonservativen Autoren der Weimarer Zeit. Sein Roman zehrt von den Erfahrungen, die der Autor vor dem ersten Weltkrieg in Afrika als Kaufmann und Farmer sammeln konnte. Er lernte dort die imperiale Macht Englands kennen und erfuhr zugleich die geringe Geltung seiner eigenen Nation. Der Verlust der deutschen Kolonien durch den Frieden von Versailles geriet ihm zum Schlüsselerlebnis; er sah es hinfort als seine nationale Pflicht an, unter Hinweis auf die zunehmende Besiedlungsdichte in Deutschland die Rückgewinnung des kolonialen Raumes zu fordern. So entstand dieser Roman, dessen Protagonist die Grunderfahrungen des Autors rekapituliert.

Ein zentrales Thema durchzieht das Werk, nämlich die Idee einer engen Schicksalsgemeinschaft von Mensch und Volk. In der von vielfältigen politischen und sozialen Erfahrungen geprägten „Geschichte eines einfachen Mannes" spiegelt sich in gewissem Umfang „das Geschick seines Volkes" (I, 10).[116] Mit zunehmender Reife erkennt der Protagonist immer klarer die Zusammenhänge zwischen seinem eigenen Werdegang und der politischen Lage seiner Nation. In der Darstellung dieser völkischnationalen Idee sah Grimm den „großen Gegenstand" der Literatur, nämlich das „im Zusammenhang mit dem Leben des eigenen Volkes" stehende Individuum, eingebettet in die Kette der Geschlechter.[117] Erst gegen Ende des dritten Teiles wird der Protagonist mit dem zweiten Thema des Romans konfrontiert, nämlich mit der politischen These vom Volk ohne zureichenden Lebensraum. Auch dieses Thema präludiert der Erzähler gleich zu Beginn mit lehrhafter Eindringlichkeit: „Der deutsche Mensch braucht Raum um sich [...] und Freiheit in sich, um gut und schön zu werden" (I, 10 f.).

Cornelius Friebott ist der Sohn eines sozial abgestiegenen Kleinbauern, der als Lohnarbeiter sein kärgliches Brot verdient. Der grüblerisch-versonnene Vater macht sein Kind schon früh mit der germanischen Vergangenheit seiner niedersächsischen Heimat vertraut. Cornelius, gelernter Tischler, muß später wegen fehlender Arbeitsmöglichkeiten sein Heimatdorf verlassen. Als Fabrikarbeiter lernt er den Sozialismus kennen. Zweimal verliert er seinen Arbeitsplatz, weil er unerschrocken gegen soziale Ungerechtigkeit Stellung bezieht. Schließlich wandert er nach Südafrika aus, wo er den Burenkrieg erlebt und in Gefangenschaft gerät. Damit hat sein Leben den ersten bedeutsamen „Wendepunkt" erreicht (I, 662). Der schwerblütige Einzelgänger, weniger ein Mann des Gedankens als ein Mensch der Tat, konnte bis jetzt noch keine eigene Existenz begründen. Die Ursachen dafür glaubt er im Fehlen einer nationalen Politik sozialer Gerechtigkeit zu erkennen. Damit grenzt er sich entschieden von seinem Freund Martin Wessel ab, der einen klassenkämpferischen internationalen Sozialismus vertritt. Friebotts Denken und Handeln orientiert sich nicht an einer Parteidoktrin, sondern an seinem völkischen Empfinden. Der dritte Teil zeigt ihn als Bauunternehmer und Farmer in Südwestafrika. Er gründet im dortigen „deutschen Raum" eine solide Existenz, die jedoch durch den Weltkrieg und den Verlust der Kolonie wieder zerstört wird. Am eigenen Leibe erfährt er nun, schmerzlicher als je zuvor, die Schicksalsgemeinschaft von Mensch und Nation. Er erwacht jetzt zu sich selbst, zu seiner persönlichen „Berufung" (II, 672); er wird die These des Volkes ohne Raum in Deutschland propagieren. Sein früher Tod signalisiert sein Scheitern an den politischen Widerständen — er stirbt durch die Hand eines Sozialisten.

„Die Geschichte jedes Mannes fängt bei seinem Volk an", verkündet der Erzähler programmatisch (I, 25). Mehrere überpersönliche Faktoren bestimmen Friebotts Entwicklung, nämlich seine Herkunft sowie die politischen und wirtschaftlichen Verhältnisse. Er entstammt der bäuerlichen Welt niedersächsischen Stammestums, in der er sich heimatlich geborgen fühlt. Diese traditionsbewußte, patriarchalisch geordnete Lebenswelt bewahrt er sich als Leitbild, das ihn vor Entwurzelung schützt.[118] Auch die politischen Verhältnisse determinieren sein Schicksal. Er erfährt die dem „Betrug von Versailles" (II, 654) zugeschriebene Raumnot seines Volkes und fällt schließlich politischer Gewalt zum Opfer. Auch durch ökonomische Faktoren wird Friebotts Entwicklung bestimmt. Die wirtschaftliche Notlage seines Elternhauses verhindert den Besuch von Gymnasium und Universität. Im In- und Ausland erfährt er die unsoziale Härte eines profitgierigen Kapitalismus, wodurch sein beruflicher Werdegang erheblich beeinträchtigt wird. So durchläuft er einen durch politische und wirtschaftliche Zwänge gestörten Sozialisationsprozeß, der zuletzt in Friebotts gesellschaftliche Ausgrenzung mündet.

Der Erzähler vertritt eine rassisch getönte Volksidee. Die humane Qualität von Menschen „germanischer Natur" steht für ihn außer Frage (I, 530). Er huldigt der ideologisch verklärten Vorstellung von einer neogermanischen Gesellschaftskultur, die, im Gegensatz zur zentralistischen romanischen Staatsform, vom „Herrentum des freien Mannes" geprägt ist (I, 26). Das „neue Wesen" des künftigen deutschen Menschen kann sich aber nur innerhalb der bergenden „Volksgemeinschaft" verwirklichen.[119] Der Vorwurf des Kollektivismus ist hier ungerechtfertigt, da Figuren wie Friebott oder Wessel auf ihrer unverwechselbaren Eigenart bestehen; jeder gehorcht seinem eigenen Drang „zu Zweck, zu Sinn und zur Vollendung" (II, 253). Freilich versteht sich das Wohl des einzelnen als „Folge des Wohles des Ganzen".[120] Die Erkenntnis solch unentrinnbarer „Bedingtheit" des Individuums durch das Volksganze bedeutet für Grimm „nichts anderes als Bildung".[121] Dieses Prinzip konstituiert die völkischnationale Bildungsidee des Autors. So hat Friebott zuletzt, trotz äußeren Scheiterns, „der Bildung heiligsten und schwersten Teil" gewonnen, indem er sich die Idee der völkischen Schicksalsgemeinschaft zu eigen gemacht hat (I, 30). Im Gegensatz zur humanistischen und zur christlichen Werttradition ist hier das Individuum in hohem Maße durch überpersönliche völkische Bindungen determiniert, die bis in die Tiefen des Unbewußten reichen. Aus dieser Sicht ist die übernationale Tradition des idealistischen Neuhumanismus außerstande, die sozialen Fragen der Nation zu bewältigen. Derselbe Vorwurf trifft das Christentum, dessen metaphysische Gottesidee die gesellschaftlichen Probleme nicht zu lösen vermag. Grimm preist die altdeutsch-bürgerlichen Werte der Ordnung, leistungstüchtiger Arbeit, fleißiger Pflichterfüllung und einer schlichten Lebenstapferkeit.

Der Anstoß zur Erneuerung Deutschlands kann nach Grimms Ansicht nicht von den in ihrer Lebenskraft verbrauchten Klassen von Adel und Bürgertum ausgehen, er muß vielmehr durch die handwerklich-bäuerliche Unterschicht erfolgen. Die Voraussetzung dafür bildet die Besiedlung eines von fremdem Volkstum freien Raumes, den das übervölkerte Deutschland nicht besitzt. Daher erhebt der Autor die dezidierte Forderung nach Kolonien, deren landwirtschaftliche und kulturelle Erschließung durch den Pioniergeist einer neuen Elite zur völkischen Regeneration führen soll. Die Kolonisierung wird zur vorrangigen nationalen Aufgabe erhoben, welche die durch Parteienhader und Klassenkampf verursachte völkische Selbstentfremdung überwinden soll.[122] Diese Ideologie steht in der Tradition der imperialistischen Kolonialpolitik der Vorkriegszeit, welche die politisch und ökonomisch motivierte Forderung nach Deutschlands „Platz an der Sonne" erhoben hatte. Sie ist aber auch der Idee einer kolonialen Siedlungspolitik verpflichtet, von der man sich die Wiedergeburt ursprungshafter deutscher Volkskultur erhoffte.[123]

Grimm paktierte nicht mit dem Nationalsozialismus, wenngleich er mit mancher Tendenz des Dritten Reiches sympathisierte: auch er hatte ein gebrochenes Verhältnis zum Prinzip der pluralistischen Demokratie; auch er vertrat einen übersteigerten Nationalismus; schließlich bekannte sich auch er zu einem, allerdings gemäßigten, Antisemitismus, der sich aus seiner rassisch getönten Volksidee ergab.[124] Der Romantitel entartete in jenen Jahren zum wirkungsmächtigen Schlagwort. Gleichwohl entsprach Grimms Suche nach überpersönlichen Bindungen dem tiefen Bedürfnis einer um Orientierung ringenden Epoche. Dieser Autor wies der Literatur die „nationale Funktion" zu, das völkische Bewußtsein zu wecken und zu stärken.[125] Er wußte sich der volkstümlichen Wissenstradition verbunden und bewunderte die Heimatliteratur, die, im Gegensatz zur literarischen Avantgarde, ihre „völkische Verpflichtung" ernstnehme.[126] Daher bekämpfte er erbittert gewisse Tendenzen des zeitgenössischen Schrifttums zu dekadenter Innerlichkeit und unpolitischer Wirklichkeitsferne.[127]

Grimm verkündete sein völkisch-nationales Leitbild mittels des Strukturtypus des Bildungsromans, dessen konstante Merkmale weitgehend erhalten blieben. Die Grundthematik des Werkes besteht darin, daß sich der Protagonist stufenweise des Determinationszusammenhangs von individuellem und nationalem Schicksal bewußt wird. Die Darstellung dieses Lernprozesses bedingt die weitgehend einsträngige, episodisch aufgelockerte Fabel, die sich an der biographischen Lebenslinie des Helden orientiert. Die Nebenhandlung, die von dessen Freund getragen wird, erfüllt eine kontrastive Funktion. Die Fabel schildert in chronologischer Abfolge die Phasen von Friebotts politischer Bewußtseinsbildung, die durch verschiedene Lebensräume markiert sind. Dies schlägt sich in der vierteiligen Grobgliederung des Romans nieder. Die innere Progression des Protagonisten mündet zielgerichtet in die Erkenntnis der eigenen Berufung, in die entschlossene Propagierung seines kolonialpolitischen Programms, das ein neues, sinnstiftendes Leitbild impliziert. Mit dessen Verkündigung hat Friebott seine personale Identität gewonnen. Die wesentlichen Nebenfiguren sind der Zentralgestalt des Protagonisten funktional zugeordnet: die sorgenden Eltern, Dr. Reinhardt als bürgerlicher Mentor, die Gegensatzfiguren Wessel und Rosch — der parteiverbundene Agitator und der vom Diamantenfieber besessene Abenteurer —, nicht zuletzt als Parallelfigur Friebotts Frau Melsene, die seine politischen Ideen teilt.

Der Erzähler bemüht sich nachhaltig um einen engen Leserbezug: er setzt mit einer Vorrede ein, gliedert seine Erzählung übersichtlich, versieht die Teile mit deutenden Überschriften und geizt nicht mit lehrhaften Kommentaren. Er behält als Chronist den auktorialen Überblick über das Geschehen, überläßt aber andererseits der Perspektive des Protagonisten weitgehend das Feld, was sich in der Dominanz der szenisch-dialogischen Erzählform bekundet. Er entwirft in der Figur seines Helden ein humanes Leitbild, das Anspruch auf exemplarische Musterhaftigkeit erhebt.

Die variablen Elemente der Romanstruktur sind vorwiegend durch die ideologische Deformation dieses Leitbilds bedingt. Aus dem rassisch getönten, germanisierend verklärten Volksbegriff resultiert die unzutreffende Gattungsbezeichnung „Erzählung" (Vorwort), die sich daraus erklärt, daß der Autor den Terminus „Roman" als undeutsch empfand.[128] Er fühlte sich der volkstümlichen Erzähltradition seiner niederdeutschen Heimat verpflichtet; er verstand sich als Volksschriftsteller, dessen Botschaft „die deutschen Menschen jeglichen Alters" erreichen sollte (I, 10). Daraus läßt sich sein auf volkstümliche Schlichtheit abzielender Stilduktus verstehen. Allerdings zeigt seine Sprache häufig eine archaisierend herbe Schwerfälligkeit, bedingt vor allem durch ungelenke, monotone Repetition von Syntagmen.

Ein weiteres Element von Grimms ideologisch geprägtem Leitbild ist, wie erwähnt, die These eines Determinationszusammenhangs von völkischem Schicksal und individueller Entwicklung. Daraus resultiert eine Fülle von Schauplätzen, denn der völkisch orientierte Protagonist hat einen großen Raum der Erfahrung zu durchschreiten; er lernt fast alle Schichten seiner Nation kennen, nicht zuletzt auch das Deutschtum in den afrikanischen Kolonien. Vor dem wechselnden Hintergrund der Wilhelminischen Ära und der jungen Weimarer Republik erfährt Friebott Deutschlands politische, soziale und wirtschaftliche Probleme. Seine „deutsche Odyssee" enthüllt in gewissem Umfang „das Geschick seines Volkes".[129] Daher ist die Lebensbeschreibung des Protagonisten in den historisch-politischen Gesamtkontext integriert; der Autor ist bestrebt, seiner Darstellung „Welt, [...] Umfang [...], Zusammenhang" zu verleihen.[130] Die zahlreichen Schauplätze des Geschehens werden von einer Vielzahl von episodisch auftretenden Figuren bevölkert, die typenhaft soziale oder politische Haltungen repräsentieren.

Einen solch umfangreichen, komplexen Erfahrungsraum kann der Protagonist nicht in der im Bildungsroman üblichen Zeitspanne durchwandern. Er benötigt hierfür sein ganzes, etwa fünf Jahrzehnte umspannendes Leben. Damit wich Grimm ausnahmsweise von der konstanten Grundstruktur des Bildungsromans ab, indem er von der altisländischen Saga die Form der chronikalisch erzählten Biographie übernahm.[131] Diese Überlagerung zweier epischer Formen beeinträchtigt aber nicht die Dominanz des Strukturtypus des Bildungsromans, da *Volk ohne Raum*, wie dargelegt, alle übrigen konstanten Strukturmerkmale der Romanart aufweist. Die Darstellung von Friebotts Lebensweg orientiert sich primär an der Grundthematik von dessen völkischpolitischer Bewußtseins- und Willensbildung. Seine innere Progression mündet zielgerichtet in die Selbstfindung, aus der allein das erzählte Leben seinen Sinn gewinnt.

Der Radikalität der politischen Botschaft des Romans entspricht eine lehrhaftappellative Erzählhaltung. Mit apodiktischem Wahrheitsanspruch präsentiert der Erzähler ein vorgegebenes ideologisches Wertsystem, das der Protagonist im Laufe seiner Entwicklung internalisiert. Zur Unterstützung der Argumentation wird der Anschein einer quasi dokumentarischen Authentizität erweckt. Der Erzähler, der auch als Romanfigur namens Grimm auftritt, enthüllt seine Identität mit dem realen Autor, dessen afrikanische Erfahrungen er sich zunutze macht. Er versucht seinen fiktionalen Handlungsbericht durch Einbeziehung historischer Persönlichkeiten sowie durch Zitierung von zeitgenössischer Literatur und von statistischem Material empirisch zu verifizieren.

Trotz allem kommt Hans Grimm immerhin das Verdienst zu, den bekanntesten politischen Bildungsroman der Weimarer Zeit geschrieben zu haben, dessen völkischnationale Botschaft in neokonservativen Kreisen eine breite Resonanz gefunden hat.

Friedrich Griese: Winter

Der Autor entstammt einem kleinbäuerlichen Geschlecht in Mecklenburg. Dort wuchs er auf und war später in dieser Landschaft als Dorfschullehrer tätig. Nach dem aufwühlenden Erlebnis des ersten Weltkrieges begann er zu schreiben. Er beklagte das Schwinden der Lebenskraft des einzelnen und den Zerfall der gemeinschaftsbildenden Normen und Werte, wofür er das Vordringen der entwurzelten städtischen Zivilisation verantwortlich machte. Ihr fehle das Wissen um die „Zusammengehörigkeit zwischen dem Boden und all seinem Lebendigen und dem Menschen".[132] Griese bekannte sich zur „bedingungslosen Hingabe an die Landschaft", zum „völligen Vertrauen" auf die Ordnungskräfte einer naturhaft-ursprungsnahen Lebensform.[133]

Winter, sein wohl bedeutendstes episches Werk, das ihm den ersten literarischen Erfolg eintrug, thematisiert eine Schicksalsprüfung, die eine Region zu bestehen hat — ein Winter, der in einer apokalyptischen Naturkatastrophe gipfelt. Eine Geschichte des Unheils also, die mit unheimlichen Vorzeichen einsetzt. Auf Dürre folgt Mißernte, Heere von Ratten überfallen das Dorf, wo auch das hungernde Wild Zuflucht sucht. Überschwemmungen werden von endlosem Schneefall abgelöst, bis endlich eine todbringende Eiswüste das Land überzieht. Die älteren Bewohner des Dorfes sterben an Unterernährung, die jüngeren versuchen dem drohenden Ende zu entfliehen, kommen aber ebenfalls um. Die „Lange Reihe" ist ein kleines, überaltertes Dorf; die geringe Kinderzahl signalisiert bereits den Verfall der biologischen Lebenskraft. Hier herrscht keine echte Gemeinschaft mehr; die überlieferten Sitten und Bräuche beginnen zu zerfallen, Mißtrauen und Lüge, Angst und Gewalt greifen um sich.

Aber der Roman thematisiert nicht nur den Untergang einer Kulturregion. Grieses Botschaft lautet, daß alles menschliche Schicksal, „Heil und Unheil [...] aus der Erde komme".[134] Daher entfaltet die Fabel auch eine Geschichte des Heils. Jona, die Zentralfigur des Romans, wird im Walde gefunden, wird als Enkel eines Hofbauern erkannt und wächst beim Großvater auf. Er weiß die Zeichen der Natur zu deuten, er versteht das Wesen der Tiere. Ein wortkarger Einzelgänger, ein Mensch von urtümlicher Naturhaftigkeit, von vitaler Urwüchsigkeit, der die übrigen Dorfbewohner „wie ein junger Baum unter kranken Stämmen" weit überragt (98). Sie ahnen seine charismatische Wesensart, scheint doch „ein Strom neuer Kraft" von ihm auszugehen (65). Er gewinnt Grita dem hinterhältig-bösen Thord ab und nimmt sie zur Frau. Dank seiner kraftvollen Umsichtigkeit entkommt das junge Paar der Naturkatastrophe. In Jona und Grita treibt der „alte Stamm" der Langen Reihe „noch ein letztes Reis" (98). Der Roman schließt mit dem verheißungsvollen Ausblick auf die Geburt eines Sohnes, der, gleichsam ein „erster Menschensohn" (402), den Regenerationsprozeß des Gemeinwesens vorantreiben wird.

Jonas innere Progression entspricht dem dominanten Modus wachstümlicher Selbstentfaltung. Der Protagonist erfährt keine qualitative Veränderung seiner Persönlichkeit, vielmehr wird er nur das, was er potentiell bereits ist. Schon relativ früh findet er in instinktgeleiteter Lebenssicherheit zu der ihm bestimmten bäuerlichen Lebensform. In unzerstörbarem, selbstgewissem Lebensvertrauen entfaltet er seine naturhaft-elementare innere Potentialität, ein Prozeß, der im letzten Teil des Romans, angesichts der lebensbedrohenden Herausforderung durch die Naturgewalten, seinen Höhepunkt erreicht.

Griese propagiert das ideologische Leitbild des naturhaft-schlichten, lebenskräftigen Menschen, dessen Existenz von „neuen Gesetzen" bestimmt sein soll (302): bedingungslose Unterwerfung unter den biologischen Rhythmus von Werden und Vergehen, von Leben und Tod sowie ein tatbereites Vertrauen auf die unversiegbaren Segenskräfte der All-Natur. Hier herrscht eine deterministische Bildungsidee, denn der dominierende Faktor in Jonas Entfaltung ist seine biologisch resistente Erbmasse. Er entstammt einem Elternpaar germanisch-slawischer Herkunft, das sich durch eine naturhaft-elementare Vitalität auszeichnete. Der Autor verfällt allerdings nicht einer völkischen Rassenlehre, denn Jonas vitale Natur resultiert ja gerade aus seiner germanisch-slawischen Blutsmischung. Er ist der singuläre Held, der wegen seiner biologischen Gesundheit und sittlichen Unverdorbenheit von der dörflichen Umwelt als „Wunder" betrachtet wird (44). In ihm vollzieht sich exemplarisch die biologische Regeneration einer dekadenten Gesellschaft.

Griese vertrat, gemeinsam mit anderen völkisch-konservativen Autoren der zwanziger Jahre, ein geistfeindliches, biozentrisches Welt- und Menschenbild. Das Individuum ist nur Welle im unendlichen Lebensstrom von Werden und Vergehen; seine Entfaltungsmöglichkeiten sind durch überpersönliche Prozesse determiniert: durch das biologische Erbgut, die Sitte und das Brauchtum, nicht zuletzt durch die Landschaft, welcher sich der einzelne zugehörig fühlt. Griese distanzierte sich damit entschieden von der aufklärerisch-neuhumanistischen Tradition. Bildung wird nicht mehr als selbstreflexive Bewußtseinserweiterung der geistig autonomen Individualität verstanden, die schließlich zu personaler Identität findet; vielmehr resultiert die Entfaltung des einzelnen aus dessen Preisgabe an irrationale Seelenkräfte.[135] Jona stellt in seiner unzerstörbaren physischen und psychischen Lebenskraft gleichsam die Inkarnation des biologischen All-Lebens dar. Griese orientierte sich in ahistorischer Manier an einer vorindustriellen, agrarischen Gesellschaftsform, die er überdies noch mystifizierte. Konsequent sparte er die technisch-ökonomischen Probleme der Landwirtschaft aus, was seiner antimodernistischen, regressiven Ideologie entsprach. Immer wieder entwarf er in seinen Werken das mythische „Sinnbild des alten Dorfes, das nicht wechselt", mittels dessen er „die alte Wahrheit" zutage fördern wollte.[136] Er vertrat ein fraglos vorgegebenes Wertsystem mit absolutem Geltungsanspruch, das auf der Ideologie eines Vitalismus beruhte, der den universalen Lebensprozeß in dessen kausaler Erklärung unzugänglicher Eigengesetzlichkeit erfassen wollte. Griese koppelte diese Vorstellung mit dem Ideologem des neuen Menschen, das seit der Jahrhundertwende im Dienst einer irrationalen Lebensauffassung zunehmende Verbreitung gefunden hatte. Er schöpfte aus der volkstümlichen Wissenstradition: aus biblischen Legenden, mystischer Literatur und vor allem aus der altisländischen Saga, deren Einfluß seine Affinität zu skandinavischen Autoren wie Knut Hamsun oder Selma Lagerlöf erklärt.

Griese propagierte sein vitalistisches humanes Leitbild mittels des Strukturtypus des Bildungsromans, dessen transepochale konstante Grundmerkmale mehrheitlich erhalten blieben. Das Werk thematisiert, wie erwähnt, die innere Progression des Protagonisten im Modus der wachstümlichen Selbstentfaltung. Diese bedingt bis zu einem gewissen Grade die chronologisch geordnete, phasengegliederte Form der Fabel. Der Erzähler verweist vorausdeutend auf deren Zielgerichtetheit, gewinnt doch die Erzählung erst vom rettenden Schluß her ihren Sinn. Denn erst am Ende des Romans entpuppt sich die Existenz des dreißigjährigen Jona als trostreiches „Licht" (59) für seine Umwelt. Der singuläre Held ist Zentralgestalt; ihm sind die wichtigsten Nebenfiguren, Grita und Thord, komplementär bzw. kontrastiv zugeordnet. Der Erzähler bemüht sich um Leserlenkung, er gliedert seinen Bericht übersichtlich und versieht die Teile mit deutenden Überschriften. Sein dem Redestil der Saga verwandter volkstümlich-schlichter Erzählton sucht die Nähe einer breiten Leserschaft. Er entwirft in der Figur seines Helden ein archetypisches Leitbild, das Anspruch auf exemplarische Musterhaftigkeit erhebt.

Die vom Typus des Bildungsromans abweichenden Merkmale der Romanstruktur erklären sich aus der Überlagerung durch Gattungselemente der altisländischen Saga. Diese urtümliche Erzählform, der Griese auch in modernisierter Gestalt in Hamsuns *Segen der Erde* begegnete, erschien ihm geeignet, das neuhumanistisch geprägte Modell des Bildungsromans zu modifizieren, um die Vermittlung seines biozentrischen Welt- und Menschenbildes zu ermöglichen.[137] Hierzu reduzierte er einige konstante Strukturmerkmale des Bildungsromans hinsichtlich ihres Umfangs. Die Thematik der Selbstentfaltung des Individuums trat gegenüber dem zentralen Thema des schicksalhaften Untergangs einer Kulturregion zurück. Das Thema des Verfalls bestimmt die Vorgangsfigur des heraufziehenden Unheils in Natur und Menschenwelt: eine fallende Strukturlinie, die sich auch in der Grobgliederung des Romans manifestiert. Die weitgehende Konzentration des Erzählerberichts auf das Jahr der Katastrophe resultiert ebenfalls aus diesem strukturellen Zusammenhang. Griese griff damit auf die Thematik der Saga zurück, die das menschliche Schicksal in seiner Determination durch die segensreichen und gefährdenden Naturmächte schildert — eine Thematik, die dem biozentrischen Weltbild des Autors entsprach. Ferner verzichtete er bei der Gestaltung der Fabel auf das Merkmal einer an der Entfaltung des Helden orientierten Einsträngigkeit zugunsten einer mehrsträngigen, vorgangsbetonten Schilderung sichtbaren Geschehens. Die drei Hauptteile beschreiben in dramatischer Steigerung die einbrechende winterliche Katastrophe in ihrer Auswirkung auf das Leben der Höfe. Daher gewinnen einige Gestalten ein gewisses Eigengewicht, weshalb die Figurenkonstellation nicht mehr uneingeschränkt dem Prinzip funktionaler Zuordnung der

Nebenfiguren zum Protagonisten gehorcht. Auch der Naturraum ist nicht mehr auf die Funktion beschränkt, Erlebnisbereich des sich entfaltenden Helden zu sein. Die Landschaft steigert sich zu bedrohlicher Mächtigkeit; sie offenbart die den Menschen determinierenden Kräfte des kosmischen All-Lebens. Durch Verzicht auf detaillierte Zeit- und Ortsangaben sowie durch das immer wiederkehrende erzählende Präsens entsteht ein Lebensraum, der historischem Wandel entrückt scheint. Der Erzähler beschwört die mythische Wiederkehr des immer Gleichen: es ist „heute, wie es in aller Zeit war" (39). Der im sachlich-verhaltenen Saga-Stil sich äußernde chronikalische Erzähler, der sich weitgehend auf Rede- und Vorgangsbericht beschränkt, verzichtet im allgemeinen auf kausale Erklärung und psychologische Analyse,[138] denn Grieses biozentrisches Welt- und Menschenbild kennt, wie erwähnt, nicht die unverwechselbare, selbstreflexive Individualität. Die holzschnittartig typisierten Figuren, geprägt von Sitte und Brauchtum, bedürfen nicht der deutenden Innenschau des Erzählers.

Grieses Werke wurden vom nationalsozialistischen Regime als Muster volkhafter Dichtung propagiert.[139] Der Autor wurde gegen seinen Willen als Vertreter eines rassistischen Blut-und-Boden-Mythos interpretiert, als Künder eines artreinen germanischen Bauerntums. Freilich konnte man sich auf Griese berufen, wenn es galt, das Ende des pluralistischen, freiheitlichen Individualismus zu proklamieren — in der Absicht, den einzelnen zum bloßen Exponenten der völkischen Gemeinschaft zu degradieren. In der Tat deutete dieser Autor das Individuum als bloßen Durchgangspunkt transrationaler überpersönlicher Mächte, denen es sich völlig ausliefern muß, um wesenhaft zu existieren: eine Anschauung, die Griese mit mehreren völkisch-konservativen Autoren der Zeit teilte.

DER ANTIBILDUNGSROMAN

Erwin G. Kolbenheyer: Reps, die Persönlichkeit

Kolbenheyer zählte zu den entschiedensten Gegnern der Weimarer Gesellschaftskultur. Im politischen Umsturz von 1919, aus dem ein von Parteienhader erfüllter Staat entstanden war, vermochte er nur eine volksbiologische „Entkräftungsreaktion" zu erblicken.[140] Scharf verurteilte er die Veräußerlichung des Lebens, die Wohlstandsmentalität, hinter der er einen allgemeinen Wertzerfall vermutete. Einem antiaufklärerischen Traditionsbewußtsein verpflichtet, prangerte er das „im rationalistischen Extrem verödete Zivilisationsleben" an, in dem er ein Produkt westlicher Überfremdung sah.[141] Mit seiner antimodernistischen pauschalen Verdammung der „verniggerten Afterkultur" Deutschlands förderte er im Dritten Reich, zu dem er sich offen bekannte, die Entstehung eines anmaßenden irrationalen Chauvinismus. Kolbenheyer sah sein Vaterland an der Schwelle einer neuen Ära; er erhoffte eine einschneidende Veränderung der politischen, wirtschaftlichen und geistigen Verhältnisse. Die Aufgabe der Zeit schien ihm in der Überwindung der angeblich biologisch dekadenten westlich-mediterranen Tradition des Humanismus zu bestehen, und zwar mittels der Entfaltung einer germanisch-deutschen Nationalkultur. Daher forderte er die Rückbesinnung auf die irrationalen „Kräfte des Gemüts, des Herzens, des geistgehobenen Gefühls", in denen sich ihm die urtümliche Stammes- und Volksindividualität am reinsten offenbarte.[142] In den geschichtlichen Romanen vergegenwärtigte er seinem Publikum die deutschen „Lebensepochen der Volkwerdung".[143] Deren bedeutsamste Phase schildert die voluminöse Paracelsus-Trilogie, nämlich das Erwachen des deutschen Volksgeistes während der Wende vom Mittelalter zur Neuzeit. Eine Fülle von Personen gruppiert sich um den Arzt und Naturforscher Theophrastus von Hohenheim, den überragenden Repräsentanten des „ingenium teutonicum". Sinnbildhaft offenbart sich in ihm „die Dämonie des Überindividuellen, die durch die Schicksale des einzelnen [...] hindurchwirkt".[144] In Paracelsus entfalten sich die Konturen eines arteigenen, nordisch-germanisch geprägten Weltbildes, das nach Kolbenheyers Ansicht die „mediterrane" Ära mittelalterlich-christlicher Scholastik und eines antikisierenden Humanismus abzulösen bestimmt ist.

In seinem philosophischen Hauptwerk *Die Bauhütte* (1925) versuchte der Autor einer orientierungslosen Epoche die gültige „metaphysische Synthese" zu vermitteln.[145] Er entwarf eine relativ geschlossene Gesamtschau menschheitlicher Evolution auf lebensphilosophisch-biologischer Grundlage. Kolbenheyer ergriff mit seinem biozentrischen Weltbild entschlossen Partei in der damals heftig umstrittenen Frage nach dem Seinsgrund der Existenz: Geist gegen Seele, Logos contra Bios. Folgerichtig bekämpfte er den „naiven Glauben an ein eigenständiges Wesen des Geistes", wie ihn der neuhumanistische Idealismus vertrat.[146] „Geist ist Lebensfunktion", determiniert durch die biologischen Wirkungszusammenhänge des individuellen und des völkischen Daseins.[147] Programmatisch forderte der Autor daher „die Befreiung des deutschen Geistes [...] im antihumanistischen Sinne".[148]

Kolbenheyer glaubte damit die „Sackgasse des idealistischen Individualismus" entdeckt zu haben, der den einzelnen als autonomes Vernunftwesen, als ganzheitliche Monade definiert hatte.[149] Mit dieser Hypothese war nach seiner Ansicht die unübersehbaren Determinationen unterworfene Existenz des modernen Menschen nicht mehr zureichend zu deuten. Das Individuum ist nicht „eigenlebiger Repräsentant", sondern „Funktionsexponent" überpersönlicher, transrationaler Lebensprozesse.[150] Es erfüllt seine Aufgabe innerhalb des Anpassungskampfes der überindividuellen Lebensformen von Familie, Stamm und Volk an die jeweiligen Umweltverhältnisse. Sinn des individuellen Daseins ist es, die eigene „funktionelle Teilhaftigkeit am Überindividuellen" zu erkennen und die persönliche „plasmatische" Potenz in die übergeordneten sozialen Gruppen einzubringen.[151] Kolbenheyer formulierte vier „Richtlinien des metaphysischen Ich", die gewissermaßen als Bildungsprinzipien eines erneuerten Menschentums dienen sollten.[152] Der einzelne hat sich vier Fragen zu stellen, die erfülltes Dasein umschreiben. Die Frage „Woher stamme ich?" zielt auf die familiale, die stammestümliche und die völkische Herkunft, im weiteren auf die zu realisierende persönliche Erbmasse. „Wohin gehöre ich?" fordert als Antwort die Entscheidung für den biologisch adäquaten völkischen „Lebensstand"[153], die Einordnung also in den Bauern-, den Arbeiterstand, in das völkische Ordnungs- und Kommunikationswesen (Wirtschaft, Handel und Gewerbe) oder in den Stand der geistig Schaffenden. Die Frage „Was vermag ich?" bezweckt die Bewußtmachung der Möglichkeiten und Grenzen des Ichs bei der Verwirklichung eines „volks- und familientreuen Alltagslebens".[154] Schließlich soll sich das Individuum in der Beantwortung der Frage „Was kann an mir bestehen?" seiner „plasmatischen" Kapazität, seiner biologischen Lebensmächtigkeit innerhalb von Familie, Stamm und Volk erkennend vergewissern.

Kolbenheyers teils spekulative, teils naturwissenschaftlich fundierte Gesamtschau menschheitlicher Evolution führte allerdings zu keiner fruchtbaren Analyse der komplexen soziokulturellen Nachkriegssituation. Zwar forderte der Autor die Entwicklung neuer, zukunftsweisender Lebensformen, jedoch beschränkten sich seine Antworten an die fragenden Leser mehr oder minder auf vage Leerformeln: die Jugend möge ihrem „erbbedingten Wachstum" nachleben und die „treue Lebenstat" vollbringen.[155] Hier offenbarte sich Kolbenheyers antiintellektualistischer Irrationalismus, der dem „Gefühlsleben" den Vorrang gegenüber den „ephemeren Ordnungsfunktionen des logischen Bewußtseins" einräumte.[156] Daraus erklärt sich wohl auch, warum dieser Autor keinen modernen, die Zeitprobleme reflektierenden Bildungsroman schaffen konnte.[157]

Im Jahre 1927 entstand nun ein Werk, das, in scharfem Gegensatz zum zeitgenössischen Bildungsroman, die Geschichte einer gescheiterten Selbstfindung, einer mißlungenen sozialen Integration schildert. Der dreißigjährige Reps, aus bürgerlicher Familie stammend, erweist sich als seelenloser Lebensdilettant. Nicht nur scheitert er in seinem ziellos betriebenen Studium, auch als Volontär in einer Bibliothek und als Kaufmann bleibt ihm der Erfolg versagt. Durch Einheirat kommt er zu einer Buchhandlung, die er nach wenigen Jahren zugrunde richtet. Vom Verkaufserlös fristet er fortan als Kleinrentner ein bescheidenes Dasein.

In diesem Antibildungsroman präsentierte Kolbenheyer sein Menschenbild in satirischer Verzerrung ex negativo. Planvoll destruierte er gewisse Konstanten des Strukturtypus durch deren Eliminierung oder Deformation. Erhalten blieben nur die invarianten Merkmale der Figurenkonstellation — Nebenfiguren, einer Zentralgestalt funktional zugeordnet — und die chronologisch gereihte einsträngige Fabel, die sich an der biographischen Lebenslinie des Protagonisten orientiert. Eliminiert wurden dagegen die folgenden Konstanten: die Grundthematik der Suche nach personaler Identität, ferner die Entwicklung der Zentralgestalt. Reps bleibt eine qualitative Veränderung versagt, kennt er doch nur ein hemmungsloses Erwerbsstreben, den Drang nach dem „nackten Besitz" (120).[158] Unfähig, „das Eigentliche" (145), den ihn determinierenden Wirkungszusammenhang des Überindividuellen zu erkennen, bleibt ihm die Selbstfindung notwendigerweise verwehrt. Schließlich ist auch der Anspruch auf exemplarische Musterhaftigkeit des Protagonisten eliminiert; dieser vermittelt kein Identifikationsangebot an den bürgerlichen Leser, sondern provoziert diesen durch eine massive Philisterkritik.

Deformationen begegnen in der satirischen Brechung der Titelfigur, die der kritisch distanzierte Erzähler mit polemischer Schärfe arrangiert und kommentiert. Schonungslos prangert er die angebliche „humanistische Bildung" (201) eines geistig sterilen, wirklichkeitsfremden Idealismus an. Reps vertritt einen „subtilen Individualismus", hält sich für eine „aufgeklärte Persönlichkeit", träumt gar von künftiger „Ich-Vollendung" (147, 60). Kritisch vermerkt der Erzähler, es handle sich lediglich um die heutzutage weit verbreitete „heuchlerische Formel unserer Persönlichkeit und ihrer Idee" (119). In der Tat besitzt Reps, ein konturenloser Mensch, keinen individuell geprägten Charakter; um seine innere Leere zu verschleiern, betreibt er mit virtuoser Geschäftigkeit das „Schattenspiel seiner Persönlichkeit (120). Beruflich wie privat versagt der provinzielle Bildungsphilister vor der Aufgabe einer schöpferischen Lebensbewältigung. Der Erzähler sieht in Reps den Repräsentanten eines materialistischen „Amerikanismus" (36); infolge seiner „realtechnischen Weltanschauung" (75) verstehe er den ökonomischen Fortschritt als Motor kultureller Entwicklung. Egoistisch um sich kreisend ermangelt er jeder echten überindividuellen Bindung; weder steht er in einem produktiven Verhältnis zur Gesellschaft, noch fühlt er sich einem metaphysischen Glauben verpflichtet. Auch verwirklicht er keineswegs die biologische Funktionsgemeinschaft der Ehe, wie Kolbenheyer sie versteht, denn er bleibt ohne Nachkommenschaft. Empfindet sich Reps keinem völkischen „Lebensstand" zugehörig, so gilt dies nicht für die beiden Kontrastfiguren, die ihm an biologischer Potenz weit überlegen sind. Der schlicht-bescheidene Buchhändler Struwe, gelernter Buchbinder aus Meißen, ist fest in seinem heimatlichen Stammestum verwurzelt. Er fühlt sich in seinem kleinbürgerlichen Wertsystem geborgen und durchschaut mit gesundem Menschenverstand Reps' fragwürdiges „Streben nach dem Höheren" (69). Auch die derbtüchtige, ehrbare Frau Ermendinger entlarvt ihren arroganten, unaufrichtigen Untermieter mit klarsichtigem Instinkt.

Nicht zuletzt sind auch die Gestaltungsweisen von Zeit und Raum einer strukturellen Deformation unterworfen. Infolge fehlender innerer Progression des Protagonisten existieren keine Entwicklungsphasen in zeitlicher Abfolge, die Darstellung konzentriert sich vielmehr weitgehend auf die wenigen Jahre seiner Tätigkeit als Buchhändler. Auch entspricht es Reps' fehlender Bildsamkeit, daß das Geschehen auf den engsten Lebenskreis beschränkt bleibt und so die Darstellung des gesellschaftlichen und landschaftlichen Raumes weitgehend ausgespart ist.

Ein Vergleich mit Fr. Huchs *Peter Michel* (1901) ist aufschlußreich. Beide Antibildungsromane entlarven in ironisch-satirischer Brechung den provinziellen Bildungsphilister: dessen sterilen neuhumanistischen Individualismus, dessen Besitzdenken, dessen opportunistische Strategie der sozialen Anpassung. Während aber Peter Michel sich durch die konservativen Bildungsmächte der Wilhelminischen Zeit — durch Schule, Berufswelt und Familie — formen läßt, die ihm zugewiesenen sozialen Rollen mehr oder minder zureichend ausfüllt, ist Reps dazu nicht mehr in der Lage. Unfähig zu persönlicher Entwicklung und zu sozialer Integration versagt er gegenüber allen Anforderungen, die seine Umwelt an ihn stellt. Die Satire gewinnt in der Darstellung eines innerlich leeren, jeglicher überpersönlichen Bindung ermangelnden Menschen eine kaum noch überbietbare polemische Schärfe. Kolbenheyers Roman trägt den Glauben an eine letzte freiheitliche Selbstbestimmung des Individuums, der noch in den meisten Bildungsromanen der Epoche lebendig ist, endgültig zu Grabe. Diese Intention entsprach der antibürgerlichen Haltung des Dritten Reiches, in dem das Individuum ebenfalls als bloßer „Funktionsexponent [...] des Volkes" betrachtet wurde.[159] Kolbenheyers literarischer Erfolg in den dreißiger Jahren war nicht unwesentlich durch seine ideologische Affinität zum Nationalsozialismus bedingt; der Autor grenzte sich nicht nur gegen den Neuhumanismus ab, indem er die Existenz des idealistischen Weltgeistes bestritt, er verneinte auch das christliche Menschenbild. In seinem antimodernistischen Weltbild war ferner kein Platz für die Losungen des sozialistischen Klassenkampfes, da nach seiner Meinung der Arbeiterstand funktionsgerecht in den völkischen Organismus integriert werden sollte.

VIII. DAS DRITTE REICH

Einleitung

Zu Beginn der dreißiger Jahre geriet die Weimarer Republik in die Turbulenzen der Weltwirtschaftskrise, deren Folge schwerste soziale Erschütterungen, Not und Arbeitslosigkeit waren. Durch die Polarisierung der Parteien und die wachsende politische Radikalität wurde der Staat zunehmend geschwächt. Die Rechtsparteien hofften die wirtschaftliche Konsolidierung durch Errichtung eines starken Nationalstaates erreichen zu können. Das deklassierte, verunsicherte Kleinbürgertum sowie Teile der Bauernschaft distanzierten sich entschieden von sozialistischen Programmen jeglicher Art, aber auch von den Konzentrationstendenzen der kapitalistischen Wirtschaft. Sie vor allem unterstützten die nationalsozialistische Partei, die zum Kampf gegen „Rotfront" und großbürgerliche „Reaktion" angetreten war. Völkisch-nationale, konservative und rechtsradikale Gruppierungen verschiedenster Couleur haben der nationalsozialistischen Bewegung bewußt oder unbewußt Vorschub geleistet. Häufig waren sie von einem völkisch-romantizistischen Antimodernismus geprägt; sie waren von drängender Sehnsucht nach einer klassenübergreifenden nationalen Einheit erfüllt, die von der demokratisch-pluralistischen Weimarer Republik ihrer Meinung nach nicht verwirklicht werden konnte. Ihr tiefes Mißtrauen gegen diesen Staat sowie ihre empörte Ablehnung des „Schanddiktates" von Versailles wurde von der überwiegenden Mehrheit des deutschen Volkes geteilt.

Der Nationalsozialismus pervertierte und korrumpierte die deutsche Kulturtradition; er brach, wie Thomas Mann schon früh erkannte, mit den „christlich-antiken Fundamenten der abendländischen Gesittung".[1] Die Wiederbelebung der germanisch-nordischen Kultur sollte Deutschland in den Rang des zentralen „Bildungslandes einer neuen Menschheit" erheben.[2] Die irrationalistische Grundhaltung des Nationalsozialismus, die allen aufklärerischen Strömungen der Weimarer Republik schroff widersprach, prägte weithin den Geist der Epoche. Man vertraute nicht mehr der lebensbewältigenden Kraft der Vernunft, da diese durch überpersönliche irrationale Entitäten determiniert sei: etwa durch die Mächte von Volkstum, Blut und Boden in der nationalsozialistischen und der völkisch-nationalen Literatur oder durch die Vorstellung einer bergenden ganzheitlichen Natur bei den literarischen Vertretern einer gesellschaftsfernen Innerlichkeit. H. F. Blunck traf das Empfinden der Zeit, wenn er für „das ungeheuere Angstgefühl", das die Menschen beherrsche, den „Rationalismus und den ihm nachfolgenden Nihilismus" verantwortlich machte.[3] Der Nationalsozialismus förderte solche Geistfeindlichkeit, indem er der angeblich drohenden Intellektualisierung, die „den natürlichen Instinkt immer mehr überkrustet", den Kampf ansagte.[4] Damit

Einleitung

war vor allem die bürgerlich-liberale historische Bildung gemeint, deren geistige Voraussetzungen durch die Berufung auf das Raunen der Rassenseele, auf die Stimme der „Volkheit" in Frage gestellt wurden.

Diese irrationalistische Grundhaltung trug nicht wenig dazu bei, der an sich eklektizistischen nationalsozialistischen Ideologie eine gewisse Einheitlichkeit zu verleihen. Ihre zentralen Ideen präsentierten sich durchweg in mystifizierter, schillernder Unbestimmtheit. Das galt besonders für den pseudoreligiösen Blut- und Boden-Mythos, der das Individuum in den Wesenszusammenhang von Volk, Stamm, Sippe und heimatlicher Landschaft einband. Der höchste Wert wurde der „Volkheit" als ens realissimum beigemessen. Ihr sprach man göttliche Attribute zu: sie beanspruchte als überindividuelle transempirische Wesenheit den Rang eines Subjekts der Historie; sie waltete als schicksalhafte Vorsehung über der nationalen Geschichte. In diesem Sinne notierte Paul Ernst: „Das Volk ist nicht die Summe seiner Einzelmenschen, auch nicht eine Anzahl sich bekämpfender Stände oder Klassen [...], es ist eine eigene, bestimmt zu umschreibende Persönlichkeit mit eigenem und einzigartigem Charakter und ebensolchem Schicksal [...]."[5]

Daraus ergaben sich schwerwiegende Folgen für die nationalsozialistische Bildungskonzeption. Die notwendige Spannung zwischen Individuum und Gesellschaft wurde zugunsten einer neuen historischen Maßeinheit, der des Volkes, preisgegeben. Reichspropagandaminister Goebbels setzte der nationalsozialistischen Kulturpolitik das programmatische Ziel, „den schrankenlosen, bis zum Exzeß gesteigerten Individualismus des vergangenen Jahrhunderts zu ersetzen durch ein volksmäßig gebundenes Denken und Empfinden, das nicht den einzelnen Menschen als Zentrum aller Dinge und Geschehnisse sieht, sondern das Volk in seiner Gesamtheit [...]".[6] Die Voraussetzung für eine solche Gesellschaftspolitik, die den einzelnen weitgehend dem Willen eines totalitären Staates unterwarf, bildete die Auflösung der alten sozialen Strukturen, die dem Individuum noch einen gewissen persönlichen Schutz- und Freiraum gewährt hatten. Hier erzielten die Machthaber besondere Erfolge bei der Arbeiterschaft, deren marxistische Ideologie brutal unterdrückt wurde, aber auch beim Bürgertum, das seit dem Zusammenbruch des Wilhelminischen Reiches noch nicht zu einem neuen Selbstverständnis gelangt war. Der einzelne fand sich im propagandistisch postulierten Gehäuse einer klassenübergreifenden „Volksgemeinschaft" wieder, in der die „Arbeiter der Stirn und der Hand" scheinbar harmonisch vereinigt waren. Diese Situation spiegelt sich im Werdegang der Protagonisten im nationalsozialistischen und im völkisch-nationalen Bildungsromans wider, die ihre persönliche Sinnerfüllung nicht mehr vorwiegend in der konsequenten Entwicklung ihrer individuellen Anlagen finden, sondern sich als Exponenten der überpersönlichen Volkheit, als „Revolutionäre aus Volkstum" verstehen.[7] In der politischen Sphäre wurde Hitler als Sendbote der „deutschen Volksseele" gefeiert, und eine Persönlichkeit der deutschen Kulturgeschichte wie der Arzt Paracelsus wurde von Kolbenheyer zum Repräsentanten des „ingenium teutonicum" erhöht.[8] Die wegweisende Führergestalt des nationalsozialistischen Bildungsromans erfüllt sich weniger in der Ausbildung ihrer personalen Identität als in der totalen Identifikation mit der völkisch-nationalen Bewegung; der Protagonist gewinnt normalerweise seine Identität durch den Eintritt in die NSDAP.

Der Nationalsozialismus propagierte einen „neuen Typus", der von der biologisch-geschichtlichen völkischen Gemeinschaft her definiert wurde, woraus sich die schroffe Ablehnung alles „Artfremden" ergab — gleichgültig, ob es politisch-ideologischer, rassischer oder religiöser Natur war. Die Eigenschaften und Verhaltensweisen des neuen Menschen sah man „durch die Erbmasse bis ins einzelne hinein vorherbestimmt und festgelegt", weshalb die eugenische Rassenhygiene im Dritten Reich besondere Bedeutung gewann.[9] Das Leitbild des neuen Menschen wurde vom Nationalsozialismus als anthropologischer „Gegentypus" zum Feindbild des angeblich völlig dekadenten bürgerlichen Individualismus gesetzt. Alfred Rosenberg erklärte, es gelte jetzt, das unfähige Bürgertum durch „eine neue Auslese der Nation" abzulösen.[10] Der neue Mensch ermangelt der analytischen Intellektualität des neuhumanistischen Individualismus; er fühlt sich dem Instinkt als „außerrationalem Richtmaß" verpflichtet.[11] Die idealistische Gesinnungsethik weicht der Verherrlichung des kämpferisch-aktivistischen, vitalen Tatmenschentums. Angesichts einer überalterten Spätkultur propagierte man, gewisse Ideen der Jugendbewegung weiterführend, den zu neuen Ufern aufbrechenden „bleibenden Jünglingstypus".[12] Nicht nur die nationalsozialistische Ideologie, auch zahlreiche völkisch-nationale Autoren huldigten dem elitären Leitbild des heroischen Tatmenschen. Er unterscheidet sich klar von der „Masse", die ihn entweder bekämpft oder sich ihm bedingungslos unterordnet. Sie vor allem bedarf der pädagogisch-propagandistischen Beeinflussung; sie ist, wie Hitler zynisch bemerkte, „durch bewußte Erziehung [...] in scheuen Respekt zu versetzen".[13] Der kämpferische Heros erfüllt sich in opferwilligem Einsatz für die Verwirklichung der klassenübergreifenden „Volksgemeinschaft". Das reine Paradigma hierfür findet sich natürlich im nationalsozialistischen Bildungsroman, etwa in Goebbels' *Michael* und in U. Sanders *Axel Horn*. Aber schon H. Grimms völkisch-nationaler Bildungsroman (*Volk ohne Raum*) hatte im politisch motivierten Opfertod des Helden gegipfelt; im Bereich der privaten Existenz begegnet eine ähnliche Haltung in H. Künkels Werk *Ein Arzt sucht seinen Weg*.

Dem staatlich verordneten männlichen Heldentypus tritt im Roman der dreißiger Jahre die natürlich-schlichte Frau gegenüber, die sich in Ehe und Familie erfüllt. Die Emanzipationsbewegung, die sich seit der Jahrhundertwende zunehmend verstärkt hatte, wurde im Dritten Reich jäh unterbrochen. Alle literarischen Gruppierungen vertraten mit erstaunlicher Einmütigkeit, wenn auch aus unterschiedlicher Motivierung, ein antiemanzipatorisches weibliches Bildungsideal seelenhafter Innerlichkeit. Die Darstellung der Sexualität wurde weitgehend ausgespart, da das Geschlechtsleben im Dienst ehelicher Fortpflanzung zu stehen hatte. Die tabuierte sexuelle Lust wurde den negativen Charakteren zugewiesen.[14] Eine Ausnahme bildet lediglich L. Franks Roman *Mathilde*, in dessen Protagonistin Eros und Sexus zu natürlicher Einheit verschmelzen. Im nichtfaschistischen Bildungsroman, auch bei dem Exilautor L. Frank, verwirklicht die Frau im privaten Lebensraum ein sinnerfülltes Dasein. Sie realisiert, abseits der gesellschaftlichen und politischen Wirren der Zeit, den Traum vom naturhaft einfachen Leben. Mehr noch: sie avanciert zum Inbild wahrer Gesittung, zur Hüterin menschlicher Humanität.[15] Durch ihre oft christlich geprägte existentielle Sicherheit findet auch ihr männlicher Partner zu sich selbst. Solchen Rückzug in eine geschichtsferne heile Welt denunzierte W. Benjamin schon 1938 nicht zu Unrecht als „Regression in entlegene Sphären".[16] Freilich will bedacht sein, daß dieses Menschentum, das sich dem politischen Zugriff durch Rückzug in den privaten Bereich entzog, als Gegenentwurf zum staatlich sanktionierten Leitbild des heroischen Kämpfers konzipiert war. Das zeigt sich bereits an der unterschiedlichen Klassenzugehörigkeit: während die Protagonistin des nichtfaschistischen Bildungsromans meist bürgerlicher oder adliger Herkunft ist, entstammt der nationalsozialistische Kämpfer in der Regel dem Bauerntum oder dem Proletariat.

Der Held des nationalsozialistischen Bildungsromans, aber auch H. Künkels eigenwilliger medizinischer Außenseiter, sogar Franks und Mechows naturhaft-unverstörbare Frauengestalten — sie alle entwickeln sich nicht nach dem Prinzip von trial and error, sondern sie entziehen sich der sachlich-kritischen Auseinandersetzung mit ihrer Umwelt. In ihnen manifestiert sich der extreme Subjektivismus des neuen anthropologischen Typus, der sich aus dem „unbewußten Schaffen" organischer Wachstumskräfte entfaltet, das „vom menschlichen Verstande aus weder vorweggenommen, noch grundsätzlich umgewandelt oder aus seiner Bahn abgelenkt, ja wohl nicht einmal wesentlich beschleunigt werden" kann.[17] Das Individuum wird durch überpersönliche, biologisch-geschichtliche Prozesse determiniert; seine Entfaltung verkürzt sich mehr oder minder auf die Demonstration der vom Autor vorgegebenen ideologischen Position.

Dem literarischen Schaffen waren durch das totalitäre nationalsozialistische Regime relativ enge Grenzen gesetzt. Das galt vor allem für den Roman, von dem besonders drei Arten gefördert wurden. Der Kriegsroman stellte den Weltkrieg als Schwellenerlebnis für die nationale Erhebung dar; er pries das blutige Geschehen als großartige Verwirklichung völkischer Schicksalsgemeinschaft und als Anlaß zu mannhafter Bewährung. Auch der volkhafte Heimat- und Bauernroman erfreute sich offizieller Förderung, da er die unauflösliche Bindung des einzelnen an Stammestum und Landschaft, an Blut und Boden demonstrierte. Der historische Roman schließlich entzog sich meist der kritischen Spiegelung der politischen Gegenwart oder unternahm in der Sonderform des biographischen Romans des öfteren den Versuch einer systemkonformen Traditionsstiftung. Unter solchen Vorzeichen konnte sich der Bildungsroman nur zaghaft entfalten. Ihm blieb die Freiheit des Experiments, die ihm in der Weimarer Republik neue Impulse verliehen hatte, völlig versagt, denn die kritische Reflexion des Verhältnisses von Individuum und politisch-sozialer Umwelt war im Dritten Reich mit einem strikten Tabu belegt. Dasselbe galt für die Darstellung des scheiternden Menschen; beides wohl Gründe, weshalb in dieser Epoche kein *Antibildungsroman* entstehen konnte.

Die Mehrzahl der Autoren, die Bildungsromane verfaßten, entstammten dem akademisch gebildeten Mittelstand. Während nun die Vertreter des Bildungsideals privater Innerlichkeit den Werten ihrer bürgerlichen Herkunft mehr oder minder treu blieben, bekannten sich die nationalsozialistischen und auch einige völkisch-nationale Autoren (Strauß, Künkel) deutlich zu antibürgerlichen Wertvorstellungen. Sie waren der Ansicht, das liberale Bürgertum habe mit dem Zusammenbruch der Monarchie endgültig seine Identität verloren. Ihm vor allem legten sie die politischen und sozialen Mängel der verhaßten Weimarer Republik zur Last. Sie empfanden sich als enttäuschte Außenseiter einer unmoralisch-dekadenten bürgerlichen Gesellschaft. Ihr gemeinsames Schlüsselerlebnis war der Weltkrieg, in dem sie eine völkische Schicksalsgemeinschaft erfahren hatten, die sie als Vorstufe künftiger nationaler Einheit und Größe deuteten. Daraus ergab sich ein Funktionswandel des Bildungsromans: bei den nationalsozialistischen Autoren stand er im Dienst politischer Indoktrination, während die Vertreter des Bildungsprinzips der Innerlichkeit ihn zur Demonstration eines apolitischen Gegenentwurfs aus christlich-humanistischem Geist benutzten.

Der Nationalsozialismus dokumentierte in einigen wenigen, literarisch unbedeutenden Werken sein neues Bildungsideal, dem nach 1945 zu Recht jegliche Nachwirkung versagt geblieben ist. Da er im wesentlichen der Poetik des 19. Jahrhunderts in epigonaler Manier verpflichtet war, unterbrach er den Prozeß der gehaltlichen und formalen Modernisierung des Bildungsromans, die in den zwanziger Jahren zaghaft eingesetzt hatte. Goebbels forderte von der neuen Kunst, sie müsse „aus dem vollen Volkstums selbst" schöpfen. Dabei dachte er an die Werke traditionalistischer völkisch-nationaler Autoren wie E. Strauß, P. Ernst, H. Grimm, F. Griese oder Kolbenheyer, die recht bald den politischen Zielsetzungen des Regimes dienstbar gemacht wurden.[18] Die fragwürdigen nationalsozialistischen Produkte konnten sich freilich mit jenen Romanen in keiner Weise messen. Die nationalsozialistischen und die völkisch-nationalen Autoren verstanden sich als „Dichter", die aus intuitivem Wissen um die Wesensnatur von Mensch und Volk die „gültigen Normen" humaner Existenz zu offenbaren glaubten.[19] Diesem hybriden Anspruch wurden die Verfasser der nationalsozialistischen Bildungsromane natürlich am wenigsten gerecht; sie waren eher „des Führers Trommler", sie hielten es für ihre Aufgabe, „Deutsche zu formen".[20]

Die nationalsozialistischen Bildungsromane besitzen bei aller individuellen Verschiedenheit konstante Merkmale. Der Prototyp wurde von Joseph Goebbels geschaffen: *Michael. Ein deutsches Schicksal in Tagebuchblättern* (1929). Werner Bertram veröffentlichte 1935 *Volksgenosse Thiele. Ein deutsches Einzelschicksal*; drei Jahre später folgte Ulrich Sander mit *Axel Horn*.[21] Die einsträngige Fabel schildert jeweils die Entwicklung eines jungen Mannes vom Weltkrieg bis zur Weimarer Republik; teilweise greift sie sogar in die Wilhelminische Ära zurück. Die Bildungsmächte, denen der Protagonist beggenet, zeigen eine überraschende Ähnlichkeit. Das Elternhaus — ob bürgerlich, bäuerlich oder proletarisch — besitzt keinen allzu großen Einfluß auf den eigenwillig-stolzen Jüngling, der seinen persönlichen Weg zu gehen entschlossen ist. Die Bildungsinstitutionen werden vorwiegend als Stätten eines lebensfernen, öden Intellektualismus erfahren; so nimmt es nicht wunder, daß keiner der drei Protagonisten ein akademisches Studium absolviert. Sie alle sind selbstbewußte Einzelgänger, weshalb die Freundschaft für sie eine relativ geringe existentielle Bedeutung besitzt. Die leistungsbezogene berufliche Arbeit — sei es als Bergmann, Betriebsleiter oder Landwirt — erfahren sie als sittlich prägende Macht; allerdings weist sie auch noch eine nationalpolitische Dimension auf, denn die Protagonisten erleben in der beruflichen Tätigkeit die „Gemeinschaft aller wahrhaft schaffenden Kräfte" als Garant künftiger staatlicher Einheit und Größe; in diesem Sinne wirken sie als „Soldaten der Arbeit".[22] Peter Thiele und Axel Horn gründen mit natürlich-schlichten Lebensgefährtinnen eine Familie, in der die Frau sich dem Partner unterordnet. Michael dagegen trennt sich von seiner Freundin, die zu solcher Unterordnung nicht bereit ist. Der Weltkrieg erscheint meist in enthusiastischer Verklärung als progressives Moment der Geschichte; der einzelne übt sich in männlicher Bewährung und soldatischem Gehorsam, das Volk erfährt sich als geeinte Schicksalsgemeinschaft. Die Nachkriegsära im Zeichen der Weimarer Republik wird als politisches und wirtschaftliches Chaos dargestellt, als eine Zeit kapitalistischer Korruption und sozialer Ungerechtigkeit. Angesichts solch deprimierender Erfahrungen geraten die Protagonisten ins Abseits der bürgerlichen Gesellschaft, sie fühlen sich als „Ausgestoßene, Enterbte" und radikalisieren sich daher zunehmend.[23] Sie verstehen sich als „Revolutionäre aus Volkstum", die zwar den sozialistischen Klassenkampf ablehnen, dafür aber mehr oder minder nachdrücklich den totalitären „Staat als ewige Lebensform der Volkheit" fordern.[24] Sie bekämpfen die Weimarer Republik offen oder im verborgenen und träumen von einem „großdeutschen Vaterland", getragen von staatsbewußtem „Nähr- und Wehrstand", von Arbeiter- und Bauernschaft sowie einer starken Armee.[25]

Hier wird ein radikal antidemokratisches, totalitäres Bildungsideal verkündet, in dem das Individuum „ohne Belang" ist, die Gemeinschaft der Volksgenossen dagegen die humane Selbstverwirklichung zu garantieren scheint.[26] Goebbels' und Bertrams Protagonisten bekennen sich zuletzt offen zur nationalsozialistischen Ideologie; Sander begnügt sich mit unüberhörbaren Andeutungen. Alle Autoren fordern eine volkhaft „deutsche Bildung", die mit dem erstarrten Neuhumanismus eines angeblich lebensschwachen, korrupten Bürgertums unvereinbar erscheint. Daher ist in sämtlichen Romanen das Besitz- und Bildungsbürgertum durch typisierte Repräsentanten einer morbiden Dekadenz vertreten, von deren unheilvollem Einfluß sich der Protagonist zu befreien weiß. Die nordische Rassenideologie geistert durch alle Bücher — von Bertrams Lob der „germanischen Seelenreinheit" bis zu Goebbels' fanatisch-gehässigem Antisemitismus.[27] Sämtliche Nebenfiguren sind der dominierenden Zentralgestalt funktional zugeordnet, zu deren scheinbarer Souveränität sie bewundernd aufblicken. Die Titelfigur wird als kämpferisch-willensstarker, „genialisch-schöpferischer"

Held dargestellt, als jünglingshafte potentielle Führergestalt, die „innerlich und äußerlich den anderen überlegen" ist.[28] Auf den Höhepunkten des Geschehens gewinnt die Zentralfigur teilweise eine pseudoreligiöse Aura, erscheint „wie verklärt", beansprucht die Rolle des völkischen „Erlösers".[29] Hier offenbart sich die antiaufklärerische, irrationale Komponente des nationalsozialistischen Menschenbildes. So bittet Michael um „Erlösung vom Geiste" analytischer Intellektualität, und Axel Horn wird die erstaunliche Fähigkeit zugeschrieben, daß er „wußte ohne Wissen, fühlte ohne denken zu müssen".[30] Der exemplarisch-musterhafte Held durchläuft keine psychologisch motivierte Entwicklung. Unfähig zu reflektierter, sachgemäßer Auseinandersetzung mit seiner Umwelt und deren Traditionen, folgt er in erster Linie der Stimme seines Gefühls, entfaltet sich aus der „unbewußten Einheit seines Wesens".[31] Er ermangelt weitgehend der Weltoffenheit und damit echter Bildsamkeit aus individuellem Vermögen; seine scheinbare Entwicklung erschöpft sich in der Annäherung an die vom Autor vorgegebene nationalsozialistische Ideologie, deren vage Schlüsselbegriffe er zuletzt mit apodiktischer Schärfe verkündigt. Der humanistische Bildungsroman scheint bei Goebbels und Bertram zu einem säkularisierten Wandlungs- und Bekehrungsroman zu entarten, wie er auch in der frühen marxistisch-leninistischen Literatur der DDR begegnet. Der Sprachgestus entspricht der politisch-propagandistischen Intention der Autoren; sie bevorzugen die plumpe Direktheit des ständig belehrenden Erzählers, die simplifizierende Reduktion einer nachlässig und fehlerhaft gebrauchten Sprache auf pauschale Urteile, primitive Gemeinplätze und emotional geladene Schlagwörter. Diese nationalsozialistischen Bildungsromane sind triviale Machwerke höchst fragwürdiger literarischer Qualität; der Goebbelssche Prototyp zählt noch zu den besten unter ihnen.

Eine recht heterogene Gruppierung stellten die völkisch-nationalen Autoren dar. Nur wenige von ihnen traten der NSDAP bei, jedoch bestanden bei allen offenkundige Affinitäten zur nationalsozialistischen Ideologie. Überall begegnet die mythosnahe transempirische Wesenheit der Volksseele, die das Schicksal des Individuums biologisch determiniert. Daraus folgt die Abgrenzung gegenüber allem „Artfremden", verbunden mit einem mehr oder minder entschiedenen Antisemitismus. Diese Autoren vertreten ein tendenziell antibürgerliches Bildungsideal, das den neuhumanistischen Individualismus endgültig verabschiedet hat. Die Protagonisten finden erst in der Synthese von personaler und sozialer Identität zu sich selbst. Als Fernziel winkt die volle Selbstverwirklichung innerhalb einer klassenübergreifenden völkischen Gemeinschaft, deren Normen und Wertvorstellungen vom einzelnen fraglos akzeptiert werden. Der völkisch-nationale Roman ist vor allem einer romantisierenden volkstümlichen Wissenstradition verpflichtet, woraus sich seine Distanz zu christlichen und humanistischen Positionen ergibt.[32]

Freilich bestehen auch gravierende Unterschiede zum nationalsozialistischen Bildungsroman. Die Zentralfigur entspricht keineswegs dem kämpferischen, jünglingshaften Typus des nationalsozialistischen Helden; sie erscheint auch nicht als politisch-revolutionäre Führergestalt. Der grüblerisch-ernste Dr. Haugh, Protagonist in E. Strauß' Roman *Das Riesenspielzeug* (1935), unternimmt den Versuch, in kleinem Kreis eine alternative, naturgemäße Lebensform zu verwirklichen. Der kontemplativ versponnene Dorfarzt Mart Hain behandelt seine Patienten mit den Methoden einer biologisch-mystischen Naturheilkunde und leitet sie so zu einem ursprungsnahen Leben an.[33] Gerhard Haltendorf, ein national gesinnter, pflichtbewußter Ingenieur, errichtet bei seiner Heimatstadt einen Staudamm, der einerseits dem technisch-zivilisatorischen Fortschritt dient, zum andern zur Folge hat, daß das Gemeinwesen an anderer Stelle in schönerer Form neu erbaut wird und damit gegen die „Flut" eines als anarchistisch empfundenen Sozialismus dauerhaft gesichert ist.[34] All diese Figuren bewähren sich in einem aktiven sozialen Engagement, während die Tätigkeit des nationalsozialistischen Helden sich eher auf den politischen Bereich konzentriert. Sie alle haben ein akademisches Studium absolviert und verfallen daher nicht einem derart radikalen Antiintellektualismus, wie er den nationalsozialistischen Protagonisten eigen ist.

Dem Bildungsroman der Innerlichkeit sind wohl nur zwei literarisch nennenswerte Werke zuzuordnen: Karl Benno von Mechows *Vorsommer* (1933) und Willy Kramps *Die Jünglinge* (1943). In beiden Romanen wird aus christlich-humanistischer bürgerlicher Tradition ein Gegenbild zum nationalsozialistischen Heldentypus entworfen. Beide Werke sind in Form und Sprache der Literatur des 19. Jahrhunderts verpflichtet. Das christlich-humanistische Bildungsideal privater Innerlichkeit wurde vom nationalsozialistischen Regime bis zu einem gewissen Grade toleriert, weil es ohne politischen Anspruch auftrat und die Konflikte der Gegenwart aussparte. Der Tadel von Propagandaminister Goebbels, die zeitgenössische Epik stoße nur „zaghaft zu gegenwärtigen Stoffen und Motiven" vor, fruchtete hier nur wenig.[35] So verzichteten die Romanciers fast gänzlich auf den Handlungsraum der Großstadt und bevorzugten zunehmend die ländliche Idylle. Der Bildungsroman der Innerlichkeit gestaltet ein relativ heiles, gesellschaftsfernes Dasein, eingebettet in einen Naturraum, der die zeitlosen Gesetze und ewigen Werte humaner Existenz spiegeln soll. In ihm waltet die Frau als dominierende Figur, als Vorbild menschlicher Selbstbewahrung. Sie allein vermittelt dem suchenden Protagonisten letzte Sinnerfüllung.

Karl Benno von Mechow ist in seinem Werk der christlich-katholischen sowie der klassisch-humanistischen Tradition verpflichtet. Nur vordergründig handelt es sich um einen Liebesroman, denn der Erzähler thematisiert die schicksalhafte Begegnung eines hoffnungslos resignierten Mannes mit einem ursprungsnahen „Kind Gottes".[36] Thomas Prätorius, ein durch den verlorenen Krieg und die wirtschaftliche Lage zutiefst enttäuschter Gutsbesitzer, verbringt mit dem Mädchen Ursula, in dem sich lebensfrohe Natürlichkeit und aktive Hilfsbereitschaft verbinden, gemeinsame Sommermonate. Sie erscheint ihm in ihrer unverstörbaren Glaubenseinfalt als „Gleichnis" der Schöpfung, „das Menschenantlitz trägt" (285). Der Romantitel verweist auf Stifters *Nachsommer*, der Mechow nachhaltig beeinflußt hat.[37] Ursula besitzt die Gabe der

Andacht vor dem Schöpfungswunder, der Ehrfurcht vor den „Dingen" des alltäglichen Daseins. In der grenzenlosen Weite der ostdeutschen Landschaft erlebt sie „das Ganze", die Ahnung einer zeitlosen, universalen Seinsordnung. An Ursula erfährt Thomas das rechte In-der-Welt-Sein, was zum Schluß in den Versuch mündet, das Mädchen durch eine scheue Liebeserklärung für immer an sich zu binden.

Die Grenzen zwischen der nichtfaschistischen Literatur der Innerlichkeit und den Romanen der antifaschistischen Inneren Emigration sind, wenn auch nicht mit letzter Schärfe, feststellbar.[38] Willy Kramps Bildungsroman enthält, zumindest in der Figur des hinkenden, zwielichtigen Ideologen Dr. Joe Sneeders, der einen amoralischen Vitalismus predigt, eine erkennbare Kritik am nationalsozialistischen Regime in Gestalt des demagogischen Propagandaministers Dr. Joseph Goebbels. Eine solch couragierte Opposition mittels einer verschlüsselten Figur findet sich in Mechows Roman nicht. Kramp vermeidet peinlichst alle Wörter, die durch den politischen Tagesgebrauch vorbelastet sind; seine Sprache kennt die verweisende Anspielung und die getarnte Mehrdeutigkeit. Dieser Befund wird durch die unterschiedlichen Biographien der beiden Autoren bestätigt. Willy Kramps oppositionelle Haltung war eindeutig; er zählte sich zur Bekennenden Kirche und publizierte in mehreren evangelischen Zeitschriften. Dagegen erscheint Karl Benno von Mechow als eine seltsam schillernde Persönlichkeit; er konvertierte 1929 zum Katholizismus, trat aber im Dritten Reich der NSDAP bei. Er war Mitherausgeber der Monatsschrift „Das innere Reich", in der neben oppositionellen auch systemkonforme Autoren zu Wort kamen. Während Mechow in *Vorsommer* und anderen Werken die Werte der christlich-humanistischen Tradition in formstrenger Sprache verkündete, veröffentlichte er im Jahr des Anschlusses von Österreich an das Deutsche Reich einen Reisebericht aus jenem Land, in dem er sich gegen „das wilde Verdächtigen unserer jungen Aufrüstung" verwahrte und den er mit dem Hitlergruß beschloß.[39]

Dem Bildungsroman des Exils kann wohl nur ein einziges literarisch nennenswertes Werk zugerechnet werden, nämlich Leonhard Franks *Mathilde* (1948). Das nimmt nicht wunder, denn die exilierten Autoren empfanden andere Themen als vordringlich; sie wandten sich Problemen zu, die sich ihnen angesichts ihrer meist hoffnungslosen Lage geradezu aufdrängten — vor allem natürlich der kritischen Auseinandersetzung mit den politischen und gesellschaftlichen Veränderungen in der ehemaligen Heimat. Im Exil entstanden zahlreiche sozialistische Romane, die sich zur Vermittlung ihrer politischen Botschaft der Bauform des Entwicklungsromans bedienten. So thematisierte Eduard Claudius in *Grüne Oliven und nackte Berge* nicht etwa die Entwicklung einer Persönlichkeit; er entwarf kein Menschenbild, sondern schilderte in detaillierter Breite den Bürgerkrieg gegen den spanischen Faschismus. Claudius betrachtet die Entwicklung des Protagonisten einzig aus der verengten Perspektive des Befreiungskampfes gegen ein inhumanes Regime, in dem es jenem gelingt, „zum Menschen [zu] werden".[40] Die Thematik begegnet auch in dem Erziehungsroman eines schweizerischen Autors, der seine Erzählung in einem eidgenössischen Internat ansiedelt, in dem sich auch reichsdeutsche und jüdische Schüler befinden. Werner Johannes Guggenheims *Erziehung zum Menschen* (1940) verkündet eine Pädagogik aus christlich-humanistischem Geist, welche die inhumanen Prinzipien des nationalsozialistischen Menschenbildes entlarvt: „Anstatt nach der Vervollkommnung des Menschen strebt ihr nach der Verengung, und aus dem Staat, der für den Menschen da sein sollte, habt ihr im Namen einer Gemeinschaft einen Staatsgötzen gemacht, der sich selber Sinn und Ziel sein will und den Menschen zerstört, indem er seine Freiheit zertrümmert und seine Persönlichkeit vernichtet."[41] Das Leitbild, das L. Frank in seinem Roman entwickelt, hat nichts mehr mit den sozialistischen Thesen gemein, die er vor seiner Emigration vertreten hatte. Er erzählt in *Mathilde* die Geschichte einer humanen Selbstbewahrung in gefahrvoller Zeit; er rühmt, ähnlich wie K. B. von Mechow, ein Menschentum, das im gesellschaftsfernen privaten Lebensbereich aus der Kraft gemütstiefer Innerlichkeit zu sich selbst findet.

Thomas Mann vollendete im Exil das monumentale Werk *Joseph und seine Brüder* (1933—44), das trotz einer gewissen Affinität zum Strukturtypus des Bildungsromans diesem nicht zuzuordnen ist.[42] Der Josephsroman thematisiert nicht die Suche eines Protagonisten nach personaler Identität, sondern er gestaltet eine menschheitlich-universale Problematik; der Erzähler beansprucht nicht weniger, als „das Menschenwesen" aus der Tiefe der Zeit zu entfalten, „die Anfangsgründe der menschlichen Gesittung" in kühner Vision zu entwerfen.[43] Thomas Mann wollte „eine abgekürzte Geschichte der Menschheit" erzählen, er unternahm es, die Fragen nach deren „Ursprung", „Stellung im Kosmos" und deren „Zukunft" anhand eines mythenhaft-urzeitlichen Stoffes künstlerisch zu beantworten.[44] Der Autor verwahrte sich gegen die aus dem Bildungsroman abgeleitete Erwartung, er habe die Entwicklung eines egozentrischen Träumers zum gesellschaftlich engagierten reifen Menschen gestaltet: „Ein bißchen mehr soziale Reife als zu Anfang — meinetwegen. Aber das Spiel mit dem Mythos bleibt ihm [Joseph] doch immer die Hauptsache [...]."[45] *Joseph und seine Brüder* läßt konstante Strukturmerkmale des Bildungsromans vermissen, sowohl die funktionale Zuordnung des Figurenensembles zur Zentralgestalt wie auch deren zielgerichtete Lebenskurve, die in die Selbstfindung des Protagonisten mündet. Joseph interpretiert am Schluß des Werks seine eigene Stellung im „Spiele Gottes" völlig richtig, wenn er erklärt, daß er „immer viel zu gut wußte, was da gespielt wurde" (1355). Sein Wissen um die sinnstiftende mythische Überlieferung seines Volkes erlaubt ihm jederzeit die Deutung der eigenen Position, genau wie seinem Vater Jaakob, „der immer wußte, was ihm geschah" (430). Joseph beschränkt sich allerdings nicht darauf, als Träger der mythischen Rolle des Heilsbringers zu fungieren; er macht die mythischen Verhaltens- und Deutungsmuster seinen jeweiligen Erkenntnisinteressen und humanen Handlungszwecken dienstbar. Sein „Spiel mit dem Mythos" entsteht aus einer fruchtbaren Spannung zwischen mythischer Traditionsbindung und rationaler Lebensgestaltung, der Heilsbringer als ökonomisch planender „Volkswirt". In diesem Sinne belehrt er den Pharao: „Dies aber ist gesittetes Leben, daß sich das

Bindend-Musterhafte des Grundes mit der Gottesfreiheit des Ich erfülle [...]" (1056). In Josephs vernunftvoll-humanem „Spiel mit dem Mythos" wollte Th. Mann die universalen Prinzipien menschheitlicher Kultur vergegenwärtigen. Es galt ihm, der zeitgenössischen Tendenz eines amoralischen, mythisierenden Irrationalismus entgegenzutreten und in Josephs Gestalt nachzuweisen, es könne „kein wahres Menschentum ohne jenen doppelten Segen" geben, „ohne daß das Vitale und das Geistige, Kraft und Sittlichkeit einander die Waage halten und sich zu der Ganzheit durchdringen, die wir Kultur nennen [...]".[46]

Die *Bekenntnisse des Hochstaplers Felix Krull* (1954) gestalten ein zentrales Thema Th. Manns, nämlich die Fragwürdigkeit der rein ästhetischen Existenz in einer spätbürgerlichen Industriegesellschaft. Die „Grundidee" des Romans ist, wie der Autor bemerkt, „die travestierende Übertragung des Künstlertums ins Betrügerisch-Kriminelle".[47] Krull zeigt eine parodistische Verwandtschaft mit der artistischen Fähigkeit des Schriftstellers, mittels rhetorischer Sprachkunst die ernüchternde Wirklichkeit illusionär zu überspielen. Als phantasiebegabter Meister des täuschenden Rollenspiels vermag er sich mit fremden Lebensformen zu identifizieren. Thomas Mann bemerkte schon zu Beginn der Niederschrift des Romans eine problematische Gemeinsamkeit zwischen Künstler und Hochstapler: beide versuchen der „Langeweile" zu entrinnen, „immer derselbe ‚Ich'" sein zu müssen, beide wollen vom öden Lebensalltag nicht in die Pflicht genommen werden.[48] Sie widersetzen sich daher der echten sozialen Integration, beanspruchen die Freiheit des Außenseiters, der sich den einengenden Normen gesellschaftlicher Existenz entzieht.

Für die Darstellung des Hochstaplers als Zerrbild der Lebensform des Künstlers bot sich nach Ansicht des Autors als geeignete Form die Parodie der „großen Autobiographie des 18. Jahrhunderts" an, speziell der „Rousseau-Goethe'schen Autobiographie".[49] Schon der Titel verweist auf Rousseaus „Bekenntnisse", und Krulls vorgebliche Erzählintention, mit vollendetem „Freimut" und redlicher „Wahrhaftigkeit" sein Leben zu schildern, entspricht wörtlich der erklärten Absicht seines großen französischen Vorbildes.[50] So entsteht zwischen hohem moralischem Anspruch des Erzählers und einem sittlich problematischen Lebenswandel eine parodistische Diskrepanz, deren eigentlicher Effekt auf der sprachlichen Nachahmung von *Dichtung und Wahrheit* beruht.[51] Die Parodie verwirklicht sich mittels gewisser Strukturelemente der klassischen Autobiographie, vor allem dem Lebenslauf, der sich von der Jugend bis zum Mannesalter erstreckt — freilich nicht von einer gereiften Persönlichkeit, sondern von einer Figur ohne individuelle Substanz erzählt, die für sich beansprucht, „im Gleichnis leben zu dürfen".[52] Thomas Mann notierte über seinen fragwürdigen Protagonisten: „Jede Maske ist so gut wie Wirklichkeit bei ihm, weil er keine Wirklichkeit hat [...]."[53] Die lockere, episodische Handlungsführung entspricht ebenfalls der Form der Autobiographie; sie begegnet freilich auch im Schelmenroman. Aufschlußreich ist jedoch, daß der Autor sich der Affinität seines Werkes zum pikarischen Roman erst im hohen Alter bewußt wurde, als er eine Fortsetzung des *Felix Krull* erwog.[54] Der offene Schluß der Fabel, die beliebig fortsetzbar erscheint, sowie Krulls häufige Rollen- und Ortswechsel, die seine substanzlose Existenz spiegeln, entsprechen der Form des Schelmenromans.

Hermann Hesse stellt innerhalb der Exilliteratur einen Sonderfall dar. Bereits vor dem ersten Weltkrieg emigriert, hatte er wenig später die schweizerische Staatsbürgerschaft erworben. Dennoch war ihm besonders während des Dritten Reiches ein Emigrantenschicksal beschieden, wurde er doch von der nationalsozialistischen Presse als Volksverräter beschimpft, weshalb *Das Glasperlenspiel* (1943) nicht in Deutschland erscheinen durfte. Hesses oppositionelle Haltung hat die Entstehung dieses Romans während der dreißiger Jahre nicht unwesentlich beeinflußt; der Autor wollte in seinem Werk „den Widerstand des Geistes gegen die barbarischen Mächte zum Ausdruck bringen".[55] Zu diesem Zweck entwarf er die Pädagogische Provinz Kastalien, utopisch-modellhaftes „Wunschbild" einer Kultur, in der sich „das Reich des Geistes und der Seele als existent und unüberwindlich" offenbaren sollte.[56] Mit ähnlicher Intention hatte Thomas Mann in jener geistfeindlichen Zeit *Joseph und seine Brüder* verfaßt, um sich der Bedingungen der Möglichkeit menschlicher Kultur schreibend zu vergewissern.

Hesse hat mit *Peter Camenzind* und *Demian* den Bildungsroman der Jahrhundertwende entscheidend geprägt. In jener Epoche wurzelt sein sublimer Individualismus, der mystisch-romantischer Tradition verpflichtet ist. Schon damals kristallisierte sich die Grundthematik seiner Seelenbiographien heraus, nämlich das konfliktgeladene, höchst gefährdete Verhältnis des meist ästhetisch-kontemplativ gearteten Außenseiters zur bürgerlichen Gesellschaft. Auch im *Glasperlenspiel* legitimierte Hesse die Position des nach autonomer Selbstverwirklichung strebenden Außenseiters, indem er dessen wiederholtes „Erwachen" zu einer neuen, universaleren Wirklichkeit als Ruf einer Gehorsam heischenden überpersönlichen Geisteswelt deutete.[57] Hierin spiegelt sich des Autors bedrückende Grunderfahrung fehlender Sinnerfüllung innerhalb sozialer Gruppen jeder Art — sei es Familie, Konfession, Berufsstand, Gesellschaftsklasse oder Nation: „Ich war lebenslänglich ein Einzelner [...], ich war vollkommen unfähig, mich irgendeiner der primitiven Formen von Gemeinschaft, auch nur versuchsweise, anzuschließen [...]."[58] Hesse empfand die personale und die soziale Identität als prinzipiell unvereinbar; hieraus erklären sich letztlich die Krisen seines Lebens. Seine Tröstungen schöpfte er aus der Quelle einer mystisch gearteten Religiosität, aus dem Glauben an eine „überrationale Weltordnung".[59] Seit den dreißiger Jahren bekannte er sich, in bewußter Abgrenzung gegen zeitgenössische Tendenzen eines vitalistischen Lebenskultes, zu einem „logozentrischen" Weltbild.[60] So gestaltete er im Glasperlenspiel die Vision eines universalistischen Systems der geistigen Kulturwerte mehrerer weltgeschichtlicher Epochen. Das sublime Spiel symbolisiert eine Spätblüte abendländischer Kultur; es unternimmt den kühnen Versuch, in spekulativer Synthese gleichsam zum universalistischen Generalnenner, zur Weltformel des kulturschaffenden Geistes vorzustoßen, der von den Spielern in seiner unzerstörbaren Wirksamkeit erfahren wird.[61] Die hohe Kunst des Glasperlenspiels bildet die thematische Mitte des Romans, dessen die kastalische Welt erschließende Einleitung Hesse zu Recht als „Schlüssel zum Ganzen" bezeichnet hat.[62] Die Kastalier zelebrieren im musikalisch-mathematischen Spiel die „Rückverwandlung der Vielfalt" der Objektivationen des kulturschöpferischen Geistes „ins Eine", in dem sie den Sinngrund des Numinosen, die „obersten, nicht nennbaren Mächte" erspüren.[63] Die Gestalt Joseph Knechts dient nach Hesses Ansicht ausschließlich dazu, „die innere Wirklichkeit Kastaliens [...] überzeugend sichtbar" zu machen.[64] Daher änderte der Autor den ursprünglichen, allzusehr auf den Protagonisten bezogenen Titel („Der Glasperlenspielmeister") zugunsten einer Formulierung, die auf die thematische Dominanz des Spieles verwies.

Freilich verdeutlicht der Magister Ludi in seinem Werdegang nicht nur die Idee einer die Zeiten übergreifenden Universitas litterarum, in ihm gewinnt auch, wie Hesse betonte, „die Vision eines individuellen, aber überzeitlichen Lebenslaufes" Gestalt.[65] Die drei imaginären Autobiographien, in denen der angehende Spielmeister die Jahrhunderte zurückliegenden Vorstufen seiner gegenwärtigen Existenz skizziert, spiegeln die universalistische Grundhaltung des geistigen Menschen aller Zeiten, dessen opferbereiten „Dienst am Überpersönlichen".[66] *Das Glasperlenspiel* kann trotz gewisser Affinitäten zum Bildungsroman nicht als solcher gelten, da es, ähnlich wie *Joseph und seine Brüder*, keine der spezifischen Problematik der Epoche entspringende Bildungsidee darstellt. Hier wird nicht die Entwicklung von Knechts komplexer Persönlichkeit thematisiert, wie dies der Struktur des Bildungsromans entspräche, vielmehr gestaltet der Autor, auf der Suche nach dem „Generalnenner" humaner Existenz, die allen Kulturepochen gemeinsame Grundhaltung des geistigen Menschen schlechthin. Das Prinzip entsagenden Dienstes am Überpersönlichen taugt, da viel zu vage, nicht als Bildungsidee; auch die Forderung einer Balance zwischen gesellschaftlich engagierter vita activa und wahrheitsuchender vita contemplativa bleibt unter diesem Gesichtspunkt wenig ergiebig. Die einsträngige Fabel mündet nicht in Knechts Selbstfindung, denn dessen Leben, das bis zum Tod erzählt wird, kennt keine konstante Zielbestimmung. Es untersteht dem Gesetz ständigen Transzendierens „einer ihm nicht mehr zugehörigen und entsprechenden Lebensform" (131), woraus die Relativierung jedes konkreten Lebensentwurfes resultiert. Der erste und dritte Teil bilden die tragenden Pfeiler der Komposition. Die einführende Schilderung des utopischen Glasperlenspiels und die am Schluß placierten frühgeschichtlichen Lebensläufe umspannen eine mehrtausendjährige Historie der Menschheit; sie verweisen auf die eigentliche Thematik dieses monumentalen Romans, auf die trotz aller Gefährdungen unzerstörbare Teilhabe des kulturschaffenden Menschen an einem transempirischen Reich des Geistes.

Der Bildungsroman des Dritten Reiches wurzelt vornehmlich in der Epoche der Weimarer Zeit. Bereits damals entstand ja der Prototyp des nationalsozialistischen Bildungsromans, Goebbels' *Michael*. Auch der völkisch-nationale Bildungsroman war schon zu jener Zeit vertreten. Dagegen entfaltete sich der Bildungsroman der Innerlichkeit recht eigentlich erst während des Dritten Reiches, nämlich als Reaktion auf die Pressionen eines totalitären Regimes. Er konnte ein weltabgewandtes, heiles Dasein preisen, weil er die politischen, sozialen und ökonomischen Probleme der Gegenwart weitgehend aussparte. Er war nicht nur dem landschaftlich gebundenen Heimatroman der Jahrhundertwende verpflichtet, sondern auch dem zu jener Zeit wieder auflebenden Bildungsideal seelenhafter Innerlichkeit. Dessen Tradition war im Bildungsroman des Bürgerlichen Realismus nur selten vertreten gewesen, nämlich in Raabes *Hungerpastor* und in Stifters *Nachsommer*. Kein Zufall, daß L. Frank (*Mathilde*) und K. B. von Mechow (*Vorsommer*) sich gerade auf diese Vorläufer berufen haben.

Der Strukturtypus des Dritten Reiches

Die transepochale invariante Grundstruktur der Romanart bleibt erhalten. Die Werke thematisieren die erfolgreiche Suche eines jugendlichen Protagonisten nach personaler Identität, sie schildern eine innere Progression, die zielgerichtet in der Selbstfindung gipfelt.[67] Diese Grundthematik bestimmt die Form der Fabel, die eine chronologisch geordnete, phasengegliederte Lebenslinie entfaltet. Der Zentralgestalt des Protagonisten sind die Nebenfiguren funktional zugeordnet. Der didaktisch motivierte Erzähler ist durch übersichtliche Textgliederung und durch lehrhaft-wertende Kommentare um Leserlenkung bemüht. Er vermittelt über seinen exemplarisch-musterhaften Protagonisten eine Botschaft, die als humanes Leitbild Verbindlichkeit beansprucht.

Der Strukturtypus des Bildungsromans im Dritten Reich konstituiert sich nun durch ein Ordnungsgefüge der erwähnten transepochalen Konstanten und gewisser variabler Merkmale, die den betreffenden Werken gemeinsam sind. Der epochale Strukturtypus erscheint in zwei Varianten, nämlich als nationalsozialistischer und als nichtfaschistischer Bildungsroman. Im ersteren agiert der durch die berufliche Arbeitswelt nachhaltig geprägte Held im öffentlich-politischen Raum, während der Protagonist der nichtfaschistischen Variante mehr oder minder in einer gesellschaftsfernen privaten Existenz verharrt. Er repräsentiert den apolitischen, christlich-humanistischen Gegentypus zum totalitären Leitbild des Nationalsozialismus. Seine heimatverbundene ländliche Lebensform erweist sich als schützendes Asyl gegenüber dem gefährdenden Zugriff der Zeitmächte. Daraus erklärt sich die Affinität des nichtfaschistischen Bildungsromans zur Idylle. Er beschränkt sich weitgehend auf die Schilderung eines abgegrenzten heimatlichen Lebensraumes, womit die den Roman der Weimarer Zeit kennzeichnende Vielfalt der politischen und gesellschaftlichen Mächte ausgeklammert wird. Der Protagonist entzieht sich nach Möglichkeit der gesellschaftlichen Fremdbestimmung, was insbesondere den in sich ruhenden weiblichen Zentralgestalten gelingt, die erstmalig bei Frank und Mechow begegnen. Die Vielfalt der sozialen Räume weicht im allgemeinen der gleichförmigen Welt ländlichen Daseins. Demgegenüber bezieht der nationalsozialistische Bildungsroman zumindest noch die industrielle Arbeitswelt in seine Darstellung ein, um auch sie seinen politischen Zwecken dienstbar machen zu können. Im nichtfaschistischen Bildungsroman resultiert aus der Reduktion der Räume folgerichtig die Verringerung des Figurenensembles.

Im Dritten Reich weicht die für die Weimarer Zeit bezeichnende schichtenspezifische Repräsentanz des Protagonisten klassenübergreifenden Leitbildern mit universalem Anspruch. Der Held fühlt sich weniger den Normen und Wertvorstellungen seiner sozialen Herkunft verpflichtet als etwa der nationalsozialistischen Ideologie, den Prinzipien der Lebensreformbewegung oder dem christlich-humanistischen Weltbild.

Erzähltechnisch sind die Autoren weit mehr als in der vorangegangenen Epoche dem Realismus des 19. Jahrhunderts verpflichtet. Sie vermeiden formale Experimente und bevorzugen eine konventionelle Motivwahl; Ehe und Familie, Arbeit und Beruf, nicht zuletzt die heimatliche Landschaft erfährt der Protagonist als prägende Bildungsmächte. Neu tritt allerdings das Erlebnis des Krieges hinzu, der in der nationalsozialistischen Literatur verklärt, von den Vertretern der Innerlichkeit weitgehend ausgeklammert und nur von dem Exilautor Frank in seiner zerstörerischen Brutalität entlarvt wird. Dieses traditionsgebundene Erzählen hat den deutschen Bildungsroman bis gegen Ende der fünfziger Jahre geprägt.

Joseph Goebbels: Michael

Das Jugendwerk des späteren Reichsministers für „Volksaufklärung und Propaganda" ist wenig bekannt.[68] Es zählt zu den charakteristischsten nationalsozialistischen Bildungsromanen und kann als deren Prototyp gelten. Darüber hinaus spiegelt es die innere Verfassung des Studenten der Germanistik und Geschichtswissenschaft, der zwischen 1917 und 1921 ruhelos von einer Universität zu anderen wechselte. In diesen Jahren gewann er Richard Flisges zum Freund, einen hochdekorierten, invaliden Frontkämpfer des ersten Weltkrieges. Dieser, ein überzeugter Sozialist, machte ihn mit den Lehren von Marx und Engels bekannt. Beide Freunde verachteten zutiefst das liberale Besitz- und Bildungsbürgertum. Flisges fand 1923 als Bergmann einen frühen Tod. Goebbels hatte inzwischen promoviert und versuchte sich, allerdings erfolglos, als Schriftsteller. Aus jenen Jahren sind zahlreiche ungedruckte Gedichte und Dramenentwürfe, Zeitungsartikel und Essays erhalten. Der Autor befand sich damals in einer tiefgreifenden inneren Krise, bedingt durch den Verlust der ursprünglichen katholischen Glaubensbindung sowie durch berufliche und private Enttäuschungen. Von maßlosem Drang nach gesellschaftlicher Anerkennung besessen, bar jeder Selbstkritik, überschätzte er seine schriftstellerischen Fähigkeiten. Hier wurzeln die Ressentiments, die der aus bescheidenen Verhältnissen stammende Goebbels gegen das höhere Bürgertum hegte, hier bekundete sich bereits die „grenzenlose Verachtung der Canaille Mensch", die dieser seit früher Jugend an einer Fußverkrüppelung leidende junge Mann empfand.[69] 1924 wandte er sich völkisch-nationalen Aktivitäten zu, ein Jahr später war er zum Redakteur der von Gregor Strasser herausgegebenen „Nationalsozialistischen Briefe" avanciert. Innerhalb der NSDAP fand der orientierungslose, charakterlich unreife Goebbels die politischen Antworten auf seine drängenden Fragen. Vorbehaltlos verschrieb er sich der „Arbeit im Dienste einer Idee", die ihn „wie ein Segen und ein Fluch" in ihren Bann schlug.[70] Fasziniert von Hitlers willensstarker Persönlichkeit ordnete er sich dem „Führer" bedingungslos unter, was ihm bereits 1926 die Ernennung zum Gauleiter von Berlin eintrug. Jetzt zählte er zur Führungselite der Partei.

Unter dem Eindruck von Flisges' jähem Tod — dem Freund ist das Buch gewidmet — dürfte gegen Ende des Jahres 1923 die Erstfassung des Romans entstanden sein: „Michael Voormann, ein Menschenschicksal in Tagebuchblättern".[71] Das Manuskript soll, wohl wegen seiner fragwürdigen literarischen Qualität, von mehreren Verlagen abgelehnt worden sein. Im Verlauf der nächsten sechs Jahre, ehe dann der Roman im Parteiverlag Eher erschien, nahm Goebbels am Text einschneidende Änderungen vor. Seine erste persönliche Begegnung mit Hitler dürfte 1925 erfolgt sein. Mit schwärmerischen Wendungen beschreibt das Tagebuch den Eindruck vom „Führer": „Diese großen, blauen Augen. Wie Sterne."[72] Fast wortgleich schildert Michael seine entscheidende Begegnung mit Hitler.[73] Goebbels veränderte vor allem den Untertitel des Romans; er wollte nunmehr ein „deutsches Schicksal" beschreiben, was darauf hindeutet, daß jetzt die nationalistische Ideologie in den Vordergrund gerückt war. Auch in seinem Verhältnis zur Sowjetunion vollzog sich ein bedeutsamer Wandel. Noch 1925 hatte er einen fingierten Brief an den russischen Kommunisten Iwan Wienurowsky, eine Figur seines Romans, veröffentlicht, in dem er sich zur deutschsowjetischen Allianz des sozialistischen Klassenkampfes gegen den bürgerlich-kapitalistischen Westen bekannte.[74] Spätestens 1926–27, als er sich von Gregor Strassers sozialistischen Ideen distanziert hatte, dürfte er Michaels Verhältnis zu Iwan, dem Studienfreund, neu konzipiert haben. In der Endfassung (1929) bekämpft sein Protagonist erbittert den bolschewistischen „Panslawismus" (227).

Der Roman besitzt in erheblichem Umfang autobiographische Züge. Ihm liegt, in freier Umgestaltung, Goebbels' Tagebuch der Studienjahre in Freiburg, München und Heidelberg zugrunde. Die bürgerliche Freundin Anka Stalherm begegnet im Roman als Michaels Geliebte Hertha Holk.[75] Richard Flisges, der Freund, tritt unter seinem Vornamen auf, allerdings ohne den Nimbus des Frontkämpfers: ein staatstreuer, sozial angepaßter Intellektueller. Alle ihm positiv erscheinenden Züge vereinigte Goebbels in der Titelgestalt, die er zum Prototyp des nationalsozialistischen Helden stilisierte. Als er den Roman letztmalig überarbeitete, war er als Gauleiter von der Idee besessen, durch eine „volksgebundene Propaganda [...] die breiten Massen des Volkes wieder an das politische Leben heranzuführen"[76], also eine nationale Identitätsstiftung aus totalitärem Geist zu betreiben. Daher ließ er schon wenige Jahre nach Drucklegung das Werk als Fortsetzungsroman in der parteieigenen Zeitung erscheinen. Es vereinigt die wesentlichen Elemente der nationalsozialistischen Ideologie in sich, und noch der Reichsminister für Volksaufklärung und Propaganda bekannte sich gerne zu dem Roman.[77]

Dieser Bildungsroman thematisiert, wie üblich, den Weg eines jugendlichen Protagonisten zur Erkenntnis seiner persönlichen Bestimmung. Die knappe Fabel beschreibt die beiden letzten Jahre seines Lebens (1919–21): einsetzend mit dem Schock des verlorenen Krieges, sodann die ruhelosen Universitätsjahre, in denen der literarisch ambitionierte Student ziellos von Fach zu Fach irrt, angewidert von „toten Büchern" und von nutzlosen politischen Diskussionen. Ab und zu blickt der Tagebuchschreiber auf die Kriegszeit zurück, in der ihm das Erlebnis einer völkischen Schicksalsgemeinschaft zuteil wurde; gegen Ende dann der Entschluß zur tätigen Mitwirkung an der revolutionären Eroberung einer neuen Gemeinschaftsordnung, die er als „Soldat der Arbeit" im Bergwerk unternimmt, wo ihn jedoch ein früher Unfalltod ereilt.

Der Protagonist spiegelt, wie der Vorspruch verkündigt, „all die Kräfte, die uns Jungen heute zu einem Gedanken und morgen zu einer Macht formen". Er repräsentiert mit exemplarischem Anspruch den „neuen deutschen Typ" der Zukunft (226), das nationalsozialistische Leitbild des opferbereiten Helden. Es wird durch eine spezifische „Bildung des Charakters" (21) konstituiert, die das Individuum zum Exponenten einer totalitären Ideologie degradiert. Goebbels bekannte sich zu einer politischen Erziehung, die der „Totalität der Idee" des Nationalsozialismus verpflichtet war.[78] Michael versteht sich als „Revolutionär", der Staat und Gesellschaft „niederreißen und neu bauen" will (99, 141). Seine einzige konkrete Tat besteht freilich nur darin, daß er sich mit Bergarbeitern solidarisiert, indem er ihren harten Alltag teilt. Damit glaubt er sich „am Ziel" (187), meint zu sich selbst gefunden zu haben. Die Idee der Arbeit, bisher eine sinnstiftende Bildungsmacht für das Individuum, wurde im Dritten Reich politisiert; sie sollte die Entstehung einer klassenübergreifenden „Volksgemeinschaft" fördern. Ein radikalisierter Chauvinismus wird von einer nationalistischen Rassenideologie begleitet: das „Herrenvolk der Welt", muß von artfremden, besonders von jüdischen Elementen befreit werden, damit die Idee des „Pangermanismus" verwirklicht werden kann.[79] Daraus folgt die Ablehnung des marxistischen Internationalismus. Michaels fanatische Intoleranz, seine kompromißlose Radikalität, seine Unfähigkeit zu sachlich differenzierender Argumentation entspringen seinem selbstgerechten, überheblichen „Mut zum freien Subjektivismus" (129). Er verschreibt sich einem vernunftfeindlichen Irrationalismus, der in der absurden Behauptung gipfelt: „Es ist nicht so sehr von Belang, woran wir glauben; nur daß wir glauben" (47). Hier manifestiert sich der amoralische Dezisionismus des Dritten Reiches, der unter Verzicht auf inhaltlich-normative Bindungen die Notwendigkeit der bloßen Entscheidung zur Tat betonte.[80] Erfüllt von antiintellektualistischem Ressentiment, bittet Michael um „Erlösung vom Geiste", verdammt er die Vernunft als Gefahr für eine kraftvolle Persönlichkeitserziehung, verspottet er die „Fachsimpelei" der Bildungsinstitutionen (21, 173). Aus solcher Geistfeindlichkeit erklärt sich der eklektizistisch-nebulose Charakter des nationalsozialistischen Menschenbildes, das aus mißverstandenen oder bewußt pervertierten Traditionen erwuchs. Goebbels erhob in jenen Jahren den verantwortungslosen Subjektivismus zum Programm: „Wahrer Nationalsozialismus ist Instinkt, nicht Wissen!"[81] Offen bekannte er, die neue Weltanschauung bestehe nur aus „wenigen Grundbegriffen", die zu propagandistischen Zwecken auf „primitive Urformeln" reduziert worden seien.[82]

All die genannten Züge konstituieren das ideologische Leitbild des kämpferischen Helden, der das „neue Prinzip" verkörpert, „das bedenkenlose Aufgehen, sich Opfern, die Hingabe zum Volk" (124). Dieses Bildungsideal nahm die überlieferten sittlichen Wertvorstellungen in sich auf und verlieh ihnen eine neue Qualität. Der durch individuelle Gewissensentscheidung legitimierte Ehrbegriff entartete zur Funktion einer kollektiven Verhaltensnorm. Pflicht und Treue wurden zu bedingungslosem staatsbürgerlichem Gehorsam verkürzt. Die Gestalt des Helden, der nur noch Funktion seiner sozialen Rolle ist, gewann eine pseudoreligiöse Aura. Michael, zu dessen Lieblingslektüre die Bibel zählt, versteht sich als „Gottsucher" (124). Er adaptiert Vorstellungen einer säkularisierten christlichen Eschatologie, nämlich die Idee des Messias, der sein Volk durch sein Selbstopfer erlöst. In diesem Sinne erscheint er kurz vor seinem Tod als prophetischer Vorkämpfer und Märtyrer für das neue Reich, als „ein Held, ein Gott, ein Erlöser" (178).[83] Spätestens hier enthüllt sich der elitäre, antidemokratische Charakter dieses Bildungsideals. Dem Protagonisten gilt die „Masse" des Volkes als unschöpferisch, der erzieherischen Formung bedürftig (174 f.); nur eine kleine Minderheit sei zur politischen Führung berufen (174 f.). Er erscheint als potentielle Führergestalt, indem er das „Persönlichkeitsprinzip" für sich beansprucht und sich einzig am „eigenen Gesetz" orientiert.[84] Wenige Jahre später erkannte Goebbels den Mitgliedern der NSDAP den Rang einer „auserlesenen Minderheit" zu, deren Herrschaftsanspruch sie berechtige, dem Volke feierlich die Verantwortung abzunehmen und ihm das Gesetz des Handelns vorzuschreiben.[85]

Das nationalsozialistische Bildungsideal des chauvinistisch-revolutionären Helden entstand als Gegenentwurf zum fragwürdig gewordenen neuhumanistisch-liberalen Ethos des Bürgertums. Dieser Klasse prophezeit Michael den baldigen Untergang; er verachtet den „Typ des deutschen Bildungsphilisters", der durch „eine Wand von Dünkel, Besitz und Bildung" das Volk in zwei Teile spalte.[86] Der Bourgeoisie wirft der Protagonist feigen Egoismus, mangelnden völkischen Gemeinschaftssinn und liberalen Intellektualismus vor. Daher trennt er sich von seinem Freund Richard, einem bürgerlich angepaßten, staatstreuen Akademiker. Vollends bestätigt fühlt er sich in seiner antibürgerlichen Haltung, als Hertha Holk, ein Mädchen aus dem Mittelstand, ihn wegen seiner radikalen Ideologie verläßt.

Die innere Progression des Protagonisten vollzieht sich im Modus wachstümlicher Selbstentfaltung.[87] Der Protagonist durchläuft keinen desillusionierenden Lernprozeß, er reift nicht durch sachlich-kritische Auseinandersetzung mit den herkömmlichen Bildungsmächten; Elternhaus und Familie, Schule und Universität werden teils ausgeklammert, teils negativ abgewertet, da sie für das heroisch-revolutionäre Bildungsideal bedeutungslos sind. Michaels Liebe zu Hertha, anfänglich als „Schritt in eine neue Welt" empfunden, verändert ihn nicht und scheitert letztlich aus diesem Grunde. Auch seine Freunde Richard und Iwan verliert er infolge seiner fanatischen Unduldsamkeit. Bar jeder urbanen Weltoffenheit, erweist er sich kaum als bildsam. Unter Berufung auf sein „autokrates [sic!] Gefühl des Selbstseins" (119) nimmt er nur diejenigen Einflüsse auf, die ihn in seiner vorgefaßten ideologischen Haltung bestätigen.[88] So fungiert die Umwelt für den Protagonisten mehr oder minder nur als Katalysator für die Entfaltung seiner inneren Potentialität, wodurch ihm eine wesentliche qualitative Veränderung versagt bleibt.

Hier trat, vier Jahre vor der „Machtergreifung", ein pervertiertes Menschenbild vor die Öffentlichkeit, das den überlieferten Prinzipien humaner Bildung hohnsprach. Goebbels brach, wie gesagt, bewußt mit der bürgerlich-humanistischen und der christlichen Werttradition. Unfähig zu produktiver Auseinandersetzung mit überkommenen Wertvorstellungen will Michael „kein Erbe sein", fordert er kategorisch, eine überholte Tradition müsse „durch Leistung" abgelöst werden (190, 175). Dieser Kulturrevolutionär fühlt sich der expressionistischen Bewegung verwandt; „zerstört muß werden", erklärt er apodiktisch, „wenn neu geschaffen werden soll".[89] Daher empfindet er das harmonische Menschenbild des *Wilhelm Meister* als „zu rund und zu weit"; er vermißt an ihm die „Ecken, Kanten und Risse" (26, 70). Dagegen begeistert sich der Protagonist für den genialischen jungen Goethe, in dessen „faustischem" Sturm und Drang er sich wiederzuerkennen glaubt (173). Er berauscht sich am lyrischen Pathos von Nietzsches *Zarathustra* und am biblischen Appell der Bergpredigt.

Michael weist die wesentlichen invarianten Strukturmerkmale des Bildungsromans auf.[90] Goebbels thematisiert die verzweifelte Suche eines jugendlichen Protagonisten nach personaler Identität. Das bedingt eine einsträngige Fabel, die sich an Michaels Lebenslinie orientiert. Sie ist allerdings episodisch aufgesplittert und besteht aus einer Reihung von handlungsarmen, stimmungshaft-impressionistisch geschilderten Situationen. Die Fabel ist chronologisch geordnet und in Phasen gegliedert, die durch Ortswechsel markiert sind. Die Phasengliederung (Freiburg, München, Heidelberg) signalisiert die zunehmende Vereinsamung des Protagonisten; in München verliert er Hertha, in Heidelberg trennt er sich von seinen beiden Freunden. Seine Selbstentfaltung gipfelt in der demonstrativen Solidarisierung mit Bergarbeitern und in seinem zum politischen Opfer stilisierten Unfalltod. Die Fabel zeichnet die Vorgangsfigur einer gescheiterten Sozialisation: der Protagonist bricht sein Studium ab, entscheidet sich nicht für einen Beruf und verharrt, auch gegenüber den Bergleuten, in elitärer Selbstisolation. Diese Vorgangsfigur wird vom Tagebuchschreiber freilich als steigende Strukturlinie interpretiert, die zielgerichtet zur Selbstfindung in der Begegnung mit Hitler und zur Selbstvollendung im vermeintlichen Opfertod führt. Aus der Thematik der Identitätssuche resultiert die dem Bildungsroman eigene Figurenkonstellation, indem die Titelfigur als Zentralgestalt fungiert, der die Nebenfiguren funktional zugeordnet sind. Der Tagebuchschreiber wirkt als episches Integrationszentrum. Er, der sich als „Lehrer" und „Prediger" versteht (124), sorgt für einen klaren Aufbau seines Werkes und gibt dem Leser einleitend die nötigen Verständnishilfen. Der epische Rahmen — Vorspruch des Autors und Epilog —, der das Tagebuch umschließt, unterstreicht Goebbels' ideologischen Anspruch, mit seinem Helden das verbindliche Leitbild des exemplarisch-musterhaften deutschen Menschen zu präsentieren.

Neben den typischen Invarianten des Bildungsromans konstituieren autorspezifische variable Merkmale die Romanstruktur. Die Wahl der Tagebuchform resultierte aus Goebbels' Mentalität. Er war zeitlebens ein passionierter Tagebuchschreiber. „Ich verstehe mich manchmal selbst kaum", klagt noch der fast Dreißigjährige.[91] Extremen Stimmungsschwankungen ausgesetzt, reagierte er seine psychischen Spannungen schreibend ab. Er litt unter derselben emotionalen Labilität wie sein Protagonist, der zwischen depressiver Verzweiflung und euphorischer Selbstvergötzung hin und her schwankt. Michael gefällt sich in derselben theatralischen Pose wie sein Autor, wenn er in Momenten hybrider Ekstase sich als „Titane", ja sogar als „Gott" apostrophiert (195). Der zwiespältige Protagonist gibt sich privat als empfindsam-sentimentaler Gefühlsschwärmer, in der Öffentlichkeit aber als fanatisch radikaler Pragmatiker, dem „Macht [...] immer vor Recht" geht (202). Das Tagebuch dient nicht analytischer Selbsterkundung oder gar gedanklicher Bewältigung von Lebensproblemen; es ist für den Schreiber, der kritiklos sich selber huldigt, ein Medium der inneren Befreiung, der Verdrängung von quälenden Zweifeln und Ängsten. Die episch-lyrische Erzählweise verrät die grenzenlose Subjektivität des Protagonisten, seine monologisch um sich kreisende Egozentrik, seinen Drang zur Konfession, die freilich durch eitle Selbststilisierung verfälscht wird.

Die Wahl der Form des Tagebuchs modifiziert die transepochale Grundstruktur des Bildungsromans durch verschiedene variable Elemente. Infolge der Identität von erlebendem und schreibendem Ich fehlt dem Roman der retrospektiv berichtende objektive Erzähler. Goebbels kann auf ihn verzichten, da er einem antiintellektualistischen Irrationalismus huldigt, den „Mut zum freien Subjektivismus" vertritt (129). Sein Protagonist, unfähig zur kritisch reflektierenden Auseinandersetzung mit der Realität, formuliert nur aus der distanzlosen Spontaneität seines angeblich autonomen subjektiven Bewußtseins. Dessen ideologische Deformation führt in der Figurenkonstellation zu trivialen schematischen Oppositionen; dem mit Absolutheitsanspruch auftretenden „titanischen" Helden stehen fast ausschließlich Vertreter einer dekadenten Bürgerlichkeit und eines zwielichtigen russischen Sozialismus gegenüber. Infolge fehlender Adaption der Außenwelt reduziert sich das Figurenensemble nicht nur quantitativ, sondern auch qualitativ. Durch die subjektiv verengte Perspektive des Tagebuchschreibers entarten die Nebenfiguren zu bloßen kontrastiven Korrelaten des Protagonisten, sie verlieren an individueller Rundung und dienen mehr oder minder nur dazu, ihm die Stichworte für seine monologischen Ausführungen zu liefern. Auch die Raumsubstanz reduziert sich weitgehend auf die Funktion einer bloßen Stimmungskulisse für die Artikulation seiner jeweiligen inneren Befindlichkeit. Goebbels funktionierte die Tagebuchform um, indem er sie seiner appellativen Wirkungsabsicht dienstbar machte. Er erweist sich als Meister der Propagandasprache und umgarnt die „deutsche Jugend" (11), die er sich als Leser wünscht, durch virtuosen Wechsel der Stillagen. In monotoner Wiederholung hämmert er seinem Publikum die schlagwortartigen „primitiven Urformeln" der nationalsozialistischen Ideologie ein. Auf den politischen Höhepunkten des Geschehens zieht er die Register expressionistisch getönter Ekstase, deren hohles Pathos nicht selten in ungewollt parodistische Komik umschlägt.

Goebbels stellte das traditionsreiche Strukturmodell des Bildungsromans in den Dienst der Verkündigung einer leitbildhaften Präfiguration des neuen deutschen Menschen. Trotz seiner fragwürdigen literarischen Qualität zählt das Werk noch zu den gelungensten nationalsozialistischen Bildungsromanen, denn diese zeichnen sich im allgemeinen durch primitive Trivialität aus.

Emil Strauß: Das Riesenspielzeug

Der voluminöse Roman, der vorwiegend während der letzten Jahre der Weimarer Republik entstand, zählt zur zeitgenössischen völkisch-nationalen Literatur. Strauß beklagte den Verlust der politischen und gesellschaftlichen Stabilität seines Volkes; er sucht, ähnlich wie der befreundete Hermann Hesse, abseits der ausgetretenen Wege der Konvention eine eigene weltanschauliche Orientierung. *Das Riesenspielzeug* weist zahlreiche autobiographische Elemente auf. Ähnlich wie die Zentralfigur des Dr. Haugh verließ auch der Autor nach Abschluß seines Studiums Berlin, um in seiner alemannischen Heimat am Oberrhein einen Bauernhof zu bewirtschaften. Enttäuscht von Schule und Universität hoffte er hier ein naturhaftes Leben verwirklichen zu können. Strauß läßt seinen Protagonisten den Erfolg erringen, der ihm selbst versagt geblieben ist: Karl Haugh gründet mit gleichgesinnten Freunden eine Siedlungsgemeinschaft. Nach einem Jahr erwirbt er das Versuchsgut, heiratet eine tüchtige Bauerntochter und schafft so die Voraussetzungen für eine dauerhafte Arbeits- und Lebensgemeinschaft.

Emil Strauß, ein Individualist schwäbisch-bürgerlicher Herkunft, erfuhr seine Sozialisation im Bismarckreich. Betroffen reagierte er, als der Lotse das Staatsschiff verließ, besorgt beobachtete er die Nachwehen des Kulturkampfes und das Erstarken der Arbeiterschaft, für deren Probleme er kein Verständnis aufbrachte. Aller Parteipolitik abhold warf er der aufbegehrenden Sozialdemokratie mangelndes nationales Verantwortungsgefühl vor. Strauß war, ähnlich wie H. Hesse, von tiefem Mißtrauen gegenüber dem Vordringen einer technisierten Zivilisation erfüllt, er mißbilligte den „naturwissenschaftlichen Wahn" einer fortschrittsgläubigen Wissenschaft.[92] Unter dem Eindruck der seit der Jahrhundertwende sich ausbreitenden antimodernistischen Lebensreformbewegung forderte er die Rückbesinnung auf die Werte des naturhaft einfachen Lebens. Er erhoffte die Erneuerung der entfremdeten individuellen Existenz durch deren Einbindung in das ländliche bodenständige Volkstum. Diese Forderung entartete allerdings zur ideologisch überspitzten Opposition von städtischer und ländlicher Lebensform, was letztlich nationalsozialistischen Ideen Vorschub leistete. In späteren Jahren scheint Strauß erkannt zu haben, daß sein Roman keine Problemlösungen für eine Industriegesellschaft bieten konnte, nannte er ihn doch ein „Märchen", das sich im Verlauf dreier Jahrzehnte um den eigenen jugendlichen Versuch einer bäuerlichen Existenzgründung herumgesponnen habe.[93]

Der Roman thematisiert die Frage nach der Möglichkeit individueller Selbstverwirklichung innerhalb einer Gemeinschaft. Während der Jahrhundertwende, einer Zeit gesellschaftlichen und weltanschaulichen Umbruchs, bemühen sich einige junge Menschen um die Realisierung einer alternativen Lebensform. Der grüblerisch-ernste Dr. Haugh schließt sich zwei studentischen Freunden an, die gemeinsam mit anderen jungen Leuten das Versuchsgut Rotsal bewirtschaften wollen. Er hofft auf diese Weise seinen persönlichen „Weg zu finden" (46), nachdem er sich als ungeeignet für ein philologisches Lehramt erkannt hat. Es geht um die Erprobung einer „neuen, geahnten Lebensgemeinschaftsform", um den Versuch „einer Niederlassung geweckter Leute mitten im Lande, von körperlicher Arbeit, einfachem Leben, gemeinsamem Studium der Dinge [...]".[94] Emil Strauß setzt sich für eine Interdependenz von Individuum und Gesellschaft ein. So ist Haughs Entwicklung entscheidend durch die Arbeits- und Lebensgemeinschaft auf Rotsal bedingt; diese wiederum ist auf die kreative Mitwirkung des Protagonisten angewiesen. „Ausgang ist der Einzelne", erkennt Haugh, „Ziel die Gesamtheit als Körperschaft der Einzelnen. [...] Der Einzelne, auf dem die Gemeinschaft beruht, ist, der alle Kräfte aus ihr zieht, um sich in ihr, sie in sich zu fördern" (193 f.). In diesem Sinne wirken Haugh, seine spätere Frau Berta und die Freunde Jörger und Rechling am Bau des ländlichen Gemeinwesens, während nicht gemeinschaftsfähige Charaktere nach kurzer Zeit das Gut verlassen: Kohler, der „anarchische Einzelne" (193), die oberflächlich-kokette Mary und der Lebensreformer Hasenstab, der zwar sein Gut für das Experiment zur Verfügung stellte, im übrigen aber in tatenloser Unentschiedenheit verharrt. Außerhalb der Gemeinschaft verbleiben Figuren wie die kühl distanzierte Großstädterin Wiltrud von Ow, der unmoralische jüdische Arzt Dr. Seidschnur oder der asoziale Vegetarierapostel Siedentop.

Emil Strauß war von einem tiefen Mißtrauen gegenüber allen pädagogischen Institutionen erfüllt, die denn auch entweder ausgespart oder mit herber Kritik belegt werden. Daher vertraut der Protagonist auf seine eigene Fähigkeit zu „ehrlicher Selbstgestaltung" (366); er erkundet auf Rotsal die persönlichen Möglichkeiten, wählt den ihm gemäßen Beruf, gewinnt weltanschauliche Orientierung und Heimat innerhalb einer Gemeinschaft von Gleichgesinnten. Als einer der wesentlichsten Faktoren, die Haughs Entwicklung bestimmen, erweist sich seine Begegnung mit zwei Frauen. Zunehmend entfremdet er sich seiner früheren Freundin Wiltrud von Ow, die andere Wertvorstellungen vertritt. So wird er für die Liebe zu seiner späteren Lebensgefährtin reif, eines lebensfrohen, naturhaften Mädchens vom Lande. Er empfindet sich zuletzt als „ein Anderer", als überaus „bewußt" und „sicher" (984), weil er seine personale Identität gewonnen hat.

Als Leitbild des Romans wird der „naturgemäße Mensch" propagiert, die Persönlichkeit aus „Hand, Hirn und Herz".[95] Strauß verfocht ein ganzheitliches Menschentum, eine Synthese von Geist und Natur, von intellektuellen Fähigkeiten und manuellen Fertigkeiten, von Gefühlstiefe und entschlossener Willenskraft. In Anlehnung an Goethes ganzheitliche Bildungsidee forderte er als Ziel humanen Bemühens die „echte, widerständige Gestalt" (232). Die „Genossenschaft für vegetarische Geistes- und Bodenkultur" (525) vereinigt die Angehörigen verschiedener gesellschaftlicher Schichten. Sie versteht sich als modellhafte Gemeinschaft, als „Zukunftswabe" einer künftigen, „jeden Klassen- und Bildungsunterschied" übergreifenden Gesellschaft.[96] Strauß glaubte mit der Darstellung einer solch naturhaft bäuerlichen Lebensform, eingebettet in heimatliche Stammesart und Landschaft, die verborgene „Willensgestalt des deutschen Volkes" (147) zu offenbaren. Romantischer Tradition folgend verstand er das Volk als organisches „wirkliches Wesen" (177), als metaphysische personale Entität, an der das Individuum gliedhaft teilhat. Folgerichtig grenzte er das artreine deutsche Volkstum gegen die „fremde Art" (543) anderer Rassen, besonders des Judentums, ab. Diese Anschauung sicherte dem Autor die offizielle Anerkennung im Dritten Reich, wo man ihn zu den „großen volkhaften Dichtern" der Zeit zählte.[97]

Es wäre jedoch verfehlt, Strauß als Parteigänger des Nationalsozialismus einzustufen. Sein Bildungsideal war mehreren Traditionssträngen verpflichtet: einerseits der germanisierenden völkischen Literaturtradition der Völuspa, der Edda und des Nibelungenlieds, zum andern der volkstümlichen Wissenstradition von Märchen, Sage und Volkslied. Haughs Bildungszitate belegen auch das „antike Vorbild" (228) der klassisch-humanistischen Idee der ganzheitlichen Gestalt. Nicht zuletzt wird das genossenschaftliche Experiment des *Riesenspielzeug* von Ideen der Lebensreformbewegung gespeist. Aus der intimen Vertrautheit mit dieser vielschichtigen kulturellen Überlieferung ergab sich für Strauß die klare Distanzierung zur nationalsozialistischen Ideologie im ganzen. Schon die individualistische Komponente des Neuhumanismus verhinderte das Abgleiten in die Haltung eines volkhaften Kollektivismus. Auch gestattet des Autors lebensnaher, launiger Humor, der um die Grenzen des Menschen weiß, nicht die parteioffiziell geforderte mythisch-religiöse Überhöhung des Protagonisten. Haugh praktiziert mit seinen Freunden keinen fanatischen Heroismus der Tat, er unternimmt vielmehr in kritischer Aufgeschlossenheit ein soziales Experiment, dessen Gefährdungen unverkennbar sind.

Emil Strauß verkündete sein neues humanes Leitbild mittels des Strukturtypus des Bildungsromans, dessen transepochale invariante Grundmerkmale erhalten blieben. *Das Riesenspielzeug* thematisiert die Suche eines jugendlichen Protagonisten nach Orientierungsmustern in einer Zeit geistigen Umbruchs, es zeichnet Haughs Entwicklung zu personaler Identität nach. Die Thematik bedingt die chronologisch geordnete, phasengegliederte Form der Fabel, die sich vorwiegend an der inneren Progression des Protagonisten orientiert. In der ersten Romanhälfte kreisen Haughs Gedanken um seine Freundin Wiltrud, Vertreterin einer städtisch-bürgerlichen Lebensform, im zweiten Teil um die Bauerntochter Berta, seine spätere Frau. Die Handlungsarmut der Fabel erklärt sich daraus, daß der Erzähler sich weitgehend auf die detaillierte Beschreibung der ländlichen Lebensgemeinschaft beschränkt. Haughs Entwicklung mündet am Schluß zielgerichtet in die Gewinnung personaler Identität, deren wichtigste Voraussetzungen durch die Übernahme des Gutshofes und die Ehe mit Berta gegeben sind. Der Protagonist fungiert innerhalb der Figurenkonstellation als Zentralgestalt. Da er in die Lebensgemeinschaft des Gutes fest integriert ist, gewinnen die Nebenfiguren ein größeres episches Eigengewicht. Sie gliedern sich in zwei Gruppen: Berta und Haughs studentische Freunde bilden den Kern der Siedlungsgenossenschaft, dem einige nicht gemeinschaftsfähige Kontrastfiguren gegenüberstehen. Die didaktische Motivation des Erzählers offenbart sich weniger in Kommentaren und Reflexionen als in seiner Haltung zu den beiden Figurengruppen. Seine Sympathie gilt den Gestalten, die das genossenschaftliche Experiment tatkräftig fördern, während er die Kontrastfiguren abwertet, nicht zuletzt durch komische Namengebung. Er entwirft in seinem Protagonisten eine Gestalt mit exemplarisch-musterhaftem Anspruch, die das Leitbild des ganzheitlichen „naturgemäßen Menschen" verkörpert (988), der die Fähigkeiten zu manueller und zu geistiger Arbeit harmonisch in sich vereinigt.

Die autorspezifischen variablen Strukturmerkmale des *Riesenspielzeug*, das Strauß, wie gesagt, als „Märchen" bezeichnete,[98] resultieren aus der Affinität des Romans zur Idylle. Der Autor entwirft ein detailscharfes Genrebild eines gesellschaftsfernen, abgegrenzten ländlichen Lebensraums, in dem sich ein sozialer Lernprozeß vollzieht. Das gesellschaftliche Umfeld wird weitgehend ausgespart, und nur wenige Figuren fungieren als Träger des sozialen Experiments. Ihre Perspektive bestimmt folgerichtig die epische Darstellung, was die Dominanz der szenisch-dialogischen Erzählform zur Folge hat. Denn vor allem mittels des zwischenmenschlichen Diskurses wächst ja diese ungewöhnliche Gemeinschaft zusammen. Emil Strauß ist der erzählerischen Tradition eines lebensnahen, heimatverbundenen Regionalismus verpflichtet, der seit der Jahrhundertwende zunehmende Bedeutung gewann. Seine Qualität als volkstümlicher Erzähler liegt vor allem in seiner kernig-lebensvollen, musikalisch-klangreichen Sprache beschlossen, die ihm einen Platz unter den bedeutenderen Autoren der Zeit sichert.

Willy Kramp: Die Jünglinge

Willy Kramp ist wenig bekannt geworden; als engagierter Autor der Inneren Emigration hätte er größere Aufmerksamkeit verdient. Resigniert stellte er im Alter fest: „[...] eine ernsthafte Gesamtwürdigung meiner literarischen Bemühungen ist bisher nur sehr unzulänglich erfolgt. [...] wer einmal das Etikett ‚christlich‘ aufgeklebt bekommen hat, der wird mit einem Vorurteil betrachtet, er kann sich noch so einwandfrei literarisch ausweisen."[99] 1909 in kleinbürgerlichen Verhältnissen geboren, wuchs er in Pommern auf. Nach Beendigung seines philologischen Studiums war er im Schuldienst tätig. Er zählte sich zur Bekennenden Kirche und wirkte als Mitarbeiter an mehreren evangelischen Zeitschriften. Kramp vertrat seit seinen literarischen Anfängen einen christlich geprägten Humanismus; indem er „das Bild des wahren Menschen" einem inhumanen totalitären Regime unerschrocken entgegenstellte, suchte er seinen Lesern tröstende Lebenshilfe zu leisten.[100] Er erhoffte im einzelnen Individuum die Wiedergeburt des „lebendigen Geistes Gottes", der „in der ‚Welt' endgültig unauffindbar geworden" sei.[101]

Ortwin Graf Gortz, ein ernster, kraftvoll-stolzer Charakter, wächst um die Jahrhundertwende in der christlich-konservativen Welt des ostpreußischen Landadels auf. Seine Kindheit erlebt er an der Seite seines verletzbar-stillen Stiefbruders Ludwig und des Pfarrersohns Eberhard. Nach dem ersten Weltkrieg verbringt Ortwin ein Lehrjahr auf einem benachbarten Landgut und bereitet sich dann durch ein Studium auf seinen späteren Beruf als Gutsherr vor. Die zweite Hälfte des Romans schildert etwas breit, aber mit dramatischer Steigerung sein vergebliches Ringen um die Jugendfreundin Eva, die, innerlich zerrissen und von glaubensloser Lebensgier getrieben, den Protagonisten lange Jahre an sich zu fesseln weiß. In ihr stellt Kramp, durchaus zeittypisch, die Prinzipien weiblicher Emanzipation in Frage; Evas Drang nach freier Selbstverwirklichung durch Studium und Beruf, ihre Ablehnung ehelicher Bindung werden als Zeichen von Heimatverlust, von dekadenter „Entwurzelung" angeprangert.[102] Sie emigriert mit einem amerikanischen Wanderprediger, der einen amoralischen Vitalismus verkündigt, in die USA und findet denn auch ein trauriges Ende. Der Protagonist gewinnt zuletzt die ihm bestimmte Frau, Bertel von Dönitz, ein Mädchen aus christlich geprägtem, bodenständigem ostpreußischem Landadel. Sie wird als „selbstlos dienende Seele", als „gehorsame Frau" gepriesen.[103] Nur Ortwin und Bertel überleben die Wirren der Weimarer Republik; ihrer christlich bestimmten Lebenstapferkeit ist Zukunft beschieden. Denn die Welt ist für W. Kramp nicht nur „erlösungsbedürftig", sie ist auch „erlösungsfähig".[104]

Als wichtigste Bildungsmacht erfährt der Protagonist die Liebe. Sie führt ihn in Irrtum und Schuld, sie erlöst ihn zuletzt aus aller Verwirrung. Bertels unverstörtes Menschentum lebt aus einer liebenden Hingabe, die von christlicher Glaubensgewißheit erfüllt ist. An ihrer Seite erfährt Ortwin, daß alle „Liebe [...] aus Gott" ist, daß sich in ihr „der Grund der Welt" offenbart.[105] In dieser christlichen Werttradition findet der berufstüchtige Protagonist zu sich selbst, gewinnt er Heimat im Lande seiner Väter. Mit der Gestalt des moralisch rigorosen, seelisch verhärteten Freundes Eberhard distanzierte sich Kramp vom konventionell erstarrten bürgerlichen „Geist des ererbten deutschen Humanismus" (85), dem er die bewahrende Lebensmächtigkeit absprach. Noch deutlicher rechnet er mit dem Nationalsozialismus ab. Er erweist sich als couragierter Autor der Inneren Emigration, wenn er in der Gestalt des zwielichtigen Wanderpredigers Dr. Sneeders literarische Camouflage betreibt: hinter dem fragwürdigen Apostel „Joe", der, „auffallend mager", „das rechte Bein etwas nachzieht", verbirgt sich natürlich Joseph Goebbels.[106] Die von Sneeders gegründete „Gesellschaft für Lebenserneuerung" beruht konsequenterweise auf dem amoralischen Prinzip der „Unschuld der Kraft" (342).

W. Kramp verkündete sein christliches Menschenbild mittels des Strukturtypus des Bildungsromans, dessen transepochale Konstanten erhalten blieben. Das Werk thematisiert die Suche eines jugendlichen Protagonisten, der an der geistigen Orientierungslosigkeit seiner Zeit leidet, nach dem „Dauernden" (432), nach einer sinnstiftenden Lebensordnung. Diese Thematik bedingt die weitgehend einsträngige Fabel, die sich primär an Ortwins Lebenslinie ausrichtet. Sie zeichnet die Vorgangsfigur eines relativ ungestörten Sozialisationsprozesses, denn der Protagonist, der keine härteren Bewährungsproben zu bestehen hat, verbleibt innerhalb der angestammten sozialen Schicht. Seine Entwicklung vollzieht sich in drei chronologisch geordneten Phasen, die den fünfteiligen Aufbau des Romans bestimmen: die Schul- und Lehrjahre in Ostpreußen (1.–2. Teil), die Studienjahre in Berlin (3.–4. Teil) und im letzten Teil die Übernahme des väterlichen Gutes durch ihn und seine Frau. Ortwins Entwicklung mündet zum Schluß zielgerichtet in die Selbstfindung, die nicht auf der schon frühzeitig vollzogenen Berufsentscheidung beruht, sondern durch das christliche Glaubenserlebnis bedingt ist, das sich ihm durch die Liebe seiner Frau erschließt. Der Protagonist bildet innerhalb der Figurenkonstellation die Zentralgestalt, der die wesentlichen Charaktere funktional zugeordnet sind. Diese vermitteln ihm die für seinen Werdegang relevanten Erfahrungen oder sie verleihen seiner Gestalt durch Kontrastierung schärfere Konturen. Ortwin steht, wie erwähnt, zwischen zwei schicksalbestimmenden Gegensatzfiguren, nämlich der bindungslosen und der glaubensstarken Frau. Eberhard und Ludwig, Freund und Stiefbruder, stehen in einem kontrastiven Verweisungszusammenhang zu Ortwins Wesen und Entwicklung. Auch sie sind Suchende, verfehlen jedoch ihre personale Identität und sterben eines frühen Todes. Der eine, ein völkisch-national gesinnter Freikorpskämpfer, fällt in einem Straßengefecht, und der andere, in seinem Lebensmut gebrochen, stirbt während einer Expedition. Die Nebenfiguren besitzen individuelle Rundung und Eigenständigkeit, was sich in der Dominanz der szenisch-dialogischen Erzählform spiegelt. Der auktoriale Erzähler ist didaktisch motiviert, was sich nicht nur in seinen Kommentaren und dem übersichtlichen Aufbau des Romans offenbart, sondern auch in Kramps Anspruch auf Verbindlichkeit seiner weltanschaulichen Botschaft bekundet. Er gestaltet einen exemplarisch-musterhaften Protagonisten, der rastlos nach Sinnerfüllung suchend die Gefahren zeitgenössischer „Entwurzelung" überwindet.

Die geringe Zahl der autorspezifischen variablen Strukturmerkmale dieses Bildungsromans verrät dessen epigonalen Charakter. Es fällt auf, daß die Raumdarstellung vorwiegend auf die ländliche ostpreußische Heimat des Protagonisten beschränkt bleibt. Das resultiert aus einer an E. Strauß erinnernden ideologischen Opposition von heiler ländlicher Lebensform und den „verstörten und verwilderten Städten" (275), in denen nach Meinung des Erzählers dämonische „Unordnung aus dem Unterirdischen" um sich greift (87). Kramp neigte zu einer gewissen Mythisierung der Ursachen sozialer Spannungen, Ausdruck seiner Ratlosigkeit angesichts des gesellschaftlichen Umbruchs der zwanziger Jahre. Sein strenger, patriarchalischer Wertkonservatismus spiegelt sich auch in der zyklischen Bauform des Romans. Der Protagonist kehrt nach desillusionierenden Erfahrungen in der Großstadt in die „wiedergewonnene Heimat" zurück (275), in die Welt einer „starken alten Ordnung" (87).

W. Kramp zählte sein Werk zur Literatur eines „christlichen Realismus".[107] Er ist, ähnlich wie E. Strauß, der erzählerischen Tradition regional gebundener Heimatkunst verpflichtet. Sein Erzählen verzichtet auf das Experiment, meidet, wie Kramp betonte, „die perfekte artistische Sprachfigur" zugunsten der überzeugenden Wiedergabe „schlichter Erfahrung".[108] In der Tat kennt Kramps Sprache weder Manierismus noch falsches Pathos; sie bewegt sich zwischen Stillagen religiöser Ergriffenheit, beseelter Verträumtheit und lapidarer Nüchternheit.

Leonhard Frank: Mathilde

Der Autor entstammte beengten kleinbürgerlichen Verhältnissen. Nach Absolvierung der Volksschule bildete er sich als Autodidakt weiter. Während des ersten Weltkrieges emigrierte der überzeugte Pazifist in die Schweiz. Nach Berlin zurückgekehrt, setzte seine fruchtbarste Schaffenszeit ein. Er verstand sich als Kämpfer für die Armen und Entrechteten, als „rebellischer Gefühlssozialist", der den Wertezerfall der Bourgeoisie schonungslos anprangerte und die klassenlose Gesellschaft der Zukunft propagierte.[109] Trotz mancher Kritik auch am Kleinbürgertum blieb Frank den Werthaltungen dieser sozialen Schicht zeitlebens verbunden. Die nationalsozialistische Herrschaft zwang ihn erneut zur Emigration, deren Erlebnisse im elften Kapitel von *Mathilde* ihren Niederschlag gefunden haben. Das Exil setzte in Franks Schaffen eine deutliche Zäsur. Er fühlte sich im Kreise der deutschen Emigranten isoliert; besonders litt er unter dem Verlust der Heimat und des deutschen Lesepublikums. Sein früherer Glaube an den Sieg der sozialistischen Gesellschaftsordnung war erschüttert. „Mit Romanen", konstatierte er resigniert, „ist doch nichts anzustellen — ist doch nichts zu ändern."[110] Daher trat während des Exils die sozialkritische Thematik in den Hintergrund. Frank berichtet, er habe 1937 in Frankreich einen „umfangreichen Liebesroman" zu schreiben begonnen, der den Lebensweg eines Mädchens behandeln sollte.[111] Erst nach Kriegsende schloß er die Niederschrift ab.[112] Der Autor bekannte, er habe das Buch unter deprimierenden Umständen „seiner selbst wegen" verfaßt; es war ihm ein Bedürfnis, sich schreibend seiner existentiellen Lebenswerte zu versichern.[113] Er nahm sich vor, „das Paradies" eines idyllisch verklärten Daseins zu schildern, in dessen Mittelpunkt die Titelfigur stehen sollte, in der Frank sein Wunschbild der Frau gestaltet hat.[114]

Der Roman thematisiert den Werdegang eines Mädchens, das „den vernichtenden Gewalten des Lebens wehrlos preisgegeben war und doch nicht untergehen wollte in der Seele [...]" (24). Es ist die fast märchenhafte Geschichte einer uneingeschränkten Selbstverwirklichung. Mathilde, in einem idyllischen schweizerischen Dorf aufgewachsen, scheitert zwar in einer allzufrüh eingegangenen Ehe mit dem seelisch verhärteten Dr. Silaf, findet aber in ihrer zweiten Ehe mit dem englischen Privatgelehrten Weston menschliche Erfüllung. Der Weltkrieg unterbricht jäh das familiäre Glück; Weston meldet sich zur englischen Armee und kehrt nach Kriegsende schwerverwundet in die Schweiz zurück. Die Ehe gerät nun infolge der langen Jahre der Trennung in eine tiefe Krise, die jedoch durch eine neue Gemeinsamkeit der gereiften Ehepartner überwunden wird.

Die innere Progression der Protagonistin vollzieht sich im dominanten Modus wachstümlicher Entfaltung der Potentialität eines subjektiven Ichs. Mathilde hat ihre Menschlichkeit keiner pädagogischen oder sonstigen gesellschaftlichen Institution zu verdanken; sie ist „genährt und gebildet durch das Gemüt" (218). Aus ihm schöpft sie die „wunderbaren Gesetze des Lebens" (261). Sie befindet sich nicht auf der Suche nach ihrer Identität, denn sie weiß sich von Anfang an mit traumhafter Sicherheit in deren Besitz. Daher erlebt sie das Erwachsenwerden nicht als qualitative Wesensveränderung.[115] Sie reflektiert auch nicht ihren gesellschaftlichen Standort, vielmehr fällt ihr die soziale Rolle der Frau und Mutter, die ihr glückhafte Erfüllung schenkt, aus der „Mitte ihres Wesens" zu (284). Ihre Reifung vollzieht sich vornehmlich als Entfaltung eines subjektiven Bewußtseins, aus dem ihr existenzsicherndes Orientierungsmuster erwächst. Die Protagonistin deutet nämlich die Grundfigur ihres Daseins aus dem leitmotivisch wiederkehrenden „Märchen ihres Lebens" (444). Es ist die Grimmsche Erzählung vom wehrlos-gütigen „Mädchen ohne Hände": die Geschichte einer großen Liebe, die durch die feindliche Welt gefährdet wird, die zuletzt jedoch über alle Bosheit triumphiert.

Humane Selbstbewahrung des Individuums inmitten der gefährdenden Mächte der Zeit erscheint jetzt nur noch im gesellschaftlichen Abseits des privaten Lebensbereichs, nämlich in der Familie, möglich. Jedoch gerät die Protagonistin durch die egoistisch-autoritäre Haltung ihres ersten Mannes in eine schwere seelische Krise. Dr. Silaf erscheint als Vertreter jener Bourgeoisie, deren starr konventionelle Lebensauffassung der Autor schon immer leidenschaftlich bekämpft hatte. Silaf haftet „der Dunst der Schulen, der falschen Erziehung" und eine „übelriechende Moral" an.[116] Mathildes zweite Ehe wird dagegen durch eine innige Liebesbindung bestimmt. Im Gegensatz zu anderen Bildungsromanen der Zeit bekennt sich der Erzähler zu einer natürlichen Sinnenhaftigkeit; Eros und Sexus werden als unproblematische Ganzheit erfahren und stellen die unabdingbare Voraussetzung für humane Selbstverwirklichung dar.

An Mathildes Lebensweg demonstriert der Autor, daß zwar „jeder Mensch als ‚Reines Ich' geboren wird", es ihm aber nur selten gelingt, die heile Innerlichkeit in die Welt der Erwachsenen hinüberzuretten.[117] Mathilde bewahrt sich ihre naturhafte Schlichtheit und unverfälschte Spontaneität. Sie läßt sich keiner gesellschaftlichen Schicht zuordnen; sie lebt nicht aus der sichernden Kraft sozialer Bindungen, sondern, wie gesagt, aus dem Bewußtsein einer ungebrochenen personalen Identität. Mathilde wird eine gleichsam potenzierte „Einfachheit hoher Art" zugesprochen, in der bereits „alle Differenzierungen [...] enthalten" seien.[118] Die Protagonistin avanciert damit zum Leitbild reiner Humanität, besonders für ihren Ehemann, der freimütig einräumt, er sei „weniger wert [...] als sie" (261). Leider löst Frank den idealen Anspruch seiner Protagonistin gestalterisch kaum ein. Die idyllische Schweizer Natur bildet den Hintergrund für Mathildes gesellschaftsferne Existenz, die „unvergleichlich tiefer in den Grund des Seins gebaut" sei als das wirre Treiben einer feindlichen Welt (261). Diese bricht mit dem Zweiten Weltkrieg brutal in den privaten Lebensraum der Protagonistin ein. Auch der Terror des nationalsozialistischen Regimes wird von dem exilierten Autor mit engagierter Sachlichkeit schonungslos angeprangert, von der blutig niedergeschlagenen „Röhm-Revolte" bis zu leidvollen Emigrantenschicksalen.

Mathilde weist die wesentlichen konstanten Strukturmerkmale des Bildungsromans auf. Es wird der Reifungsprozeß eines jugendlichen Charakters thematisiert, ein Vorgang, der im Lebenssieg seelenhafter Innerlichkeit über die Bosheit der Welt gipfelt. Dies bedingt eine vorwiegend einsträngige Fabel, welche die Lebensstationen der Protagonistin nachzeichnet. Drei chronologisch geordnete Großphasen bestimmen den Aufbau des Romans: Mathildes Mädchenjahre und ihre gescheiterte erste Ehe (Kap. 1—6), ihre glückliche Lebensgemeinschaft und Mutterschaft (Kap. 7—10) und schließlich die zweite Existenzkrise, verursacht durch die kriegsbedingte Trennung der Ehepartner, die aber in einem Neubeginn gemeistert wird (Kap. 11—13). Die Protagonistin fungiert als Zentralgestalt, der die Nebenfiguren funktional zugeordnet sind. Sie repräsentieren Mathildes begrenzten Erfahrungsbereich und besitzen daher nur soviel episches Eigengewicht, wie es die Darstellung des Weltverhältnisses der Protagonistin erfordert. Die didaktische Motivation des auktorialen Erzählers zeigt sich an der Übersichtlichkeit des Romanaufbaus, an den lehrhaft-wertenden Kommentaren und vor allem im Anspruch auf exemplarische Musterhaftigkeit, mit dem die Titelfigur ausgestattet ist, wird sie doch als antiemanzipatorisches weibliches Leitbild seelenhafter Innerlichkeit vorgestellt. Dieses beansprucht überzeitliche Gültigkeit, denn der Erzähler beschwört eine archaische Sinnordnung, in der jede Generation so handelt, wie man es „vor hundert Jahren tat" und wie man es „in hundert Jahren tun wird" (445).

Die Romanstruktur konstituiert sich weiterhin durch einige autorspezifische variable Merkmale. Sie resultieren aus der Dominanz des Modus zielgerichteter Entfaltung innerer Potentialität. Die Protagonistin wird im Laufe der Jahre das, was sie potentiell schon immer war. Sie findet zu ihrer Bestimmung, indem sie ihre wesenhafte Liebeskraft in der sozialen Rolle der Ehefrau und Mutter verwirklicht. Ihre Beschränkung auf den bergenden Kreis familialer Gemeinschaft spiegelt sich in der zyklischen Vorgangsfigur der Fabel, die an Bildungsromane der Romantik erinnert, auch an W. Raabes *Hungerpastor*, auf den im Text verwiesen wird (328). Zweimal gelingt es Mathilde, den desillusionierenden Anprall der feindlichen Welt zu überstehen und die ursprüngliche Idylle wieder herzustellen.[119] Aus ihrem eng begrenzten Erfahrungsbereich ergibt sich die Reduktion des Figurenensembles, das zudem in einer gewissen typisierenden Undifferenziertheit erscheint. Aus der Konzentration der Erzählung auf die subjektive Innerlichkeit der Protagonistin resultiert schließlich die geringe Raumsubstanz des Romans, die sich im wesentlichen auf Mathildes ländliche Heimat beschränkt. Zusammenfassend läßt sich, ähnlich wie bei Kramps Werk, feststellen, daß die geringe Zahl der autorspezifischen variablen Strukturmerkmale, verbunden mit einem konventionell geprägten humanen Leitbild, auf den epigonalen Charakter dieses Bildungsromans verweist.

IX. DIE NACHKRIEGSZEIT (WESTEUROPA)

Einleitung

Seit dem Ende des Zweiten Weltkrieges ist der deutsche Bildungsroman in die tiefste Krise seiner Geschichte geraten. Alfred Andersch konstatierte seinerzeit resigniert „die Brüchigkeit aller [...] objektiven Wertsysteme"; die tradierten Weltbilder mit normativer Verbindlichkeit waren durch den totalen Zusammenbruch radikal in Frage gestellt.[1] Dies betraf vor allem die kanonisierten Bildungsinhalte des christlichen und des klassisch-neuhumanistischen Menschenbildes. Einen abrupten Traditionsbruch erlebte die völkisch-nationale Ideologie: Romane in der Manier eines Emil Strauß gehörten endgültig der Vergangenheit an. Auch der seit 1933 politisch verdrängte sozialistische Bildungsroman, wie ihn Karl Bröger in der Weimarer Zeit vertreten hatte, lebte in der ehemaligen Bundesrepublik nicht wieder auf. Es blieb Peter Weiss im schwedischen Exil vorbehalten, die Spezies in eigener Manier wieder aufzunehmen.

Man beklagte in den fünfziger Jahren kulturpessimistisch den „Verlust der Mitte" und suchte in der Literatur als tröstender Lebenshilfe Zuflucht. Überstürzt von der damaligen Modephilosophie des Existentialismus zogen sich zahlreiche Autoren in die innere Welt des „Eigentlichen" zurück, wobei sie sich deutlich vom politisch-gesellschaftlichen Alltag distanzierten. Man berief sich in restaurativer Gesinnung auf das christliche Erbe und vor allem auf die klassisch-antike Tradition; der greise Historiker Friedrich Meinecke forderte die Gründung von „Goethegemeinden", und Frank Thieß mahnte zur Rückbesinnung auf die „gräco-latinische Mittelmeerkultur".[2] So konnten einige Bildungsromane entstehen, die unverkennbar epigonale Züge aufwiesen. Sie führten die Linie des Bildungsromans der Innerlichkeit fort, der in den dreißiger Jahren durch Autoren wie Willy Kramp und Leonhard Frank vertreten gewesen war. Es handelte sich vorwiegend um Angehörige der älteren Generation, die, formalen Experimenten abgeneigt, den Werdegang ihrer Protagonisten meist in eine heile Vergangenheit zurückverlegten, wodurch sie der Auseinandersetzung mit dem Nationalsozialismus enthoben waren. Noch einmal wagte man unter Berufung auf Goethe den Roman als „Möglichkeit zur neuzeitlichen Universalität" der Welterfassung zu begreifen, da nach wie vor ein „fester Konnex zwischen Innen und Außen", zwischen subjektiver Innerlichkeit und empirischer Erscheinungswelt bestehe.[3] Noch einmal erschien der Held als unbeschädigte, nicht entfremdete Individualität, einer heilen Kindheitswelt entwachsen, fähig zu unbezweifelter Sinngebung der eigenen Existenz.

Heimito von Doderer ist in der *Strudlhofstiege* (1951) der Tradition des österreichischen fin de siècle verpflichtet. Entschieden bekämpfte er den „Einbruch des Nichts-als-Materiellen" und erhoffte die Überwindung des Werteschwundes durch Stärkung eines historisch orientierten Bewußtseins.[4] Für den Individualisten Doderer ereignet sich das „eigentliche Dasein" allein im privaten Schicksal des einzelnen, der zu sich selbst findet, indem er seine persönliche Vergangenheit erinnernd einholt. Auch Karl August Horsts Roman *Zero* (1951) steht in der Tradition eines bürgerlich-konservativen Humanismus. Zwar durchlebt der einem großbürgerlichen Haus entstammende Protagonist in den chaotischen Nachkriegswirren einer „neuen Weltzeit" schwere Prüfungen, aber er findet schließlich seine Identität in der Nachfolge seines redlichen, pflichtbewußten Vaters, verbleibt also innerhalb der überkommenen bürgerlichen Normen und Wertvorstellungen.[5] Das christliche Menschenbild wird in Vinzenz Eraths Trilogie (1951—62) und in Karl Kloters Roman *Markus* (1959)[6] in relativ unpolitischer Weise dargeboten, während Rudolf Krämer-Badonis Roman *In der großen Drift* (1949) dem Protagonisten die Auseinandersetzung mit Marxismus und Nationalismus nicht erspart. Er findet zu sich selbst in einer von christlicher Gläubigkeit getragenen, illusionslosen Lebenstapferkeit.

In der Nachkriegszeit begegnete eine Romanart mit zunehmender Häufigkeit, deren Vorstufen bereits kurz nach der Jahrhundertwende aufgetaucht waren.[7] So gestalteten schon R. M. Rilke (*Malte Laurids Brigge*) und F. Kafka (*Der Prozeß*) — Autoren, die erst in den fünfziger Jahren vom breiten Publikum entdeckt wurden — Bewußtseinsprotokolle einer zum Tode führenden Identitätskrise. Nach dem Zweiten Weltkrieg entwickelte sich der existenzanalytische *Roman der Identitätskrise*, der trotz mancher Gemeinsamkeiten mit dem Bildungsroman — hier wie dort die Suche nach der Ich-Identität — doch eine unterschiedliche Struktur aufweist. In ihm überlagern und durchdringen sich zwei Vorgänge: die Zentralfigur erlebt den Zerfall ihrer bisherigen Identität, und sie bemüht sich um deren Neukonstituierung. In diesem Sinne vollzieht Max Frischs *Stiller* zwei Schritte; einmal „die Selbsterkenntnis", die ihn „langsam oder jählings seinem bisherigen Leben entfremdet", und zum andern unternimmt er den Versuch, „zu werden, was man [er] ist".[8] In der neuen Romanart wird nicht die innere Progression eines jungen Protagonisten zur Ich-Identität thematisiert, die sich in der Regel am Ende der Adoleszenzphase formiert, sondern es geht um die „Verwandlung" eines Menschen in vorgerücktem Lebensalter.[9] In der Einsicht, daß „am Abend [...] die Dinge anders [...] als am Morgen" aussehen,[10] unterwirft die Zentralfigur die eigene Gegenwart und Vergangenheit einer kritischen Analyse, wobei die bisher vertretenen Normen und Werte mehr oder minder entschieden in Frage gestellt werden. Gleichzeitig wird nach einer neuen Lebenshaltung gesucht, die in der Regel am Romanschluß sichtbar zu werden beginnt. Freilich kann die Lebenskrise auch negativ enden, kann in Identitätsdiffusion oder gar in Selbstverlust münden. Die Fabel besitzt daher, im Unterschied zum Bildungsroman, verschiedene Schlußarten. Sie stellt auch keine chronologisch geordnete, phasengegliederte Lebenslinie dar; vielmehr sucht das erwachsene Ich, dessen Selbstverständnis in eine Krise geraten ist, in seiner Vergangenheit nach Bauelementen eines neuen Existenzentwurfs. Die Lebenskrise setzt mit einem klar markierten Ereignis ein; das erlebende Ich tritt dann in eine Reflexionsphase der Selbsterkundung ein, in der es dem alltäglichen Dasein enthoben ist; die Beschreibung der Krise endet schließlich mit der Rückkehr in die Lebenswirklichkeit. Die neue Romanart wird durch die soziologische Erkenntnis bestätigt, die Ich-Identität beruhe auf der „Fähigkeit des Erwachsenen [...], in Konfliktlagen neue Identitäten aufzubauen und diese mit den überwundenen älteren Identitäten in Einklang zu bringen".[11]

In den sechziger Jahren erlebte der westdeutsche Bildungsroman einen endgültigen Traditionsbruch. Das klassisch-neuhumanistische Persönlichkeitsideal harmonischer Konfliktbewältigung erwies sich angesichts der Herausforderung durch eine entfremdete Umwelt als endgültig überholt. Eine Literatur, die von der Annahme ausging, das zeitgenössische Individuum sei „in seine jeweiligen [...] zusammenhanglosen Situationen zerteilt", konnte die Entwicklung personaler Identität nicht mehr thematisieren.[12] Die Vertreter der „Neuen Linken" formierten sich in Protestaktionen gegen die Repression des Individuums durch Staat, Wirtschaft unf Kulturindustrie. Die neue Haltung der großen Verweigerung fand ihren literarisch radikalsten Ausdruck in Oswald Wieners monströsem Opus *die verbesserung von mitteleuropa* (1969).[13] Hier äußert sich ein antitraditionalistischer, anarchistischer Solipsismus, der nicht nur „einen riesigen ballast von bildung und nachdenken loszuwerden" sucht, sondern sich grundsätzlich „gegen eine im großen ganzen abgerundete, stimmige, einhellige welt" zur Wehr setzt.[14] Gesellschaftliche Normen und Denkmuster sowie die sie vermittelnden sprachlichen Konventionen verstellen nach Wieners Ansicht die Wirklichkeit, indem sie spontane Primärerfahrungen einschränken und schöpferisch-autonomes Handeln vereiteln. Der Autor hofft, durch Destruktion der vorgegebenen Konventionen die „Entfaltung seines selbst" zu erreichen, ohne freilich zu bedenken, daß seine radikalen Thesen ihn in letzter Konsequenz zu totaler Sprachlosigkeit verurteilen.

In den sechziger Jahren geriet die Bildungsproblematik zum Politikum; die Empfehlungen des Deutschen Ausschusses für das Erziehungs- und Bildungswesen (1953–65) und des Deutschen Bildungsrates (1966–75) — Gremien, die mit Wissenschaftlern und Praktikern verschiedenster Fachdisziplinen besetzt waren — fanden Resonanz im kulturellen Leben. Der Bildungsanspruch des einzelnen wurde jetzt als unveräußerliches „Bürgerrecht" festgeschrieben. Man erinnerte sich an die prophetischen Worte Walther Rathenaus, der schon 1919 die bürgerliche Gesellschaft davor gewarnt hatte, den „Bildungsmangel des Proletariats" weiterhin tatenlos hinzunehmen.[15] Dennoch war es in der Weimarer Republik bei einer begrenzten „Volksbildung" geblieben, die auf die angeblichen Bedürfnisse der unteren sozialen Schichten zugeschnitten war. Demgegenüber wurde in den sechziger Jahren ein zukunftsweisendes Konzept der „Erwachsenenbildung" erarbeitet, das sich um demokratische Chancengleichheit bemühte.[16]

Jetzt begann man sich mit dem in Verruf geratenen Bildungsbegriff intensiv auseinanderzusetzen. Man kritisierte seine Verschwommenheit, die diesem freilich schon immer eigen gewesen war. Andererseits erkannten nicht wenige Autoren, keineswegs nur Pädagogen, die Unentbehrlichkeit dieses Terminus.[17] So versuchte etwa Alexander Mitscherlich aus sozialpsychologischer Perspektive eine differenzierende Klärung, indem er zwischen „Sachbildung", „Sozialbildung" und der „Bildung der Affektäußerungen" unterschied.[18] Der Deutsche Ausschuß für das Erziehungs- und Bildungswesen begriff Bildung als prinzipiell unabschließbaren Prozeß und wagte einen bewußt pragmatischen Definitionsversuch: „Gebildet im Sinne der Erwachsenenbildung wird jeder, der in der ständigen Bemühung lebt, sich selbst, die Gesellschaft und die Welt zu verstehen und diesem Verständnis gemäß zu handeln."[19] Diese Definition vermeidet vorgegebene Normen und Werte; sie stellt den theoretischen Entwurf und die praktische Verwirklichung von Bildung allein der subjektiven Kompetenz des Individuums anheim. Die scheinbare Wertfreiheit dieser Bildungskonzeption resultiert aus der nunmehr unwiderruflichen Einsicht in die pluralistische Gesellschaftsstruktur der Gegenwart, für die sich jede weltanschaulich bedingte Normativität verbietet.

Der Erkenntnis folgend, daß Bildungsinhalte historisch determiniert und somit dem Wandel unterworfen sind, begann man im Erziehungswesen mit der kritischen Revision der curricular kodifizierten „Bildungsgüter". Vor allem in dreifacher Hinsicht erfuhr der überkommene Bildungsbegriff einen folgenschweren Wandel: er gewann die Dimension des Politischen hinzu, da der gesellschaftlich mündige Bürger zum Erziehungsziel erklärt worden war.[20] Ferner wies man angesichts der Herausforderung durch die moderne Arbeitswelt der naturwissenschaftlich-technischen Bildung gegenüber der neuhumanistischen Tradition einen wesentlich höheren Stellenwert zu. In diesem Zusammenhang bemühte man sich, die unfruchtbare Dichotomie zwischen antimodernistischem Bildungsidealismus und technokratischer Fortschrittsgläubigkeit zu überwinden. Dieses unselige deutsche Erbe des 19. Jahrhunderts sollte durch einen erweiterten Kulturbegriff bewältigt werden.[21] Schließlich nahm die neue Bildungskonzeption auch den Bereich der beruflichen Ausbildung in sich auf, die als „unentbehrliches Medium der Bildung" eine späte Würdigung erfuhr.[22]

Die sechziger Jahre waren von einer unruhigen Suche nach neuen Orientierungen bestimmt. Man vollzog, wie erwähnt, eine kritische Revision der Bildungstradition, was dazu führte, daß der neuhumanistische Anspruch auf souveräne Autonomie des Individuums endgültig relativiert wurde. Die studentische Aufbruchbewegung postulierte die dialektische Versöhnung von Ich und Gesellschaft, von privater und öffentlich-politischer Sphäre. Nach dem scheinbaren Scheitern dieser Bewegung suchten nicht wenige Autoren der Nachkriegsgeneration in den siebziger und achtziger Jahren die Problematik des krisenhaft entfremdeten Individuums literarisch zu erkunden. Sie gestalteten eine „negative Anthropologie",[23] eine Thematik abweichenden Verhaltens, scheiternden Lebens. Ihre Romane sind weithin von antibürgerlicher

Gesellschaftssatire bestimmt; nur selten lassen sich vage Umrisse eines utopischen sozialistischen Menschenbildes erkennen. Sie bedienten sich, in Anlehnung an das übermächtige Vorbild der *Blechtrommel*, der Form des *Antibildungsromans*, der ex negativo auf das Strukturmodell des Bildungsromans bezogen ist. Hermann Kinder, Franz Innerhofer, Eva Demski, um nur die bekanntesten zu nennen: sie alle thematisierten die gefährdete und beschädigte Identität. Ihre Protagonisten kennen keine heile Kindheit, sie sind unfähig zu normaler Sozialisation. Die Dissoziation des Ichs offenbart sich darin, daß ihnen die Sinngebung ihrer Lebensgeschichten mißlingt, woraus sich die resignativen Romanschlüsse erklären. Diese Romane entlarven ideologisch erstarrte Bildungskonventionen: die neuhumanistische Persönlichkeitsidee, die häufig zur Phrase entarteten christlichen Wertvorstellungen und nicht zuletzt latente Rassenideologien faschistischen Ursprungs. Die Kritik der Bildungsideologie wird durch das Strukturmuster des Bildungsromans realisiert, mit dem der bürgerliche Leser bestimmte Normerwartungen verbindet, die aber dann durch dessen parodistische Destruktion oder durch satirische Brechung zunichte gemacht werden. Solche Ideologiekritik schuf erst die Voraussetzungen für die Möglichkeit einer neuen Bemühung um den Bildungsroman, die seit den achtziger Jahren vereinzelt zu beobachten ist.

Der 1944 geborene Franz Innerhofer, wie Hermann Kinder der ersten Nachkriegsgeneration angehörend, schuf einen satirischen Antibildungsroman, in dem er seine eigenen bitteren Kindheits- und Jugenderfahrungen verarbeitete. Franz Holl, die Zentralfigur der Trilogie — *Schöne Tage* (1974), *Schattseite* (1975), *Die großen Wörter* (1977) — wiederholt den Werdegang des Autors: in Kindheit und früher Jugend Bauernknecht, der unter einem erbarmungslosen Vater zu leiden hat, dann städtischer Facharbeiter und schließlich, nach bestandenem Abitur auf der Abendschule, Student der Philologie. In Familie, Kirche, Schule und Beruf fühlt er sich sozialen Zwängen unterworfen, gegen die er sich empört zur Wehr setzt. Er entwickelt sich zum depressiven Einzelgänger, als er nach der Flucht aus der bäuerlichen „Leibeigenschaft" erfahren muß, daß auch die industrielle Arbeitswelt Österreichs von unentrinnbaren Zwängen beherrscht ist, daß auch hier eine „bildungsfeindliche Welt" seine persönliche Entwicklung bedroht.[24] Seine letzten Hoffnungen auf Selbstverwirklichung gelten den Bildungsinstitutionen des Abendgymnasiums und der Universität. Aber auch sie verlieren ihren ursprünglichen Glanz, entpuppen sich als wirklichkeitsferne, substanzlose „Welt des Redens", die ihm keinerlei geistige Orientierung zu geben vermag.[25]

Der Protagonist leidet an der unüberwindbaren Kluft zwischen bürgerlicher Kultur, die ihm freilich ideologisch erstarrt scheint, und proletarischer Arbeitswelt. Die sich wiederholende Grundfigur seiner Existenz ist die „überstürzte Flucht" vom einen in den anderen Lebensbereich und dann „die plötzliche Panik, weil die Welt, die er suchte, nicht existierte".[26] In jedem der drei Lebensräume werden seine Hoffnungen enttäuscht, erfährt er wachsende Entfremdung. Er erkennt die Unerreichbarkeit seines Zieles, „so zu leben, wie man es dem eigenen Wesen schuldig zu sein scheint".[27]

Indem er fast alle „Bestimmungen und Ordnungen" als gesellschaftliche Zwänge mißversteht, verfehlt er die Möglichkeit zu sozialer Integration.[28] So durchläuft der Protagonist einen desillusionierenden Prozeß der Bewußtwerdung, der ihn weder beruflich noch privat der Lösung seiner Lebensfragen näherbringt. Der Schluß der Trilogie zeigt ihn ratlos — ein Mensch, der seinen gesellschaftlichen Ort nicht gefunden hat, der „nirgends und überall zu Hause ist".[29]

Innerhofer benutzt in seiner Trilogie das Strukturmuster des Bildungsromans. Die Zentralgestalt befindet sich auf der Suche nach personaler Identität und sozialer Integration. Die einsträngige, weitgehend chronologisch geordnete Fabel reicht von der Kindheit bis zur Adoleszenz. Die drei Bände beschreiben Holls wesentliche Entwicklungsphasen vom bäuerlichen Lebensraum über die Fabrikwelt bis in den Bereich der Bildungsinstitutionen. Die Nebenfiguren sind ihm weitgehend funktional zugeordnet. Dieses Grundmuster wird nun dadurch satirisch deformiert, daß die für den Bildungsroman typische Zielgerichtetheit der Fabel eliminiert ist, denn Holl scheitert in jedem der drei Lebensbereiche; die Trilogie endet mit einem offenen Schluß, der die mißlungene Selbstfindung des Protagonisten signalisiert. Neben einigen wenigen positiven Figuren begegnen mehrheitlich satirisch verzerrte Gestalten: der despotische bäuerliche Vater, der autoritäre Firmenchef oder die seelisch verkrüppelten Lehrerfiguren. Auch die Sprache des Romans zeigt satirische Züge. Sie reichen von bitterer Ironie über aggressive Direktheit bis zu einer absurden Nonsens-Sprache, mit der die Trilogie der Hoffnungslosigkeit ausklingt.

Innerhofer dürfte sein Werk als satirische Deformation des Strukturtypus, wie ihn der *Grüne Heinrich* repräsentiert, angelegt haben, auf den im Text ausdrücklich verwiesen wird.[30] Seine Intention war die pauschale Verdammung aller Bildungs- und Fortschrittsideologien, einschließlich der des Marxismus; er wollte deren „Klischees zum Verschwinden gebracht" sehen.[31] Die der Satire zugrunde liegenden Normen und Wertvorstellungen bleiben freilich recht vage, was mit der Unfähigkeit des Erzählers zu kritisch-distanzierter Reflexion zusammenhängt; der Autor erhofft eine Welt menschlicher Gemeinsamkeit, in der die durch Herkunft und Bildungsstand bedingten Unterschiede aufgehoben sind.[32]

Wolfgang Bittners Roman *Der Aufsteiger oder Ein Versuch zu Leben* (1978) schildert den Werdegang eines Angehörigen der ersten Nachkriegsgeneration. Erich Wegner entstammt einer Arbeiterfamilie. Er leidet an der geistigen Enge eines Elternhauses, in dem er keine seelische Geborgenheit findet. Nachdem er sich in verschiedenen Berufen ergebnislos versucht hat, entschließt er sich, über den zweiten Bildungsweg das Abitur abzulegen. Das Studium der Rechtswissenschaft absolviert er bis zur Promotion mit zäher Verbissenheit, aber ohne sachbezogenes Interesse, einzig von dem Gedanken erfüllt, sich dadurch gegenüber einer ungeliebten Gesellschaft mit einem „Schutzwall aus Sozialprestige" umgeben zu können.[33] Seine Ehe mit einer Frau aus bürgerlich-konservativer Familie scheitert an den Widersprüchen, die aus der unterschiedlichen sozialen Herkunft der Partner resultieren. Zuletzt entschließt sich der

Protagonist, tief verbittert angesichts seiner „verkorksten Existenz" (243), die ehemalige Bundesrepublik zu verlassen; in dieser kapitalistisch gesinnten „unmenschlichen Gesellschaft" (132) glaubt er keinen neuen Anfang wagen zu können.

Der Autor schildert den Prozeß einer zunehmenden Entfremdung, die trotz Wegners sozialem Aufstieg schließlich zu dessen Ausstieg aus der Gesellschaft führt, weil sein „Versuch zu leben" gescheitert ist. Er hat seine personale Identität verfehlt; weder beruflich noch privat konnte er seinen gesellschaftlichen Standort finden. Auch hinsichtlich seiner politischen Haltung zeiht er sich zuletzt resignativer „Unmündigkeit" (242), denn im Gegensatz zu seinen Freunden hat er sich trotz seiner marxistischen Überzeugung keinerlei Partei angeschlossen. Wegners tiefste Verbitterung erwächst aus dem schmerzhaft erfahrenen Unterschied zwischen den Denk- und Lebensweisen in der gesellschaftlichen Unter- und Oberschicht. Selbst noch nach abgeschlossenem Studium leidet er an seiner „persönlichen Unsicherheit" (242), fühlt er sich durch seine soziale Herkunft negativ determiniert. Gegenüber den Vertretern der gesellschaftlichen Oberschicht, den Lehrern und auch seinen Freundinnen, zeigt er ambivalente Gefühle, in denen sich Neid, Verachtung und Bewunderung mischen. Ähnlich wie in Innerhofers Trilogie wird hier eine unüberwindlich scheinende Kluft zwischen proletarischer Lebenswelt und bürgerlicher Kultur erfahren, worauf der Protagonist mit der Forderung nach „Emanzipation der arbeitenden Bevölkerung" (126) antwortet. Diese Erlebnisse reichen allerdings nicht aus, um seinen totalen Ausstieg aus der Gesellschaft überzeugend zu motivieren. Er scheint von einer antimodernistischen Kulturmüdigkeit gelähmt zu sein, die letztlich konsequent zu seiner Flucht aus „dieser ganzen Zivilisationsscheiße" (241) führt. Aus solcher Einstellung erklärt sich auch seine pauschale Verurteilung der bürgerlich-humanistischen, der christlichen und der nationalistischen Bildungstradition. Das utopische kommunistische Menschenbild, zu dem er sich bekennt, bleibt demgegenüber recht vage; es ruft zur Emanzipation des Individuums auf, zur Befreiung aus wirtschaftlicher Not und entwürdigender Kulturlosigkeit.[34]

Das Werk weist weitgehend das Strukturmuster des Bildungsromans auf. Es dominiert die ständig über sich reflektierende Zentralgestalt, deren drittes Lebensjahrzehnt dargestellt wird. Ihr sind die Nebenfiguren funktional zugeordnet: Familie, Freunde und Freundinnen, Arbeitskollegen, Lehrer und Professoren. Sie alle werden aus der Perspektive des erlebenden Protagonisten geschildert. In der einsträngigen, chronologisch geordneten Fabel gewinnen die Stationen des Werdegangs der Zentralfigur Gestalt. Zum Antibildungsroman gerät das Werk durch satirische Deformation gewisser gattungstypischer Strukturelemente. Die Entwicklungsthematik wird zum gescheiterten Sozialisationsprozeß eines Einzelgängers verzerrt. Die Darstellung der Bildungseinflüsse ist ebenfalls satirisch gebrochen, denn der Protagonist erfährt diese vorwiegend negativ: in der geistigen Enge des Elternhauses, in Schule und Universität, die ihm keine Antwort auf seine drängende Frage nach dem „Sinn des Lebens" (110) zu geben vermögen, und nicht zuletzt im Scheitern seiner Liebesbeziehungen. Die

Zielgerichtetheit der Fabel wird im Schlußkapitel gebrochen, in dem Wegner, wohl endgültig, seine Identität verfehlt.

Eine ähnliche Grundfigur des Scheiterns begegnet in Beat Webers Roman *Ich & Wir* (1981). Ein schweizerischer Volksschullehrer berichtet in autobiographischer Erzählweise über sein drittes Lebensjahrzehnt. Es steht unter dem Zeichen eines hoffnungsvollen Aufbruchs aus bürgerlichem Konservatismus. Den Ideen der Studentenbewegung verfallen, ersehnt David Gurtner die „neue Gesellschaft".[35] Er kritisiert das schulische Leistungsdenken, die unzulängliche zwischenmenschliche Kommunikation und tritt als Lehrer für eine wahrhaft „demokratische Erziehung und Bildung" (119) ein, was zu seiner Entlassung aus dem Schuldienst führt. Er überwirft sich mit seiner Familie, tritt aus der Kirche aus und verweigert den eidgenössischen Wehrdienst. Sein Ausbruch aus steriler Bürgerlichkeit endet jedoch in Resignation, in bloßem „ziellosem Hiersein" (209). Trotz gewisser positiver Ansätze hat der Protagonist letztlich seine Identität verfehlt, weil ihm weder in seiner politischen Betätigung noch in seiner Beziehung zum anderen Geschlecht der Durchbruch zum „Wir" gelungen ist. Auch in diesem Roman werden gewisse invariante Strukturelemente des Bildungsromans satirisch deformiert; so entartet die Entwicklungsthematik zum gescheiterten Sozialisationsprozeß eines Einzelgängers, der die Schwächen der schweizerischen Gesellschaft, besonders im politischen Bereich, satirisch entlarvt. Die einsträngige, phasengegliederte Fabel hat sich in eine ungeordnete Fülle von skizzenhaften Notizen aufgelöst.

Auch Eva Demski, 1944 geboren, gehört der skeptischen ersten Generation der Nachkriegszeit an. Sie debütierte mit dem Roman *Goldkind* (1979), der die Geschichte eines vaterlosen Einzelkindes erzählt. Es wächst in der bürgerlichen Wohlstandsgesellschaft der Adenauer-Ära auf, von der Mutter vernachlässigt, von den Großeltern verzärtelt. Nach dem Tode des Großvaters bricht die Familie auseinander; N. wird in ein Internat abgeschoben und besucht anschließend die Universität. Während einer Studentendemonstration, bei der er ohne innere Überzeugung mitläuft, findet er einen zufällig-sinnlosen Tod. Der Roman thematisiert das Mißlingen einer Sozialisation, das Verfehlen personaler Identität. N., dem zu Recht kein Eigenname zuerkannt wird, erweist sich noch in seinen Studentenjahren als erwachsenes Kind. Willenlos ordnet er sich den Forderungen der Familie, der Schule und später seiner studentischen Umwelt unter; mit keiner sozialen Rolle identifiziert er sich ernsthaft. Ein kontaktscheuer Einzelgänger, der sich unfähig zeigt, menschliche Beziehungen aufzubauen, weil er sie nie erfahren hat. Eine fremdbestimmte Existenz, in lethargischer Indifferenz ziellos dahintreibend.

N.s Geschichte wird nach dem Strukturmuster des Bildungsromans erzählt: eine chronologisch geordnete, lineare Fabel, die von der Kindheit bis zur Adoleszenz reicht; sämtliche Figuren sind der Zentralgestalt funktional zugeordnet, sie gewinnen nur Substanz nach Maßgabe ihrer Bedeutung für N., aus dessen Perspektive sie vorwiegend gesehen werden. Der Antibildungsroman entsteht durch satirische Verzerrung des gattungstypischen Strukturmusters, denn die Lebenslinie von N., der nicht erwachsen werden kann und will, endet in Selbstentfremdung und Tod. Im Gegensatz zu Innerhofers Trilogie werden weniger die Figuren des gesellschaftlichen Umfeldes satirisch deformiert als die Zentralgestalt selbst: eine seelisch verkrüppelte Existenz, die als Erziehungsprodukt einer restaurierten Wohlstandsgesellschaft verstanden werden soll.[36]

Auch Heinrich Bölls *Gruppenbild mit Dame* (1971) läßt sich als Antibildungsroman interpretieren. Allerdings ermangelt das Werk eines einheitlichen ästhetischen Strukturprinzips. Es ist einerseits der Formtradition des humoristischen Romans verpflichtet, ist wie W. Raabes *Stopfkuchen* im Aufbau durch eine antithetische Figurenkonstellation geprägt, in der die Zentralgestalt mehr oder minder die sittlichen Wertvorstellungen des Autors vertritt. In beiden Romanen provoziert ein sozialer Nonkonformist, dem Attribute humaner Existenz zugeschrieben werden, die Gesellschaft, die auf ihren konventionellen Normerwartungen beharrt. In Leni Gruyten mischen sich naive Spontaneität und hilfsbereite Güte, sinnenhafte Weltnähe und einfältige Frömmigkeit. Ihre unbürgerliche Lebensweise entfremdet sie zunehmend ihrer Umwelt, auf deren Anwürfe sie mit Sprachlosigkeit reagiert. Sie liebt die Musik der Romantik und liest die Literatur der Entfremdung, nämlich Hölderlin, Trakl und Kafka. Der Erzähler, der sich als engagiert recherchierender „Verfasser" einführt, hält Leni für fast „vollkommen".[37] Böll stilisiert seine Heldin sogar zur utopischen Kunstfigur: „Es gibt sie nicht, und es gibt sie" (349). Er versteht sein Werk als „Roman der Bildung einer Frau", deren faszinierende Ausstrahlung sich aus ihrer unbeirrbaren inneren Selbstgewißheit, ihrer „Unzerstörbarkeit" erkläre.[38]

Andererseits gehorcht der Roman überall dort dem Formgesetz der Satire, wo Leni mit einer Gesellschaft zusammenstößt, die ihr nur den Status der Asozialität zubilligt. Eine Gesellschaft, die Lenis „Normalitätsverweigerung" (360) nicht zu tolerieren bereit ist, weil die Protagonistin die Wertvorstellungen ihrer Umwelt in Frage stellt. Das zentrale Thema des Romans ist also satirischer Natur, nämlich die Enthüllung der Gebrechen einer Leistungs- und Profitgesellschaft durch Konfrontation mit einer vorbildhaften Figur. Die satirische Tendenz offenbart sich in der Deformation mancher Figuren,[39] vor allem aber in der Erzählweise des „Verfassers". Er steht im Banne von Lenis rätselhafter Persönlichkeit und befragt, um sie „ins rechte Licht zu rücken" (222), etwa fünfzig Personen. Um maximale Objektivität bemüht, glaubt er sich der Methode der Dokumentation bemühen zu müssen, die ihm aber unversehens zur Parodie gerät. Die polyperspektivische Montage enthüllt das oberflächliche, quantifizierende Denken des „Verfassers" und der meisten seiner Gewährsleute. Daher muß Lenis Bild fragmentarisch bleiben, kann sich nicht zu überzeugender Ganzheit runden. Der unüberbrückbare Abstand zwischen ihr und der Gesellschaft findet hier seine formale Entsprechung.

Wesentliche Strukturelemente des Bildungsromans konstituieren den Aufbau des Werkes, vor allem die dominierende Zentralgestalt, der die Auskunftspersonen, die sich durch Lenis Existenz herausgefordert fühlen, funktional zugeordnet sind. Ferner die chronologisch geordnete Darstellung ihres Werdegangs, der die Gliederung des Romans weitgehend bestimmt.[40] Die Fabel ist durch die polyperspektivische Schilderung episodisch aufgesplittert. Leni Gruyten, „diese so statische wie statuarische Person" (222), entwickelt sich nicht in produktiver Auseinandersetzung mit ihrer gesellschaftlichen Umwelt; sie durchläuft keinen Prozeß der Selbstfindung, da sie sich unbewußt stets ihrer Identität sicher weiß.[41] Böll ist hier einer kleinbürgerlichen, volksnahen Wertetradition verpflichtet, die über Leonhard Frank, Carl Hauptmann, Wilhelm Raabe bis zu Jean Paul zurückreicht. Diese Autoren haben einfältig-naive, sinnenhaft-naturverbundene Frauenfiguren geschaffen, die sich ohne wesentliche Umwelteinflüsse aus einer gefühlsstarken subjektiven Innerlichkeit heraus entfalten. Trotz des dominanten Strukturmusters des Bildungsromans verkehrt sich aber Bölls Werk zum Antibildungsroman, und zwar nicht nur wegen seiner satirischen Tendenz, sondern auch deshalb, weil die utopisch verklärte Zentralfigur keinerlei exemplarische Geltung beanspruchen kann, weil sie letztlich nur im Dienst der Entlarvung gesellschaftlicher Gebrechen steht.

Anders in Ursula Erlers Roman *Die neue Sophie oder Der Beginn einer längst fälligen Gattung der Literatur* (1972). Hier ist die Zentralgestalt eine junge Frau, die sich der Emanzipationsbewegung verschrieben hat. In autobiographischer Retrospektion vergegenwärtigt sie sich ihr Leben von der Kindheit bis zur frühen Eheschließung.[42] Sophie, bürgerlicher Herkunft, ist ein frühreifes, intelligentes Mädchen, dessen exzentrische erotische Abenteuer sie ins gesellschaftliche Abseits verweisen. Sie sucht in lesbischen Beziehungen ihre Identität, die sie in tradierten weiblichen Rollenmustern nicht zu finden vermag. Sie fühlt sich als Außenseiterin, keiner Gesellschaftsklasse zugehörig. Die Ehe, die sie nach abgeschlossenem Studium eingeht, betrachtet sie als notwendige Konzession an die gesellschaftliche Normerwartung. Weder diese Bindung noch ihre Mutterschaft können sie daran hindern, sich den für ihre persönliche Entfaltung nötigen Freiraum zu suchen: nicht nur im erotischen Bereich, sondern auch durch Mitarbeit in der Frauenbewegung und schließlich durch einen vorläufigen Rückzug aus Ehe und Beruf, um sich schreibend ihrer Entwicklung zu vergewissern. Am Schluß hat sie ihre Identität noch nicht endgültig gefunden; zwar möchte sie „ohne [...] Absage an Mann und Mutterschaft" ein „ökonomisch autonomes und seelisch-geistig produktives Leben" führen (134), aber dessen Verwirklichung erscheint keineswegs gesichert. Dennoch ist die Protagonistin entschlossen, weitere Lebensexperimente zu wagen, die sie und ihr Geschlecht der utopischen „klassenlosen Sozialität" näherbringen sollen (67).

Die Autorin ist mit ihrer Botschaft der uneingeschränkten Selbstverwirklichung der Frau in einer von Rollenzwängen beherrschten Männerwelt den Ideen von Simone de Beauvoir verpflichtet. Ohne realisierbare Lösungen anzubieten, stellt sie das herkömmliche Frauenbild radikal in Frage. Die vorherrschende Haltung des Protests deformiert wesentliche Strukturelemente des Bildungsromans: die auf Selbstfindung gerichtete Fabel ist gebrochen, die Handlung ist reich an satirisch provozierenden grotesken Szenen, welche die bürgerliche Gesellschaft samt ihren Institutionen ins Zwielicht rücken. Der stilistische Einfluß der *Blechtrommel* ist stellenweise unverkennbar.[43]

Eine autobiographisch bestimmte Gemeinschaftsproduktion ist Georg Heinzens und Uwe Kochs Roman *Von der Nutzlosigkeit, erwachsen zu werden* (1985). Mathias Grewe, einem bürgerlich-konservativen Elternhaus entstammend, sympathisiert schon als Schüler mit der Protestbewegung der sechziger Jahre. Sein Studium der Germanistik nimmt er im Zeichen der Bildungsreform auf — in der Hoffnung, als Lehrer die gesellschaftliche Entwicklung vorantreiben zu können. Aber er wird ein „Opfer der Verhältnisse":[44] der Rückgang der Schülerzahlen sowie das Versanden der Bildungsreform tragen dazu bei, daß ihm nach beendetem Studium der Zugang zum Lehramt verschlossen bleibt. Nach langen Bemühungen gelingt es ihm, einen ungeliebten Job als Chauffeur zu erhalten. Grewes Lebensplan scheitert infolge unvorhersehbarer politischer und gesellschaftlicher Konstellationen. Da er als Germanist auf dem Arbeitsmarkt der ehemaligen Bundesrepublik nicht angemessen zu vermitteln ist, bleibt ihm die Selbstverwirklichung im Beruf versagt, zureichender Grund für Trauer und Frustration. Er empfindet sich als nutzloses Glied der Gesellschaft, „über und über gebildet mit jenen geistigen Dingen, für die es immer weniger Verwendung gibt" (9). In dieser subjektiven Erfahrung spiegelt sich nicht nur die heutige Problematik der überkommenen Bildungswerte, sondern auch die bedrohlich wachsende Isolation der Geisteswissenschaften innerhalb des sozialen Lebensalltages.

Schreibend gibt sich der Ich-Erzähler Rechenschaft über die Gründe seines sozialen Scheiterns. Mühsam zimmert er sich in der autobiographischen Retrospektive eine Identität, die vorwiegend in der Negation verharrt. Die scheinbar Selbstsicherheit signalisierende Formel „Ich bin, der ich bin" (187), mit welcher der Lebensbericht endet, gründet auf einer oppositionellen Haltung des Widerstands gegen die gesellschaftlichen Institutionen von Familie und Kirche, Parteien und Staat. Hier artikuliert sich ein tiefsitzendes Mißtrauen gegen die bestehenden Verhältnisse, das auch die Dauerhaftigkeit privater Beziehungen in Zweifel zieht. Der Protagonist versteht sich zuletzt als entschiedener Außenseiter, der die soziale Anpassung verweigert. Ein Intellektueller, der sich unter Verzicht auf persönliche Glückserfüllung im gesellschaftlichen Abseits einrichtet, der willens ist, die „Entzweiung" von utopischem Wunschbild und „unglücklicher Gegenwart" zu ertragen (186).

Das Werk konstituiert sich durch die wesentlichen Strukturelemente des Bildungsromans. Die Nebenfiguren sind der dominierenden Zentralgestalt, die ihren Werdegang rückblickend schildert, funktional zugeordnet. Die einsträngige Fabel orientiert sich in chronologischer Ordnung an Grewes Entwicklungsphasen: Kindheit und Jugend (2.–4. Kap.), Studium (5.–8. Kap.) und Arbeitswelt (9.–11. Kap.). Die bedrückende Gegenwart des dreißigjährigen Erzählers bildet den epischen Rahmen der fiktionalen Autobiographie (1., 12. und 13. Kap.). Die Fabel mündet in Grewes problematische Selbstfindung. Das Werk gerät nicht nur deshalb zum Antibildungsroman, weil es die

Stationen eines scheiternden Sozialisationsprozesses thematisiert. Es präsentiert sich nämlich vor allem als satirische Attacke auf den „neuen Hedonismus" (148) einer leistungsbesessenen Konsumgesellschaft, deren Ideenarmut den Protagonisten empört. Der Erzähler enthüllt recht gewandt falsche Denk- und Verhaltensweisen mit den Mitteln satirischer Deformation von Figuren, besonders aber, wie schon der Titel beweist, durch eine scheinbar affektfreie, provozierende Sprache, die freilich häufig in klischeehafte Undifferenziertheit abgleitet. Sie wirkt dort überzeugend, wo sie mittels sarkastischer Ironie und sprachlicher Komik menschliche Defekte bloßstellt. Die Normen und Wertvorstellungen, die der Satire zugrunde liegen, bleiben allerdings recht vage; sie entstammen im allgemeinen dem Gedankengut der Friedensbewegung.

Seit Anfang der siebziger Jahre konzentrierte sich der westdeutsche Roman nicht mehr vorwiegend auf Erfahrungen im Umgang mit gesellschaftlichen Deformationen; er wandte sich vielmehr den Fragen individueller Lebensbewältigung zu, womit bereits eine wesentliche Voraussetzung für die Möglichkeit einer neuen Bemühung um den Bildungsroman gegeben war. Die im folgenden behandelten Autoren distanzierten sich nach der bitteren Erfahrung der gescheiterten Aufbruchbewegung der sechziger Jahre von Staat und Gesellschaft. Es sind Autoren, die den „großen Wörtern" (Innerhofer) weltanschaulicher Programme und Bildungsparolen mißtrauen, die sich nur noch auf die authentische persönliche Erfahrung verlassen. Eine weitere Voraussetzung für die Möglichkeit der Wiederbelebung des Bildungsromans scheint darin zu bestehen, daß bei der Mehrzahl der hier behandelten Autoren ein gewisser Konsens mit einer sozialen Zielgruppe hinsichtlich politischer und moralischer Grundwerte vorhanden ist: Peter Weiss wendet sich an die Anhänger eines revolutionären Sozialismus, Leonie Ossowski fühlt sich alternativen sozialen Randgruppen verbunden, der Reserveoffizier Kurt Becker schließlich spricht die Soldaten der Bundeswehr an. Freilich besitzt die Zentralfigur damit nur noch einen partiellen exemplarischen Geltungsanspruch; höchstens einzelne soziale Gruppen vermögen sich mit ihr zu identifizieren.

Peter Weiss fand bereits Mitte der sechziger Jahre seinen weltanschaulichen und politischen Standort; die „Richtlinien des Sozialismus", allerdings recht individuell interpretiert, bildeten fortan die Grundlage seines Schaffens.[45] Diese politische Entscheidung erwuchs nicht nur aus seinen bitteren Erfahrungen mit dem Faschismus, sondern auch aus den schlimmen Folgen des Krieges der USA in Vietnam. Die Wurzeln des letzten Werkes von Weiss, *Die Ästhetik des Widerstands* (1975—81), reichen in den geistigen Umkreis der sechziger Jahre zurück; hier wird ein radikal politisierter Bildungsbegriff verfochten, der den aktiven politischen Widerstand gegen jede Form staatlicher und gesellschaftlicher Repression impliziert. Weiss wollte mit seinem voluminösen Werk zur politischen Bewußtseinsbildung der Arbeiterbewegung beitragen, wozu für ihn auch die Erarbeitung eines neuen proletarischen Bildungs- und Kulturbegriffes zählte. Eine weltweite kollektive Identität der Entrechteten sollte sich konstituieren, aus deren kämpferischer Geschlossenheit eines Tages die Kräfte der Befreiung von gesellschaftlicher Entfremdung und politischer Unterdrückung erwachsen würden. Mit der Trilogie wollte Weiss sich seiner Funktion als literarischer Vorkämpfer eines sozialistischen Humanismus versichern. Er entnahm dem Strukturmodell des Bildungsromans vor allem die Thematik der erfolgreichen Suche eines jungen Protagonisten nach personaler Identität. Der namenlose Held findet zu sich selbst als anonymer Chronist des internationalen Kampfes der Entrechteten. Die daraus sich notwendig ergebende Dominanz der Schilderung des politischen Widerstands bedingte jedoch den Rückgriff auf Formelemente des episch breiten Zeitromans, so daß die Struktur der *Ästhetik des Widerstands* sich im wesentlichen aus der Überlagerung zweier Romanarten erklärt. Weiss verstand sich als Wegbereiter der „neuen Kunst" eines revolutionären Sozialismus, die mit einer „Neukonzeption der Ausdrucksmittel" verbunden sein sollte.[46] Dazu zählt etwa eine dem Leser zähen Widerstand leistende ästhetische Form, die auf die herkömmliche Gliederung in Kapitel und Absätze verzichtet, oder eine kühn provozierende Montagetechnik, welche die von antagonistischen Spannungen erfüllte Geschichte der Arbeiterbewegung nüchtern-dokumentarisch belegt. Neben der disparaten Stoffülle, die das Erzähler-Ich zu erdrücken droht, fällt die mit dem Effekt des Stilbruchs spielende Vielfalt heterogener Erzählformen ins Auge: von politischem Kampfbericht und ausladender Bildbeschreibung über essayistische Kunstbetrachtung und weltanschauliches Lehrgespräch bis hin zu surrealistischer Vergegenwärtigung traumhaft-halbbewußter Erinnerungen.

Eigene Wege im Umgang mit dem tradierten Strukturmuster des Bildungsromans beschreitet seit den siebziger Jahren Peter Handke. Er entwirft in den drei hier interpretierten Erzählungen kein leitbildhaftes Bildungskonzept, sondern er demonstriert mittels seiner Kunstfiguren gewisse kategoriale Bedingungen der Möglichkeit von personaler Ich-Identität. Zu diesen zählen vor allem eine neue Form von Apperzeption sowie die Absage an eine wirklichkeitsferne, von formelhaft-abstrakter Konventionalität bestimmte Sprache der Gegenwart. Handke ist bemüht, den tiefen Bruch zwischen orientierungslosem Ich und entfremdeter Umwelt zu überwinden, einen strukturellen Zusammenhang zwischen Bewußtsein und Sein literarisch zu erschließen. Er begibt sich schreibend auf die Suche nach der personalen Identität als integrierendem Zentrum der Existenz, wobei er mit jeder der drei interpretierten Erzählungen seinem Ziel näherrückt. Dabei orientiert er sich am Strukturmodell des Bildungsromans, das er in kritisch-experimenteller Absicht seinen Zwecken dienstbar macht.

Seit den sechziger Jahren begann sich die Bildungsdiskussion zunehmend dem Begriff der personalen Ich-Identität zuzuwenden.[47] Gestützt vor allem auf die Forschungen der amerikanischen Sozialpsychologie (besonders Erikson und Mead) versuchte man, den von normativen Bildungsinhalten befreiten Identitätsbegriff in den Dienst einer minimalistischen Bildungskonzeption zu stellen, ohne damit die Notwendigkeit persönlicher Wertentscheidungen für gewisse Bildungsinhalte zu leugnen. Sich in dieser Hinsicht um einen Grundkonsens zu bemühen, scheint angesichts des Wertepluralismus, der Vielzahl divergierender Normerwartungen, schließlich auch der Rollenkonflikte, denen der einzelne in der heutigen Industriegesellschaft ausgesetzt ist, dringend geboten. So erklärte etwa J. Habermas: „Nur der Begriff einer Ich-Identität, die zugleich Freiheit und Individuierung des einzelnen in komplexen Rollensystemen sichert, kann heute eine zustimmungsfähige Orientierung für Bildungsprozesse angeben."[48] Habermas versuchte die gemeinsame Grundposition der einschlägigen Forschungsrichtungen zu umreißen:[49] Der Bildungsprozeß des Individuums durchläuft eine irreversible Folge von zunehmend komplexen Entwicklungsphasen, wobei jede höhere „Stufe" die vorhergehende impliziert. Dieser Prozeß vollzieht sich aber nicht nur diskontinuierlich, sondern in der Regel auch krisenhaft, woraus sich ergibt, daß Identitätsfindung — verstanden als Voraussetzung jeglicher Bildungskonzeption — durchaus mißlingen kann. In diesem Zusammenhang gewinnt die Reifungskrise während der Adoleszenzphase besondere Bedeutung.[50] Die Entwicklungsrichtung des Bildungsprozesses zielt auf eine gewisse Unabhängigkeit des Ichs gegenüber den determinierenden Mächten von Natur, Gesellschaft und Kultur, die an dessen wachsender Fähigkeit zu individuellen Problemlösungen sichtbar wird.[51]

Peter Handke ist wohl der einzige profilierte deutschsprachige Autor, der diese Identitätsproblematik mittels des kritisch rezipierten Strukturmusters des Bildungsromans aufzuarbeiten bemüht ist. In den hier interpretierten Erzählungen fragt er nach der Ich-Identität als allgemeiner Bedingung der Möglichkeit humaner Existenz. Handke orientiert sich am Wunschbild eines relativ stabilen, Kontinuität sichernden Verhältnisses des einzelnen zu sich selbst und zu seiner Gesellschaftskultur, ein Leitbild, das sich — als spannungsvolle Balance von Selbst- und Fremdbestimmung — durch Kognition und soziale Interaktion konstituiert.[52] Der Autor sucht schreibend Bewußtseinsveränderung zu bewirken; er erkundet literarisch „eine neue Möglichkeit zu sehen, zu sprechen, zu denken, zu existieren".[53] Er möchte Selbstentfremdung und Weltverlust seiner Figuren überwinden durch deren neue Ortsbestimmung innerhalb einer mit geschärften Sinnen erfahrenen Wirklichkeit, die sich durch eine von formelhaft-abstrakter Konventionalität gereinigte Sprache zu legitimieren sucht. Sein Wunschbild gelungener Ich-Identität umschreibt der Autor als persönlich erfahrenes „Glück", das es durch Literatur dauerhafter zu machen gelte.[54] Handke versteht personale Identität letztlich als ständig zu erbringende Leistung des subjektiven Ichs.

Mitte der sechziger Jahre begann er die Erfahrungen einer gestörten Ich-Identität literarisch zu verarbeiten. Er sah das Individuum als Opfer einer ideologisch erstarrten Gesellschaft, welche die affirmative soziale Anpassung fordert. Die Figuren des frühen Handke sind gegenüber der Außenwelt isoliert, einer chaotischen Beliebigkeit der Erfahrung ausgesetzt, unfähig zu produktiver sozialer Interaktion. Sie sind wie ihr Autor sich selbst entfremdet, ohne „kontinuierliches Lebensgefühl", ohne den notwendigen „Zusammenhang" mit der Erscheinungswelt, der nur durch eine stabile Organisation des Ichs konstituiert werden könnte.[55] So entstanden Werke wie *Kaspar* (1967), *Wunschloses Unglück* (1972) und *Die Stunde der wahren Empfindung* (1975), die das Scheitern der Bemühung um Ich-Identität thematisieren. In diesen Zusammenhang gehört auch die 1965 entstandene epische Skizze *Halbschlafgeschichten*, die

Handke ironisch als „Entwurf zu einem Bildungsroman" ankündigte.[56] Hier ist es eine von formelhaften Mustern geprägte Sprache, die Identitätsbildung verhindert, weil sie die individuellen Primärerfahrungen und deren adäquate Artikulation verschüttet. Handke war damals Mitglied des Grazer Kreises, der, beeinflußt von der Wiener Gruppe, sich der sprachkritischen experimentellen Literatur verschrieben hatte. In der Skizze artikuliert sich ein Bewußtsein, das die empirische Wirklichkeit — und damit auch die eigene Identität — total verfehlt. Seine Wahrnehmungsweise konstituiert sich durch sprachgebundene Mechanismen, durch klischeehaft verformelte Redeweisen. So entsteht eine chaotische Scheinwirklichkeit — zusammenhanglose Fragmente von äußeren Vorgängen und subjektiven Vorstellungen. Dadurch wird das unterlegte Muster des Bildungsromans bis zur Unkenntlichkeit deformiert; die Hauptfigur stolpert durch eine Welt, die sich als Irrgarten erweist, und findet schließlich einen frühen Tod. Handkes Absicht war es damals, „mit Hilfe der Klischees von der Wirklichkeit zu neuen Ergebnissen über die (meine) Wirklichkeit zu kommen", also durch Entlarvung der Formelsprache die Voraussetzung für die Erschließung empirischer Realität zu schaffen.[57]

Die Erzählung *Der kurze Brief zum langen Abschied* signalisiert eine Zäsur in Handkes Schaffen. Der Autor beginnt neue Wahrnehmungen, Verhaltens- und Sprechweisen sprachlich zu erkunden, die sich durch originäres Erleben von Wirklichkeit zu legitimieren scheinen. Er begibt sich schreibend auf die Suche nach der Ich-Identität als integrierendem Zentrum der Existenz, motiviert durch seine „Sehnsucht nach einem Bezugssystem für die eigenen Tätigkeiten und das eigene Bewußtsein".[58] Beharrlich ist Handke seitdem bestrebt, das tradierte Strukturmuster des Bildungsromans diesen Zwecken dienstbar zu machen, möchte er doch „die vorsichtig schönen Lebensformen der alten Literatur wiederfinden [...]".[59] Er begreift den traditionellen Bildungsroman als ein literarisches Modell, das es kritisch-experimentell zu überprüfen gilt. Daher präsentiert sich *Der kurze Brief zum langen Abschied*, trotz Übernahme einiger Elemente der Grundstruktur des Bildungsromans, als ein Text von gewollt brüchiger Fiktionalität. In *Langsame Heimkehr* finden sich bereits mehrere Merkmale der transepochalen Grundstruktur. Aber auch hier wird das verwendete Strukturmuster verfremdet und relativiert, und zwar vornehmlich durch die Erzählerironie.[60] In der Erzählung *Die Wiederholung* (1986) schließlich begegnen sämtliche Elemente der invarianten Grundstruktur des Bildungsromans. Der Modellcharakter der drei Erzählungen wird schon an der radikalen Reduktion des erzählerischen Stoffes sichtbar: stets ein eng begrenzter Wirklichkeitsausschnitt, dargeboten aus der eingeschränkten Perspektive eines subjektiven Ichs. In der Figurengestaltung bemüht sich Handke ebenfalls um modellhafte Reduktion. Freilich vermag sich der Leser nur bis zu einem gewissen Grad in die extrem subjektive Erlebnisweise dieser Gestalten einzufühlen.

Zusammenfassend läßt sich sagen, daß die Autoren der ehemaligen Bundesrepublik, der Schweiz und Österreichs sich seit den siebziger Jahren vorwiegend ex negatione mit dem Strukturmodell des obsolet gewordenen Bildungsromans befaßt haben, indem sie nämlich Antibildungsromane schrieben. Allerdings sind seit den achtziger Jahren einige wenige zaghafte Versuche festzustellen, die Romanart durch Aktualisierung wieder zu beleben. Neue Inhalte und Lebensbereiche wurden dem Bildungsroman durch Kurt E. Becker (*Du darfst Acker zu mir sagen*, 1982) und durch Leonie Ossowski (*Wilhelm Meisters Abschied*, 1982) erschlossen. Beide Werke verkünden die Irrelevanz der familialen bürgerlichen Primärsozialisation; beide Protagonisten gewinnen ihre personale Identität durch Integration in eine außerbürgerliche soziale Gruppe (alternative Kulturszene bzw. Armee). Eine Sonderstellung nimmt Peter Handke ein, der einen elitären existentiellen Ästhetizismus vertritt.

Vinzenz Erath: Größer als des Menschen Herz
Das blinde Spiel
So hoch der Himmel

Der wenig bekannt gewordene Autor partizipiert an wesentlichen Strömungen der Nachkriegszeit. Weite Kreise, wertkonservativ gesinnt, beklagten in den fünfziger Jahren den „Verlust der Mitte" und forderten die Rückbesinnung auf die christlich-humanistische Tradition. Erath schildert im ersten Band seiner Trilogie die heile Welt seiner Herkunft: ein bodenständiges Schwarzwälder Kleinbauerntum, das von der christlich-katholischen Lebensform geprägt ist. Mit der Beschreibung dieser Glaubenswelt verbindet sich ein gewisser normativer Anspruch, denn der Autor wollte seinen Roman als „ein Buch vom wahren Leben" verstanden wissen.[61] Er verfaßte sein Werk aus tiefer Sorge um die Zukunft der heranwachsenden Nachkriegsgeneration, der er die Werte einer christlichen Lebensfrömmigkeit vor Augen stellen wollte. Erath führt die Tradition des christlich-humanistischen Bildungsromans fort, die auch im Dritten Reich lebendig geblieben war.[62]

Die Trilogie beschreibt Florian Rainers Werdegang bis zur Lebensmitte. Er ist ein verträumter, schwerblütiger Einzelgänger, der in Auseinandersetzung mit mancherlei Widerständen lernen muß, seinen eigenen Weg zu finden. Mit allen Sinnen öffnet er sich der Welt seiner ländlichen Heimat. Von der frommen Mutter zum Priester bestimmt, wie es der Familientradition entspricht, beschäftigt ihn schon früh die Frage nach dem Verhältnis von Mensch und Gott. Im Priesterseminar erwacht in ihm der Drang nach eigenverantwortlicher Lebensgestaltung. Er beginnt an der unverbrüchlichen Wahrheit der dogmatischen Glaubenssätze zu zweifeln, worin er sich durch die Lektüre von Nietzsches *Zarathustra* bestärkt sieht. Schließlich bricht er sein theologisches Studium ab und wendet sich einer schriftstellerischen Tätigkeit zu. Durch einen patriotisch gesinnten väterlichen Freund wird er für die NSDAP angeworben. Er fühlt sich verpflichtet, sein rednerisches und literarisches Talent in den Dienst am „Aufbruch einer Nation" zu stellen.[63] Im Laufe der Jahre distanziert er sich innerlich vom Nationalsozialismus, gerät aber dennoch in schuldhafte Verstrickung. Um allen Anfechtungen zu entgehen, meldet er sich bei Kriegsbeginn freiwillig zur Wehrmacht. Nach Kriegsende beschließt er seinen Lebensbericht mit dem offenen Schuldbekenntnis, er sei „mit den anderen im Strom geschwommen".[64]

Erath verkündete sein christliches Menschenbild mittels des Strukturtypus des Bildungsromans, dessen transepochale Konstanten erhalten blieben. Das Werk thematisiert die Suche eines jugendlichen Protagonisten nach existenzsichernden Orientierungsmustern; es schildert einen Reifungsprozeß, der nach Phasen schuldhafter Verirrung schließlich in einer christlichen Lebenshaltung gipfelt, welche die personale Identität der Zentralgestalt konstituiert. Diese Grundthematik bedingt die weitgehend einsträngige Fabel, die sich primär an Florians biographischer Lebenslinie ausrichtet.

Dessen Entwicklung vollzieht sich in drei chronologisch geordneten Phasen, welche die Grobgliederung der Trilogie bestimmen. Die Lebensstationen erhalten durch den wechselnden geographischen Raum ihr eigenes Profil: die süddeutsche Naturlandschaft des ersten Bandes umschließt die heile Welt der Kindheit; die kleine Bischofsstadt bildet im zweiten Band den engen Rahmen für die strengen Lehrjahre am Priesterseminar; die Großstadt schließlich vermittelt dem erwachsenen Protagonisten im letzten Band einen erweiterten Erfahrungsbereich, vor allem führt sie ihn in die Konfrontation mit dem totalitären System des Dritten Reiches. Florians Entwicklungsphasen sind durch dessen Rückblicke verklammert, in denen er selbstkritische Bilanz zieht.

Seine Entwicklung mündet zum Schluß zielgerichtet in die Selbstfindung, die weder auf seine naturwissenschaftlichen und theologischen Studien noch auf seine literarische Selbsterforschung zurückzuführen ist. Erst in einer existentiellen Grenzsituation während der Kriegsgefangenschaft findet er zu einer entschlossenen sittlich-religiösen Bindung, die sich in verantwortlicher Zuwendung zum Nächsten offenbart. Er überwindet damit die sein bisheriges Leben bestimmende Haltung einer auf freiheitliche Autonomie pochenden sozialen Bindungslosigkeit. Zwar erscheint ihm das Dasein jetzt nicht mehr, wie in der Kindheit, als unverstellte Epiphanie von „Gottes Angesicht"[65], aber ihm ist doch aus vielfältigen Lebenserfahrungen der Glaube an eine rätselvoll verhüllte Gottheit zugewachsen, deren Welt er nach wie vor als sinnbergende Schöpfung verehrt.

Der Protagonist erscheint innerhalb der Figurenkonstellation als Zentralgestalt, der die wesentlichen Charaktere funktional zugeordnet sind. Diese vermitteln ihm die für seinen Werdegang relevanten Erfahrungen, oder sie verleihen seiner Gestalt durch Kontrastierung schärfere Konturen. Eine Fülle von Figuren bevölkert die beiden ersten Bände, welche die heile Welt von Kindheit und Jugend schildern. Die Bildungsmacht eines ländlichen Katholizismus wird nicht nur durch die fromme Mutter, sondern auch durch die zahlreiche geistliche Verwandtschaft repräsentiert. Hier ergänzen sich in glücklicher Weise der asketisch-strenge Onkel Severin und der weltoffene Pfarrer Simon. Florians Mathematiklehrer weckt in ihm die Bewunderung für die Entdeckungen des menschlichen Geistes in Naturwissenschaft und Technik. Drei Frauen sind für seine Entwicklung von Bedeutung: das blinde Mädchen Maria, die selbstbewußte Malerin Johanna und vor allem seine lebenstüchtige spätere Frau. Ferner existieren Kontrastfiguren wie etwa Florians Schulkamerad Hildebrand, ein intellektueller Skeptiker, der sich zuletzt der kommunistischen Partei zuwendet.

Eraths Trilogie wird in retrospektiver autobiographischer Erzählweise dargeboten, in der Doppelperspektive von schreibendem und erlebendem Ich. Der ständig präsente wissende Erzähler berichtet aus der großen Distanz des reifen Mannesalters. Er bildet das epische Integrationszentrum, indem er die für ihn wesentlichen Erlebnisse auswählt sowie sinnstiftende Zäsuren und Vorausdeutungen setzt. Er ist didaktisch motiviert, schildert er doch einen Lebensweg von gewisser repräsentativer Bedeutsamkeit, nämlich das Ringen eines Menschen um religiöse Orientierung in glaubensloser

Zeit. Ferner sorgt der souveräne Erzähler für eine übersichtliche Grobgliederung des Romans, für aufklärende Kapitelüberschriften und hilfreiche wertende Kommentare. Allerdings tritt das schreibende Ich hinter der Perspektive des erlebenden Ichs zurück, was sich auch in der szenisch-dialogischen Erzählform bekundet.

In Eraths Trilogie existieren neben den erwähnten transepochalen Konstanten keine wesentlichen variablen Strukturmerkmale, was den epigonalen Charakter des Werkes unterstreicht. Die einzig bedeutsame strukturelle Abweichung vom Typus des Bildungsromans besteht in der verspäteten Selbstfindung des Protagonisten, die sich erst mit etwa 45 Jahren vollzieht. Die dargestellte Lebenszeit von ungefähr vier Jahrzehnten erklärt sich aus der Überlagerung durch den Formtypus der Biographie. Der Autor gab hier dem Drang zu privater Konfession nach; vor allem wollte er seine eigene schuldhafte Verstrickung während der Zeit des Dritten Reiches schreibend bewältigen. Zweifellos zählt Eraths Trilogie nicht zu den bedeutenderen Werken der Nachkriegsepoche, aber es ist doch ein zeittypischer Roman, der die wertkonservativen Strömungen der Adenauer-Ära spiegelt.

Heimito von Doderer:
Die Strudlhofstiege oder Melzer und die Tiefe der Jahre

Die Niederschrift des 1951 erschienenen Romans war bereits 1948 abgeschlossen. Er markiert den Übergang von Doderers Frühwerk, das den Typus des auf einen Protagonisten zentrierten Romans bevorzugte, zum Spätwerk des „totalen Romans". *Die Strudlhofstiege* spiegelt den restaurativen Zeitgeist der fünfziger Jahre. Erfüllt von tiefem Mißtrauen gegen jegliche fortschrittsgläubige Ideologie, wissend um den „Verlust der Mitte" zieht sich der Protagonist auf der Suche nach seiner personalen Identität in die Bewußtseinstiefen des Ichs zurück. Der Autor vertrat, nicht zuletzt bedingt durch negative Erfahrungen im Dritten Reich, einen kontemplativen Konservatismus, der zum Rückzug in die apolitische, private bürgerliche Idylle aufrief. Doderer, „der fallenden Tendenz des Lebens [...] gehorsam", war in seinem Menschenbild der heiteren Melancholie des österreichischen fin de siècle verpflichtet.[66] Literarisch betrachtet, unternahm er den Versuch einer Restauration der verlorengegangenen Totalität des Lebens, womit er den Spuren berühmter Epiker der dreißiger Jahre folgte.

Dieser Intention entspricht die Grundthematik der *Strudlhofstiege*, nämlich der Prozeß der „Menschwerdung", der Gewinnung personaler Identität.[67] Anhand der „Lebensbeschreibung" des Amtsrats Melzer (893), ehemals Leutnant der kaiserlich-österreichischen Armee, wird die Überwindung individueller Entfremdung demonstriert. Melzer, ein Mann in mittleren Jahren, leidet an seiner inneren Gespaltenheit. Obwohl schon seit geraumer Zeit aus dem aktiven Armeedienst entlassen, fühlt er sich dem Widerspruch zwischen den „zwei Grundstoffen seiner Biographie" (85), zwischen fremdbestimmter militärischer und eigenständig-bürgerlicher Lebensform, hilflos ausgeliefert. Unfähig, eigenverantwortliche Lebensentscheidungen zu treffen, erscheint „Krebs Melzerich" (531), vor allem gegenüber Frauen, unsicher und bindungsscheu. Es gilt daher für ihn „Zivil-Verstand" zu entwickeln (530), um sich seinem Wunschbild eines die Gegensätze integrierenden „Geschlossen- und Heil-Seins" anzunähern (97).

Melzer durchläuft als einzige Figur eine Entwicklung besonderer Art: nicht als weltergreifende entelechische Steigerung zu harmonischer Charaktergestalt, sondern durch „Einholung" der eigenen Vergangenheit mittels der Fähigkeit zu produktiver Erinnerung. Solche „Persons-Werdung" (181) transzendiert nach Doderer den an sich unveränderlichen empirischen Charakter und verleiht ihm durch Erwerb neuer Denk- und Verhaltensweisen eine individuelle, „einzigartige und einmalige" Qualität.[68] Der Autor demonstriert an Melzer den Prozeß der „Menschwerdung", in welchem das Individuum seine personale Identität gewinnt, indem es in Vergessenheit geratene frühere Lebensstufen in seine gegenwärtige Existenz erinnernd integriert. Solche Bewußtseinserweiterung vollzieht sich in diskontinuierlichen Schüben durch das „unbewußte Denken", den „Träger [...] der persönlichen Kontinuität".[69] Melzer erinnert seine

Vergangenheit durch „Bilder des Halbtraums" (296); bestimmte Situationen rufen in spontaner, ungesteuerter Assoziation analoge Erlebnisse früherer Jahre ins Bewußtsein. Ausgehend von kontemplativer Beobachtung der Außenwelt, öffnet er sich damit einer „existentiell verändernden Wahrnehmung".[70] Melzers Entwicklung wird also durch ständigen erzählerischen Wechsel zwischen Vergangenheit und Gegenwart vermittelt, woraus sich die mehrere Zeitebenen umfassende temporale Struktur des Romans erklärt.

Indem sich dem Amtsrat am Schluß „sein bisheriges Leben wie ein abgerundeter Körper" in der Erinnerung darbietet (894), hat er die Selbstfindung vollzogen, das Bewußtsein der „Einheit der Person" gewonnen (181). Der Bruch in seinem Dasein ist geheilt; die Gegenwart verweist jetzt auf vergangene Lebensstufen, und diese wiederum erhellen die momentane Existenz. Melzer wird sich künftig dem Leben in der neugewonnenen Grundhaltung kommunikativer Offenheit, in heiter-melancholischer, geduldiger Selbstbescheidung vertrauensvoll anheimgeben. Seine innere Stärke gewinnt er aus seiner personalen Identität, die, im Gegensatz zu den benennbaren Eigenschaften seines Charakters, nicht mitteilbar ist: „omne individuum ineffabile."[71]

Doderers Menschenbild ist teilweise dem Positivismus und dem Empiriokritizismus des ausgehenden neunzehnten Jahrhunderts verpflichtet. Der Autor wollte ursprünglich in Melzer „ein bloßes Taine-sches und Mach'sches Exempel" darstellen.[72] Ernst Mach gestand dem menschlichen Ich kein isoliertes Eigensein zu; er sah es durch die elementaren Sinneswahrnehmungen in höchst labiler Weise konstituiert: „Nicht das Ich ist das Primäre [...], die Elemente bilden das Ich; aus den Empfindungen baut sich das Subjekt auf."[73] Von daher wird verständlich, warum die Figuren des Romans in gewisser Weise der Plastizität ermangeln, weshalb zwischen ihnen und ihrer Umwelt nur eine „ungewisse Grenze" verläuft (405). Doderers Konstrukt der „Menschwerdung" geht vom unselbständigen, vielfältig determinierten individuellen „Charakter" aus, dessen Existenz als „Weitergegeben-Werden von Umstand zu Umstand" umschrieben wird (96). Der einzelne erfährt sich als „Kreuzungspunkt" unbewältigter, verwirrender Wahrnehmungen, Empfindungen und Erinnerungen, woraus ein Lebensgefühl der Entfremdung resultiert. Die ideologisch bedingte „Apperceptions-Verweigerung" läßt den einzelnen die empirische Außenwelt nur als uneigentliche „zweite Wirklichkeit" erfahren.[74] Als Ziel der „Menschwerdung" vermerkt Doderers Tagebuch die „apperzeptive Existenz", welche die gewonnene „Einheit der Person" voraussetzt (181). Die spontane, zweckfreie Apperzeption erschließt nunmehr die wesenhafte „erste Wirklichkeit", das reine, in seiner zeitlichen Tiefendimension erlebte Dasein. Es wird als in der Gegenwart bewahrend aufgehobene Vergangenheit, als ordnungsstiftende Verschmelzung von subjektiver Innen- und realer Außenwelt erfahren. Das Bewußtsein personaler Identität vermittelt das Erlebnis einer trotz verschlungener Lebenswege in sich stimmigen, „Figur" gewordenen inneren Biographie.[75] Doderer vertrat ein individualistisches, antinormatives Menschenbild, mit dem er sich, wenig überzeugend, von ideologischen Vorentscheidungen freizuhalten suchte.[76] Er entwarf in der *Strudlhofstiege* eine von politischen und ökonomischen Zwängen befreite, restaurative bürgerliche Scheinidylle.

Der Autor verkündete sein humanes Leitbild primär mittels des Strukturtypus des Bildungsromans, dessen transepochale konstante Grundmerkmale großenteils erhalten blieben. Als vorherrschende Grundthematik erscheint, wie erwähnt, die „Persons-Werdung" des Protagonisten. Melzers innere Progression führt zielgerichtet zur Selbstfindung, mit welcher der Roman endet. Indem der Amtsrat die innere Vorgangsfigur seines bisherigen Lebens als „eirund und geschlossen" erkennt (894), hat er das Bewußtsein einer unverwechselbaren, konsistenten Ich-Identität gewonnen.[77] Die Zielgerichtetheit seines Weges in die „Tiefe der Jahre" wird durch ein dichtes Geflecht von Motiven verdeutlicht, die leitmotivisch den Roman durchziehen: Assoziationen erweckende Farben und Düfte, Naturmetaphern sowie thematische Motive (Ausbildung des Zivilverstandes u. a.).

Innerhalb des umfangreichen Figurenensembles kommt Amtsrat Melzer eine zentrale Sonderstellung zu, die sich schon im Romantitel bekundet. Er ist die einzige Figur, deren Prozeß der „Menschwerdung" thematisiert wird, weshalb ausschließlich sein Werdegang eine steigende Strukturlinie ausweist. Der ihm gewidmete Erzählstrang, der im Vergleich zu anderen Figuren den größten Umfang besitzt, gewinnt in der zweiten Romanhälfte zunehmend an Gewicht; er beherrscht beispielsweise die Schlüsse der Teile II—IV. Die bedeutsame Figur des René von Stangeler ist Melzer funktional zugeordnet; ihr wird geradezu ein „Instrumental-Charakter" für die Menschwerdung des Protagonisten zugeschrieben (813). Mit analytischer Intelligenz begabt, vermittelt er Melzer, dem einfältigen Träumer, wesentliche Einblicke in das Geheimnis der dämmernden Zeitentiefe. Er ist als Kontrastfigur zu jenem angelegt: die mangelnde Fähigkeit zu assoziativer Erinnerung versucht er durch bohrende Reflexion zu ersetzen; Melzers geduldig-kontemplative Sinnfindung entartet bei ihm zu angestrengter Sinngebung, zu hektischer Suche nach Selbstverwirklichung. Solche „Diskontinuität" des Charakters verwehrt ihm die Gewinnung personaler Identität.[78]

Im übrigen besitzt Melzer die Funktion eines „Spagat", der die verschiedenen Figurengruppierungen und Handlungskreise locker miteinander verbindet.[79] Der Amtsrat bildet nach Doderers Ansicht einen „Kreuzungs- und Bezugspunkt" zahlreicher Begegnungen [80]; er ist vielleicht nicht die wichtigste, gewiß aber die strukturell notwendigste Figur des Romans, die an allen wesentlichen Ereignissen direkt oder indirekt beteiligt ist. Melzer durchläuft verschiedene Stadien der Annäherung an Mitglieder des großbürgerlich-aristokratischen „Stangeler-Kreises" und an die Figurengruppierungen um den oberflächlich-hedonistischen Rittmeister von Eulenfeld. Anfangs ganz im Banne des charmanten Lebemannes, löst er sich allmählich von dieser dubiosen Figur. Ähnlich gestaltet sich sein Verhältnis zu Editha und Mimi Pastré, einem doppelgängerhaften Zwillingspaar, das in seiner ziellosen Betriebsamkeit der personalen Identität ermangelt. Melzers Entwicklung mündet schließlich in den kleinbürgerlichen Kreis um Amtsrat Zihal. Hier begegnet er Charakteren von einfacher, in sich ruhender Menschlichkeit, die „ein weiter nichts als unauffallendes und vielleicht gerade dadurch an den Rand der Vollkommenheit tretendes Leben" führen (213). Zu diesem Kreis, für den Vergangenheit und Gegenwart, Innen- und Außenwelt sich wechselseitig durchdringen, zählt auch die einfältig-schlichte Thea, Melzers spätere Lebensgefährtin. Der Protagonist wird also im Laufe seiner Entwicklung mit verschiedenen Lebenshaltungen konfrontiert, die sich in den einzelnen Figuren vielfältig differenzieren. Seine „Menschwerdung" vollzieht sich „durch manches schmerzhafte Bewechseln der Grenzen zwischen anscheinend Unvergleichbarem" (659).

Der aus großem zeitlichem Abstand berichtende, ironisch distanzierte auktoriale Erzähler ist trotz gegenteiliger Beteuerungen sichtlich um einen fruchtbaren Leserbezug bemüht. Er begleitet nicht nur Melzers Entwicklung mit wertenden Kommentaren und generalisierenden Reflexionen, sondern erhebt auch Anspruch auf exemplarische Bedeutsamkeit des am Protagonisten demonstrierten Prozesses der „Menschwerdung", der in der Fähigkeit gipfelt, „ein ganz gewöhnlicher Mensch" zu sein.[81]

Freilich weist die *Strudlhofstiege* nicht alle transepochalen konstanten Grundmerkmale des Bildungsromans auf. Dies erklärt sich aus der Überlagerung durch Formelemente des modernen Zeit- und Gesellschaftsromans. Das Werk entstand während einer vieljährigen Schaffenspause, die Doderer bei der Niederschrift der *Dämonen* eingelegt hatte. Zu jener Zeit begann sich bei ihm die Konzeption des „totalen Romans" zu entwickeln, welcher der „Tendenz nach größtmöglicher Ausdehnung des Horizonts" gehorchen sollte.[82] So trat zu der zentralen Thematik der Entwicklung eines Protagonisten eine weitere Grundthematik, nämlich die uneigentliche „zweite Wirklichkeit" als Lebensraum der Wiener Gesellschaft der Vor- und Nachkriegszeit. Doderer gestaltet die „Monotonie" der zwischenmenschlichen Vorgänge (14), die sich „durch die Jahre fädelten" (16). Die meisten Figuren des Romans sind einer oberflächlichen Gegenwart des Immergleichen, bar jeder zeitlichen Tiefendimension, ausgeliefert; sie sind durch die „Apparatur des Lebens" unrettbar determiniert (25). Dem Formprinzip des „totalen Romans" entspricht ferner das umfangreiche Figurenensemble, das ein erhebliches Eigengewicht beansprucht. Doderer schildert die Wiener Gesellschaft in ihrem privat-alltäglichen Dasein. Er präsentiert die kleinbürgerliche und die großbürgerlich-aristokratische Schicht in ihren zeittypischen Denkformen und Lebenshaltungen, wobei jede der wesentlichen Figuren als „Kreuzungspunkt", also in der Vielfalt ihrer sozialen Beziehungen dargestellt wird. Freilich besitzen die verschiedenen Handlungs- und Figurenkreise auch für Melzers Entwicklung eine bedeutsame Funktion, denn sie bilden sein persönliches soziales Umfeld. Sie sorgen dafür, daß sein Lebensvollzug sich nicht als geradlinige, zweckgerichtete „Verbindung zweier Punkte" darstellt (330), sondern als ein Beschreiten eigenwertiger, fruchtbarer Umwege.

Auch die episodisch aufgesplitterte, handlungsarme Fabel ist in ihrer Mehrsträngigkeit durch das Formprinzip des „totalen Romans" bestimmt. Die Mischung der Strukturmuster von Bildungsroman und modernem Zeit- und Gesellschaftsroman ist hinsichtlich der Gestaltung von Fabel und Zeitstruktur durch Doderers eigenwilligen Entwicklungsbegriff der erinnernden „Einholung" individueller Vergangenheit bedingt. Melzers Erzählstrang ist weder chronologisch geordnet noch nach Entwicklungsphasen gegliedert. Der Amtsrat erfährt von René Stangeler, seinem intellektuellen Mentor, man müsse die Vorstellung von linear abgrenzbaren „Epochen des eigenen Lebens" aufgeben.[83] So vollzieht sich Melzers Entwicklung, wie gesagt, durch ständigen Wechsel zwischen den Zeitebenen. Immer wieder erlebt er bedeutsame Situationen, in denen die Gegenwart für Vergangenes transparent wird. Durch korrespondierende Wiederholungen und analoge Parallelen zwischen Vor- und Nachkriegszeit öffnet sich der Augenblick zur Tiefe der Jahre hin. Die Momente assoziativer Erinnerung sind die Gelenkstellen des Romans; sie bilden gleichsam das Scharnier, das die verschiedenen Zeitebenen miteinander verbindet. Auch hier wird Melzers Sonderstellung sichtbar, denn von allen Figuren wechselt er weitaus am häufigsten erinnernd zwischen den Zeitschichten von Vor- und Nachkriegszeit. Im Verlauf des Romans verändert sich die Zeitstruktur, was sich auch in der Grobgliederung des Werkes niederschlägt. Die zwei dominanten Zeitebenen fallen in die Jahre 1911 und 1925; sie werden erweitert durch zeitliche Vorgriffe und Rückwendungen des Erzählers. Nun nimmt der narrative Wechsel der Zeitebenen im Verlauf der Erzählung zusehends ab. In der ersten Romanhälfte (Teil I–II), die neben der Exposition des Gesamtgeschehens dazu dient, die Voraussetzungen und Vorstufen von Melzers Bewußtseinserweiterung zu entfalten, wechselt der Erzähler ständig zwischen den temporalen Ebenen von Vor- und Nachkriegszeit, wobei er eine Zeitspanne von etwa fünfzehn Jahren bewältigt. Dagegen umfassen die beiden letzten Teile des Romans nicht mehr als ungefähr einen Monat im Spätsommer 1925, dargeboten in chronologischer Abfolge. In dieser knappen Zeit vollzieht sich Melzers eigentlicher Entwicklungsschub. Seine nun zunehmend sich steigernde „Rutscherei durch die Trópoi" (688), die Wendepunkte seiner Lebensbahn, signalisiert seine erfolgreiche „Vorwärts-Entwicklung" (531). Die Erzählung hat sich jetzt endgültig auf die Zeitebene von 1925 verlagert, in welche die Vorkriegsjahre synchron integriert sind.[84]

Um seinen innerhalb der Tradition des Bildungsromans unbekannten Entwicklungsbegriff literarisch gestalten zu können, mußte Doderer auf Formelemente des modernen Zeit- und Gesellschaftsromans zurückgreifen, die ihm während der Konzeptionsphase seiner Theorie des „totalen Romans" in den vierziger Jahren zunehmend vertraut geworden waren. Aus dieser Überlagerung der Romanarten resultierte notwendig die Mischform der *Strudlhofstiege*.

Peter Handke: Der kurze Brief zum langen Abschied
Langsame Heimkehr
Die Wiederholung

Peter Handke entwirft in diesen drei Erzählungen, wie an anderer Stelle ausgeführt, kein leitbildhaftes Bildungskonzept, sondern er demonstriert mittels seiner Kunstfiguren gewisse kategoriale Bedingungen der Möglichkeit von Ich-Identität.[85] Zu diesen zählen vor allem eine neue Form von Apperzeption sowie die Absage an die wirklichkeitsferne, von formelhaft-abstrakter Konventionalität bestimmte Sprache der Gegenwart. Seit den siebziger Jahren ist Handke bemüht, den tiefen Bruch zwischen orientierungslosem Ich und entfremdeter Umwelt zu überwinden, einen strukturellen Zusammenhang zwischen Bewußtsein und Sein literarisch zu erschließen. Er begibt sich schreibend auf die Suche nach der personalen Identität als integrierendem Zentrum der Existenz, wobei er mit jeder der drei Erzählungen seinem Ziel näherrückt. Er orientiert sich dabei am Strukturmodell des Bildungsromans, das er in kritisch-experimenteller Absicht seinen Zwecken dienstbar macht.

Der kurze Brief zum langen Abschied signalisiert eine neue Phase im Schaffen des Autors. Er bemüht sich seitdem um eine Literatur der „Menschenfreundlichkeit", die er bei den „richtigen realistischen Schriftstellern" des 19. Jahrhunderts, vor allem Keller und Stifter, verwirklicht sieht.[86] Deren Werke waren freilich noch der sichernden Tradition eines Weltbildes verpflichtet, über das Handke nicht mehr verfügen kann. Sein Erzähler befindet sich denn auch noch am Schluß seiner Niederschrift auf der Suche nach dem „notwendigen, unpersönlichen Zusammenhang" zwischen Ich und Welt (165).[87] Die Erzählung thematisiert das Bemühen des Protagonisten um Überwindung seiner narzißhaften Selbstbespiegelung, um Bewältigung einer maßlosen Lebensangst durch Entwicklung der Fähigkeit zu unverstellter Wahrnehmung der Außenwelt. Das entspricht zwar bis zu einem gewissen Grade der konstanten Grundthematik des Bildungsromans, aber diese wird hier, im Gegensatz zur Konvention der Romanart, an einem nicht mehr jugendlichen Protagonisten demonstriert.

Die Gestalt der handlungsarmen Fabel entspricht einem transepochalen, invariablen Strukturmerkmal des Bildungsromans; sie entfaltet sich in chronologisch geordneter Einsträngigkeit, indem sie sich an der Reiseroute des Protagonisten durch die USA orientiert. Die Konsistenz der Fabel wird besonders durch zwei Leitmotive wesentlich verstärkt: einmal durch den wiederholten Vorsatz, „anders" werden zu wollen, und dann durch die ständige Auseinandersetzung mit dem *Grünen Heinrich* als Paradigma möglicher Veränderung. Die beiden Entwicklungsphasen des Protagonisten bestimmen den zweiteiligen Aufbau der Erzählung; im ersten Teil gelingt es ihm, sich seinen Problemen zu stellen und seine charakterlichen „Beschränktheiten" anzunehmen, so daß er sich im zweiten Teil um eine ihm gemäße „Lebensart" bemühen kann (102). Ein dreißigjähriger Österreicher schildert seine Auslandsreise, die ihn mit einer fremden Umwelt konfrontiert, wodurch er eine klärende Distanz zu seinen bisherigen Lebensverhältnissen gewinnt. So kann er seine Denk- und Verhaltensweisen kritisch überprüfen, kann sich vor allem aus einer gescheiterten Ehe befreien. Das Zusammensein mit der verständnisvollen Freundin Claire und ihrem Kind leitet die Überwindung der Lebensangst ein. Aus geduldig-aufmerksamer Beobachtung und genauer sprachlicher Benennung der Dinge beginnt sich ein neuer „Sinn für die Umwelt" zu entwickeln (65). Ein Rückschlag tritt ein, als der Erzähler seine Reise alleine fortsetzt; er entzieht sich dem geplanten Wiedersehen mit dem Bruder und entgeht nur mit knapper Not einem Mordanschlag seiner Frau. Ernüchtert zieht er zuletzt die Bilanz seiner gegenwärtigen Existenz: „verstolpert, verdreckt, verhunzt" (184). Und doch hat sich Wesentliches verändert, weil er jetzt sein problematisches Weltverhältnis als Folge seiner narzißhaften „Posen der Entfremdung" zu erkennen vermag (184). Die Bereitschaft zu persönlicher Veränderung ist nunmehr vorhanden; er steht — das zeigt die veränderte Beziehung zu seiner Frau — an der Schwelle eines neuen, aggressionsfreien Verhältnisses zur Umwelt. Der Protagonist hat nun begriffen, daß die Gefahr des Selbstverlustes stets aus der eigenen Weltentfremdung resultierte, weshalb deren Überwindung ihm als vordringlichste Aufgabe erscheint.

Bildungsmächte, die für die Romanart konstitutiv sind, begegnen auch hier. Der Protagonist entwickelt sich durch die Begegnung mit der Natur, durch die Auseinandersetzung mit Literatur und Film, besonders aber durch einen neuen Umgang mit der Sprache. In Erinnerung an Hölderlins *Hyperion* (79) vergegenwärtigt er sich die romantisierende Verklärung einer pantheistisch gedeuteten reinen Natur, in der sich das Individuum harmonisch geborgen fühlte — eine Empfindungsweise, die der glaubensferne, von Lebensangst getriebene Protagonist nicht nachzuvollziehen vermag.[88] Dagegen gewinnt er allmählich ein engeres Verhältnis zu der von Mensch und Geschichte geformten Landschaft; er erlebt in einer glückhaften Minute New York als „sanftes Naturschauspiel" (47), und in dem von der Pionierzeit geprägten Westen der USA erschließt sich ihm der „Sinn für die Geschichte" dieses Landes (137).[89] Die Diskrepanz von ursprungsnaher Natur und entfremdeter Gesellschaftskultur wird durch die zivilisationsfreundliche Vorstellung einer geschichtlich geprägten Kulturlandschaft überwunden, die in Handkes späteren Werken dazu beiträgt, die Erlösung verheißende „Idee von der überschaubaren Zivilisiertheit und Heimatlichkeit des irdischen Planeten" zu begründen.[90]

Auch die Sprache erweist sich für den Protagonisten als wesentlicher Bildungsfaktor. Sie allein erschließt ihm die mit geschärften Sinnen wahrgenommene Umwelt, weil sie in ihrer stellenweise dichten Bildhaftigkeit sein authentisches subjektives Erleben gültig benennt. Der Ich-Erzähler weiß, hierin seinem Vorbild G. Keller verwandt, daß sich die vielfältig-komplexe Erscheinungswelt allen generalisierenden „Begriffen, Definitionen und Abstraktionen" entzieht (22). Seine in Ansätzen neugewonnene welterschließende Sprache bildet die Voraussetzung für die ersehnte Kommunikation zwischen Ich und Welt, sie ermöglicht es dem Erzähler, „sich nicht mehr so vereinzelt zu fühlen" (97).

Das konstante Strukturmerkmal der Selbstfindung des Protagonisten, das den Bildungsroman zu beschließen pflegt, ist in der Erzählung nicht vorhanden. Der Ich-Erzähler ist und bleibt namenlos, er gewinnt keine personale Identität. Er bleibt der soziale Außenseiter, der lediglich ein vages Wunschbild künftiger Existenz entwirft, dessen Voraussetzungen er nur in bescheidenen Ansätzen erworben hat: „in vollkommener Körper- und Geistesgegenwart" zu leben, gesellschaftlich integriert und doch nicht ohne „Spielraum" für die eigene Persönlichkeit (135). Die aus dem Formenschatz des Bildungsromans ironisch zitierte Idylle auf John Fords Landsitz, mit der die Erzählung endet, wollte Handke als „märchenhaften Schluß" verstanden wissen.[91]

Die Bauform der Figurenkonstellation entspricht wiederum völlig einem konstanten Strukturmerkmal des Bildungsromans. Der Protagonist ist die dominierende Zentralgestalt, der die wenigen Nebenfiguren als funktionale Korrelate zugeordnet sind. Sie erscheinen nur so, wie sie der subjektive Ich-Erzähler erfährt. Sie dienen ihm als Medium der Auseinandersetzung mit sich selbst: Claire, bei der ihm erstmalig ansatzweise zwischenmenschliche Kommunikation gelingt; das „Liebespaar", das eine erfüllte Partnerschaft vortäuscht, seine Identität aber nur als Paar gewinnt, und schließlich die Vorbildfigur des Regisseurs John Ford.

Hingegen besitzt der Ich-Erzähler nicht die für den Bildungsroman typischen strukturellen Merkmale. Er läßt weder eine ausgeprägte didaktische Intention erkennen, noch erhebt er Anspruch auf exemplarische Bedeutsamkeit seines Schicksals. Handke wollte das tradierte Modell des Bildungsromans anhand seiner eigenen Biographie literarisch erproben. Er betrachtete sich „als eine Art Versuchsperson für das Modell".[92] In dieses brachte er nicht nur seine persönlichen „psychischen Grundkonstellationen" ein, sondern auch Erlebnisse wie die Trennung von seiner Frau.[93] Immer wieder bezieht sich der Erzähler auf G. Kellers *Der grüne Heinrich*, und zwar bezeichnenderweise auf dessen zweite Fassung. Heinrich Lees Werdegang dient ihm zur Erkundung der eigenen Entwicklungsmöglichkeiten, weshalb er gerade diesen Roman besonders „ernstnehmen und überprüfen" will.

Der kurze Brief zum langen Abschied besitzt lediglich den reduzierten Realitätsgrad eines Modells, er ist, wie Handke betonte, nur die „Fiktion eines Entwicklungsromans".[94] Also die unverhohlene Fiktion einer Fiktion, eine experimentelle literarische „Versuchswelt", mit der Handke seiner Hoffnung nachspürte, „daß wenigstens auf einer unabhängigen Reise [...] die Vorstellungen eines Entwicklungsromans aus dem 19. Jahrhundert möglich wären".[95] Zusammenfassend läßt sich also sagen, daß die Erzählung wesentliche transepochale Konstanten des Strukturtyps des Bildungsromans nicht oder doch nur gebrochen aufweist. Gleichwohl ist das Bemühen um Annäherung an das Modell des Bildungsromans deutlich erkennbar, zumindest in der Thematik, der Gestaltung der Fabel und in der Figurenkonstellation.

Ausgangs der siebziger Jahre verkündete Handke als poetisches Programm, er wolle von „der menschenmöglichen, der guten Welt" erzählen und gleichsam als literarischer Nothelfer einen „sanft nachdrücklichen Seins-Entwurf" gestalten.[96] Dies versuchte er erstmals in der Erzählung *Langsame Heimkehr* und dann, auf vollendetere Weise, in *Die Wiederholung*. Auch *Langsame Heimkehr* weist nur bis zu einem gewissen Grade die konstante Grundthematik des Bildungsromans auf. Einerseits setzt Handke hier die Suche nach dem „notwendigen, unpersönlichen Zusammenhang" zwischen Ich und Welt fort, wie dies schon in der vorhergehenden Erzählung geschah.[97] Der Protagonist widmet sich der „Erforschung von Rückkehr" in das Sein und zu sich selbst, er ringt um existenzsichernde Orientierungsmuster.[98] Zum andern befindet er sich aber wiederum nicht im jugendlichen, sondern im Mannesalter, und die Zeit seines Heranwachsens bleibt ausgespart.

Die Gestalt der handlungsarmen Fabel entspricht einem transepochalen konstanten Strukturelement des Bildungsromans, sie verläuft in chronologisch geordneter Einsträngigkeit. Die Reisestationen, welche die innere Progression des Protagonisten gliedern, bestimmen den dreiteiligen Aufbau der Erzählung. Protagonist ist der österreichische Geologe Sorger, der, an einer amerikanischen Universität tätig, sich zu Forschungszwecken in Alaska aufhält. Dort erfährt er, der mit seinem Kollegen und einer Haushälterin in freundlich-distanzierter Weise zusammenlebt, sich als „Ungestalt" (87), die sich im Leben verloren hat. „Allein ohne Welt" (98), ermangelt er der Kommunikation, des orientierenden Bezuges zum Dasein. Allmählich vollzieht sich in ihm eine gewisse Bewußtseinsveränderung, verursacht durch seine Beobachtung natürlicher und zivilisatorischer Landschaften. Mit einem „besonderen Sinn für die Erdformen" begabt, registriert er in Alaska die „Vorzeitformen" der weiten, unbesiedelten Naturräume.[99] In Kalifornien verkleinert er dann seinen Beobachtungskreis. Er bemüht sich um eine neue Deutung der subjektiven Komponenten der transzendentalen Anschauungsform des Raumes, also um die Klärung der Frage, wie sich das Individuum die entfremdete Umwelt vertraut machen, wie es in ihr heimisch werden könne. Er erkennt, daß „das Bewußtsein [...] in jeder Landschaft sich seine eigenen kleinen Räume erzeugt" (197), indem es frei assoziierend Sinnbezüge zum persönlichen Lebensbereich herstellt. Solch imaginativ gesteigerte Apperzeption beschert ihm später etwa ein Vereinigungserlebnis mit der „liebreichen Ordnung" des abendlichen New York (197). Die Landschaft gewinnt für den Geologen einen höheren Realitätsgrad; sie wird nicht mehr als zitathafte experimentelle Versuchswelt dargeboten, sondern erscheint in Form von wirklichkeitsnahen Raumbildern mit Tiefenschärfe. Sorgers Ringen um eine subjektiv-gefühlhafte Weltaneignung gerät jedoch am Ende des zweiten Teils in eine schwere Krise, als der Versuch, zwischenmenschliche Kommunikation zu verwirklichen, wieder einmal gescheitert ist. Er erleidet einen totalen „Raumentzug" (140) und wird in seine frühere trostlose Isolation zurückgestoßen.

Im dritten Teil folgen erneute Versuche der Kontaktaufnahme, die immerhin dazu führen, daß Sorger sich am Schluß der Erzählung „auf dem Weg zu jemandem"

(172) befindet. Dies verdankt er vor allem der Neuentdeckung der Anschauungsform der Zeit. Er lernt, die bisher statisch begriffenen Raumformen als „Zeit-Erscheinungen" (189) zu sehen, geschichtlich geworden und von menschlichem Geist mehr oder minder geprägt. In einem visionären Tagtraum erlebt er die Einheit von Gegenwart und Vergangenheit, es wird ihm der historische Zeitablauf als traditionsstiftendes Kontinuum einsichtig, als „eine von jedermann (auch von mir) fortsetzbare [...] Form" (186).[100]

Das konstante Strukturelement der zielgerichteten, in die Selbstfindung mündenden inneren Progression des Protagonisten ist in *Langsame Heimkehr* nur in eingeschränktem Umfang vorhanden. Zweifellos entwickelt Sorger zunehmend die Fähigkeit einer imaginativ gesteigerten, sinnstiftenden Apperzeption; von „Weltergänzungslust" erfüllt, erlebt er glückhafte Momente einer Ich und Welt vereinigenden „gemessenen Raumdurchdringung" (197 f.). Allerdings relativiert der ironisch distanzierte Erzähler die imaginativen Aufschwünge seines Protagonisten. Dieser verharrt noch immer auf der „Schwelle" (135) der Heimkehr zu sich selbst, erfüllt von einem „wilden Bedürfnis nach Erlösung" (199). Dauerhafte personale Identität bleibt ihm verwehrt, er schrumpft zuletzt zu einem „Niemand" zusammen (299). Handke hat freimütig bekannt, die Erzählung sei leider Fragment geblieben, denn der ursprüngliche Plan habe Sorgers Rückkehr in die österreichische Heimat vorgesehen.[101]

Die Bauform der Figurenkonstellation der Erzählung wiederum entspricht völlig einem konstanten Strukturelement des Bildungsromans. Der Protagonist erscheint als dominante Zentralgestalt. Ihr sind die wenigen Nebenfiguren funktional zugeordnet; sie gewinnen nur soviel Profil, um einen Verweisungszusammenhang zu Sorger herstellen zu können.

Der Erzähler besitzt nur in gewissem Umfang die ihm im Bildungsroman eigenen strukturellen Merkmale. Einerseits ist bei ihm, wie in der vorhergehenden Erzählung, keine ausgeprägte didaktische Intention erkennbar. Ihm, der vorwiegend aus Sorgers subjektiver Perspektive berichtet, ist keine eigenständige Reflexionsebene zugeordnet, die ihn zu kommentierenden Eingriffen aus distanzierter Sicht berechtigen könnte. Zum andern wird aber dem Protagonisten ein Anspruch auf eine gewisse exemplarische Bedeutsamkeit zugesprochen, denn er demonstriert einige kategoriale Bedingungen der Möglichkeit von Ich-Identität. Zusammenfassend läßt sich sagen, daß in *Langsame Heimkehr* eine größere Affinität zum Strukturtyps des Bildungsromans als in der vorhergehenden Erzählung vorherrscht. Trotzdem ist es Handke noch immer nicht gelungen, sämtliche Merkmale der transepochalen konstanten Grundstruktur der Romanart erzählerisch zu realisieren.

Das ändert sich in der Erzählung *Die Wiederholung*. Deren Grundthematik entspricht einem invariablen Strukturelement des Bildungsromans; ein nunmehr jugendlicher, zwanzigjähriger Protagonist sucht in einer entfremdeten Umwelt nach existenzsichernden Orientierungsmustern. Auf den Spuren des verschollenen Bruders vergegenwärtigt er sich erinnernd die versäumte Kindheit und gewinnt zuletzt „Heimat" im Dasein.[102] Der ältere Ich-Erzähler vollzieht dann die bleibende Sinnstiftung im ästhetischen Raum der Erzählung.[103]

Auch die Gestaltung der handlungs- und vorgangsarmen Fabel, deren Konsistenz durch Leitmotive verstärkt wird, gehorcht dem entsprechenden Strukturmerkmal des Bildungsromans, denn jene weist eine Einsträngigkeit auf, deren chronologisch geordnete Phasen die innere Progression des Protagonisten spiegeln und auch den dreiteiligen Aufbau der Erzählung bestimmen. Der erste Teil schildert in narrativen Rückwendungen Filip Kobals unglückliche Kindheit in einem Kärntner Dorf, als hilflose „Randexistenz" (235) seiner Familie und der gesellschaftlichen Umwelt entfremdet. Im zweiten Teil bricht der Protagonist in das Land seiner slowenischen Vorfahren auf, den Spuren des verschollenen Bruders, einer weltfrommen Vorbildfigur, folgend. Dessen Werkheft über die Anlage einer Obstkultur vermittelt ihm ein erstes Erlebnis der formgebenden Kraft menschlichen Geistes. Das Studium des slowenischen Wörterbuchs aus dem Besitz des Bruders erschließt ihm das Denken in „Wortbildern" (199), die in ihm die versunkene Welt der Kindheit imaginativ gesteigert wieder aufleben lassen. Im dritten Teil erreicht Kobal das slowenische Hochland des Karstes, wo er dingliche „Grundformen" imaginiert (290) — eine Erfahrung, die freilich immer wieder selbstkritisch relativiert wird. Es gelingt ihm jetzt, durch erinnernde Vergegenwärtigung der Kindheit seine Lebensbruchstücke in eine gewisse autobiographische Grundfigur zu integrieren, womit er eine wichtige Voraussetzung für die Gewinnung personaler Identität erworben hat.[104] So kann dem Protagonisten die „Heimkehr" glücken, was sich in der inneren Versöhnung mit seiner ungeliebten Familie offenbart. Die zyklische Anordnung der Räume signalisiert ebenfalls seine Rückkehr in ein neu gedeutetes Dasein.

Auch das Strukturmerkmal der zielgerichteten, zur Selbstfindung führenden inneren Progression des Protagonisten entspricht dem Modell des Bildungsromans. Freilich ist es ein mühseliger, von Rückschlägen unterbrochener Prozeß, der sich in dem jugendlichen Protagonisten vollzieht. Es ist der dominante Modus der Entfaltung der imaginativen Potentialität seines Ichs, den Kobal erlebt. Die gesellschaftliche Umwelt hat ihn nicht bereichert, weshalb er sich desillusioniert in die Einsamkeit des Karstes zurückzieht, der gleichsam als Katalysator eine Bewußtseinsveränderung bewirkt. Völlig zutreffend formuliert Handke die gesellschaftsferne Handlungsmaxime seines Protagonisten: „Entdecke was du bist."[105] Allerdings gelingt dies dem jungen Kobal nur unzureichend, denn er erlebt lediglich vorübergehend das „Erscheinen des Ich" (242). Hingegen gewinnt der fünfundvierzigjährige Erzähler, das schreibende Ich, seine volle personale Identität, allerdings ausschließlich innerhalb des ästhetischen Mediums seiner Erzählung. Deren identitätsstiftende Macht beschwört er am Schluß in hymnischem Ton: „Auge der Erzählung, spiegele mich, denn allein du erkennst mich [...]."[106] Die autobiographische Retrospektion in Form der „wiederholenden" Erzählung stiftet Dauer und sinnerfüllten Zusammenhang von Ich und Welt. Als zeitlich und räumlich fixiertes Geschehen ist sie zwar keine Utopie im üblichen Sinne, aber sie entwirft doch ein Wunschbild gesteigerter Existenz, indem sie Kobals sporadische glückhafte Imagination mittels einer bild- und klangreichen, rhythmisierten Sprache kontemplativer Bedächtigkeit in eine Gesamtstimmung „immerwährender [...] Gegenwart" überführt.[107]

Auch die Bauform der Figurenkonstellation und die Gestalt des Erzählers entsprechen den konstanten Strukturelementen des Bildungsromans. Der Protagonist erscheint als dominante Zentralgestalt. In der Rolle des autobiographischen Ich-Erzählers übernimmt er die Funktion des epischen Integrationszentrums. Er klammert das negativ erlebte gesellschaftliche Umfeld weitgehend aus und ordnet sich die wenigen, knapp umrissenen Nebenfiguren als funktionale Korrelate zu. Dem didaktisch motivierten Erzähler ist jetzt erstmalig eine eigene Reflexionsebene zugewiesen; er sucht den Leserbezug durch übersichtliche Grobgliederung, wertende Kommentare und durch Leseranrede zu konstituieren; Handke will, wie er erklärt, beim „verborgenen Volk der Leser" mit dem „Schreiben natürlich etwas bewirken".[108] Er erhebt Anspruch auf exemplarische Bedeutsamkeit der Botschaft seiner Erzählung; er glaubt ein der Leserschaft und ihm „gemeinsames Muster" der Lebensorientierung ermittelt zu haben (333). Es ist ihm wohl nicht abzusprechen, gewisse kategoriale Bedingungen der Möglichkeit humaner Existenz in sicher nicht immer voll rezipierbarer poetischer Form gestaltet zu haben.

Die Wiederholung weist also die transepochale invariante Grundstruktur des Bildungsromans auf. Dennoch bezeichnet der Autor sein Werk zu Recht nicht als Roman, sondern als „Erzählung".[109] Sie stellt gleichsam die Schwundstufe des herkömmlichen Bildungsromans dar, weil sie auf eine üblicherweise komplexe Bildungskonzeption verzichtet, um im Sinne einer minimalistischen Bildungsidee einen antinormativen Identitätsbegriff zu verkünden.[110] Handke thematisiert, wie gesagt, primär die kategorialen Bedingungen der Möglichkeit von Ich-Identität, wodurch seine Erzählung an Weltfülle verliert. Er hat dieses Defizit selbst klar erkannt. Denn schon der Plan für die Fragment gebliebene *Langsame Heimkehr* sah vor, daß der Protagonist „auf vielfältigen Wegen, durch verschiedene Staatsformen und auch religiöse Formen" geführt werden sollte.[111]

Die individuelle Werkstruktur der *Wiederholung* wird durch verschiedene variable Strukturelemente konstituiert. Handke ist der frühromantischen und der neuromantischen Formtradition des Bildungsromans verpflichtet, was sich schon daran zeigt, daß die innere Progression des Protagonisten durch den dominanten Modus der Entfaltung der Potentialität des Ichs bestimmt ist. Aus solcher Thematisierung subjektiver Innerlichkeit resultierte schon in der Frühromantik das entstofflichende Formprinzip der Reduktion.[112] Dieses führt hier zu einer handlungs- und vorgangsarmen Fabel sowie zu einem äußerst spärlichen Figurenensemble. Der Protagonist stellt sich nicht mehr als psychologisch differenzierter, runder Charakter dar, sondern als Kunstfigur mit einem klar begrenzten Erkenntnisinteresse. Handke beschreibt seinen neuen Figurentypus einer imaginativen Innerlichkeit als „ganz durchsichtiger Held", als „eine starke Leerstelle".[113] Auch die Raumsubstanz erfährt jetzt, im Gegensatz zu den früheren Erzählungen, eine weitgehende Beschränkung auf den außergesellschaftlichen Naturraum, auf die im zivilisatorischen Abseits liegenden „Zwischenräume", die noch einer imaginativen Steigerung der Apperzeption zugänglich sind.

Die Wiederholung besitzt, ungeachtet starker Affinitäten zur früh- und neuromantischen Tradition, innerhalb der Geschichte der Romanart innovatorische Qualität. Das Wertzentrum liegt jetzt nicht mehr in den weltverklärenden Erlebnissen eines romantischen Protagonisten, sondern im Akt der sinnstiftenden poetischen Schöpfung beschlossen. Der reife Erzähler verkündet die Botschaft eines existentiellen Ästhetizismus. In erinnernder „Wiederholung" entwirft er mittels imaginativ gesteigerter „Wortbilder" den poetischen Raum, der ihm sinnerfüllte Existenz ermöglicht.[114] Hier scheint trotz gewisser selbstkritischer Relativierungen die moderne Sprachskepsis überwunden.

Leonie Ossowski: Wilhelm Meisters Abschied

Die Autorin, 1925 in Niederschlesien geboren, hat sich schon in früheren Werken verständnisvoll mit den Existenzproblemen von großstädtischen sozialen Randgruppen befaßt. Sie entlarvt menschliche Deformation im Raume der bürgerlichen Wohlstandsgesellschaft, und sie schildert mit spürbarer Anteilnahme, wie sich frustrierte Jugendliche aus verschiedenen gesellschaftlichen Schichten im sozialen Abseits zusammenfinden, um hier nach eigenen Vorstellungen zu leben, freilich manchmal auch unterzugehen. Es lag daher für die Autorin der Versuch nahe, in diesem Milieu den exemplarischen Fall einer geglückten Emanzipation anzusiedeln. Es ist die Geschichte eines Jugendlichen, der aus der selbstzufriedenen Bürgerwelt ausbricht und in einer sozialen Randgruppe zu sich selbst findet. Hier kann er noch am ehesten den Freiraum gegenüber dem „Räderwerk" gewinnen, das „von der Gesellschaft [...] in Gang gesetzt und in Bewegung gehalten wird".[115]

Der achtzehnjährige Wilhelm Meister, Protagonist dieses großstädtischen Bildungsromans, entstammt einer soliden bürgerlichen Familie. Der Vater, Bauunternehmer in Westberlin, erzieht Wilhelm zu seinem Nachfolger. Der Junge bricht jedoch seine Maurerlehre ab, da er sich zum Schriftsteller berufen glaubt. Seine Unzufriedenheit mit dem bürgerlichen Lebensalltag verstärkt sich noch durch seine Liebe zu Mariane, einem Fotomodell. Zunehmend entfremdet er sich seiner Familie und dem sozial angepaßten Jugendfreund Werner. Er entflieht nach Kreuzberg, wo er sich im Milieu von Hausbesetzern einer gescheiterten Theatergruppe anschließt. Laertes, Friedrich und Philine nehmen ihn bei sich auf; Mignon, ein exotisches Zigeunermädchen, umsorgt ihn mit demütiger Hingabe. Er lernt Jarno, einen bekannten Lyriker, kennen, dessen ironische Kritik an seinen Schreibversuchen ihn erbittert. Während einer Protestdemonstration wird Wilhelm verwundet und begegnet erstmalig Natalie, einer jungen Erzieherin. Schreibend vergewissert er sich seines nunmehr endgültigen Abschieds vom Elternhaus: „[...] ich will nicht so leben wie ihr."[116] Auch der Film, den er mit dem Regisseur Serlo über seine Familie dreht, dient solcher Selbstklärung. Die Auflösung des Ensembles stürzt Wilhelm in erneute Ratlosigkeit, zu der sich latente Schuldgefühle gesellen, als er vom frühen Tod des Vaters erfährt. Sein Leben gewinnt eine neue Dimension, als er dem Arzt Lothario, einem der führenden Köpfe der Berliner Friedensbewegung, begegnet. Diesem stehen Jarno, Natalie, die Buchhändlerin Therese und der „Abbé", ein früherer Lehrer des Protagonisten, helfend zur Seite. Nach Überwindung anfänglicher Unentschiedenheit wächst Wilhelm in eine lebendige Gemeinschaft hinein, und er erfährt die Richtigkeit von Jarnos Überzeugung, daß man lernen muß, „für andere zu leben, dann erst begreift man, wer man ist" (205). Damit ist der politische und soziale Raum gewonnen, innerhalb dessen Wilhelm zu sich selbst finden kann; er wird die Friedensbewegung aktiv unterstützen, er wird an Laertes' Projekt eines alternativen Wohn- und Kulturzentrums mitwirken. Die

Liebe zu Natalie bestärkt den angehenden Schriftsteller in seinem Entschluß, den eingeschlagenen Weg zielstrebig weiterzuverfolgen.

L. Ossowski übernimmt die transepochale Grundstruktur des Bildungsromans, wobei sie sich speziell am Goetheschen Paradigma orientiert. Der Roman thematisiert die erfolgreiche Suche eines jugendlichen Protagonisten nach existentiellen Orientierungsmustern, nach Bestimmung seines gesellschaftlichen Standortes. Die Fabel erinnert an die Handlungsführung in *Wilhelm Meisters Lehrjahre*; ein junger Mann, auf der Suche nach der eigenen Identität, nimmt Abschied von der Welt seiner bürgerlichen Herkunft, weil er sich als Künstler zu verwirklichen hofft. In verschiedenen sozialen Schichten sammelt er wegweisende Erfahrungen. Durch soziales Engagement überwindet er schließlich seine frühere Selbstbezogenheit und findet als emanzipiertes Glied der Gesellschaft zu sich selbst. Die Ähnlichkeit mit dem Goetheschen Vorbild reicht bis zu einzelnen Motiven: so etwa Wilhelms kindliches Marionettenspiel, der fast wortgleich beschriebene Eiertanz Mignons, die erste Begegnung des Protagonisten mit Natalie oder der geheimnisvolle nächtliche Besuch bei Wilhelm. Die einsträngige Fabel schildert Wilhelms Entwicklung in chronologischer Abfolge. Der Protagonist durchläuft zwei Entwicklungsphasen; dem Abschied von der bürgerlichen Welt seiner Herkunft (Kap. 1—5) folgt das Hineinwachsen in eine Gemeinschaft politisch Gleichgesinnter, die eine unbürgerliche Lebensform praktizieren (Kap. 6—7). Wilhelms innere Progression mündet zuletzt zielgerichtet in die Selbstfindung, in die Bestimmung seines künftigen gesellschaftlichen Standortes. Die Vorgangsfigur der Fabel verläuft vom Zustand der Entfremdung innerhalb eines konventionell erstarrten Bürgertums zu sinnerfülltem sozialem Engagement in der alternativen Kulturszene. Die Zielgerichtetheit der Lebenskurve des Protagonisten wird durch zwei Leitmotive unterstrichen, einmal die ständige Bekundung des selbstbewußten Willens, den eigenen Weg zu suchen, und zum andern die wiederholte Erinnerung an das einstige Lieblingsmotiv des jugendlichen Marionettenspielers Wilhelm Meister, nämlich Davids Sieg über Goliath.

Die Figurenkonstellation des Romans ist durch das Prinzip funktionaler Zuordnung des Figurenensembles zur Zentralgestalt des Protagonisten bestimmt. Die Hauptfiguren, meist nur knapp umrissen, repräsentieren Wilhelms wesentliche Erfahrungsbereiche: die Welt bürgerlichen Fleißes und Erwerbssinnes (Elternhaus und Werner), die Liebesbegegnungen (Mariane, Mignon, Natalie), der Bereich der Literatur und der Schauspielkunst (Jarno, Philine, Friedrich, Serlo), der Raum des politischen Engagements (Lothario, Therese, der Abbé) und nicht zuletzt die Erfahrung menschlichen Scheiterns (Aurelie und der Harfner). Das Figurenensemble gliedert sich hinsichtlich seiner sozialen Grundhaltung in zwei Gruppen. Einmal die egozentrischen Gegensatzfiguren zu Wilhelm: der raffgierige Werner, der von seiner Arbeit besessene Filmregisseur Serlo, die oberflächlich-kokette Mariane und schließlich die zu liebender Hingabe unfähige Aurelie. Zum andern die politisch und sozial engagierten Komplementärfiguren des Protagonisten: Natalie, Lothario, der Abbé und Therese. Wilhelms Entwicklung führt ihn von der einen zur anderen Gruppierung. Den beiden konträren Gruppen des Figurenensembles sind gegensätzliche soziale Räume zugewiesen: der Stadtteil eines gesicherten bürgerlichen Wohlstandes kontrastiert mit den Straßen und Hinterhöfen von Kreuzberg, dem Lebensraum sozialer Randgruppen, denen die ungeteilte Sympathie des Erzählers gilt. Die Raumsubstanz ist begrenzt, das Milieu mit sicheren Strichen gezeichnet, aber nicht als eigenwertige Großstadtwelt, sondern als Lebens- und Erfahrungsbereich der Figuren, der ihre Denk- und Handlungsweisen prägt. Die Ähnlichkeit mit Goethes Bildungsroman ist unübersehbar. Die Figuren, wenngleich mit anderen Berufen ausgestattet, tragen dieselben Namen und verkörpern verwandte Grundhaltungen. Sie treten in analoger Konstellation auf und besitzen dieselben Verwandtschaftsbeziehungen.

Der Erzähler dieses Bildungsromans ist didaktisch motiviert. Er sorgt für eine übersichtliche Kapitelgliederung; er steuert die Sinnerwartung des Lesers durch ständige Verweisung auf Goethes *Lehrjahre*: dies gilt für den Romantitel, die Figurennamen und für die Zitate zu Beginn jedes Kapitels, die als Kommentar zu Wilhelms Entwicklung gelesen werden können. Wilhelm Meister kann eine gewisse exemplarische Bedeutsamkeit beanspruchen, jedenfalls für den implizierten Leser, nämlich die kritisch aufgeschlossene, in der Tradition der Studentenbewegung stehende junge Generation der siebziger Jahre. An sie wendet sich der Erzähler in erster Linie, was schon sein kunstlos-schlichter, den Jargon der Jugendsprache bevorzugender Stil deutlich bezeugt. Er setzt in Lothario, Wilhelms Mentor, das emanzipatorische Leitbild des politisch unangepaßten mündigen Bürgers.

Die aufgeführten konstanten Merkmale des Strukturtyps des Bildungsromans werden nun durch einige autorspezifische variable Elemente ergänzt, deren rezeptionsästhetische Funktion sich aus der erwähnten Intention der Autorin ergibt, speziell die junge Lesergeneration anzusprechen. Sie wählt daher einen Protagonisten, der am Romanschluß mit achtzehn Jahren erst am Beginn seiner Adoleszenzphase steht, woraus folgt, daß Wilhelm zuletzt noch keine volle personale Identität gewonnen haben kann. Er hat noch keine endgültige Berufsentscheidung getroffen, und sein konkreter Lebensentwurf zeichnet sich erst in Umrissen ab. Der Erzähler verzichtet ferner bewußt auf jegliche belehrende Normvermittlung durch Reflexion und Kommentar; er berichtet fast ausschließlich in szenisch-dialogischer Form aus der Perspektive des erlebenden Protagonisten.[117]

Leonie Ossowski schrieb wohl den ersten Bildungsroman von einiger literarischer Bedeutung, der die Entwicklung eines jungen Menschen in der ehemaligen Bundesrepublik thematisiert. Es besteht allerdings eine gewisse Diskrepanz zwischen der gesellschaftlich progressiven Botschaft des Romans und dessen im wesentlichen konventioneller, allzu streng an Goethes Paradigma orientierter Gestaltung. Die damit verbundene Sinnerwartung des Lesers beeinträchtigt bis zu einem gewissen Grade die von der Autorin intendierte Rezeption.

Kurt E. Becker: Du darfst Acker zu mir sagen

Der 1950 geborene Autor verarbeitet in seinem Roman Erfahrungen, die er in der Bundeswehr als Reserveoffizier gesammelt hat. Ihn beschäftigt das problematische Spannungsverhältnis zwischen Mensch und Armee, die Frage nach der Möglichkeit individueller Selbstverwirklichung in einem funktionalen militärischen System. Georg Kemmner, ein Abiturient, befindet sich „auf der Suche nach seiner Identität".[118] Seinem Elternhaus entfremdet, fühlt er sich zutiefst vereinsamt und verfällt einer orientierungslosen pessimistischen Skepsis. In seinem Tagebuch zieht er resignierend das Fazit: „Darum ist mein Wesen der Krieg, mein Schicksal die Vernichtung" (6). Abenteuerlust bewegt ihn, sich als Offiziersanwärter bei der Bundeswehr zu bewerben, obwohl seine pazifistisch gesinnte Freundin diesen Entschluß mißbilligt. Während seiner Grundausbildung lernt der Protagonist das hierarchische System von Befehl und Gehorsam in seiner Einförmigkeit und Härte kennen; die anschließende Ausbildung als Fallschirmspringer beschert ihm aber auch Erfolgserlebnisse besonderer Art. Der Prozeß der sozialen Integration wird jäh unterbrochen, als sich seine Freundin von ihm abwendet. Georg desertiert und taucht mehrere Monate im Ausland unter. Er bewältigt aber seine innere Krise und kehrt freiwillig zur Truppe zurück, weil er erkannt hat, daß die Armee nicht nur ein anonymes System kollektiver Funktionalität darstellt, sondern auch die Möglichkeit zu menschlichen Bindungen bietet. In der zuverlässigen Kameradschaft mit Ackermann, einem „einfachen Jungen aus dem Volke" (186), erfährt Georg menschliche Gemeinschaft, „die Selbstverständlichkeit des Füreinander-Daseins" (187). Er beginnt in der militärischen Lebenswelt Heimat zu gewinnen, weil er sich hier nicht mehr selbstkritisch in Frage zu stellen braucht. Er fühlt sich einer „soliden Ordnung" (51) zugehörig, in einen überschaubaren Lebensbereich integriert, der es ihm erlaubt, die beunruhigende „Vielfalt" des Daseins „auf das Einfache [zu] reduzieren" (86). So findet er in der militärischen Lebenswelt eine pragmatische Lösung seiner Probleme, weil seine orientierungslose Existenz durch Einordnung in die Institution der Armee Sinn und Zweck gewinnt, was das einleitende Nietzsche-Wort „Alles Lebendige ist ein Gehorchendes" belegen soll.

Bedenklich an dem Roman erscheint eine irrationalistische Grundhaltung, die der aufklärenden Kraft des Denkens mißtraut. Sie offenbart sich etwa in der trivialen Feststellung des Erzählers: „Das Leben ist einfach. Die Schwierigkeiten wurzeln im Hirn" (53). Erschreckend die Mystifikation des Krieges, obwohl er paradoxerweise an anderer Stelle aus rationalen Erwägungen abgelehnt wird: der Protagonist und sein Vorgesetzter Gronau fühlen sich von der „Faszination" (162) einer kriegerischen Weltvernichtung ergriffen. Mit expressionistisch anmutender Wortgebärde wird eine apokalyptische Vision beschworen: „Die Erde stürzt in die Sonne zurück. Zeit zum Neubeginn. Wiedergeburt" (180). Hier feiert die Nietzsche-Rezeption der Jahrhundertwende Urständ, eine dubiose Mischung aus irrationalem Lebenspathos und spätzeitlicher Untergangsstimmung. Folgerichtig ist auch das Schlüsselerlebnis des Protagonisten, das diesen zur Rückkehr in die Armee bewegt, von einer seltsamen Todesmystik umdüstert. Der Anblick eines Soldatenfriedhofes löst in ihm ein eigenartiges Gemeinschaftsgefühl aus: „Kameraden. Miteinander vereint im Tod. Die Erde hat sie wieder" (161). Hier deutet sich ein Menschenbild an, in dem die irrationale Macht des Unbewußten über das vernunftvolle Bewußtsein dominiert.

Der Autor bedient sich zur Vermittlung seiner Botschaft der transepochalen Grundstruktur des Bildungsromans. Er thematisiert die erfolgreiche Suche eines jungen Protagonisten nach geistiger Orientierung, nach personaler Identität. Georg Kemmners Entwicklung vollzieht sich im Spannungsfeld von individueller Selbstbehauptung und starrer „Norm des Systems" (199) der Bundeswehr als sozialer Institution. Die Fabel verläuft vorwiegend einsträngig;[119] sie orientiert sich, chronologisch geordnet, am Werdegang des Protagonisten. Dessen Entwicklung bietet sich in zwei Phasen dar: zunächst die äußere Eingliederung in die Armee (Kap. 1—2), sodann Georgs seelische Krise und deren Bewältigung (Kap. 3—5). Die Fabel gewinnt ihre einheitliche Vorgangsfigur durch den Prozeß der Integration des Protagonisten in die Armee. Georgs innere Progression mündet zuletzt zielgerichtet in die Selbstfindung, die sich in seiner Entscheidung für die militärische Laufbahn bekundet. Es ist ihm gelungen, seine personale mit seiner sozialen Identität zu vermitteln.[120] Auch die Figurenkonstellation entspricht der invarianten Grundstruktur des Bildungsromans. Der Protagonist erscheint als dominierende Zentralgestalt, der die Nebenfiguren funktional zugeordnet sind. Der Erzähler ist didaktisch motiviert, was sich schon am mahnenden Nietzsche-Wort von der Notwendigkeit des Gehorsams erweist, das dem Roman als Motto voransteht. Die Botschaft des Werkes konkretisiert sich im exemplarischen Geltungsanspruch der Zentralgestalt, die einer nach existentieller Orientierung suchenden jungen Generation als Identifikationsangebot dienen soll.

K. E. Becker ergänzt die aufgeführten konstanten Merkmale des Strukturtypus des Bildungsromans durch einige wenige variable Elemente. Sie besitzen freilich keine innovatorische Qualität, vielmehr resultieren sie aus der ursprünglichen Intention des Autors, eine „dokumentarische Studie in Romanform" über die Bundeswehr schreiben zu wollen (Klappentext).[121] Daher mußte Becker die räumliche Vielfalt des Bildungsromans auf den Bereich der Armee begrenzen.[122] Andererseits bedingte jedoch der dem Strukturmodell des Bildungsromans immanente generelle exemplarische Geltungsanspruch der durch den Protagonisten vermittelten Botschaft, daß unversehens der Bereich der Armee stellvertretend für die Gesamtgesellschaft gesetzt wurde, deren Ordnung als angeblich starr normiertes System angeprangert wird, das „keinen Platz mehr [...] für Individualisten" biete (199 f.). Die Klage, dem begabten Nonkonformisten werde generell der soziale Aufstieg verwehrt, verfehlt die gesellschaftliche Wirklichkeit. Ungeachtet seiner relevanten Thematik besitzt dieser Roman epigonalen Charakter, weil der Autor lediglich die transepochale invariante Grundstruktur des Bildungsromans reproduziert hat.

EXKURS

Peter Weiss: Die Ästhetik des Widerstands

Peter Weiss' Leben war von der Grunderfahrung innerer und äußerer Heimatlosigkeit bestimmt. Schon früh seinem bürgerlichen Elternhaus entfremdet, erfuhr er im bitteren Schicksal des Exils die „Bestätigung einer Unzugehörigkeit", die alle Lebensbereiche überschattete.[123] Auch in Schweden gewann er keine Heimat, und er fand erst relativ spät zur deutschen Sprache als seinem eigentlichen Ausdrucksmedium. Anfangs der sechziger Jahre befreite er sich literarisch von der bürgerlichen Welt seiner Herkunft, die ihm die persönliche Entwicklung verwehrt hatte. In Abschied von den Eltern und in Fluchtpunkt befindet sich der Ich-Erzähler auf der Suche nach der eigenen Identität. Es gelingt ihm schließlich, seine politische und soziale „Unzugehörigkeit zur Kraftquelle einer neuen Unabhängigkeit zu machen".[124] Mitte der sechziger Jahre, unter dem Eindruck des mörderischen Krieges in Vietnam, wandte Weiss sich dem revolutionären Marxismus zu und erklärte programmatisch, die Richtlinien des Sozialismus enthielten für ihn die gültige Wahrheit. Die wegweisende Orientierung fand der Autor in der utopischen Hoffnung, eine neue, freiheitlich-sozialistische Kultur könne in gemeinsamer Anstrengung aller progressiven Kräfte geschaffen werden. Von nun an stand sein Schreiben unter dem bewußt gesetzten Vorzeichen politischer „Parteilichkeit".[125]

Die Ästhetik des Widerstands erwuchs aus dem Bedürfnis des Autors, sein „eigenes Ich zu konsolidieren", unter veränderten politischen und weltanschaulichen Bedingungen eine erneute geistige Ortsbestimmung vorzunehmen.[126] Weiss schuf mit diesem Roman ein in der literarischen Landschaft der siebziger Jahre nach Inhalt und Form einmaliges Werk, einen radikalen Gegenentwurf zur vorherrschenden Tendenz der neuen Subjektivität. Ungewöhnlich schon der Werdegang des Protagonisten. Ein klassenbewußter, antifaschistisch gesinnter junger Arbeiter berichtet über seine Erfahrungen in der Zeit des Dritten Reiches. Gesellschaftlich ausgegrenzt, bleibt ihm eine normale Sozialisation verwehrt. Er präsentiert sich als bildungshungriger, eminent belesener Autodidakt, gleichermaßen interessiert an Kunst und Literatur wie an Politik und Geschichte. Er nimmt am spanischen Bürgerkrieg auf republikanischer Seite teil. Als das Scheitern der Aktion abzusehen ist, flieht er nach Stockholm, wo er bis zum Kriegsende unter deutschen Emigranten lebt und sich an der kommunistischen Untergrundarbeit beteiligt. Er verdient sich seinen Lebensunterhalt in der Fabrik, verkehrt im Hause seines großen Vorbilds Bertolt Brecht und beginnt schließlich für Gewerkschaftsblätter zu schreiben. Diese Entwicklung des erlebenden Ichs bildet jedoch nur eine unter mehreren Strukturlinien des Romans. Denn hier wird ein figurenreiches Gesamtbild der deutschen Arbeiterbewegung von 1918 bis 1945 entworfen, ergänzt durch detaillierte Berichte über den antifaschistischen Widerstand sowie durch essayistische Betrachtungen zu ausgewählten Werken der Literatur und der bildenden Kunst vom Hellenismus bis zur Gegenwart.

Das erlebende Ich informiert sich in zahlreichen Gesprächen über die historischen Zielsetzungen des antifaschistischen Widerstandes; es erfährt aber auch dessen Grenzen, die teilweise aus der Spaltung der Arbeiterbewegung nach dem ersten Weltkrieg resultierten. Das von Anfang an ausgeprägte sozialistische Bewußtsein des jungen Arbeiters erweitert sich im Laufe der Jahre nicht unerheblich. Zu Beginn befindet er sich weitgehend in Übereinstimmung mit der politischen Linie der kommunistischen Partei — ganz im Gegensatz zu seinem Vater, der, ursprünglich revolutionärer Sozialist, von dem autoritären Dogmatismus dieser Partei enttäuscht sich der Sozialdemokratie zuwendet. Als die Ich-Figur schließlich der Partei ihrer Wahl beitritt, betrachtet sie diese nur als einen „Entwurf", den es in Richtung auf undogmatische Toleranz weiterzuentwickeln gelte.[127] In dieser Ansicht sieht sich der Protagonist von seinem geistigen Mentor, dem Arzt Dr. Hodann, nachhaltig bestätigt. Nüchterner Pragmatiker und visionärer Träumer in einem, vertritt dieser einen „Sozialismus mit menschlichem Gesicht" (I, 288), der sich auf Rosa Luxemburgs Anschauung beruft, „daß es keine Freiheit geben kann ohne die Freiheit der anders Denkenden".[128] Hodanns Vision einer weltweiten sozialistischen Einheitsfront erweist sich schließlich als unrealisierbar, weshalb diese Figur im Selbstmord endet.

Eng verzahnt mit seiner politischen Entwicklung vollzieht sich der kulturelle Bildungsgang des namenlosen Protagonisten. Lesend und diskutierend erschließt er sich die Literatur von Dante bis Kafka, die bildende Kunst von der Antike bis zum Expressionismus. Dies aber nicht in affirmativer Übernahme des bürgerlichen Kulturerbes, sondern in der Haltung kämpferischen Widerstands, im Bemühen „um die Brechung der alten Bildungsideale" (II, 5). Das tradierte Kulturgut wird aus proletarischer, auf gesellschaftliche Veränderung drängender Perspektive kritisch gesichtet und neu interpretiert. Kunst hat durch Darstellung der Folgen staatlicher und gesellschaftlicher Repression politisch aufzuklären: der Bogen spannt sich vom Fries des Pergamonaltars bis zu Picassos anklagendem Guernica-Bild. Solche Kunstbetrachtung soll durch Bewußtseinsveränderung die Kräfte des Widerstandes stärken. Peter Weiss vertritt einen weitgefaßten, auch die Avantgarde einbeziehenden antibürgerlichen Kunstbegriff, der primär durch gewisse ethische Normen und Werthaltungen konstituiert wird. Die „kämpfende Ästhetik" versucht, wie Weiss notiert, die kulturellen „Erkenntnisprozesse mit sozialen und politischen Einsichten zu verbinden".[129] So erarbeitet sich das erlebende Ich im Laufe der Jahre eine „Ästhetik des Widerstands" als Inbegriff politischer und kultureller Bildung: nicht etwa auf theoretisches Wissen beschränkt, sondern als pragmatische „Lebenshaltung" begriffen.[130] Wegweisend für den künftigen Schriftsteller erweist sich die Zusammenarbeit mit Bertolt Brecht, der ihm die Methode politisch-revolutionären Schreibens erschließt.

Peter Weiss lehnte jegliche apolitisch-individualistische Bildungskonzeption herkömmlicher Art entschieden ab, weil er im politisch-revolutionären Engagement die einzige Möglichkeit humaner Selbsterfüllung sah. Aus den leidvollen Erfahrungen eines jahrzehntelangen Exils gelangte er zu dem Schluß, daß „jede Bewegung, die wir in unserem persönlichen Leben vollziehen, [...] mit der politischen Wirklichkeit" engstens zusammenhänge.[131] Sein Roman spiegelt die Macht der politischen und sozialen Umstände, welche die Entwicklung des Protagonisten maßgeblich bestimmen. Das erlebende Ich entfaltet zunehmend eine auf gesellschaftliche Veränderung zielende politische Aktivität; in Berlin führt der junge Arbeiter vorbereitende Gespräche, im spanischen Bürgerkrieg bewährt er sich im Lazarettdienst, in Schweden wird er im politischen Untergrund tätig und tritt zuletzt der kommunistischen Partei bei. Bildung bedeutet hier die Bereitschaft zu gesellschaftsveränderndem Engagement. „Du mußt dich bilden", forderte Weiss leidenschaftlich, „du mußt dich auseinandersetzen mit den Dingen, die auf dich zukommen, du mußt Stellung ergreifen [...]."[132] Der Roman entwirft das antibürgerliche Leitbild des „neuen Menschentyps", der als Wegbereiter einer sozialistischen Gesellschaftsordnung in Aktion tritt.[133] Bildung meint hier nicht mehr die zweckfreie Selbstkultivierung des bürgerlichen Individuums, sondern die Einübung in die Haltung des politischen und geistigen Widerstands. Weiss instrumentalisierte Bildung zur emanzipatorischen Waffe im Dienst der Befreiung der unterprivilegierten sozialen Schichten. Unter den gegebenen politischen Umständen kann sich humane Existenz nur im Widerstand gegen „die Überflußproduktion, die Ausplünderung der unterentwickelten Länder, die atomare Superrüstung" erfüllen.[134] In solch engagiertem Außenseitertum glaubte Peter Weiss einen Freiraum zu gewinnen, um sich „selbst gegenüber der Politik zu verwirklichen".[135]

Die Werkstruktur der *Ästhetik des Widerstands* gestattet keine eindeutige Zuweisung zu einer bestimmten Romanart. Der Autor sprach zwar gelegentlich eine Beziehung zum „Entwicklungsroman" an, da die Ich-Figur durch Gewinnung eines freiheitlich-sozialistischen Bewußtseins zu einer „konkreten und weitgreifenden Stellungnahme" gegenüber den politischen Verhältnissen gelange.[136] Andererseits aber betont der Erzähler zu Recht, er besitze kein „Modell" für die Gestaltung seiner ungewöhnlichen Erfahrungen (III, 46). Weiss brach mit der bürgerlichen Konvention des apolitischen „individualisierten Romans" (I, 185), der sich am Paradigma von *Wilhelm Meisters Lehrjahre* orientiert hatte. Sein Erkenntnisinteresse lag nicht mehr auf der Darstellung einer unverwechselbaren „Persönlichkeit im Reichtum aller Entwicklungsstadien" (I, 134), weshalb er einen namenlosen Ich-Erzähler wählte, der darauf bedacht ist, „gemeinsames Denken" zu artikulieren (II, 306). Er gewinnt keine volle Gestalthaftigkeit, da er in seinem Diskurs den Raum privater Innerlichkeit weitgehend ausspart. Der Autor weist ihm primär eine nach außen gewandte Perspektive zu. Mit der faktengetreuen Sorgfalt eines Chronisten berichtet er über den spanischen Bürgerkrieg, über die Untergrundarbeit im schwedischen Exil und den innerdeutschen Widerstand während des zweiten Weltkrieges. Der Erzähler entwirft ein gigantisches Panorama des antifaschistischen Kampfes, gleichsam ein episches Pendant zum Pergamonfries, überfüllt mit episodischen Figuren und dramatischen Vorgängen. Er vertritt nicht mehr die Position gesellschaftlicher Affirmation, sondern angesichts permanenter Not und Verfolgung eine Haltung kämpferischer Verweigerung. *Die Ästhetik des Widerstands* entfaltet eine disparate Stoffülle, eine spannungsreiche Vielfalt von Meinungen, eine erdrückende Übermacht kollektiver historischer Prozesse. Diese Elemente mußten den immanenten Spielraum des Strukturtyps des Bildungsromans sprengen. Sie erforderten die Einbeziehung von Formelementen des modernen Zeitromans. Zwar bietet Weiss kein politisches Totalbild der ersten Jahrhunderthälfte, aber er vermittelt doch ein breites Panorama des Kampfes der Arbeiterbewegung gegen totalitäre Unterdrückung. Der Autor wich allerdings von der Konvention des Zeitromans ab, als er seinem Erzähler das Recht auf subjektive „Parteilichkeit" zugestand (I, 136). Hier befand er sich im Einklang mit seinem Vorbild Döblin, der vom Erzähler des historischen Romans ebenfalls „kraftvolle Parteilichkeit" und die Haltung eines „Leidenden und Aggressiven" erwartet hatte.[137] Es wird sich im folgenden erweisen, daß die Struktur der *Ästhetik des Widerstands* aus der Überlagerung von Formelementen des Bildungsromans durch eine Mehrzahl von Merkmalen des Zeitromans resultiert.

Der erzählerische Diskurs bewegt sich, in Abweichung vom Strukturtyp des Bildungsromans, in nicht weniger als drei verschiedenen Themenkreisen.[138] Er schildert einerseits den „Widerstand gegen Unterdrückungsmechanismen", dargestellt am antifaschistischen Kampf gegen politische Verfolgung.[139] Das zentrale Thema des ständigen Kampfes zwischen Herrschenden und repressiv Beherrschten gewinnt im Fries des Pergamonaltars symbolische Gestalt, mit dessen Beschreibung der Roman anhebt und endet. Zum andern thematisiert das Werk die ästhetische Reflexion über Möglichkeiten und Grenzen einer nicht affirmativen Kunst. Als drittes Thema, das in etwa der Hälfte der Textblöcke anklingt, erscheint das Ringen des Protagonisten um existenzsichernde Orientierungsmuster, ein Lern- und Erfahrungsprozeß, der in einer theoretisch fundierten und praktisch bewährten Haltung des schreibenden Widerstands gipfelt.[140] Die Themenkreise sind korrelativ miteinander verknüpft, denn die Selbstfindung des jungen Proletariers vollzieht sich vor dem Erfahrungshintergrund des weltweiten emanzipatorischen Kampfes einer unterprivilegierten sozialen Schicht, die sich durch keine vorgegebene kulturelle Tradition legitimiert sieht.[141] Stehen die zahlreichen kunsthistorischen Exkurse und Bildbeschreibungen in engem Bezug zur künstlerischen Entwicklung der Ich-Figur, so scheint dies für die Vorgänge im politischen Bereich nicht zu gelten. Hier herrscht die erdrückende Dominanz einer Umwelt, die einzig vom erbitterten Kampf gegen faschistische Systeme erfüllt ist. Indem sich das erlebende Ich die Zielsetzung des internationalen Widerstands detailliert vergegenwärtigt, wird es schließlich dazu motiviert, sich (im dritten Band) in diese Front als anonymer Chronist schreibend einzureihen.

Die einsträngige Fabel des Bildungsromans weicht in der *Ästhetik des Widerstands* einer komplexen Mehrsträngigkeit, wie sie dem modernen Zeitroman eignet.

Die sich von 1937 bis 1945 erstreckende biographische Lebenslinie des Protagonisten, nach hinten und vorne durch Rückwendungen und Vorausdeutungen verlängert, wird durch eine kaum überschaubare Vielzahl von Vorgängen ständig unterbrochen, die das kollektive historische Geschehen spiegeln. Die disparate Stoffülle erhält durch die Lebensstationen des Protagonisten eine äußere Grobgliederung: in Teil I des ersten Bandes nimmt der junge Arbeiter vorwiegend rezeptiv an zahlreichen Gesprächen und Begegnungen teil, aus denen er ein politisches und ästhetisches „Grundbild" gewinnt.[142] In Teil II, während des spanischen Bürgerkrieges, vollzieht er den Übergang zu politischer Aktion. Im zweiten Band wirkt er als Mitglied der Untergrundbewegung in Schweden. Hier findet der eigentliche „Prozeß der Individuation" des Ichs statt, der Durchbruch zu literarischer Produktion im Zeichen einer neuen, sozialistischen Ästhetik.[143] Diese wird dann im dritten Band voll verwirklicht, wodurch der Erzähler seine politische und künstlerische Identität gewinnt.

Auch die Figurenkonstellation weicht von der konstanten Grundstruktur des Bildungsromans ab, da der Protagonist nicht den Stellenwert einer Zentralgestalt besitzt, der die Nebenfiguren funktional zugeordnet sein müßten.[144] Er tritt vorwiegend als passiver Beobachter auf, der eine überwältigende Fülle von Figuren schildert, die in ihrer überwiegenden Mehrzahl in keinem Verweisungszusammenhang zu ihm stehen. Er versucht die Gestalten der Zeitgeschichte durch Typisierung zu „Repräsentanten von Klasseninteressen", zu Vertretern von gesellschaftlichen Kräften und ideologischen Tendenzen zu stilisieren (I, 82). So begegnet in Coppi der Typus des geistig aufgeschlossenen, revolutionär gesinnten Arbeiters, in Heilmann der ästhetisch geprägte bürgerliche Linksintellektuelle, in Dr. Hodann der humanistisch denkende Sozialreformer, in Karin Boye die unpolitische bürgerliche Autorin, die schließlich an ihrer Zeit zerbricht. Die meisten Figuren der politischen Szene bleiben blaß, da sie nur episodisch auftreten. Gestalten, die für die Entwicklung des Erzählers von Bedeutung sind, gewinnen dagegen ein ausgeprägtes Profil. Freilich wird auch bei ihnen auf psychologische Durchdringung weitgehend verzichtet; sie werden vorwiegend in ihrem Bezug zum antifaschistischen Widerstand geschildert.

Die Struktur der *Ästhetik des Widerstands* weist aber auch transepochale konstante Elemente des Bildungsromans auf. Die innere Progression des Protagonisten mündet am Schluß zielgerichtet in dessen Selbstfindung. Deren Vorstufe bildet die im zweiten Band getroffene Entscheidung, als „Berufsschreiber" am Engelbrekt-Projekt mitzuwirken (II, 169). Die Motivation zum Schreiben erwächst dem Erzähler aus der Frage, welche Werthaltungen für ihn nach Jahrzehnten „noch beständig" geblieben sind (III, 260). Auf der „Suche nach Selbsterkenntnis" (I, 57) vergegenwärtigt er sich in autobiographischer Retrospektion die Entstehung seiner politischen und ästhetischen Wertvorstellungen, womit er eine gesellschaftliche Standortbestimmung verbindet. Er erfüllt sich nicht in seinem privaten Lebensbereich, sondern im Dienst an einer gemeinschaftsstiftenden Idee, als anonymes Glied einer weltweiten Gruppierung von Gleichgesinnten. Die innere Progression des erlebenden Ichs mündet zuletzt folgerichtig in den Entschluß zur Niederschrift seiner Erfahrungen (III, 260 ff.). Indem der Protagonist schreibend seine „kämpfende Ästhetik" verwirklicht, hat er seine personale Identität gewonnen.

Auch die Figur des Erzählers zeigt gewisse Merkmale, die zur konstanten Grundstruktur des Bildungsromans zählen. Ungeachtet der widerständigen monolithischen Textblöcke, mit denen der Erzähler den Leser konfrontiert, ist er doch durchaus didaktisch motiviert, denn er möchte durch Vermittlung seiner politischen und ästhetischen Wertvorstellungen Bewußtseinsveränderungen bewirken, wovon etwa seine häufigen lehrhaften Kommentare zeugen. Zwar präsentiert er sich als sachlicher Chronist einer dokumentierten zeitgeschichtlichen Vergangenheit, aber er bringt auch aus parteilich wertender Perspektive „scheinbar Unzusammenhängendes zu Gliederungen" (II, 306). Daraus resultiert beispielsweise die zeitliche und räumliche Fixierung der Szenen, vor allem jedoch die ständige Perspektivierung des komplexen Stoffes auf die intendierte politische Botschaft. Das aus großer zeitlicher Distanz berichtende Ich wirkt als episches Integrationszentrum, indem es seine vielfältigen persönlichen Erfahrungen, vertieft durch historische Recherchen, in einen geschlossenen Deutungszusammenhang stellt, indem es eine „Kette von Folgerichtigkeit" schafft (II, 169).[145] Das schreibende Ich erhebt Anspruch auf exemplarische Verbindlichkeit der durch den Protagonisten vermittelten politischen Botschaft. Dieser verkörpert den musterhaften „neuen Menschentyp", die leitbildhafte Rollenfigur des der Idee eines utopischen Sozialismus verpflichteten Proletariers. Er gehört der Arbeiterklasse an, trägt aber zudem die Züge eines Intellektuellen; er bewährt sich als Widerstandskämpfer und erscheint zuletzt als profilierter Autor. Er wird dem für gesellschaftliche Veränderungen aufgeschlossenen Leser als Identifikationsangebot vorgestellt.

Die Analyse der Werkstruktur hat ergeben, daß *Die Ästhetik des Widerstands* im wesentlichen auf der Mischung zweier Romanarten beruht. Gewisse Strukturmerkmale des episch breiten Zeitromans dominieren eindeutig, besonders in der Thematik, der Gestaltung der Fabel und in der Figurenkonstellation. Dagegen erscheinen Formelemente des Bildungsromans nur in geringerem Umfang, besonders in der Strukturlinie der zur Selbstfindung führenden inneren Progression des Protagonisten und in einigen Merkmalen der Erzählerfigur.

DER ANTIBILDUNGSROMAN

Günter Grass: Die Blechtrommel

Der Roman entstand in den fünfziger Jahren aus dem Bedürfnis des Autors, „den eigenen (verlorenen) Ort zu vermessen".[146] Dies bedeutete nicht nur die Auseinandersetzung mit der unwiderruflichen Tatsache der verlorenen Danziger Heimat, sondern auch den Versuch einer geistigen Standortbestimmung. Grass beabsichtigte ursprünglich wohl, eine kritische Bestandsaufnahme der soziokulturellen Normen und Wertvorstellungen der Nachkriegszeit, insbesondere des christlichen und des humanistischen Menschenbildes, vorzunehmen. Freilich stand die Perspektive des entschiedenen Protests von Anfang an fest, denn der Protagonist war ursprünglich als Säulenheiliger konzipiert, der die Schwächen der Gesellschaft aus überlegener Sicht enthüllen sollte. Dies entsprach dem erklärten Vorsatz des Autors, niemals eine affirmative „Bestätigungsliteratur" zu schreiben.[147] Im Laufe der umfangreichen Vorarbeiten verdüsterte sich jedoch die Erzählperspektive des Protagonisten derartig, daß die intendierte Gesellschaftskritik zu einer pauschalen Weltverneinung aus geschichtspessimistischer Sicht entartete.[148]

Günter Grass, in den Nachkriegsjahren von der damals weit verbreiteten pessimistischen Existenzphilosophie Albert Camus' beeinflußt, war von tiefem Mißtrauen gegen alles, „was mit Idee behangen ist", erfüllt.[149] Er sagte der politischen und kulturellen Restauration den Kampf an, indem er deren Welt- und Menschenbild der ideologischen Erstarrung verdächtigte. Grass hatte das zeitgenössische Bürgertum im Visier, das die überlieferten Bildungswerte neu zu beleben suchte, ohne aus den Erfahrungen der nationalsozialistischen Vergangenheit die entsprechenden Lehren zu ziehen. Der Autor suchte in seinem Roman die überkommenen weltanschaulichen Systeme zu destruieren, die in einer heillosen Welt mit dem absoluten Geltungsanspruch von Heilslehren auftraten. Er hoffte durch das Aufbrechen von ideologisch erstarrten Denk- und Verhaltensmustern neuen Problemlösungen den Weg zu ebnen: „Der Grundirrtum liegt m. E. darin [...], aus festgelegten Schriften [...] Glaubensartikel abzuleiten und sie der Wirklichkeit aufzupflanzen. [...] dann kommt es zu diesen schrecklichen [...] alternativlosen Zuständen innerhalb einer Gesellschaft."[150]

Nach Kriegsende versuchten bürgerliche Kreise, sich am humanistischen Menschenbild Goethes neu zu orientieren. Dieses stilisierte Goethebild attackiert Oskar, indem er den Altmeister von Weimar durch Rasputin konterkariert. Die Floskeln humanistischer Scheinbildung entlarvt der Erzähler, wenn er die „weitverbreitete Unsitte" des oberflächlichen Umganges mit der antiken Mythologie durch Beispiele belegt.[151] Oskars Haßliebe zum Christentum und seiner Kirche durchsäuert seinen ganzen Lebensbericht. Höhepunkt ist das Kapitel „Glaube Hoffnung Liebe", in dem er die im Dritten Reich zum „Ladenhüter" verkommenen christlichen Grundwerte in Frage stellt, indem er mit ihnen blasphemisch „wie ein Jongleur mit Flaschen" spielt (236). Für Grass, der den politisch mündigen Bürger fordert, ist humane Bildung ohne öffentliches Engagement undenkbar. Daher porträtiert Oskar mit bitterer Ironie den unpolitischen Opportunismus des Danziger und des Düsseldorfer Bürgertums. Grass warf der restaurativen Gesellschaft vor, die politische Vergangenheit zu verdrängen, sich in die private Existenz zurückzuziehen und „die zwar halbzerstörten, doch reparierbaren Idyllen" einer überlebten Innerlichkeit wieder aufzusuchen, deren Wurzeln er in der deutschen Romantik ortete.[152]

Der Autor realisierte seine Kritik korrumpierter gesellschaftlicher Wertvorstellungen mittels des Musters des Antibildungsromans. Zu Recht sah er sein Werk „in einem ironisch-distanzierten Verhältnis zum deutschen Bildungsroman".[153] *Die Blechtrommel* ist für den Autor « un travesti du "roman de formation", le Bildungsroman allemand », den er vor allem durch *Wilhelm Meisters Lehrjahre* und *Der grüne Heinrich* vertreten sieht.[154] Der Antibildungsroman vermittelt keine neue Norm, er stellt lediglich ideologisch erstarrte zeitgenössische Leitbilder kritisch in Frage. Die Parodie erfüllt hierbei die Funktion, die Sinnerwartung des Lesers, die mit der Rezeption des tradierten Strukturtyps verbunden ist, provokativ zu enttäuschen. Sie destruiert die transepochale invariante Grundstruktur des tradierten Bildungsromans, auf die sie ex negativo bezogen ist, sowohl durch Eliminierung als auch durch Deformation gewisser konstitutiver Elemente.[155] So entstehen, besonders zwischen formalen und inhaltlichen Merkmalen, spannungsvolle Diskrepanzen innerhalb der Werkstruktur. Der Autor formulierte während der Niederschrift des Romans sein ästhetisches Credo recht klar: „Der Inhalt ist der unvermeidliche Widerstand [...] für die Form."[156] Diese Spannung führe notwendig zur Zündung der „Bombe", zum „Attentat". Gemeint ist der Anschlag auf eine altehrwürdige Romanart, auf den Hort deutscher Bildungsideologie.

Als erstes fällt die verzerrende Deformation von Oskar Matzeraths Werdegang ins Auge. Bereits mit drei Jahren stellt der Protagonist sein Wachstum ein. Er verweigert prinzipiell die Sozialisation, weil er sich „weder im Sakralen noch im Profanen beheimatet" fühlt (168). Sein großes „Bildungsbuch" (508) besteht nur zur Hälfte aus Goethes Schriften; es wird durch Auszüge aus der Biographie des dubiosen Rasputin ergänzt. Damit wird das klassische Bildungsprinzip durch die Maßlosigkeit des Orgien feiernden russischen Mönches in Frage gestellt. Die Entscheidung eines Wilhelm Meister zwischen bürgerlicher und künstlerischer Existenz verkommt zur grotesken Wahl zwischen väterlichem Kolonialwarenladen und der Trommel des Protestes: „In welch begrenzter Welt mußte sich der junge Mensch heranbilden!" (366) Während der Held des herkömmlichen Bildungsromans durch die Begegnung mit der Frau in seiner Entwicklung in der Regel gefördert wird, erlebt Oskar die Liebe als bloße Sexualität, als Erfahrung gescheiterter Kommunikation. Daher wird aus ihm, im Gegensatz zu Wilhelm Meister, „kein Bürger, sondern [...] ein Narr" (552), dem die Gründung einer Familie versagt bleibt. Auch den bildenden Einfluß der Religion erfährt der Blechtrommler in pervertierter Form. Er setzt sich freilich mit dem Christentum nicht reflektierend auseinander, sondern er parodiert handelnd das Leben Jesu. Er versteht sich als „der Fels" (430) der Kirche, er feiert mit der Stäuberbande eine Schwarze Messe, und er sorgt zum Schluß für seine „Himmelfahrt", die sich auf einer Rolltreppe ereignet.

Durchläuft der Protagonist des tradierten Bildungsromans einen Prozeß der Gestaltwerdung, der zuletzt in eine gewisse konstante Charakterstruktur mündet, so ist Oskar innerlich und äußerlich schlechthin Ungestalt. Der parodistisch verzerrte negative Held stellt ironisch fest, Goethe hätte in ihm sicherlich nichts weiter als die „leibhaftige Unnatur" (101) gesehen. Der äußeren Disproportion des buckligen Gnomen entspricht der innere Widerspruch von infantilem Benehmen und überdurchschnittlicher geistiger Potenz, von paranoischen Wahnvorstellungen und durchdringender Menschenkenntnis. Oskar liebt es, den Leser durch Szenen von ekelerregender Häßlichkeit zu schockieren, andererseits besitzt er einen für Schönheit empfänglichen ästhetischen Sinn. Seine glaszersingende wilde Zerstörungslust steht im Widerspruch zu der gestaltungsbesessenen Kreativität des Autobiographen. Oskar haßt Kirche und Gottheit, ist aber doch kein Atheist. Der kluge Liliputaner Bebra bestätigt diesen bedrohlichen Widerspruch: Oskar habe am Göttlichen wie am Teuflischen teil. In den monströsen Disproportionen des verwachsenen Zwerges mit den strahlend blauen Augen und den schönen Händen gewinnen die widersinnigen Antinomien einer als chaotisch erfahrenen Welt Gestalt. Oskar repräsentiert „das zerstörte Bild des Menschen" der Gegenwart (555). Diese Figur entzieht sich in ihrem widernatürlichen Gemisch aus übermenschlichen, inhumanen und menschlichen Zügen jeder psychologischen Formel: einmal mythologisches Fabelwesen, das selbstherrlich sein Wachstum steuert, dann satanisch böses Monster, das sich als Nachfolger Christi anbeten läßt, und dennoch auch menschliches Wesen, das Tränen, Scham, Schuld und Reue kennt. Zweifellos ein komplexer, abnormer Sonderfall; keine organisch-lebendige Gestalt mit mimetischer Qualität, sondern eine aus heterogenen Elementen montierte, vielschichtige synthetische Figur, deren einziges Gesetz der lebenszerstörende antagonistische Widerspruch disparater Eigenschaften ist.[157] Nicht einmal schreibend vermag er sein trostloses Leben auf Dauer zu bewältigen, überfällt ihn doch zuletzt, angesichts der immer bedrohlicheren Übermacht der Schwarzen Köchin, angstvoll lähmende Resignation.

Die parodistische Destruktion der invarianten Grundstruktur des tradierten Bildungsromans vollzieht sich, wie gesagt, sowohl durch Eliminierung als auch durch Deformation gewisser konstitutiver Elemente. Von den Konstanten des Strukturtyps bleibt eigentlich nur die Gestaltungsweise der Fabel erhalten. Sie ist zwar aufgesplittert in Episoden, die aber durch leitmotivische Verknüpfung in einen komplexen Verweisungszusammenhang integriert sind.[158] Die Zielgerichtetheit der Fabel wird durch die in der Mehrzahl der Kapitel vorhandene Präsenz des Erzählers verdeutlicht, der von seinem „endlich erreichten Ziel" (9), dem Asyl in der Heil- und Pflegeanstalt, aus berichtet. Er schildert vorwiegend seinen Lebensweg, den er in chronologisch geordnete Stationen gliedert. Sie bestimmen — neben der historischen Gliederung in Vorkriegs-, Kriegs- und Nachkriegszeit — den Romanaufbau in drei Büchern: die vierzehn Jahre der Kindheit, die Jugend bis zum 21. Jahr und schließlich, nach einem gescheiterten Versuch sozialer Integration,[159] die Zeit bis zum 30. Lebensjahr, in der sich Oskar als frustrierter „Narr" fluchtartig in die Kindheit zurücktrommelt.

In den Bildungsromanen, die in gewisser Hinsicht der romantischen Tradition verpflichtet sind, gewinnt die Fabel durch die Künstlerthematik ihre spezifische Gestalt. Das kreative ästhetische Individuum schafft sich in seinem Werk einen Ort der Zuflucht vor einer sinnentleert erscheinenden Wirklichkeit. Oskar, „der unverbesserliche Ästhet" (592), respektiert in seiner Kunstausübung für ihn verbindliche Werte. Hier fühlt er sich seinen Göttern Dionysos und Apollo gleichermaßen nahe. Als artistischer Trommler wie als Schreiber seiner Autobiographie versteht er sich zu Recht als „kleiner, das Chaos harmonisierender, die Vernunft in Rauschzustände versetzender Halbgott" (386). Trommelnd und schreibend vermag er gegenüber einer chaotischen Welt die „notwendige Distanz" zu wahren (50). Als Künstler findet Oskar aber auch einen begrenzten Kontakt zur Gesellschaft; seinen kabarettistischen Auftritten als Trommler lauscht ein aufmerksames Publikum, und in seiner Autobiographie zieht er den Leser durch eine überwältigende Sprachkraft in seinen Bann. Der Protagonist vermag die Dämonen der Lebensangst zu bannen, solange er über seine gestalterische Kraft verfügt. Den Nationalsozialismus lehnt der apolitische Trommler folgerichtig nur aus „ästhetischen Gründen" (143) ab, weil ihm dieses Regime vom Ungeist barbarischer, unlebendiger „Symmetrie" (135) erfüllt scheint.

Die Werkstruktur der *Blechtrommel* läßt sich, wie gesagt, als parodistische Destruktion des invarianten Strukturtyps des Bildungsromans verstehen. Dessen konstitutive Elemente werden mehrheitlich eliminiert; dies gilt für die Grundthematik, die finale Selbstfindung und für die exemplarische Qualität des Protagonisten. *Die Blechtrommel* thematisiert nicht mehr die erfolgreiche Suche nach personaler Identität, nach existenzsichernden Orientierungsmustern; vielmehr schildert der Erzähler seinen gescheiterten Versuch, sich durch weltverneinenden Verzicht auf äußeres Wachstum selbst zu bewahren. Auch das Strukturmerkmal der in die Selbstfindung mündenden inneren Progression des Protagonisten wird eliminiert. Oskar gewinnt kein Bewußtsein personaler Identität, er zeigt sich unfähig zu einem existenzsichernden Lebensentwurf. Sein Leben der totalen Verweigerung — eine Summe von Schrecken, Leid und Todeserfahrung — endet in Selbstentfremdung und Sinnverlust einer „fragwürdigen Existenz" (709), in der beängstigenden Erfahrung der Schwarzen Köchin, der Chiffre für die Trostlosigkeit eines absurden, in Schuld verstrickenden Daseins. Das Erlebnis der Selbstentfremdung bestätigt ihn endgültig in seinem bereits vollzogenen Verzicht auf Entfaltung seiner Anlagen, es legitimiert die Zurücknahme aller Entwicklung, den Wunsch nach „Rückkehr zur Nabelschnur" (206). Oskar fehlt die innere Mitte, welche die personale Identität sichert; daher der ständige Wechsel zwischen Ich- und Er-

Form. Er sieht sich gleichermaßen als Subjekt und entfremdetes Objekt. Er liebt es, seinen Namen zu wechseln, weil er sich in der Funktion des „Charakterdarstellers" (341) von sozialen Rollen erschöpft. Viele Jahre spielt er den unwissenden Dreijährigen, kurze Zeit übernimmt er die Rolle des Vaters, er mimt den Nachfolger Jesu, er produziert sich als Trommelkünstler. Seine überzeugendste Rolle freilich ist die des sprachmächtigen Autobiographen, der dem Leser ein chaotisches, gescheitertes Leben nahezubringen weiß.

Auch das Strukturmerkmal der exemplarischen Qualität des Protagonisten ist in der *Blechtrommel* eliminiert. Die identitätslose, aus antinomischen Widersprüchen sich konstituierende Figur des Blechtrommlers kann für den gesellschaftlich integrierten Leser kein Identifikationsangebot darstellen. Dies war vom Autor beabsichtigt; der Roman sollte gegen den Strich gelesen werden, um Oskars Position kritisch zu hinterfragen und dabei die eigenen Wertvorstellungen zu überprüfen. Das aber setzte doch eine wenigstens partielle Identifikation mit Oskars bösem Blick voraus, sollte nicht dessen ganzer Lebensbericht als irrelevant verworfen werden. Diesem Zweck dient die Zwischenphase (am Ende des zweiten und zu Beginn des dritten Buches), in welcher der Protagonist einen Versuch zu sozialer Integration unternimmt, der allerdings scheitert.[160]

Die invariante Grundstruktur des Bildungsromans wird in der *Blechtrommel* auch durch Deformation gewisser Elemente destruiert. Dies betrifft vor allem die Figurenkonstellation und die Gestaltung der Erzählerfigur. Zwar ist der Protagonist als „Held" (12) des Romans die dominante Zentralgestalt, aber die zahlreichen Nebenfiguren, vor allem diejenigen des Danziger Raumes, sind ihm keineswegs funktional zugeordnet. Sie besitzen ein pralles episches Eigengewicht, das durch ein detailgetreu gezeichnetes Milieu noch verstärkt wird. Die Vorgänge sind zeitlich fixiert und klar umrissenen Örtlichkeiten zugewiesen. Ferner gewinnt das Figurenensemble noch an narrativer Bedeutung durch seine Einbettung in das punktuell notierte politische Hintergrundsgeschehen. Die Figuren werden so in eine „Vielzahl widersinniger und gleichzeitiger Abläufe" einbezogen — eine Technik, die der Autor von Döblin übernommen hat.[161]

Auch die Gestalt des Erzählers wird parodistisch deformiert. Er bedient sich zwar des überkommenen Erzählmusters der autobiographischen Retrospektive,[162] aber er selbst stellt den authentischen Wahrheitsanspruch in Frage, wenn er sich als eine zu den „Romanhelden" (12) zählende fiktionale Kunstfigur präsentiert, die zudem noch auf übernatürliche Fähigkeiten Anspruch erhebt. Der Protagonist stellt sich nicht als verläßlicher, didaktisch motivierter Erzähler vor, vielmehr enttäuscht er aus „Liebe zum Labyrinthischen" (50) bewußt die Erwartungshaltung des Lesers. Er ist ein zwielichtiger Chronist von schillernder Unergründlichkeit, der die vertraute Welt ins Unverstehbare verfremdet und dadurch den Leser auf vielfältige Weise verunsichert: etwa durch unklare Kapitelüberschriften oder durch bewußte Verrätselung von Vorgängen.

So weiß er die Frage, wer dann sein Vater sei, nur mit Mutmaßungen zu beantworten, und auch beim Mordprozeß, in den er verwickelt ist, bleibt vieles im Dunkeln.

Die Blechtrommel besitzt zwar eine parodistische Struktur, aber sie zählt nicht zur Gattung der Satire, die ja auf der Darstellung eines „Mißverhältnisses zwischen Normwidrigem und Norm" beruht.[163] Der sprachmächtige Erzähler entlarvt zwar mit aggressiver Feder die Schwächen der Gesellschaft, aber es fehlt seinem verzerrenden Weltspiegel der verborgene Bezug auf tragende Normen und Wertvorstellungen. Oskar verkörpert gleichsam die Schwundstufe des christlich-humanistischen Menschenbildes. Er spiegelt eine Gesellschaft, die sich von ihren kulturellen Werttraditionen gelöst hat.

Man hat Die Blechtrommel strukturell als modernen Schelmenroman interpretiert.[164] Abgesehen davon, daß Grass eine solche Zuordnung entschieden abgelehnt hat, läßt sein Werk konstitutive Merkmale des pikarischen Romans durchaus vermissen.[165] Gleichwohl bilden einige Elemente des Schelmenromans eine bedeutsame Substruktur der Blechtrommel. Denn aus der Parodiestruktur des Antibildungsromans ist nicht ohne weiteres ableitbar, warum hier aus der weltverneinenden Perspektive eines sozialen Außenseiters ein äußerst breit und detailgetreu gestaltetes Bild einer orientierungslosen Gesellschaft entwickelt wird. Grass griff in dieser Hinsicht auf den deutschen Zweig der pikarischen Romantradition zurück, zu deren großem Vertreter Grimmelshausen er sich denn auch bekannt hat. Allerdings präsentiert sich der Erzähler der Blechtrommel nicht nur als passives Medium kritischer Weltbeobachtung, sondern er beansprucht das Leserinteresse vornehmlich für seine eigene private Biographie, was für die Dominanz der Parodiestruktur des Antibildungsromans spricht. Immerhin ist die Zahl der Kapitel, die sich Oskar und dessen Familie widmen, etwa doppelt so groß wie die der restlichen Kapitel, die das gesellschaftliche Umfeld des Protagonisten schildern.

Der parodistischen Werkstruktur der Blechtrommel liegt eine Ästhetik der Destruktion zugrunde. Oskar, dessen „Werk [...] ein zerstörerisches" ist (143), teilt mit seinem Autor die Abneigung gegen jegliche „Symmetrie" (135): « Tout ce qui est beau va de travers. »[166] Daher gewinnt sein Stil die faszinierende Kraft aus der Durchbrechung der sprachlichen Norm. Die spielerisch verwirrende, assoziative Reihung heterogener Begriffe beschwört eine atomisierte, chaotische Dingwelt, die durch den Einbruch des Phantastischen immer wieder ein unheimliches Eigenleben gewinnt. Der Erzähler ist versessen auf das konkrete Detail,[167] zugleich aber nicht willens, sinnhafte Gesamtstrukturen darzustellen. Er verfremdet die Sprache durch eine an Jean Paul erinnernde Koppelung disparater Elemente, besonders auch durch eine befremdliche Metaphorik. Er parodiert literarische Formen einer volkstümlich heilen Welt — Märchen, Kinderreim, Sprichwort —, die so eine verwirrende Hintergründigkeit gewinnen. Parodistisch deformierende Zitatanspielungen, die vor allem auf die Bibel, die antike Mythologie und auf die deutsche Klassik zielen, versuchen diese Bildungstradition auf sinnentleerte Sprachklischees zu reduzieren. Oskar, der Sprachspieler, entlarvt durch seinen diffus-vieldeutigen Stil die manipulierte Sprache, die sich auf scheinbar eindeutige, konventionalisierte Wortbedeutungen stützt; der Erzähler sieht früher wie heute „dieselben Metzger" am Werk, „die Wörterbücher und Därme mit Sprache und Wurst füllen [...]" (239). Aus all diesen Tendenzen resultiert ein Stil der Ambiguität, der schillernden Mehrdeutigkeit.

Die Blechtrommel ist der radikalste parodistisch-groteske Antibildungsroman der deutschen Literatur. Dieser Text läßt sich nicht mehr als heilsam-kritisches Korrektiv gegen ideologisch erstarrte Leitbilder verstehen, er bietet auch keine humoristische Vermittlung gegensätzlicher weltanschaulicher Positionen, wie dies der Antibildungsroman der Romantik geleistet hatte.[168] Vielmehr unternahm Grass hier den kühnen Versuch, die Unmöglichkeit humaner Existenz in einer inhumanen Gesellschaft zu demonstrieren. Er entwarf ein pessimistisches Geschichtsbild, das sich als sinnleere Wiederkehr des Immergleichen, als „zerstörerisches und wiederaufbauendes Spielchen" bekundet (475). Der Blechtrommler verwirft das ideologisch erstarrte neuhumanistische wie das christliche Menschenbild der Gegenwart; er konstatiert die Neigung der Gesellschaft zum Rückzug in die unpolitische Idylle, die Flucht vor der selbstkritischen Auseinandersetzung mit der deutschen Geschichte dieses Jahrhunderts.

Hermann Kinder: Der Schleiftrog

Das Romandebüt des 1944 geborenen Autors ist stark autobiographisch geprägt, denn Kinders Lebensstationen entsprechen im wesentlichen denen seines Protagonisten Bruno. Ein aufgeweckter, phantasiebegabter Junge, der in seinem bürgerlich-konservativen Elternhaus im Geist rigider Christlichkeit erzogen wird. Strenge Ordnungsprinzipien regeln den freudlosen Familienalltag, der von einem despotischen Vater und einer gefühlsarmen Mutter beherrscht wird. Bruno besucht das humanistische Gymnasium und später ein Internat, wo er demselben Geist wie im Elternhaus begegnet. Der Junge erbringt zwar die geforderten Leistungen, zieht sich jedoch im übrigen in die vertraute Welt seiner Bücher zurück. Er distanziert sich entschieden von Staat und Gesellschaft der Adenauer-Ära, von dem geistfernen „Wirtschaftswunderdeutschen".[169] Während seines Germanistikstudiums gewinnt er Kontakt zur Studentenbewegung und tritt schließlich der SPD bei. Er heiratet eine Frau, die sich neben ihrer beruflichen Tätigkeit für die Ziele der Gewerkschaft engagiert. Durch die berufliche Belastung der beiden Partner — der Protagonist arbeitet an seiner Dissertation — gerät deren Ehe zuletzt in eine tiefe Krise.

Dieser Antibildungsroman destruiert die transepochale invariante Grundstruktur des Bildungsromans sowohl durch Eliminierung als auch durch Deformation gewisser konstitutiver Elemente. Der Autor beabsichtigte das herkömmliche Strukturmuster zu parodieren, worauf nicht nur der ursprüngliche Untertitel „Ein Bildungsroman", sondern auch die Berufung des Erzählers auf *Die Blechtrommel* verweist.[170] Von den konstanten Merkmalen des Strukturtyps bleiben die Gestaltungsweise der Fabel, die Figurenkonstellation und die exemplarische Qualität des Protagonisten erhalten. Der an der Schwelle zum Mannesalter stehende Bruno berichtet über etwa zwei Jahrzehnte seines Werdegangs, und zwar in der Form der episodisch aufgelockerten einsträngigen Fabel. Die chronologische Ordnung der Geschehnisse wird weitgehend eingehalten; auch die traditionelle Phasengliederung ist vorhanden: Elternhaus und Internat (2.–4. Kap.), die Studienjahre (5.–8. Kap.) und schließlich die Zeit der Ehe (9.–10. Kap.). Die Figurenkonstellation konstituiert sich durch nur wenige Nebenfiguren, die der dominierenden Zentralgestalt des Protagonisten funktional zugeordnet sind. Sie gewinnen nur nach Maßgabe ihrer Relevanz für Brunos Werdegang ein eigenes Profil, was auch durch die Erzählerperspektive unterstrichen wird, die vorwiegend der des erlebenden Ichs entspricht. Die Figur des Protagonisten besitzt einen gewissen exemplarischen Geltungsanspruch; sie will als Identifikationsangebot für die Intellektuellen der ersten Nachkriegsgeneration verstanden werden, deren Mißtrauen gegen die restaurativen Wertvorstellungen der Adenauer-Ära sie angemessen repräsentiert.

Die parodistische Destruktion der Grundstruktur des Bildungsromans entsteht nun, wie gesagt, sowohl durch Eliminierung als auch durch Deformation konstitutiver Elemente. Eliminiert werden dessen spezifische Thematik und die finale Selbstfindung des Protagonisten. Der Roman thematisiert nicht die erfolgreiche Suche nach personaler Identität, vielmehr erfährt der Protagonist sein soziales Umfeld als frustrierenden „Schleiftrog", als lähmenden „Hemmschuh" (3). Die Grunderfahrung des Daseins als eines unüberwindlichen Widerstands durchzieht leitmotivisch die gesamte Erzählung. Es wird der Entwicklungsprozeß eines Intellektuellen geschildert, der sich der Realität zunehmend entfremdet.[171] In jeder Phase wiederholt sich die thematische Grundfigur seiner Existenz: entschlossener Aufbruch und resignatives Scheitern am zähen Widerstand der Umwelt, wodurch er zuletzt in eine trostlose Vereinzelung gerät.

Aus solcher Thematik resultiert ein deformierter Werdegang des Protagonisten. Weder im Elternhaus noch in der Schule vermag er sich sozial zu integrieren. Er erlebt ein fragwürdiges Christentum, das ihn schließlich veranlaßt, sich endgültig von der Kirche abzuwenden. Der bildungsbeflissene Vater propagiert das harmonische, „Pflicht und Neigung" (113) versöhnende klassische Persönlichkeitsideal. Im Zeichen Goethes fordert er „Fortschreiten [...], Widerstände überwinden [...], sich in neuen Erfahrungen bilden" (63). Allerdings vermag selbst der Vater diese Maxime neuhumanistischer Bildung nicht zu verwirklichen. Auch das sozialistische Menschenbild der Studentenbewegung erweist sich für Bruno letztlich als Enttäuschung. Das „neue Leben" (160) versandet in lärmenden Protestaktionen, welche die gesellschaftlichen Verhältnisse nur wenig verändern. Auch die in emanzipatorischem Geist hoffnungsvoll begonnene Ehe gerät durch die zähen Widerstände des gesellschaftlichen Alltags in eine schwere Krise, so daß der Protagonist zuletzt von allen „politischen Sollvorstellungen" ernüchtert Abschied nimmt. Er erkennt, daß er seine literarisch-wissenschaftliche Tätigkeit letztlich nicht mit aktivem politischem Engagement vereinbaren kann.[172]

Eliminiert wird ferner die zielgerichtete innere Progression des Protagonisten, die im Bildungsroman in dessen finale Selbstfindung mündet. Im *Schleiftrog* spiegelt der offene Schluß Brunos orientierungslose Unentschiedenheit; sein sozialer Standort bleibt unklar: er fühlt sich zwar als „bürgerlicher Einzelkämpfer", bestätigt aber gleichzeitig der Gesellschaft, sie könne sich durchaus auf ihn verlassen (202 f.). „Ein bißchen verzweifelt, ein bißchen ironisch" (202) leidet er an seiner heillosen inneren Gespaltenheit, schwankend zwischen der Einsicht in die Notwendigkeit gesellschaftlicher Veränderung und der Haltung zornig-resignierter sozialer Anpassung. Der Protagonist gewinnt kein Bewußtsein personaler Identität. Er zählt sich zur „skeptischen Generation", „entlassen [...] aus alten Bindungen, Familie, Kirche, Nation" (99). Seine Frage nach dem, „was der Mensch ist und sein sollte" (151), bleibt ohne Antwort.

Auch die Erzählerfigur zeigt, im Vergleich zum Bildungsroman, einschneidende Deformationen. Sie bedient sich zwar des autobiographischen Erzählmusters, aber sie verzichtet bewußt auf die sinnstiftende Retrospektion des erzählenden Ichs. Der Protagonist präsentiert sich als ein zutiefst verunsicherter Erzähler, der sich in die begrenzte Perspektive des erlebenden Ichs flüchtet. Dreimal greift er zur Feder, um die Widerstände des Lebens, denen er nicht gewachsen ist, schreibend zu bewältigen.

Zuerst versucht er dem bedrängenden Widerstreit zwischen seinen persönlichen Glückserwartungen und den drängenden Forderungen der Gesellschaft durch Flucht in die soziale Utopie zu entgehen. Er verliert sich jedoch in abseitiger Idyllik, denn seine „Phantasie malt rückwärts" (159). Sein melancholisch-resignatives Existenzgefühl, geboren aus dem Schlüsselerlebnis der übermächtigen „Widerstände" des Daseins (161), vereitelt eine überzeugende literarische Antizipation humaner Lebensform. Im Schlußkapitel, als seine Ehe gescheitert scheint, greift er erneut zur Feder, um „sich das Vergangene vom Hals zu schaffen" (203). Er versucht, Glück und Elend seiner Ehe in der Manier der Neuen Innerlichkeit zu bewältigen. Verliebt in die eigene Tristesse, läßt er seinen ehemüden Helden Selbstmord begehen. Er genießt anfänglich den vermeintlichen „Sieg" seiner traumverlorenen Subjektivität (205), muß sich aber schließlich das trügerische „Blendwerk" (211) seiner literarischen Phantasie eingestehen. Seinem dritten Schreibversuch entspringt dann die vorliegende Autobiographie. Der Ich-Erzähler zeigt sich schon zu Beginn ratlos angesichts der Schwierigkeiten, seine „eigenen Geschichten" (11) authentisch darzustellen, ohne in das wirre „Chaos der Innerlichkeit" abzugleiten (17). Er sucht sich zwar seine bitteren Lebenserfahrungen kritisch zu vergegenwärtigen, Innen- und Außenwelt schreibend zu vermitteln, aber er muß sich eingestehen, daß „Wirklichkeit nur im Reflex des partikularen Subjekts" dargestellt werden kann (124). Seine Erzählhaltung ist von paradoxer Widersprüchlichkeit geprägt: sie schwankt zwischen müder Resignation und zorniger Auflehnung; sie verrät einen Mann, der erst lernen muß, „mit zusammengebissenen Zähnen [zu] leben" (202).[173]

Die parodistische Destruktion der Grundstruktur des Bildungsromans steht im Dienst einer teilweise recht aggressiven Gesellschaftssatire, die, ähnlich wie in Kinders späterem Roman *Vom Schweinemut der Zeit*, auf der Darstellung eines Mißverhältnisses zwischen Normwidrigem und Norm beruht.[174] Der Protagonist vermißt in Elternhaus, Schule und Universität den Geist lebensfroher Menschlichkeit, er attakkiert in der Hoffnung auf emanzipatorischen Fortschritt verkrustete Denk- und Verhaltensweisen der bürgerlichen Gesellschaft.[175] Gegen Ende des Romans weicht die strafende Satire einer verzweifelten Ironie, wenn der Erzähler das Scheitern der Studentenbewegung und die tiefe Krise seiner Ehe betrauert. Zu den verfremdenden Mitteln der Satire zählt auch der ironische Zitatgebrauch. So wird der Vorspruch — eine Goethesche Landschaftsbeschreibung, die geordnetes, zielsicheres Voranschreiten signalisiert — durch die Schlußszene des Romans dementiert, in welcher der Protagonist in ebendieser Landschaft ziellos umherirrt. Der satirischen Verzerrung dienen ferner komisch wirkende Stilmittel wie die Koppelung disparater Elemente in Wortbildung und Metaphorik bis hin zu hyperbolischen Ausdrucksformen. Die vordergründige Komik, die in gewissen Situationen und Verhaltensweisen aufbricht, wird jedoch immer wieder durch eine „Sprache des Leidens" widerlegt (151): überlange Satzgebilde, deren atemlos jagender Rhythmus Brunos hektische Verstörtheit spiegelt.

Kinders satirischer Antibildungsroman ist dem Geist der Aufklärung verpflichtet, für den die Namen Schillers, Wielands und Lichtenbergs stehen. Der Erzähler zieht gegen die „allgemeine Herrschaft der Vorurteile" zu Felde; er sucht durch das klare „Licht der Erkenntnis" den diffusen „Dämmerschein dunkler Begriffe" aufzuhellen (211). Die satirische Verzerrung des Strukturtypus des Bildungsromans dient der Intention, die eingefahrenen Rezeptionserwartungen des Lesers zu enttäuschen, in ihm den produktiven Zweifel an ideologisch verkrusteten Leitbildern zu wecken, eine Haltung, die ihn nach Ansicht des Autors aus der „selbstverschuldeten Unmündigkeit" befreien kann.[176] Solch aufklärerische Tendenz unterscheidet Kinders Roman von der *Blechtrommel*, in deren Nachfolge er zwar steht, deren pessimistische Radikalität der Weltverneinung er aber erheblich abschwächt.[177]

X. DER SOZIALISTISCHE BILDUNGSROMAN

Einleitung

Die erste und zweite Phase (1949—1970)

Während in der deutschsprachigen Literatur des Westens die Wiederbelebung des Bildungsromans durch den Verlust eines als verbindlich empfundenen Menschenbilds erschwert wird, waren in der ehemaligen DDR günstigere Voraussetzungen gegeben. Alle Autoren, die der Romanart zu einer neuen, freilich nicht unproblematischen Blüte verhalfen, bekannten sich mehr oder minder entschieden zur Ideologie des Sozialismus. Selbst die gesellschaftskritischen Bildungsromane, die seit den siebziger Jahren in den Vordergrund traten, boten keine überzeugende Alternative zum offiziellen sozialistischen Menschenbild. Dies gilt, wie sich zeigen wird, sogar für die jüngst erschienenen Antibildungsromane, die sich in der bloßen Negation des parteiamtlichen Leitbildes der sozialistischen Persönlichkeit erschöpfen. Die Autoren des sozialistischen Bildungsromans verstanden ihre Werke als erzieherische Dokumente der Hoffnung auf den „neuen Menschen" in einer gewandelten Gesellschaft. Diese Romane müssen im Kontext ihrer ideologischen, politischen und gesellschaftlichen Voraussetzungen begriffen werden. Die marxistisch-leninistische Ideologie bestimmte das normative Leitbild der „sozialistischen Persönlichkeit" wie auch die daraus resultierende Bildungskonzeption. Der sozialistische Realismus, dem sich die Autoren verpflichtet fühlten, stellte zwar keine geschlossene ästhetische Theorie dar, setzte aber doch, trotz einer gewissen historischen Wandlungsfähigkeit, unverrückbare Rahmenbedingungen. Die Autoren hatten sich im Spannungsfeld zwischen diesen ideologischen Vorgaben und ihren eigenen Lebenserfahrungen zu behaupten, die gerade im autobiographisch geprägten Bildungsroman einen besonderen Stellenwert besitzen. Seit den siebziger Jahren war es zunehmend möglich, die Spannungen zwischen Individuum und Gesellschaft zu thematisieren und für das literarische Schaffen fruchtbar zu machen.

Aus mehreren Gründen lag es für die Autoren des sozialistischen Realismus nahe, den Strukturtypus des Bildungsromans zu adaptieren. Die Vorgangsfigur der Fabel verwies jetzt auf den Prozeß der Sozialisation, der Gewinnung von „Heimat" im Gesellschaftssystem der ehemaligen DDR. Es existierte wieder, wie in den Anfängen der Romanart, ein „Held", dessen musterhafter Werdegang mit dem Anspruch auf „repräsentative" Gültigkeit verbunden war. Der Bildungsroman, traditionell auf

Vermittlung von Wertvorstellungen angelegt, diente der „parteilichen" Darstellung einer mehr oder minder „positiven" Zentralfigur. Sie durchläuft einen Prozeß der Bewußtseinsveränderung, wobei dem erzieherischen Eingriff von außen, häufig in Form von Lehrgesprächen mit dem sozialistischen Mentor, eine besondere Bedeutung zukommt.

Der ästhetische Kanon des klassischen Erbes besaß in der ehemaligen DDR bis in die sechziger Jahre unbezweifelte normative Gültigkeit. Das klassisch-humanistische Menschenbild wurde als utopischer Entwurf verstanden, der sich im „neuen Menschen" des sozialistischen Gesellschaftssystems erfüllen sollte, nämlich in der allseitig und harmonisch gebildeten, sozial integrierten, schöpferisch tätigen Persönlichkeit. Georg Lukács setzte schon frühzeitig das wegweisende Zeichen für die Adaption des Bildungsromans im Sinne des sozialistischen Realismus. Seine Interpretation von *Wilhelm Meisters Lehrjahre* sieht in der „ruhig harmonischen Gestaltung der geistig und seelisch wichtigen Entwicklungen" des Individuums „eine der großen Aufgaben, die der sozialistische Realismus zu lösen haben wird".[1] Lukács war es auch, der für die Romanart den Terminus „Erziehungsroman" einführte, der bis zum Beginn der sechziger Jahre die offizielle Sprachregelung bestimmte. Er berief sich auf Hegel, der die Thematik des Romans als „die Lehrjahre, die Erziehung des Individuums an der vorhandenen Wirklichkeit" umschrieben hatte.[2] Man vermied in der ehemaligen DDR im allgemeinen die Bezeichnung „Bildungsroman", weil man sie durch die Ideologie des bürgerlichen „Individualismus" für korrumpiert erachtete.[3] Seit den siebziger Jahren setzte sich dann der Terminus „Entwicklungsroman" durch.[4] Das hing einerseits mit der offiziellen Abkehr von Lukács' „revisionistischer" Interpretation des sozialistischen Realismus zusammen, zum andern aber auch mit der in den sechziger Jahren in den Vordergrund tretenden sozialistischen Bildungstheorie, deren Entwicklungsidee die Faktoren von sozialistischer Erziehung und tätiger Selbstbildung umgriff. Entwicklung in diesem Sinn meint die „Dialektik" von Individuum und Gesellschaft, in der die historisch-gesellschaftliche „Außendetermination" dominiert: „Die Entwicklung des Menschen ist aktive Aneignung der Realität in der Tätigkeit [...], wobei Anlagen, [...] Lebensumstände sowie erzieherische Einwirkungen als Bedingungen eben dieser aktiven (Veränderungen einschließenden) Auseinandersetzung zu verstehen sind."[5]

Noch im Moskauer Exil versuchte Johannes R. Becher, der spätere Kulturminister der DDR, den von Lukács geforderten sozialistischen Bildungsroman zu verwirklichen. Er schuf in *Abschied* eine neue Vorgangsfigur der Fabel: der bürgerliche Protagonist integriert sich nicht mehr in die bestehende bourgeoise Gesellschaft, sondern er entwickelt sich zur Haltung der Verweigerung, indem er Abschied von der eigenen Herkunft nimmt und sich für die Ideologie des Sozialismus entscheidet. Bechers Werk weist die wesentlichen strukturellen Merkmale des Bildungsromans auf; es erwies sich bis in die sechziger Jahre für die Autoren des sozialistischen Bildungsromans als das verbindliche Modell.[6]

Die *erste Phase* der DDR-Literatur umfaßte die Zeit von der Staatsgründung (1949) bis zum Anfang der sechziger Jahre. Neben die älteren Autoren des Exils trat jetzt die mittlere Generation, die im Dritten Reich aufgewachsen war und aus bitteren Erfahrungen mit dem Faschismus zur sozialistischen Ideologie gefunden hatte. Dazu zählt etwa Erwin Strittmatter. Sein Erstling *Ochsenkutscher* (1951) ist in der Gestaltung der Fabel Bechers Roman verpflichtet. Auch hier die in der Vergangenheit angesiedelte Entwicklung eines Jugendlichen, der seiner Herkunft zu entrinnen sucht, indem er sich sozialistischen Ideen zuwendet. Strittmatter führte hier den vom Elend gezeichneten proletarischen Protagonisten in den sozialistischen Bildungsroman ein. Das Werk weist freilich nicht alle spezifischen Merkmale des Genres auf; so sind beispielsweise die Nebenfiguren der Zentralgestalt nicht durchgängig funktional zugeordnet.[7]

In den fünfziger Jahren, der Periode des sozialistischen Aufbaus, dominierte neben den antifaschistischen Kriegsromanen, die sich um die Aufarbeitung der unheilvollen Vergangenheit bemühten, der Aufbau- und Produktionsroman nach sowjetischem Vorbild. Hier wurde der klischeehafte Typus des aktivistischen „positiven Helden" dem Leser als vorbildhafte Leitfigur präsentiert. Seine auch zeitlich radikal verkürzte Entwicklung ließ jeglichen tieferen Konflikt vermissen; der Werdegang des Protagonisten diente letztlich nur der didaktischen Illustration der neuen Produktionsverhältnisse. Folgerichtig war der harmonisierende „optimistische" Schluß für die Romanart konstitutiv. Gegen solch unkünstlerische Verfahrensweise wandte sich bereits 1956 Anna Seghers mit der Feststellung, „nur die Darstellung der Entwicklung mit allen Widersprüchen" besitze überzeugende Kraft.[8] So entstand, gleichsam als Korrektiv gegen den simplen „Schematismus" des Aufbau- und Betriebsromans, Ende der fünfziger Jahre der neue sozialistische Bildungsroman.[9] Einer seiner Vorkämpfer, Jurij Brězan, urteilte in späteren Jahren über den Aufbauroman, daß „solche erstarrten Formen [...] sich am leichtesten und vielleicht überhaupt nur mit Hilfe des Entwicklungsromans durchbrechen" ließen.[10] M. W. Schulz, J. Brězan, D. Noll und G. de Bruyn — sie alle fühlten sich dem Paradigma des *Wilhelm Meister* verpflichtet. Sie versuchten die Entwicklung ihrer jugendlichen Protagonisten durch verschiedene Erfahrungsbereiche hindurch bis zur Gewinnung personaler Identität zu thematisieren. Sie griffen eine Grundforderung der von Lukács und Becher vertretenen Poetik auf, indem sie die Entwicklung des Einzelhelden anhand der traditionellen Fabelstruktur des Bildungsromans demonstrierten. Deren Einsträngigkeit suchte jetzt eine quasi gesetzmäßige „dialektische" Entwicklung vorzutäuschen: von der Desillusionierung in der bürgerlichen bzw. faschistischen Welt der Herkunft über den „Abschied vom heimischen Milieu [...] und zugleich von einer ganzen Epoche" (Noll)[11] bis hin zur Entscheidung für den Sozialismus als scheinbar notwendiger Konsequenz. Die Entwicklung der Zentralfigur orientiert sich jetzt nicht mehr ausschließlich an vorgegebenen ideologischen Normen und Wertvorstellungen, sondern auch an der Eigengesetzlichkeit des Charakters und dessen individuellen Erfahrungen, in welche die Autoren selbsterlebte Wirklichkeit einbringen konnten. Der Prozeß der Bewußtseinsbildung des Protagonisten, der aus der Sicht der mittleren Generation mit dem Anspruch auf repräsentative Gültigkeit dargestellt ist, richtet sich in erster Linie an der intendierten politisch-ideologischen Entscheidung für den Sozialismus aus; nachgeordnet erscheinen andere Problembereiche wie Berufswahl oder Liebesbindung. Das von der sozialistischen Ästhetik geforderte Prinzip der „Volksverbundenheit" äußert sich in einer häufig undifferenzierten sprachlichen Simplizität. Die „Parteilichkeit" des Erzählers ist vor allem an der schematisch-konfrontativen Figurenkonstellation erkennbar, die das antagonistische Zwei-Klassen-Modell von Marx reproduziert. Den Vertretern der sozialistischen Ideologie stehen in antithetischer Dichotomie die Repräsentanten des bürgerlichen Wertsystems gegenüber, die, nach Beruf und sozialer Herkunft typisiert, ein nur begrenztes Verhaltensrepertoire aufweisen, außerdem als „Klassenfeinde" häufig satirisch deformiert erscheinen. Der Held steht zwischen diesen gesellschaftlichen Fronten, im Umbruch der Zeiten zur Entscheidung aufgerufen. Daß die Romane von Noll und Schulz trotz angekündigter Fortsetzung Fragment geblieben sind, dürfte darin begründet sein, daß die geforderte und gewollte affirmative Eingliederung des Protagonisten in die Gesellschaft der DDR in den sechziger Jahren, angesichts des damals verordneten kulturrevolutionären „Bitterfelder Weges", literarisch nicht überzeugend zu leisten war.[12]

Max Walter Schulz' Roman *Wir sind nicht Staub im Wind* (1962) ist stark autobiographisch geprägt. Rudi Hagedorn, der Protagonist, ist wie der Autor ländlich-proletarischer Herkunft, wächst im Dritten Reich auf, gehört der Hitlerjugend an, erlebt den Weltkrieg als Frontsoldat, entwickelt sich nach dem Zusammenbruch zum Antifaschisten und wirkt schließlich in der sowjetischen Besatzungszone als Neulehrer. Ein exemplarischer Werdegang für zahlreiche Angehörige der mittleren Generation der ehemaligen DDR, die durch bittere Erfahrungen mit dem faschistischen System motiviert wurden, am Aufbau des neuen Staates mitzuarbeiten. Hagedorn kehrt nach Kriegsende entmutigt in die alte Heimat zurück und bemüht sich um weltanschauliche Orientierung. Anfänglich glaubt er sie im idealistischen Humanismus seines ehemaligen Gymnasiallehrers Dr. Füßler zu finden, erkennt aber schließlich, daß diese unpolitische Ideologie durch die geschichtlichen Ereignisse endgültig widerlegt ist. Auch die christliche Tradition erweist sich für den Protagonisten als wenig hilfreich, seien es die Lehren der frommen Mutter oder die modisch-resignativen Überzeugungen des Herrn van Bouden. Dieser führt mit Dr. Füßler und dem Altkommunisten Hladek lange weltanschauliche Streitgespräche, die Hagedorn aufmerksam verfolgt. Der Held läßt sich noch am ehesten von Hladeks marxistischer Geschichtsdeutung überzeugen, die seine Frage nach den bewegenden Kräften der historischen Entwicklung zu beantworten scheint. In zunehmende Distanz zur bürgerlichen Lebensauffassung gerät der Protagonist vor allem durch die Liebe zu einem einfachen, lebensstarken Mädchen, dem er sich durch dieselbe proletarische Herkunft, aber auch durch das gemeinsame Kind verbunden fühlt.

Einleitung

Die Bauform der Figurenkonstellation entspricht derjenigen des Bildungsromans, dessen Tradition Schulz verpflichtet ist.[13] Hagedorn stellt die dominierende Zentralfigur dar; er erscheint persönlich in der Hälfte der achtzehn Kapitel. Die drei anderen wesentlichen Gestalten sind dem Helden funktional zugeordnet: die zwei Frauen — die bürgerliche und die proletarische —, zwischen denen er sich zu entscheiden hat, sowie sein opportunistischer bürgerlicher Freund Salinger, der als konturierende Gegensatzfigur zu ihm angelegt ist. Als Nebengestalten, oft nur in knappen Episoden auftretend, erscheinen zahlreiche Arbeiter, Bauern und Funktionäre; sie verkörpern die sich formierende sozialistische Gesellschaft, in die der Protagonist hineinzuwachsen beginnt.

Auch die Thematik des Werkes entspricht der des Bildungsromans. Schulz bemüht sich, den „Werdegang des deutschen Sozialisten" durch die mit exemplarischem Anspruch auftretende Zentralfigur darzustellen.[14] Allerdings nur in dem knappen Zeitraum des ersten halben Jahres nach Kriegsende, erweitert durch Rückblenden in Hagedorns Jugendzeit. Wie in D. Nolls fragmentarischem Bildungsroman gelangt der den Wirren einer Übergangszeit ausgesetzte Protagonist zuletzt noch nicht zur uneingeschränkten Selbstfindung im Sinne des Marxismus, denn er hat sich noch nicht zur gesellschaftlich voll integrierten „sozialistischen Persönlichkeit" entwickelt.[15] Er und seine spätere Frau sollen die kraftvolle „unverlorene Generation" repräsentieren, wie der Untertitel des Romans vorschnell verkündet; junge Menschen, die im Schlußtableau angeblich an der Schwelle eines erfüllten Lebens im sozialistischen Gemeinwesen stehen. „Etwas Neues, etwas Festeres" soll jetzt für sie beginnen, so jedenfalls läßt sich der von einem „Unmaß an Hoffnung" (521) erfüllte auktoriale Erzähler vernehmen.

Wir sind nicht Staub im Wind endet mit dem Hinweis des Autors, er habe eine „weitverzweigte Geschichte" berichtet, die durch zahlreiche „Bezüge zu Menschen, Dingen und Verhältnissen" (567) charakterisiert sei. In der Tat ist die mehrsträngige Fabel nicht nur an Hagedorns Entwicklung orientiert; sie ist in viele Episoden, die das determinierende soziale Umfeld beleuchten, aufgesplittert. Schulz, der ein weit größeres gesellschaftliches Panorama als etwa Noll entwirft, spricht denn auch zu Recht von einem „Gesellschaftsroman", der „die Nachkriegsentwicklung einiger heute vierzigjähriger deutscher Menschen in den Mittelpunkt stellt".[16] Der Autor modifizierte also den Strukturtyp des Bildungsromans durch Elemente des Gesellschaftsromans, weil er die „Totalitätsforderung" an den Roman nicht aufzugeben bereit war, weil er bei der Darstellung individueller Entwicklung „den ganzen Beziehungsreichtum" der gesellschaftlichen Implikationen ausbreiten wollte.[17]

Erst zwölf Jahre später erschien die frühzeitig versprochene Fortsetzung des Romans, nämlich *Triptychon mit sieben Brücken* (1974). Schulz hatte ursprünglich die chronologische Fortsetzung der Fabel geplant, war dabei aber auf unvermutete Schwierigkeiten gestoßen, weil ihm „die Idee darbte [...]".[18] Die Entwicklungsidee wich der in den siebziger Jahren bevorzugten Thematik der DDR-Literatur, der Frage nämlich nach dem problematischen Verhältnis von Individuum und sozialistischer

Gesellschaft. Die Ehe des Protagonisten gerät durch politische Ereignisse in eine tiefe Krise, die ihn zur Überprüfung der eigenen Position veranlaßt. Das Werk besitzt die Bauform des Romans der Identitätskrise, den Schulz in der westdeutschen Literatur vorfand.[19]

Günter de Bruyns früher Roman *Der Hohlweg* (1963) weist ebenfalls autobiographische Züge auf. Wolfgang Weichmantel, der Protagonist, wächst wie sein Autor im Dritten Reich auf, er erlebt den Krieg als Luftwaffenhelfer und Soldat. Zuletzt entschließt er sich, in der sowjetischen Besatzungszone als Neulehrer tätig zu werden. Der Roman thematisiert Weichmantels Entwicklung; sie reicht von der unkritischen Anpassung des Jugendlichen an die Ideologie des Nationalsozialismus bis zu seiner Entscheidung, am Aufbau eines antifaschistischen Staates mitzuwirken. Das Leitmotiv des Hohlweges, „der nur zwei Ausgänge" besitzt, verdeutlicht die ihm gestellte Aufgabe: er hat sich nach Kriegsende zwischen Kapitalismus und Sozialismus zu entscheiden. Der Protagonist ist durch seine proletarische Herkunft kaum geprägt; ein für Hölderlin schwärmender schweigsamer Grübler, der seinen eigenen Weg sucht, den er mit kompromißlosem Idealismus verfolgt. Seine Kriegserlebnisse enthüllen ihm die Unmenschlichkeit des nationalsozialistischen Systems. Nach dessen Untergang betätigt er sich mit ungebrochenem Mut als Mitarbeiter an einer überparteilichen Jugendzeitschrift in Westberlin und später als Dramaturg an einer dortigen Schauspielschule. Hierbei versucht er, in Erinnerung an seine vom Faschismus überschattete Jugend, sich jeglicher kollektiven politischen Bindung zu entziehen, um sich den persönlichen Freiraum der „Mitte" (374) zu bewahren. Als ihm dies zunehmend erschwert wird, gibt er seine beruflichen Tätigkeiten auf. Die sich formierende westliche Gesellschaft erlebt er natürlich nur negativ: er begegnet etwa einem chauvinistisch gesinnten Adligen, einem profitgierigen bürgerlichen Geschäftsmann; seine Liebe zu einer morbiden Komtesse wird enttäuscht. Menschliche Bereicherung erfährt er durch aufgeschlossene, lebensfrohe kommunistische Freunde. Akzeptiert man diese freilich kaum überzeugenden Prämissen, ist es konsequent, daß der Protagonist sich zuletzt entscheidet, als Neulehrer die Jugend in antifaschistischem Geist zu erziehen. Freilich bedeutet das noch keine uneingeschränkte Selbstfindung im Sinne des Marxismus-Leninismus, zu dem er nach wie vor in kritischer Distanz verharrt. Die Ortsbestimmung des einzelnen innerhalb der sich nach Kriegsende erst allmählich gestaltenden sozialistischen Gesellschaft erschien auch de Bruyn problematisch, weshalb der Roman mit dem aufmunternden Hinweis schließt, der Protagonist stehe nunmehr am Anfang einer neuen Entwicklung.

Den größten Einfluß auf seinen Werdegang übt ein Schulfreund aus, der ihn bis zum Schluß begleitet. Ein rationaler Pragmatiker kleinbürgerlicher Herkunft, der den naiven Protagonisten über die Schwächen des faschistischen wie des sozialistischen Systems aufklärt, deren kollektivistische Organisationsformen er als Liberaler verabscheut. Sein bindungsloser „Individualismus" (402), seine ironische Skepsis gegenüber jeder ideologischen Bindung bestimmen ihn zur negativen Kontrastfigur. Im

Zentrum der Figurenkonstellation stehen die beiden Freunde als gegensätzliche Hauptgestalten. Allerdings beansprucht Weichmantel den größeren Raum; er ist auch wesentlich differenzierter dargestellt. Ihm allein ist eine Entwicklung vorbehalten, die der Freund vermissen läßt. Den beiden Hauptgestalten sind die wichtigsten Nebenfiguren funktional zugeordnet. Sie entstammen allen sozialen Schichten und sind klischeehaft typisiert. Sie gewinnen keine individuelle Kontur, weil ihr Denken und Handeln aus einer ideologisch vorgegebenen Kausalbeziehung resultiert, nämlich ihrer Klassenzugehörigkeit. Rückblickend kritisierte der Autor freimütig seine Figurengestaltung: „Die zwei deutschen Freunde, die zu Ost-West-Feinden werden, die guten Mädchen und die guten Altgenossen als Leitersprossen der Heldenentwicklung [...]."[20] Die Funktion solcher Art von Figurenkonstellation ist offenkundig; sie soll dem Leser den jeweiligen Entwicklungsstand des Protagonisten verdeutlichen, der an dessen wechselnden Beziehungen zu einzelnen Gestalten und deren politischen Gruppierungen ablesbar ist.

Während der langen Entstehungszeit des Romans waren Stoff und Thematik keinen Veränderungen unterworfen, wohl aber die epische Form. Der Autor schwankte zuerst zwischen Tagebuch und autobiographischem Erlebnisbericht, bis er sich schließlich für den Strukturtypus des Bildungsromans entschied, was er später als einen ideologisch motivierten, folgenschweren Fehlgriff erkannte. Er wählte das Vorbild des *Wilhelm Meister*. „Denn ich hatte mir einreden lassen, daß ein Roman Entwicklungsroman sein, positiv enden und Totalität geben müsse."[21] De Bruyns Held tritt mit exemplarischem Anspruch auf; seine proletarische Herkunft und seine Entwicklungsfähigkeit sollen ihn als Vertreter einer kraftvollen „unverlorenen Generation" ausweisen. Der Autor beklagte zu Recht das von der zeitgenössischen sozialistischen Ästhetik geforderte „gewaltsame Erfassenwollen sozialer Totalität".[22] In der Tat wird durch viele nur episodisch auftretende, knapp umrissene Nebenfiguren, die nach Art des Gesellschaftsromans den Hauptgestalten nicht funktional zugeordnet sind, der Strukturtypus des Bildungsromans nicht unerheblich modifiziert. Dennoch entsteht kein detailliertes Bild der Nachkriegsgesellschaft. Die chronologisch geordnete doppelsträngige Fabel orientiert sich an den zwei Hauptfiguren. Sie ist zielgerichtet und mündet in die gegensätzliche politische Entscheidung der beiden Freunde, womit die Grundfigur des Hohlweges, der nur zwei Ausgänge besitzt, erwartungsgemäß bestätigt wird.

Im Gegensatz zu D. Noll und M. W. Schulz, die sich zumindest vornahmen, ihre fragmentarischen Bildungsromane durch eine Fortsetzung abzuschließen, hat de Bruyn nie eine solche Absicht geäußert. Er betrachtete, wie gesagt, seinen Roman als mißglückt. Ihm mißfiel der Schematismus der Figurenkonstellation, die mit unwahrscheinlichen Zufällen durchsetzte Handlungsführung und nicht zuletzt die konturlosen, typisierten Nebenfiguren. Vor allem mißtraute er der ideologisch vorgegebenen Notwendigkeit, seinen Protagonisten einem Reifungsprozeß zur sozialistischen Persönlichkeit unterziehen zu müssen. Daher fand bereits in seinem nächsten Roman — *Buridans*

Esel (1968) — keine Entwicklung der Zentralfigur statt. Diese erweist sich als unfähig zu existentiellen Entscheidungen, soweit diese ihrer Neigung zu opportunistischer Anpassung widersprechen. In bewußter Abweichung von den Prinzipien des sozialistischen Realismus meldete der Autor seinen Zweifel an der These an, die sozialistische Gesellschaftsform müsse notwendigerweise die Entwicklung des Individuums zur sozialistischen Persönlichkeit zur Folge haben — eine Ansicht, die de Bruyn auch in späteren Werken beibehalten hat.

Unter den sozialistischen Bildungsromanen der ersten Phase der DDR-Literatur nimmt Jurij Brězans *Hanusch-Trilogie* eine Sonderstellung ein. Der Autor gehört der völkischen Minderheit der Sorben an, die durch die Gründung der ehemaligen DDR nach Jahrhunderten der Unterdrückung erstmals kulturelle Autonomie und gesellschaftliche Gleichberechtigung gewannen. Daher bekannte sich Brězan sofort entschieden zum neuen Staat und schrieb den ersten sozialistischen Bildungsroman, der nicht nur die formalen Kriterien der Romanart erfüllt, sondern auch die Geschichte einer geglückten Heimkehr, einer Integration des sorbischen Helden in die sozialistische Gesellschaftsordnung schildert. Damit war 1964 das Paradigma des sozialistischen Bildungsromans geschaffen, dessen Vorgangsfigur der Fabel nicht mit der Entscheidung des Helden für den Sozialismus endet, sondern darüber hinaus eine Phase „gesellschaftlicher Bewährung" umfaßt. Dies entspricht der marxistisch-leninistischen Bildungtheorie, nach der das Individuum nur durch aktive Teilhabe am Lebens- und Arbeitsprozeß der sozialistischen Gesellschaft seine personale Identität gewinnen kann. Denn „die ganze Gesellschaft" ist es, die als notwendige „Bedingung der Individualität des einzelnen" fungiert.[23] Freilich waren dafür die Voraussetzungen in der Aufbauphase der fünfziger Jahre noch keineswegs gegeben, woraus sich die fragmentarischen Bildungsromane von Noll, Schulz und de Bruyn erklären. Brězan hingegen harmonisierte die Entwicklung seines Protagonisten in unzulässiger Weise, indem er ihm tiefere Konflikte mit der Gesellschaft ersparte, wodurch sein Roman trivialisierende Züge annahm. Diese Problematik sollte erst ein Jahrzehnt später, in Brigitte Reimanns *Franziska Linkerhand*, überzeugend bewältigt werden.

Die *zweite Phase* der DDR-Literatur reicht etwa von der Mitte der sechziger bis zum Beginn der siebziger Jahre. Die ersten Schwierigkeiten des sozialistischen Aufbaus waren überwunden, die neue Wirtschaftsordnung etabliert. Die Auseinandersetzung mit den individualistischen Normen und Wertvorstellungen des bürgerlichen „Klassenfeindes" war im wesentlichen abgeschlossen. Die Autoren begannen sich internen Problemen der sozialistischen Gesellschaftsordnung zuzuwenden. Im Jahre 1965 wurde das Gesetz über das einheitliche sozialistische Bildungssystem erlassen, in dem das neue Bildungsideal der „allseitig und harmonisch entwickelten sozialistischen Persönlichkeit" erstmals im Rahmen eines umfassenden nationalen Erziehungsprogramms verkündet wurde.[24] Die sozialistische Bildungstheorie zeigte eine gewisse formale Affinität zum neuhumanistischen Ideal ganzheitlicher, harmonischer Bildung. Sie vertrat mit normativem Anspruch ein geschlossenes Menschenbild, woraus eine im wesentlichen einheitliche Bildungskonzeption resultierte. Freilich verkehrte sie den tradierten individualistischen Persönlichkeitsbegriff mehr oder minder in sein Gegenteil, denn die Persönlichkeit wurde als „individuelle Gestaltwerdung der Summe der gesellschaftlichen Einflüsse" definiert.[25] Unter diesen besitzen die sachbezogene Bildung und die ideologisch ausgerichtete Erziehung besondere Bedeutung; sie bilden eine untrennbare „dialektische Einheit".[26] Der Erziehung wird die Aufgabe zugewiesen, die sozialistische Werthaltung der Persönlichkeit durch pädagogische Einwirkung zu formen. Bildung und Erziehung werden nach ihrer bewußtseinsverändernden Funktion bewertet, was sich etwa in den ideologischen Lehrgesprächen offenbart, die der Held des Bildungsromans mit seinem sozialistischen Mentor absolviert. Damit gewannen die überlieferten Bildungsinhalte, soweit sie überhaupt noch beibehalten werden, einen veränderten Stellenwert. Der Leitbegriff der Emanzipation zielte jetzt auf die Befreiung der sozialistischen Persönlichkeit von den konventionellen bürgerlichen und christlichen Wertvorstellungen, eine Auseinandersetzung, die der Held des sozialistischen Bildungsromans vor allem innerhalb seiner Familie zu führen hat. Der Leitbegriff des sozialistischen Kollektivbewußtseins wird im Bereich der gesellschaftlichen Bewährung des Protagonisten relevant;[27] hier rangiert der aktive Einsatz in der Arbeitswelt an erster Stelle. Schon im frühen Marxismus galt ja die Tätigkeit in einer von kapitalistischen Eigentumsverhältnissen befreiten, nicht entfremdeten Arbeitswelt als der primäre persönlichkeitsbildende Faktor, galt letztlich als Voraussetzung für die Gewinnung personaler Identität. Daher verkündete die sozialistische Bildungstheorie der ehemaligen DDR: „[...] die Entwicklung der Persönlichkeit wird ganz wesentlich und primär unmittelbar bestimmt durch die [...] Produktionsverhältnisse [...], besonders aber durch die historisch bedingte Grundqualität der Arbeit."[28] Für die Frau bildet die Berufstätigkeit die entscheidende Voraussetzung, gesellschaftliche Gleichberechtigung zu erringen; daher finden die Protagonistinnen der Bildungsromane von W. Joho und B. Reimann ihre persönliche Erfüllung vorrangig im Beruf, nicht etwa in Ehe und Familie.

Die zweite Phase der DDR-Literatur wurde, zumindest hinsichtlich des sozialistischen Bildungsromans, durch den ideologischen Einfluß des „Bitterfelder Weges" bestimmt. Man unternahm den kulturrevolutionären Versuch, die Distanz zwischen Kunst und Gesellschaft zu überwinden, indem man kategorisch die verstärkte Thematisierung der aktuellen sozialistischen Alltagswirklichkeit forderte. Die Partei propagierte das Ziel einer sozialistischen Nationalliteratur, deren Rezeption die Gesellschaft zur „gebildeten Nation" entwickeln sollte.[29] Alexander Abusch forderte die Synthese von „Weimar und Bitterfeld", die literarische Gestaltung der „Vermenschlichung des Menschen im Prozeß der sozialistischen Arbeit [...]".[30] So gewann der sozialistische Bildungsroman, wie erwähnt, einen neuen, zusätzlichen Stoffbereich, nämlich den Vorgang der „gesellschaftlichen Bewährung", der vor allem die Integration des Protagonisten in die Arbeitswelt umfaßt, in der dieser schließlich zu sich selbst findet. Damit verlängerte sich der darzustellende Zeitraum der Entwicklung des Helden; der sozialistische Bildungsroman endet von nun an in der Regel nicht mehr an der Schwelle des Mannesalters, sondern etwa ein Jahrzehnt später.

Der von der Partei verordnete „Bitterfelder Weg" verpflichtete die Autoren, die ideologische Erziehungsfunktion der Literatur strikt zu beachten, auf die „Ausarbeitung, Aneignung und Anerkennung eines ganzen Systems neuer Wertvorstellungen" durch die Leser peinlichst bedacht zu sein.[31] Daraus ergab sich für den Bildungsroman die Forderung, erneut, wie schon in Brězans Trilogie, den „repräsentativen", vorbildhaften Helden als Identifikationsangebot an den Leser wiederaufzunehmen. Solch ideologische Gängelung mag dazu beigetragen haben, daß in der zweiten Phase der DDR-Literatur nur wenige, zu unkritischer Tendenzliteratur verkümmerte Bildungsromane entstanden sind.[32] Die Weltbegegnung der Protagonisten dieser Werke reduziert sich vornehmlich auf den beruflichen Bereich; die Zentralfiguren erfüllen, im Gegensatz etwa zu Brězans vielseitigem Helden, keineswegs das sozialistische Prinzip der allseitigen Persönlichkeitsentwicklung. Die Forderung nach möglichst konfliktfreier Sozialisation wird durch klischeehafte Verkürzung der individuellen Entwicklungsabläufe und durch Ausklammerung tiefergreifender „antagonistischer Widersprüche" scheinbar erfüllt. Auffällig ist auch die Unfähigkeit der Protagonisten, ihre Erlebnisse reflektierend zu verarbeiten, weshalb ihre angebliche Bewußtseinsveränderung nicht überzeugend wirkt. So belegen diese Werke beispielhaft eine durch direkte ideologische Leserlenkung bedingte Trivialisierung der Romanart. Der Held verkörpert das normative Leitbild der sozialistischen Persönlichkeit. Er lädt den Leser zu unreflektierter Identifikation mit dem von ihm vertretenen sinnstiftenden Wertsystem ein.

In der zweiten Phase der sozialistischen Literatur treten erstmals Autoren in Erscheinung, die der jüngeren, in der ehemaligen DDR aufgewachsenen Generation angehören. Die Romanfabel beschreibt die Vorgangsfigur der gesellschaftlichen Eingliederung eines Vertreters der Nachkriegsgeneration. Zu Beginn ein seinem Elternhaus entfremdeter, unentschiedener junger Mensch, veranlaßt ihn die Begegnung mit der sozialistischen Lebens- und Arbeitswelt, sich über sein bisheriges Leben selbstkritisch Rechenschaft zu geben. Er überwindet schließlich seine egozentrische Isolation und findet in verantwortungsbewußter beruflicher Tätigkeit seinen Standort innerhalb der Gesellschaft. Damit wandelt sich der traditionell rezeptive Protagonist des Bildungsromans zum aktiven Mitgestalter der Arbeitswelt, was dem handlungsorientierten sozialistischen Menschenbild entspricht. Freilich wird hier keine eigentlich „dialektische" Beziehung zwischen Individuum und Gesellschaft dargestellt; vielmehr verinnerlicht der Protagonist unkritisch die vorgegebenen sozialistischen Normen und Wertvorstellungen. In Übereinstimmung mit Walter Ulbrichts These von der harmonischen sozialistischen „Menschengemeinschaft" sieht er keinen Widerspruch zwischen seinen individuellen und den gesellschaftlichen Interessen.[33]

Die dritte Phase (1971—1990)

Die dritte Phase der DDR-Literatur setzte 1971 mit einer deutlichen kulturpolitischen Zäsur ein: der VIII. Parteitag der SED proklamierte offiziell die nunmehr „entwickelte oder reife sozialistische Gesellschaft". In Abkehr von Ulbrichts restriktiver Kulturpolitik forderte man jetzt von den Künstlern die Darstellung des sozialistischen Menschen in der Vielfalt seiner Lebensbereiche. Daraus ergab sich für die Autoren die Möglichkeit, mit neuen literarischen Formen, Stoffen und Themen zu experimentieren, freilich unter Respektierung der ideologischen Rahmenbedingungen. In der Folgezeit verstanden es zahlreiche Schriftsteller, den offiziell gewährten Freiraum wesentlich zu vergrößern, weil sie, unterstützt von ihrem Publikum, ein neues Selbstverständnis entwickelten. Die Literatur sollte nun primär die Spannungen und Widersprüche zwischen sozialistischer Theorie und politischer Realität, zwischen individuellem Anspruch und gesellschaftlicher Wirklichkeit ausloten. Man wollte literarisch die Möglichkeiten erkunden, wie das offizielle Leitbild der sozialistischen Persönlichkeit mit den Ansprüchen auf persönliches Glück, auf „individuelle Identität" zu vereinbaren sei.[34] Diese neue Fragestellung berührte sich eng mit der traditionellen Thematik des Bildungsromans. Sie bildete die wesentlichste Voraussetzung für den Aufschwung der Romanart, der seit den siebziger Jahren zu verzeichnen war.

Etwa zur gleichen Zeit begannen manche Autoren die alte sozialistische Erbetheorie in Frage zu stellen. Sie lehnten es ab, das harmonische klassische Menschenbild als normative Utopie uneingeschränkt zu adaptieren. Solch traditionalistische Rezeption hatte die eigenständige Entwicklung des Bildungsromans in den fünfziger und sechziger Jahren erheblich behindert, weil sie die ideologisch bedingte Forderung nach dem vorbildhaften „positiven Helden" noch verstärkt hatte. Nicht zuletzt aus solch ahistorischem Erbeverständnis hatte sich, wie erwähnt, in der zweiten Phase der DDR-Literatur eine gewisse Trivialisierung der Romanart ergeben. Nunmehr begann man sich um einen geschichtlich differenzierenden Umgang mit dem klassisch-humanistischen Erbe zu bemühen, der in der „Dialektik von Kontinuität und Diskontinuität" — unter Berücksichtigung also der gegenwärtigen gesellschaftlichen Bedürfnisse — die eigenständige Adaption der klassischen Tradition gestattete.[35] Damit war die Voraussetzung für eine schöpferische Weiterentwicklung des überkommenen Strukturmusters hinsichtlich Inhalt, Form und Funktion geschaffen.

Manche Autoren begannen jetzt das gesellschaftliche Harmoniemodell, das die Identität der Interessen von Individuum und Kollektiv postulierte, im Namen der sozialistischen Bildungstheorie in Frage zu stellen, die ja dem einzelnen das Recht auf allseitige Entfaltung seiner Anlagen zugestand. Stephan Hermlin betonte unter Berufung auf Karl Marx, daß „die freie Entwicklung eines jeden die Bedingung für die freie Entwicklung aller" darstelle.[36] Und Christa Wolf verwahrte sich entschieden gegen einen „blanken historischen Determinismus", der im Individuum nur das Objekt überpersönlicher geschichtlicher Mächte sehe.[37] Zunehmend vertraten Autoren und auch Literaturwissenschaftler die Ansicht, nur in einer richtig verstandenen Dialektik von Individuum und Gesellschaft könne sich der einzelne als Subjekt der Geschichte verwirklichen. Dazu zählt vor allem „das Recht jedes Menschen auf seine eigene widerspruchsvolle Wahrheit" — eine These, die eigentlich sogar den Nonkonformismus legitimiert.[38] Folgerichtig gewann der sozialistische Bildungsroman seit den siebziger Jahren zunehmend an subjektiver Authentizität; das Interesse des Erzählers wendet sich mehr und mehr der Innerlichkeit des Protagonisten zu, dessen Kritik- und Reflexionsfähigkeit sich merklich gesteigert hat. Der schlichte proletarische Held, der im sozialistischen Bildungsroman schon immer relativ selten begegnete, überläßt jetzt weitgehend den Künstlern und Intellektuellen das Feld, die eine mehr oder minder große Autonomie beanspruchen. Diese Protagonisten sind als differenzierte, komplexe Charaktere in der Vielfalt ihrer Lebensbezüge dargestellt, die nur noch partielle „Repräsentanz" besitzen, womit der ursprüngliche Anspruch, der Werdegang des Helden solle die gesellschaftliche Totalität in ihrer Entwicklung spiegeln, faktisch aufgegeben ist. Die Vorgangsfigur der Fabel orientiert sich jetzt am vielschichtigen Prozeß einer Sozialisation, deren wesentliche Bereiche in der Regel mehr oder minder ausführlich geschildert werden: Elternhaus und schulische Ausbildung, Freundschaft und Liebe, Ehe und Familie sowie Berufs- und Arbeitswelt. Die erweiterten Inhalte des sozialistischen Bildungsromans bieten sich in teilweise gewandelter Form dar: der auktoriale Erzähler, normativen ideologischen Wertvorstellungen verpflichtet, tritt gegenüber dem perspektivisch begrenzten autobiographischen Ich-Erzähler zurück. Die Autoren beginnen sich moderner narrativer Strategien wie Montage oder Pluralität von Zeitebenen und Erzählperspektiven zu bedienen. Der erweiterte Freiraum gestattet jetzt auch das Experiment mit der Form der Satire, wodurch die ersten Antibildungsromane entstehen. Die Autoren bekennen sich großenteils zu einem gewandelten Funktionsverständnis von Literatur; sie erwarten einen zwar politisch loyalen, in der Sache aber kritischen Leser, der fähig und willens ist, das sozialistische Menschenbild in schöpferischer Dialektik weiterzuentwickeln.

Die Autoren des Bildungsromans der siebziger und achtziger Jahre gehören etwa zu gleichen Teilen der mittleren und der jüngeren, nach 1930 geborenen Generation an. Ihre Werke lassen sich, betrachtet man die Art der Sozialisation des Protagonisten, in zwei Gruppen aufteilen: den affirmativen und den gesellschaftskritischen sozialistischen Bildungsroman. In beiden Gruppen sind wiederum die mittlere und die jüngere Autorengeneration etwa zu gleichen Teilen vertreten. Es stellt sich jetzt für den Protagonisten nicht mehr die Frage nach der Entscheidung für oder gegen den Sozialismus; ihm bleibt nur die Wahl zwischen vorbehaltloser gesellschaftlicher Integration und dem Rückzug in den Freiraum privater Existenz.

Folgende Werke zählen zum *affirmativen sozialistischen Bildungsroman*:
Wolfgang Joho (*1908): Die Kastanie (1970)
Günter Görlich (*1928): Heimkehr in ein fremdes Land (1974)

Manfred Künne (*1931):
— Jugendträume (1974)
— Reifejahre (1976)
Horst Bastian (1939—1986): Gewalt und Zärtlichkeit, 5 Bände (1974—87)

Dem *gesellschaftskritischen sozialistischen Bildungsroman* lassen sich folgende Werke zurechnen:
Karl H. Roehricht (*1928):
— Vorstadtkindheit (1979)
— Großstadtmittag (1980)
— Waldsommerjahre (1981)
Wolfgang Trampe (*1939):
— Verhaltene Tage (1978)
— Veränderung der höheren Semester (1982)
Karl Heinz Berger (*1928):
— Die Wohnung oder Auswege ins Labyrinth (1976)
— Im Labyrinth oder Spaziergänge in zwei Landschaften (1984)

Der affirmative Bildungsroman reproduziert weiterhin bruch- und kritiklos die zentrale Forderung der sozialistischen Bildungstheorie nach „Entwicklung des sozialistischen Bewußtseins und Verhaltens".[39] Der angepaßte Protagonist internalisiert, wie schon in der zweiten Entwicklungsphase des sozialistischen Bildungsromans, unkritisch die ideologischen und gesellschaftlichen Normen. Diese werden, mehr oder minder direkt, durch den die Rezeption steuernden, meist in Er-Form berichtenden Erzähler vermittelt, aber auch durch den Mentor, der den Protagonisten in Lehrgesprächen auf das sozialistische Leitbild ausrichtet.[40] Anders verläuft der Sozialisationsprozeß im gesellschaftskritischen Bildungsroman, in dem der Held in der Regel zum Nonkonformismus neigt. Dieser berichtet, meist in Ich-Form, über die Konflikte zwischen den eigenen Interessen und den Ansprüchen der Gesellschaft, über die erfahrenen Widersprüche zwischen ideologischer Theorie und sozialistischem Alltag.

Im affirmativen Bildungsroman werden die Konflikte, soweit sie nicht einfach ausgespart bleiben, als „nichtantagonistischer, produktiver Widerspruch" interpretiert. Indem der Protagonist ihn bewältigt, gewinnt er seinen Platz in der Gesellschaft und damit seine personale Identität. Das solch optimistischer Lösung zugrunde liegende Postulat vom Gleichklang der Interessen von Individuum und Gesellschaft wird stillschweigend vorausgesetzt. Diese Autoren wollten die sozialistischen „Ideale sichtbar machen", blieben also der ideologisierenden Tendenz der zweiten literarischen Entwicklungsphase verhaftet.[41] Daher begegnen auch hier noch, wenngleich in abgeschwächter Form, gewisse trivialisierende Elemente.[42] Im gesellschaftskritischen Bildungsroman hingegen wird der Widerspruch zwischen Protagonist und sozialistischem Gesellschaftssystem als kaum lösbar erscheinender, lähmender Konflikt erfahren, der folgerichtig zum Rückzug in die private Existenz zwingt. Das hoffnungsvolle Ringen um den sozialistischen „neuen Menschen", das den affirmativen Bildungsroman prägt, weicht hier einer resignierten Skepsis, einer verbitterten Enttäuschung über den Widerspruch zwischen sozialistischer Verheißung und gesellschaftlicher Praxis. Aber trotz allem Leiden an Entfremdung, trotz einer mehr oder minder verhaltenen Kritik an Partei, Staat und Gesellschaft bekannten sich diese Autoren zu ihrem Staat und distanzierten sich entschieden vom Gesellschaftssystem der ehemaligen Bundesrepublik. Die sozialistische Gesellschaft bot ihnen Nischen, die personale Identität ermöglichten.[43]

Die Gestaltung der Fabel tendiert beim affirmativen Bildungsroman zu linearer Geschlossenheit, um eine überschaubare, „gesetzmäßige" Kontinuität der Entwicklung zur sozialistischen Persönlichkeit zu suggerieren. Beim gesellschaftskritischen Bildungsroman hingegen ist die Fabel des öfteren in Episoden aufgelockert, spiegelt sie doch einen von Krisen erschütterten, diskontinuierlichen Werdegang. Dennoch behält sie auch hier in der Regel ihre auf den Protagonisten zentrierte Einsträngigkeit; auf der Handlungsebene wird die chronologische Ordnung beibehalten, obwohl hin und wieder auf mehreren Zeitebenen erzählt wird.

Die schematisierende konfrontative Figurenkonstellation wird seit den siebziger Jahren, im Zeichen des „real existierenden Sozialismus", allmählich abgebaut. Die gegen den Protagonisten agierenden negativen Oppositionsfiguren verlieren zunehmend ihre typisierte Klischeehaftigkeit und gewinnen an individuellem Profil. Sie vertreten im affirmativen Bildungsroman meist die Gruppe der politisch indifferenten, gesellschaftlich unangepaßten „Individualisten", während sie im gesellschaftskritischen Roman eher die dogmatisch verhärteten, bürokratischen Vertreter von Partei und Staat oder aber die politisch angepaßte Mehrheit repräsentieren.

Wolfgang Joho veröffentlichte 1970 den Roman *Die Kastanie*, der um die leitmotivisch wiederkehrende Frage kreist, „wie man leben soll".[44] Er thematisiert die erfolgreiche Suche einer jungen Frau nach ihrer Identität, nach dem Lebenssinn, der für sie, im Sinne des affirmativen Bildungsromans, mit der Entscheidung für den kommunistischen Sozialismus untrennbar verbunden ist. Elisabeth Bertram entstammt einem liberalen bürgerlichen Elternhaus. Sie wächst ohne Mutter auf und findet an ihrem Vater, einem apolitischen Wissenschaftler, wenig Halt. Während des Dritten Reiches erlebt das Mädchen die Judenverfolgung und ergreift mutig Partei für die unterdrückte Minderheit. Sie trennt sich von ihrem Vater und betreibt als Studentin — unter dem Decknamen Kastanie — antifaschistische Propaganda. Sie wird verhaftet und lernt im Zuchthaus eine kluge, mütterliche Altkommunistin kennen, die vorbildhafte Mentorenfigur des sozialistischen Bildungsromans. Ihr verdankt die Protagonistin politisch und beruflich die wesentliche Orientierung für ihren künftigen Lebensweg. In der zweiten Hälfte des Romans berichtet sie über etwa fünfzehn Jahre gesellschaftlicher Bewährung im sozialistischen Staat, als engagierte Lehrerin sowie als liebevolle Mutter eines unehelichen Kindes. Sie meistert ihre Aufgaben mit ideologischer Entschiedenheit, aber auch mit sachkundigem Verstand und hilfsbereiter Menschlichkeit, wobei sie die eigenen Schwächen selbstkritisch reflektiert. In ihr versammeln sich, ähnlich wie in Franziska Linkerhand, die Werte des sozialistischen Frauenbildes der ehemaligen DDR. In den beiden Figuren offenbart sich ein emanzipatorisches Selbstbewußtsein, das der Institution der Ehe keinen hohen Stellenwert zugesteht. Der Erzähler, der sich nur selten belehrend und kommentierend zu Wort meldet, betont die exemplarische Bedeutsamkeit der Protagonistin: sie stehe „beispielhaft [...] für die Entwicklung aber Tausender von Menschen" in der DDR (164). Sie berichtet aus der Perspektive des erlebenden Ichs. Alle Figuren ordnet sie sich funktional zu, bewertet diese freilich je nach ihrer ideologischen Ausrichtung recht schematisch. Der Roman besitzt eine einsträngige, chronologisch geordnete, nach Entwicklungsphasen gegliederte Fabel, die final auf gesellschaftliche Bewährung und Selbstfindung gerichtet ist. Ein sozialistischer Bildungsroman, der die Entwicklung einer bürgerlichen Intellektuellen zur überzeugten Kommunistin — ein bei Joho öfter begegnendes Thema — in unprätentiöser, schlichter Berichtform vermittelt.

Günter Görlich veröffentlichte 1974 den Roman *Heimkehr in ein fremdes Land*. Der Werdegang des Protagonisten weist zahlreiche Gemeinsamkeiten mit dem Lebensweg des Autors auf. Martin Stein, schlesischer Arbeitersohn, wird nach längerer russischer Kriegsgefangenschaft mit einundzwanzig Jahren in die DDR verschlagen. Den neugegründeten Staat erfährt er als fremdes Land, nicht nur wegen der veränderten politischen und gesellschaftlichen Verhältnisse, sondern auch infolge seiner Entfremdung gegenüber der eigenen Familie. Er schlägt sich als Bauarbeiter durch und gewinnt allmählich mit Arbeitskollegen menschlichen Kontakt. Die konfrontative Figurenkonstellation in Schwarz-Weiß-Manier hat zur Folge, daß er seine positiven Erfahrungen bei Kommunisten, die negativen aber bei Kleinbürgern, Schiebern und Saboteuren sammelt. Unfähig zu weltanschaulicher Reflexion, orientiert sich der Protagonist einzig innerhalb dieses begrenzten Lebenskreises. Als ein von ihm verehrter altkommunistischer Funktionär von politischen Gegnern ermordet wird, entschließt er sich zum Eintritt in die Volkspolizei, womit er sich endgültig für den neuen Staat entschieden hat. Seine gesellschaftliche Bewährung absolviert er während seines Wachdienstes an der Grenze, als er einen staatsfeindlichen Wirtschaftssaboteur bei der Flucht erschießt.

Deutlicher als bei anderen affirmativen Bildungsromanen wird hier die Trivialisierung eines vorgegebenen Musters erkennbar. Die knappe Fabel begrenzt die Entwicklung des Protagonisten bis zur politischen Entscheidung und gesellschaftlichen Bewährung auf nur ein Jahr. Der Sozialisationsprozeß verläuft unproblematisch; dem Helden bleiben gefährdende Irrwege erspart, weil er auf Grund der schematisierenden Figurenkonstellation sicher zum Ziel geleitet wird. In Görlichs Roman ist das Leitbild der allseitig entwickelten sozialistischen Persönlichkeit kaum zu erkennen. Das Werk entspricht dennoch dem Strukturtypus des Bildungsromans. Es thematisiert die Suche eines Heimkehrers nach dem für ihn „richtigen Weg".[45] Martins Bewußtseinswandel vollzieht sich vor allem im politischen Bereich; er gewinnt seine Identität mit der Entscheidung für den sozialistischen Staat. Durch seine uneingeschränkte gesellschaftliche Integration findet er schließlich im „fremden" Land die ersehnte Heimat. Dem Protagonisten sind die anderen Figuren funktional zugeordnet. Ein undistanzierter Erzähler, der sich vorwiegend der szenischen Erzählform bedient, berichtet aus der Perspektive des Helden. Die einsträngige Fabel ist chronologisch geordnet und zielgerichtet. Sie gliedert sich in drei Phasen: Kriegsgefangenschaft (Kap. 1—5), den Prozeß der Selbstfindung (6—24) und die gesellschaftliche Bewährung (25—30).

Manfred Künne beschreibt in *Jugendträume* (1974) und *Reifejahre* (1976) unter weitgehender Anlehnung an den eigenen Werdegang Kindheit, Jugend und Adoleszenz eines systemkonformen Schriftstellers der DDR. Roland Könner, kleinbürgerlicher Herkunft, wächst in der Zeit des Nationalsozialismus auf, dessen Wertvorstellungen er sich verbunden fühlt. Nach Kriegsende sind seine Ideale zerbrochen, und er flüchtet sich in das Schreiben von Abenteuerromanen. Er tritt der FDJ bei und verfaßt einen sozialistischen Betriebsroman, in dem er seine Erfahrungen als Bauarbeiter literarisch verwertet. Der Protagonist lebt mit seiner Frau in ärmlichen Verhältnissen, die er erst überwindet, als er einen Roman vorlegen kann, der die Kolonialpolitik der westlichen Staaten aus marxistischer Sicht anprangert. Könner, am Schluß fünfundzwanzig Jahre alt, berichtet in Ich-Form über das letzte Jahrzehnt seiner Entwicklung, wobei er seine Kindheit episodisch einblendet. Er schildert seine Umwelt, deren wesentliche Figuren ihm funktional zugeordnet sind, aus der Perspektive des erlebenden Ichs. Der Autor thematisiert im Sinne des affirmativen Bildungsromans den Sozialisationsprozeß eines Schriftstellers der ehemaligen DDR, eine Entwicklung, die infolge fehlender Reflexionsfähigkeit des Helden recht unproblematisch verläuft. So ist seine gesellschaftliche Integration schon am Ende des ersten Bandes im wesentlichen abgeschlossen. Seine *Reifejahre* bekräftigen lediglich die vorbehaltlose soziale Anpassung des jungen Autors. Er versucht sein sozialistisches Menschenbild theoretisch abzusichern und löst sich konsequenterweise vom christlichen Glauben. Dies alles hat zur Folge, daß die einsträngige, chronologisch geordnete Fabel im zweiten Band ihre teleologische Spannung verliert.

Horst Bastians fünfbändiger Roman *Gewalt und Zärtlichkeit* erschien zwischen 1974 und 1987.[46] Der Werdegang der Hauptfigur weist bedeutende Ähnlichkeiten mit dem Lebensweg des Autors auf. Max Spinnt, Halbwaise bürgerlicher Herkunft, wird nach Kriegsende als Flüchtling in ein ostdeutsches Dorf verschlagen. Seine Mutter, die sich als Arbeiterin tapfer behauptet, erzieht ihn mit opferbereiter, zärtlicher Liebe. Sein späterer Stiefvater, ein Parteifunktionär, handelt dagegen in ruhelosem kämpferischem Einsatz nach dem Prinzip revolutionärer Gewalt. Er begeistert den Jungen für die neue Ideologie und begleitet seinen „geistigen Ziehsohn" (III, 16) als Mentor bis zu dessen frühem Tod. Max absolviert eine Maurerlehre, legt das Abitur ab und bewährt sich erstmals während des Aufstandes im Juni 1953. Ein Jahrzehnt lang ist er dann als Funktionär und Arbeiter in einem Industriekombinat tätig, wo er wegen seiner „revolutionären Ungeduld" (III, 301) mit erheblichen Schwierigkeiten zu kämpfen hat. Ähnliche Probleme erwachsen dem kompromißlosen Streiter auch während seines Dienstes in der Armee.

Die Entwicklung der Zentralfigur resultiert aus der Intention des Autors, die konträren Prinzipien der revolutionären „Gewalt" und der humanen „Zärtlichkeit" zu vermitteln, und zwar im privaten wie im öffentlichen Leben. Zu Beginn ein eigenwilliger, selbstgerechter „Prinzipienreiter" (IV, 160), lernt Max infolge bitterer Erfahrungen sich zu mäßigen und ringt sich schließlich zur Haltung menschlicher „Einsicht und Toleranz" durch (IV, 162). Dieser Lernprozeß vollzieht sich vor allem in der Arbeitswelt und der Armee. Auch die geschichtlichen Ereignisse wirken erzieherisch, denn Max fühlt sich in den Krisenzeiten der DDR (1953, 1961, 1968) zu politischer Stellungnahme aufgerufen. Er lernt in dem Maße die ihm von der Partei übertragene Macht über Menschen verantwortungsbewußt zu gebrauchen, wie er die Bedeutung der Haltung hilfsbereiter Menschlichkeit begreift. Die folgenschwersten Erfahrungen macht er im privaten Bereich, wo er in seiner Beziehung zur Jugendfreundin menschlich versagt.

Der Autor konzipierte seinen Protagonisten im Sinne des affirmativen Bildungsromans, also gemäß den Prinzipien der sozialistischen Bildungstheorie, die einen grundsätzlichen Interessenkonflikt zwischen Individuum und Gesellschaft ausschließt: „Was für die Gesellschaft gut ist, ist für ihn [Max] selbst gut [...], und was der Gesellschaft schadet, bereitet ihm Kummer" (IV, 331). Es existiert auch kein Widerspruch zwischen ideologischer Theorie und gesellschaftlicher Praxis; im Mittelpunkt steht vielmehr der Lernprozeß eines menschlich unreifen jungen Funktionärs, der nach langen Jahren zu einer humanen sozialistischen Lebensform findet.

Bastians voluminöses, fünfbändiges Werk besitzt nur teilweise die Strukturmerkmale des Bildungsromans, denn es wird durch die epische Form der sozialistischen Biographie überlagert, die der Autor beispielsweise in Andersen-Nexös proletarischen Entwicklungsromanen kennengelernt hatte.[47] Daher kreist das Werk um eine doppelte Thematik; einerseits schildert es die Entwicklung des Protagonisten von der Jugend bis in die reiferen Mannesjahre, zum andern beschreibt es in Parallelführung, mittels szenisch-dialogischer Erzählform, die ersten drei Jahrzehnte der ehemaligen DDR. Auch die Bauform der Fabel weicht etwas von der Struktur ab, die sie im Bildungsroman besitzt. Zwar verläuft die Fabel in chronologischer Abfolge vorwiegend einsträngig, aber ihre Phasengliederung orientiert sich nicht nur an der biographischen Lebenslinie des Protagonisten. Bastian hatte ursprünglich eine Trilogie geplant, die den Werdegang des Helden analog zur politisch-gesellschaftlichen Entwicklung der DDR darstellen sollte. Der erste Band sollte am 17. Juni 1953, der zweite am 13. August 1961 enden. Dieses an der politischen Geschichte orientierte Gliederungsprinzip wurde allerdings nur teilweise verwirklicht, nämlich im ersten Band, der mit dem Aufstand von 1953 endet, und dem vierten Band, der im Einmarsch der DDR-Truppen in die damalige ČSSR gipfelt.[48] Solche Verknüpfung von privater und öffentlicher

Handlung, von individuellem Lebensbericht und sozialer Milieuschilderung kennzeichnet auch Andersen-Nexös proletarische Biographien.

Die Figurenkonstellation von *Gewalt und Zärtlichkeit* weist einerseits eine funktionale Zuordnung zur Zentralgestalt des Protagonisten auf, zum andern aber gewinnen der dörfliche Lebensbereich der opferbereiten Mutter und die Parteiarbeit des dynamischen Stiefvaters eine gewisse Selbständigkeit, weil hier die universalen Prinzipien von „Zärtlichkeit" und „Gewalt" beispielhaft demonstriert werden sollen. Auch das große Figurenensemble, das die sozialen Bereiche von Dorf, Industriekombinat und Armee bevölkert, dient durchaus nicht nur der Vergegenwärtigung von Max Spinnts gesellschaftlichem Umfeld, sondern es besitzt eine gewisse Eigenwertigkeit, denn es soll als episches Panorama des sozialistischen Gesellschaftssystems das Werden „eines Wunderdinges, eines wohnlichen deutschen Landes" verdeutlichen.[49]

Die Überlagerung der Grundstruktur des Bildungsromans durch die epische Form der Biographie zeigt sich auch daran, daß zwar ein charakterlicher Reifungsprozeß dargestellt wird, dieser aber nicht zielgerichtet in die Selbstfindung des Protagonisten mündet. Vielmehr gipfelt die Erzählung im frühen Tod des ruhelosen, kämpferischen Helden, der als musterhafte sozialistische Persönlichkeit geschildert wird, die zuletzt eine fast mythische Qualität gewinnt: „Wer so gelebt hat [...], kann nicht und wird nicht sterben."[50]

Karl Hermann Roehrichts Trilogie (*Vorstadtkind*, *Großstadtmittag*, *Waldsommerjahre*), 1979 bis 1981 erschienen, beschreibt, ganz im Sinne des gesellschaftskritischen Bildungsromans der ehemaligen DDR die Entwicklung eines apolitischen Individualisten, der seinen künstlerischen Weg unbeirrt und kompromißlos verfolgt. Waldemar Landmann, der dem Maler und Schriftsteller Roehricht in Mentalität und Werdegang verwandt ist, wächst im kleinbürgerlichen Hinterhaus eines Leipziger Vorortes auf. Nach dem Krieg wird ihm die Zulassung zur dortigen Kunstakademie wegen angeblich „formalistischer" Tendenzen verweigert. So wechselt der Protagonist an die West-Berliner Kunsthochschule. Nach erfolgreich abgeschlossenem Studium reist er nach Italien, wo ihn die urtümliche südländische Lebensart fasziniert. Schmerzlich empfindet er die eigene Wurzellosigkeit, fühlt er sich doch in West-Berlin, das ihm als Schaufenster eines profitgierigen Kapitalismus erscheint, nicht zuhause. Daher kehrt er nach seiner Heirat in die DDR zurück. Dort gerät er in offenen Widerspruch zur parteioffiziellen Doktrin des Sozialistischen Realismus, denn der Protagonist, der sich der Landschaftsmalerei zugewandt hat, bekennt sich zu einem volkstümlichen Realismus nach Art der von ihm bewunderten Niederländer, was ihm den Vorwurf „bürgerlicher Vorstellungen" einträgt.[51] Seinen Bildern fehle das „politische Anliegen", sie ermangelten auch des nötigen sozialistischen Optimismus.[52] Der apolitische Protagonist ist entschlossen, sich „das Ästhetische nicht politisieren" zu lassen.[53] Infolge seiner künstlerischen Kompromißlosigkeit gerät die Familie in finanzielle Not, er selbst an die Grenze des Zusammenbruchs. Erst am Schluß des Romans entschärft sich seine Situation ein wenig, als ihm ein toleranter höherer Kulturfunktionär zu einer ersten Ausstellung seiner Bilder verhilft.

Das Weltbild des Landschaftsmalers trägt naturmythische Züge. Der Roman endet mit einem enthusiastischen Lobpreis der „Musik der Natur", der Schöpfungskraft „des immerfort zeugenden Lebens"[54]. Ihm wird antinomisch die disharmonisch lärmende, bedrohliche „Welt" entgegengesetzt, trivialisierende Konsequenz eines antimodernistischen Irrationalismus. Folgerichtig tritt der politisch-gesellschaftliche Bereich gegenüber der privaten Lebenssphäre einer kreativen Innerlichkeit zurück. Roehrichts Menschenbild ist kleinbürgerlich geprägt; es orientiert sich an den moralischen Werten humaner Hilfsbereitschaft und einer heiter-gelassenen Lebenstapferkeit.

Die Trilogie weist die konstante, transepochale Grundstruktur des Bildungsromans auf. Sie thematisiert die Entwicklung eines dominanten Protagonisten von der Jugend bis in die reiferen Mannesjahre. Die Fabel verläuft in episodisch aufgelockerter, chronologisch geordneter Einsträngigkeit. Ihre Phasengliederung orientiert sich am Werdegang des Protagonisten, woraus der Aufbau der Trilogie resultiert. Landmanns innere Progression mündet am Schluß zielgerichtet in dessen Selbstfindung: er hat sich für den Beruf des Kunstmalers entschieden, eine Familie gegründet und eine Lernphase gesellschaftlicher Praxis, allerdings mit negativem Ergebnis, durchschritten. Es ist ihm gelungen, seine persönlichen Möglichkeiten und Grenzen auszuloten; er hat gelernt, sich in einem Staat einzurichten, dessen doktrinäre Kunstauffassung er strikt ablehnt, weil sie seine schöpferische Potenz lähmt. Resignierend akzeptiert er zuletzt die Rolle des widerwillig geduldeten, in einer gesellschaftlichen Nische existierenden „Eigenbrötlers".[55] Die Kraft zur Selbstbehauptung gewinnt er aus dem privaten Lebensbereich, seinem künstlerischen Schaffen und seiner Familie, mit der er in ländlicher Zurückgezogenheit lebt.[56] Erst am Schluß der Trilogie gelingt es ihm auf diese Weise, seinen gesellschaftlichen Standort zu bestimmen und die entsprechenden Verhaltensdispositionen zu gewinnen. Eine autorspezifische strukturelle Variable erscheint in der zyklischen Vorgangsfigur der Fabel: den Protagonisten verschlägt es aus dem naturnahen Leipziger Vorort in die hektische Großstadt West-Berlin, aus der er sich dann enttäuscht in die ländliche Abgeschiedenheit seiner östlichen Heimat zurückzieht.

Auch die Bauform der Figurenkonstellation entspricht dem konstanten Strukturmuster des Bildungsromans. Zahlreiche Figuren erweisen sich für die Entwicklung des Protagonisten bedeutsam und sind ihm als Zentralgestalt funktional zugeordnet. Allerdings begegnet hier eine für den sozialistischen Bildungsroman typische strukturelle Variable, nämlich die breite, detaillierte Schilderung der sozialen Lebenswelt des Protagonisten, deren großes Figurenensemble eine nicht unbeträchtliche Eigenständigkeit gewinnt. Der Erzähler entwirft in zahlreichen Episoden ein farbiges Gemälde des bergenden kleinbürgerlichen Milieus, dem Landmann entstammt und in das er wieder zurückkehrt.

Der didaktisch motivierte Erzähler schafft seinem voluminösen Werk einen übersichtlichen Aufbau und versieht die Kapitel mit hilfreichen Überschriften. Er intendiert, wie der Autor versichert, eine „heitere Belehrung".[57] Er gestaltet einen Protagonisten mit Anspruch auf exemplarisch-repräsentative Bedeutsamkeit, ein Identifikationsangebot für die zahlreichen Leser, die ihre Existenz in der ehemaligen DDR in einer gesellschaftlichen Nische fristen mußten.

Eine ähnlich apolitische, subjektivistische Künstlerexistenz beschreibt der 1949 geborene Wolfgang Trampe in seinen beiden Romanen *Verhaltene Tage* (1978) und *Veränderung der höheren Semester* (1982). Thomas, der Ich-Erzähler, schildert seine Versuche, sich im Verlauf der fünfziger Jahre in die Gesellschaft der ehemaligen DDR zu integrieren. Im ersten Band mißlingt dies gänzlich, bewegt er sich doch lediglich in „Kreisen und Schleifen".[58] Er besucht eine Schauspielschule, er bemüht sich, eine Liebesbeziehung aufzubauen; jedoch endet er in einem resignativen „Gefühl des Scheiterns" (I, 169). Es gelingt dem sensiblen, an sich selbst zweifelnden jungen Protagonisten nicht, die durch Entfremdung bedingte lähmende Isolation zu überwinden. Im zweiten Band unternimmt Thomas einen erneuten Anlauf, um seinem Dasein die nötige Orientierung zu sichern. Er absolviert erfolgreich ein germanistisches Studium und wendet sich schriftstellerischer Tätigkeit zu, was die vorliegende Autobiographie bezeugt. An der Hochschule gewinnt er Freunde und die Liebe einer Studentin. Durch das gemeinsame Kind fühlt er sich zu sozialer Verantwortung aufgerufen. Allmählich beginnt er sich gegenüber der Umwelt zu öffnen. Freilich hat er damit noch nicht seine volle Identität gewonnen, denn er vermag seinen gesellschaftlichen Platz nicht zureichend zu bestimmen, umschreibt er ihn doch als „einen heute noch nicht sichtbaren Ort".[59] So endet auch der zweite Band mit einem in gewisser Weise offenen Schluß, der das Werk zu einem fragmentarischen Bildungsroman stempelt. Thomas' prinzipielle Bereitschaft zu sozialer Integration wird eingeschränkt durch seinen unabdingbaren Anspruch auf die eigene widerspruchsvolle Wahrheit. Er hegt ein tiefes Mißtrauen gegenüber jeglichem ideologisch harmonisierten, gesellschaftskonformen Existenzentwurf. Dies impliziert unter Umständen auch den antagonistischen „echten Konflikt" (II, 181) zwischen dem um Selbstverwirklichung bemühten einzelnen und der normsetzenden Gesellschaft.

Die beiden Bände gehorchen weitgehend der konstanten Grundstruktur des Bildungsromans. Sie thematisieren die Frage des jugendlichen Protagonisten, wie er „leben soll" (I, 169); sie beschreiben sein Ringen um ein sinnstiftendes Orientierungsmuster, seine „Suche nach der persönlichen und gesellschaftlichen Moral" (II, 205). Der Zentralgestalt sind kontrastierende Porträts von Nebenfiguren funktional zugeordnet. Ein Werdegang wird geschildert, der neben den Erfahrungen von Natur, Freundschaft und Liebe vor allem durch ästhetische Erlebnisse, nämlich die Welt der Literatur, geprägt ist. Der Ich-Erzähler gibt sich rückblickend Rechenschaft über einen für ihn bedeutsamen Lebensabschnitt, zugleich aber erhebt er Anspruch auf die exemplarisch-repräsentative Bedeutsamkeit seiner Existenzprobleme.[60] Die handlungsarme, episodisch aufgelockerte Fabel verläuft einsträngig. Während sie im ersten Band der chronologischen Abfolge entbehrt — Konsequenz der ziellos in sich kreisenden inneren Biographie —, weist der zweite Band, in dem „Veränderung" thematisiert wird, ein geordnetes Zeitgerüst auf.

Der aus Köln stammende Karl Heinz Berger verfaßte ein vom Schema des affirmativen Bildungsromans deutlich abweichendes zweibändiges Werk: *Die Wohnung oder Auswege ins Labyrinth* (1976) und *Im Labyrinth oder Spaziergänge in zwei Landschaften* (1984). Der Lebensweg Franz Regners weist bedeutsame Ähnlichkeiten mit dem Werdegang des Autors auf. Der Protagonist entstammt einem kleinbürgerlichen Elternhaus im Rheinland; er wächst ohne tiefere Bindung an das Elternhaus auf. Nachhaltig prägt ihn der heimische Katholizismus, der in ihm, trotz kritischer Vorbehalte gegenüber der Kirche, eine tiefe Gläubigkeit erweckt. Aber schon frühzeitig faszinieren ihn auch sozialistische Ideen, weshalb er nach Kriegsende beschließt, sein Studium der Germanistik in Berlin zu absolvieren. Dort erlebt er die zunehmende Konfrontation zwischen Ost und West, die zur Spaltung der Stadt führt. Er schließt sich einer studentischen Kommune an, deren Mitglieder der Utopie einer kommunistischen klassenlosen Gesellschaft verfallen sind. Ihr weltfremdes Theoretisieren führt schließlich zur Auflösung der Wohngemeinschaft. Nach beendetem Studium beginnt für den Protagonisten ein neuer Lebensabschnitt, in dem er die ernüchternde Realität des Alltags in der DDR kennenlernt. Er ergreift den wenig geliebten Beruf eines wissenschaftlichen Bibliothekars und gerät in eine disharmonische Ehe. Vergeblich versucht er, „Ideal und Realität in Kongruenz zu bringen"[61], seine Idee eines christlichen Sozialismus mit der frustrierenden Wirklichkeit der fünfziger Jahre zu vermitteln. Denn weder die Bundesrepublik noch die DDR vermag ihm die seinen Vorstellungen entsprechenden gesellschaftlichen Verhältnisse zu bieten. Aus unzähligen Diskussionen mit seiner Frau, mit Freunden und Bekannten kristallisiert sich ein Bild der ehemaligen Bundesrepublik heraus, das durch die „restaurativen Tendenzen" der Adenauer-Ära und das „persönlichkeitsmordende Konsumdenken" einer politisch uninteressierten Gesellschaft bestimmt ist.[62] Andererseits vermeidet der Protagonist sorgfältig, auf den Widerspruch zwischen ideologischer Theorie und gesellschaftlicher Praxis in der ehemaligen DDR detailliert einzugehen. Trotz der „Fehler und Ungerechtigkeiten" (II, 287) dieses Staates betrachtet er sich als dessen Bürger. Allerdings findet er auch hier nicht die ersehnte heimatliche Geborgenheit. Von einer Reise in die Bundesrepublik zurückgekehrt, konstatiert er resigniert den „Wiedereintritt ins Gekannte und weitgehend, wenn auch oft zähneknirschend, Akzeptierte" (II, 351). Diese Lebensphase endet mit dem Scheitern seiner Ehe und mit der politisch motivierten Entlassung aus dem Bibliotheksdienst. Rückblickend notiert der Ich-Erzähler über die entscheidende Zäsur in seiner Entwicklung: „Der Lauf meines wirklichen Lebens [...] endet mit dem dreißigsten Jahr [...]" (II, 351). Resignierend zieht sich der Protagonist nun in seinen privaten Lebensbereich zurück; er findet eine bescheidene Tätigkeit im Buchhandel und gründet eine Familie. Die ernüchternde Bilanz seines Lebens ist es, zu existieren mit dem „Ungenügen an mir, an den Menschen [...], an den Staatsdoktrinen [...], am Beruf, ja selbst an Gott und seiner Heiligen Kirche" (II, 19). Seinen ehedem liberalen Freiheitsbegriff reduziert er auf die illusionslose „Einsicht in die Notwendigkeit" (II, 26) staatlicher Ordnung. Loyal gegenüber Partei und Kirche erträgt er mit zunehmender Gelassenheit die „freundliche Routine" (II, 351) seines farblosen Lebensalltags. Die Kraft zu solcher Selbstbescheidung erwächst ihm aus seiner religiösen Innerlichkeit, die im Pascalschen Motto seiner Niederschrift aufscheint.

Franz Regners Existenz ist durch den seit den siebziger Jahren zu beobachtenden Antagonismus zwischen persönlichem Anspruch und real existierendem Sozialismus bestimmt. Der Protagonist ist der Typus des Intellektuellen bürgerlicher Herkunft, dessen „allzu eigenwillig entwickelte Persönlichkeit" (II, 220) nicht dem sozialistischen Menschenbild entspricht, und dies vor allem wegen seines Glaubens an die apolitischen urchristlichen „Ideale von Liebe, Gerechtigkeit und Frieden" (II, 176). So entfällt auch die für den sozialistischen Bildungsroman obligatorische gesellschaftliche Bewährung des Helden, der sich jeglicher sozialen und politischen Aktivität enthält und sich so einen gewissen Freiraum sichert. Aus der Distanz von mehr als zwei Jahrzehnten schildert der Protagonist seine Entwicklung bis zum dreißigsten Lebensjahr. Er präsentiert sich als kluger, belesener Erzähler, der den enthusiastischen Weltverbesserungsdrang seiner jungen Jahre mit ironisch-bitterer Skepsis entlarvt. Seine Autobiographie entsteht aus dem Bedürfnis, sich der mühevoll erworbenen Normen und Wertvorstellungen erkennend zu versichern.

Bergers Werk weist die invariante Grundstruktur des Bildungsromans auf. Es thematisiert die Suche eines jungen, den Wirren der Nachkriegszeit ausgesetzten Protagonisten nach einem „Ausweg ins [...] Leben" (II, 17), nach heimatlicher Geborgenheit. Von zwei gegensätzlichen Bildungsmächten wird er nachhaltig geprägt: einem undogmatischen, an strengen sittlichen Forderungen orientierten Katholizismus und von gewissen marxistischen Ideen. Zunehmend setzt sich aber die lähmende Grunderfahrung des „Ausgeliefertseins an die Kräfte und Zufälle der Welt" (II, 350) durch, was den Protagonisten veranlaßt, sich seiner personalen Identität durch Rückzug in den privaten Lebensraum zu versichern. Seine schließlich erreichte resignative Gelassenheit wird vom Ich-Erzähler mit exemplarischem Anspruch dargeboten.[63] „Millionenfach", meint er, existierten Menschen, deren Leben unter dem bedrückenden Vorzeichen eines „Sieges der Umstände" stehe (II, 351). Der Zentralgestalt ist eine überschaubare Zahl von Figuren funktional zugeordnet, Menschen, die „wie Katalysatoren" (I, 9) Regners Entwicklung beeinflussen. Vorwiegend handelt es sich um Kontrastfiguren, die ihm die Notwendigkeit eines eigenen Weges zum Bewußtsein bringen: die kleinbürgerlichen Eltern, der dogmatisch verhärtete Dechant Pfennig, der oberflächliche Schauspieler Alt, der Kollege Herder, ein auf Karriere bedachtes Mitglied der SED, oder der nüchterne kommunistische Pragmatiker Köhnen. Die einsträngige, phasengegliederte Fabel ist chronologisch geordnet. Der erste Band konzentriert sich auf die zwei entscheidenden Jahre in Regners Studienzeit (1948—49), wobei seine

Jugend während des Dritten Reiches durch Rückwendungen einbezogen wird. Der zweite Band schildert vor allem das Krisenjahr in Ehe und Beruf (1957), wobei der aus großem zeitlichem Abstand kommentierende Ich-Erzähler reichlich zu Wort kommt; eine Erzählweise, welche die Zielgerichtetheit der inneren Progression des Protagonisten sinnfällig verdeutlicht. Die rückblickende Perspektive läßt eine gereifte Persönlichkeit erkennen, die ihren gesellschaftlichen Standort gefunden und sich ihrer persönlichen Wertvorstellungen versichert hat.

Für den Helden des sozialistischen Bildungsromans bestand seit den siebziger Jahren neben der Haltung der uneingeschränkten gesellschaftlichen Integration und dem Rückzug in die private Existenz noch eine weitere Möglichkeit der Reaktion auf das sozialistische Gesellschaftssystem. Vor allem Künstlerfiguren, die in eine identitätsgefährdende Existenzkrise geraten sind, flüchten sich in die Haltung der totalen Verweigerung. Der völlig verunsicherte Protagonist empfindet dann „weder richtiges Heimischsein hier noch das Vorhandensein von Alternativen anderswo".[64] Die Dissoziation des Ichs führt zu gesellschaftlichem Außenseitertum, zur offenen Ablehnung des offiziellen Leitbilds der sozialistischen Persönlichkeit, weil es individuelle Entfaltung beschneidet. Der optimistische sozialistische Held verkehrt sich in den verzweifelten Anti-Helden, der, wie im Westen, die Funktion übernimmt, ideologisch erstarrte Bildungskonventionen zu entlarven. So entstand durch ironische Relativierung und satirische Brechung von gattungsspezifischen Strukturelementen der *Antibildungsroman*, dessen Autor die Normerwartungen des sozialistischen Lesers bewußt enttäuschen wollte. Vor allem die Vorgangsfigur der gesellschaftlichen Eingliederung, gültig für die Fabel des sozialistischen Bildungsromans, verkehrt sich in ihr Gegenteil. Da im Gegensatz zum gesellschaftskritischen Bildungsroman aus der Kritik am sozialistischen Menschenbild keine identitätsstiftende Alternative erwächst, zerfällt auch die zielgerichtete Strukturlinie der Fabel. Die Satire verliert freilich dadurch etwas an Wirkung, daß das Scheitern des Protagonisten nicht nur durch die Unzulänglichkeiten des Gesellschaftssystems, sondern auch durch dessen persönliche Schwächen bedingt ist. Im Gegensatz zur westlichen Literatur mußte der Antibildungsroman in der ehemaligen DDR infolge des staatlichen Zensursystems immer vereinzelte Ausnahme bleiben. Von den beiden nachstehend besprochenen Romanen konnte nur einer in der DDR erscheinen.

Werner Schmoll, 1926 geboren, veröffentlichte 1973 *Eine Wolke aus Blech oder Meine verrückten Geschichten*, worin er den Werdegang eines jungen Kunstmalers schildert, der eine „anormale", von äußeren Brüchen und inneren Widersprüchen gezeichnete Entwicklung durchläuft.[65] Viktor Bergk, ein wortkarger Träumer, entstammt einem proletarischen Elternhaus, in dem er wenig Zuwendung findet. Er versteht es instinktiv, sich den Erziehungsversuchen, denen er in Schule und Arbeitswelt ausgesetzt ist, zu entziehen. Eine ihm angetragene Mechanikerlehre, die ihn nicht befriedigt, bricht er ab. Seinen Lebensunterhalt verdient er als Kraftfahrer. Daneben besucht er die Abendschule und legt das Abitur ab. Jedoch verzichtet er überraschend auf das geplante Ingenieurstudium und widmet sich, ohne dafür ausgebildet zu sein, der Malerei, in der er seine Träume und Phantasien ausleben kann. Trotz gewisser Erfolge — seine Bilder verkaufen sich gut — glaubt er sich nicht zum Maler berufen. Auch sein Privatleben leidet unter seiner labilen Unentschiedenheit; mehrere Liebesverhältnisse enden in Enttäuschung.

Die schnorrige Heiterkeit, mit welcher der Protagonist seine kuriosen Lebenserinnerungen ausbreitet, vermag nicht darüber hinwegzutäuschen, daß hier ein introvertierter Einzelgänger spricht, der von einer zwiespältigen „unzufriedenen Zufriedenheit" (240) erfüllt ist, die sich gegen den allgemeinen Weltzustand, aber auch gegen die Verhältnisse in der ehemaligen DDR richtet; ihm „gefällt die Welt nicht, so wie sie ist" (255). Seiner Umgebung zunehmend entfremdet, von Selbstzweifeln gequält, sucht er seinen diskontinuierlich-wirren Werdegang schreibend zu ergründen. Meist gelangt er aber nicht zu schlüssigen Erklärungen, sondern verbleibt im Dunstkreis ratloser Mutmaßungen, aus denen eine latente, nur mühsam kaschierte Lebensangst spricht. Sie ist letztlich darauf zurückzuführen, daß Viktor seine personale Identität verfehlt hat. Die parteioffizielle Doktrin vermag ihm keine überzeugende weltanschauliche Orientierung zu bieten; andere Gesellschaftssysteme kann er nicht aus eigener Erfahrung beurteilen, und so sucht er im öffentlichen wie im privaten Bereich vergeblich nach verläßlichen Normen und Werthaltungen. Er erklärt sich seine Ratlosigkeit aus seiner Zugehörigkeit zur Nachkriegsgeneration, zu einer Jugend, die nach dem Umbruch auf sichernde Werttraditionen verzichten mußte, einer Generation, deren Entfaltung „vom gewaltigen Aufbau" des Sozialismus „erdrückt" worden sei.[66]

Das Werk gerät zum Antibildungsroman durch satirische Brechung gewisser Strukturelemente des Bildungsromans. Es thematisiert den im gesellschaftlichen Abseits verlaufenden problematischen „Bildungsprozeß" (119) eines Anti-Helden, es beschreibt dessen vergebliche Suche nach dem ihm „Gemäßen, dem bißchen persönlichen Glück" (240). Die sinnstiftende einsträngige Fabel des Bildungsromans wird in episodisch „verrückte Geschichten" eines sinnentleerten Lebens aufgesplittert, das dem Erzähler durch „lauter Zufälle" (235) determiniert erscheint. Auch die ordnende Chronologie fällt einem phantasiereichen Spiel mit diversen Zeitebenen zum Opfer. Die satirische Intention richtet sich vor allem gegen den Absolutheitsanspruch des Marxismus-Leninismus, der alle prinzipiellen, systemimmanenten Konflikte zwischen Individuum und Gesellschaft leugnet. Der Ich-Erzähler, bar jeder didaktischen Motivation, kann und will deshalb provokativ nur „undialektische Geschichten" berichten (176), die „Aufstieg und Ende eines jungen Malers" beglaubigen.[67]

Dieter Eue schildert in seinem Roman *Ketzers Jugend* (1982) einen jungen Menschen, der, kurz nach Kriegsende geboren, in der DDR bei seinen Großeltern aufwächst, da die Ehe der Eltern gescheitert ist. Lustlos absolviert Constantin Ketzer, der sich zum Musiker berufen fühlt, eine Schlosserlehre. Er schließt sich der Protestbewegung der sechziger Jahre an, die seinerzeit auch in der DDR eine gewisse Wirkung entfaltete. Fasziniert von der vagen Utopie einer besseren Welt gerät er schließlich in den Sog der Hippie-Kultur. Diese Phase endet mit einem Selbstmordversuch und erneuter Lebensangst, mit der entschiedenen Weigerung, „unentrinnbar erwachsen" zu werden.[68] Ein erster Versuch, wieder beruflich tätig zu sein, scheitert. Ketzer zieht daraus den Schluß, er sei lediglich zum „Randbewohner" (165) der sozialistischen Gesellschaft bestimmt. Ein erneuter Versuch zu sozialer Integration scheint erfolgreicher; seine Liebesbeziehung zu einer regimetreuen Journalistin schenkt ihm neuen Lebensmut, und er engagiert sich bei einem Jugendclub der FDJ. Als seine Geliebte ein Kind von ihm erwartet, trennt er sich jedoch von ihr aus Furcht vor sozialer Verantwortung und gerät zunehmend in gesellschaftliche Isolation. Sein langgehegter Vorsatz, die DDR zu verlassen, reift zum Entschluß, als sein Idol Wolf Biermann ausgewiesen wird. Das Buch endet mit seinem Grenzübertritt, der jedoch keinen Neubeginn signalisiert;[69] auch in der Bundesrepublik, die ihm als „Fremdwelt" (402) erscheint, wird er versuchen, sich den gesellschaftlichen Anforderungen zu entziehen. Er bleibt ein Außenseiter ohne eigenen Lebensentwurf.

Das Werk ist teilweise dem Strukturmuster des Bildungsromans verpflichtet. Nachdrücklich verweist der Erzähler auf H. Hesses *Demian*, auf die Geschichte eines jugendlichen Außenseiters.[70] Eue übernimmt das gattungstypische Muster der Figurenkonstellation und die herkömmliche Bauform der Fabel. Die Nebenfiguren sind der Zentralgestalt funktional zugeordnet; sie gewinnen nur Profil nach Maßgabe ihrer Bedeutung für den Protagonisten. Die einsträngige Fabel, die einen Zeitraum von sieben Jahren (1969—76) umspannt, orientiert sich an Ketzers Entwicklung vom Jugendalter bis zur Adoleszenz. In acht Teilen werden die wesentlichen Stationen seines Werdegangs beschrieben. Zum Antibildungsroman gerät das Werk infolge provokativer satirischer Brechung konstitutiver Strukturelemente. Die finale Ausrichtung der Fabel auf die Selbstfindung des Protagonisten wird satirisch deformiert, denn dieser gewinnt zuletzt keine personale Identität.[71] Der Roman thematisiert vielmehr eine Fehlentwicklung, die zu privatem und beruflichem Scheitern führt; er schildert das totale Mißlingen einer Sozialisation. Hier entlädt sich des Autors Drang zu satirischer Entlarvung mit voller Wucht. Er bemüht sich, seinen ketzerischen Anti-Helden als notwendiges „Produkt" einer die persönliche Entwicklung beschneidenden sozialistischen Gesellschaft darzustellen, als Opfer sogar der deutschen Teilung und des damit verbundenen Verlustes der nationalen Identität.[72] Eues satirische Attacke verliert jedoch etwas an Schärfe, weil Ketzers Schicksal teilweise durch seine verantwortungsscheue Labilität bedingt ist. Ein resignierter Anhänger der Protestbewegung von 1968 beschränkt sich darauf, die Welt nicht anzuerkennen, „wie sie ist", sondern sie sich einfach „anders" vorzustellen (348). Dieser Roman artikuliert die Weltklage eines in der DDR aufgewachsenen Autors, der in keinem der beiden ehemaligen deutschen Staaten Heimat gefunden hat.[73]

Eine Sonderstellung innerhalb der dritten Phase der DDR-Literatur nehmen die Romane von Brigitte Reimann und Hermann Kant ein. Sie zählen zu den gehaltlich anspruchsvollsten, ästhetisch gelungensten Bildungsromanen der siebziger und achtziger Jahre. *Franziska Linkerhand* nimmt eine mittlere Position zwischen dem affirmativen und dem gesellschaftskritischen sozialistischen Bildungsroman ein. Mit den Helden des ersteren teilt die Protagonistin die uneingeschränkte Bejahung des sozialistischen Menschenbilds sowie das rückhaltlose gesellschaftliche Engagement; mit der zweiten Gruppe von Romanen verbindet sie die harsche Ablehnung unproduktiver, kritikloser Angepaßtheit, was eine Ungeduld verrät, welche die Ansprüche des Individuums gegenüber der sozialistischen Gesellschaft mutig einklagt. H. Kants Werk ist insofern untypisch für den sozialistischen Bildungsroman, als es stofflich des unmittelbaren Gegenwartsbezugs entbehrt. Es schildert die Entwicklung eines jungen deutschen Soldaten, der sich in polnischer Kriegsgefangenschaft von faschistischen Denk- und Verhaltensmustern befreit und zu einer humanen Identität findet. Insofern also kein im strengen Sinn sozialistischer, sondern ein „deutscher Bildungsroman", wie der Autor zu Recht angemerkt hat. Kant aktualisiert hier das Erbe eines Humanismus, der in der westlichen Literatur meist vorschnell als bürgerliche Ideologie verurteilt wird.

Der Strukturtypus des sozialistischen Bildungsromans

Die transepochale invariante Grundstruktur der Romanart bleibt erhalten. Die Werke thematisieren die erfolgreiche Suche eines jugendlichen Protagonisten nach personaler Identität, sie schildern eine innere Progression, die zielgerichtet in der Selbstfindung gipfelt. Diese Grundthematik bestimmt die Form der Fabel, die eine chronologisch geordnete, phasengegliederte Lebenslinie entfaltet. Der Zentralgestalt des Protagonisten sind die Nebenfiguren vorwiegend funktional zugeordnet. Der didaktisch motivierte Erzähler ist durch übersichtliche Textgliederung und häufig durch lehrhaftwertende Kommentare um Leserlenkung bemüht. Er vermittelt über seinen mit exemplarischem Anspruch auftretenden Protagonisten eine Botschaft, die als humanes Leitbild rezipiert werden soll.

Der Strukturtypus des sozialistischen Bildungsromans konstituiert sich nun durch ein Ordnungsgefüge der erwähnten transepochalen Konstanten und gewisser variabler Merkmale, die den betreffenden Werken gemeinsam sind. Der Bildungsroman der ehemaligen DDR zeichnet sich in der Regel durch eine relativ breite, detaillierte Schilderung des sozialen Umfeldes des Protagonisten aus, eingedenk der marxistischen These, der Mensch sei „das Ensemble der gesellschaftlichen Verhältnisse", bedürfe also für seine Entwicklung in erster Linie der „Außendetermination". Daraus resultiert strukturell eine Vergrößerung der Figurenzahl und der Raumsubstanz, wodurch der sozialistische Bildungsroman eine Affinität zum Gesellschaftsroman gewinnt.[74]

Der epochale Strukturtypus der Romanart erscheint in mehreren Varianten. In der ersten Phase der DDR-Literatur, den Aufbaujahren des Sozialismus, begegnen ideologisch bedingte variable Merkmale, vor allem die schematisch-konfrontative Konstellation weitgehend typisierter Figuren in Schwarz-weiß-Manier sowie die Tendenz zu einem „optimistischen" Schluß, in dem die Widersprüche zwischen Protagonist und Gesellschaft eliminiert sind. In der dritten Phase der DDR-Literatur, also seit den siebziger Jahren, erscheint der sozialistische Bildungsroman vorwiegend in zwei Varianten. Im affirmativen Bildungsroman gewinnt der Protagonist seine personale Identität durch uneingeschränkte politisch-soziale Integration, und zwar zeitlich retardiert, weil er zuvor noch eine Phase gesellschaftlicher Bewährung in der Arbeitswelt zu absolvieren hat. Die lineare Fabel zeichnet eine klar konturierte Vorgangsfigur, die eine kontinuierliche Entwicklung des Helden signalisiert. Anders im gesellschaftskritischen sozialistischen Bildungsroman, in dem der individualistische Protagonist nur in einer nonkonformistischen Haltung zu sich selbst finden kann. Daraus resultieren der Verzicht auf die Phase gesellschaftlicher Bewährung und die Tendenz zu episodischer Auflockerung der Fabel, was eine krisenhafte Entwicklung des Protagonisten verrät.

Eine Sonderstellung nehmen, wie gesagt, die Romane von B. Reimann und H. Kant ein. Sie sind infolge ihrer hohen ästhetischen Qualität mit dem relativ groben Raster jener strukturellen Varianten nicht angemessen zu erfassen. Beide Romane gewinnen ihr höchst individuelles Profil, wie erwähnt, aus gewissen autorspezifischen variablen Strukturmerkmalen, die für die Romanart teilweise innovative Qualität besitzen.

Nach der vollzogenen Vereinigung von DDR und BRD ist die Zukunft der Romanart gänzlich offen. Es wird sich zeigen, ob der sozialistische Bildungsroman, der sich in den letzten zwei Jahrzehnten lebendig entwickelt hat, fruchtbare Impulse für eine Wiederbelebung des westdeutschen Bildungsromans geben kann.

Johannes R. Becher: Abschied

Bechers Werk hat für den sozialistischen Bildungsroman der ehemaligen DDR wesentliche Maßstäbe gesetzt. Die Stellung des Autors als hoher Staatsfunktionär in den fünfziger Jahren hat mit dazu beigetragen, daß sein Roman unmittelbar nach dem Krieg in vielen Auflagen verbreitet wurde, während er in der ehemaligen Bundesrepublik erst zwei Jahrzehnte später zur Kenntnis genommen worden ist. Das Werk, 1940 im sowjetischen Exil entstanden und veröffentlicht, vermittelt kein objektives Bild der Wilhelminischen Ära, wollte doch der Autor mit seinem Roman in erster Linie ein engagiertes Bekenntnis zu einem antibürgerlich-revolutionären Sozialismus ablegen.[75]

Die Wahl der Romanart dürfte durch den Einfluß von Georg Lukács mitbestimmt worden sein, der 1939 seine Interpretationen des *Wilhelm Meister* und des *Grünen Heinrich* vorgelegt hatte.[76] Beide Werke waren von ihm als „Erziehungsromane" gedeutet worden, welche „die Überwindung der falschen Tendenzen" des Protagonisten darstellen sollten, woraus dann dessen „gesteigerte Tauglichkeit zur fruchtbaren Mitarbeit an der Gesellschaft" resultierte.[77] Becher wandelte nun das tradierte Strukturmodell insofern ab, als er dem Protagonisten keine Mitwirkung innerhalb der bestehenden bürgerlichen Gesellschaft mehr gestattete, vielmehr ihn zur entschiedenen Haltung der Verweigerung führte, zum „Abschied" von der eigenen bürgerlichen Herkunft und zum Aufbruch in eine sozialistische Zukunft. Diese Grundfigur der Fabel griffen dann die Autoren des sozialistischen Bildungsromans der sechziger Jahre wieder auf. Becher entschied sich für die Formtradition des Bildungsromans, weil er der in der Nachfolge der Klassik entwickelten Ästhetik des 19. Jahrhunderts verpflichtet war. Er glaubte, daß von der Gestalt des vorbildhaften Einzelhelden eine „nachhaltige Verwandlungskraft" ausgehe.[78] Daher betonte er wenige Jahre nach Fertigstellung des *Abschied*, gerade „der Entwicklungsroman, der Erziehungsroman" zähle zu denjenigen literarischen Formen, „welche die Atmosphäre einer Bereitschaft und Aufgeschlossenheit schaffen, die für eine geistige Wiedergeburt nötig" sei.[79]

Der Roman thematisiert die Suche eines jungen Protagonisten nach dem, „der er wirklich ist" (395), nach Selbstverwirklichung im Zeichen des utopischen Ideologems des „neuen Menschen" (328). Becher beschreibt eine Jugend im Wilhelminischen Zeitalter, in die gewisse autobiographische Elemente eingelagert sind. Auch Hans Gastl entstammt dem Münchener Bürgertum; auch er verkehrt in den Kreisen der dortigen Bohème, lernt sozialistische Ideen kennen und verweigert bei Ausbruch des Weltkriegs aus politischer Überzeugung den Wehrdienst. Gastl, ein naiver, phantasiebegabter Träumer, wächst in einer Welt der bürgerlichen Lebenslüge auf, in der heuchlerisch mit „verstellten Stimmen" (321) gesprochen wird. Er leidet unter dem tyrannischen Regiment des Vaters, eines Staatsanwalts, der sich, nicht zuletzt um seines sozialen Aufstiegs willen, den herrschenden Normen und Wertvorstellungen anpaßt. Der Protagonist erfährt in Elternhaus und Schule eine harte, autoritäre Erziehung.

Er wächst unter dem korrumpierenden Einfluß von arroganten, unmoralischen bürgerlichen Freunden auf. Auch sie verkörpern die Gesellschaftsordnung des „strammstehenden Lebens" (426), deren Forderung nach bedingungsloser Anpassung den Protagonisten nachhaltig prägt und zugleich zunehmend verunsichert. Becher zeichnet eine innerlich erstarrte Klassengesellschaft, die von einem dumpfen Drang nach Veränderung umgetrieben wird, der sich bei Kriegsausbruch als hysterische „Massenentfesselung aller Komplexe" entlädt (377), als pervertierte Sehnsucht nach männlicher Bewährung und völkischer Reinigung.

Der Protagonist versucht sich diesen Denk- und Verhaltensweisen zu entziehen, er möchte „anders" werden. Dabei helfen ihm Begegnungen mit Figuren, die nicht dem Besitz- und Bildungsbürgertum angehören: etwa mit dem treusorgenden Dienstmädchen Christine, dem derb-frohen Offiziersburschen Xaver und vor allem mit Franz Hartinger, der einer kleinbürgerlichen, sozialdemokratisch gesinnten Familie entstammt. Er fungiert, in seiner gesellschaftlichen Stellung wie in seiner ideologischen Haltung, als Gegensatzfigur zu Gastls Vater. Der Protagonist gewinnt ihn schließlich zum Freund und Vorbild. Aus dieser Figur wird sich im sozialistischen Bildungsroman der vorbildhafte Mentor entwickeln, der den Helden dem vorgegebenen ideologischen Ziel zuführt. Der Protagonist fühlt sich in der Welt der Unterprivilegierten von einengenden bürgerlichen Konventionen befreit; er erlebt in menschlichen Begegnungen glückerfüllte Momente, die freilich vom Erzähler emphatisch verklärt werden. In solchen Augenblicken realisiert sich Gastls Glückstraum vom freien „standhaften Leben" (353). Am Ende des Romans, bei Kriegsausbruch, revidiert er allerdings seine Meinung über die proletarische Unterschicht, als er erkennen muß, daß auch sie von der Woge der nationalen Begeisterung weitgehend mitgerissen ist.

Den Wendepunkt in seiner Entwicklung erreicht der Protagonist erst im 40. Kapitel, als er sozialistische Ideen kennenlernt. Jetzt beginnt eine Phase geistiger Auseinandersetzung zwischen bürgerlich affirmativer und systemverändernder Moralität, die zuletzt in der Entscheidung gipfelt, den Kriegsdienst zu verweigern. Der Protagonist versteht dies als prinzipielle Absage an eine autoritär geprägte Lebensform des „Strammstehens" zugunsten der Möglichkeit sittlicher Selbstbestimmung. Das Lehrgespräch mit dem Schriftsteller Sack, hinter dem sich Leonhard Frank verbirgt, bietet den Schlüssel zum Verständnis des Romanschlusses: „Nicht entzifferbar bin ich, ohne nicht das Rätsel der Sache zu lösen, der ich diene ..." (396). Der Protagonist erkennt als Voraussetzung für die Gewinnung personaler Identität den unwiderruflichen „Abschied" von einer Lebensform der individuellen Entfremdung, verbunden mit der kompromißlosen Entscheidung für den revolutionären Sozialismus, dessen Ideen allerdings nur in formelhafter Unbestimmtheit anklingen.

J. R. Becher führte mit *Abschied* das Strukturmodell des Bildungsromans in die sozialistische Literatur ein; sein Werk wird durch dessen transepochale invariante Strukturmerkmale konstituiert. Es thematisiert die Identitätssuche eines jungen Protagonisten, den Prozeß einer Bewußtseinsveränderung, die zur Befreiung von den sozialen Zwängen einer erstarrten bürgerlichen Gesellschaft führt. Diese Thematik bedingt eine einsträngige Fabel, die in chronologischer Abfolge die Lebenskurve des Protagonisten nachzeichnet, gegliedert in zwei Makrophasen (Kap. 1—39, 40—50). Becher forderte, im Anschluß an G. Lukács, die herkömmliche Fabel, da nur durch sie die Entwicklung des Einzelhelden überzeugend gestaltet werden könne.[80] So entsteht die stimmige Vorgangsfigur durch Gastls zunehmende Entfremdung gegenüber den bürgerlichen Normen und Wertvorstellungen, ein Prozeß, der, verstärkt durch vorausdeutende Leitmotive, zielgerichtet in die Selbstfindung des Protagonisten mündet. Dieser vergewissert sich zuletzt seiner Bestimmung als Dichter eines utopischen Sozialismus, ohne allerdings die volle personale Identität zu gewinnen. Sein Lebensentwurf bleibt relativ abstrakt, denn der Autor schildert letztlich nur den Abschied von der bürgerlichen Existenz, nicht aber die Ankunft in der sozialistischen Lebensform. Daher hatte Becher ja ursprünglich, wie erwähnt, eine Fortsetzung des Romans geplant. Die Figurenkonstellation ist um die Zentralgestalt des Protagonisten gruppiert. Ihm sind die Nebenfiguren funktional zugeordnet; er erfährt sie als „Sendboten" gegensätzlicher Lebenswelten (399), die einen hemmenden oder förderlichen Einfluß auf seine Entwicklung ausüben. Der Erzähler ist, wie stets im Bildungsroman, didaktisch motiviert. Als retrospektiv berichtender Ich-Erzähler besitzt er die Funktion des epischen Integrationszentrums. Seine appellative Intention offenbart sich besonders deutlich im programmatischen Vorwort und im emphatischen Romanschluß. Er betont die exemplarisch-musterhafte Bedeutsamkeit seines Protagonisten, dessen Werdegang sich am utopischen Leitbild des „neuen Menschen" orientiert.

Die Struktur des Werkes wird also durch die transepochale Grundstruktur des Bildungsromans konstituiert. Dazu treten einige variable Elemente autorspezifischer Art, die aus Bechers mit absolutem Geltungsanspruch vorgetragener Botschaft einer „neuen Menschenlehre" resultieren (404). Er verkündet das sozialistische Leitbild eines antibürgerlichen „standhaften Lebens", woraus sich eine schematisch kontrastierende Konstellation der Figuren ergibt. Diese gliedern sich in zwei Gruppierungen, nämlich das Besitz- und Bildungsbürgertum —. vertreten durch Elternhaus, Schule, staatliche Institutionen und Kirche — und das Proletariat bzw. Kleinbürgertum. Die moralische Qualität der im Gegensatz zum Protagonisten weitgehend typisierten Figuren resultiert aus ihrer Klassenzugehörigkeit. Die Einzelgestalt repräsentiert jeweils eine bestimmte soziale Gruppe innerhalb ihrer Gesellschaftsklasse. Die Exponenten des Bürgertums werden im allgemeinen satirisch-ironisch deformiert, während die Gegensatzfiguren positiv dargestellt sind. Am Verhältnis des Protagonisten zu den beiden Gruppierungen ist dessen jeweiliger Bewußtseinsstand ablesbar. Die Romanstruktur ist durch das „Bekenntnishafte der ganzen Anlage" bestimmt (403). Die autobiographische Erzählweise dient aber nicht der persönlichen Selbstvergewisserung des Autors, sondern sie ist Vehikel der ideologischen Botschaft eines revolutionären Sozialismus. Der Erzähler bedient sich eines emphatisch-expressiven lyrischen Sprachtons, der auch die symbolträchtigen Leitmotive prägt, die in litaneihaft gehäufter Wiederkehr den „Abschied" und das „Anderswerden" beschwören.[81]

J. R. Becher gestaltete das sozialistische Leitbild, verbunden mit der klassischen Idee des allseitig gebildeten „ganzen Menschen" (424), in der Form des tradierten Strukturmusters, wodurch er für die Autoren des sozialistischen Bildungsromans der sechziger Jahre wegweisend wurde.

Jurij Brězan: Felix-Hanusch-Trilogie
(Der Gymnasiast
Semester der verlorenen Zeit
Mannesjahre)

Der Autor, 1916 geboren, entstammt dem ländlichen Proletariat der in der Lausitz ansässigen westslawischen Sorben. Der Werdegang seines Protagonisten birgt zahlreiche autobiographische Elemente: dieselbe soziale Herkunft, Besuch des Gymnasiums im Dritten Reich, Leiden unter den Spannungen zwischen Deutschen und Sorben, zwischen Faschisten und Kommunisten, Relegierung des Abiturienten aus politischen Gründen, Kriegsteilnahme, Eintritt in die SED unmittelbar nach Kriegsende, Mitarbeit als Funktionär am Aufbau einer autonomen sorbischen Gesellschaftskultur im Rahmen der neuen Ordnung und schließlich die Entscheidung, künftig als Schriftsteller tätig zu sein. Brězan, ein zweisprachiger Autor, lebt aus einer engen Bindung zur sorbischen Heimat und Kultur. Erstmals in der ehemaligen DDR gewann diese seit Jahrhunderten unterdrückte völkische Minderheit kulturelle Autonomie und soziale Gleichberechtigung. Daraus erklärt sich Brězans uneingeschränkte Loyalität gegenüber dem sozialistischen Staat: „Die besonderen Umstände meiner Herkunft [...] machten die Gründung der Deutschen Demokratischen Republik zum Haupterlebnis meines bewußten Daseins."[82] Getreu dem Prinzip der sozialistischen „Parteilichkeit" schildert der Autor die bitteren Erfahrungen seiner Generation, in der Hoffnung, damit seinen Landsleuten zu helfen, „ebenfalls ihr Vaterland zu finden".[83] Brězan ist gelungen, was Noll, Schulz und de Bruyn nicht bewältigten: er schrieb den Roman einer geglückten Heimkehr, die Geschichte einer erfolgreichen Integration in die sozialistische Gesellschaftsordnung. Durch Maxim Gorkis autobiographische Entwicklungsromane, die die Welt der Armen und Entrechteten literaturwürdig gemacht hatten, wurde der Autor ermutigt, den entbehrungsreichen Werdegang eines Arbeitersohns zu gestalten.[84] Die Hanusch-Trilogie zählt zu den erfolgreichsten Romanen der ehemaligen DDR. Das mag sich aus der natürlichen Menschlichkeit ihrer tragenden Figuren erklären, wohl auch aus Brězans relativ anspruchslosem volkstümlichem Erzählstil. Allerdings nahm ihn die dortige Literaturkritik lange Zeit kaum zur Kenntnis, was darauf hindeutet, daß er als Vertreter der sorbischen Heimatliteratur eingestuft wurde, eine Bewertung, die der Hanusch-Trilogie nicht gerecht wird.

Der Roman thematisiert das anfangs recht unklare, später jedoch zunehmend zielsichere Streben des Protagonisten, „Mensch zu werden", die eigene Identität zu finden.[85] Zu Beginn ein labiler, seinem Volkstum entfremdeter Jugendlicher, entwickelt er sich im Laufe von zwei Jahrzehnten zu einem überzeugten sorbischen Kommunisten. Die ersten beiden Bände thematisieren seine Diskriminierung während des Dritten Reiches, der letzte Band stellt die Gewinnung von Heimat und Vaterland dar. Nach dem Krieg erkundet der Protagonist erfolgreich die Wege, die zum persönlichen

„Glück in der sozialistischen Gesellschaft" führen.[86] Damit überwand der Autor die ursprüngliche thematische Begrenzung auf das sorbische Minoritätsproblem.

Felix Hanusch versucht als Jugendlicher, um des sozialen Aufstiegs willen, seine proletarische sorbische Herkunft zu verleugnen. Allerdings lehnt er die ihm angetragene Mitgliedschaft in der nationalsozialistischen Partei ab, was seine Relegierung von der Schule zur Folge hat. Auch im zweiten Band verbleibt der junge Mann „zwischen den Fronten" von Faschismus und Kommunismus, weil er in der einen Ideologie die Gewalt, in der anderen den Verlust der persönlichen Freiheit fürchtet.[87] Dieser Band endet jedoch mit einer wegweisenden Entscheidung. Hanusch desertiert aus der deutschen Wehrmacht, als er von dem Plan der brutalen Ausrottung des sorbischen Volkes erfährt.

Sein Eintritt in die SED kurz nach Kriegsende, zu Beginn des dritten Bandes, kann als nicht ausreichend motivierter Entwicklungssprung vom Antifaschisten zum Kommunisten bemängelt werden. Andererseits ist die besondere Situation der Sorben zu bedenken, von denen sich nicht wenige von Anfang an zum marxistisch-leninistischen Sozialismus bekannt haben, weil diese Ideologie ihnen die lang vermißte völkische und kulturelle Autonomie zu gewährleisten schien.[88] Felix wandelt sich jetzt vom rezeptiven zum aktiven Helden. Er verzichtet vorläufig auf sein geplantes Literaturstudium, um sich mit gesammelter Kraft dem gesellschaftlichen Aufbau in seinem sorbischen Heimatdorf zu widmen. Er leistet politische Überzeugungsarbeit und regt kulturelle Aktivitäten an. So gründet er eine Privatschule zur Förderung der Dorfjugend und schreibt ein Agitationsdrama. Als Parteisekretär und Vorsitzender der LPG ringt er vor allem um die Kollektivierung der bäuerlichen Betriebe. Hier erfährt er den härtesten Widerstand; manche seiner Projekte scheitern. Aber auf die Dauer gewinnt er die Sympathien der Dorfbewohner, weil er sich bemüht, einen Sozialismus mit menschlichem Angesicht zu praktizieren. Er erkundet im dörflichen Alltag die „Gebote für eine neue Art des Lebens" (5), indem er mit Toleranz und sachlicher Argumentation um Vertrauen zur neuen landwirtschaftlichen Organisationsform wirbt. Er bemüht sich um die „Formung des neuen Menschen" (251), indem er etwa seine Frau, eine ehemalige Magd, zur Schauspielerin ausbilden läßt. Brězan vermeidet den durch die bürgerliche Tradition vorbelasteten Terminus „Bildung".[89] Sein Held strebt nach dem marxistisch-leninistischen Fernziel des „runden, allseitigen Menschen" (287). Im Zeichen dieser Bildungsidee der „sozialistischen Persönlichkeit" findet Felix zuletzt seine Identität, gelangt er zu seiner persönlichen „Norm des Lebens" (334), die er für sich als verbindlich akzeptiert. Sie bildet nach Meinung des Erzählers den „Ausgangspunkt" (388) für eine selbstbewußte, glückhafte künftige Lebensgestaltung.

Der Schlußband der Trilogie ist von einem spannungsreichen Konflikt geprägt. Der kommunistische Bürgermeister, ein engstirniger bürokratischer Dogmatiker, widersetzt sich Hanuschs Methoden der Kollektivierung. Er repräsentiert einen Sozialismus, der mit den „Tretstiefeln" autoritärer Macht regiert, weil er sich auf die Forderung bedingungslosen Gehorsams gegenüber Partei und Staat berufen kann. Dagegen vertritt der Protagonist, im Vertrauen auf die historische Legitimation des Marxismus-Leninismus, das „Prinzip der Freiwilligkeit" (137), denn für ihn steht das sozialistische System im Dienste des Menschen und nicht umgekehrt. Bei vordergründiger Betrachtung wird hier nur ein Streit um die richtige sozialistische Leitungsmethode ausgetragen, wie auch der Erzähler versichert. In Wahrheit verschleiert der Autor einen bedrohlichen „antagonistischen Widerspruch", den Konflikt nämlich zwischen dem leninistischen Primat der Partei und dem Anspruch des Individuums auf freiheitliche, glückhafte Selbstverwirklichung. Zwar entwirft Hanusch die Utopie eines liberalen Kommunismus, der das Erbe Lenins und Goethes in sich vereinigen soll (328 ff.), aber der Funktionär Roßmann, sein Freund und Mentor, sanktioniert diesen kühnen Versuch einer Synthese zweier unverträglicher Positionen keineswegs. Der dogmatische Bürgermeister wird zwar abgesetzt, das Problem aber bleibt ungelöst. Damit wird eine fundamentale Voraussetzung für die Realisierung von Hanuschs Lebenskonzept fragwürdig, nämlich die Existenz einer von antagonistischen Konflikten befreiten sozialistischen Gesellschaft, in der die Entfremdung des Individuums prinzipiell beseitigt ist.

Brězan wählte das Strukturmodell des Bildungsromans, weil er den dogmatisch verhärteten „Schematismus" der Literatur der fünfziger Jahre überwinden wollte, den er zu Recht als „höhere Stufe von Agitation" anprangerte.[90] Von solchen wirklichkeitsfremden sozialistischen Heilsgeschichten suchte er sich zu lösen, indem er sich auf die Darstellung der Entwicklung eines nach seiner Meinung nicht nur „positiven" Protagonisten konzentrierte, wobei er selbsterlebte gesellschaftliche Realität einfließen lassen konnte.[91] Die Struktur der Hanusch-Trilogie wird durch die transepochalen invarianten Strukturmerkmale des Bildungsromans konstituiert. Das Werk thematisiert die erfolgreiche Suche eines jungen Protagonisten nach Orientierungsmustern, nach Bestimmung seines gesellschaftlichen und politischen Standorts. Diese Thematik bedingt eine vorwiegend einsträngige Fabel mit chronologisch geordneter Handlungsführung, die nur selten durch episodische Ausgriffe unterbrochen wird. Auch im dritten Band beherrscht die Gestalt des Protagonisten fast alle Kapitel.[92] Allerdings erfordert die Darstellung von Hanuschs gesellschaftlichem Wirkungsfeld jetzt hin und wieder die Profilierung von Nebenfiguren mittels breiterer episodischer Schilderung, um deren Reaktionen auf die Aktivitäten des Protagonisten aufzuzeigen.[93] Die Gliederung der Trilogie orientiert sich an Hanuschs Werdegang. Die drei Bände umfassen seine großen Lebensphasen: die Schulzeit, die Lehrjahre als Gutsverwalter sowie das folgenschwere Kriegserlebnis und schließlich die gesellschaftliche Bewährung des Mannes. Die klar konturierte Vorgangsfigur ergibt sich aus dem glücklich endenden Integrationsprozeß des Protagonisten in die politischen und sozialen Institutionen der ehemaligen DDR. Dessen innere Progression mündet zielgerichtet in die Selbstfindung, so daß der Roman von da aus seinen Sinn gewinnt. Brězan selbst betonte, er habe das Werk von Anfang an im Hinblick auf den Schlußband geschrieben.[94] Der Held hat zuletzt seine Identität als „sozialistische Persönlichkeit" gewonnen, was durch seine Eheschließung mit einer ehemaligen Magd und durch seine Berufsentscheidung signalisiert wird, sich als Schriftsteller in den Dienst des sozialistischen Staates zu stellen. Auch die Figurenkonstellation entspricht der invarianten Grundstruktur des Bildungsromans. Zwar weist der dritte Band nicht mehr die rein funktionale Zuordnung der Nebenfiguren zur Zentralgestalt des Protagonisten auf, welche die ersten beiden Bände kennzeichnete. Aber nach wie vor dominiert, wie erwähnt, Felix Hanusch, der nunmehr in spannungsreicher Wechselwirkung mit dem gesamten Figurenensemble steht. Gewisse Nebenfiguren avancieren zu seinen ebenbürtigen Handlungspartnern und gewinnen dabei an individuellem Profil. Ähnlich wie in J. R. Bechers Roman markiert das Verhältnis des Protagonisten zu den meist klischeehaft typisierten Nebenfiguren dessen jeweiligen Bewußtseinsstand. Während die Vertreter des Proletariats und die Kleinbauern zunehmend positiven Einfluß auf ihn gewinnen, nimmt die negative Beeinflussung durch Großbauern sowie durch Angehörige von Bürgertum und Adel ständig ab. Diese Gruppe erweist sich als unfähig, in der DDR ihre Heimat zu finden; ihre Vertreter enden in trostloser Selbstentfremdung. Die Botschaft des Romans wird nicht zuletzt durch einen „parteilich" kommentierenden, didaktisch motivierten Erzähler vermittelt, der für die übersichtliche Gliederung der Trilogie sorgt. Er präsentiert einen exemplarisch-musterhaften Protagonisten, dessen sozialer Aufstieg bis in die Gruppe der kommunistischen „Planer und Leiter" dem Leser in der ehemaligen DDR als Identifikationsangebot dienen sollte.

Die Struktur des Werkes wird also durch die invariante Grundstruktur des Bildungsromans konstituiert. Dazu treten einige variable Elemente, die sich aus des Autors ideologischer Botschaft ergeben, die er mit absolutem Geltungsanspruch ausstattet. Ähnlich wie in J. R. Bechers Roman ist die Figurenkonstellation schematisch-kontrastiv vereinfacht: einerseits die positiv gezeichneten Proletarier und Kleinbauern, zum andern die kritisch gesehenen Großbauern sowie die Vertreter von Bürgertum und Adel. Die moralische Qualität der Figuren resultiert also aus ihrer Klassenzugehörigkeit.

Vollzog sich im tradierten Bildungsroman die Selbstfindung des Protagonisten in der Regel gegen Ende des dritten Lebensjahrzehnts, so gewinnt Brězans Held erst mit etwa vierzig Jahren seine personale Identität, weil er vorher eine Zeit gesellschaftlicher Erfahrung und Bewährung zu absolvieren hat. Im Sinne der marxistischen Bildungsideologie kann das als „Ensemble der gesellschaftlichen Verhältnisse" (Marx) gedeutete Individuum seine Identität nur dann gewinnen, wenn es die Grenzen der privaten Existenz überschreitet und am sozialen Lebens- und Arbeitsprozeß aktiv teilhat. Denn „die ganze Gesellschaft" ist es, die im Sozialismus als notwendige „Bedingung der Individualität des einzelnen" fungiert.[95] Ein weiteres ideologisch bedingtes Merkmal dieses Romans erscheint im optimistisch angelegten Schluß, der die an sich notwendige Spannung zwischen Protagonist und Gesellschaft weitgehend eliminiert, indem er die vorhandenen Widersprüche verschleiert.

Die im sozialistischen Realismus geforderte „volkstümliche" Schreibweise, durch die man eine breite Leserschicht ansprechen will, begegnet auch bei Brězan, welcher der sorbischen Erzähltradition verpflichtet ist. Er pflegt einen der Umgangssprache nahestehenden Stil, der bei den einzelnen Figuren nur geringfügig modifiziert erscheint. Der Autor meidet die Sprache differenzierender Begrifflichkeit; er sucht die anschauliche Gegenständlichkeit, das sinnträchtige Bild. Sein Held ist kein Intellektueller, sondern Künstler, der die Welt mit wachen Sinnen erlebt. Daher wird die Reflexion meist durch bedeutungsträchtige Situationen oder metaphorische Umschreibungen ersetzt, wodurch die Argumentation häufig in ideologischen Gemeinplätzen versandet.

Die Trilogie zeigt einen gewissen Bruch in der thematischen Konzeption. Brězan wollte ursprünglich den schwierigen Sozialisationsprozeß eines Sorben von der Weimarer Zeit bis zur Gegenwart der ehemaligen DDR schildern. Im dritten Band tritt nun aber die Problematik der sorbischen Minorität deutlich zurück. Auch erörtert der Autor nicht die heikle Frage, ob die schwer errungene kulturelle Autonomie der bäuerlichen Sorben nicht durch die fortschreitende Industrialisierung gefährdet ist; er weicht vor allem der notwendigen Überlegung aus, ob es der relativ kleinen Minderheit von etwa 100 000 Sorben gelingen kann, der drohenden Überfremdung durch die übermächtige deutsche Gesellschaftskultur auf die Dauer zu widerstehen.

Dieter Noll: Die Abenteuer des Werner Holt

Der Autor zählt zu der Generation, die, im Dritten Reich aufgewachsen, von den Erfahrungen des Weltkriegs und des anschließenden epochalen Umbruchs nachhaltig geprägt worden ist. Werner Holt rekapituliert diese bitteren Erfahrungen als Luftwaffenhelfer und Soldat. Aus ihnen erwächst sein entschiedener Antifaschismus, der ihn nach dem Kriege dazu bewegt, sich für die sozialistische Gesellschaftsform zu entscheiden.

Die typische Grundthematik des Bildungsromans prägt die Darstellung von Holts Werdegang; der Protagonist befindet sich auf der Suche nach der eigenen Identität. Der Schüler, erfüllt von verworrenem Abenteuerdrang, sucht der strengen bürgerlichen Ordnung seines Elternhauses zu entkommen. Das staatlich propagierte Leitbild des völkisch-germanischen Helden weckt in ihm Träume heroischer Bewährung, die jedoch durch die Schrecken des Krieges als illusionär entlarvt werden. Allmählich durchschaut der junge Soldat die inhumane faschistische „Hierarchie der Gewalt" und erkennt sich als mitschuldig an deren schlimmen Folgen (I, 536). Wesentlich weniger überzeugt Holts Entwicklung im zweiten Band, da seine Einsichten, die er in zahlreichen Reflexionen äußert, des öfteren nicht durch eigene Erfahrungen belegt sind. Nach dem Zusammenbruch des Dritten Reiches erlebt er eine tiefgehende Sinnkrise seiner Existenz; resignierend überläßt er sich dem Gefühl hoffnungsloser Entfremdung. Ein Besuch bei Verwandten in Westdeutschland führt zur Auseinandersetzung mit einem wenig überzeugend geschilderten restaurativen Bürgertum, was dann den endgültigen Abschied von der Welt seiner Herkunft zur Folge hat. In die Ostzone zurückgekehrt, legt der Protagonist sein Abitur ab und gewinnt, beeinflußt durch Lektüre und Lehrgespräche, Karl Marx als „archimedischen Punkt" seiner künftigen politischen Ideologie.[96] Als „Gesetz [...] aller geschichtlichen Bewegung" glaubt er erkannt zu haben (II, 323), daß der sozialistischen Gesellschaftsform die Zukunft gehört. Daher macht er sich J. R. Bechers Formel vom „Anderswerden" zu eigen, womit er sich dem Fernziel der „sozialistischen Persönlichkeit" verpflichtet.

Dennoch wahrt der Protagonist zuletzt deutliche Distanz gegenüber dem sich in der Ostzone formierenden Gesellschaftssystem. Der Autor konzipiert seine Figur als problematische Natur, der schuldhafte Irrwege nicht erspart bleiben. Holt erklärt denn auch, die Forderung des Anderswerdens sei ihm nur als „langfristiges Programm" vorstellbar (II, 367). Er leidet vor allem am Widerspruch zwischen bürgerlichem Individualismus und kollektivem Sozialismus, zwischen seinem privaten Glücksanspruch und der verpflichtenden Idee der „sozialistischen Persönlichkeit", eine seit den sechziger Jahren zunehmend dominante Thematik in der Epik der ehemaligen DDR. Der Protagonist fordert einen angemessenen „Spielraum für die menschliche Individualität"; er behauptet nachdrücklich sein Recht auf private „Gedanken, Gefühle, Träume" (II, 366 f.). Dieser Konflikt gründet weniger in seinen persönlichen Erfahrungen mit der sozialistischen Umwelt als in einer vorgegebenen individualistischen Grundhaltung. Da der vom Autor seinerzeit angekündigte Schlußband, der Holts soziale Integration in der DDR schildern sollte, niemals erschienen ist, bleibt offen, ob der Protagonist jenen Konflikt als „nichtantagonistischen Widerspruch" behandelt und bewältigt hätte.

Die Struktur des Werkes wird durch die transepochalen invarianten Strukturmerkmale des Bildungsromans konstituiert. Als Grundthematik erscheint die Suche eines jungen Protagonisten nach Bestimmung seines gesellschaftlichen und politischen Standorts inmitten einer historischen Umbruchzeit. Diese Thematik bedingt eine chronologisch geordnete, einsträngige Fabel, die sich an der Entwicklung des Protagonisten orientiert. Die Kontinuität der Fabel wird durch mehrere Leitmotive verstärkt. Etwa vier Jahre werden geschildert, die Holts Jugend und beginnende Adoleszenz umfassen. Jeder der beiden Bände ist in drei Bücher unterteilt, welche die einzelnen Erfahrungsbereiche und Entwicklungsphasen des Protagonisten darstellen. Der erste Band entfaltet das völkische Kollektivschicksal der letzten zwei Kriegsjahre, eine desillusionierende Klimax des Grauens. Der zweite Band beschreibt die Stationen von Holts weltanschaulicher Neuorientierung nach Kriegsende. Die Fabel verläuft zielgerichtet. Der Autor schildert, ähnlich wie J.R. Becher, dessen Roman häufig zitiert wird, Holts Abschied von seiner bürgerlichen Herkunft und das Bemühen um Gewinnung einer sozialistischen Weltanschauung. Noll versuchte den ideologischen „Schematismus" der sozialistischen Heilsgeschichten der fünfziger Jahre zu vermeiden, indem er sich vornahm, die Entwicklung seines Protagonisten „so kompliziert als möglich", in ihrer Richtung aber völlig „eindeutig" zu gestalten.[97]

Holts innere Progression mündet zielgerichtet in die Selbstfindung. Er bemüht sich mit zunehmender Bewußtheit um „einen Sinn, ein Ziel, einen Weg", den er zuletzt auch findet.[98] Er entscheidet sich für die akademische Berufslaufbahn, gewinnt eine zuverlässige Ehepartnerin und findet zu einem theoretischen Weltverständnis, das durch die marxistische Ideologie geprägt ist. Dennoch hat er sich seiner Identität als „sozialistische Persönlichkeit" noch nicht voll vergewissert, fühlt er sich doch gesellschaftlich isoliert, „heimatlos zwischen den Klassen" (II, 441). Vom Autor anfänglich als „klar bürgerlich definierter Held" dargestellt, ist er zuletzt noch weit von seinem vorgegebenen Entwicklungsziel entfernt, ein „dem kämpfenden Proletariat treu verbundener, bewußter Bürger unserer Republik" zu sein.[99] Noll wollte seinen Protagonisten im geplanten dritten Band, der die Anfänge der ehemaligen DDR schildern sollte, durch das „Erlebnis der ersten großen Produktionsschlachten" der fünfziger Jahre zum vorgesetzten Ziel der sozialen Integration führen.[100] Erst dann wäre der mit dem zweiten Band angekündigte „Roman einer Heimkehr" vollendet gewesen. Der Held eines sozialistischen Bildungsromans kann sich seiner Identität nur durch praktische Bewährung innerhalb einer sozialistischen Gesellschaftsform vergewissern, weil nur diese, nach marxistisch-leninistischer Theorie, die Überwindung der Entfremdung zwischen Individuum und Umwelt ermöglicht.

Auch die Figurenkonstellation des Werkes entspricht in ihrer Bauform der invarianten Grundstruktur des Bildungsromans. Der Protagonist fungiert als dominante Zentralgestalt, der die Nebenfiguren funktional zugeordnet sind: die Eltern und Lehrer, die Vertreter der SED und die Freunde. Eine Gruppe von besonderer Wertigkeit stellen die Frauen dar, zu denen Holt in engere Beziehungen tritt: die Offizierstochter Uta von Barnim, die Sozialistin Gundel und die Schülerin Angelika. Ihre Bedeutung liegt nicht im politisch-gesellschaftlichen Bereich, denn sie vermitteln dem Helden primär die Erfahrung eines privaten Glücks, das alle ideologischen Einsichten weit übersteigt.

Die didaktische Motivation des Erzählers zeigt sich an der übersichtlichen Grobgliederung, vor allem aber am exemplarischen Geltungsanspruch des Protagonisten. Holt soll die suchende Generation des Übergangs vom Faschismus zum Sozialismus repräsentieren; er soll deren selbstkritische Auseinandersetzung mit der nationalsozialistischen Vergangenheit und deren richtungsweisende Entscheidung für das Leitbild der „sozialistischen Persönlichkeit" demonstrieren. Eine gewisse ideologische Unsicherheit des Autors bekundet sich allerdings im Fehlen einer zweifelsfreien Normvermittlung durch einen distanzierten Erzähler, denn dieser macht sich weitgehend die Perspektive des suchenden Protagonisten zu eigen. Daher dominiert auch die szenisch-dialogische Erzählform, welche die Lehrgespräche und Reflexionen in sich aufnimmt, die das Genre des Bildungsromans kennzeichnen.

Die Struktur der *Abenteuer des Werner Holt* wird also durch die invariante Grundstruktur des Bildungsromans konstituiert. Dazu treten noch einige variable Elemente, die der ideologischen Tradition des sozialistischen Bildungsromans entstammen. Ähnlich wie J. R. Becher und J. Brězan entgeht auch Noll nicht der Gefahr der „Schwarz-Weiß-Malerei", die er den Aufbau-Romanen der fünfziger Jahre vorgeworfen hatte.[101] Sein Protagonist bildet die Mitte einer schematisch-kontrastiven Figurenkonstellation, welche die von der sozialistischen Ästhetik geforderte „Parteilichkeit" des Autors deutlich erkennen läßt. Den in negativer Typisierung dargestellten Vertretern des Faschismus und des restaurativen Bürgertums der Nachkriegszeit stehen in schroffer Gegensätzlichkeit die mit positiven Vorzeichen versehenen Exponenten einer sich formierenden sozialistischen Gesellschaft gegenüber: Holts großbürgerlich-mondäne Mutter kontrastiert mit dem antifaschistisch gesinnten Vater; Frau Ziesche, seine unmoralische, mit einem SS-Offizier verheiratete Geliebte, wird mit dem Arbeiterkind Gundel, Holts späterer großer Liebe, konfrontiert. Sein Jugendfreund Wolzow, ein Offizierssohn, entpuppt sich im Krieg als brutaler Landsknecht, der nur in den Kategorien von Befehl und Gehorsam zu denken vermag, während der sozialistisch gesinnte Gomulka, Holts anderer Freund, sich dem faschistischen Kriegsdienst durch Desertion entzieht. Dem gefühlskalten Hauptmann Kutschera entspricht auf der Gegenseite der gütige Parteisekretär Müller. Holts Entwicklung ist am jeweiligen Stand seiner Beziehungen zu den einzelnen Figuren bzw. ihren Gruppierungen ablesbar. Der vereinfachenden Typisierung dieser Gestalten entspricht deren schwach ausgebildete sprachliche Differenzierung. Gemischte Charaktere begegnen recht selten;

zu erwähnen wäre Holts Lehrer Gottesknecht, der den Widerstreit von Humanismus und Sozialismus in sich auszutragen sucht, ohne freilich zu einer Lösung zu gelangen.

Auch die Schreibweise sozialistischer „Volksverbundenheit", die dem Roman einen bedeutenden Erfolg sicherte, ist ideologisch bedingt. Der Autor vermittelt seinen exemplarisch-repräsentativen Helden in einer anspruchslosen Sprachform, die breite Leserschichten anzusprechen vermag. Noll sucht das einfache, gegenständliche Wort; er meidet die Abstraktion, weshalb Holts Reflexionen oft zu einer Reihung von Gemeinplätzen entarten: ein hoher Preis für die gewollte sprachliche Simplizität.

Während Brězans Trilogie einen musterhaften Helden vorführt, der zuletzt das Entwicklungsziel der „sozialistischen Persönlichkeit" erreicht, wirkt Nolls zweibändiger Roman in seiner fragmentarischen Unabgeschlossenheit weitaus ehrlicher, weil er dem Protagonisten gewisse Optionen offenhält.

Brigitte Reimann: Franziska Linkerhand

Ein Jahrzehnt lang hat die Autorin um die Niederschrift ihres letzten Werkes gerungen. Ihr früher Tod verhinderte die Fertigstellung des Schlußkapitels, dessen Intention gleichwohl klar erkennbar ist. Schon früh erwog B. Reimann, ob das Werk nicht als „eine Art Entwicklungsroman" anzulegen sei.[102] Der erste Entwurf sah nur die Darstellung der Liebesgeschichte eines Mädchens aus bürgerlichem Hause vor. Um sich parteiamtlichem Tadel zu entziehen, erweiterte die Autorin den Stoff um den Bereich der Arbeitswelt; sie entschloß sich, den Werdegang einer Architektin zu gestalten.[103] Ende 1963 begann sie mit der Niederschrift. Es bedurfte dann mehrerer Anläufe, bis die geeignete epische Form gefunden war: „Das Ganze ist [...] der Monolog des Mädchens Franziska für ihren Geliebten [...]."[104] Die Titelfigur erhielt jetzt eine in Ich-Form gehaltene retrospektive Berichts- und Reflexionsebene zugewiesen, die den gesamten Roman durchzieht. Mit der in Figurenperspektive berichtenden Er-Form alternierend, verleiht sie dem Werk seine eigentümliche narrative Struktur. Der Roman präsentiert sich nunmehr als Franziskas Versuch, sich ihrem Geliebten schreibend „zu entdecken und dabei sich selbst zu finden [...]".[105]

Der Roman enthält nicht wenige autobiographische Elemente. Die Protagonistin zeichnet sich, wie auch ihre Autorin, durch jugendliche Spontaneität, lebensfrohe Weltoffenheit und selbstbewußte Zielstrebigkeit aus. Auch sie leidet an abrupten Stimmungsumschwüngen, verursacht durch bittere Liebeserfahrungen und durch unterschwellige Todesahnungen. Auch Franziska stammt aus bürgerlichem Elternhaus, von dessen Konventionen sie sich abwendet, um sich entschieden zum neuen sozialistischen Staat zu bekennen. Die Autorin erkannte den Primat der SED durchaus an, verwahrte sich allerdings nachdrücklich gegen deren Absolutheitsanspruch.[106] Sie verstand sich als sozialistische Schriftstellerin und war von der bewußtseins- und gesellschaftsverändernden Kraft der Literatur überzeugt. Schon in ihrer Erzählung *Ankunft im Alltag* (1961) hatte sie sich im Sinne des „Bitterfelder Weges" bewährt, indem sie in Betrieben gesammelte persönliche Erfahrungen literarisch verarbeitete. Die thematische Verwandtschaft dieser Erzählung mit *Franziska Linkerhand* ist offenkundig, denn das Sujet beider Werke ist der schwierige Prozeß der Integration des Individuums in die sozialistische Arbeitswelt. Wie andere Autoren lehnte es B. Reimann entschieden ab, den „antiquierten positiven Helden" der früheren Aufbau- und Betriebsromane in ihr Werk aufzunehmen; Franziska Linkerhand sollte nichts weiter als ein normaler „Mensch" mit all seinen Schwächen werden.[107]

Die Autorin wollte die „entscheidende Lebensspanne" in der Entwicklung eines jungen Menschen schildern, „wo die Vorgaben der Ausbildungszeit vorüber sind und nun die Anforderungen des praktischen Lebens kommen."[108] Es ging also nicht mehr um eine bloße „Ankunft" im sozialistischen Alltag, sondern um den Prozeß einer konfliktgeladenen sozialen Integration, um eine gesellschaftliche Eingliederung, die nach marxistischer Lehre die entscheidende Voraussetzung für die Selbstfindung des Individuums darstellt. In den Lebensbereichen von Beruf, Liebe und sozialem Miteinander vollzieht sich Franziskas Suche nach der eigenen Identität. Der Roman umkreist das Thema der Selbstfindung einer jungen Frau, die sich entschlossen mit der eigenen bürgerlichen Vergangenheit und der gegenwärtigen sozialistischen Gesellschaft auseinandersetzt. Sie versucht den Anspruch auf Entwicklung ihrer Anlagen mit den politisch-gesellschaftlichen Forderungen zu vermitteln; ihr Denken umkreist die Frage, wie „die Rolle der Persönlichkeit und das Verantwortlichsein des einzelnen innerhalb eines Kollektivs" miteinander zu vereinbaren sind.[109]

Die Protagonistin zählt zur ersten Nachkriegsgeneration der ehemaligen DDR, die diesen Staat als selbstverständliche Gegebenheit betrachtete. Ihr christlich-konservatives Elternhaus vermag sie kaum zu prägen, da sie weder zum lebensfremden Vater noch zur gefühlskalten Mutter eine tiefere Beziehung entwickelt. Sie lehnt das ihr durch strenge Erziehung aufgezwungene traditionalistische Frauenbild entschieden ab und öffnet sich schon in jungen Jahren der marxistischen Lehre. Sie entflieht ihrem lieblosen Elternhaus in eine unüberlegt geschlossene Ehe mit einem Arbeiter, der ihren Ansprüchen nicht genügt. Das Scheitern dieser Beziehung läßt sie die Grundfigur ihres Lebens erfahren, nämlich den leidvollen Antagonismus zwischen ihren idealen Vorstellungen und der ernüchternden Wirklichkeit. Auch ihr Architekturstudium spinnt sie in einen „Kokon aus Idealen und Illusionen" ein,[110] denn der dort gepflegte ästhetisch gefällige Baustil erweist sich in ihrer späteren Berufspraxis als unanwendbar. Die Protagonistin wirkt während ihres Probejahres in Neustadt am Aufbau einer Arbeiterwohnsiedlung in aktivem Einsatz mit. Sie fühlt sich zutiefst frustriert von den gesichtslosen Wohnsilos, die ihr Vorgesetzter, ein der Planerfüllung verschworener „Architekturbeamter", entwirft. Allmählich erkennt sie jedoch, daß „die dünne Höhenluft der Ideen" (521) zur Lösung der baulichen Probleme nur wenig beitragen kann. Langsam gewinnt sie in ihrem neuen sozialen Umfeld menschliche Kontakte. Aber wiederum überwältigt sie eine enttäuschende Wirklichkeit, als auf höhere Weisung der Bau des Stadtzentrums, in dem sie den eigentlichen Sinn ihrer Tätigkeit gesehen hatte, verschoben wird. So flieht sie überstürzt aus Neustadt.

Zuletzt kehrt sie jedoch zur Stätte ihres Wirkens zurück, was die Autorin im unvollendeten Schlußkapitel näher begründen wollte. Die Protagonistin hat jetzt ihre realitätsfremden Illusionen überwunden, was allerdings nicht bedeutet, daß sie die triste sozialistische Baulandschaft widerspruchslos akzeptiert. Denn „es muß sie geben, die kluge Synthese zwischen Heute und Morgen [...], zwischen dem Notwendigen und dem Schönen [...], und eines Tages werde ich sie finden" (582). Die Protagonistin ist zur Vermittlung des Widerspruchs zwischen Ideal und Wirklichkeit fest entschlossen. Sie hat gelernt, sich gesellschaftlich „einzuordnen, wenn nicht unterzuordnen" (582); sie ist der Sozialistischen Einheitspartei, obwohl nicht deren Mitglied, loyal verbunden, was jedoch ihre kritische Skepsis nicht ausschließt; sie wird sich auch künftig jeglichem „faulen Frieden" verweigern (582). Franziska fühlt sich zuletzt „erwachsen";

sie hat in einem relativ kurzen, aber intensiven Lernprozeß die ihr gemäße Lebensform gefunden. Die bedrohliche Antinomie von subjektivem Lebensentwurf und gesellschaftlicher Realität hat sich in einen „nichtantagonistischen", dialektischen Widerspruch verwandelt, da die überzeugte Kommunistin durch den Anspruch auf Entwicklung ihrer Anlagen letztlich auch den Prozeß der gesellschaftlichen Veränderung produktiv beeinflussen wird.

Daß die junge Frau zuletzt zu ihrer Identität gefunden hat, zeigt sich ebenfalls in ihrem privaten Lebensbereich, wo sie sich aus einer problematischen Liebesbeziehung zu lösen weiß. Auch hier erlebt sie den Grundwiderspruch ihrer Existenz, die Diskrepanz zwischen idealer Vorstellung und enttäuschender Wirklichkeit. Sie entwirft ein Wunschbild des liebenden, ritterlich beschützenden Mannes und gibt dem Geschöpf ihrer Phantasie den Vornamen Ben. Je näher sie aber ihren Geliebten kennenlernt, desto mehr fühlt sie sich verunsichert. Trojanowicz, früher ein überzeugter Kommunist, hat seine Stellung als Journalist verloren, seit er eine längere Haftstrafe wegen angeblicher Beteiligung an der „Republikflucht" eines Arbeitskollegen verbüßen mußte. Der jetzige Kraftfahrer hat sich zum resignierten Außenseiter, zum skeptischverbitterten „Einzelwolf" (463) deformiert — die Anspielung auf H. Hesses Romanfigur ist deutlich. Sein abwehrendes Schweigen, sein Desinteresse an ihrer beruflichen Arbeit und ihrer politischen Haltung führen schließlich zur Entfremdung.[111] Daher endet das Buch konsequent mit Franziskas Abschiedsbrief. Um ihrer persönlichen Selbstbewahrung willen trennt sie sich von dem Geliebten, Zeichen eines schmerzhaft erfahrenen Reifungsprozesses.

Den weitaus größten Teil des Romans beansprucht nicht zufällig die Darstellung von Franziskas Arbeitswelt. Hier „existierte sie ungeteilt, [...] sie war tätig, das verknüpfte sie mit den anderen" (379). Nach marxistischer Lehre wird die sozialistische Persönlichkeit in erster Linie durch den gesellschaftlich kontrollierten Arbeitsprozeß geformt. Die Protagonistin bemüht sich leidenschaftlich um eine zukunftsweisende Gestaltung der „sozialistischen Stadt";[112] sie sinnt über Räume nach, die zwischenmenschliche Kommunikation ermöglichen, wobei freilich kein wesentlicher Unterschied zu den Prinzipien westlicher Bauweise erkennbar wird. Sie kritisiert ihren Vorgesetzten Schafheutlin wegen der menschenfeindlichen Uniformität der von ihm erstellten Wohnsiedlung. Mit zunehmender Einsicht in die wirtschaftlichen Zusammenhänge beginnt sie aber ihr vorschnelles Urteil zu revidieren; sie lernt Schafheutlin in seiner geduldigen Pflichterfüllung, seinem nüchternen Sinn für das ökonomisch Machbare zu respektieren. In gleichem Maße wächst ihre kritische Skepsis gegenüber dem ästhetischen Stilideal ihres akademischen Lehrers. Ihre persönliche Entwicklung zielt auf eine Vermittlung des Widerspruchs „zwischen den Machern und den Denkern",[113] zwischen ökonomisch notwendiger Serienfertigung und ästhetisch legitimierter Baukunst. Die Protagonistin scheint zuletzt die latente Entfremdung gegenüber ihrer Arbeit überwunden zu haben; sie bewertet ihren beruflichen Einsatz nicht nur als gesellschaftlich notwendig, sondern auch als unverzichtbare Möglichkeit persönlicher Bewährung.

Das Menschenbild dieses Romans konstituiert sich im dialektischen Spannungsfeld zwischen Individuum und Gesellschaft. Die Protagonistin vertritt den Anspruch des einzelnen auf unverkürzte Entfaltung der persönlichen Anlagen, während ihr Vorgesetzter die Forderung der Gesellschaft auf Unterordnung des Individuums unter die Prinzipien des Marxismus-Leninismus anmahnt (406). Solcher Widerspruch veranlaßte die Autorin schon zu Beginn der Niederschrift des Romans zu der kritischen Frage: „Hat die sozialistische Gesellschaft (heute und hier, meine ich) neue Maßstäbe für Gut und Böse? Was in den Geboten der sozialistischen Moral formuliert worden ist, scheint mir noch Oberfläche zu sein [...]."[114] Die Autorin verwahrte sich entschieden gegen einen Moralbegriff, der die unkritische Affirmation des „real existierenden Sozialismus" implizierte. Sie verstand ihre Protagonistin nicht als bloßen gesellschaftlichen „Schrittmacher" von der Art eines Ole Bienkopp, vielmehr ordnete sie diese dem Typus des „Anspruchshelden" zu,[115] der auf der Grundlage des Sozialismus für eine menschlichere Gesellschaft zu kämpfen bereit ist und gleichzeitig auf seine Selbstverwirklichung drängt. Franziska entwickelt sich nicht, wie ein Werner Holt, durch Konfrontation mit verschiedenen Ideologien, sondern durch ihre leidenschaftliche Auseinandersetzung mit dem Widerspruch zwischen sozialistischer Theorie und gesellschaftlicher Praxis, zwischen persönlichem Anspruch und staatlicher Forderung. Sie verliert ihr utopisches Fernziel nicht aus den Augen: „Heimat" gewinnen (577), „aufgehoben sein" in einer lebens- und menschenfreundlichen Gesellschaft (581). Daher gilt dem gegenwärtigen Zustand des „entwickelten Sozialismus" ihr ironischkritisches Wort, das potentiellen Konfliktstoff birgt: „Wir haben gelernt, [...] keine unbequemen Fragen zu stellen, [...] wir sind ein bißchen unzufrieden, [...] ein bißchen verkrüppelt, sonst ist alles in Ordnung" (64).[116]

Franziska Linkerhand wird durch die transepochalen invarianten Strukturmerkmale des Bildungsromans konstituiert. Nachdem sich die Autorin für die endgültige epische Form entschieden hatte, stufte sie das Werk als „Entwicklungsroman" ein.[117] Die Protagonistin schildert ihren Werdegang begeistert, zornig, traurig, nachsinnend über Zeit und Vergänglichkeit, über Sinn und Ziel ihres Lebens. Zweifellos ein welthaltiges Buch, eben weil es die Lebenserfahrungen einer weltoffenen, neugierigen, leidenschaftlich engagierten jungen Frau beschreibt. Der Roman thematisiert den schwierigen Sozialisationsprozeß einer Protagonistin, die sich von ihrer bürgerlichen Herkunft löst, am Widerspruch zwischen sozialistischer Utopie und gesellschaftlicher Praxis fast zerbricht, schließlich aber durch ihren Glauben an die Veränderbarkeit des „real existierenden Sozialismus" zu einer Haltung kritischer Loyalität findet. Diese Grundthematik bedingt eine vorwiegend einsträngige Fabel, deren Vorgangsfigur der gesellschaftlichen Eingliederung die Entwicklung Franziskas zur „sozialistischen Persönlichkeit" nachzeichnet.[118] Die beiden Erzähler konzentrieren sich auf die Darstellung des sozialen Umfeldes der Protagonistin. Mehrere Leitmotive verstärken die

Konsistenz der Fabel.[119] Die Abfolge der Kapitel ist chronologisch geordnet; sie skizziert eine Entwicklungskurve, deren Phasen den Aufbau des Romans bestimmen.[120] Die innere Progression der Protagonistin mündet zielgerichtet in deren Selbstfindung, von der aus der Roman seinen Sinn gewinnt. Franziska findet zuletzt zu ihrer personalen Identität, indem sie beruflich wie privat ihren gesellschaftlichen Standort bestimmt.[121]

Auch das Formprinzip der Figurenkonstellation entspricht der invarianten Grundstruktur des Bildungsromans. Die Charaktere sind der dominanten Zentralgestalt funktional zugeordnet. Familie, Ehemann, akademischer Lehrer, Vorgesetzter, Geliebter: sie alle vermitteln Franziska wesentliche Erfahrungen, ermöglichen ihr schließlich die Bestimmung ihres sozialen Standortes. Eine Reihe von Nebenfiguren verleihen der Zentralgestalt, ergänzend oder kontrastierend, zusätzliches Profil.[122] Die Veränderung von Franziskas Position innerhalb der Konstellation der sie umgebenden Hauptfiguren verweist auf ihre persönliche Entwicklung. Während ihres beruflichen Probejahres distanziert sie sich zusehends von ihrem akademischen Lehrer und beginnt sich Schafheutlin, dem ökonomischen Bauplaner, zuzuwenden. Im privaten Bereich entfremdet sie sich allmählich ihrem Geliebten, dem sozialen Außenseiter, und gewinnt ein persönliches Verhältnis zu Schafheutlin. Beide Bewegungen verdeutlichen den Prozeß ihrer zunehmenden gesellschaftlichen Integration. Von dieser Position aus schildert die Protagonistin retrospektiv ihren Werdegang, der trotz aller individuellen Problematik Züge exemplarischer Musterhaftigkeit aufweist. Die didaktisch motivierte Autorin hat in Franziska ihre eigene Interpretation des Leitbildes der allseitig entwickelten sozialistischen Persönlichkeit geliefert. Die Protagonistin hat das überkommene bürgerliche Frauenbild, die häuslichen „altmodischen Tugenden" (178) von verstehender Geduld und selbstloser Opferbereitschaft, endgültig verabschiedet; sie orientiert sich beruflich an „männlichen Normen" (188). B. Reimann gestaltete ein emanzipatorisches Frauenbild, denn die Protagonistin findet ihre Erfüllung primär nicht in der Ehe, sondern im Beruf. Der große Erfolg des Romans läßt vermuten, daß die Titelfigur von der weiblichen Intelligenz der ehemaligen DDR als Identifikationsangebot verstanden wurde.

Das Werk wird also durch die transepochale invariante Grundstruktur des Bildungsromans konstituiert. Die variablen Strukturelemente der *Franziska Linkerhand* resultieren, im Gegensatz zu den früheren sozialistischen Bildungsromanen, nicht aus ideologischen Prämissen, sondern aus dem Bemühen der Autorin, den Lebensalltag in der ehemaligen DDR wahrheitsgetreu zu vergegenwärtigen. Daher verlagerte sie den Schwerpunkt der Darstellung auf die nüchterne Arbeitswelt; daher verzichtete sie auf die an sich obligatorische Figur des mehr oder minder vorbildhaften Parteifunktionärs wie auch auf den üblichen affirmativ-optimistischen Schluß, der die Spannungen zwischen Protagonist und Gesellschaft eliminiert. B. Reimann führte in den sozialistischen Bildungsroman moderne narrative Strategien ein, indem sie die Geschichte ihrer Heldin durch zwei Erzähler polyperspektivisch berichten läßt. Der in Er-Form schreibende objektive „Zeuge und Berichterstatter" schildert in der Außenperspektive (214), vorwiegend aus der Sicht der handelnden Figuren, Franziskas Leben von der Kindheit bis zum Alter von 27 Jahren. Dagegen beschreibt die Ich-Erzählerin in kritisch wertender Retrospektive ihren Werdegang. Ihre autobiographische Selbsterkundung zeichnet sich durch eine rückhaltlose Offenheit aus, mit der sie ihre jeweilige subjektive Befindlichkeit, ihre Gedanken, Träume und Phantasien aufdeckt. Auf dieser Ebene vollzieht sich die Verarbeitung ihrer Erfahrungen, gewinnt sie ihre persönlichen Normen und Wertvorstellungen.

Die Autorin empfand das lineare Kontinuum der epischen Fabel als „künstlich", als eine Simplifizierung des komplexen Erlebnisvorgangs im Bewußtsein der Protagonistin.[123] Daher bediente sie sich des Wechsels der Zeitebenen, was eine episodisch aufgesplitterte Erzählweise zur Folge hatte. In ihr offenbart sich der Erlebnishunger der Erzählerin, ihre leidenschaftliche Neugier auf die bunte Fülle ihrer Umwelt; sie will „einfach Leben ballen, Alltäglichkeit mit Zufälligem" schildern.[124] Daraus erklärt sich ihr individueller Stilzug der extremen Raffung, der elliptisch verkürzten Verdichtung der Wirklichkeit, ihre Vorliebe für die „Wortschnur, Bilderschnur" (503): lange asyndetische Reihungen, in denen sich genau beobachtete, verweiskräftige Details der gegenständlichen Realität assoziativ zu einem Ganzen runden.

Die partei-offizielle Rezeption suchte, vielleicht auch durch den frühen Tod der Autorin bedingt, Franziskas problematisches Verhältnis zum „real existierenden Sozialismus" zu unterschlagen. Man rühmte den „Linkerhand-Effekt", man zeigte sich begeistert von B. Reimanns „Streben, ideale Vorstellungen und reale Möglichkeiten im Sozialismus zu vereinigen", und zählte sie zu den Autoren, die sich durch „Gestaltung vorbildlicher Charaktere" um die DDR verdient gemacht hätten.[125] Es erhoben sich freilich ebenso kritische Stimmen, die der reformbesessenen Protagonistin utopisches Schwärmertum vorwarfen. Erfreulicherweise meldeten sich auch Kritiker zu Wort, welche die Problematik der Titelfigur nicht verkürzten und diese dennoch als Exponentin eines „sozialistischen Demokratismus" feierten.[126] Zweifellos zählt Brigitte Reimanns Werk zu den bedeutendsten Romanen der DDR-Literatur.

Hermann Kant: Der Aufenthalt

Kant zählt zu den meistgelesenen Autoren der ehemaligen DDR. Seine oft zu skurriler Komik sich steigernde Fabulierlust verbindet sich mit einer beachtlichen Fähigkeit zu realistischer Detailschilderung. Früh schon wählte er seinen ideologischen Standort, denn er entschied sich bereits in der Kriegsgefangenschaft für den Kommunismus und konnte so zu Recht konstatieren, die Lagerhaft habe ihm zur entscheidenden Einsicht verholfen und ihn damit „aus einer viel tieferen Gefangenschaft befreit".[127] Der Roman entstand im wesentlichen nach der kulturpolitischen Zäsur des VIII. Parteitages (1971), auf dem die Losung ausgegeben worden war, für einen auf dem Boden des Sozialismus stehenden Autor sei jedes Sujet erlaubt.[128] So konnte ein Werk entstehen, dessen Erzähler, obwohl in der DDR beheimatet, erstaunlicherweise auf jegliche marxistische oder kommunistische Terminologie verzichtet. Die Entwicklung des sich vom Faschismus abwendenden Protagonisten mündet nicht mehr, wie in den Bildungsromanen der sechziger Jahre, in eine vorschnelle ideologische Entscheidung für den Sozialismus; vielmehr beschränkt sich Kant darauf, an einem räumlich und zeitlich eng umgrenzten Lebensausschnitt die schrittweise Befreiung von faschistischen Denk- und Verhaltensweisen in größter Ausführlichkeit zu beschreiben. Das Brechtsche Gedicht „So bildet sich der Mensch", das dem Roman voransteht, zielt auf dessen Thematik, nämlich die Entwicklungsfähigkeit des Individuums, sofern es bereit ist, sich mit sich selbst und mit seiner Umwelt kritisch auseinanderzusetzen.

Niebuhr, ein achtzehnjähriger Druckergeselle aus einer norddeutschen Kleinstadt, erscheint als etwas eigenwillig-versponnener, schelmenhaft durchtriebener Einzelgänger, phantasiebegabt und sprachmächtig. In den letzten Kriegswochen zum Fronteinsatz befohlen, gerät er bald in polnische Gefangenschaft. Sein zweijähriger Leidensweg gliedert sich in drei Etappen. Im Lager (Kap. 2—8) erfährt er die Gefangenschaft als eigengesetzliche „andre Welt", in der er, von der Gesellschaft isoliert, sich „vor seine Anfänge zurückgeschoben" fühlt,[129] denn seine bisherige Lebensordnung ist außer Kraft gesetzt. Als er des Mordes an einer Polin beschuldigt wird — zu Unrecht, wie sich zuletzt herausstellt —, wird er in das Warschauer Gefängnis eingeliefert, zuerst in Einzelhaft, dann in einer Zelle, die er mit polnischen Kriminellen teilt (Kap. 9—16). Da er von seiner Unschuld überzeugt ist, beginnt er sich in seine „inneren Fluchträume" (421) zurückzuziehen, wo er der vermeintlich heilen Welt seiner heimatlichen Vergangenheit nachtrauert. Andererseits beginnt er aber, auf Grund von Begegnungen mit Polen und Juden, an den ihm anerzogenen stereotypen Vorurteilen gegenüber dem östlichen „Untermenschentum" zu zweifeln. Seine schwersten Prüfungen erwarten ihn in der Gemeinschaftszelle, die er ein Jahr lang mit nationalsozialistischen Kriegsverbrechern teilt (Kap. 17—29). Hier erfährt er furchtbarste menschliche Deformationen, die von moralischer Gewissenlosigkeit bis zu brutaler Kriminalität reichen. Hier wird sich der anfangs politisch indifferente Protagonist seiner kollektiven

Mitverantwortung für Judenmorde und Geiselerschießungen bewußt: zwar war er kein „Nazisoldat", wohl aber ein „Soldat der Nazis" (320). Langsam lernt er, sich auch mit den Augen der Opfer zu sehen, was ihn motiviert, die Normen und Wertvorstellungen, in denen er aufgewachsen ist, kritisch zu mustern. Er erkennt, daß seine „Weise, über die Welt zu denken, nur die Weise war", in der man ihn „unterrichtet hatte" (71 f.). So wird anerzogenes Rollenverhalten zunehmend durchschaut, ehemalige Leitbilder werden demontiert: „Richthofen und Mölders. [...] Hitlerjunge Quex" (59). Auch zur eigenen heilen Familie, in der trotz politischer Indifferenz von „polnischer Wirtschaft und Judenschule" die Rede war (351), gewinnt Niebuhr eine gewisse Distanz. So enthüllt sich ihm im Verlauf eines langwierigen, schmerzhaften Lernprozesses schließlich die geistig-moralische „Unordnung" seines bisherigen Lebens (381).

Der Protagonist findet zu seiner personalen Identität, indem er durch die bittere Konfrontation mit der polnischen Nachkriegsgegenwart ein neues, kritisches Verhältnis zu seiner Vergangenheit gewinnt. Als bleibenden Gewinn für sein späteres Leben verbucht der Erzähler im Sinn des Brechtschen Mottos ein geschärftes Urteilsvermögen, die Fähigkeiten zu sozialem Handeln und zu kraftvoller persönlicher Selbstbehauptung. Niebuhr gewinnt eine gesunde Skepsis gegen „das Bestehende und scheinbar Beständige" (353), also gegenüber allen erstarrten gesellschaftlichen Konventionen. In diesen Kontext gehört die leitmotivische Beschwörung der humanistischen Tradition in Gestalt des Barockpoeten Fleming. Stärkenden Zuspruch in Lebensgefahr gewähren ihm die Worte: „Bleib der Deine, ich bleib Meiner" oder „Du selbst bist dir die Welt! Verstehst du dich aus dir, so hast dus wohl bestellt!"[130] Die Entlassung aus der Haft bildet für Niebuhr, wie der Erzähler versichert, den Anfang eines neuen, von humaner Gesittung erfüllten Lebens in innerer Freiheit.[131]

Kant hat zu Recht beansprucht, einen „deutschen Bildungsroman" geschrieben zu haben, in dem das Gebot der sozialistischen Parteilichkeit außer Kraft gesetzt ist.[132] Der Autor bescheinigte seinem durchaus nicht sozialistisch gesinnten Protagonisten,[133] er sei „zum eigentlichen Menschsein" gekommen.[134] Kant entfaltete in seinem Roman ein bipolares Menschenbild. Der eigenwillige Mark Niebuhr betont des öfteren seine von Jugend auf bestehende individuelle Geprägtheit: jeder Mensch habe „seine Formel" (87), an die er letztlich gebunden sei. Zum andern vertritt er aber ebenso nachdrücklich die Meinung, „Glaubenssachen" seien „Lagenssachen" (131), das Individuum werde durch sein jeweiliges soziales Milieu determiniert. Das dem Roman voranstehende Brechtsche Gedicht faßt diesen paradoxen Widerspruch dahingehend zusammen, daß sich der Mensch im Wechselspiel mit seinen sozialen Lagen entwickle.[135]

Kant bediente sich zur Vermittlung seiner Botschaft des Strukturmodells des Bildungsromans. Thomas Manns *Zauberberg*, ein von ihm hochgeschätztes Buch, schildert ebenfalls den Lernprozeß eines jungen Protagonisten innerhalb eines hermetisch abgeschlossenen Lebensbereichs. Das Werk mag den Autor angeregt haben, seine eigenen Erfahrungen im Gefangenenlager mittels derselben Romanart zu verarbeiten, wobei er allerdings bewußt auf jede parodistische Brechung verzichtete. Er wollte den Leser veranlassen, „seine spezielle, nicht nur politische Angelegtheit zu überprüfen und sich zu fragen, was er denn ist, wer er ist [...]".[136] *Der Aufenthalt* wird durch die invarianten Strukturmerkmale des Bildungsromans konstituiert. Das Werk thematisiert das Ringen eines jungen Protagonisten inmitten eines epochalen Umbruches um existenzsichernde Orientierungsmuster, um die Grundwerte humaner Gesittung. Diese Thematik bedingt eine zwar episodisch aufgelockerte, aber doch einsträngige Fabel, deren Vordergrundhandlung sich in chronologischer Abfolge entfaltet. Die Gliederung der Phasen, die sich durch Ortswechsel voneinander abgrenzen und ein festes Raum-Zeit-Gefüge bilden, orientiert sich, wie erwähnt, an Niebuhrs Entwicklungsprozeß: Lager, Gefängnis und die Gemeinschaftszelle der Kriegsverbrecher. Die Abfolge der Stationen ist durch das Prinzip der Steigerung, gekoppelt mit abnehmender erzählerischer Raffung, bestimmt; die dem Protagonisten auferlegten Prüfungen werden immer schwerer, die Situationen ständig gefahrvoller. Die Episoden sind in der Regel episch integriert; sie dienen in Form von Rückgriffen des erlebenden Ichs auf seine Vergangenheit der eigenen Selbsterkundung. Eine nicht geringe Anzahl von Leitmotiven schafft ein Netz von Bezügen und bildet so ein Gegengewicht zu Kants Neigung, erzählerisch abzuschweifen.[137] Die innere Progression des Protagonisten mündet zielgerichtet in die Selbstfindung, die mit seiner Entlassung aus der Haft und der offiziellen Anerkennung seiner Identität zusammenfällt.

Auch das Formprinzip der Figurenkonstellation entspricht der invarianten Grundstruktur des Bildungsromans. Die nur knapp skizzierten Nebenfiguren sind der dominanten Zentralgestalt des Protagonisten funktional zugeordnet; sie sind in erster Linie als soziales Umfeld für dessen Entwicklung relevant. Die didaktische Motivation des Erzählers, der an die bewußtseinsverändernde Macht der Literatur glaubt, zeigt sich am Brechtschen Motto und an zahllosen wertenden Kommentaren, die immer wieder generalisierenden Charakter gewinnen. Der Erzähler erhebt für die Ergebnisse seines Erkenntnisprozesses den Anspruch auf exemplarische Verbindlichkeit. Sein Bewußtseinswandel ist in gewisser Weise musterhaft für die Generation des Übergangs vom Faschismus zum Neubeginn der Nachkriegszeit.

Das Werk wird also durch die transepochale invariante Grundstruktur des Bildungsromans konstituiert. Die variablen Strukturelemente von *Der Aufenthalt* resultieren daraus, daß Kant mit der Gefangenschaft einen neuen Stoffbereich aufgegriffen und ihm eine für den Bildungsroman spezifische Thematik abgewonnen hat, nämlich die Isolation von der Außenwelt als Bedingung eines entwicklungsfördernden Lernprozesses. Dies bedingte neben der Verkleinerung des Figurenensembles eine Reduktion der Raumsubstanz. Anstelle einer Reise durch die kleine und die große Welt wird ein Rückzug in die Tiefen des eigenen Ichs geschildert.

Der eloquente Ich-Erzähler berichtet in der für die autobiographische Erzählweise konstitutiven Retrospektive. Er bewegt sich auf drei Zeitebenen: in der ehemaligen DDR angesiedelt, berichtet er über zwei Jahre seiner polnischen Kriegsgefangenschaft (1945—46), wobei er des öfteren auf seine Jugendzeit zurückgreift. Der Protagonist möchte sich und dem Leser über die wichtigste Phase seines Lebens Rechenschaft geben; schreibend will er sich seines damaligen Lernprozesses vergewissern, der ihm lebensbestimmende Denk- und Verhaltensweisen vermittelt hat. Er beschreibt also nicht in erster Linie das Phänomen der Kriegsgefangenschaft als solcher, sondern er wählt aus subjektiver Perspektive all diejenigen Erfahrungen aus, die für seinen „Weg [...] von Belang gewesen" sind (107). Der gereifte Erzähler berichtet, kommentiert und bewertet die Vorgänge aus seiner Sicht; er versucht aber auch, der Perspektive des erlebenden Ichs gerecht zu werden, was häufig zu einer Mischung der beiden Sichtweisen führt. Seine spürbare innere Beteiligung steigert sich gegen Ende des Buches zu tiefer Betroffenheit. Meist präsentiert sich der Erzähler als souveräner Chronist, der aus großer zeitlicher Distanz die Jahre seiner Gefangenschaft rekapituliert. Er bekundet seine Überlegenheit vor allem in Stilformen der Ironie, des Sprachwitzes oder der satirischen Deformation. Aber hinter aller vordergründig heiteren Komik lauert ständig der bedrohliche Ernst der Grenzsituation. Des Erzählers Interesse gilt weniger der Darstellung der äußeren Geschehnisse als der Vergegenwärtigung der Innenwelt des erlebenden Ichs; minuziös zeichnet er den komplexen Vorgang einer allmählichen Bewußtseinsveränderung nach. Räsonierender innerer Monolog und ruhelose Reflexion beherrschen die ausufernde Rede des Erzählers, der sich darüber klar ist, daß er seine Innenwelt „in übertriebenen Dimensionen", „ins Riesige" vergrößert zur Sprache bringt (206). In endlosen phantasiereichen Assoziationen und gedanklichen Paraphrasierungen umkreist er die Probleme, denen sein Erkenntnisinteresse gilt. Er hat sich dem Stilprinzip eines abrupten „Wechsels von Ton" (381) verschrieben, denn neben den erwähnten Formen sprachlicher Erweiterung stehen Sprechweisen lakonischer Reduktion, die besonders in dramatisch zugespitzten Situationen eingesetzt werden. Kant meistert auch souverän den Wechsel der Sprachebenen, von literarisch stilisierter Rede in Barockmanier bis zu den Niederungen des zeitgenössischen Jargons.

Die erwähnten variablen Strukturelemente verleihen Kants Roman ein unverwechselbar individuelles Profil. Sein bisher bedeutendstes Werk beweist die erstaunliche Wandlungsfähigkeit des Strukturtyps des Bildungsromans, der offensichtlich völlig neuartige Stoffbereiche zu adaptieren vermag.

XI. EXKURS

Zum Strukturmuster des englischen und amerikanischen Bildungsromans

Die Schwierigkeit, das Strukturmuster des deutschen Bildungsromans in der anglo-amerikanischen Literatur auszumachen, resultiert einerseits aus der weit verbreiteten Uneinheitlichkeit der Terminologie. Für den Bereich der englischen Literatur bevorzugt man im allgemeinen, in Anlehnung an Carlyles Übersetzung von *Wilhelm Meisters Lehrjahre*, den Ausdruck „Apprentice Novel".[1] Bezüglich der amerikanischen Nachkriegsliteratur wird eher der Terminus „Novel of Adolescence" verwendet.[2] Zunehmend scheint sich jedoch, besonders für die englische Literatur, die Bezeichnung „Bildungsroman" durchzusetzen. Freilich trägt auch dieser Begriff wenig zur Klärung des Sachverhalts bei, weil er in der Regel zu weit gefaßt und hinsichtlich der Bestimmung der epischen Struktur unzureichend differenziert ist.[3] Zum andern hat diese Romanart außerhalb des deutschen Sprachraumes niemals eine dominante Rolle gespielt. In England dürfte dies vor allem durch einen pragmatischen Bildungsbegriff bedingt sein, der im Sinne von „self-formation" primär auf die Fragen lebenspraktischer Sozialisations- und Lernprozesse abzielt.[4] Daher begegnet eine selbstreflexive innere Biographie, die auch allgemeine Probleme humaner Entwicklung analysiert, nur selten. Im folgenden soll versucht werden, an ausgewählten Werken diejenigen strukturellen Merkmale zu bestimmen, die das Grundmuster des englischen und des amerikanischen Bildungsromans konstituieren. Die Untersuchung muß sich aus räumlichen Gründen auf die invariante Grundstruktur der Werke beschränken, weshalb die autorspezifischen variablen Merkmale, die diesen Romanen ihr individuelles Profil verleihen, nicht berücksichtigt werden können.

Im Jahre 1824 erschien *Wilhelm Meister's Apprenticeship*, die erste englische Übersetzung des Goetheschen Bildungsromans. Thomas Carlyle bereitete damit einer bis in die ersten Jahrzehnte des 20. Jahrhunderts reichenden Rezeption den Weg, die dem deutschen Vorbild vor allem hinsichtlich des Strukturmodells, weniger dagegen in den Bildungsinhalten verpflichtet war. Dieses Strukturmuster, das im folgenden an einigen repräsentativen englischen und amerikanischen Romanen nachgewiesen werden soll, weist gewisse invariante Merkmale auf: Die Vorgangsfigur der Fabel beschreibt, wie ein jugendlich-unerfahrener Protagonist in Auseinandersetzung mit verschiedenen gesellschaftlichen Bereichen, durch Irrtümer und Fehlschläge allmählich seine Illusionen überwindet und mit dem Eintritt ins Mannesalter zum Bewußtsein seiner selbst gelangt. Der auf Selbstfindung angelegte Bildungsprozeß manifestiert sich in einer einsträngigen Lebenslinie, deren Beschreibung die chronologische Abfolge der Geschehnisse weitgehend einhält. Die Phasen des individuellen Entwicklungsprozesses gliedern den Handlungsverlauf, dessen Zäsuren häufig durch Ortswechsel unterstrichen werden. Vom Zielpunkt der Selbstfindung her, in den die Entwicklung der Zentralgestalt mündet, gewinnt der dargestellte Prozeß mit all seinen Wirrungen eine Bedeutung, die erzählerisch mit exemplarischem Anspruch präsentiert wird. Die Figurenkonstellation ist in der Regel durch das Prinzip der funktionalen Zuordnung der Nebenfiguren zur Zentralgestalt bestimmt. Sie gewinnen im Raum der Erzählung ein nur begrenztes Eigenleben, weil sie vorwiegend in ihrer Bedeutung für den Lernprozeß des Protagonisten dargestellt werden, entweder als innerlich verwandte komplementäre Charaktere oder als widerständige Gegensatzfiguren. Es wird die Entwicklung der komplexen Gesamtpersönlichkeit eines Jugendlichen thematisiert, der sich mit seiner Umwelt vorwiegend rezeptiv auseinandersetzt. Dieser Vorgang wird, häufig mittels leitmotivischer Technik, als eine mit wachsender Bewußtheit erfolgende Suche nach dem eigenen Ich interpretiert. Sie vollzieht sich vor allem in zahlreichen Reflexionen, in denen die jeweilige Entwicklungsphase problematisiert wird. Der Wachstums- und Reifungsprozeß des Protagonisten weist eine ausgeprägte kognitive Komponente auf; der Held schärft seine Wahrnehmungsfähigkeit für die eigenen Möglichkeiten und Grenzen, was etwa auch die Klärung seines künftigen Verhältnisses zur Gesellschaft impliziert. Der Prozeß der Bewußtseinsveränderung besitzt aber auch einen voluntativen Aspekt. Er offenbart sich im Erwerb einer Verhaltensdisposition, in der Bereitschaft, gewisse als verbindlich erkannte Normen und Wertvorstellungen handelnd zu verwirklichen, wozu in der Regel auch die Übernahme bestimmter sozialer Rollen zählt.

Was Thomas Carlyle an Goethes Roman interessierte, waren allerdings nicht solche strukturellen Fragen, sondern einzig die moralisch-weltanschauliche Aussage. Daher ist sein *Sartor Resartus* (1831) auch nicht dem Strukturmuster des Bildungsromans verpflichtet. Wie schon der Untertitel („The Life and Opinions of Herr Teufelsdröckh") andeutet, steht das Werk in der Formtradition des humoristischen Romans von L. Sterne und Jean Paul.[5] Es fehlt die einsträngige Fabel in Gestalt einer kontinuierlichen Lebenskurve; sie bleibt auf das zweite Buch beschränkt, wo die Entwicklung des Protagonisten von ängstlicher Resignation zu gläubig-asketischer Lebensbejahung beschrieben wird. Dieser Bewußtseinswandel wird jedoch durch das dritte Buch wiederum relativiert, wo Professor Teufelsdröckh eine tief ironische Philosophie der Kleidung entwirft, die alles Endliche mit der erhabenen Größe des Absoluten konfrontiert. Zuletzt verschwindet der kauzig-bizarre Gelehrte auf mysteriöse Weise. Hier wird nicht zielgerichtet erzählt; die spärlichen Geschehnisse treten hinter krausen Reflexionen über Möglichkeiten und Grenzen menschlicher Existenz zurück — "Satirical Extravaganza on Things in General", wie der Autor sein Werk umschrieb.[6]

Mit Benjamin Disraelis *Contarini Fleming* (1831—32) setzte die eigentliche Rezeption des Goetheschen Paradigmas in England ein. Die Fabel konzentriert sich auf den Werdegang der Titelfigur, eines in Skandinavien aufwachsenden Aristokraten.

Disraeli schildert die abenteuerlich bewegte Entwicklung eines schwärmerisch-egozentrischen Individualisten, dessen ehrgeiziger Drang nach Selbstverwirklichung ihn zwischen politischen und künstlerischen Ambitionen schwanken läßt. Hier werden autobiographische Bezüge zum Leben des Autors sichtbar. Nach absolvierter Schul- und Studienzeit, in die bereits seine ersten Schreibversuche fallen, unternimmt Contarini gegen den Willen seines Vaters, der ihn für die politische Laufbahn bestimmt hat, eine Bildungsreise nach Italien. Dort wirft ihn ein tragisch endendes Liebeserlebnis auf sich selbst zurück, was ihn veranlaßt, sich intensiv dem literarischen Schaffen zuzuwenden. Weitere Reisen durch die mediterranen Länder vertiefen seine Weltkenntnis. Nach dem Tode seines Vaters, der ihm ein beträchtliches Vermögen vermacht, läßt er sich in Italien nieder, um in einsamer Zurückgezogenheit seinen künstlerischen Neigungen zu leben.

Nicht nur sind hier wesentliche Motive des deutschen Bildungsromans versammelt, Disraeli übernimmt auch dessen Thematik, nämlich "the development and formation" eines Charakters.[7] Der Autor sucht den komplexen Entwicklungsprozeß einer von ästhetischen Wertvorstellungen geprägten Existenz, unter Berufung auf *Wilhelm Meisters Lehrjahre*, aus dem Zusammenwirken bestimmter Faktoren zu erklären: geistige Anlage (predisposition), aristokratische Herkunft (birth), gesellschaftliches Milieu (position in life) und geographische Einflüsse (Scandinavia and the South). Die Zentralfigur, ein hochbegabter junger Mensch, unternimmt als "self-discoverer" die Suche nach der eigenen Identität. Seine Entwicklung wird als Prozeß zunehmender Bewußtwerdung (growing consciousness) dargestellt; sie gipfelt, gemäß der transepochalen Grundstruktur des deutschen Bildungsromans, in der Selbstfindung: he "has discovered his genius, and developed his faculties".[8] So hat er am Schluß über seine Wesensart Klarheit gewonnen und sich folgerichtig für die schöpferische Existenz des Poeten (creation of the beautiful) entschieden.[9] Nunmehr schreibt er die Geschichte seiner Kindheit, Jugend und frühen Mannesjahre nieder und vergewissert sich dadurch des eigenen Werdegesetzes.

Die Fabel weist eine zielgerichtete Linearität auf. Die sieben Teile des Romans markieren die Entwicklungsphasen der Titelfigur, die in chronologischer Abfolge dargestellt sind. Die Erzählweise ist durch die autobiographische Retrospektive bestimmt. Hier griff der Autor auf Goethes *Dichtung und Wahrheit* zurück, wo er ebenfalls persönliche Erfahrungen der Selbstbildung (self-formation) gestaltet sah. Mittels dieser Erzählweise glaubte er "the innermost secrets of the brain and heart" darstellen zu können. Auch die Bezeichnung des Genres (psychological romance) verweist auf die den Bildungsroman kennzeichnende Dominanz der Innenwelt des Protagonisten. Die subjektive Perspektive des Erzählers bestimmt Auswahl und Darbietung des Geschehens, das sich am Erleben der jugendlichen Zentralgestalt orientiert. Dieser sind die Nebenfiguren funktional zugeordnet; sie werden nach Maßgabe ihrer Bedeutung für Contarinis Entwicklung dargestellt. Eine Ausnahme bilden die extensiven Reiseschilderungen im 5. und 6. Teil, in denen sich Disraeli der Zeitmode der „Reisebilder" verpflichtet zeigt. Der Ich-Erzähler spart nicht an Reflexionen über Wesen und Bestimmung des Poeten wie des Menschen überhaupt. Sie häufen sich gegen Ende der einzelnen Entwicklungsphasen des Protagonisten. Disraeli dürfte das Grundmuster des Goetheschen Bildungsromans für England entdeckt haben, nämlich die Thematik der Entwicklung einer sich selbst suchenden Zentralgestalt, literarisch realisiert durch gewisse strukturelle Elemente der Romanart.[10]

Der mit Disraeli befreundete Edward Bulwer Lytton, der *Contarini Fleming* vorbehaltlos bewunderte, führte die junge englische Tradition des Bildungsromans weiter, und zwar besonders mit *Ernest Maltravers* (1837) und dessen Fortsetzung *Alice, or The Mysteries* (1838). Beide Werke bilden eine Einheit, wie der Autor im Vorwort versichert. Er fühlte sich mit der Thematik der "moral education or apprenticeship" Goethes Bildungsroman verpflichtet, versuchte aber andererseits, keine Lehrjahre einer ästhetischen Existenz zu schildern, sondern einen "Wilhelm Meister of Real Life" zu gestalten.[11] Ernest, eine universal begabte Natur, kehrt nach seinem Studium an einer deutschen Universität in die Heimat zurück, wo er Alice, ein Mädchen einfacher Herkunft, kennenlernt. Durch äußere Umstände von ihr getrennt, vereinsamt er und zieht sich auf seine Arbeit als Schriftsteller und Politiker zurück. Bildungsreisen auf das europäische Festland erweitern seinen geistigen Horizont. Durch herbe Liebesenttäuschungen lernt er, seinen schwärmerischen Idealismus zu überwinden, seine Affekte zu zügeln, und gewinnt schließlich feste moralische Grundsätze. Zuletzt findet er die Geliebte seiner Jugendjahre wieder.

Die erzieherischen Einflüsse der Kindheit bilden für Bulwer, im Gegensatz zu Disraeli, kein Thema. Er räumt der persönlichen Lebenserfahrung, der Auseinandersetzung des jungen Protagonisten mit der Umwelt den höchsten Stellenwert ein. Die Bildungsidee verbleibt in vager begrifflicher Allgemeinheit; der Held erreicht nach manchen Irrwegen eine tapfere, heiter-gelassene Lebensmeisterschaft, eine "Philosophy of Human Life", als deren Prinzipien verkündet werden: "a desire for the Good, a passion for the Honest, a yearning after the True".[12] Dahinter verbirgt sich die Forderung nach pflichtbewußter Tätigkeit im Rahmen der viktorianischen Gesellschaftsordnung. Bulwer ist dem Ideal des humanistisch gebildeten *gentleman* verpflichtet, allerdings in einer bemerkenswerten viktorianischen Ausprägung, denn Maltravers findet primär nicht im Beruf, sondern in der Geborgenheit der Ehe mit Alice zu sich selbst. Er erfährt die tugendhafte, liebende Frau als "the example of the sublime moral" (423), als Inbegriff humaner Vollkommenheit. Der emphatisch-pathetische Stil verrät die ideologisierende Tendenz des Autors, dessen Wertvorstellungen mit exemplarischem Anspruch dargeboten werden.

Bulwer legte, ähnlich wie Disraeli, weniger Wert auf die äußere als auf die innere Biographie; ihn beschäftigte in erster Linie die Gedanken- und Gefühlswelt seiner Figuren, deren Lebensnormen und Wertbegriffe er vermitteln wollte. Er verstand sein Werk als psychologisch analysierende, begrifflich bestimmte "metaphysical fiction", worin er sich Goethe verpflichtet glaubte: "Wilhelm Meister is to the knowledge of thoughts what Gil Blas is to the knowledge of the world."[13] Die Fabel konzentriert sich auf die dominante Titelfigur und deren stufenweise Entwicklung vom Jüngling bis ins Mannesalter. Sie mündet zielgerichtet in die Selbstfindung des Protagonisten. Die chronologisch geordnete Handlungsführung verläuft weitgehend einsträngig; die zwanzig Bücher gliedern das Geschehen um Maltravers, dem die wenigen Nebenfiguren funktional zugeordnet sind.[14] Neben den für seine Entwicklung bedeutsamen weiblichen Gestalten sowie den Mentorenfiguren — Cleveland und de Montaigne —, mit denen er zahlreiche Lehrgespräche führt, dominiert die negative Kontrastfigur des unmoralischen Ferrers, der als Ernests Gegenspieler fungiert. Der didaktisch beflissene Erzähler überblickt und kommentiert das Geschehen aus souveräner Distanz.[15]

Kritische Distanz gegenüber den Erziehungsprinzipien der viktorianischen Gesellschaft zeigt Samuel Butlers Roman *The Way of All Flesh*: 1872—84 entstanden, 1903 postum veröffentlicht. Die Fabel wird durch die Lebensgeschichte von Ernest Pontifex, der Zentralfigur, bestimmt.[16] Der seelisch labile, naive Protagonist wächst in einem streng puritanischen Pfarrhaus auf, erleidet eine lebensferne schulische Erziehung und ergreift schließlich, auf Weisung des Vaters, den Beruf des Geistlichen. Die Gefängnisstrafe, die er infolge einer erotischen Verirrung verbüßen muß, stürzt ihn in eine schwere seelische Krise. Gesellschaftlich geächtet, vermag er sich nur durch eine radikale Trennung von den Konventionen der Welt seiner Herkunft zu retten: "Achievement of any kind would be impossible for him unless he was free from those who would be for ever dragging him back into the conventional."[17] Er gibt seinen geistlichen Beruf auf, lernt Not und Armut kennen und wendet sich schließlich der Tätigkeit eines Schriftstellers zu, wobei ihm eine Erbschaft zustatten kommt. Butler thematisiert Selbstentfremdung und Selbstfindung: der Protagonist verfehlt infolge einer lieblos autoritären Erziehung die innere Orientierung und gelangt erst zu sich selbst, als er sich entschlossen vom Zwang zu sozialer Konformität lossagt.[18] Der Gefängnisaufenthalt markiert den entscheidenden Wendepunkt in Ernests Entwicklung. Der junge Mann bricht mit den lebensfeindlichen, starren Moralbegriffen seines Elternhauses (self-denial, right-mindedness, respectability); er erkennt, daß sein durch Erziehung und Milieu determiniertes "conscious self" ihm die wahre Selbstfindung verwehrt.[19] Zunehmend überläßt er sich der Führung seines unterbewußten "true self", der "voice within", die ihm das Vertrauen zu sich selbst (faith in his own destiny) wiedergibt.[20] Er gewinnt zuletzt seine Identität als ein von sozialen Bindungen emanzipierter, gesellschaftskritischer Schriftsteller, der die zu liberaler Erziehung unfähige Institution der Familie, das antiquierte moralistische Bildungssystem und den intoleranten Dogmatismus der Kirche mit satirischer Schärfe anprangert.

Butlers Bildungsidee entwickelte sich aus der produktiven Auseinandersetzung mit den Normen und Wertvorstellungen der viktorianischen Ära, deren Konsequenzen der Autor, ähnlich wie sein Protagonist, am eigenen Leibe schmerzlich erfahren hatte, woraus sich die satirische Überzeichnung mancher Figuren, besonders des tyrannischen Vaters, erklärt. Butler vertrat die kompromißlose Emanzipation des Individuums gegenüber der Gesellschaft im Sinne einer Evolutionslehre, die auf die natürlichen Wachstumskräfte des einzelnen vertraut. In solch radikaler Absage an die brüchigen gesellschaftlichen Konventionen seiner Zeit wies er auf den Bildungsroman des 20. Jahrhunderts voraus.[21]

Der Erzähler, väterlicher Freund des Protagonisten, thematisiert dessen Werdegang von der Kindheit bis zum Mannesalter. Die einsträngige Fabel ist chronologisch geordnet und nach Entwicklungsphasen gegliedert. Sie mündet zielgerichtet in die endgültige Entscheidung für den Beruf des Schriftstellers (Kap. 84). Die Nebenfiguren sind der Zentralgestalt im wesentlichen funktional zugeordnet. Selbst die den Roman einleitende Schilderung der Vorfahren des Protagonisten dient einzig dem Zweck, dessen Erbgut, mit dem er sich im Laufe seiner Entwicklung auseinandersetzen muß, zu vergegenwärtigen. Der didaktisch motivierte Erzähler sucht in zahllosen Reflexionen aus den Erfahrungen seines mit exemplarischem Anspruch auftretenden Helden allgemeine Lebensregeln abzuleiten. Butlers Roman weist somit die wesentlichen konstanten Strukturmerkmale des Bildungsromans auf.

W. Somerset Maugham fühlte sich Butlers Werk stark verpflichtet, als er seinen Roman *Of Human Bondage* verfaßte, der 1915 erschien.[22] Ähnlich wie sein Vorgänger verarbeitete er eigene leidvolle Jugenderfahrungen, schilderte seine Anstrengungen, den einengenden Konventionen der viktorianischen Gesellschaft zu entrinnen.[23] Dabei war er sich wie Butler der determinierenden Macht der ererbten Anlage und des sozialen Milieus vollauf bewußt. Unter diesen Fesseln (bondage) leidet Philip Carey, der als Waise in der lieblosen viktorianischen Strenge eines Pfarrhauses aufwächst. Seine freudlosen Internatsjahre werden durch ein körperliches Gebrechen, das ihm hämischen Spott einträgt, zusätzlich belastet. Zweimal versucht er vergeblich, der lähmenden engen Welt seiner Herkunft zu entkommen, bricht jedoch sein Literaturstudium in Deutschland wie auch seine Kunstausbildung in Paris vorzeitig ab. Erst sein Medizinstudium bringt ihm den ersehnten Erfolg, sodaß er als Landarzt ein von gesellschaftlichen Verpflichtungen befreites, zurückgezogenes Leben führen und sich auch seinen literarischen Neigungen zuwenden kann.

Maugham vertrat wie Butler die Meinung, die Gesellschaft behindere notwendig die Entwicklung des Individuums, weil ihre Werte mit denen des einzelnen unvereinbar seien. Rigoros setzt die viktorianische Gesellschaft die Instrumente der sozialen Kontrolle ein, denen sich das Individuum um seiner Selbstbewahrung willen zu entziehen sucht. Daher ist die Grundfigur der Entwicklung des Protagonisten dessen schrittweise Selbstbefreiung von gewissen äußeren Abhängigkeiten und inneren Bindungen. Er entzieht sich der Tyrannei seines Pflegevaters; er lernt mit dem Gebrechen seines Klumpfußes selbstbewußt umzugehen. Schließlich sagt er sich vom christlichen Glauben los, den er nur in dogmatisch erstarrter Entstellung kennengelernt hat. Indem er die moralischen Normen der Gesellschaft als angebliche Vorurteile in Frage stellt, zieht er sich auf eine individualistische Ethik zurück, die ihm einen maximalen persönlichen Freiraum beläßt. Er befreit sich auch von der Illusion, zum

Maler geboren zu sein, und er überwindet die bedrohliche Gewalt erotischer Hörigkeit. Seine quälende, erfolglose Suche nach einem metaphysischen Lebenssinn gibt er schließlich auf und bescheidet sich in der Haltung eines skeptischen Agnostizismus. Der Protagonist, ein zu grüblerischer Selbstanalyse neigender Einzelgänger, sucht zielbewußt die unverstellte Lebensrealität zu erkunden: "It seemed to Philip that there were three things to find out: man's relation to the world he lives in, man's relation with the men among whom he lives, finally man's relation to himself."[24] Der Prozeß ständiger Desillusionierung, dem er unterworfen ist, führt ihn schließlich zu einem entschiedenen Nonkonformismus gegenüber gesellschaftlicher Fremdbestimmung. Er wählt, wie gesagt, die unabhängige Existenz eines Landarztes und findet an der Seite einer liebenswerten, schlichten Frau die familiäre Geborgenheit, die er bisher entbehren mußte. Nunmehr hat er gelernt, das Leben und sich selbst vorbehaltlos mit tapferer Gelassenheit anzunehmen. Es ist ihm "the forming of a pattern out of the manifold chaos of life" gelungen.[25] Er hat der Sinnleere des Daseins ein sinnerfülltes, individuelles Lebensmuster abgerungen, das seinen persönlichen Fähigkeiten und Bedürfnissen entspricht. Der Erzähler bekräftigt abschließend diese Haltung entsagender Selbstbeschränkung mit einem Zitat aus Goethes Roman *Wilhelm Meisters Lehrjahre*: "America was here and now" (606). In klugem Verzicht auf illusionäre Lebenserwartungen, in der Beschränkung auf die Aufgaben des Hier und Jetzt, hat der Protagonist das ihm mögliche Lebensglück gewonnen.

Maughams Werk zeigt die invarianten Strukturmerkmale des Bildungsromans.[26] Es wird die Entwicklung einer Zentralfigur von der Kindheit bis zum Alter von dreißig Jahren geschildert, wobei das Interesse des Erzählers vor allem der Adoleszenz und dem frühen Mannesalter gilt. Der Autor thematisiert das Bestreben des Protagonisten, angesichts einer als chaotisch erfahrenen Wirklichkeit zu einem Lebensentwurf zu gelangen, der ihm die personale Identität sichert: "The thing then was to discover what one was and one's system of philosophy would devise itself" (258). Trotz seines großen Umfangs weist der Roman ein überschaubares Figurenensemble auf, das der Zentralgestalt funktional zugeordnet ist. Erzieher, Studienkameraden, Freunde und Frauen — sie alle konstituieren die den Protagonisten determinierende Umwelt, mit der er sich gemäß dem Prinzip von trial and error auseinandersetzt. Die Fabel ist zielgerichtet auf seine Selbstfindung angelegt. Die Handlungsführung verläuft einsträngig, an der Entwicklung des Helden orientiert, deren Phasen in chronologischer Ordnung dargeboten werden.[27] Der didaktisch motivierte Erzähler präsentiert einen Protagonisten, der mit exemplarischem Anspruch auftritt.

Nach langjährigen Vorarbeiten veröffentlichte James Joyce 1916 den Roman *A Portrait of the Artist as a Young Man*. Dessen erste Fassung war aus dem Bedürfnis entstanden, eigene leidvolle Jugenderlebnisse schreibend zu bewältigen: bittere Erfahrungen in einem katholischen Internat, quälende Auseinandersetzungen mit der Kirche und den Problemen des irischen Nationalismus. Joyce schätzte Goethes *Wilhelm Meister*, weil er hier die Spannung zwischen autonomem Künstlertum und philiströser Gesellschaft beispielhaft gestaltet sah.[28] Er nahm in seinem Roman Disraelis Thematik wieder auf, nämlich den Entwicklungsprozeß einer von ästhetischen Wertvorstellungen geprägten Existenz, freilich mit dem entscheidenden Unterschied, daß jetzt der determinierende Einfluß der Außenwelt gegenüber der zielgerichteten Kraft der Charakteranlage gänzlich zurücktrat. Joyce war vor allem der Konvention des spätviktorianischen Bildungsromans verpflichtet, die er allerdings eigenständig weiterentwickelte. Von Meredith und Butler übernahm er die Vorstellung, das Individuum könne seine Identität nur durch kompromißlosen Nonkonformismus, durch einen entschiedenen Bruch mit der einengenden Welt seiner Herkunft verwirklichen.

Der Roman thematisiert den Prozeß einer Bewußtseinsbildung, die in der Kindheit einsetzt und mit der Adoleszenz ausklingt. Joyce verzichtet weitgehend auf die Darstellung von Außenwelt als eigenständiger Realität; im Stil der modernen Bewußtseinsepik beschreibt er die Innenwelt der Titelfigur des Stephen Dedalus. Ein grüblerisch-introvertierter Jüngling von egozentrisch-stolzer Wesensart, der schon frühzeitig seine ihn isolierende Andersartigkeit erfährt. Seine Entwicklung stellt sich als ein Prozeß zunehmender gesellschaftlicher Entfremdung dar: "His destiny was to be elusive of social or religious orders."[29] So entzieht sich Stephen einer teilnahmslosen Familie, die ihm keine Geborgenheit zu schenken vermag, und er verzichtet auf freundschaftliche Beziehungen, weil sie ihn nicht bereichern. Schließlich gibt er auch seine katholische Glaubensbindung preis, um einem quälenden Sündenbewußtsein zu entrinnen, das ihm die autonome Selbstentfaltung verwehrt. Aus einem tristen Lebensalltag zieht er sich in die Welt seiner Bücher, in die weltanschauliche und ästhetische Reflexion zurück. Er gewinnt schließlich seine Identität, als sich ihm sein Name in visionärer Entrückung als Gesetz seines Daseins offenbart. Mit dem beschwörenden Anruf des mythischen Schöpfergeistes Dädalus — "the great artificer" (170) — endet das Werk. Nunmehr ist Stephen sich seiner dichterischen Bestimmung gewiß; er glaubt sich berufen, die verborgene Wahrheit und Schönheit der chaotischen Erscheinungswelt literarisch zu gestalten. Im Akt der Selbstfindung erschließt sich ihm nicht nur der Weg in eine neue Zukunft, er vermag auch rückblickend seinem leidvollen Werdegang einen Sinn abzugewinnen. Denn er erkennt, daß "freedom and power of his soul" (170) nur durch einen radikalen Bruch mit den einengenden Normen und Wertvorstellungen der Welt seiner Herkunft realisiert werden konnten.

Joyce verkündet eine ästhetisch geprägte, extrem individualistische Bildungsidee. Stephen sucht nach "the mode of life or of art whereby your spirit could express itself in unfettered freedom" (246). Der Roman endet mit der begründeten Hoffnung, der Protagonist werde sich mittels literarischer Schöpfung selbst verwirklichen können. Sein Entwicklungsprozeß, von der Außenwelt nur geringfügig gefördert, stellt sich als Entfaltung vorgegebener Anlagen dar, womit Joyce auf die romantische Anschauung vom Kind als der Präfiguration des Mannes zurückgriff. Die Bildungsidee des Romans kann schon wegen ihrer rein ästhetischen Qualität eine nur begrenzte exemplarische Bedeutsamkeit beanspruchen. Anderseits vermittelt Stephens Entfaltungsprozeß als solcher dem Leser ein nicht unerhebliches Identifikationsangebot, werden doch die pubertären Wirren, die zunehmende Entfremdung eines Jugendlichen gegenüber den sozialen Institutionen von Elternhaus, Schule und Kirche überzeugend geschildert.

Die Grundstruktur des Bildungsromans fordert das Thema der Charakterentwicklung einer jugendlichen Zentralgestalt bis zum Zeitpunkt ihrer Selbstfindung. Diese Thematik bedingt ein bestimmtes Bauprinzip der Personenkonstellation. Die Nebenfiguren werden der Zentralgestalt rein funktional zugeordnet; sie gewinnen nur insoweit individuelle Rundung, als sie von Stephens Bewußtsein apperzipiert werden und damit für dessen Entfaltung relevant sind. Die Gliederung des Werkes in fünf Kapitel verdeutlicht die Stufen des Prozesses der Bewußtseinsbildung: anfänglicher Gehorsam des Kindes gegenüber Elternhaus und christlicher Schule; beginnende Entfremdung und Sündenfall; Reue und tätige Buße; Erkenntnis der dichterischen Berufung und schließlich der Aufbruch in das eigene, von gesellschaftlicher Fremdbestimmung weitgehend befreite Dasein. Auch die einzelnen Kapitel sind nach dem Prinzip der Steigerung gebaut, denn jeder Kapitelschluß zeigt den Protagonisten nach überstandenen Wirren im Gefühl glückhafter Erlösung, das allerdings zu Beginn des nächsten Kapitels wieder in Frage gestellt wird.

Der Erzähler berichtet weitgehend aus Stephens subjektiver Perspektive, wodurch die Vorgänge der Außenwelt als bloße Bewußtseinsinhalte des Protagonisten vermittelt werden. Sie erscheinen gebrochen im Spektrum sinnlicher Wahrnehmungen und gedanklicher Assoziationen, in emotionalen Reaktionen und in den Aufschwüngen der Imagination. Der Erzähler paßt seinen Diskurs der jeweiligen Bewußtseinsstufe des Helden an; sein Stil entfaltet sich von kindlicher Einfachheit bis hin zu poetischer Qualität. Dies signalisiert nicht nur die zunehmende literarische Souveränität des werdenden Dichters, sondern auch dessen wachsende Fähigkeit, mittels der Sprache die beängstigende, chaotische Außenwelt geistig zu ordnen. Da die empirische Erscheinungswelt, wie gesagt, nur gebrochen in Stephens Bewußtsein existiert, löst sich die lineare Fabel im herkömmlichen Sinn auf. Zwar bleibt die zeitliche Abfolge der Phasen von Kindheit, Jugend und Adoleszenz erhalten, aber das Bewußtsein des Protagonisten oszilliert immer wieder zwischen erinnerter Vergangenheit und antizipierter Zukunft. Die innere Entfaltung mündet jedoch zielgerichtet in den Akt der Selbstfindung und den Aufbruch in das eigene, nicht mehr entfremdete Leben.

Nach Joyce' einflußreichem Werk dürfte wohl kein herausragender englischer Bildungsroman mehr erschienen sein. Nach dem Zweiten Weltkrieg trat dann die Romanart ganz in den Hintergrund.[30] Im Gegensatz zur englischen Literatur war dem amerikanischen Roman die Thematik der Identitätssuche eines jungen Protagonisten bis zur Mitte des 20. Jahrhunderts fremd geblieben. Signifikant dafür ist die Tatsache, daß die Rezeption des deutschen und des englischen Bildungsromans in den USA bis dahin keine bedeutsamen literarischen Wirkungen gezeigt hatte. In den fünfziger Jahren wandte sich der amerikanische Roman unter dem Eindruck wachsender Prosperität von sozialrevolutionären Inhalten und Zielsetzungen ab, die er etwa zwei

Jahrzehnte lang engagiert vertreten hatte. Ein neuer Glaube an die Möglichkeiten individueller Lebensbewältigung bahnte sich an, ein Vertrauen auf die geistig-sittliche Kraft des einzelnen zu eigenständiger Entwicklung und Selbstbehauptung.

Amerikanische Psychologen propagierten damals einen Begriff der Persönlichkeitsbildung, der in den USA rasch große Bedeutung gewann, weil er eine amerikanische Grundüberzeugung zu stützen schien, nämlich "the essential American dogma of the inviolability of the self".[31] Gemeint ist der vor allem von E. H. Erikson unternommene Versuch, den Übergang von der Adoleszenz zur Persönlichkeit des Erwachsenen durch den Begriff der sozialpsychologischen „Ich-Identität" zu definieren. Die gewonnene Reife manifestiert sich nach Erikson in einem subjektiven Bewußtsein innerer Konsistenz und Kontinuität.[32] Die Ich-Identität erscheint als Produkt eines Entwicklungsprozesses, der von den tradierten normativen Bildungsinhalten weitgehend befreit ist. Der Jugendliche durchläuft eine irreversible Folge von Entwicklungsphasen, die sich durchaus diskontinuierlich, ja krisenhaft gestalten können. Er sucht sich den determinierenden Mächten von Gesellschaft und Kultur, den normierenden sozialen Rollenzwängen zu entziehen, weil sie seine individuelle Entwicklung gefährden.

Nicht zufällig nahm in der Nachkriegszeit auch die amerikanische Literatur das Thema des Jugendlichen auf, der sich selbst und seinen gesellschaftlichen Standort sucht; ein schwieriges Unterfangen innerhalb einer von vielerlei Konflikten und divergierenden Ideologien beherrschten Gesellschaft. Ein Drang nach neuer geistiger Orientierung wurde spürbar, verbunden mit einer kritischen Distanzierung gegenüber dem „American way of life". Damals gestalteten einige wenige Romanciers den auf das Fernziel wesenhafter individueller Selbstverwirklichung gerichteten Prozeß der Selbsterfahrung eines jungen Menschen — eine Thematik, für die sich aus innerer Affinität das Strukturmuster des Bildungsromans anbot. Ihn haben die beiden profiliertesten Vertreter des zeitgenössischen amerikanischen Bildungsromans, Ralph Ellison und Saul Bellow, mit größter Wahrscheinlichkeit von James Joyce übernommen, wie noch zu zeigen sein wird. Möglicherweise war ihnen auch *Demian*, Hesses bedeutsamster Bildungsroman, bekannt. Dieses Werk war bereits 1923 ins Amerikanische übersetzt worden und lag 1948, mit einem Vorwort von Thomas Mann versehen, erneut vor.

Im allgemeinen bestimmt in diesen Romanen der Protagonist seinen sozialen Standort durch entschiedene Abgrenzung gegenüber einer Wohlstands- und Leistungsgesellschaft, die durch Rollenzwang seinen spontanen Lebensvollzug beeinträchtigt. Solches Beharren auf schützender Distanz gegenüber der sozialen Umwelt erklärt sich bei Ellison und Bellow auch daraus, daß sie als Angehörige von rassischen Minoritäten in besonderer Weise auf die Bewahrung ihrer Identität bedacht sein mußten. Im Gegensatz zum herkömmlichen deutschen Bildungsroman schildert dessen amerikanische Variante weniger den normalen Bildungs- und Werdegang einer Zentralfigur — also deren komplexe Erfahrungen in Elternhaus, Schule, beruflicher Ausbildung, in Freundschaft und Liebe — als eher den durch schockierende Erlebnisse ausgelösten

Bewußtseinsprozeß eines jungen Protagonisten, der schließlich zur Erfahrung personaler Identität führt. Ellisons und Bellows Verhältnis zur amerikanischen Gesellschaft ist ambivalent: einerseits besitzen beide ein ausgeprägtes Nationalgefühl, zum andern aber sind sie ihrer Umwelt entfremdet; sie erscheint ihnen chaotisch, beherrscht von bedrohlichen Widersprüchen und Spannungen, bar jeder verbindlichen Wertvorstellung. Beide Autoren vertrauen auf die Kraft des Individuums, sich einen persönlichen Freiraum inmitten der Welt fixierter sozialer Rollen erobern zu können; sie betonen "the *individual's* ability to rise out of the mass and achieve the possibility implicit in society".[33]

Ralph Ellisons Roman *Invisible Man* (1952) birgt gewisse autobiographische Elemente. Autor und Protagonist gehören der schwarzen Minderheit an, deren Diskriminierung sie persönlich erfahren. Beide entstammen dem amerikanischen Süden; auch sympathisieren beide vorübergehend mit der kommunistischen Bewegung, ehe sie im Dienste des sozialen Protests zum eigenen literarischen Schaffen finden. Der Roman thematisiert den Prozeß der Bewußtseinsveränderung eines jungen Negers, der sich seiner gesellschaftlichen Umwelt zunehmend entfremdet, bis er schließlich deren wahres, inhumanes Gesicht erkennt; er durchläuft also "a struggle through illusion to reality".[34] Indem er sein anfänglich unfreiwilliges Außenseitertum am Schluß mutig annimmt, findet er zum Bewußtsein personaler Identität. Dieses gewinnt er nicht zuletzt durch die schriftliche Fixierung seiner Erfahrungen. In autobiographischer Retrospektive unternimmt der an der Schwelle des Mannesalters stehende Erzähler den Versuch der Selbsterkundung, er gibt sich Rechenschaft über seinen von ständigen Enttäuschungen verdüsterten Werdegang. Er thematisiert Ellisons ureigene Fragestellung, wie sie von jeher im Bildungsroman begegnet: "Who am I, what am I, how did I come to be? What shall I make of the life around me, what celebrate, what reject [...]?"[35]

Der Erzähler beginnt seinen Bericht dort, wo er erstmals mit den Normen seiner gesellschaftlichen Umwelt kollidiert. In einem Neger-College verstößt er gegen Vorschriften, die auf die Diskriminierung der schwarzen Minderheit zielen, und wird relegiert. Die nächste Lebensphase ist durch die Arbeitswelt New Yorks bestimmt, in der er scheitert, weil er nicht mehr willens ist, sich demütigen zu lassen. Er beginnt jetzt, gegen Entwürdigungen seitens der weißen Mehrheit Widerstand zu leisten. Im dritten Lebensabschnitt schließt er sich einer kommunistischen Gruppierung an, bis er schließlich ernüchtert feststellen muß, daß sie den Kampf der Schwarzen für ihre andersgearteten Zwecke mißbraucht. Erneut sieht er sich durch eine ihm aufgedrängte soziale Rolle manipuliert. Die Entwicklung des Protagonisten verläuft nach dem Prinzip von trial and error; er erleidet "much painful boomeranging of my expectations [...]".[36] Immer wieder wird er auf seine Ausgangsposition zurückgeworfen, woraus seine zunehmende gesellschaftliche Entfremdung, aber auch eine heilsame Bewußtseinsveränderung resultieren. Diese mündet am Schluß in die illusionslose Selbstfindung, in "an understanding of his human condition".[37] Endgültig hat er nun die

Verhaltensnormen und Wertvorstellungen der weißen Gesellschaft durchschaut, die auf die Diskriminierung der schwarzen Minderheit zielen. Er weiß jetzt um den ihm als Mitglied einer sozialen Randgruppe zugewiesenen gesellschaftlichen Standort, hat er doch erfahren, daß seine in stereotypen Vorstellungen befangene Umwelt ihn nicht als Individualität zu erkennen vermag; für sie ist er "invisible", "without substance".[38] Entschlossen bricht er zuletzt die Brücken zu seiner Vergangenheit ab, die durch unkritische gesellschaftliche Anpassung bestimmt gewesen war: "My problem was that I always tried to go in everyone's way but my own" (462). Er taucht in Namenlosigkeit unter und entzieht sich so den ihm aufgezwungenen sozialen Rollen.

Nachdem sich der Ich-Erzähler seines Werdegangs schreibend vergewissert hat, entschließt er sich im Epilog, wieder in die Gesellschaft zurückzukehren, um dort eine verantwortliche Rolle zu übernehmen. Damit hat er "a transformation from ranter to writer" vollzogen.[39] Seinen schwarzen Leidensgenossen schärft er ein, sie könnten ihre Gruppenidentität nicht etwa durch politische Programme gewinnen, sondern einzig durch entschlossene individuelle Selbstverwirklichung: "We create the race by creating ourselves" (286). Im letzten Satz des Romans klingt eine noch umfassendere Thematik an, nämlich Ellisons Frage nach der Identität der amerikanischen Gesellschaft: "[...] who and what is American [...]?"[40] Der Autor verwirft alle trennenden politischen Ideologien marxistischer, rassistischer oder kapitalistischer Provenienz. Er fordert die auf Gleichberechtigung beruhende Integration aller religiösen und rassischen Minderheiten in die amerikanische Gesellschaft. Deren Wunschbild entwickelt er in Übereinstimmung mit der amerikanischen Werttradition; er ersehnt eine Gesellschaft, "in which each individual cultivated his uniqueness and yet did not clash with his neighbours".[41]

Daß Ellison sich für das Strukturmuster des Bildungsromans entschied, verdankt er höchstwahrscheinlich einer Anregung durch J. Joyce' Roman *A Portrait of the Artist as a Young Man*.[42] Deutlich verweist der Erzähler auf dieses Werk, in dem sich ebenfalls ein künftiger Autor fixierten Normerwartungen seiner Umwelt entzieht und in retrospektiver Selbstvergewisserung schreibend zum Bewußtsein personaler Identität findet: "Stephen's problem, like ours, was [...] one [...] of creating the *uncreated* features of his face" (286).

Das Werk weist die spezifische Thematik des Bildungsromans auf, nämlich die Suche eines jungen Protagonisten der zeitgenössischen Gegenwart nach seiner Identität: "Our task is that of making ourselves individuals" (286). Das Thema wird anhand der Bewußtseinsentwicklung einer Zentralgestalt durchgeführt, die in autobiographischer Erzählweise ihren Werdegang von der Jugend bis an die Schwelle des Mannesalters schildert. Dies geschieht in der 25 Kapitel umfassenden Binnenerzählung, in welcher vorwiegend aus der Perspektive des erlebenden Ichs berichtet wird, während Prolog und Epilog aus der Sicht des gereiften Erzählers geschrieben sind.[43] Der Roman weitet sich über die Rassenproblematik hinaus zur Darstellung eines mit appellativem Nachdruck vermittelten Menschenbildes mit exemplarischem Anspruch, den der letzte Satz des Romans nachdrücklich bestätigt. Der namenlose Protagonist ist ein Jedermann, auf der Suche nach seinem wahren Namen, nach seiner eigenen Identität.[44] Der exemplarische Anspruch wird teilweise schon durch die Gestaltung der Fabel eingelöst, die des öfteren mittels mythischer Bezüge parabolische Qualität gewinnt. Die Handlung verläuft einsträngig; sie ist, schon durch die subjektive Erzählperspektive, auf die Entwicklung der Zentralgestalt bezogen. Leitmotivisch wiederkehrende Metaphern — wie Schwarz/Weiß oder Dunkel/Licht — verstärken die Kontinuität und thematische Konsistenz der Fabel. Sie ist in der Binnenerzählung chronologisch geordnet, während der epische Rahmen von Prolog und Epilog, in der Erzählergegenwart angesiedelt, dieses Zeitgerüst durchbricht. Damit gelingt es Ellison, die Zielgerichtetheit des Entwicklungsprozesses seines Protagonisten zu verdeutlichen, nimmt doch bereits der erste Satz des Romans das Ergebnis der Reflexionen des Erzählers vorweg: "I am an invisible man." Die Fabel ist gemäß den Entwicklungsphasen der Zentralgestalt gegliedert: die Schulzeit in einem Neger-College des amerikanischen Südens (Kap. 1—6), die vergebliche Suche nach Arbeit in New York (Kap. 7—13) und die Tätigkeit innerhalb der radikalen Bruderschaft in Harlem (Kap. 14—25). Jede dieser Lebensphasen ist in einem bestimmten geographischen Raum angesiedelt, der den Prozeß der Bewußtseinsveränderung nicht unwesentlich beeinflußt. Die von 1396 Birnen erleuchtete unterirdische Kellerwohnung schließlich, in welcher der Erzähler seinen Lebensbericht verfaßt, spiegelt in surrealistischer Manier seine innere Befindlichkeit. Ellison war auch bemüht, die Entwicklungsphasen seines Protagonisten stilistisch zu differenzieren.[45] Die Figurenkonstellation weist ebenfalls die dem Bildungsroman eigene Struktur auf, denn die wenigen Nebenfiguren sind der Zentralgestalt funktional zugeordnet. Sie werden nur gemäß ihrer Relevanz für die Entwicklung des Erzählers aus dessen subjektiver Sicht dargestellt. Da dieser die Umwelt vorwiegend als feindlich erfährt, beschreibt er vor allem gegensätzlich geartete Charaktere. Gewisse Nebenfiguren zeigen Verhaltensweisen, die der Protagonist schließlich als falsch erkennt: etwa Ras "the Destroyer", der seine schwarze Identität mit revolutionären Mitteln zu verwirklichen sucht, oder Rinehart "the fox", ein proteushafter Mann mit vielen Gesichtern, der sich im Dschungel der Großstadt mit fragwürdigen Methoden zu behaupten weiß.

Saul Bellow, der zweite hier vorgestellte amerikanische Autor, vertritt einen weltoffenen, liberalen Konservatismus, der den humanistischen Werten der amerikanischen Tradition verpflichtet ist. Die Titelfigur von *The Adventures of Augie March* (1953) bekennt sich gleich zu Beginn ihres Lebensberichts selbstbewußt zum Land ihrer Herkunft: "I am an American, Chicago born [...]."[46] Bellow wendet sich entschieden gegen die moderne These von der heillosen Entfremdung des Menschen. Er vertraut vielmehr auf dessen Fähigkeit, seine Existenz auf dauerhafte geistig-sittliche Werte zu gründen: "We must perfect ourselves, we must exhaust ourselves."[47] Dieser äußerst belesene Autor kennt nicht nur die Bildungsromane von Butler, Maugham and Joyce;[48] er ist auch mit der klassischen deutschen Literatur vertraut.

Bellows Roman thematisiert das Ringen eines jungen Protagonisten um die Erkenntnis der Voraussetzungen eines sinnerfüllten Daseins. Augie March hat sich mit einer Gesellschaft auseinanderzusetzen, die seine autonome Entwicklung bedroht. Hierin spiegelt sich des Autors Grunderfahrung, "that people appear smaller because society has become so immense".[49] Augie, ein in bescheidenen Verhältnissen aufwachsendes Kind jüdischer Einwanderer, sucht sich aus der bloßen Funktionalität sozialer Rollen zu befreien; er möchte sich dem determinierenden Einfluß gewisser gesellschaftlicher Ideologien, Normen und Wertvorstellungen entziehen, weshalb er sich um die Gewinnung einer eigenständigen Lebensform, um ein "independent fate" (464) bemüht. Er wächst in Chicago auf, einer Stadt, die er als bedrohlich-faszinierende "sombre city" (7) erfährt. Schon als Schüler muß er durch Gelegenheitsarbeiten zum Lebensunterhalt der vaterlosen Familie beitragen. Er lernt die großstädtische Gesellschaft in all ihren sozialen Schichten kennen. Seine anfängliche Bewunderung für die willensstarken, machtbesessenen Erfolgsmenschen, mit denen er sich einläßt, endet stets mit der Einsicht, daß er eine Bindung eingegangen ist, die seine erstrebte Selbstbestimmung in Frage stellt. Daraus ergibt sich als Grundfigur seiner Entwicklung im ersten Teil des Romans der ständige Wechsel zwischen versuchter gesellschaftlicher Anpassung und Flucht vor drohender Fremdbestimmung.

Augie March versucht schließlich einen Neubeginn, indem er eine Reise in die urtümliche Landschaft Mexikos unternimmt, wo er seine erste große Liebe erlebt. Aber auch hier wiederholt sich seine bisherige Erfahrung: die eigenwillige, exzentrische Persönlichkeit seiner Geliebten gefährdet ihn in seiner natürlich-schlichten Wesensart. Das notwendige Scheitern dieser Beziehung stürzt ihn in eine verzweiflungsvolle Existenzkrise. Klar erkennt er jetzt sein Dilemma, die grundsätzliche Unvereinbarkeit von geforderter Anpassung und erstrebter Selbstbestimmung: "I didn't want to be what they made of me but wanted to please them" (464). In der letzten Phase seiner Entwicklung sucht Augie seinem bisher nur negativ definierten Freiheitsbegriff einen konkreten Inhalt zu geben, indem er sich bestimmten ideellen Leitwerten zuwendet. Er entdeckt die "axial lines of life", die freilich sehr allgemein formulierten sittlichen Koordinaten seines künftigen Lebens: "Truth, love, peace, beauty, usefulness, harmony" (524). Rückblickend deutet der Ich-Erzähler diese Entdeckung als den entscheidenden "turning point" (528) seiner Entwicklung, denn er hat jetzt zu seiner personalen Identität gefunden. Künftig wird er seine individuelle Erfüllung in einem begrenzten Lebenskreis suchen, fern von der Welt beruflichen Erfolges und politischer Macht. Er schließt eine Ehe mit dem Vorsatz, eine Familie zu gründen. Nachdrücklich erhebt er den Anspruch auf einen Freiraum persönlicher Lebensgestaltung. Daraus erklärt sich seine entschiedene Ablehnung fixierter sozialer Rollen: seine Distanz gegenüber dem angestammten jüdischen Glauben, seine Absage an jede politische Betätigung, seine Weigerung, einen normalen Beruf zu ergreifen. In ungebrochener Lebensgläubigkeit bekennt er sich schließlich zur Haltung des "amor fati" (606), der bedingungslosen Bejahung der conditio humana. Er hat erfahren, daß er, als heitermelancholisches "animal ridens" (617), in Gelassenheit sein Schicksal annehmen kann, weil dieses nicht zum geringsten Teil aus seiner persönlichen Wesensart resultiert: "a man's character is his fate" (7).

Bellows Werk kreist, wie gesagt, um die dem Bildungsroman eigene Thematik, nämlich die Entwicklung eines Protagonisten zum Bewußtsein personaler Identität. Die dargestellte Zeitspanne erstreckt sich von der Kindheit bis zum mittleren Mannesalter. Die zahlreichen Nebenfiguren sind der Zentralgestalt funktional zugeordnet, und zwar fast ausschließlich in kontrastiver Weise, repräsentieren sie doch eine Umwelt, der Augie sich mit mehr oder minder großem Erfolg zu entziehen sucht. Er begegnet Menschen, die er als "machiavellians" einstuft, so etwa die energische Oma Lausch, den weltklugen Geschäftsmann Einhorn oder seinen Bruder Simon, dessen Aktivitäten allein auf die Mehrung seines Vermögens gerichtet sind.[50] Augie March hat sich auch mit radikalen Nonkonformisten auseinanderzusetzen, etwa mit Thea, seiner egozentrischen Geliebten, oder mit dem geistesverwirrten Wissenschaftler Basteshaw.

Die den Bildungsroman kennzeichnende Dominanz der Zentralfigur wird durch die retrospektive autobiographische Erzählweise bekräftigt. Aus der Perspektive des reifen Mannesalters gibt sich Augie March berichtend und kommentierend Rechenschaft über seinen Werdegang. Der Akt des Schreibens steht im Dienst existentieller Selbstvergewisserung.[51] Die im Bildungsroman häufig begegnende autobiographische Erzählweise veranschaulicht die Diskrepanz zwischen der begrenzten Perspektive des heranwachsenden erlebenden Ichs und der überlegenen Sicht des gereiften Erzählers. Indem nun aber die Zeitebenen der Handlungs- und der Erzählergegenwart am Schluß zur Deckung gelangen, wird Augies Reifungsprozeß zusätzlich verdeutlicht. Trotz der alles umgreifenden einheitlichen Erzählperspektive gewinnt im ersten Teil die schillernde Welt Chicagos mit ihrer Fülle von Figuren und Schauplätzen einen relativ großen Eigenwert, was dem Strukturmuster des Bildungsromans widerspricht. Daher bemüht sich der Erzähler um eine entschuldigende Begründung: "All the influences [...] were to form me, which is why I tell you more of them than of myself."[52]

Augie March, der sich schreibend seinen Lebensentwurf zu verdeutlichen sucht, gliedert seinen Bericht in drei Entwicklungsphasen, die zwar kein exaktes Zeitgerüst aufweisen, aber doch chronologisch geordnet und räumlich differenziert sind. Die erste Phase (Kap. 1—13) ist durch seinen wachsenden Widerstand gegen die ihm von der Umwelt angetragenen sozialen Rollen bestimmt, die seine Selbstentfaltung beeinträchtigen. Allerdings reagiert er hier noch nicht bewußt reflektierend, sondern eher in instinktiver Abwehr. In der zweiten Phase (Kap. 14—20) macht er die desillusionierende Erfahrung, daß selbst eine tiefe Liebesbeziehung die Gefahr der Fremdbestimmung birgt. In der dritten Phase (Kap. 21—26) schließlich findet er zu sich selbst und unternimmt den ersten Schritt in ein neues Dasein, frei von gesellschaftlichem Konformismus, von anerzogenen falschen Idealen und Verhaltensnormen. Mit diesem Schritt der Selbstbefreiung des Individuums muß nach Bellows Ansicht jeder Bildungsroman enden: "Any Bildungsroman [...] concludes with the first step. The first *real* step. Any man who has rid himself of superfluous ideas in order to take that first step has done something significant [...]. We have to dismiss a great number of thoughts, if we are to have any creaturely or human life at all."[53]

Die Fabel ist im ersten Teil episodisch aufgesplittert, bedingt durch die verwirrende Fülle von Augies Erlebnissen in Chicago.[54] Im zweiten und dritten Teil erfolgt die Reduzierung auf eine einsträngige Handlungsführung, die eine Entwicklung beschreibt, die schließlich in den Gewinn personaler Identität mündet. Die Zielgerichtetheit des inneren Geschehens wird durch erzählerische Vorausdeutung vergegenwärtigt. Der dem Strukturmuster des Bildungsromans eigene exemplarische Anspruch des Protagonisten wird in der zweiten Hälfte des Werks deutlich, wo die Vorgänge des öfteren eine zeichenhafte Transparenz gewinnen, welche eine Bedeutsamkeit aufscheinen läßt, die über Augies persönliches Schicksal hinausweist.[55] Hier werden denn auch, wie im Bildungsroman üblich, in sentenzhafter Form Wertvorstellungen verkündet, die humanes Dasein ermöglichen sollen, etwa die Maxime tiefen Lebensvertrauens: "At any time life can come together again and man be regenerated" (524).[56]

Die hier besprochenen englischen und amerikanischen Werke weisen offensichtlich die invariante, transepochale Grundstruktur des deutschen Bildungsromans auf. Erstaunlich ist die Tatsache, daß diese in Westdeutschland und England seit Kriegsende radikal in Frage gestellte Romanart in den USA, unter gänzlich andersartigen historisch-gesellschaftlichen Bedingungen, erneut poetisch fuchtbar werden konnte. Ein Vorgang, der dazu anregen mag, die oft vertretene These vom angeblichen Ende des Bildungsromans nochmals unvoreingenommen zu überdenken.

XII. DER STRUKTURTYPUS DES DEUTSCHEN BILDUNGSROMANS

Der Definition des Strukturtypus liegt, wie schon in der Einführung erwähnt, der Strukturbegriff von J. Piaget zugrunde.[1] Wir definieren also Struktur als ein geschlossenes System von Relationen, dem die Eigenschaften der darin enthaltenen Einzelelemente untergeordnet sind. Das System erhält und bereichert sich durch das Spiel seiner Transformationen, d.h. der Operationen, die mit den Einzelelementen unter Beachtung der Gesetze der Gesamtstruktur vollziehbar sind.[2] Der Strukturtypus des Bildungsromans kann als ein hierarchisch gestuftes Ordnungsgefüge von stofflich-thematischen und formalen Elementen konzipiert werden, die partiell konstant sind, wodurch sie, wie in der Einführung dargelegt, die transepochale invariante Grundstruktur der Romanart konstituieren. Dazu treten gewisse variable Strukturelemente, die als Dominanten die Transformationen innerhalb des Ordnungsgefüges weitgehend steuern, die gewisse Veränderungen bewirken, welche sich dann im 19. Jahrhundert in den epochenspezifischen Ausprägungen des Strukturtypus manifestieren.

Der deutsche Bildungsroman propagiert ein humanes Leitbild, das den unterschiedlichsten Bildungskonzeptionen entstammen kann. Diese Menschenbilder müssen allerdings zwei unabdingbaren Prämissen genügen, aus denen die Grundthematik und die Deutungsperspektive der Romanart resultieren, nämlich den invarianten Strukturmerkmalen der Bildsamkeit des Protagonisten und der Fähigkeit zu innerer Progression. Zu den erwähnten variablen Strukturelementen des Bildungsromans zählen vor allem zwei differente idealtypische Modi innerer Progression, die sich im historischen Einzelwerk natürlich nur in mannigfacher Abstufung und Brechung verwirklichen. Der extravertierte Protagonist ist vorwiegend auf die Außenwelt mit ihren praktischen und sozialen Belangen gerichtet. Seine als gesellschaftlicher Lernprozeß verstandene *Entwicklung* führt ihn zu qualitativer Veränderung. Er bereichert sich durch „Anbinden" von Welt,[3] durch Auseinandersetzung mit einem mehr oder minder widerständigen Milieu, wobei er zwischen seinen subjektiven Ansprüchen und den gesellschaftlichen Normerwartungen zu vermitteln sucht. Daher tendiert die zielgerichtete Vorgangsfigur der Fabel zur Erreichung sozialer Integration, zu einer gesellschaftsbezogenen Grundhaltung, die von bedingungsloser Affirmation bis zu resignativer Skepsis reichen kann. Damit der extravertierte Protagonist sich in angemessener Weise entwickeln kann, benötigt er einen relativ großen gesellschaftlichen Erfahrungsraum. In Auseinandersetzung mit der Außenwelt überwindet er seine jugendlichen Illusionen, aktiviert er seine potentiellen Fähigkeiten und Fertigkeiten. Er kann nur zum Bewußtsein seiner personalen Identität gelangen, wenn die Umwelt — trotz aller Krisen und Konflikte, in die sie ihn verstrickt — sich letztlich nicht als zerstörerisch für ihn erweist. Gescheitertes Dasein, verfehlte Identität wird niemals an der Zentralgestalt des Protagonisten, sondern höchstens an ihr zugeordneten Gegensatzfiguren vergegenwärtigt.

Aus dem dominanten variablen Strukturelement der *Entwicklung* des Helden resultieren demnach die folgenden Dependenzen, die den epochenspezifischen Strukturtypus des Bürgerlichen Realismus weitgehend prägen: das erweiterte soziale Umfeld des Protagonisten bedingt eine Vergrößerung des Figurenensembles und eine ausgedehntere, stärker ausgeformte Raumsubstanz sowie eine stoff- und aktionsreiche Fabel.[4]

Der zweite idealtypische Modus innerer Progression des Protagonisten ist mit einem introvertierten, ästhetisch-kontemplativen Charaktertypus verbunden, der vorwiegend auf die eigene Innerlichkeit gerichtet ist. Er begegnet etwa in der Romantik oder in Romanen der Jahrhundertwende, besonders bei Hermann Hesse. Sein Bildungsprozeß vollzieht sich primär als *Entfaltung* der Potentialität des subjektiven Ichs. Der Protagonist wird im Prinzip das, was er potentiell bereits ist; seine Selbstentfaltung führt ihn im wesentlichen zu keiner qualitativen Veränderung. Das in seiner Subjektivität gefangene Ich verharrt in großer Distanz zur Außenwelt, deren bildender Einfluß auf ein Minimum beschränkt bleibt. Die Umwelt gewinnt tendenziell die Funktion eines Katalysators, der den Protagonisten auf den „Weg nach innen" verweist. Da der Held seinen Pfad mit intuitiver Sicherheit beschreitet, verliert die Fabel an Konfliktpotential. Die Vorgangsfigur, die des öfteren eine zyklische Form aufweist, beschreibt in der Regel den Rückzug ins soziale Außenseitertum. Der Protagonist sucht seine Bindung außerhalb der Gesellschaft; selbst im kleinen Kreis einer Gemeinschaft gleichgesinnter Seelen findet er letztlich nicht zu voller Erfüllung.

Aus dem dominanten variablen Strukturelement der *Entfaltung* des Helden resultieren demnach die folgenden Dependenzen, welche die epochenspezifischen Strukturtypen der Romantik und der Jahrhundertwende weitgehend bestimmen:[5] das verkleinerte soziale Umfeld des Protagonisten bedingt eine stoff- und aktionsarme Fabel, eine Reduktion des Figurenensembles und eine Verringerung der empirischen Raumsubstanz zugunsten eines subjektiv erlebten, atmosphärisch-entstofflichten Raumes. Erzählerisch dominiert die subjektive Figurenperspektive, denn nur sie vermag die wesenhafte „höhere" Realität zu erschließen.[6]

Bis zur Jahrhundertwende prägte ein jeweils relativ einheitlicher epochenspezifischer Strukturtypus die einzelnen Werke, unbeschadet mancher strukturellen Abweichungen autorspezifischer Art. Dies änderte sich grundlegend in der Weimarer Zeit. Jetzt wurde die transepochale konstante Grundstruktur des Bildungsromans, wie die Interpretationen ergeben haben, durch zahlreiche variable Elemente ergänzt, die dem Willen der einzelnen Autoren zum literarischen Experiment entsprangen. Dies fand seine Rechtfertigung darin, daß nunmehr eine Pluralität von heterogenen Leitbildern zu vermitteln war, die abweichende Darstellungsweisen erforderlich machte. Die Autoren begannen jetzt sogar die invariante Grundstruktur des Bildungsromans zu modifizieren, indem sie mit partiellen Strukturüberlagerungen durch andere epische Formtypen experimentierten. So entstanden Mischformen des Bildungsromans mit dem biographischen Roman, mit der Saga und dem zeitanalytischen Gesellschaftsroman, wobei freilich stets das Strukturmodell des Bildungsromans dominant blieb.

Der schöpferische Umgang mit dem tradierten Strukturmuster fand im totalitären System des Dritten Reiches ein jähes Ende. Die überwiegende Mehrzahl der Bildungsromane dieser Epoche weist keine strukturell relevanten variablen Merkmale auf, wodurch diese Werke sich der bloßen Reproduktion der transepochalen konstanten Grundstruktur der Romanart nähern und damit epigonale Züge annehmen. Nur im nationalsozialistischen Bildungsroman begegnen auf Grund des neuen Heldentypus gewisse ideologisch bedingte variable Elemente.

Auch in der ehemaligen DDR war infolge der offiziell dekretierten Ästhetik des Sozialistischen Realismus mindestens bis zu Beginn der siebziger Jahre keine schöpferische Weiterentwicklung des tradierten Strukturmodells möglich, weshalb die sozialistischen Bildungsromane aus der Aufbauphase dieses Staates im allgemeinen das Signum der Epigonalität tragen.[7] Seit den siebziger Jahren etablierte sich dann neben dem affirmativen sozialistischen Bildungsroman eine gesellschaftskritische Variante, in der einige Autoren sich einen gewissen, freilich beschränkten Freiraum schufen. Innovative Qualität gewann der sozialistische Bildungsroman nur in den beiden hier interpretierten Werken von B. Reimann und H. Kant. Sie überragen die anderen Romane nicht nur hinsichtlich ihrer stilistischen Qualitäten, sondern auch infolge ihrer Variabilität im stofflich-thematischen Bereich und in der Erprobung neuer narrativer Strukturen.

Es hat sich gezeigt, daß die Transformationen des Strukturtyps, die seit Bestehen der Romanart gewisse epochenspezifische Ausprägungen bewirkten, relativ begrenzt sind und sich außerdem vorwiegend auf das 19. Jahrhundert beschränken. Andererseits nehmen die autorspezifischen variablen Strukturelemente der Romanart im 20. Jahrhundert deutlich zu, was darauf schließen läßt, daß der innere Spielraum des Strukturtyps, dessen Fähigkeit zu innovativem historischem Wandel noch nicht erschöpft ist. Für diese Annahme sprechen nicht zuletzt die in der Nachkriegszeit entstandenen hochrangigen Bildungsromane von Reimann, Kant, Ellison oder Bellow.

Der *Antibildungsroman* ist etwa so alt wie der Bildungsroman selbst, denn nur ein Jahrzehnt trennen Jean Pauls *Flegeljahre* von Wielands *Agathon*. Der Antibildungsroman stellt keine eigenständige Romanart mit eigenem Strukturmuster dar, vielmehr ist er ex negatione auf den Strukturtyp des Bildungsromans bezogen. Er erfüllt, wie sich erwiesen hat, die Funktion eines kritisch-provokativen Korrektivs gegenüber ideologisch erstarrten zeitgenössischen Leitbildern. Ohne das vorgegebene, noch immer latent wirksame Strukturmodell des Bildungsromans wäre er nicht existent. Daher ist das verbreitete Vorkommen des Antibildungsromans in der westdeutschen Nachkriegsliteratur nicht ohne weiteres als eindeutiges Zeichen für ein bevorstehendes Ende des Bildungsromans zu werten.

Der Antibildungsroman präsentiert sich vorwiegend in der Schreibweise der Satire, seltener in der Form der Parodie. Bei Jean Paul, E. T. A. Hoffmann und W. Raabe steht er in der Formtradition des satirisch-humoristischen Romans. Der satirischen Brechung dienen die Verfahren der Verzerrung und Verfremdung, die auf die Bewußtmachung eines „Mißverhältnisses zwischen Normwidrigem und Norm" zielen.[8] So entstehen innerhalb der Struktur des Einzelwerks spannungsvolle Diskrepanzen, die letztlich der indirekten Normvermittlung dienen. Der Antibildungsroman enttäuscht die an der literarischen Konvention orientierte Normerwartung des Lesers, sei es durch eine verworren-skurrile Komposition, durch befremdliche Kapitelüberschriften oder Untertitel, durch Verrätselung der Fabel u. a. m. Vor allem stellt der provokativ wirkende Protagonist für den bürgerlichen Leser kein Identifikationsangebot dar, denn er steht im Dienst einer antibürgerlichen Gesellschaftssatire und einer radikalen Ideologiekritik. Er demonstriert, besonders in der Nachkriegszeit, eine „negative Anthropologie", indem er abweichendes Verhalten, scheiterndes Leben, verfehlte personale Identität beschreibt.[9]

Der Antibildungsroman in parodistischer Form ist ebenfalls ex negatione auf das Strukturmodell des Bildungsromans bezogen. In der Regel wird das Paradigma von *Wilhelm Meisters Lehrjahre* parodistisch destruiert — etwa bei R. Walser, G. Grass oder H. Kinder. Hierbei gilt, daß weniger das literarische Vorbild als dessen ideologisch verzerrte Rezeption in Frage gestellt wird.

Der in Ich-Form erzählte Bildungsroman wird des öfteren als affin zur *Autobiographie* empfunden. Hier wie dort wird ja die Genese eines individuellen Charakters thematisiert, wird ein mehr oder minder geordneter Lebensweg geschildert, und zwar in Form einer kohärenten Biographie der Zentralgestalt, in der Regel chronologisch nach Stationen gegliedert. Diese begrenzten formalen Affinitäten dürfen aber nicht darüber hinwegtäuschen, daß die Autobiographie, als Sonderform der Biographie, eine nichtfiktionale, historisch-pragmatische Zweckform darstellt. Sicherlich kamen sich beide Gattungen im 19. Jahrhundert durch eine im Anschluß an *Dichtung und Wahrheit* erfolgte partielle Fiktionalisierung etwas näher, was aber als Sonderentwicklung innerhalb einer im Grunde pragmatischen Zweckform zu werten ist.[10] Wahrscheinlich läßt sich daraus die im Bürgerlichen Realismus verstärkt auftretende Ich-Form des Bildungsromans erklären.[11] Der unscharfe Terminus „autobiographischer Bildungsroman" ist von zweifelhaftem hermeneutischem Wert, weil er für eine generische Beschreibung der Romanart untauglich erscheint.[12] Einerseits begegnet ja das autobiographische Erzählmuster nicht nur in Bildungsromanen, und zum andern ist bekanntlich die Mehrzahl dieser Werke in Er-Form verfaßt. Der sogenannte autobiographische Bildungsroman wird, sogar im *Grünen Heinrich*,[13] allein durch den Strukturtypus dieser Romanart konstituiert, wobei der Umfang des adaptierten autobiographischen Stoffes strukturell irrelevant ist. Bedeutsam freilich für die Werkstruktur des in Ich-Form verfaßten Bildungsromans ist das von der Autobiographie übernommene Erzählmuster.[14] Zwei zeitlich getrennte und daher unterscheidbare, gleichwohl personell identische Figuren verkörpern die spannungsvolle Polarität von erlebendem und retrospektiv erzählendem Ich.

Das autobiographische Erzählmuster gewinnt im Bildungsroman als integratives Element eine fiktionale „poetische" Qualität. Denn jetzt erzählt ein fiktives Ich retrospektiv seine Lebensgeschichte, wobei die Faktizität der historisch-empirischen Erscheinungswelt in den Dienst der Darstellung überindividueller, intersubjektiver Bedeutsamkeit gestellt wird. Der fiktive Autobiograph erzählt sein Leben, gipfelnd in einem leitbildhaften Existenzentwurf, mit dem Anspruch auf exemplarische Repräsentanz, um dem Leser ein überzeugendes Identifikationsangebot zu liefern. Das setzt einen didaktisch motivierten Erzähler voraus, der in erster Linie den Leser aufklären und belehren will.[15] Dagegen kann der Schreiber einer historisch-pragmatischen Autobiographie den verschiedensten Motivationen verpflichtet sein: der Erbauung, der Apologie, dem Bekenntnis, der Selbstdeutung, der Unterhaltung oder etwa der Belehrung des Lesers.

Der autobiographische Ich-Erzähler des Bildungsromans weicht noch in weiteren strukturell relevanten Aspekten von der Gattungskonvention der Autobiographie ab. Während er in dieser tendenziell sein Leben von der Kindheit bis ins hohe Mannesalter schildert, endet im Bildungsroman sein Bericht in der Regel mit dem Eintritt in die Erwachsenenwelt. Während er in der Autobiographie den zu ihm als Schreiber geöffneten Schluß seines Lebensberichts relativ willkürlich setzen kann, hat er im Bildungsroman seinen Werdegang als innere Progression zu deuten, die zielgerichtet in die Selbstfindung mündet. Er muß also zuletzt personale Identität gewinnen, muß das Bewußtsein einer mehr oder minder freien Übereinstimmung mit sich selbst, einer zu erwartenden Konsistenz und Kontinuität des Ichs darstellen, wozu in der Regel auch die soziale Identität zählt, die Teilhabe an spezifischen Merkmalen von gesellschaftlichen Gruppen. Während schließlich der Schreiber einer Autobiographie nicht nur den Prozeß seiner persönlichen „Bildung", sondern auch seine tätige „Wirkung nach außen" schildert,[16] ordnet der Ich-Erzähler des Bildungsromans sich sein soziales Umfeld funktional zu, indem er es nach Maßgabe der Relevanz für seine individuelle Entwicklung darstellt.

Eine Abgrenzung des Bildungsromans gegenüber Entwicklungs- und Erziehungsroman erscheint dringend geboten, da diese Arten des öfteren strukturell unzureichend differenziert oder einfach identifiziert werden. Der *Entwicklungsroman* stellt keine historische Spezies dar, er ist vielmehr ein übernational verwendeter, „quasi-überhistorischer Aufbautypus"[17], ein invariantes episches Formmuster, das die Strukturen des Bildungs-, der Erziehungs- und des biographischen Romans partiell prägt.[18] Der Strukturtypus des Bildungsromans stimmt mit dem Formmuster des Entwicklungsromans insoweit überein, als er die innere Progression eines als dominante Zentralgestalt fungierenden Protagonisten thematisiert. Dessen individueller Werdegang, in der Regel psychologisch-kausal motiviert, stellt sich als eine irreversible, chronologisch geordnete Folge von Entwicklungsphasen dar. Andererseits unterscheidet sich der Entwicklungsroman schon hinsichtlich der dargestellten Zeit deutlich vom Bildungsroman, denn er vermag nicht nur einzelne Lebensabschnitte, sondern auch eine ganze Lebensgeschichte zu umfassen. Er kann beispielsweise mit dem Ende des Jugendalters, mit der Hochzeit des gereiften Mannes oder mit dessen Tod enden.[19] Dagegen thematisiert der Bildungsroman eine innere Progression, die spätestens im vierten Lebensjahrzehnt des Protagonisten endet. Im Akt der Selbstfindung konkretisiert sich schließlich das humane Leitbild, in dem sich die Botschaft des didaktisch motivierten Erzählers vollendet. Dies impliziert den dezidierten Anspruch des Bildungsromans, im Protagonisten eine Figur von hoher exemplarischer Bedeutsamkeit zu präsentieren.

Der *Erziehungsroman* ist ein Genre mit ausgeprägt didaktischer Intention. Er wurzelt im aufklärerischen Glauben an die Erziehbarkeit des Menschen mittels rationaler Belehrung, woraus sich der obligatorische optimistische Romanschluß erklärt. Die Grenzen zwischen Erziehungs- und Bildungsroman sind insofern fließend, als die Erziehung einen integralen Faktor innerhalb des Bildungsprozesses darstellt.[20] Andererseits besitzt der Erziehungsroman eine eigene Grundthematik, denn er schildert primär nicht die Entwicklung eines Charakters bis zur Gewinnung personaler Identität, sondern er thematisiert einen erzieherisch geleiteten Prozeß, indem er die Einwirkung von moralischen Maximen, pädagogischen Leitsätzen und pragmatischen Handlungsanweisungen auf einen bildsamen Protagonisten exemplarisch demonstriert.[21] Auch die Struktur der Figurenkonstellation des Erziehungsromans weicht deutlich von der des Bildungsromans ab. Denn der heranwachsende Protagonist fungiert nicht als allein dominante Zentralgestalt, sondern er steht in einer polaren Relation zu einer oder mehreren Mentorfiguren, die mehr oder minder musterhaft die normsetzende Instanz verkörpern.[22]

Die Gemeinsamkeit zwischen Bildungs- und *Schelmenroman* ist gering. Sie beschränkt sich im wesentlichen darauf, daß jeweils die Lebensgeschichte einer zentralen Figur erzählt wird.[23] Diese erscheint besonders im deutschen Zweig der pikarischen Romantradition als vagabundierender, bindungsloser sozialer Außenseiter, der sich um seiner Selbstbewahrung willen gegen eine feindliche Welt zur Wehr setzt. Im Schelmenroman wird kein individueller Entwicklungsgang thematisiert, der Protagonist findet nicht auf Grund einer inneren Progression zu sich selbst, sondern er schlüpft in die verschiedensten sozialen Rollen, was ihm infolge seiner wenig sichtbaren individuellen Geprägtheit nicht schwerfällt. Er erscheint meist als mehr oder minder passives Beobachtungsmedium für eine moralisch deformierte Umwelt, die er mit satirischer Aggressivität in aller Breite schildert. Daraus resultiert die Affinität zwischen Schelmen- und Gesellschaftsroman. Der Pikaro gerät in immer neue und doch letztlich ähnliche Situationen, was sich in einer mit häufigem Ortswechsel verbundenen episodischen Handlungsführung spiegelt. Da der Schelmenroman nicht zielgerichtet die Gewinnung personaler Identität des Protagonisten thematisiert, sondern dessen immer erneute Ausgriffe in die Gesellschaftswelt beschreibt, besitzt diese

Romanart einen offenen Schluß, der beliebig fortsetzbar erscheint. Die satirische Grundhaltung des Schelmenromans verbietet den expliziten Entwurf eines humanen Leitbildes mit exemplarischem Geltungsanspruch. Das schließt freilich nicht eine Gattungsmischung mit dem Bildungsroman in der Art aus, daß pikarische Elemente als Substruktur fungieren.[24]

Das Verhältnis von Bildungsroman und *Utopie* ist von der Forschung noch nicht in vollem Umfang geklärt. Da der Bildungsroman nicht nur das neuhumanistische Telos der allseitig entwickelten, harmonisch-ganzheitlichen Persönlichkeit entwirft, sondern auch noch andersartige Leitbilder propagiert, empfiehlt sich für die Abgrenzung der Gattungen die Verwendung eines rein formalen Utopiebegriffs. Paul Tillich definierte die Utopie als die Vorstellung eines Zustandes, in dem das Negative menschlicher Existenz negiert wird.[25] Der in diesem Buch entwickelte Strukturtypus des Bildungsromans gestattet, sofern ein individueller Werdegang dargestellt wird, keine Gestaltung idealer humaner Vollendung des Protagonisten. Da der Bildungsprozeß des Individuums seit Goethe als prinzipiell unabschließbar gilt, kann der Bildungsroman nicht in eine in obigem Sinn definierte Utopie münden. Die Existenz des in der Regel eher durchschnittlichen Protagonisten bleibt bis zuletzt individuell gebrochen, wird durchgängig von der notwendigen Spannung zwischen den Ansprüchen einer einmaligen Individualität und den Forderungen der allgemeinen moralischen Norm geprägt. Dagegen basiert die literarische Utopie ja gerade auf deren postulierter Identität.[26] Die Grundthematik des Bildungsromans kreist um die Entwicklung des Protagonisten von diffuser Nicht-Identität zu konsistenter personaler Ich-Identität, die, wie gesagt, spätestens in dessen viertem Lebensjahrzehnt erreicht wird. Im Akt der Selbstfindung, mit dem der Bildungsroman in der Regel endet, konkretisiert sich im nunmehr entfalteten Lebensentwurf des Protagonisten ein existentielles Orientierungsmuster. Es repräsentiert mit exemplarischem Geltungsanspruch ein kollektives Leitbild, das die Normerwartungen der jeweiligen zeitgenössischen Gesellschaft oder auch bestimmter sozialer Gruppen spiegelt, wobei epochenspezifische Grundhaltungen und gewisse Werttraditionen sich als besonders prägend erweisen. Dieses Leitbild übersteigt stets den in der Selbstfindung gewonnenen Entwicklungsstand des Protagonisten. Natürlich weist es eo ipso eine latente utopische Intentionalität auf.[27]

Das zeigt sich beispielsweise deutlich in *Wilhelm Meisters Lehrjahre*. Die beiden letzten Bücher des Romans, die den Kreis um Lothario darstellen, schildern eine in gewisser Weise erhöhte, zugleich aber auch ironisch relativierte Wirklichkeit. Nur in einer einzigen Figur von hoher Idealität gewinnt die latente utopische Intentionalität des humanen Leitbildes der *Lehrjahre* reale Existenz, nämlich in der schönen Seele Natalie, der „Gestalt aller Gestalten", deren selbstlos-caritative Handlungsweise allen anderen Personen „unerreichbar" erscheint.[28] Freilich bleibt Natalie als Charakter relativ blaß, weil sie weitgehend des spontanen Gefühls ermangelt.[29]

Eine Sonderstellung innerhalb der Spezies nehmen die Bildungsromane von Wieland und Stifter ein. Die Mentorfigur des Archytas, eine ideal vollendete Gestalt reifer Altersweisheit, besitzt innerhalb der *Geschichte des Agathon* einen hohen Stellenwert, da sie als normsetzende Instanz fungiert. Der weise Tarentiner vermittelt dem suchenden Helden vor allem die sein weltanschauliches „System" krönende universalistische Idee menschlicher Perfektibilität. In Archytas gewinnt die utopische Intentionalität des pädagogischen Leitbildes von Wieland reale Gestalt. Diese Mentorfigur ist in den utopischen Raum der Republik von Tarent eingebettet, deren Darstellung der Tradition des Staatsromans verpflichtet ist. Der den Roman krönende utopische Schluß entsprang der erzieherischen Intention des Autors, für den Leser das verworren-unzulängliche „Individuelle zu idealisieren".[30]

Stifters *Nachsommer* beansprucht, wie an anderer Stelle dargelegt, eine einmalige Sonderstellung in der Geschichte der Romanart.[31] Der Autor wollte keinen individuellen Entwicklungsprozeß in dessen historischer Eigentümlichkeit beschreiben, vielmehr beabsichtigte er, die Stufen der „allgemeinen menschlichen Bildung" darzustellen.[32] Stifter sah humane Bildung durch transempirische Universalien, durch eine ontologische „Gesetzmäßigkeit" konstituiert, Manifestation des erhabenen „Einerlei" einer essentiell unveränderlichen teleologischen Weltordnung (518). Um eine solche von der Kontingenz des „unreinen" Historisch-Individuellen befreite ideelle Normen- und Wertwelt literarisch verwirklichen zu können, bedurfte es spezifischer ästhetischer Ausdrucksmittel.[33] Ähnlich wie in der *Geschichte des Agathon* fungiert ein altersweiser Mentor als normsetzende Instanz des utopischen Bildungskosmos. Das Bauprinzip von „Maß und Ordnung" prägt die eine höhere Wertwelt spiegelnde harmonisch-ganzheitliche Struktur des Romans (387), besonders die Gestaltung von Raum, Zeit und Sprachstil.[34] Hierbei kommt dem Formprinzip der Reduktion eine besondere Bedeutung zu, weil es die empirische Vielfalt der Erscheinungswelt vereinfacht und bei der Figurendarstellung die historisch-individuellen Besonderheiten beschneidet, um die Konturen einer generalisierten Personhaftigkeit aufscheinen zu lassen. Diese Strukturelemente sind konstitutiv für eine Utopie, die auf der approximativen Identität von individuellem Anspruch des einzelnen und der Forderung einer universalen sittlich-ästhetischen Norm beruht. Die Integration dieser utopisch funktionalisierten Formelemente in den tradierten Strukturtypus des Bildungsromans führte zu einer in der Geschichte der Romanart einmaligen Modifikation der Werkstruktur, wie an anderer Stelle ausgeführt.[35]

Dieses abschließende Kapitel diente dem Zweck, den aus zahlreichen Werkinterpretationen entwickelten Strukturtypus des Bildungsromans in dessen dominierenden Merkmalen zu umreißen und ihn gegen affine Romanarten abzugrenzen. Ist das gelungen, dürfte erwiesen sein, daß dieser Strukturtypus in der hier definierten Form eine hermeneutisch praktikable Möglichkeit erschließt, das Genre des Bildungsromans zureichend zu bestimmen.

XIII. ANMERKUNGEN

Einführung

1 Vgl. Josef Speck / Gerhard Wehle (Hrsg.), Handbuch pädagogischer Grundbegriffe, Bd. 1, München 1970, S. 158. — Aufschlußreich auch die zahlreichen Neubildungen: von der Bildungspolitik über den Bildungsnotstand und die Bildungskatastrophe bis zur Bildungsreform, welche die Bildungsschranken überwinden und neue Bildungschancen eröffnen sollte. Auch Alexander Mitscherlich hat sich aus psychologischer Perspektive um eine begriffliche Klärung bemüht, indem er zwischen „Sachbildung", „Sozialbildung" und der „Bildung der Affektäußerungen" unterschied. (A. Mitscherlich, Auf dem Weg zur vaterlosen Gesellschaft, München 1963, S. 32.)
2 Empfehlungen und Gutachten des Deutschen Ausschusses für das Erziehungs- und Bildungswesen. Zur Situation und Aufgabe der deutschen Erwachsenenbildung, Folge 4, Stuttgart 1960, S. 20.
3 Erik H. Erikson, Jugend und Krise, München 1988, S. 153. An anderer Stelle definiert Erikson diese „Ganzheit" (wholeness) als ein „Zusammentreten von [...] Teilen [...], die zu fruchtbarer Verbindung und Organisation gelangen". (E. H. Erikson, Identität und Lebenszyklus, Frankfurt a. M. 1973, S. 168, Anm. 8.)
4 Vgl. E. H. Erikson, Identität und Lebenszyklus, a. a. O., S. 124.
5 Vgl. Günther Buck, Rückwege aus der Entfremdung, Paderborn/München 1984, S. 151.
6 Vgl. Jürgen Habermas, Moralentwicklung und Ich-Identität; J. Habermas, Zur Rekonstruktion des Historischen Materialismus, Frankfurt a. M. 1976, S. 67 ff. — Auch Alexander Mitscherlich koppelt sein Bildungskonzept mit dem Identitätsbegriff; A. Mitscherlich, Auf dem Weg zur vaterlosen Gesellschaft, a. a. O., S. 115. — Ähnlich Lothar Krappmann, der für ein „pragmatisches Identitätskonzept" eintritt, das die individualpsychologischen und soziologischen Aspekte der Bildungsproblematik in sich vereinigen soll: L. Krappmann, Soziologische Dimensionen der Identität, Stuttgart 1969, S. 208 ff.
7 Vgl. E. H. Erikson, Jugend und Krise, a. a. O., S. 156. Die im Vergleich zu früheren Zeiten retardierte Adoleszenz führt im modernen Bildungsroman dazu, daß die Zentralfigur hin und wieder dreißig oder mehr Jahre zählt. Helmut Schelsky verlegt den Abschluß der Adoleszenz an das Ende der zwanziger Lebensjahre, wo das „Stadium der relativ festen Charakterprägung" einsetzt. (H. Schelsky, Die skeptische Generation, Düsseldorf/Köln 1963, S. 14.) Ähnlich Charlotte Bühler, die noch die „frühen Dreißiger" dem Prozeß der Selbstfindung zuordnet. (Ch. Bühler, Der menschliche Lebenslauf als psychologisches Problem, 2. Aufl., Göttingen 1959, S. 74.)
8 Vgl. Einleitung zur Nachkriegszeit, S. 288 f.
9 Auch die Entwicklungskrisen innerhalb der Kindheit sind von der Reifungskrise der Adoleszenz zu unterscheiden, da jene auf nicht-selbstreflexiven Identifikationen beruhen.
10 Vgl. E. H. Erikson, Identität und Lebenszyklus, a. a. O., S. 137.
11 Vgl. G. Kerschensteiner und E. Spranger, Briefwechsel 1912—1931, hg. v. L. Englert, München 1966, S. 62 f.
12 So erklärt etwa J. Habermas: „Nur der Begriff einer Ich-Identität, die zugleich Freiheit und Individuierung des einzelnen in komplexen Rollensystemen sichert, kann heute eine

zustimmungsfähige Orientierung für Bildungsprozesse angeben. J. Habermas/D. Henrich, Zwei Reden aus Anlaß der Verleihung des Hegel-Preises, Frankfurt a. M. 1974, S. 31 f.

13 Reinhart Koselleck, Zur anthropologischen und semantischen Struktur der Bildung; in: R. Koselleck (Hrsg.), Bildungsbürgertum im 19. Jahrhundert, Teil 2, Stuttgart 1990, S. 12, 23 f., 34. Sicherlich impliziert Bildung stets die Grundlinien eines Welt- und Menschenbildes. Wenn der Verf. allerdings die „Religiosität" (23 f.) zu den „allgemeinen Grundzügen der Bildung" zählt, so wird er beispielsweise dem Leitbild der sozialistischen Persönlichkeit nicht gerecht, das keine Abhängigkeit von einer absoluten Macht anerkennt.

14 Um den verschwommenen Begriff des Bildungsromans zu vermeiden, schlägt Norbert Ratz die Bezeichnung „Identitätsroman" vor, dessen Begriff aber mehr als die hier beschriebene Romanart umfaßt, zumindest noch den oben erwähnten Romantypus der Identitätskrise: N. Ratz, Der Identitätsroman, Tübingen 1988, S. 145. Ähnliches gilt für den Begriff „Individualroman", auf den sich Ratz bezieht (S. 49), sowie für den Terminus „Humanitätsroman", den Michael Beddow vorschlägt; M. Beddow, The Fiction of Humanity, Cambridge 1982, p. 289. Am nächsten kommt meiner Definition der von Hans R. Vaget vorgeschlagene Begriff des „Sozialisationsromans" (Ratz, a. a. O., S. 3).

15 Vgl. H. R. Jauß, Theorie der Gattungen und Literatur des Mittelalters; in: H. R. Jauß/ E. Köhler (Hrsg.), Grundriß der romanischen Literaturen des Mittelalters, Bd. 1, Heidelberg 1973, S. 113.

16 Näheres im Schlußkapitel des Buches.

17 Vgl. Klaus W. Hempfer, Gattungstheorie, München 1973, S. 142, 146.

18 Ich schließe mich dem von Klaus W. Hempfer entwickelten Gattungsmodell — er bezieht sich auf Piagets Strukturbegriff — insofern an, als jenes „die Annahme generischer Invarianten mit der Variabilität historischer Textkonkretisationen vereinbar macht". K. W. Hempfer, Gattungstheorie, a. a. O., S. 127, 139 ff. Auch L. Köhn verweist in seinem Forschungsbericht zu Recht auf die „formal-thematische, variable Bildungsroman-Struktur" (a. a. O., S. 445).

19 Anders J. Jacobs, der die Romanart am normativen Paradigma der *Lehrjahre* mißt, weshalb sie für ihn notwendig „unerfüllt" bleiben muß, da Goethes Bildungskonzeption im 20. Jahrhundert natürlich nicht mehr realisierbar ist. (J. Jacobs, Wilhelm Meister und seine Brüder, München 1972, S. 271 ff.)

20 Das gilt auch für K. W. Hempfers Versuch einer „Neufundierung der Gattungskonzepte [...] auf kommunikativer Grundlage" (a. a. O., S. 222 ff.). Ein interessanter methodischer Ansatz findet sich bei Wilhelm Voßkamp: Der Bildungsroman in Deutschland und die Frühgeschichte seiner Rezeption in England; in: J. Kocka (Hrsg.), Bürgertum im 19. Jahrhundert, Bd. 3, München 1988, S. 257—272; ders., Der Bildungsroman als deutsche Utopie?; in: DAAD, Dokumentationen und Materialien, Bonn 1989, S. 117—129.

21 Die terminologische Prägung des Gattungsbegriffs durch Karl Morgenstern blieb im 19. Jahrhundert weitgehend unbekannt.

22 Vgl. Hartmut Steinecke, Romanpoetik von Goethe bis Thomas Mann, München 1987, S. 75.

23 Das gilt besonders für den sozialistischen Bildungsroman der frühen DDR-Literatur, aber auch für westdeutsche Autoren wie Leonie Ossowski und Kurt E. Becker.

24 Klaus W. Hempfer spricht von Makrostrukturen als „Organisationsprinzipien spezifischer Texttypen" (a. a. O., S. 180). Zu ihnen zählt beim Bildungsroman in der Regel nicht der Sprachstil, weshalb auf dessen Analyse weitgehend verzichtet wird.

25 Jürgen Jacobs hat zwar wertvolle Einsichten in die Struktur des Bildungsromans gewonnen (271 ff.), aber die Studie bestätigt im ganzen doch seinen grundsätzlichen Zweifel, ob „eine im Formalen ansetzende Gattungsbestimmung befriedigende Resultate ver-

spricht" (16). (J. Jacobs, Wilhelm Meister und seine Brüder, München 1972.) Zu positiveren Ansätzen gelangen J. Jacobs und M. Krause in: Der deutsche Bildungsroman. Gattungsgeschichte vom 18. bis zum 20. Jahrhundert, München 1989, S. 37 f. Rolf Selbmann versucht, ausgehend von der „Romanstruktur einer einsträngig erzählten Heldengeschichte" (39), vor allem die Funktionen der Erzähler- und der Leserfigur in der Romanart zu klären. (R. Selbmann, Der deutsche Bildungsroman, Stuttgart 1984.) Martin Swales und Michael Beddow behandeln zwar in eingehender Weise auch Probleme der Gattungsstruktur, ihr eigentliches Interesse richtet sich jedoch auf die ausführliche Interpretation einiger weniger Werke. (M. Swales, The German Bildungsroman from Wieland to Hesse, Princeton 1978; M. Beddow, The Fiction of Humanity, Studies in the Bildungsroman from Wieland to Thomas Mann, Cambridge 1982.) Einen nach wie vor lesenswerten, sehr detaillierten Forschungsbericht zur Romanart legte Lothar Köhn vor. Sein Referat enthält darüberhinaus eine Fülle wegweisender Anregungen, beruhend auf der grundsätzlichen Einstufung des Bildungsromans „als heuristisch verstandener Kategorie" (611). So fordert Köhn zu Recht, es gelte „induktiv-empirisch" eine „variable Bildungsroman-Struktur" zu entwickeln (445). (L. Köhn, Entwicklungs- und Bildungsroman, ein Forschungsbericht; DVjs, 42, 1968, S. 427—473, 590—632.)

26 Es wird nach der von E. Lämmert besorgten Faksimile-Ausgabe (Stuttgart 1965) zitiert.
27 Vgl. Fritz Martini, Der Bildungsroman. Zur Geschichte des Wortes und der Theorie; DVjs, 35, 1961, S. 44—63. Zitiert wird aus Morgensterns 1820 erschienenem Aufsatz „Über das Wesen des Bildungsromans"; in: E. Lämmert u. a. (Hrsg.), Romantheorie. Dokumentation ihrer Geschichte in Deutschland 1620—1880, Köln/Berlin 1971.
28 Der Ich-Roman; Fr. Spielhagen, Beiträge zur Theorie und Technik des Romans (1883), Faksimiledruck, hg. v. Hellmuth Himmel, Göttingen 1967, S. 202 (Anm.).
29 W. Dilthey, Das Erlebnis und die Dichtung, 9. Aufl., Leipzig/Berlin 1924, S. 393 f.
30 Dilthey bezieht sich auf die Bildungsromane von Jean Paul, Tieck, Novalis und Hölderlin (ebd., S. 393 f.).
31 W. Dilthey, Das Leben Schleiermachers, Leipzig/Berlin 1870, S. XI; Das Erlebnis und die Dichtung, a. a. O., S. 394.
32 Die Romantheorie von Georg Lukács kann hier unberücksichtigt bleiben, weil dieser den Bildungsroman nicht als eigene Romanart begriff. Als „Erziehungsroman" im strengen Sinne wollte er nur *Wilhelm Meisters Lehrjahre* gelten lassen; schon *Der grüne Heinrich* tendierte nach seiner Ansicht zum Desillusionsroman.
33 Melitta Gerhard, Der deutsche Entwicklungsroman bis zu Goethes „Wilhelm Meister", Halle 1926, S. 162.
34 Ernst L. Stahl, Die religiöse und die humanitätsphilosophische Bildungsidee und die Entstehung des deutschen Bildungsromans im 18. Jahrhundert, Bern 1934, S. 135.
35 Hans H. Borcherdt, Artikel „Bildungsroman"; in: Reallexikon der deutschen Literaturgeschichte, 2. Aufl., Berlin 1958, Band 1, S. 175—178.
36 Jürgen Jacobs, Wilhelm Meister und seine Brüder, a. a. O., S. 15. — Monika Schrader versucht in ihrer Studie „die prinzipiellen poetologischen Bedingungen des Bildungsromans" anhand des *Agathon* und des *Mann ohne Eigenschaften* analytisch zu ermitteln. Sie nennt sieben Kriterien, die sicherlich für zahlreiche, aber eben nicht für alle Bildungsromane strukturell relevant sind. Andererseits begegnen diese Elemente auch in anderen epischen Formtypen. (M. Schrader, Mimesis und Poiesis, Poetologische Studien zum Bildungsroman, Berlin/New York 1975, S. 26.)
37 Rolf Selbmann, Der deutsche Bildungsroman, Stuttgart 1984 (Sammlung Metzler M 214), S. 38. — Esther Kleinbord Labovitz (The Myth of the Heroine. The female Bildungsroman in the Twentieth Century, New York/Bern/Frankfurt a. M. 1986) führt keine Struktur-

untersuchung der Romanart durch; sie beschränkt sich auf deren „thematic and cultural implications" (4), die sie im Hinblick auf die Rolle des weiblichen Helden im 20. Jahrhundert interpretiert. Dagegen zeigt Franco Morettis anregende Studie Ansätze zu struktureller Interpretation (The Way of the World. The Bildungsroman in European Culture, London 1987). Allerdings faßt er den Terminus des Bildungsromans so weit, daß dieser nicht nur die wesentlichen englischen Romane des 19. Jahrhunderts abdeckt, sondern auch die völlig andersartigen Werke von Stendhal, Balzac und Flaubert umfaßt. Außerdem erklärt Moretti die Romanart mit dem Ende des 19. Jahrhunderts für abgeschlossen (S. 228).

38 Näheres zum Antibildungsroman im Schlußkapitel des Buches.
39 Die selten begegnende mehrsträngige Form der Fabel dient in der Regel der Spiegelung der Zentralgestalt durch komplementäre oder gegensätzliche Figuren.
40 Schillers Brief an Goethe vom 28. 11. 1796, Hamburger Ausgabe, Bd. 8, S. 550. — Ähnlich bei Fr. Th. Vischer, für den der Romanheld „der verarbeitende Mittelpunkt ist, in welchem die Bedingungen des Weltlebens [...], die Wirkungen der Verhältnisse zusammenlaufen". Ästhetik oder Wissenschaft des Schönen, § 880; zitiert nach: Hartmut Steinecke, Romanpoetik in Deutschland. Von Hegel bis Fontane, Tübingen 1984, S. 161.
41 Daher forderte Goethe bekanntlich in *Wilhelm Meisters Lehrjahre*, der Roman solle keine „Taten", sondern „Gesinnungen und Begebenheiten" darstellen. (Hamburger Ausgabe, Bd. 8, S. 307.)
42 Bei Wieland und Goethe besitzt die exemplarische Qualität des Protagonisten die größte Allgemeinheit, weil dieser am wenigsten durch soziale Rollen festgelegt ist. Die Helden von *Agathon* und *Wilhelm Meisters Lehrjahre* haben keinen eigentlichen Beruf, sie sind auch nicht durch Zugehörigkeit zu einer sozialen Klasse oder sonstigen gesellschaftlichen Gruppe determiniert. Sie vertreten das neuhumanistische Leitbild, das mit universalem Geltungsanspruch die „Menschheit" jedes Lesers ansprechen möchte. Dieser Glaube an die epische Darstellbarkeit humaner Totalität baute sich bekanntlich im Laufe des 19. Jahrhunderts zunehmend ab und reduzierte sich im 20. Jahrhundert weitgehend auf eine schichtenspezifische Repräsentanz des Protagonisten.
43 Eine differenzierte Darstellung erübrigt sich, da dieser Problemkreis durch die Forschung weitgehend geklärt ist. Vgl. Lothar Köhn, Entwicklungs- und Bildungsroman. Ein Forschungsbericht; DVjs, Bd. 42, 1968, S. 455 ff. Ferner G. Dohmen, Die Entstehung des deutschen Bildungsbegriffs und die Entwicklung seines Verhältnisses zur Schule, Weinheim 1964.
44 Xenien; Schillers Werke, Nationalausgabe, Bd. 1, S. 321.
45 Diese beiden Strömungen vereinigte Herder in seiner humanitätsphilosophischen Bildungslehre, die den Menschen als potentielles Ebenbild Gottes und zugleich als eigengesetzlich sich entwickelndes Naturwesen deutete.
46 J. H. Campe (Hrsg.), Allgemeine Revision des gesammten Schul- und Erziehungswesens von einer Gesellschaft praktischer Erzieher, Teil 3, Hamburg 1785, S. 570.
47 Ebd., S. 531 ff.
48 W. v. Humboldt, Grenzen des Staates, hg. v. H. Schumann, Frankfurt a. M. 1947, S. 28 f.
49 Vgl. dazu die Interpretation der „Lehrjahre". — Herder: „Was ist Bildung? Inwendige Gestalt, Form der Humanität." (Sämtliche Werke, hg. v. B. Suphan, Bd. 30, S. 123.) Vgl. auch „Ideen zur Philosophie der Geschichte der Menschheit" (1784–1791), hg. v. G. Schmidt, Darmstadt 1966, S. 141.
50 Diese Korruptibilität des Individuums wurde auch schon in zahlreichen Romanen der Aufklärung als eindringliche Warnung thematisiert. Vgl. Georg Stanitzek, Bildung und

Roman als Momente bürgerlicher Kultur. Zur Frühgeschichte des deutschen „Bildungsromans"; DVjs, Bd. 62, 1988, S. 431 ff.
51 Vgl. die Interpretation der „Lehrjahre".
52 Auf Wilbaldus entfallen 14 von 29 Kapiteln, während Fridbert nur zwei Kapitel gewidmet sind. Hingegen besitzt Lottarius kaum eine selbständige Existenz; er taucht meist an der Seite des Wilbaldus auf. Übrigens kommt in Wickrams Dramatisierung des *Knabenspiegel* Wilbaldus noch eindeutiger als im Roman die Rolle der Hauptperson zu.
53 Georg Wickrams Werke, Bd. 2, hg. v. J. Bolte, Tübingen 1901, S. 4.
54 Es ist bezeichnend für den sorgsam kalkulierten Aufbau des Romans, daß die Trennung von Lottarius genau in der Mitte des Buchs, am Ende des 14. Kapitels, erfolgt.
55 Anders Cl. Lugowski, der Wilbaldus als „gebrochenen" Typus anspricht, dessen Entwicklung zumindest zeitweise nicht vorauszusehen sei. (Die Form der Individualität im Roman, Berlin 1932, S. 144 ff., 149; Neue Forschungen, Bd. 14. Ähnlich Gertrud Jaeke, J. Wickram, Diss., Tübingen 1954, S. 145 f.) In Wahrheit wird Wilbaldus' Entwicklung spätestens in dem Moment völlig klar, in welchem die Parabel vom verlorenen Sohn als das Grundmuster der Handlung erkennbar ist — auf jeden Fall bereits in der ersten Hälfte des Romans.
56 Vgl. die Gesamtinterpretation des Romans von G. J. Martin ten Wolthuis; Zs. für deutsche Philologie, Bd. 87, Heft 1, 1968, S. 46—85.
57 Wickrams Werke, a. a. O., Bd. 2, S. 274.
58 Vgl. etwa Bd. 2, S. 339; demselben Zweck dient auch die Episode vom Goldfaden.
59 Dem bedeutungsvollen Versuch Wickrams im Bereich des biographischen Romans stellte sich wenig später der unbekannte Verfasser der *Historia von D. Johann Fausten* (1587) nicht unwürdig zur Seite. Er behandelt zwar die Jugend des Schwarzkünstlers nur in einem einzigen Kapitel, ordnet aber andererseits die Disputationen, Abenteuer und Zauberschwänke, die Fausts Leben charakterisieren, in einen lockeren chronologischen Erzählverlauf ein, der konsequent mit dem Tode des Magiers endet. Die im Titel angezeigte Absicht des Autors, dem Leser ein „abscheuliches Exempel" vor Augen zu führen, reiht das Werk der Form der lehrhaften Beispielerzählung ein. Schon im ersten Kapitel ist die Hauptgestalt typologisch eindeutig festgelegt, denn sie wird als „gottlos" verurteilt, worunter der lutherisch gesinnte Verfasser, der das Prinzip der Glaubensgerechtigkeit vertritt, Fausts Unfähigkeit zu unumschränkter gläubiger Hingabe versteht. Konsequenterweise kann daher der Autor bereits im einleitenden Kapitel das künftige Schicksal seiner Titelfigur aus dem Wissen um das Gesetz dieses Typus klar bestimmen: „Was zum Teuffel wil, das läßt sich nicht auffhalten, noch jm wehren." Diese Einsicht bestätigt sich bereits endgültig im sechsten Kapitel, in dem der Pakt mit Mephistopheles geschlossen wird. Faust steht hier in keiner echten Konfliktsituation, ihm wird keine wahrhafte Entscheidung abverlangt; sein Weg ist eindeutig festgelegt. Kurz vor seinem Tod erkennt er denn auch rückblickend die vorgezeichnete Geradlinigkeit seines Lebensganges: „[...] zu welchem Teuffelischen Lust mich auch niemandt gebracht, als [...] mein Haßstarriger und Gottloser Willen, und fliegende Teuffelische gedancken, welche ich mir fürgesetzet, daher ich mich dem Teuffel versprechen *müssen* [...]" (68. Kap.; vom Verf. hervorgehoben). Der glaubenslose Teufelsbündner, der, wie immer wieder versichert wird, an der Gnade Gottes verzagt, ist zum Untergang prädestiniert, ein weitgehend figuraler Typus, der nicht auf innere Wandlung angelegt ist.

Vergleicht man aber Faust mit Lottarius, dem Typus des gottlos-bösen Menschen bei Wickram, so fällt doch ein Unterschied ins Auge. Die Lebensbeschreibung des vermessenen Magiers läßt stellenweise einen Ansatz personaler Komplexität erkennen, die der einschichtigen, planen Figur des kriminellen Lottarius völlig abgeht. Es widerspricht etwa dem Typus des ungläubigen Teufelsbündners, wenn Faust durch einen frommen Nachbarn zu echter Bußgesinnung bekehrt wird, die zu unterdrücken seinem dämonischen Partner nur dadurch gelingt, daß er droht, er werde ihn bei einem Widerruf des Pakts „zu stücken zerreissen" (52. Kap.). Schließlich weist auch eine andere Eigenschaft Faust eine Sonderstellung zwischen dem figuralen und dem personalen Typus zu, nämlich sein Zeitgefühl. Es offenbart sich vor allem im Schlußabschnitt der Erzählung, der Fausts letztes Lebensjahr schildert. Er macht sein Testament; einen Monat vor seinem Tod ergreift ihn qualvolle Reue ob seiner Untaten; einen Tag vor seinem Ableben erscheint mahnend der Teufel, und schließlich rückt die allerletzte Nacht heran. Hier wird, vor allem bedingt durch die Komposition, ein Zeitbewußtsein spürbar, das der rein figurale Typus nicht kennt; Faust weiß zuletzt um die Unwiederholbarkeit des Augenblicks, das unaufhaltsame Fließen der Zeit zu einem unwiderruflichen Ende hin wird ihm zum erschütternden Erlebnis.

60 Zur Frage der Beziehung von Titelgestalt und Werkstruktur vgl. den Aufsatz des Verfassers: „Die Personalität des Simplicius Simplicissimus". (Zs. für deutsche Philologie, Bd. 88, 1969, Heft 4, S. 497—521.)

61 Etwa im Reallexikon der deutschen Literaturgeschichte, 2. Aufl., Bd. 1, Berlin 1958, S. 175 f., oder bei B. Romberg, Studies in the Narrative Technique of the First-Person Novel, Stockholm 1962.

62 S. 29. — Es wird nach der Ausgabe des „Simplicissimus Teutsch", hg. v. R. Tarot, Tübingen 1967, zitiert.

63 Loci praecipui theologici. Definitiones; in: Melanchthons Werke in Auswahl, hg. v. R. Stupperich, Gütersloh 1953, Bd. 2, Teil 2, S. 782.

64 Näheres über seine Personalität in dem oben erwähnten Aufsatz des Verfassers.

65 Simplicius vermag sich noch nicht aus einer individuellen Wesensstruktur heraus zu begreifen. Selbsterkenntnis ist für ihn untrennbar mit Gotteserkenntnis verknüpft; er kann sein Selbstverständnis nur aus seiner Stellung innerhalb des heilsgeschichtlichen Weltprozesses gewinnen. Daher zielt die Lebensbeschreibung des Simplicius nur scheinbar darauf, all die Rollen zu nennen, die er persönlich in der Gesellschaft gespielt, den jeweiligen Stand zu skizzieren, dem er einmal angehört hat. Nicht die Rolle an sich interessiert den Erzähler, sondern vor allem die Art und Weise, wie sie von Simplicius als Akteur gespielt wird. Die Lebensbeschreibung bezweckt also nichts anderes, als den Auf- und Abstieg des Helden auf den „Staffeln der Tugenden" oder den „Staffeln deß Verderbens" zu notieren. Des Erzählers Gedanken kreisen um die brennende Frage nach seinem „geistlichen Fortgang" oder Rückschritt (S. 410, 490, 473). Den Maßstab dafür bezieht er aus einem Gradationssystem sittlich-religiöser Werte, dessen äußerste, dualistische Bezugspunkte durch das göttliche summum bonum und das höllische Chaos gebildet werden.

66 Vgl. E. Lämmerts umfassende Einführung in das Werk in der von ihm veranstalteten Faksimile-Ausgabe, Stuttgart 1965, S. 543 ff. (Nach dieser Ausgabe wird im folgenden zitiert.)

67 Ebd., S. 387, 395.

68 Ebd., S. 278, 310. — Es ist in diesem Zusammenhang unerheblich, daß der Aufklärer Blanckenburg noch nicht den völlig individualisierten Charakter kannte, wie er dann in den *Lehrjahren* erscheinen sollte.

69 Ebd., S. 282; vgl. auch S. 352. — Beispielsweise steht auch der Held von J. G. Schummels Roman *Wilhelm von Blumenthal* dem personalen Typus näher als der differenzierten Individualität; er läßt die ausgeprägte Fähigkeit zu freier Selbstbestimmung vermissen; er findet zuletzt nicht sich selbst in seiner Einmaligkeit, sondern er durchläuft eine durch unwahrscheinliche glückliche Zufälle bestimmte Entwicklung zum „brauchbaren Manne

für den Staat". (W. v. Blumenthal, Leipzig 1780—81, Bd. 2, S. 213.) Die Entwicklung des Protagonisten endet in der Affirmation der optimistischen aufklärerischen Wertnormen.
70 Vorrede zum ersten Teil der Wezelschen Bearbeitung des „Robinson Krusoe", Leipzig 1779, S. XIII ff.
71 Wezel spricht in der Vorrede ausdrücklich von den „beiden Helden" des Romans.
72 Herrmann und Ulrike, hg. v. C.G. v. Maassen, München 1919, Bd. 2, S. 415.
73 Ebd., S. 21.
74 J.G. Herder, Ideen zur Philosophie der Geschichte der Menschheit, Darmstadt 1966, S. 552. In dieselbe Richtung zielt Herders dezidiertes Wort: „Vom *mittlern* Stande geht bekanntermaaßen die geistige Thätigkeit und Cultur aus; auf und nieder soll sie wirken, damit das Ganze belebt werde." (Sämtliche Werke, hg. v. B. Suphan, Bd. 24, S. 174.)
75 Friedrich von Blanckenburg, Versuch über den Roman, a.a.O., S. 423.
76 Friedrich Schlegel, Über Goethes Meister; in: Kritische Schriften, hg. v. W. Rasch, Darmstadt 1964, S. 469.

Christoph M. Wieland: Geschichte des Agathon

Die Erstausgabe

1 S. 379. Zitiert wird im folgenden nach Band 1 der Ausgabe von Wielands Werken, hg. v. F. Martini und H. W. Seiffert, München 1964.
2 Der Begriff der Bildung wäre hier unangebracht. Nicht zufällig hatte Wielands frühere Vorliebe für dieses mit Klopstockschem Pathos aufgeladene Wort seit seiner Rückkehr nach Biberach, die einen Rückzug aus schwärmerischen Gefilden auf den Boden der alltäglichen Wirklichkeit einleitete, merklich nachgelassen. In den sechziger Jahren findet sich der Ausdruck kaum noch in seinen Schriften; auch in der Erstausgabe des *Agathon* begegnet er nur hie und da in unwesentlichem Zusammenhang. (Vgl. I. Schaarschmidt, Der Bedeutungswandel der Worte „bilden" und „Bildung" in der Literaturepoche von Gottsched bis Herder; in: Beiträge zur Geschichte des Bildungsbegriffs, hg. v. W. Klafki, Weinheim 1965, S. 55 ff.)
3 Brief vom 5.1.1762; Ausgewählte Briefe an verschiedene Freunde 1751–1810, 4 Bände, 1815–16, Bd. 2, S. 164.
4 Brief vom 16.2.1767; Neue Briefe Wielands, hg. v. R. Hassencamp, Stuttgart 1894, S. 135.
5 Vgl. den Brief vom 10.7.1766 an Zimmermann; Ausgewählte Briefe, a.a.O., Bd. 2, S. 268.
6 Nicht zufällig ist dieser Satz in der Ausgabe letzter Hand gestrichen, denn dort hat sich der Erzähler, wie sich noch zeigen wird, gewandelt.
7 Vgl. dazu Wilhelm Voßkamp, Romantheorie in Deutschland, Stuttgart 1973, S. 190 ff. Auch Hans-Joachim Mähl erkennt im Schluß der ersten Fassung des Romans „das raffinierte Zusammenspiel von Ironie und Utopie, ohne daß die ironische Brechung durch den Erzähler hier ausschließlich als kritische Destruktion und Infragestellung der Utopie generell gedeutet werden dürfte". (H.-J. Mähl, Die Republik des Diogenes. Utopische Fiktion und Fiktionsironie am Beispiel Wielands; in: W. Voßkamp [Hrsg.], Utopieforschung, Bd. 3, suhrkamp taschenbuch 1159, Frankfurt a.M. 1985, S. 81.)
8 Noch in der zweiten Auflage (1773) wird hinsichtlich der Lehren des Archytas betont, daß der Roman „durch die Absonderung dieser für sich selbst bestehenden Dialogen nichts an seiner Vollständigkeit verliehrt" (Bd. 4, S. 286).
9 Wielands Werke, hg. v. F. Martini und H.W. Seiffert, Bd. 3, S. 340.
10 Gerd Hemmerich verwirft in diesem Zusammenhang den Ausdruck „Prozeß", weil er ihn zu Unrecht mit „organologischen Vorstellungen" verbunden sieht. (G. Hemmerich, C.M. Wielands „Geschichte des Agathon", Nürnberg 1979, S. 11.)
11 *Tom Jones* bietet mehr ein gesellschaftliches Zeitbild als eine individuelle Lebensgeschichte; das zeigt sich schon am Zeitgerüst des Werks: der weitaus größte Teil der Erzählung (Buch VII–XVIII) umfaßt nicht mehr als etwa vier Wochen, die ohne größere Zeitsprünge wiedergegeben werden. (Vgl. auch Erwin Wolff, Tom Jones; in: Der englische Roman, hg. v. Franz K. Stanzel, Bd. 1, Düsseldorf 1969, S. 211.)
12 „La Vie de Marianne", „Le Paysan Parvenu", „Egarements du cœur et de l'esprit", „Mémoires et aventures d'un homme de qualité", „La Réligieuse".
13 Agathons bzw. Danaes eingeschobene kürzere *Lebensgeschichte* findet sich, formal gesehen, schon in Schnabels *Insel Felsenburg* oder etwa in J.M. v. Loens Roman *Der redliche Mann am Hofe*.

Die letzte Fassung

14 Vgl. F. Matthissons Brief an Bonstetten vom 24. 5. 1794; Briefe von F. Matthisson, Zürich 1802, S. 378 f.
15 Ausgewählte Werke in drei Bänden, hg. v. F. Beißner, Darmstadt 1964, Bd. 2, S. 20. Die Ausgabe letzter Hand wird im folgenden nach dieser Edition zitiert.
16 Ausgewählte Werke, Bd. 2, S. 19.
17 Vgl. Attisches Museum, hg. v. Wieland, III, 1800. – Wieland erläuterte am 6. 1. 1796 im Gespräch mit Böttiger „die Perfectibilität des ganzen Menschen nach Seele und Körper" durch den Ausdruck „Bildungsfähigkeit". (K. A. Böttigers literarische Zustände und Zeitgenossen, Bd. 1, Leipzig 1838, S. 174 f.)
18 Aber auch im Text der Erstausgabe nahm Wieland Änderungen vor. So strich er beispielsweise das resignierende Wort von der „Unverbesserlichkeit" des Tyrannen Dionysios (765).
19 Ausgewählte Werke, Bd. 2, S. 484, 488, 490, 495, 502, 520 f.
20 Ebd., S. 490.
21 Ebd., S. 558, 546, 557.
22 Vgl. H. Wolffheim, Wielands Begriff der Humanität, Hamburg 1949, S. 77: „Nicht Wissen, sondern Prägung ist die Bestimmung der Bildung."
23 Werke, hg. v. F. Martini und H. W. Seiffert, Bd. 3, S. 233.
24 Ebd., S. 232.
25 Agathon und Hippias. Ein Gespräch im Elysium; Attisches Museum, hg. v. Wieland, III, 1800, S. 289 f.
26 Vgl. Wolfram Buddecke, Wielands Entwicklungsbegriff und die Geschichte des Agathon, Göttingen 1966, S. 51.
27 Wielands Werke, hg. v. F. Martini und H. W. Seiffert, Bd. 3, S. 233.
28 Ebd., S. 231.
29 Ausgewählte Werke, Bd. 2, S. 558.
30 Vgl. I. Schaarschmidt, die anhand von Wielands Wortgebrauch nachweist, daß sein Bildungsbegriff einerseits in der entfaltenden „Auswickelung des Angeborenen", zum andern in der „Nachbildung" bzw. „Zubildung" zu einem vorbildhaften Ziel bestehe. (Beiträge zur Geschichte des Bildungsbegriffs, hg. v. W. Klafki, Weinheim 1965; Kleine pädagogische Texte, Bd. 33, S. 55 ff.) In diesem Sinn gipfelt Agathons Entwicklungsprozeß in der Einsicht, „daß Kunst die Hälfte unsrer Natur, und der Mensch ohne Kunst das elendeste unter allen Tieren ist". Ausgewählte Werke, Bd. 2, S. 577.
31 Ausgewählte Werke, Band 2, S. 553.
32 Ebd., S. 446 f.
33 Martin Swales und Michael Beddow gelangen nicht zu diesem Ergebnis, weil sie sich auf die Erstausgabe beschränken. (M. Swales, The German Bildungsroman from Wieland to Hesse, Princeton 1978; M. Beddow, The Fiction of Humanity, Cambridge 1982.)
34 Ausgewählte Werke, Bd. 2, S. 562. Vgl. dazu die kluge Studie von W. Buddecke, a. a. O., S. 206 ff.
35 Brief vom 1. 2. 1794; in: Wielands Leben, hg. v. J. G. Gruber, Teil 4, Leipzig 1828, S. 59. – Das Motiv der Selbstfindung findet sich bereits in der zweiten Auflage (1773), nämlich in der Geschichte der Danae. Die Wende ihres Lebens von der Hetäre zur sittlichen Persönlichkeit vollzieht sich in dem „Augenblick, wo sie sich selbst kennen lernt; wo sie fühlt, daß Tugend kein leerer Name, [...] daß sie die Bestimmung [...], das höchste Gut eines denkenden Wesens ist [...]. Das Verlangen, sich selbst nach diesem göttlichen Ideal der moralischen Schönheit umzubilden, bemächtigt sich nun aller ihrer Neigungen [...]"

(Leipzig 1773, Bd. 4, S. 129). Das Prinzip der sittlichen Autonomie bestimmt demnach den Bildungsgang dieser schönen Seele und führt sie zur Selbstverwirklichung.
Wieland hatte also die Idee der sittlichen Selbstbestimmung schon vor seiner Begegnung mit Kant ansatzweise erfaßt. Hierin mag ihn Shaftesbury gefördert haben, der in der self-inspection, in der Befolgung des "Recognize Your Self" die Voraussetzung für eine freie und harmonische sittliche Selbstgestaltung erblickte. (Vgl. etwa Charackteristicks of Men, Manners, Opinions, Times, 4. Aufl., 1727, Bd. 1, S. 170).

36 Ausgewählte Werke, Bd. 2, S. 383. In diesem Sinn wird vom Nationalcharakter der Tarentiner berichtet, er habe allmählich „eine gesetzte und feste Gestalt" gewonnen. (Ausgewählte Werke, Bd. 2, S. 454.)

37 I. Kant, Schriften zur Anthropologie und Pädagogik, Gesamtausgabe in zehn Bänden, Leipzig 1839, Bd. 10, S. 325. — Leider hat W. Buddecke in seinem sonst so ergiebigen Buch nicht sorgsam genug zwischen Wielands Entwicklungs- und Bildungsbegriff unterschieden (a. a. O., S. 49 ff., 208 f.). Das ergab sich mit gewisser Notwendigkeit aus seiner Beschränkung auf die Ausgabe letzter Hand. Daher kann er diese als „Entwicklungsroman" bezeichnen (S. 11). Gerd Mattheckas Dissertation zählt zu den wenigen Arbeiten, in denen Entwicklung und Bildung unterschiedlich definiert werden. Allerdings will der Verfasser unter Wielands Entwicklungsbegriff lediglich „die romantechnische Seite des Problems" verstanden wissen. (G. Matthecka, Die Romantheorie Wielands und seiner Vorläufer, Diss., Berlin 1956, S. 174 f.)

38 Ausgewählte Werke, Band 2, S. 545.

39 Ebd., S. 427.

40 Ebd., S. 570. — Der mehrfach wiederkehrende Ausdruck „Stadt Gottes", „deren ewiges Grundgesetz gemeinschaftliches Aufstreben nach Vollkommenheit ist", meint ebendiese Idee der Perfektibilität (ebd., S. 566). Das Wort dürfte nicht von Leibniz übernommen sein, sondern von Herder, der es in den *Ideen zur Philosophie der Geschichte der Menschheit* im gleichen Sinn verwendet: „Das Reich dieser Anlagen [des Menschen] und ihrer Ausbildung ist die eigentliche Stadt Gottes auf der Erde, in welcher alle Menschen Bürger sind, nur nach sehr verschiedenen Klassen und Stufen." (Hg. v. G. Schmidt, Darmstadt 1966, S. 249.)

41 Der seelenkundige Erzähler hütet sich freilich, den angeblichen totalen Sieg von Agathons geistigem Ich zu bestätigen; er berichtet mit deutlicher Zurückhaltung lediglich, daß der Jüngling „gänzlich vergessen zu haben schien", was Danae einst für ihn bedeutet hatte. (Ausgewählte Werke, Bd. 2, S. 578.)

42 Werke, hg. v. Martini und Seiffert, Bd. 3, S. 396.

43 Auch Jürgen Jacobs erkennt den Romanschluß in seiner Brüchigkeit und interpretiert ihn als Flucht aus den Bedingungen der wirklichen Welt. Allerdings ist ihm nicht zuzustimmen, wenn er den Schluß der dritten Fassung im Widerspruch zur Bauform des Bildungsromans sieht, weil Agathons frühere Stationen nicht als „unentbehrliche Vorbereitung für das spätere Stadium der Reife" fungierten. Agathon könnte die Lehre des Archytas nicht akzeptieren, hätte er nicht zuvor das Dilemma seiner eigenen geistig-sinnlichen Doppelnatur erfahren. (J. Jacobs, Prosa der Aufklärung, München 1976, S. 175; ders., Wilhelm Meister und seine Brüder, München 1972, S. 61.)

44 In der auf *Agathon* bezogenen *Zwoten Unterredung mit dem Pfarrer von* [xxx] (1775) erklärt Wieland hinsichtlich der idealisierenden Charakterzeichnung: „Generalisierte Begriffe vom Menschen, und von dem, was ihm, als Menschen, seiner Natur und seinen manchfaltigen Verhältnissen nach, nützlich und anständig ist, haben also ihren ausgemachten Nutzen; vorausgesetzt, daß sie mit der erforderlichen Genauigkeit und Behutsamkeit generalisiert worden — [...] sie helfen uns auch durch den Labyrinth des Lebens, indem sie unsrer

Würksamkeit gewisse feste Punkte vorstecken, und uns die kürzesten und sichersten Wege zum glücklichen Leben vorzeichnen." (Werke, a. a. O., Bd. 3, S. 330.)
45 Ausgewählte Werke, Bd. 2, S. 456. Zum hier zugrunde gelegten Utopiebegriff vgl. H. J. Mähl, Die Republik des Diogenes, a. a. O., S. 50.
46 Brief vom 14. 4. 1794 an Göschen; in: Wielands Leben, hg. v. J. G. Gruber, Teil 4, S. 60 (Wielands Sämtliche Werke, Bd. 53, Leipzig 1828). Bei dieser Interpretation des Schlusses ist von untergeordneter Bedeutung, daß des Autors Weltanschauung nicht völlig mit der des Archytas übereinstimmt. Vgl. Wielands Brief an S. Reinhold vom 26. 11. 1796; in: R. Keil (Hrsg.), Aus klassischer Zeit. Wieland und Reinhold, Leipzig o. J., S. 226.
47 Ausgewählte Werke, Bd. 2, S. 381.
48 Das verraten schon die erst in der Ausgabe letzter Hand eingefügten Überschriften der sechzehn Bücher, die fast alle auf Agathon verweisen.
49 Vgl. H. Vormweg, Die Romane Wielands, Diss., Bonn 1956, S. 62 f.
50 Wieland berichtete an Reinhold, er habe gewisse „Auswüchse" getilgt, womit er die meist zeitkritischen Digressionen des redseligen Erzählers meinte. (Brief an Reinhold vom 18. 9. 1793; in: Wieland und Reinhold, hg. v. R. Keil, Leipzig/Berlin 1885, S. 177 f.)
51 Die umfangreichste Phase stellt natürlich der Aufenthalt in Smyrna dar, denn hier vollzieht sich mit der Entdeckung seiner geistig-sinnlichen Doppelnatur eine besonders „starke Veränderung in seinem Gemüte". (Ausgewählte Werke, Bd. 2, S. 362.)
52 Aufbauformen des Romans, Günter Müller, Morphologische Poetik, Darmstadt 1968, S. 563.
53 Daher rührt die auffällig häufige Verwendung des Wortfelds der „Wirkung" bis zur zweiten Auflage, was schon O. Freise festgestellt hat, ohne es allerdings zu begründen. (Die drei Fassungen von Wielands „Agathon", Diss., Göttingen 1910, S. 67.) In der Endfassung wurden diese Ausdrücke um der Differenzierung willen teilweise durch andere ersetzt.
54 Ausgewählte Werke, Bd. 2, S. 268.
55 Ebd., S. 313.
56 Ebd., S. 8.
57 Davon zeugen etwa seine weit vorausweisenden Zukunftsprognosen. In der Ausgabe letzter Hand weist der Erzähler gleich zu Beginn auf das Ende seiner Geschichte hin: er wolle darstellen, „wie es [...] möglich sei, selbst ein weiser und guter Mensch zu werden". (Ausgewählte Werke, Bd. 2, S. 20.) Damit ist das Bildungsziel gesetzt, und noch der letzte Satz des Romans, der den Blick in die fernere Zukunft öffnet, bestätigt, daß Agathon dieses Ziel nach Maßgabe seiner eigenen Möglichkeiten erreicht hat. Neben diesen beiden großen Vorausdeutungen zu Anfang und Ende des Werkes, die Agathons Leben in seiner Ganzheit umspannen, finden sich noch zwei weitere Zukunftsverheißungen. Die eine verrät schlagartig, welch bedeutende Veränderung mit dem Erzähler vor sich gegangen ist. In der Erstfassung verweist er am Ende der Station zu Smyrna auf Agathons künftigen gefestigten Charakter, der einst, wenn alles Fremdartige von ihm abgeschieden sei, „übrig bleiben mag" (760). Der des Ausgangs seiner Geschichte völlig sichere Erzähler der Endfassung ersetzt das vermutende „mag" durch das bekräftigende „wird" (ebd., S. 383). Nach Agathons Vollzug der Selbstfindung schließlich kann dieser Erzähler mit Gewißheit behaupten, der Jüngling habe den Versucher Hippias „auf immer" von sich entfernt (ebd., S. 448).
58 Ausgewählte Werke, Bd. 2, S. 28. — Vgl. dazu W. Preisendanz, Die Auseinandersetzung mit dem Nachahmungsprinzip in Deutschland und die besondere Rolle der Romane Wielands; in: Nachahmung und Illusion, hg. v. H. R. Jauß, München 1964, S. 92 ff. — Natürlich ist auch die Perspektive des Erzählers letztlich subjektiv bestimmt — für den späten

Wieland gibt es keine absolute Wahrheit mehr —, aber durch sein prätendiertes Wissen von den „Gesetzen der Natur" steht er der Wirklichkeit doch erheblich näher als Agathon.
59 Daß dieser pädagogische Effekt vom Erzähler wohlberechnet ist, verrät er an einer Stelle, wo Agathon sich wieder einmal einer längeren Selbstbetrachtung hingibt. Hier ermahnt der Erzähler seine Leser: „Desto schlimmer für euch, wenn ihr, bei gewissen Gelegenheiten, nicht so gerne mit euch selbst redet als Agathon! — Ihr würdet sehr wohl tun, ihm diese kleine Gewohnheit abzulernen." (Ausgewählte Werke, Bd. 2, S. 300.)
60 Daher begegnen die Eigennamen Agathons und des Hippias hin und wieder im Plural (740, 807, 825 u. ö.). Im übrigen bestätigt Hippias dem Protagonisten, er gehöre „zu einer besondern Menschenart". (Ein Gespräch im Elysium; Attisches Museum, III, 1800, S. 288.)
61 Zwote Unterredung mit dem Pfarrer von [xxx] (1775); Werke, hg. v. Martini und Seiffert, Bd. 3, S. 342.

Johann W. von Goethe: Wilhelm Meisters Lehrjahre

1 Über Goethes Meister; in: Kritische Schriften, hg. v. W. Rasch, Darmstadt 1964, S. 469. Noch deutlicher in der Rezension von Goethes Werken (1806): „Bildung ist der Hauptbegriff, wohin alles in dem Werke zielt [...]" (ebd., S. 309).
2 Noch am konsequentesten ist Günther Müller dem Bildungsgesetz der „Gestaltung — Umgestaltung" bei einigen Figuren nachgegangen; er hat sich aber leider auf die Betrachtung Wilhelms, Mignons, Felix' und des Abbés beschränkt. (G. Müller, Gestaltung — Umgestaltung in *Wilhelm Meisters Lehrjahren*, Halle 1948, S. 23 ff.)
3 Goethes Romane, Bern 1963, S. 130.
4 Gespräch mit Eckermann vom 25.12.1825.
5 Vgl. Brief an Schiller vom 9.7.1796. — Es nimmt daher auch nicht wunder, daß sich in den *Lehrjahren* Schlüsselbegriffe wie Individualität, Persönlichkeit oder Charakter nur vereinzelt finden.
6 W. Kayser, Das sprachliche Kunstwerk, Bern 1948, S. 365; K. Schlechta, Goethes Wilhelm Meister, Frankfurt a. M. 1953, S. 11 ff.
7 Seine Studie „Betrachtung über Morphologie" wird von Erich Trunz auf die Mitte der neunziger Jahre datiert. Goethes Werke, Hamburger Ausgabe, Bd. 13, S. 120 ff., 579.
8 Ebd., S. 120, 124.
9 Ebd., S. 124.
10 Einfache Nachahmung der Natur, Manier, Stil (1789), Hamburger Ausgabe, Bd. 12, S. 32.
11 Goethes neugewonnene Betrachtungsweise machte sich auch bei der Umarbeitung des *Urmeister* bemerkbar: die Handlungsführung wurde gestrafft, die Fabel neu gegliedert, isolierte Episoden und für die Bildungsthematik irrelevante Figuren wurden gestrichen.
12 Vgl. etwa Jürgen Jacobs, Wilhelm Meister und seine Brüder, München 1972, S. 79 f.
13 Die Bedeutung des morphologischen Gestaltbegriffs für Goethes Bildungslehre ist seit L. Kiehns gründlicher Studie bekannt: Goethes Begriff der Bildung, Hamburg 1932, S. 120, 163 f., 179 passim.
14 Wilhelm Meisters Lehrjahre, hg. v. E. Trunz, Hamburger Ausgabe, Bd. 7, S. 72, 342, 573. Nach dieser Ausgabe wird im folgenden zitiert.
15 Die Absicht eingeleitet (1807 entstanden), Hamburger Ausgabe, Bd. 13, S. 55.
16 Ebd., S. 60.
17 Vgl. Goethe-Wörterbuch, 8. Lieferung, Bd. 2, 1985, Spalte 980.
18 Aus Goethes Notizbuch (1793): „In Wilhelm: ästhetisch-sittlicher Traum — Lothario: heroisch aktiver Traum — [...] Abbé: pädagogischer praktischer Traum — Philine: gegenwärtige Sinnlichkeit, Leichtsinn — Aurelie: hartnäckiges, selbstquälendes Festhalten — [...] Mignon: Wahnsinn des Mißverhältnisses." (Bd. 8, S. 518.)
19 Klaus-Dieter Sorg bestreitet die Existenz eines „Wertzentrums", einer „Zielpunktbestimmung, deren Verwirklichung gelungene Bildung bedeutet". (Gebrochene Teleologie. Studien zum Bildungsroman von Goethe bis Th. Mann, Heidelberg 1983, S. 69.) Er hat aus seiner Sicht in zweifacher Weise recht: einmal, weil Bildung für Goethe einen prinzipiell unabschließbaren Prozeß bedeutete, und zum andern, weil er die Bildungsidee der *Lehrjahre* nur unter inhaltlichen Gesichtspunkten untersucht. Jede inhaltlich definierte Zielbestimmung müßte, wie er richtig erkennt, die Vielfalt individueller Menschwerdung verfehlen und somit ideologischer Erstarrung verfallen. Seine Einwände treffen jedoch nicht auf eine funktional definierte Bildungsgestalt zu. Sie ist offen für mannigfaltige individuelle Seinsweisen, ihre Struktur ist variabel.

20 Goethes Brief an F. S. Voigt vom 20. 12. 1806. — Auch Ivar Sagmo interpretiert Goethes Bildungsbegriff als „Gestaltwerdung" im übertragenen morphologischen Sinn. Bildungsroman und Geschichtsphilosophie. I. Sagmo, Eine Studie zu Goethes Roman *Wilhelm Meisters Lehrjahre*, Bonn 1982, S. 81 ff. Leider ist dem Verfasser mein Aufsatz entgangen: Wilhelm Meisters Lehrjahre. Gestaltbegriff und Werkstruktur; in: Goethe-Jahrbuch, Bd. 92, Weimar 1975, S. 140—164.
21 Hamburger Ausgabe, Bd. 11, S. 530.
22 Zu Recht betont Günter Niggl, daß diese Autobiographie gehaltlich wie formal eine „Umkehrung der religiösen in eine psychologische Konfession" darstelle. (Günter Niggl, Geschichte der deutschen Autobiographie im 18. Jahrhundert, Stuttgart 1977, S. 127.)
23 Brief vom 18. 3. 1795.
24 Die Haltung introvertierter Weltabkehr, die im Roman nicht unkritisiert bleibt, verbindet sie mit dem Oheim.
25 S. 378, 380, 406. Vgl. die Deutung von Hamlets Charakter, die ebenfalls von dessen Wesensmitte und Grundgesinnung — dem „Gefühl des Guten und Anständigen" — ausgeht (217 f.).
26 Vgl. S. 405.
27 Hamburger Ausgabe, Bd. 13, S. 42.
28 „Eigentlich kommt alles auf die Gesinnungen an; wo diese sind, treten auch die Gedanken hervor, und nachdem sie sind, sind auch die Gedanken." (*Wanderjahre* [Band 8, S. 486].) „Gesinnungen aber sind selten liberal, weil die Gesinnung unmittelbar aus der Person, ihren nächsten Beziehungen und Bedürfnissen hervorgeht." (Maximen und Reflexionen, hg. v. Hecker, Schriften der Goethe-Gesellschaft, Bd. 21, Weimar 1907, Nr. 218.)
29 Goethe wie auch W. v. Humboldt haben nicht die universale Bildung, sondern vielmehr die totale, ganzheitliche Ausformung des Individuums gefordert. Letzterer erklärte: „Der wahre Zweck des Menschen [...] ist die höchste und proportionierlichste Bildung seiner Kräfte zu einem Ganzen." (Ideen zu einem Versuch, die Grenzen der Wirksamkeit des Staates zu bestimmen; W. v. Humboldt, *Grenzen des Staats*, Frankfurt a. M. 1947, S. 23).
30 E. Stiedenroth, Psychologie zur Erklärung der Seelenerscheinungen, Hamburger Ausgabe, Bd. 1, S. 42.
31 Bd. 7, S. 406; vgl. die Einleitung zur Morphologie, wo der „entschiedene Charakter jeder Gestalt" hervorgehoben wird (Bd. 13, S. 63). Das Gegenteil von gestalthafter Bildung wäre nach den Worten der *Wanderjahre* als „verworren, schwankend und unstät" zu bezeichnen (Bd. 8, S. 164), also ohne das Wissen um die rechten Zwecke, ohne innere Festigkeit, ohne die willensstarke Entschiedenheit und geordnete Folge des Tuns. — Der späte Goethe umschreibt des öfteren die gestalthafte Persönlichkeit mit dem Ausdruck „Charakter": „Charakter im großen und kleinen ist, daß der Mensch demjenigen eine stete Folge gibt, dessen er sich fähig fühlt." (Maximen und Reflexionen, a. a. O., Nr. 839.)
32 Wanderjahre (Bd. 8, S. 288).
33 Vgl. Bd. 7, S. 420.
34 Bd. 8, S. 279.
35 „Mit Soziabilität [...] ist allgemein die Möglichkeit des Menschen gemeint, geselliges Wesen sein zu können, zu werden [...]. Damit ist bereits angedeutet, daß ‚Soziabilität' eine Anlage kategorischer Art ist, die des Anrufs durch die — soziale — Außenwelt bedarf, um zur Entfaltung und Geltung kommen zu können. Soziabilität bedeutet gleichzeitig jene *Plastizität* (Arnold Gehlen) des Menschen, vermöge deren er sich den verschiedensten Weltinhalten stellen, sie auf sich und sich auf sie zuordnen kann. Demgemäß sagt Soziabilität auch nichts darüber aus, welcher *Art* das gesellige Vermögen des Menschen ist oder

sein wird. Das wird erst im weiteren Prozeß der Sozialisation entschieden." (Wörterbuch der Soziologie, hg. v. W. Bernsdorf, 2. Aufl., Stuttgart 1969, S. 946 f.)
36 Vgl. Goethes Brief an Jacobi vom 31.3.1784: „Kein Mensch kann eine Faser seines Wesens ändern, ob er gleich vieles an sich bilden kann."
37 Hamburger Ausgabe, Bd. 8, S. 518.
38 Betrachtung über Morphologie, Hamburger Ausgabe, Bd. 13, S. 125.
39 Ulrich Schödlbauer sieht die für Wilhelms Entwicklung konstitutive Vorgangsfigur von Diastole und Systole nur in den beiden letzten Büchern verwirklicht: U. Schödlbauer, Kunsterfahrung als Weltverstehen. Die ästhetische Form von „Wilhelm Meisters Lehrjahre", Heidelberg 1984, S. 157.
40 G. L. Fink warnt zu Recht davor, die „Tugenden eines Bürgers" als die Normen und Werte des dritten Standes zu interpretieren. (G. L. Fink, „Die Bildung des Bürgers zum ‚Bürger'"; Recherches Germaniques, No. 2, Strasbourg 1972, S. 7—37.)
41 Von daher findet auch die oft gestellte Frage ihre Antwort, warum denn die Gesellschaft des Turms ein so großes Interesse ausgerechnet an Wilhelm zeige, der ja keine außerordentlichen Qualitäten besitzt. Der Abbé drückt in den *Wanderjahren* die großen Hoffnungen, die er auf Wilhelm setzt, mit der erstaunlichen Metapher aus, dieser möge sich „zum notwendigsten Glied unsrer Kette" bilden (243). Nichts benötigt ja der Bund der Auswanderer dringlicher als den verbindenden Geist geselliger Gemeinsamkeit. (Diese Äußerung bezieht sich nicht etwa auf Wilhelms Berufswahl; über sie ist der Abbé zu diesem Zeitpunkt noch nicht orientiert.)
42 Vgl. Bd. 7, S. 238.
43 Hier ist seine Lektüre der *Bekenntnisse einer schönen Seele* von Bedeutung: von Natalie nach seiner Meinung über die Stiftsdame befragt, zeigt sich Wilhelm tief beeindruckt von deren sittlicher Selbstbestimmung („Selbständigkeit ihrer Natur"), von der sinn- und zweckvollen Ordnung ihrer Existenz („Reinlichkeit des Daseins") und von ihrer harmonischen Ganzheitlichkeit (518).
44 In diesem Sinn ist Ivar Sagmo zuzustimmen, wenn er Wilhelms Bildungsprozeß als einen „kognitiv-psychischen Vorgang" bezeichnet. (I. Sagmo, Bildungsroman und Geschichtsphilosophie, a. a. O., S. 235.)
45 Vgl. dazu Klaus-Dieter Sorg, Gebrochene Teleologie, Heidelberg 1983, S. 83 ff.
46 Vgl. S. 531, 568 f.
47 S. 445, 608. — Dieser wichtigen Funktion des humanen Leitbildes entspricht in der Biographie der Stiftsdame deren „Idee [...] von der Vollkommenheit".
48 Vgl. S. 419.
49 Die „zarten Gebote" Natalies bilden die Richtschnur für Wilhelms Handeln in den *Wanderjahren* (Bd. 8, S. 11).
50 Gespräch mit Kanzler von Müller am 22.1.1821.
51 Vgl. S. 499.
52 E. Stiedenroth, Psychologie zur Erklärung der Seelenerscheinungen, Bd. 13, S. 42.
53 Für Goethe existieren viele, einander ergänzende Möglichkeiten menschlicher Bildung. Er erkennt, daß jede Gestaltwerdung mit entsagendem Verzicht auf damit unvereinbare andere Entwicklungen erkauft ist; er bejaht aber vorbehaltlos solchen „Vorzug und Mangel" des Bildungsprozesses. (Metamorphose der Tiere, Hamburger Ausgabe, Bd. 1, S. 203; vgl. auch Hans Eichner, Zur Deutung von „Wilhelm Meisters Lehrjahren"; in: Jb. des Freien Deutschen Hochstifts, Frankfurt a. M. 1966, S. 190 f.) Dagegen hatte Wieland noch ein an der Antike orientiertes universalistisches Bildungsideal vertreten: „Die wahre Humanität ist eigentlich das Ideal der menschlichen Vollkommenheit. Wer sie ganz besäße, vereinigte alle geistigen und körperlichen Vollkommenheiten in höchstem Grade,

wäre stark wie Hercules, behende wie Achilles, klug wie Ullyses, weise wie Sokrates, scharfsinnig wie Chrysippus, witzig wie Lucian. Nun begreift man leicht, daß diese Humanität in dem wirklichen Menschen nur *theilweise* stattfinden kann, daß wir ihr aber alle, so wie der Tugend, nachstreben müssen nach bestem Vermögen. [...] Die Humanität nationalisiert sich überall und ist nur in der platonischen Ideenwelt rein." (K. A. Böttigers literarische Zustände und Zeitgenossen, hg. v. K. W. Böttiger, Leipzig 1838, Bd. 1, S. 167; Gespräch vom 15. 1. 1795.)

54 „Was ist das Allgemeine? Der einzelne Fall." (Wanderjahre [Bd. 8, S. 301].)
55 Die knappen Angaben über Lotharios Lebensgeschichte sind allerdings auf mehrere Kapitel verteilt.
56 Hamburger Ausgabe, Bd. 8, S. 518.
57 Vgl. Bd. 7, S. 453, 447; Goethes Notizbuch von 1793 schreibt einer Figur namens Julie „häusliche reine Wirklichkeit" als Grundeigenschaft zu (Bd. 8, S. 518).
58 Vgl. Bd. 7, S. 453, 456.
59 Hamburger Ausgabe, Bd. 8, S. 518.
60 „[...] daß ich da Bildung suchte, wo keine zu finden war [...]" (495).
61 „Wenn die Natur verabscheut, so spricht sie es laut aus; das Geschöpf, das nicht sein soll, kann nicht werden; das Geschöpf, das falsch lebt, wird früh zerstört" (584). Ironischerweise Worte des Harfners!
62 Notizbuch 1793, Bd. 8, S. 518.
63 Brief an Goethe vom 28. 11. 1796.
64 Goethe legt den Analogieschluß zwischen diesem Drama und seinem Roman nahe, wenn er darauf hinweist, daß *Hamlet* auf Grund der Auseinandersetzung zwischen Gesinnungen und Begebenheiten „etwas von dem Gedehnten des Romans" habe (308).
65 Vgl. H. E. Hass, Wilhelm Meisters Lehrjahre; in: Benno von Wiese (Hrsg.), Der deutsche Roman, Bd. 1, Düsseldorf 1963, S. 140 f.
66 Hamburger Ausgabe, Bd. 8, S. 519.
67 Das sechste Buch scheidet unter diesem Gesichtspunkt natürlich aus. — Die angeblich erst vom späten Goethe gebrauchten Begriffe von Diastole und Systole finden sich bereits in dem Aufsatz über die Metamorphose der Pflanzen (1790), wo von „Ausdehnung und Zusammenziehung" die Rede ist (Bd. 13, S. 94).
68 Nicht zufällig setzen erst jetzt Wilhelms monologische Reflexionen über seinen Werdegang ein.
69 Vgl. Goethes Brief an Schiller vom 9. 7. 1796.
70 Ulrich Schödlbauer, der die *Lehrjahre* als Bildungsroman bezeichnet, bestreitet, „daß das Formproblem, welches der Roman aufwirft, durch den Gattungshinweis in befriedigender Weise gelöst werden kann", weil er von der für ihn zutreffenden Voraussetzung ausgeht, die Gattungsbestimmung des Bildungsromans befinde sich „noch im Vorfeld erzähltheoretischer Begrifflichkeit". Auf Grund der Analyse einiger interessanter allegorisch-mythologischer Konfigurationen begreift er den Roman als „eine Vielheit von einzelnen Formkomplexen" ohne erkennbare Makrostruktur und rückt ihn daher in die Nähe der *Wanderjahre*. (U. Schödlbauer, Kunsterfahrung als Weltverstehen, a. a. O., S. 13, 179, 165.)

Die Romantik

Einleitung

1 Bezeichnend für die vordergründig unpolitische Haltung der Frühromantiker die Äußerung des jungen Fr. Schlegel: „Nicht in die politische Welt verschleudere du Glauben und Liebe, aber in der göttlichen Welt der Wissenschaft und der Kunst opfre dein Innerstes in den heiligen Feuerstrom ewiger Bildung." (Ideen; Fr. Schlegel, Kritische Schriften, hg. v. W. Rasch, Darmstadt 1964, S. 101.)
2 Karl Mannheim, Wissenssoziologie, hg. v. K. H. Wolff, Neuwied 1954, S. 454.
3 Sämtliche Werke, hist.-kritische Ausgabe, hg. v. E. Berend, 2. Abtlg., Bd. 1, S. 76.
4 Werke in drei Bänden, hg. v. K. Schlechta, Darmstadt 1966, Bd. 3, S. 882.
5 Über Goethes Meister; Kritische Schriften, a. a. O., S. 469.
6 Fr. Schlegel, Literary Notebooks (1797–1801), ed. by H. Eichner, London 1957, Nr. 1089, p. 116.
7 Ebd., Nr. 351.
8 Vgl. seinen Brief an Tieck vom 23. 2. 1800.
9 Heidelbergische Jahrbücher, 1808, Teil 1, S. 145–184. Hier zitiert nach den Kritischen Schriften, hg. v. W. Rasch, a. a. O., S. 309 ff. Es ist in diesem Zusammenhang unerheblich, daß Schlegels Rezension im Jahre seiner Konversion abgefaßt wurde. Der Artikel ist frei von christlicher Terminologie.
10 Vgl. P. Kluckhohn, Das Ideengut der deutschen Romantik, 5. Aufl., Tübingen 1966, S. 55 ff.
11 Monologen II; in: Deutsche Literatur in Entwicklungsreihen, Reihe Romantik, Bd. 4, hg. v. P. Kluckhohn, Darmstadt 1966, S. 40 f.
12 Auch die Individualethik der Romantik wird aus dieser Quelle gespeist: „Das Sittengesetz gibt nur die Grenzen an, in welchen die Eigentümlichkeit entwickelt werden muß, es ist das Negative, die Eigentümlichkeit das Positive." (Fr. Schlegel, Philosophische Vorlesungen aus den Jahren 1804–1806, hg. v. C. J. H. Windischmann, Bd. 2, S. 300.)
13 Novalis Schriften, hg. v. J. Minor, Jena 1923, Bd. 2, S. 204.
14 Novalis Schriften, hg. v. R. Samuel, 2. Aufl., Bd. 2, Darmstadt 1965, S. 425.
15 Die hier dominierende metaphysisch-religiöse Deutung des Bildungsvorgangs war untergründig auch in der naturphilosophisch-organologischen Bildungstradition wirksam, die zum Humanitätsideal Herders und Goethes führte.
16 Vgl. G. Dohmen, Bildung und Schule 1. Die Entstehung des deutschen Bildungsbegriffs und die Entwicklung seines Verhältnisses zur Schule, Weinheim 1964, S. 215.
17 Ebd., S. 156 f. — Oetinger betont den übernatürlichen Charakter des inneren Gottesbildes: es sei kein „creatürlich Bild [...] wie es die Präformisten kennen", sondern „eine Essenz, darin Alles in Kraft liegt und daraus Alles werden kann" (ebd). Oetinger ist hier Jakob Böhme verpflichtet, den er wie folgt interpretiert: „Wir haben etwas in uns, das verlangt, in der Wahrheit und realité zu subsistiren. Leiblich sein, ist ein reales Bild der Herrlichkeit Gottes [...]." (Inbegriff der Grundweisheit oder kurzer Auszug aus den Schriften des deutschen Philosophen [J. Böhme] in einem verständlichen Zusammenhang von F. C. Oetinger; in: Schriften J. Böhmes, hg. v. Hans Kayser, Leipzig 1920, S. 87.)
18 Hemsterhuis-Studien (1797); Novalis Schriften, Bd. 2, hg. v. R. Samuel, Darmstadt 1965, S. 372 f.
19 Friedrich Schlegel sieht die „wahre Bildung [...] hauptsächlich auf die Entwicklung der höheren Kräfte des Verstandes, der Phantasie und des Gefühls gerichtet". Dafür sei vor

allem die Beschäftigung mit Literatur förderlich. „Denn die beste und reichhaltigste Nahrung des Geistes sind die Hervorbringungen des Geistes selber." (Geschichte der europäischen Literatur, kritische Ausgabe, hg. v. E. Behler, Bd. 11, 2. Abt.: Schriften aus dem Nachlaß, S. 4.)

20 Neue philosophische Schriften, hg. v. J. Körner, 1935, S. 141.
21 Deutsche Literatur in Entwicklungsreihen, Reihe Romantik, Bd. 6, Darmstadt 1970, S. 129.
22 Levana, § 30.
23 Werke in drei Bänden, hg. v. K. Schlechta, Darmstadt 1966, Bd. 3, S. 495, 553. — Jürgen Jacobs gesteht der Romantik in seiner verdienstvollen Monographie „Wilhelm Meister und seine Brüder" (München 1972) keine eigenwertige Bildungsidee zu. Wie schon der Titel seiner Studie andeutet, sieht er in Goethes „Wilhelm Meister" das alleinige Paradigma des deutschen Bildungsromans. Er wirft besonders der späten Romantik vor, sie habe „das Bildungs-Problem eliminiert", denn das Individuum verliere sich gleichsam „im Dienst an einem Übergeordneten und allein berechtigten Allgemeinen" (125 f.). Jacobs bezweifelt daher, daß „die romantischen Autoren von ihren Voraussetzungen aus überhaupt einen Bildungsroman schreiben konnten" (127). Hier wird verkannt, daß sich im Bildungsroman dieser Epoche individuelle Selbsterfüllung und Hingabe an das Absolute keineswegs ausschließen. Erst durch die uneingeschränkte Entfaltung der „Eigentümlichkeit" der Individualität kann die Kommunikation mit dem Absoluten verwirklicht werden. J. Jacobs läßt der romantischen Idee innerer Bildung keine Gerechtigkeit widerfahren, wenn er, mit Blick auf Goethe, erklärt, der Bildungsroman strebe stets „über die bloß aufs Innerliche und Familiäre eingeschränkte Lebensform hinaus". Werde doch die Erfüllung der individuellen Existenz im 18. Jahrhundert „grundsätzlich nicht in der Isolation, sondern durch aktive Einordnung in die Gesellschaft gesucht" (38).
24 Vorschule der Ästhetik, § 68. H. J. Schings begreift Jean Paul zu Recht als „Anti-Typus" zu Wielands empirischer Anthropologie. Er weist auf Richters Beziehung zur Leibnizschen Monadologie hin. (Der anthropologische Roman; in: B. Fabian u. a. [Hrsg.], Deutschlands kulturelle Entfaltung. Die Neubestimmung des Menschen, München 1980, S. 259 ff.)
25 Vorschule der Ästhetik, § 56.
26 Novalis Schriften, a. a. O., Bd. 2, S. 418.
27 Ähnlich Lothar Pikulik, Romantik als Ungenügen an der Normalität, Frankfurt a. M. 1979, S. 515 ff.
28 Brief an Schelling aus dem Jahr 1809; zitiert nach Klaus Peter, Friedrich Schlegel, Stuttgart 1978, S. 52.
29 K. Polheim sieht den Roman in der durch Sterne begründeten Formtradition. (Fr. Schlegels „Lucinde"; Zs. für deutsche Philologie, Bd. 88, 1969, Sonderheft, S. 61 ff.)
30 Kritische Friedrich-Schlegel-Ausgabe, hg. v. H. Eichner, E. Behler u. a., Bd. 5, Paderborn 1962, S. 64. — Nur in der sinnenhaft-geistigen, totalen Begegnung mit der wahlverwandten Frau kann Julius zur erlösenden „unendlichen Einheit" seines Ichs gelangen. Sein Verhältnis zu Lucinde durchläuft die gegensätzlichsten Stimmungslagen: religiöser Enthusiasmus und körperliche Sinnenlust, demütige Hingabe und ironische Distanz, intellektuelle Reflexion und ahnungstiefe Intuition. Die kompositorische Bewältigung solch widersprüchlicher Haltungen, die Julius' potentielle Universalität andeuten, gelingt durch eine Vielzahl epischer Formen, besonders aber durch die „künstlich geordnete Verwirrung" der Arabeske.
31 Werke, hg. v. F. Kemp, Bd. 2, Darmstadt 1963, S. 440.
32 Vgl. J. Jacobs, Wilhelm Meister und seine Brüder, a. a. O., S. 138.

33 Brief an Sophie Mereau, zitiert nach H. H. Borcherdt, Der Roman der Goethezeit, Urach/Stuttgart 1949, S. 451.
34 Arnim an Jakob Grimm, Okt. 1810; A. v. Arnim, Sämtliche Romane und Erzählungen, hg. v. W. Migge, Bd. 1, Darmstadt 1962, S. 1063.
35 Dichtungen und Schriften, hg. v. W. Harich, Bd. 4, Weimar 1924, S. 317.
36 Fr. Schlegel, Goethes Werke nach der Cottaschen Ausgabe; in: W. Rasch (Hrsg.), Fr. Schlegel, Kritische Schriften, a. a. O., S. 312.
37 Kritische Friedrich-Schlegel-Ausgabe, hg. v. Ernst Behler, Bd. 2, Paderborn 1967, S. 156 f.
38 Novalis Schriften, a. a. O., S. 447.
39 Literary Notebooks, a. a. O., Nr. 491.
40 Sämtliche Werke, hg. v. E. Böcking, 1846, Bd. 11, S. 193.
41 Literary Notebooks, a. a. O., Nr. 434.
42 Zwar handelt es sich bekanntlich in der Regel um eine männliche Figur, aber der Bildungsroman einer Frau ist in Ansätzen um die Jahrhundertwende doch schon vorhanden. Nicht nur in Wielands *Geheime Geschichte der Danae* und Goethes *Bekenntnisse einer schönen Seele*, sondern auch als selbständige Romanform in der Bildungsgeschichte einer Frau, die entgegen gesellschaftlichen Konventionen dem Primat der unumschränkten freien Selbstbestimmung folgt: Friederike Helene Ungers *Bekenntnisse einer schönen Seele. Von ihr selbst geschrieben* (1806). Vgl. Magdalene Heuser, Spuren trauriger Selbstvergessenheit. Möglichkeiten eines weiblichen Bildungsromans um 1800: F. H. Unger; in: Inge Stephan / Carl Pietzcker (Hrsg.), Frauensprache — Frauenliteratur?, Tübingen 1986, S. 30—42.
43 Jean Pauls *Titan*, der eine gewisse Konzession an Goethes Bildungsroman darstellt, bildet eine Ausnahme.
44 Schriften, a. a. O., Bd. 1, S. 279.
45 Schriften, a. a. O., Bd. 3, S. 572.
46 Novalis wollte Ofterdingens Entfaltung „in einzelnen unabhängigen Capiteln" darstellen (ebd., S. 645). Jean Paul bezeichnete seine Kapitel als „abgeschlossene Inseln".
47 Fr. Schlegel, Vorlesungen zur Geschichte der alten und neuen Literatur; in: Kritische Schriften, a. a. O., S. 603. — Bei Eichendorff vollzieht sich die Durchbrechung des Zeitkontinuums auf besondere Weise, nämlich durch stereotype Wiederkehr der mit symbolischer Bedeutung aufgeladenen Tageszeiten, gleichsam eine in sich kreisende Zeit.
48 Nicht zufällig erscheint „der liebe Vaterlandsboden" bereits im ersten Satz des *Hyperion*.
49 Schriften, hg. v. R. Samuel, 2. Aufl., Bd. 1, Darmstadt 1960, S. 325; vgl. auch S. 205.
50 Ebd., S. 341 f., 345 f.
51 Eine Ausnahme bildet in *Hyperion* die durch die autobiographische Erzählform bedingte Doppelperspektive des erlebenden und des erzählenden Ichs.
52 Über das Historische im Agathon; Levana, § 24.
53 H. Steffens, Grundzüge der philosophischen Naturwissenschaft; zitiert nach P. Kluckhohn, Das Ideengut der deutschen Romantik, Tübingen 1966, S. 57.
54 Vorlesungen zur Ästhetik, hg. v. K. W. L. Heyse, Leipzig 1829, S. 133. Vgl. auch Gerhard Kluge, Idealisieren — Poetisieren. Anmerkungen zu poetologischen Begriffen und zur Lyriktheorie des jungen Tieck; in: Jb. der deutschen Schiller-Gesellschaft, 13, Stuttgart 1969, S. 308—360.

Ludwig Tieck: Franz Sternbalds Wanderungen

55 Briefe über Shakespeare (1800); in: Kritische Schriften, hg. v. L. Tieck, Bd. 1, Leipzig 1848, S. 143.
56 Ebd., S. 178. — Vgl. F. Kammradt, L. Tiecks Anschauungen über die Erziehung; Zs. für Geschichte der Erziehung und des Unterrichts, 1. Jg., Berlin 1911, S. 233—273.
57 Rückblickend wies Tieck später darauf hin, daß es um die Jahrhundertwende das Gebot der Stunde gewesen sei, „Religion und Bildung [...] wirklich [zu] vereinigen". (L. Tieck, hg. v. Uwe Schweikert, Dichter über ihre Dichtungen, Bd. 9/I, München 1971, S. 230.)
58 Tiecks Brief an F. W. Riemer vom 3.7.1841; L. Tieck, hg. v. Uwe Schweikert, Dichter über ihre Dichtungen, Bd. 9/III, München 1972, S. 226 f.
59 Vgl. Phantasien über die Kunst für Freunde der Kunst, hg. v. L. Tieck, Hamburg 1799, S. 226 f.
60 S. 186. — Es wird nach der Erstausgabe von 1798 zitiert. Deutsche Literatur in Entwicklungsreihen; Reihe Romantik, Bd. 6, hg. v. P. Kluckhohn. Darmstadt 1907.
61 Entstammt der zweiten Auflage des Romans; L. Tieck, Werke in vier Bänden, hg. v. M. Thalmann, Bd. 1, München o. J., S. 865 f.
62 Brief an Friedrich Schlegel vom 14.10.1798.
63 Aus der Fortsetzung des „Sternbald". Vgl. R. Alewyn, Ein Fragment der Fortsetzung von Tiecks „Sternbald"; in: Jb. des Freien Deutschen Hochstifts, Frankfurt a. M. 1962, S. 62.
64 Vgl. dazu Klaus Betzen, Frühromantisches Lebensgefühl in Tiecks Roman „F. Sternbalds Wanderungen", Diss., Tübingen 1959, S. 201 ff.
65 Nur die oben beschriebenen extremen Stimmungslagen werden als Hoch- bzw. Tiefpunkte bezeichnet. Im ersten Teil: S. 57 ff.; 26f., 36, 44, 60 ff., 97, 126 ff. Im zweiten Teil: S. 169, 180 f., 284, 286; 192 f., 256 f.
66 Vgl. etwa S. 145, 264, 269, 281.
67 Bezeichnend dafür ist die fragmentarische Fortsetzung des Romans, wo seitenlang Franz' Liebesempfindungen beschrieben werden, die ohne jeden konkreten Bezug zu Marie selig in sich selbst kreisen.
68 Vgl. auch H. Geulen, Zeit und Allegorie im Erzählvorgang von „Sternbalds Wanderungen"; Germ.-Roman. Monatsschrift, N. F., Bd. 18, 1968, S. 287. — Anders Erich Meuthen, der Sternbald „eine Abstraktion vom Ich", ein „Eintauchen in eine Dimension des Unbewußten, der Ich-Vergessenheit" bescheinigt. In Wahrheit gelangt der Held gerade in Momenten der visionären Einheitsschau zu einem gesteigerten Bewußtsein, er empfindet „den harmonischen Einklang aller seiner Kräfte und Gefühle" (58). Erich Meuthen, Denn er selbst war hier anders. Zum Problem des Identitätsverlusts in L. Tiecks „Sternbald"; in: Jb. der deutschen Schiller-Gesellschaft, Bd. 30, Stuttgart 1986, S. 393. Tieck selbst erklärte: „Ich bin um so mehr ein *Individuum*, um so mehr ich mich in alles verlieren kann; es ist kein Verlieren, denn wir verstehn, fühlen eine Sache nur, insofern wir die Sache sind." Brief an Friedrich Schlegel vom 16.12.1803; L. Tieck, hg. v. Uwe Schweikert, a. a. O., Bd. 9/III, S. 160.
69 Vgl. R. Alewyn, Ein Fragment der Fortsetzung von Tiecks „Sternbald", a. a. O.
70 Vgl. Ernst Ribbat, L. Tieck, Franz Sternbalds Wanderungen; in: Romane und Erzählungen der deutschen Romantik, hg. v. Paul M. Lützeler, Stuttgart 1981, S. 64. Im Gegensatz zu Jean Paul war der junge Tieck außerstande, sich mit der neuen romantischen Bildungsidee reflektierend auseinanderzusetzen. Er erfaßte sie in intuitivem Erleben, was durchaus seinem Selbstverständnis entsprach: „Ich habe die Dinge immer aus dem Ganzen, aus dem Gefühl und der Begeisterung heraus aufzufassen und anzuschauen gesucht [...], es ist dies meine Individualität." R. Köpke, Ludwig Tieck, Leipzig 1855, Bd. 2, S. 169 f.

71 Das Fragment der Fortsetzung des Romans macht das besonders deutlich: „Meine Jugend […], meine Leiden und tiefe Sehnsucht", bekennt Sternbald gegenüber Marie, „alles ist wieder da, und gehört mir nun erst zu, da ich weiß, was es sollte." (R. Alewyn, Ein Fragment der Fortsetzung von Tiecks „Sternbald", a. a. O., S. 61.) Im Vergleich zu *Wilhelm Meister* hat sich die labyrinthische Kontingenz des Lebensgeschehens beträchtlich gesteigert. Dennoch steht der Zufall noch immer im Dienst der Entfaltung des Helden.
72 S. 244 f.; vgl. auch S. 204 f., 276 f. — Zu Beginn seiner Wanderschaft erlebt er das betriebsame Menschengewimmel einer nördlichen Handelsstadt noch als sinnleeres Chaos: „hier fiel ihm kein Kunstgedanke ein"; er „ward von diesem neuen Anblicke des Lebens zu betäubt, als daß er ihn hätte niederschlagen können" (126). Ganz anders jedoch der Anblick einer südländischen Stadt, deren „verworrenes Getümmel", deren „angenehme Unordnung" Franz nunmehr als „schönes Gemälde" empfindet, weil ihm die Kunstform der Allegorie die mythologische Deutung dieser scheinbar ziellosen Betriebsamkeit erlaubt: „Als wenn die Götter plötzlich ein großes Füllhorn auf den Boden ausgeschüttet hätten, und emsig nun diese Tausende herausraffen, was ein jeder bedarf" (241). Hier wäre auch an die Kunstform der Arabeske zu denken, in der Friedrich Schlegel die Grundform des romantischen Romans sah — einer der Gründe, weshalb er Tiecks Werk begeistertes Lob spendete. Zweifellos entwirft Franz in Italien „Gemälde", deren Struktur im Sinne Schlegels als „künstlich geordnete Verwirrung", als „reizende Symmetrie von Widersprüchen" gedeutet werden kann. Friedrich Schlegels prosaische Jugendschriften, hg. v. Minor, Wien 1882, Bd. 2, S. 361.
73 Ludwig Tieck, Bd. 9/III, hg. v. Uwe Schweikert, a. a. O., S. 167. — Anders Jürgen Jacobs, der meint, daß „die Kunstvorstellung, die das Ganze beherrscht, sich zu entschieden der Sphäre des ‚wirklichen' Lebens entgegensetzt", wodurch das Buch nicht zum Bildungsroman geworden sei. (J. Jacobs, Wilhelm Meister und seine Brüder, a. a. O., S. 134.)
74 Vgl. Gonthier L. Fink, L'ambiguité du message romantique dans *Franz Sternbalds Wanderungen* de L. Tieck; Recherches Germaniques, No. 4, 1974, S. 16—70.
75 Bei der Überarbeitung der Erstausgabe hat Tieck diese Tendenz noch verstärkt, indem er Sternbalds Streben nach künstlerischer Produktivität als Maler zurücktreten ließ. Vgl. Edward Mornin, Tiecks Revision of *Franz Sternbalds Wanderungen*; Seminar. A Journal of Germanic Studies, vol. 15, 1979, p. 82.
76 Friedrich Schlegel, Kritische Schriften, hg. v. W. Rasch, Darmstadt 1964, S. 91.
77 Brief an A. W. Schlegel vom März 1799; Fr. Schlegels Briefe an seinen Bruder August Wilhelm, hg. v. O. Walzel, Berlin 1890, S. 414.

Jean Paul: Titan

78 R. Rohde, Jean Pauls *Titan*, Berlin 1920, S. 41 (Palaestra, 105). — J. Jacobs nimmt zwar *Die unsichtbare Loge* in sein Buch über den Bildungsroman auf, spricht aber dem Werk zu Recht die Zugehörigkeit zu dieser Romanart ab, weil Gustav den desillusionierenden Konflikt mit der Wirklichkeit gar nicht durchlebt habe. (W. Meister und seine Brüder, München 1972, S. 106 ff.) Im *Hesperus* findet Viktor, die Hauptgestalt, infolge seiner frühromantischen Zerrissenheit nicht zur eigenen Identität.
79 Brief an Jacobi vom 16.8.1802; hist.-kritische Ausgabe von Jean Pauls sämtlichen Werken, hg. v. E. Berend, 3. Abt., Bd. 4, S. 167.
80 Hist.-kritische Ausgabe von Jean Pauls sämtlichen Werken, 1. Abt., Bd. 9, Weimar 1933, hg. v. E. Berend, S. 227. (Nach dieser Ausgabe wird im folgenden der *Titan* zitiert.)

81 1. Abt., Bd. 8, S. 125.
82 Ebd., S. 312.
83 Ebd., S. 237.
84 Levana, § 19. — Daher bewirken die Erzieher Schoppe und Dian bei Albano am meisten durch ihre freundschaftliche Zuwendung. Ihr pädagogischer Einfluß verliert stets dann an Wirksamkeit, wenn Albano von der stärkeren Macht der Liebe ergriffen wird.
85 Levana, § 110.
86 Vorschule der Ästhetik, § 56; 1. Abt., Bd. 8, S. 8; vgl. auch 1. Abt., Bd. 9, S. 23. Die *Levana* begrenzt die Funktion der Erziehung auf die „Gränzberichtigung durch Ausbildung des entgegengesetzten Kraftpols". Im übrigen richtet sich Jean Pauls Spott gegen all die Erzieher, die „etwas *zusammensetzen* wollen, was sich nur *entfalten* läßt". (Gesammelte Werke, 1. Abt., Bd. 12, S. 114, 78.)
87 Levana, § 110.
88 1. Abt., Bd. 8, S. 16 u. 68; vgl. auch Walter Höllerer, Nachwort zum 3. Band von Jean Paul, Werke, Darmstadt 1966, S. 1146 f.
89 1. Abt., Bd. 8, S. 68.
90 Jean Paul notierte sich im Entwurf: „Er sehe, daß man das Idealische nie außer sich suchen müsse." (R. Rohde, Jean Pauls *Titan*, a. a. O., S. 44.)
91 1. Abt., Bd. 9, S. 413 f. — Jean Paul gab Schoppe, neben Roquairol, den breitesten Raum. Dessen Ende in Wahnsinn verweist allerdings auf die Gefahr der Verabsolutierung des freiheitlichen, subjektiven Ich.
92 1. Abt., Bd. 9, S. 195. — Die religiöse Qualität von Albanos metaphysisch gerichtetem Gefühl mag problematisch sein, sie läßt sich jedoch nicht mit den Begriffen des christlich-personalen Glaubens erfassen: so E. Staiger, Jean Pauls *Titan* (Meisterwerke deutscher Sprache, 2. Aufl., Zürich 1948, S. 78) und P. Michelsen (L. Sterne und der deutsche Roman des 18. Jahrhunderts, Göttingen 1972, S. 374).
93 1. Abt., Bd. 9, S. 447. — Auch die *Levana* fordert die Ausbildung des „Tat- oder Welt-Sinns", der als notwendiger „Mittler zwischen Außen und Innen" begriffen wird (§§ 139 f.).
94 1. Abt., Bd. 8, S. 224.
95 Jean Pauls Briefe und bevorstehender Lebenslauf (1799); Sämtliche Werke, Bd. 13, Berlin 1861 (Reimer), S. 174.
96 1. Abt., Bd. 9, S. 447.
97 Levana, §§ 130 ff.
98 1. Abt., Bd. 8, S. 42. — Vgl. besonders die Schlüsse des zweiten und dritten Bandes.
99 Vgl. 1. Abt., Bd. 9, S. 398: „Aber was untergegangen ist, wird wieder kommen und wieder fliehen, und nur das wird dir treu bleiben, was verlassen wird, — du allein. — Freiheit ist die frohe Ewigkeit, Unglück für den Sklaven ist Feuersbrunst im Kerker — — Nein, ich will s e i n , nicht h a b e n ."
100 Levana, § 110.
101 1. Abt., Bd. 9, S. 447.
102 Brief an Jacobi vom 3. 12. 1798; Sämtliche Werke, 3. Abt., Bd. 3, Berlin 1959, S. 129.
103 Zitiert nach E. Berend, Einleitung zum *Titan*, hist.-kritische Ausgabe, 1. Abt., Bd. 8, S. XLI.
104 Anzeige von Goethes Werken. 1808; Fr. Schlegel, Kritische Schriften, hg. v. W. Rasch, Darmstadt 1964, S. 309.
105 Levana, § 24.
106 Ebd., § 24.
107 1. Abt., Bd. 9, S. 317.

108 Der Erzähler äußert sich schon zu Anfang sehr deutlich: „[...] gerade der Strom der höhern Menschen verspringt, und befruchtet nichts, wie sich hohe Wasserfälle zersplittern und schon weit über der Erde verflattern" (1. Abt., Bd. 8, S. 49). Andererseits gesteht der Erzähler seinem Helden zuletzt immerhin zu, er habe nun „ein festes, blühendes Land und Ziel" vor Augen (Bd. 9, S. 447).
109 Jean Paul, Titan; Emil Staiger, Meisterwerke deutscher Sprache, 2. Aufl., Zürich 1948, S. 56 ff.
110 Titan; 1. Abt., Bd. 9, S. 269.
111 1. Abt., Bd. 8, S. 125.
112 Levana, § 24.
113 Jubelsenior; 1. Abt., Bd. 5, S. 387. Vgl. dazu Kurt Wölfel, Die Unlust zu fabulieren. Über Jean Pauls Romanfabel, besonders im *Titan*; in: Digressionen, Festgabe für P. Michelsen, Heidelberg 1984, S. 163—176.
114 Jean Paul erhob den lockeren Handlungszusammenhang zum Kompositionsprinzip: „Alle meine Kapitel sind abgeschlossene Inseln, von einer zur andern kan und sol man nicht unmittelbar, sondern nach einem Aufhören erst." Brief an Otto vom 1.2.1802; 3. Abt., Bd. 4, S. 132. Vgl. auch Günter Meier, Zeit und Augenblick. Das Problem der Welt im Werk Jean Pauls, dargestellt am *Titan*, Diss., Hamburg 1958, S. 312.
115 1. Abt., Bd. 9, S. 212.
116 Brief an Otto vom 25.4.1799; Sämtliche Werke, 3. Abt., Bd. 3, Berlin 1959, S. 186.
117 Daher beschränkt der Erzähler seine satirischen „komischen Anhänge" auf die ersten beiden Bände.
118 Vorschule der Ästhetik, § 2.
119 1. Abt., Bd. 8, S. 59.
120 Vorrede zur 2. Auflage der *Levana* (1811—12); erschienen 1814.
121 Levana, §§ 24, 29. Albano verkörpert die „symbolische Individualität", welche die „Gattung" repräsentiert, „in welcher sich die Menschheit widerspiegelt" (Vorschule der Ästhetik, § 59).
122 1. Abt., Bd. 8, S. 206.
123 Ebd., S. 58.
124 Vorschule der Ästhetik, § 23.
125 Ebd., § 2.
126 1. Abt., Bd. 9, S. 398.

Novalis: Heinrich von Ofterdingen

127 W. Müller-Seidel forderte schon vor geraumer Zeit angesichts der überindividuellen Typik der Personen und Vorgänge eine Überprüfung der hergebrachten Vorstellung vom Bildungsroman. (Probleme neuerer Novalis-Forschung; German.-Romanische Monatsschrift, N. F., Bd. 3, 1953, S. 282.) Auch J. Jacobs vermißt bei der Titelfigur weitgehend die „auf ihre konkreten Umrisse fixierte Individualität". (Wilhelm Meister und seine Brüder, München 1972, S. 143.) Er steht der radikalen Ablehnung jeglicher Zuordnung des Werks zum Bildungsroman sehr nahe, die G. Schulz mit der These vertritt, der Bildungsbegriff sei dort nicht mehr angemessen, wo die aktive Auseinandersetzung des Helden mit der Welt entfalle. (G. Schulz, Die Poetik des Romans bei Novalis; in: Deutsche Romantheorien, hg. v. R. Grimm, Frankfurt a. M. / Bonn 1968, S. 99.) Jacobs resümiert: „Es geht nicht mehr um die Verwirklichung einer individuellen Existenz unter konkreten

128 Novalis Schriften, hg. v. P. Kluckhohn/R. Samuel, 2. Aufl., Darmstadt 1960 ff. (künftig zitiert: Novalis Schriften), Bd. 3, S. 646. Zitatnachweise aus dem Roman (= Bd. 1) erscheinen im Text in Klammern gesetzt.
129 Novalis Schriften, 2. Aufl., Bd. 3, S. 569.
130 Novalis Schriften, 2. Aufl., Bd. 2, S. 604. — Davon zu unterscheiden ist Hardenbergs Begriff der „Gemeinschaft", der auf der „innern Symorganisation" verwandter Naturen beruht. (Brief an Fr. Schlegel vom 7.11.1798; Bd. 4, S. 262 f.)
131 Daher beabsichtigte er, sein Werk bei demselben Verleger und in derselben typographischen Gestaltung wie *Wilhelm Meister* erscheinen zu lassen.
132 Brief vom 10.4.1796 an Karoline Just; Novalis Schriften, Bd. 4, S. 180.
133 Novalis Schriften, Bd. 2, S. 610.
134 Novalis Schriften, Bd. 3, S. 570.
135 Novalis Schriften, Bd. 2, S. 529.
136 Ebd., S. 418.
137 Hardenbergs Brief an A.W. Schlegel vom 12.1.1798; Novalis Schriften, Bd. 4, S. 245.
138 Ebd., S. 245.
139 Novalis Schriften, Bd. 1, S. 277, 289.
140 Brief an L. Tieck vom 23.2.1800; Novalis Schriften, Bd. 4, S. 322. Heinrichs erstes Lied erklingt zu Beginn des zweiten Teils.
141 Ulrich Stadler verweist auf den Einfluß von Hemsterhuis, der im „Gewissen" das Organ zur „Wahrnehmung höherer Qualitäten" gesehen habe. (U. Stadler, Heinrich von Ofterdingen; in: Romane und Erzählungen der deutschen Romantik, hg. v. Paul Lützeler, Stuttgart 1981, S. 146.)
142 S. 331. — Vgl. dazu Hans-Joachim Mähl, Die Idee des goldenen Zeitalters im Werk des Novalis, Heidelberg 1965, S. 411 (Anm.) passim.
143 Novalis Schriften, Bd. 2, S. 425.
144 Vgl. ebd., S. 528 f.
145 Brief an Caroline Schlegel vom 27.2.1799; Novalis Schriften, Bd. 4, S. 281.
146 Vgl. H.J. Mähl, a.a.O., S. 306, 326 (passim).
147 Das triadische historische Entwicklungsschema bestimmt auch den Aufbau der eingeschobenen Erzählungen.
148 Novalis Schriften, Bd. 3, S. 395.
149 Novalis Schriften, Bd. 2, S. 579 f.
150 Ebd., S. 580.
151 Vgl. ebd., S. 647. — Die sublimierende Steigerung des Protagonisten wäre im geplanten zweiten Teil am deutlichsten geworden, in dem gewisse Figuren und Vorgänge des ersten Teils in potenzierter Form hätten wiederkehren sollen. Novalis dachte dabei an eine „qualitative Potenzierung", in der das „niedere Selbst" des Helden „mit einem besseren Selbst" zunehmend identifiziert werden sollte (ebd., S. 545). Dasselbe Prinzip liegt auch der Bauform des Traumes im Traum und des Märchens im Märchen zugrunde.
152 Brief an L. Tieck vom 23.2.1800; Novalis Schriften, Bd. 4, S. 322.
153 Novalis Schriften, Bd. 2, S. 570.
154 Diese real-surreale Ebene des Gesprächs setzt sich gesteigert im Dialog mit Sylvester fort, in dem die „Ordnung [...] nach Raum und Zeit" (318) aufgehoben scheint.
155 Bd. 1, S. 331. — Nicht zufällig enden das siebte und achte Kapitel mit je viermaliger Wiederholung des Wortes „ewig".
156 Novalis Schriften, Bd. 2, S. 545.

157 Novalis Schriften, Bd. 3, S. 256, 654. — Bezeichnend für Hardenbergs Arbeitsweise sind gewisse Vorentwürfe, die in Form von Listen typenhafte Grundeigenschaften, Empfindungs- und Verhaltensweisen aufführen (ebd., S. 581 ff.). Vgl. Gerhard Schulz, Die Poetik des Romans bei Novalis; in: Deutsche Romantheorien, hg. v. R. Grimm, Frankfurt a. M. / Bonn 1968, S. 97 f.
158 Novalis Schriften, Bd. 3, S. 639 f.
159 Novalis Schriften, Bd. 2, S. 533. Vgl. auch Johannes Mahr, Übergang zum Endlichen. Der Weg des Dichters in *Heinrich von Ofterdingen*, München 1970, S. 264.
160 Novalis Schriften, Bd. 2, S. 447.
161 Novalis Schriften, Bd. 3, S. 650.
162 Ebd., S. 250; Bd. 1, S. 287.
163 Novalis Schriften, Bd. 3, S. 668, 346.
164 Herbert Uerlings zieht die Zuordnung des Werkes zum Bildungsroman in Zweifel, denn dessen primäres Thema sei nicht die Entwicklung eines Individuums, sondern der Entwurf einer universalen Erlösungsutopie. (H. Uerlings, Friedrich von Hardenberg, genannt Novalis, Stuttgart 1991, S. 450 ff.) Dazu wäre zu sagen, daß diese nur ansatzweise dargestellt ist und die Interpretation sich deshalb im wesentlichen auf den vorhandenen ersten Teil beschränken sollte. Im übrigen ist die erlösende Funktion der Poesie für Novalis nur darstellbar mittels der Beschreibung des Prozesses der zunehmenden „Universalisierung" von Heinrichs Bewußtsein, was nicht als zweitrangiger „Sekundäreffekt" zu bewerten ist. Die innere Progression des Protagonisten vollzieht sich, wie dargelegt, als imaginativ-reflexive Entfaltung der subjektiven Potentialität des Ichs. Dieser Modus der *Entfaltung* bestimmt im Prinzip den Reifungsprozeß aller Protagonisten der romantischen Bildungsromane. Es kann also nicht die fehlende Auseinandersetzung des Helden mit der Welt (Modus der „Entwicklung") dazu dienen, die Zugehörigkeit des *Heinrich von Ofterdingen* zur Spezies des Bildungsromans zu verneinen (S. 399). Der Protagonist ist auch nicht nur als Vehikel einer frühromantischen Kunsttheorie zu sehen, sondern, wie erwähnt, als exemplarischer „Repräsentant des Genius der Menschheit", in dessen Entfaltung „die eigentümliche Handlungsweise des menschlichen Geistes" aufscheint. Daß Novalis in seinem Roman eine frühromantische Anthropologie entwerfen wollte, geht schon aus einer Aufzeichnung hervor, die aus der Entstehungszeit des Romans stammt: „[...] daß mit der poetischen Gestaltung und Interpretation der Welt im Roman dem Menschen erst [...] sein wahres Wesen aufgeschlossen wird [...]" (zitiert nach Uerlings, ebd., S. 436).

Friedrich Hölderlin: Hyperion oder Der Eremit in Griechenland

165 Wegweisend vor allem das Buch von Lawrence Ryan, Hölderlins *Hyperion*, Stuttgart 1965. Wesentliche Korrekturen und Ergänzungen bei Friedbert Aspetsberger, Welteinheit und epische Gestaltung, München 1971.
166 F. Beißner betrachtet *Hyperion* mehr oder minder als einen Roman sui generis. (Kleine Stuttgarter Ausgabe, Bd. 3, S. 340 f.) F. Aspetsberger ordnet ihn ganz allgemein dem Roman der Goethezeit bzw. dem Zeitalter des Idealismus zu (a. a. O., S. 358). J. Jacobs konstatiert zwar „Affinitäten zum Bildungsroman", betont aber andererseits „den Gegensatz" zu dieser Romanart, von seinem Standpunkt aus mit Konsequenz, weil er seine Kriterien im wesentlichen dem Paradigma des *Wilhelm Meister* entnimmt. (Wilhelm Meister und seine Brüder, a. a. O., S. 120, 123.) Zu L. Ryans Klassifizierung vgl. Anm. 185.

167 Noch in der Vorrede des „Fragments von Hyperion" (1794) hatte Hölderlin allerdings die Darstellung einer Entwicklung aus dem Stadium der höchsten Einfalt zum Zustand einer „mehr oder weniger vollendeten Bildung" angekündigt.
168 Bd. 3, S. 20. Es wird im folgenden nach der Großen Stuttgarter Ausgabe zitiert: Hyperion; Sämtliche Werke, hg. v. F. Beißner, Bd. 3, Stuttgart 1957. Die im Text erscheinenden Seitenzahlen beziehen sich auf diesen Band. Die anderen Bände werden mit römischen Ziffern gekennzeichnet. — Im Gegensatz zu solch unzulänglicher menschlicher „Bildung" kann dieser Begriff bei Hölderlin aber auch sittlich-ästhetische Humanität bedeuten. In diesem Sinne hält etwa Diotima ihre griechischen Landsleute für „bildsam" (88). Im übrigen hat Hölderlin, wie sich noch zeigen wird, in den Aufsätzen der Homburger Zeit wieder zur positiven Verwendung des Bildungsbegriffs zurückgefunden.
169 Diesem utopischen Zustand humaner Vollendung entspricht in den Homburger Entwürfen, die wieder mit einem positiv besetzten Bildungsbegriff operieren, der „höchste Punct der Bildung", an dem der Mensch die Fähigkeit besitzt, „dem Geistigen sein Leben, dem Lebendigen seine Gestalt [...] wiederzubringen". (Über die Verfahrungsweise des poetischen Geistes, Bd. 4/1, S. 262.)
170 Vgl. Hölderlins Widmung seines Romans an die Prinzessin Auguste von Homburg (3, S. 575).
171 Der Gesichtspunkt, aus dem wir das Altertum anzusehen haben. Sämtliche Werke, a. a. O., Bd. 4/1, S. 222.
172 Über die Verfahrungsweise des poetischen Geistes, a. a. O., Bd. 4/1, S. 253.
173 Natürlich begegnen auch rhythmisch weniger ausgeprägte Mittellagen. Eine gewisse Eigenständigkeit besitzt die Sprechweise des Tatmenschen Alabanda, die durch einen schnellen, steigenden Rhythmus charakterisiert ist, der energisch vorandrängend geballte Akzente setzt.
174 Über die Verfahrungsweise des poetischen Geistes, a. a. O., Bd. 4/1, S. 259. Die Entwürfe der Homburger Jahre werden mit herangezogen, da die Entstehung des zweiten Bandes in diese Zeit hineinreicht.
175 Vgl. F. Aspetsberger, a. a. O., S. 135 ff. Die noch unformulierte, halbbewußte Vision, die Hyperion während seines Aufenthalts in Deutschland erlebt, entspricht der Entwicklungsphase, in der er sein poetisches Sprachvermögen „ahndet". Hölderlin notierte: „In eben diesem Augenblike, wo sich die [...] geläuterte Empfindung [...] als geistiges Ganzes im lebendigen Ganzen befindet, in diesem Augenblike ist es, wo man sagen kann, daß die Sprache geahndet wird [...]" (ebd., S. 261). Vgl. dazu L. Ryan, Hölderlins Lehre vom Wechsel der Töne, Stuttgart 1960, S. 88 f.
176 Bd. 3, S. 122, 103.
177 J. Jacobs betont zu Recht, daß Hyperions Verzicht, „sich als soziales Wesen zu verwirklichen", mit dem Bildungskonzept Wielands, Goethes und Hegels nicht vereinbar sei (a. a. O., S. 122). Hyperion transzendiert, getreu seinem Namen, die Grenzen alltäglicher Normalität. Vgl. Wolfgang Binder, Hölderlin-Aufsätze, Frankfurt a. M. 1970, S. 188 ff.
178 Hölderlin war davon überzeugt, „daß neue Ideen am deutlichsten in der Briefform dargestellt werden können". (Brief an Niethammer vom 24. 2. 1796; Sämtliche Werke, Bd. 6/1, S. 203.)
179 Interessant, daß Hölderlin sich brieflich auch ganz anders geäußert hat: „Deutschland ist still, bescheiden [...]. Viel Bildung, und noch unendlich mehr! bildsamer Stoff!" (Brief an J. G. Ebel vom 10. 1. 1797, ebd., S. 229.)
180 Besonders deutlich geschieht das im letzten Brief, wo sich das erzählte Ich nahezu besinnungslos in der „seeligen Natur" des deutschen Frühlings zu verlieren droht, während

der gereifte Erzähler die damalige ekstatische Schlußvision ins Bewußtsein hebt, indem er ihr die gültige Sprachgestalt verleiht.
181 Brief an Niethammer vom 24. 2. 1796, ebd., S. 203.
182 Brief an J. G. Ebel vom 10. 1. 1797, ebd., S. 229.
183 Dagegen nahmen die Geschwister von Arnim und Cl. Brentano *Hyperion* mit Begeisterung auf.
184 Hans P. Jaeger überspitzt allerdings die Unterschiede zu Novalis, wenn er die beiden Autoren mit den Formeln „Intensität — Extensität", „Verdichtung — Verflüchtigung" zu kontrastieren sucht. H. P. Jaeger, Hölderlin — Novalis, Zürich 1949, S. 95 ff.
185 Lawrence Ryan versteht *Hyperion* unter Bezugnahme auf Fr. Schlegels Romantheorie als romantischen Roman. Allerdings verneint er dessen Zuordnung zum Bildungsroman, wodurch er sich der Möglichkeit beraubt, das Werk einer Romanart zuzuweisen. Ryan ist beizustimmen, wenn er fordert, der „erstarrte Terminus" des Bildungsromans müsse durch Einbeziehung historischer Zusammenhänge relativiert und so wieder anwendbar gemacht werden. L. Ryan, Hölderlins *Hyperion*: ein „romantischer" Roman?; in: Jochen Schmidt (Hrsg.), Über Hölderlin, Frankfurt a. M. 1970, S. 175—212.

Joseph von Eichendorff: Ahnung und Gegenwart

186 Vgl. etwa W. Killy, der dem Protagonisten des Romans jegliche Entwicklung abspricht. W. Killy, Der Roman als romantisches Buch; in: Deutsche Romane von Grimmelshausen bis Musil, hg. v. J. Schillemeit, Frankfurt a. M. 1966, S. 146.
187 J. v. Eichendorff, Sämtliche Werke, hist.-kritische Ausgabe, Bd. 3, hg. v. Chr. Briegleb und Cl. Rauschenberg, Stuttgart 1984, S. 504.
188 Ahnung und Gegenwart, Gesamtausgabe der Werke und Schriften Eichendorffs, hg. v. G. Baumann, Bd. 4, Stuttgart 1957/58, S. 302. Nach dieser Ausgabe wird im folgenden zitiert.
189 Eichendorffs Anmerkung zu einem Brief des Grafen von Loeben an ihn (20. 10. 1814); hist.-kritische Ausgabe, Bd. 13, S. 61.
190 Vgl. etwa „Der deutsche Roman des 18. Jhs. in seinem Verhältnis zum Christentum"; in: Gesamtausgabe der Werke und Schriften, hg. v. G. Baumann, a. a. O., Bd. 4, S. 675.
191 Der Erzähler berichtet von einem schlichten, frommen Landpfarrer, der „eigentlich ohne alle Bildung und doch so hochgebildet war" (188).
192 Werke und Schriften, a. a. O., Bd. 4, S. 798.
193 Der deutsche Roman des 18. Jahrhunderts in seinem Verhältnis zum Christentum; Werke und Schriften, a. a. O., Bd. 4, S. 772.
194 Ebd., S. 798.
195 Diese metaphysische Komponente übersteigt eine bloße religiöse Gläubigkeit und gewinnt eine gewisse magisch-mystische Qualität, wenn Graf Friedrich fordert, der Mensch solle die wilden Elemente in seiner Brust „mit göttlichem Sinne besprechen [*sic!*] und zu einem schönen, lichten Leben [...] formieren" (223).
196 Briefentwurf an Graf O. H. von Loeben, Juni 1809; Sämtliche Werke, hist.-kritische Ausgabe, Bd. 12, S. 4.
197 Für Eichendorff ist „nur das Eigentümliche [...] wahrhaft lebendig und frei". (Folgen von der Aufhebung der Landeshoheit; Werke und Schriften, a. a. O., Bd. 4, S. 1139.) H. Steffens, Eichendorffs akademischer Lehrer in Halle, erläuterte diesen Freiheitsbegriff: „Die wahre Individualität ist nicht unter den Bedingungen der Zeit und des Raums."

(Grundzüge der philosophischen Naturwissenschaft; vgl. P. Kluckhohn, Das Ideengut der deutschen Romantik, a. a. O., S. 57.)
198 Zu Recht betont L. Pikulik, daß Eichendorff jegliche „normative Fassung" von Werten ablehnt, weil er diese als lebendige Ideen versteht, die sich der begrifflich generalisierenden Fixierung entziehen. (Lothar Pikulik, Romantik als Ungenügen an der Normalität, Frankfurt a. M. 1979, S. 514 f.)
199 Eichendorff verstand das Klosterleben nicht als schwächlichen Quietismus, sondern als engagiertes Leben der „völligen Umkehr ohne alle Konzessionen". (Hist.-kritische Ausgabe, Bd. 10, S. 377.)
200 Der Roman beginnt und endet mit demselben Satz, der morgendliche Aufbruchstimmung signalisiert.
201 Vgl. Egon Schwarz, Ahnung und Gegenwart; in: P. M. Lützeler (Hrsg.), Romane und Erzählungen der deutschen Romantik, Stuttgart 1981, S. 308. Der heilsgeschichtliche Sinnhorizont von Friedrichs Lebensbahn wird in dessen apokalyptischer Schlußvision einer neuen Erde deutlich, über der die weiße Taube des Heiligen Geistes schwebt.
202 H. Meixner, Romantischer Figuralismus. Kritische Studien zu Romanen von Arnim, Eichendorff und Hoffmann, Frankfurt a. M. 1971, S. 10. — Vgl. auch H. J. Lüthi, Dichtung und Dichter bei J. v. Eichendorff, Bern/München 1966, S. 72 ff.
203 Selbst Leontin, dem viel Raum im Roman vergönnt ist, erscheint in acht Kapiteln überhaupt nicht.
204 S. 284. Vgl. auch H. Meixner, a. a. O., S. 242.
205 Dies gilt im allgemeinen auch für Friedrich.
206 Eichendorffs Anmerkungen zu einem Brief des Grafen von Loeben an ihn (20. 10. 1814); hist.-kritische Ausgabe, Bd. 13, S. 61. Zur Gestalt Fabers vgl. Dieter Kafitz, Wirklichkeit und Dichtertum in Eichendorffs „Ahnung und Gegenwart"; DVjs, Bd. 45, 1971, S. 350—374.
207 Hist.-kritische Ausgabe, Bd. 8, Teil 2, S. 296.
208 Vgl. Detlev W. Schumann, Rätsel um Eichendorffs „Ahnung und Gegenwart"; Literaturwissenschaftliches Jahrbuch der Görres-Gesellschaft, hg. v. H. Kunisch, Bd. 18, Berlin 1977, S. 173—202.
209 Vgl. etwa S. 9, 10, 97. — Eine gewisse eigene Aussagekraft ist diesen stimmungsvollen Naturbildern natürlich nicht abzusprechen; sie erschöpft jedoch keinesfalls die intendierte Bedeutung.
210 Vorlesungen zur Geschichte der alten und neuen Literatur; in: Kritische Schriften, hg. v. W. Rasch, Darmstadt 1964, S. 603. Während der Niederschrift des Romans in Wien stand der Autor mit dem Ehepaar Schlegel in freundschaftlicher Verbindung.
211 Vgl. etwa W. Kohlschmidt, Die symbolische Formelhaftigkeit von Eichendorffs Prosastil; W. Kohlschmidt, Form und Innerlichkeit, München 1955, S. 177—209; H. Meixner, Romantischer Figuralismus, a. a. O., S. 248 ff.
212 Briefentwurf an Graf von Loeben vom Juni 1809; Sämtliche Werke, hist.-kritische Ausgabe, a. a. O., Bd. 12, S. 4.

Jean Paul: Flegeljahre

213 Brief an Otto vom 4. 4. 1799; Sämtliche Werke, hist.-kritische Ausgabe, 3. Abt., Bd. 3, Berlin 1959, S. 174. — Wenig später die Bemerkung über das entstehende Werk: „Es gehört zum *Titan*, indem es die Unbehülflichkeit und Abwesenheit des Geistes eines

Gelehrten malt." (Jean Pauls Flegeljahre, Materialien und Untersuchungen, hg. v. Karl Freye, Berlin 1907, S. 30.)
214 Brief an Otto vom 25.12.1802; vgl. K. Freye, a.a.O., S. 81 f.
215 „Erzähle", notierte Jean Paul in seinem Vita-Buch, „wie du dich in den *Flegeljahren* als V. und W. darstellen woltest." (Sämtliche Werke, hg. v. Eduard Berend, 1. Abt., Bd. 10, Weimar 1934, S. VI. Nach dieser Ausgabe werden die *Flegeljahre* im folgenden zitiert.) Gegenüber Varnhagen von Ense erklärte der Autor, in den *Flegeljahren* habe er die ihm eigentümlichste Richtung befolgt, in diesem Werke wohne er recht eigentlich. (K. A. Varnhagen von Ense, Denkwürdigkeiten und vermischte Schriften, Bd. 2, 1837 ff., S. 32.)
216 K. Freye, a.a.O., S. 25.
217 Im Entwurf notiert Jean Paul: „Klage, daß diese poetische Seele in den unbehülflichen darbenden Körper kam [...] der Mensch hineingeworfen in die Körperwelt [...]". (K. Freye, a.a.O., S. 70.)
218 Bd. 10, S. 395.
219 1. Abt., Bd. 10, S. 174.
220 Levana; 1. Abt., Bd. 12, S. 114.
221 K. Freye, a.a.O., S. 81. — Wenn der Erzähler behauptet, auf dem Testamentsplan ruhten „die Pfeiler des Gebäudes" seiner Darstellung, so irrt er zwar, aber er verrät damit, welche Bedeutung er diesem Motiv beimißt (1. Abt., Bd. 10, S. 383).
222 K. Freye, a.a.O., S. 166. — Diese Auffassung der Hauptgestalt schloß jede Entwicklung im Sinn einer fruchtbaren Aneignung von Welt endgültig aus. Damit hatte Jean Paul seine in den früheren Entwürfen gelegentlich auftauchende Absicht aufgegeben, Walt einen Bildungsprozeß durchlaufen zu lassen.
223 Ebd., S. 119 (etwa 1802—03).
224 1. Abt., Bd. 10, S. 12. Des Autors Entwurf macht die erzieherische Absicht dieser Veranstaltung noch deutlicher: sie soll ihn „bilden". (K. Freye, a.a.O., S. 82.)
225 Levana, § 130.
226 Bd. 10, S. 58.
227 Levana, §§ 26, 29. — Das sich selbst genügende Individuum gewinnt in der *Levana* einen Hauch göttlicher Absolutheit: „Ich ist — Gott ausgenommen, dieses Ur-Ich und Ur-Du zugleich — das Höchste so wie Unbegreiflichste, was die Sprache ausspricht und wir anschauen" (§ 29). Von dieser Hochschätzung der einmaligen Individualität her begreift sich Jean Pauls vorrangiges Interesse an den Kräften von Phantasie, Gefühl und Wollen, die — außerhalb des Bereiches allgemeiner Vernunftgesetzlichkeit liegend — die Unverwechselbarkeit des Individuums konstituieren.
228 Levana, § 140.
229 Der Erzähler teilt Vults berechtigten Zweifel an Walts Bildungsideal des „ganzen geformten Menschen" (1. Abt., Bd. 10, S. 208).
230 K. Freye, a.a.O., S. 87.
231 Levana, § 139.
232 Der Entwurf verzeichnet unter Walts Fehlern: „seiner nicht bewust ..." (K. Freye, a.a.O., S. 88.)
233 Etwa Georg Berger, der gerade die *Flegeljahre* als einen Bildungsroman „im echten Sinne" verstand. (Die Romane Jean Pauls als Bildungsromane, Diss., Leipzig 1923, S. 11.) Auch H. H. Borcherdt sprach den *Flegeljahren* trotz gewisser Bedenken „das Gerüst eines Bildungsromans" zu. (H. H. Borcherdt, Der Roman der Goethezeit, Urach/Stuttgart 1949, S. 458).

234 Beispielsweise Eduard Berend, der Jean Paul vorwirft, Walts Entwicklung zum „gefestigten, gereiften Mann" habe dessen künstlerische Gestaltungsfähigkeit überfordert. (Einleitung zur hist.-kritischen Gesamtausgabe, 1. Abt., Bd. 10, Weimar 1934, S. LXIV.) Auch J. Jacobs spricht von der Entwicklung der Zentralfigur Walts, „die ihr im Plan des Romans [...] vorgezeichnet ist", allerdings nicht stattfindet, weshalb Jacobs im Zusammenhang mit dem fragmentarischen Schluß „Jean Pauls Scheitern vor den Ansprüchen des Bildungsromans" beklagt. (Wilhelm Meister und seine Brüder, a. a. O., S. 116.)
235 Selbst die unter dem Gesichtspunkt der Anwendbarkeit entworfene *Levana oder Erziehlehre* erschöpft sich nicht in einer von optimistischem Pragmatismus erfüllten pädagogischen Theorie, worauf schon zu Beginn der paradoxe Widerspruch zwischen dem zweiten und dritten Kapitel hindeutet: dem „Erweis, daß Erziehung wenig wirke", folgt die Schulrede über die „Wichtigkeit der Erziehung".
236 Zum Muster des Antibildungsromans vgl. das letzte Kapitel des Buches.
237 K. Freye, a. a. O., S. 129.
238 Der Entwurf sah noch weitere burleske Erbämter vor: die Tätigkeiten als Akteur, Repetent und Nachtwächter. (K. Freye, a. a. O., S. 104, Anm. 1.)
239 1. Abt., Bd. 10, S. 472 ff.
240 Zweifellos ist Walt die Hauptgestalt, der „Held" des Romans, wie Vult selbst einräumt (395). Schließlich beherrscht Walt nahezu im ganzen Werk die Szene, während sein Bruder nur in etwa der Hälfte der Kapitel anwesend ist. Auch beziehen sich Titel und Untertitel des Romans eindeutig auf den tölpelhaften Notar.
241 1. Abt., Bd. 10, S. 17.
242 Ebd., S. 332.
243 K. Freye, a. a. O., S. 25.
244 Ebd.
245 Ebd., S. 404.
246 Ebd., S. 186.
247 Näheres in meinem Aufsatz über „Die humorgeprägte Struktur von Jean Pauls *Flegeljahre*; Zs. für deutsche Philologie, Bd. 83, 1964, bes. S. 411—417.
248 1. Abt., Bd. 10, S. 85.
249 Die Analogie zwischen dem eigentlichen Werk und dem „Roman im Roman" wird dem Leser augenzwinkernd angedeutet, wenn Vult dem Bruder vorschlägt, das gemeinsam zu verfassende Opus *Flegeljahre* zu betiteln, ehe er sich mit Walt auf „Hoppelpoppel oder das Herz" einigt.
250 Vgl. K. Freye, a. a. O., S. 89.
251 Ebd., S. 91. Vgl. auch das überlegene Wort des Erzählers: „In der Tat braucht der Mensch bei den besten Flügeln für den Aether doch auch ein Paar Stiefel für das Pflaster" (S. 274).
252 Über die Beziehung der *Flegeljahre* zum Humorbegriff der *Vorschule der Ästhetik* vgl. meinen oben erwähnten Aufsatz (S. 421 ff.). — Die komplexe Gesamtstruktur des Romans mittels des Jean Paulschen Humorbegriffs zu deuten, heißt nicht, das Werk durch „eine formalisierende Betrachtung" in unzulässiger Weise zu harmonisieren. (So J. Jacobs, Wilhelm Meister und seine Brüder, a. a. O., S. 117. Ähnlich auch M.-L. Gansberg, Welt-Verlachung und das ‚rechte Land'; in: Jean Paul, hg. v. Uwe Schweikert, Darmstadt 1974, S. 380, Anm. 135.) Wie oben dargestellt, bleibt das totale Mißlingen einer humanen Gemeinschaft zwischen den Brüdern und im Verhältnis zu ihrer Umwelt auf deren Handlungsebene durchaus bestehen. Solche „Offenheit und [...] Gebrochenheit" (J. Jacobs) schließt jedoch nicht aus, daß sich der *Erzähler* in humorvoller Distanz seinen Figuren überlegen zeigt. Seine Haltung realisiert sich, wie gesagt, in der kontrapunkti-

schen Bauweise der Kapitel — oder größerer Handlungsphasen — und der wechselseitigen Zuordnung gegensätzlicher Sprachebenen. Damit wird die antithetische Grundstruktur in der Sprachform des epischen Humors „aufgehoben". Anders Waltraud Wiethölter, die, ähnlich wie J. Jacobs, von der „Problematik des formalistischen Ansatzes" spricht. (Paul M. Lützeler [Hrsg.], Romane und Erzählungen der deutschen Romantik, Stuttgart 1981, S. 168, bes. Anm. 71.)
253 1. Abt., Bd. 11, S. 55; Bd. 10, S. 281.
254 Vorschule der Ästhetik, § 32.
255 K. Freye, a.a.O., S. 25.

Ernst T. A. Hoffmann: Lebens-Ansichten des Katers Murr

256 S. 301. Der Text des *Katers Murr* wird nach der von W. Müller-Seidel herausgegebenen Ausgabe des Winkler-Verlages zitiert (Darmstadt 1966). Zur Interpretation vgl. Wulf Segebrecht, Heterogenität und Integration bei E. T. A. Hoffmann; in: E. T. A. Hoffmann, hg. v. Helmut Prang, Darmstadt 1976, S. 390 ff. Ferner: E. T. A. Hoffmann. Epoche — Werk — Wirkung, hg. v. B. Feldges und U. Stadler, München 1986. (Verf. der Interpretation ist Wolfgang Nehring.)
257 Vgl. Wolfgang Preisendanz, Eines matt geschliffnen Spiegels dunkler Widerschein; in: Helmut Prang (Hrsg.), E. T. A. Hoffmann, Darmstadt 1976, S. 278 f.
258 Jacques Callot; E. T. A. Hoffmann, Dichtungen und Schriften, Gesamtausgabe in fünfzehn Bänden, hg. v. W. Harich, Bd. 4, Weimar 1924, S. 4.
259 Kreise des Seins, „aus denen wir nicht herauskommen können, wir mögen es anstellen, wie wir wollen" (352). Von da aus betrachtet erscheint es müßig, über Hoffmanns geplanten dritten Band zu rätseln. Er hätte mit größter Wahrscheinlichkeit die in Kreislers Natur angelegten Widersprüche nicht zur Versöhnung gebracht, endet doch die Kreisler-Handlung mit dem warnenden Hinweis auf den nach wie vor „verwüstenden Brand" in seiner Brust (310). Das Hoffest, das nach Meister Abrahams Willen Kreislers Schicksal zum Besseren wenden sollte, endet im Chaos — „ein Grabhügel verlorner Hoffnungen" (316).
260 S. 389, 527, 303.
261 Zweifellos herrscht die Kritik am klassisch-humanistischen Menschenbild vor, denn das bildsame Tier ist die dominierende Gestalt des Romans. Dies zeigt die Gestaltung des Titels wie auch die Tatsache, daß des Katers Entwicklungsphasen den vierteiligen Aufbau des Werkes bestimmen.
262 Vgl. Hoffmanns Brief vom 30.1.1822 an Jean Paul.
263 Vgl. Lothar Köhn, Vieldeutige Welt. Studien zur Struktur der Erzählungen E. T. A. Hoffmanns, Tübingen 1966, S. 222 passim.
264 S. 339, 349.
265 S. 535, 547. Ähnlich ambiguos der wichtige Begriff der Gemütlichkeit, wenn gegen den „gemütlichen Eindruck", den die Häuslichkeit des Abtes hinterläßt, der „gemütliche Verein" der fidelen, rauflustigen Katzburschen ausgespielt wird (ebd.).
266 Dieser Befund spiegelt sich auch in der zyklischen Zeitgestaltung von Kreislers Biographie, die mit dem zeitlich letzten Abschnitt des erzählten Lebensausschnitts einsetzt.
267 Vgl. auch H. Singer, Kater Murr; in: Der deutsche Roman, Bd. 1, Düsseldorf 1963, S. 304. Ferner: J. Jacobs, Wilhelm Meister und seine Brüder, a.a.O., S. 147.

268 Dieser persönlich nicht in Erscheinung tretende Erzähler deutet an einer Stelle an, daß er mit dem Herausgeber identisch sein könnte. Er, der sich sonst als „Biograph" der Kreisler-Geschichte bezeichnet, nennt sich hier zweimal „Herausgeber" (S. 390 f.)
269 S. 528 f., 663.
270 Friedrich Schlegel, kritische Ausgabe, hg. v. E. Behler, Bd. 2, Paderborn 1967, S. 152.
271 S. 535. Auch hier sind die Anspielungen auf Goethe unüberhörbar: die Bildung des Abts äußert sich durch das „Gehörige in der Anordnung" des kostbaren Mobiliars seiner Wohnräume, wo alles „an seiner rechten Stelle angebracht" den Eindruck eines „Ganzen" hervorruft (ebd.).

Der Bürgerliche Realismus

Einleitung

1 G. W. F. Hegel, Vorlesungen über die Ästhetik (1818—1829), Werke in 20 Bänden, hg. v. Eva Moldenhauer/Karl M. Michel, Bd. 15, Frankfurt a. M. 1970, S. 393.
2 Hegel, Vorlesungen über die Ästhetik, a. a. O., Bd. 14, S. 220.
3 Hegel, Vorlesungen über die Ästhetik, a. a. O., Bd. 13, S. 240.
4 Die Grenzboten, 1849, III, 208. Ähnlich Bogumil Goltz, der Bildung nicht mehr „nur in einer Mehrung, sondern auch in einer Minderung der persönlichen Freiheit und Eigenart" des Individuums konstituiert sah. B. Goltz, Die Bildung und die Gebildeten, Bd. 1, Berlin 1864, S. 113 f.
5 Vgl. Friedrich Sengle, Biedermeierzeit, Bd. 1, Stuttgart 1971, S. 72.
6 Kritische Wälder, 1833, S. 180; Hartmut Steinecke, Romantheorie und Romankritik in Deutschland, Bd. 2, Stuttgart 1976, S. 81. — Vgl. auch Immermanns parodistisches „Fragment einer Bildungsgeschichte" in *Münchhausen*, wo die „tiefsinnigen ästhetisch-poetischen Seelenentwicklungsgemälde" des wirklichkeitsfernen idealistischen Bildungsromans persifliert werden. Vgl. Benno von Wiese, Karl Immermann, Bad Homburg/Berlin/Zürich 1969, S. 172 ff. Vgl. auch Immermanns Brief an Gräfin Ahlefeldt vom 15. 2. 1824; Ludmilla Assing, Gräfin Elisa von Ahlefeldt, Berlin 1857, S. 212 f.
7 Vgl. Friedrich Sengle, Biedermeierzeit, Bd. 2, Stuttgart 1972, S. 907.
8 Die *Epigonen* weisen nicht das Strukturmuster des Bildungsromans auf. Hermann stellt nicht das integrierende Zentrum des Geschehens dar; die geschilderten Lebensbereiche verselbständigen sich weitgehend. Vgl. Benno von Wiese, Karl Immermann, a. a. O., S. 203. Ähnlich Jürgen Jacobs, Wilhelm Meister und seine Brüder, a. a. O., S. 173 ff.
9 Die Grenzboten 17/1, 1 (1858), S. 161—172; vgl. Realismus und Gründerzeit. Manifeste und Dokumente zur deutschen Literatur 1848—1880, hg. v. M. Bucher et al., Bd. 1, Stuttgart 1976, S. 402.
10 Vgl. H. Steinecke, Romantheorie der Restaurationsperiode; R. M. Lützeler, Romane und Erzählungen zwischen Romantik und Realismus, Stuttgart 1983, S. 20.
11 Das etwas spätere Erscheinen der zweiten Fassung des *Grünen Heinrich* ist wohl vor allem aus den Schwierigkeiten der Umarbeitung zu erklären, die sich über ein Jahrzehnt hinzog.
12 Vgl. W. Conze/J. Kocka (Hrsg.), Bildungsbürgertum im 19. Jahrhundert, Teil 1, Stuttgart 1985, S. 11 ff.
13 J. Kocka (Hrsg.), Bildungsbürgertum im 19. Jahrhundert, Teil 4, Stuttgart 1989, S. 100. Vgl. auch Ulrich Engelhardt, Bildungsbürgertum, Stuttgart 1986, S. 121 ff.
14 Friedrich Th. Vischer, Ästhetik oder Wissenschaft des Schönen (1857), hg. v. R. Vischer, Bd. 6, 1923, S. 178, 182.
15 Ebd., S. 180.
16 Der *Nachsommer* gehört ideengeschichtlich, wie erwähnt, eher zur Periode der Restauration.
17 Zitiert nach Fritz Martini, Deutsche Literatur im Bürgerlichen Realismus, a. a. O., S. 4.
18 *Die Leute aus dem Walde*, die hin und wieder in der Nachfolge des *Wilhelm Meister* gesehen werden, sind als Erziehungsroman zu betrachten. Schon der Titel verweist auf eine Gruppe von Mentoren, deren weltanschauliche und pädagogische Einsichten die Aussage des Werkes im wesentlichen bestimmen. Ihr „Erziehungsplan" an Robert Wolf wird am Schluß als vollendet bezeichnet; der junge Mann hat mehr oder minder kritiklos die

Lehren der älteren Generation akzeptiert, ohne sich aus eigener Kraft und Verantwortung mit der Welt auseinandergesetzt zu haben. Die Fabel konzentriert sich nicht auf die Lebenslinie der Hauptfigur, tritt diese doch nur in etwa der Hälfte der Kapitel auf. Das Buch gerät streckenweise zum Zeitroman, zu einer eigenständigen Schilderung der zeitgenössischen Gesellschaft.

19 Der Hungerpastor, a. a. O., S. 177.
20 Ebd., S. 461.
21 Kurt Schreinert, Th. Fontane über W. Raabe; in: Jb. der Raabe-Gesellschaft, Braunschweig 1962, S. 187. Kennzeichnend ein kaum bekanntes Urteil des urbanen Großstädters Fontane über Raabe: „Er gehört [...] zu jener mir entsetzlichen deutschen Menschengruppe, die mit *allem* unzufrieden sind, alles erbärmlich, verlogen und *quatsch* finden [...]." Zweifellos eine simplifizierende Äußerung, die aber doch recht treffend Raabes nonkonformistische Tendenz verdeutlicht. (Brief Fontanes an Engel vom 17.4.1881; in: Der Autographen-Sammler, 4. Jg., Nr. 5, Okt. 1939, S. 103, Nr. 445.) Hingegen begrüßte der Bayreuther Kreis um Richard Wagner Raabe als geistigen Verwandten. (H. v. Wolzogen, Lichtblicke aus der Zeitgenossenschaft [1881]; M. Bucher et al., Realismus und Gründerzeit, a. a. O., Bd. 2, S. 577 ff.)
22 Das Abitur berechtigte nunmehr sowohl beim humanistischen Gymnasium als auch beim neusprachlich-naturwissenschaftlichen Realgymnasium zum Hochschulstudium.
23 Die Grenzboten, 14/2, 1855, S. 448 f.; in: Realismus und Gründerzeit. Manifeste und Dokumente zur deutschen Literatur 1848—1880, hg. v. Max Bucher et al., Bd. 2, Stuttgart 1975, S. 73 f.
24 Rezension über G. Freytag, „Soll und Haben", 1855. Hartmut Steinecke, Romantheorie und Romankritik in Deutschland. Die Entwicklung des Gattungsverständnisses von der Scott-Rezeption bis zum programmatischen Realismus, Bd. 2, Stuttgart 1976, S. 249.
25 Ebd., S. 253.
26 G. Freytag, Erinnerungen aus meinem Leben; Gesammelte Werke, 2. Serie, Bd. 8, Leipzig/Berlin o. J., S. 600.
27 Wilhelm Meister im Verhältniß zu unserer Zeit; in: Realismus und Gründerzeit, a. a. O., Bd. 2, S. 229.
28 Hegel, Gesamtausgabe der Werke, 1832—1845, Bd. 8, S. 149. Vgl. dazu Günther Buck, Rückwege aus der Entfremdung, Paderborn/München 1984, S. 188 f.
29 J. Schmidt, Neue deutsche Romane. Die Grenzboten, 1853, II, 128; Hartmut Steinecke, Romantheorie und Romankritik in Deutschland, a. a. O., Bd. 1, S. 207.
30 Soll und Haben, a. a. O., 2. Serie, Bd. 1, S. 367.
31 Dieser völkisch orientierte Arbeits- und Bildungsbegriff diente seit jener Zeit bis hin zum Dritten Reich der nationalen Identitätsbestimmung. So erklärte damals W. H. Riehl, es sei die nationale Arbeit, „durch die wir unsere Volkspersönlichkeit behaupten und fortbilden". Zitiert nach Frank Trommler, Die Nationalisierung der Arbeit; in: R. Grimm / J. Hermand (Hrsg.), Arbeit als Thema in der deutschen Literatur vom Mittelalter bis zur Gegenwart, Königstein 1979, S. 105.
32 Der harmonisierenden Tendenz entspricht die Wahl der dargestellten Zeit. Es ist der Vormärz, in dem noch frühkapitalistische, patriarchalische Strukturen herrschten.
33 Friedrich Nietzsche, Unzeitgemäße Betrachtungen (David Strauß), Werke in drei Bänden, Bd. 1, Darmstadt 1966, S. 137.
34 Der bürgerliche Zitatenschatz G. Büchmanns, *Geflügelte Worte*, erschien seit 1864 in zahlreichen Auflagen. Bildung verkam zum „Besitz geistiger Güter" (L. v. Stein).
35 Brief an Meta vom 9.8.1895; Gesammelte Werke, 1905—1911, II, 7, S. 311.

Adalbert Stifter: Der Nachsommer

36 Fontane, Sämtliche Werke, Bd. 5, Darmstadt 1966, S. 663 f.
37 Vgl. Karl Löwith, Von Hegel zu Nietzsche, Stuttgart 1950, S. 327.

38 Vgl. etwa V. Lange, der in der vollendeten Gestalt Risachs die thematische Mitte des Romans zu erkennen glaubt, während beispielsweise W. Killy im Blick auf Heinrich das Werk als „Bildungsroman schlechthin" klassifiziert. (V. Lange: Der Nachsommer; in: Der deutsche Roman, hg. v. B. v. Wiese, Bd. 2, Düsseldorf 1963, S. 45 f. — W. Killy, Wirklichkeit und Kunstcharakter, München 1963, S. 84.) Uwe K. Ketelsen nimmt in seiner Studie zum Gattungsproblem nicht Stellung. (A. Stifter, Der Nachsommer; in: Horst Denkler [Hrsg.], Romane und Erzählungen des Bürgerlichen Realismus, Stuttgart 1980, S. 188—202.)
39 S. 787. Der Roman wird nach der von Max Stefl besorgten Ausgabe zitiert (Augsburg 1954).
40 Zitiert nach Th. Rutt, A. Stifters Gedanken über das Wesen der Erziehung und Bildung; Pädagogische Rundschau, 1. Jg., 1947, Heft 6, S. 207.
41 Brief vom 29.7.1858; Sämtliche Werke, hg. v. G. Wilhelm, 2. Aufl., Reichenberg 1941, Bd. 19, S. 129; Bd. 16, S. 345 f.
42 Brief an Heckenast vom 6.3.1849; Sämtliche Werke, a.a.O., Bd. 17, S. 322.
43 Brief vom 11.2.1858; Sämtliche Werke, a.a.O., Bd. 19, S. 93.
44 Brief vom 22.2.1850; Sämtliche Werke, a.a.O., Bd. 18, S. 38.
45 Kleine Schriften, hg. v. Max Stefl, Leipzig 1940, S. 375.
46 Vgl. die typologischen Kapitelüberschriften: die Erweiterung, die Annäherung, der Einblick.
47 S. 34, 38.
48 S. 334 f.; Brief vom 12.5.1858, Sämtliche Werke, a.a.O., Bd. 19, S. 115. — Stifters statischer Gestaltbegriff unterscheidet sich von der Idee der Gestalt in *Wilhelm Meisters Lehrjahre* nicht nur durch die fehlende Dynamik, sondern auch durch die Abwesenheit einer subjektiv-spontanen Innerlichkeit.
49 Risach versucht diese Erfahrung zu umschreiben: „[...] ein Einerlei, welches so erhaben ist, daß es [...] als Einfachheit das All umschließt." (518)
50 Die liebende Aufgeschlossenheit als höchste Form sozialer Kommunikation beeinflußt auch Heinrichs Erkenntnisprozeß. Erst die erwachende Liebe zu Natalie ermöglicht ihm die ästhetische Apperzeption der humanistisch-klassizistischen Bildungsidee in der Betrachtung der antiken Mädchenstatue, in der er die Züge Nausikaas und seiner Geliebten entdeckt.
51 Vgl. S. 704, 816.
52 Herbert Kaiser bezeichnet Stifter zu Recht als „scholastischen Universalienrealist"; H. Kaiser, A. Stifter: Der Nachsommer, Dialektik der ästhetischen Bildung; H. Kaiser, Studien zum deutschen Roman nach 1848, Duisburg 1977, S. 158.
53 So versuchte Stifter beispielsweise, die Liebe als „allgemeines menschliches Gefühl" (383) darzustellen, ohne zu erkennen, daß sie nur als subjektiv-individuelle Gefühlshaltung ästhetische Existenz gewinnen kann. Bezeichnend für solches auf transempirische Gesetzlichkeiten zielendes Denken ist Risachs Ansicht, die menschliche Geschichte sei „nur ein anderer Zweig der Naturwissenschaft" (118).
54 Dies schließt nicht aus, daß Stifters neuhumanistische Bildungskonzeption an sich individualistisch geartet ist. Wirft doch Heinrich der gesellschaftlichen Pseudobildung vor, sie

mache „fast überall gleich" (355). Das gereifte Individuum ist für ihn durch „vollständige Erfüllung seiner Kräfte" (704), durch einen „eigentümlichen Willen und eine eigentümliche Seele" gekennzeichnet (489). Insofern ist Peter Uwe Hohendahl zuzustimmen, der einen Widerspruch konstatiert zwischen dem „Überschuß an Ordnung, in der die Menschen zu funktionalen Größen verkümmern" und der „humanistischen Bildungsidee, welche auf die Entfaltung aller individuellen Kräfte zielt [...]". (P. U. Hohendahl, Die gebildete Gemeinschaft: Stifters „Nachsommer" als Utopie der ästhetischen Erziehung; in: Wilhelm Voßkamp [Hrsg.], Utopieforschung, Bd. 3, suhrkamp taschenbuch 1159, Frankfurt a. M. 1985, S. 353.)
55 Ähnliches gilt für die zurückgezogen lebende Familie Drendorf.
56 Daher die konsequente Außenperspektive des Ich-Erzählers, welche den Raum der subjektiven Innerlichkeit weitgehend ausspart.
57 Vgl. dazu Klaus-Detlev Müller, Utopie und Bildungsroman. Strukturuntersuchungen zu Stifters „Nachsommer"; K.-D. Müller, Bürgerlicher Realismus, Königstein 1981, S. 133.
58 Selbst die Namen des Protagonisten und seines Mentors erfährt der Leser erst recht spät und dann ganz beiläufig; die musterhaft-exemplarischen Gestalten erscheinen bis dahin nur als „Gast" und „Gastfreund".
59 Vgl. etwa W. Weiss, Stifters Reduktion; in: Germanistische Studien, hg. v. J. Erben/ E. Thurnher, Innsbruck 1969, S. 199 ff.
60 Brief vom 21. 6. 1855; Sämtliche Werke, a. a. O., Bd. 18, S. 267. Zitiert nach J. Michels, A. Stifter, 1942, S. 172. Nachsommer, S. 701.
61 Brief an G. Heckenast vom 22. 3. 1857; Sämtliche Werke, a. a. O., Bd. 19, S. 15.
62 Brief an G. A. Ungar vom 15. 12. 1865; zitiert nach Friedrich Sengle, Biedermeierzeit, Bd. 3, Stuttgart 1980, S. 990.
63 Sämtliche Werke, a. a. O., Bd. 18, S. 172.
64 Brief vom 11. 2. 1858; Sämtliche Werke, a. a. O., Bd. 19, S. 94. Diese Abweichung von der im Bildungsroman üblichen Bauform der Figurenkonstellation mag sich aus der Überlagerung durch ein Strukturelement des Erziehungsromans erklären.
65 Die universalistische Bildungsidee beherrscht beispielsweise den utopischen Schlußteil der dritten Fassung des *Agathon*. Archytas verkörpert die Grundwerte der „Wahrheit, Gerechtigkeit, Ordnung, Harmonie und Vollkommenheit", die er als die „reinsten Ausstrahlungen der Gottheit", als „die Norm aller Gesetze" empfindet. (C.M. Wieland, Ausgewählte Werke in drei Bänden, hg. v. F. Beißner, Darmstadt 1964, Bd. 2, S. 568.) In Eichendorffs *Ahnung und Gegenwart* finden sich beispielsweise folgende strukturelle Merkmale, die auch im *Nachsommer* wiederkehren: die Außenperspektive, welche die subjektive Innenwelt weitgehend ausspart, ferner die Dominanz von typenhaften Bewußtseinslagen und Verhaltensweisen und schließlich die in sich kreisende, auf eine transempirische Wirklichkeit verweisende Zeitgestaltung.
66 Zum Verhältnis des Bildungsromans zur Gattung der Utopie vgl. das Schlußkapitel des Buches.

Wilhelm Raabe: Der Hungerpastor

67 W. Raabe, Sämtliche Werke, Bd. 6, Freiburg/Braunschweig 1953, S. 386 f. Nach dieser Ausgabe wird künftig zitiert.
68 Entwurf des Romans, ebd. S. 472, 474.
69 Ebd., S. 432, 337.

70 Notiz des Autors von 1875. (Jb. der Raabe-Gesellschaft, Braunschweig 1960, S. 108.) Die Haltung der Innerlichkeit wird gerade in Raabes frühen Werken mit dem „eigensten Wesen" des Menschen identifiziert, mit den Kräften von „Herz und Gemüt", die in schroffem Widerspruch zum oberflächlichen Treiben der „Welt da draußen" stehen. (Sämtliche Werke, a.a.O., Bd. 5, S. 57; Bd. 1, S. 11.)
71 Vgl. Fritz Jensch, W. Raabes Zitatenschatz, Wolfenbüttel 1925. — Der einfältig-naive Protagonist verwendet keine Bildungszitate; er reflektiert auch nicht die Tradition, in der er steht.
72 S. 431. — Vgl. auch das Eintreten des Erzählers für die Belange der „untern Schichten der Gesellschaft" gegenüber denen der „höchsten" Klassen (31).
73 S. 124, 333 f.
74 Für die Interpretation der Bildungsidee des Romans sind die Fragen unerheblich, inwieweit Moses das zeitgenössische Judentum repräsentiert und welches Verhältnis Raabe zum Antisemitismus seiner Zeit hatte.
75 Raabe notierte 1878: „‚Freiheit' ist bloß individuell, haftet dem einzelnen als einzelnem [an], aber nie als Mitglied eines Gemeinwesens." (Jb. der Raabe-Gesellschaft, Braunschweig 1960, S. 118.)
76 Vgl. Hubert Ohl, Bild und Wirklichkeit, Studien zur Romankunst Raabes und Fontanes, Heidelberg 1968, S. 265, Anm. 102. Außerdem Jeffrey L. Sammons, W. Raabe, The Fiction of the Alternative Community. Princeton 1987, pp. 200—212. Auf diesen schroffen Dualismus von Ich und Welt verweist etwa die Anspielung auf Brentanos Geschichte *Vom braven Kasperl und dem schönen Annerl* (25). Auch Eichendorffs dreiteilig gestalteter Roman *Ahnung und Gegenwart* gehört in diesen Zusammenhang. Der Protagonist erlebt zu Beginn die heimatliche Welt mitmenschlicher Verbundenheit. Im zweiten Buch lernt er den „Plunder hinter den Bergen", die städtische Gesellschaft der Residenz, kennen: „fremd in der Fremde" sieht er „des Lebens Schauspiel" an sich vorüberziehen. (J. v. Eichendorff, Neue Gesamtausgabe in vier Bänden, Bd. 2, Stuttgart o.J., S. 226, 111.) Aller Illusionen beraubt, zieht er sich im dritten Teil in die heimatlichen Wälder zurück, wo er zu seiner eigentlichen Bestimmung findet. Auch hier ist es allein der Binnenraum des Ichs, in dem sich die Sinngebung der individuellen Existenz vollzieht. Bei Eichendorff wie bei Raabe also ein Bildungsroman der subjektiven Innerlichkeit, ein Werdegang des auf sich selbst verwiesenen Ichs. Nur über die kompromißlose Ablehnung der schlechten Welt findet der Protagonist zu sich selbst — im Gegensatz zum klassisch-humanistischen Bildungsprinzip, dessen Tradition der *Hungerpastor* nicht verpflichtet ist. Goethes *Lehrjahre* sind für den *Hungerpastor* nicht von Bedeutung, wie überhaupt Raabes nähere Beschäftigung mit dem Klassiker erst ab seiner zweiten Schaffensperiode datiert. Anders Jürgen Jacobs, der im *Hungerpastor* den Ansatz zu einem Bildungsroman nicht durchgeführt sieht, weil der Held an seiner Welterfahrung nicht wachse. (Wilhelm Meister und seine Brüder, München 1972, S. 196.)
77 Der Romanentwurf lokalisiert den zweiten Teil in „der großen Stadt" (VI, 473).
78 VI, 432, 461.
79 Das Werk ist in drei Teile zu je zwölf Kapiteln gegliedert. In der ersten Auflage erschien es als „Roman in drei Bänden".
80 Die Fabel orientiert sich am Werdegang des Hungerpastors und gesteht selbst der Gegensatzfigur des Moses einen nur geringen Raum zu.
81 Von 1891 bis 1910 erschienen nicht weniger als dreißig Auflagen.
82 W. Raabe, Sämtliche Werke, a.a.O., Bd. 18, S. 429; Bd. 20, S. 436. Aufschlußreich, daß H. Hart in Raabe den Vorkämpfer für eine Zukunft erblickte, „die Realismus und Romantik, Socialismus und Individualismus aufs innigste vereint [...]" (ebd.).

Gustav Freytag: Soll und Haben

83 G. Freytag, Deutsche Romane (1853); in: Max Bucher u. a. (Hrsg.), Manifeste und Dokumente zur deutschen Literatur 1848—1880, Bd. 2, Stuttgart 1975, S. 71 f.
84 Erinnerungen aus meinem Leben; G. Freytag, Gesammelte Werke (16 Bände in zwei Serien), 2. Serie, Bd. 8, S. 600, Hirzel (Leipzig) und Klemm (Berlin), o. J. (Nach dieser Ausgabe wird im folgenden zitiert.)
85 So erklärte Freytag in seinen *Erinnerungen* programmatisch: „Unsre gesamte Bildung wird durch geschichtliches Wissen geleitet." (2. Serie, Bd. 8, S. 629.)
86 J. Schmidt, Wilhelm Meister im Verhältniß zu unsrer Zeit; Max Bucher, Manifeste und Dokumente zur deutschen Literatur, a. a. O., Bd. 2, S. 229.
87 Ebd., S. 226.
88 Zitiert nach H. Steinecke, G. Freytag: Soll und Haben; in: Horst Denkler (Hrsg.), Romane und Erzählungen des Bürgerlichen Realismus, Stuttgart 1980, S. 138.
89 2. Serie, Bd. 1, S. 153; vgl. auch S. 299.
90 Ebd., S. 320.
91 Ebd., S. 395.
92 Ebd., S. 576.
93 Ebd., S. 367.
94 2. Serie, Bd. 2, S. 296.
95 2. Serie, Bd. 1, S. 394.
96 2. Serie, Bd. 2, S. 416.
97 Grenzboten 1852/53; zitiert nach Michael Kienzle, Der Erfolgsroman. Zur Kritik seiner poetischen Ökonomie bei G. Freytag und E. Marlitt, Stuttgart 1975, S. 42.
98 Unzeitgemäße Betrachtungen, 3. Stück; Werke in drei Bänden, hg. v. Karl Schlechta, Bd. 1, Darmstadt 1966, S. 330 f.
99 Die Inhalte der allgemeinen Bildung erschöpfen sich bei Anton mehr oder minder in dem stolzen Hinweis auf sein bestandenes Abitur.
100 2. Serie, Bd. 1, S. 395.
101 2. Serie, Bd. 1, S. 137.
102 1. Serie, Bd. 1, S. 172. — Anton meint hier zwar den Adel, dessen Lebensart er mit zunehmender Reife nicht mehr als die seine erkennt, aber die kaufmännische Kategorie des Erwerbs, der „das Menschenleben [...] verschönert", bestimmt doch weitgehend seine Haltung. (1. Serie, Bd. 2, S. 396.)
103 Anton sieht in Schröter „das Ideal eines Kaufmanns". (2. Serie, Bd. 1, S. 75.)
104 Julian Schmidt, Geschichte der deutschen Nationalliteratur im 19. Jahrhundert, 4. Aufl., Bd. 3, Leipzig 1858, S. 414.
105 Eine Äußerung Freytags aus dem Jahre 1854, zitiert nach Paul Ulrich, G. Freytags Romantechnik, Marburg 1907, S. 46.
106 F. Nietzsche, Unzeitgemäße Betrachtungen, 1. Stück; Werke in drei Bänden, a. a. O., Bd. 1, S. 142 f.
107 2. Serie, Bd. 2, S. 163.
108 Bilder aus der deutschen Vergangenheit; 2. Serie, Bd. 3, S. 22.
109 2. Serie, Bd. 2, S. 302.
110 Ebd., S. 22.
111 Vgl. Leo Löwenthal, Gustav Freytag — der bürgerliche Materialismus; L. Löwenthal, Erzählkunst und Gesellschaft, Neuwied/Berlin 1971, S. 134.
112 Brief vom 23. 8. 1856; Geffcken, Die Tendenz in Freytags „Soll und Haben" (Zs. für vergleichende Literaturgeschichte, N. F., Bd. 13, Berlin 1899, S. 88 ff.).

113 Vgl. Peter Heinz Hubrich, G. Freytags „Deutsche Ideologie" in „Soll und Haben", Kronberg 1974, S. 142, 191 (Anm. 16). Hugo von Hofmannsthal kritisierte an dem deutschen „Bildungsphilister" jener Zeit, er glaube, zu der „Nation der stärksten Kultur" zu zählen. (Das Schrifttum als geistiger Raum der Nation; in: Ausgewählte Werke, Bd. 2, Frankfurt a. M. 1957, S. 729.)
114 Eine Ausnahme bildet der zarte, stille Gelehrte Bernhard Ehrenthal, dessen Bildungsstand durchaus akzeptiert wird.
115 Bilder aus der deutschen Vergangenheit (1859—1862); 2. Serie, Bd. 7, S. 320.
116 Ebd. S. 492.
117 In *Bilder aus der deutschen Vergangenheit* wird der „unendliche Segen der gelehrten Bildung" des humanistischen Gymnasiums als der entscheidende Vorzug des höheren Bürgertums gepriesen (ebd., S. 322).
118 Brief an Herzog Ernst II. vom 26.11.1854; in: Eduard Tempeltey (Hrsg.), G. Freytag und Herzog Ernst von Coburg im Briefwechsel, 1853—1893, Leipzig 1904, S. 36.
119 G. Freytag, W. Alexis: Isegrimm (1854); 1. Serie, Bd. 8, S. 190.
120 Vgl. Dieter Kafitz, Figurenkonstellation als Mittel der Wirklichkeitserfassung, Kronberg 1978, S. 85 f.
121 Erinnerungen aus meinem Leben; 2. Serie, Bd. 8, S. 603.
122 Vgl. L. Stockinger, Realpolitik, Realismus und das Ende des bürgerlichen Wahrheitsanspruchs; in: Klaus D. Müller (Hrsg.), Bürgerlicher Realismus, Königstein 1981, S. 193. Julian Schmidt bezeichnete Fink sogar als Freytags „alten Lieblingshelden". Geschichte der deutschen Literatur seit Lessings Tod; zitiert nach Max Bucher, Manifeste und Dokumente zur deutschen Literatur, a. a. O., Bd. 2, S. 343.
123 Erinnerungen aus meinem Leben; 2. Serie, Bd. 8, S. 600.
124 Für junge Novellendichter; Max Bucher, a. a. O., Bd. 2, S. 397.
125 G. Freytag, W. Alexis: Isegrimm; 1. Serie, Bd. 8, S. 193.
126 Erinnerungen; 2. Serie, Bd. 8, S. 600.
127 G. Freytag, Die Technik des Dramas, Darmstadt 1965, S. 28.
128 Antons Selbstfindung vollzieht sich schon zu Beginn des 6. Buches, als er sich endgültig von Rothsattel trennt — im Bewußtsein, die ihm bestimmte bürgerliche Lebensform gefunden zu haben: „Mein Weg ist jetzt klar." (2. Serie, Bd. 2, S. 318.)
129 Ebd., S. 417.
130 2. Serie, Bd. 1, S. 3.
131 Vgl. M. Kienzle, Der Erfolgsroman, a. a. O., S. 46 ff. — Seit 1965 läßt der Verkauf des Romans nach. Das dürfte auf die zunehmende Erkenntnis der Fragwürdigkeit des ökonomischen Fortschrittsdenkens zurückzuführen sein, aber auch auf den Zweifel an der unumschränkten Geltung der überlieferten Normen und Wertvorstellungen des Bürgertums.
132 Noch heute erblicken zumindest zahlreiche Ausländer in Antons Tugenden typisch deutsche Nationaleigenschaften. Das bestätigt eine Studie über das Deutschlandbild ausländischer Stipendiaten der Alexander-von-Humboldt-Stiftung, die folgenden Tugendkatalog aufführt: „Fleiß, Liebe zur Arbeit; dann Disziplin und Ordnungssinn; dann Zuverlässigkeit und Pflichtbewußtsein; ferner Aufrichtigkeit, Gründlichkeit, Sparsamkeit." (Barbara Goth, Wie lebt man in der Bundesrepublik?, Bonn 1977, S. 14.)
133 Julian Schmidt, Wilhelm Meister im Verhältniß zu unsrer Zeit (1855); Max Bucher u. a., Manifeste und Dokumente zur deutschen Literatur, a. a. O., Bd. 2, S. 226.
134 2. Serie, Bd. 1, S. 7.

135 Freytag bekannte sich zum „kräftigen Heraustreiben des Dialogs" im modernen Roman, was seiner Bevorzugung der epischen Mittel der Volksliteratur entsprach. (G. Freytag, Für junge Novellendichter [1872]; Max Bucher, a. a. O., Bd. 2, S. 399.)

Friedrich Spielhagen: Hammer und Amboß

136 Hammer und Amboß; in: Fr. Spielhagens sämtliche Romane, Bd. 4, Leipzig 1910, S. 374. (Nach dieser Ausgabe wird im folgenden zitiert.)
137 Hammer und Amboß, a. a. O., Bd. 3, S. 365. Nicht zufällig werden die Stationen von Elternhaus und Schule nur flüchtig erwähnt.
138 Es beschränkt sich auf die Werke von Lessing, Goethe und Schiller. (Hammer und Amboß, a. a. O., Bd. 3, S. 448.)
139 Drei Vorlesungen über Goethe: Goethe als Epiker (1863), Fr. Spielhagen, Vermischte Schriften, Leipzig 1872, S. 101.
140 Hammer und Amboß, a. a. O., Bd. 4, S. 373.
141 Hammer und Amboß, a. a. O., Bd. 3, S. 378.
142 Ebd., S. 359.
143 Hammer und Amboß, a. a. O., Bd. 4, S. 395.
144 Sein sozialliberales Bildungsideal unterscheidet Spielhagen von dem bürgerlich-konservativen Gustav Freytag. Er bewunderte zwar dessen künstlerische Formkraft, zeigte sich auch von dem in *Soll und Haben* verkündeten Arbeitsethos beeindruckt, distanzierte sich jedoch entschieden von jenem „Repräsentanten des Bürgertums mit der obligaten Heilighaltung alles dessen, was grau vor Alter ist, und dem tiefen Respekt vor dem Besitze, der ein für allemal das Recht auf seiner Seite hat [...]". (Finder und Erfinder, 1890, Bd. 2, S. 337.) Dieter Kafitz unterscheidet zu Recht zwischen dem „bürgerlichen und nationalen Elitarismus Freytags" und dem republikanischen „überständischen Liberalismus-Ideal Spielhagens". (D. Kafitz, Figurenkonstellation als Mittel der Wirklichkeitserfassung, Kronberg 1978, S. 120.) Spielhagen erfaßt die gesellschaftlichen und ökonomischen Verhältnisse der Zeit wesentlich differenzierter als Freytag. Er unterscheidet zwischen dem tüchtigen Bürger und dem gewissenlosen kapitalistischen Bourgeois, zwischen ehrenhaften und demoralisierten Vertretern der Aristokratie; er bezieht auch den Vierten Stand in seine Darstellung ein; nicht zuletzt übt er, allerdings recht pauschal, Kritik am Schulwesen, an Justiz und Kirche.
145 Hammer und Amboß, a. a. O., Bd. 4, S. 135.
146 Der Ich-Roman (1882); Fr. Spielhagen, Beiträge zur Theorie und Technik des Romans, a. a. O., S. 183.
147 Über Objectivität im Roman (1863); Fr. Spielhagen, Vermischte Schriften, Leipzig 1872, S. 207.
148 Fr. Spielhagen, Die von Hohenstein (1864); Sämtliche Romane, Leipzig 1903 ff., Bd. 2, S. 499 f.
149 Goethe als Epiker; Fr. Spielhagen, Vermischte Schriften, a. a. O., S. 97.
150 Der Ich-Roman (1882); Fr. Spielhagen, Beiträge zur Theorie und Technik des Romans (Neudruck, hg. v. H. Himmel), Göttingen 1967, S. 186.
151 Der Held im Roman (1874); in: Beiträge zur Theorie und Technik des Romans, a. a. O., S. 100.
152 Der Ich-Roman (1882), ebd., S. 183.

153 Eine Ausnahme bildet die abenteuerliche Familie des Malte von Zehren, besonders dessen kapriziöse Tochter Konstanze, die dem zeitgenössischen Typus der femme fatale entspricht.
154 Novelle oder Roman? (1876); in: Beiträge zur Theorie und Technik des Romans, a. a. O., S. 245 f.
155 Der Held im Roman (1874), ebd., S. 74.
156 Hammer und Amboß, Bd. 4, a. a. O., S. 395.
157 Finder oder Erfinder? (1871); in: Beiträge zur Theorie und Technik des Romans, a. a. O., S. 14.
158 So fehlt etwa die schematische Kontrastivität in Handlungsführung und Figurenkonstellation.
159 Vgl. Leo Löwenthal, Friedrich Spielhagen — der bürgerliche Idealismus; in: Erzählkunst und Gesellschaft, Neuwied/Berlin 1971, S. 137 ff. — Hermann A. Krüger urteilte für viele, wenn er Spielhagen einen „leidigen Hang zur unpoetischen Tendenz" vorwirft; überall komme „der liberale Demokrat von 1848 [...] zum Vorschein". (H. A. Krüger, Der neuere deutsche Bildungsroman; Westermanns Monatshefte, Nov. 1906, S. 263.)

Gottfried Keller: Der grüne Heinrich

160 H. Hettner bezeichnete die erste Fassung denn auch zu Recht als „Bildungstragödie". (Brief an Keller vom 11. 6. 1855; I, 1144.)
161 „Eine eigentliche Verschuldung durch den Tod der Mutter trifft den Sohn doch nicht, da es sich um die Erfüllung eines Erziehungs- und Entwicklungsgeschickes handelt, an welchem niemand schuld ist oder alle." (Brief an Petersen vom 21. 4. 1881; Gottfried Keller, Sämtliche Werke und ausgewählte Briefe, hg. v. C. Heselhaus, in drei Bänden, München 1958; Bd. I, S. 1154.) Die Stellennachweise werden im folgenden nach der kritischen Ausgabe von Kellers Werken, hg. v. J. Fränkel, zitiert: Bd. XVI—XIX (1. Fassung) und Bd. III—VI (2. Fassung), Wien 1923. Da besser zugänglich, wird auch die Ausgabe von Heselhaus einbezogen (jeweils in Klammern).
162 Brief an Heyse vom 29. 3. 1880; Sämtliche Werke, hg. v. C. Heselhaus, München 1963, III, 1240; Brief an Storm vom 13. 6. 1880 (ebd., I, 1152).
163 XIX, 351.
164 III, 201.
165 VI, 286 (I, 1096).
166 VI, 30 (I, 1109).
167 Dahin zielte ja die Aussage der ersten Fassung des Romans: „Denn wie kann er, da er in Bezug auf die Familie, welche die Grundlage der Staatsgemeinschaft ist, ein verletztes [...] Gewissen hat, ein öffentliches Wirken beginnen [...]?" (Brief an Hettner vom 25. 6. 1855; I, 1145.)
168 VI, 171 (I, 1022).
169 VI, 330 (I, 1125).
170 VI, 326 (I, 1122).
171 VI, 251 (I, 1047). Genau genommen ist es Judith, die der Ehe entsagt, und zwar mit der Begründung, Heinrich kenne sich selbst (in dieser Hinsicht) noch nicht. Hier könnte sie auch auf seine starke Mutterbindung anspielen.
172 Anders J. Jacobs, nach dessen Ansicht „der Versuch der Selbstfindung mit innerer Konsequenz mißlingt". Andererseits spricht er aber von dem „eingeschränkten, temperierten Glück" Heinrichs, woraus erhellt, daß der Verf. an Kellers Werk den Maßstab der har-

monisierenden Goetheschen Bildungsidee anlegt. (J. Jacobs, Wilhelm Meister und seine Brüder, a. a. O., S. 185 f.)
173 VI, 312 (I, 1113).
174 VI, 330, 325 (I, 1125, 1122).
175 Vgl. W. Preisendanz, G. Keller, der grüne Heinrich; W. Preisendanz, Wege des Realismus, München 1977, S. 159.
176 Kellers Tagebuchnotiz vom 2.5.1848; Sämtliche Werke, hg. v. C. Heselhaus, a. a. O., III, 895.
177 V, 100 (I, 773); VI, 21 (I, 925). Der Autor ärgerte sich zu Recht über einen Kritiker, der behauptet hatte, Heinrich sei und bleibe ein „sehr grüner Junge", weshalb Keller über einen neuen Romantitel — „Heinrich Lee" — nachdachte. (Brief an Storm vom 26.2.1879; III, 1236.)
178 VI, 20 (I, 924); VI, 75 (I, 959).
179 VI, 314 (I, 1114). Alle diese selbstkritischen Zwischenbemerkungen des alten Erzählers finden sich erst in der zweiten Fassung des Romans.
180 V, 137 (I, 797); V, 291 (I, 896). Als Gegenmotiv zu Zwiehans Schädel tritt gegen Ende des Romans zunehmend das Prinzip freier Selbstbestimmung in den Vordergrund, das allein in der Schlußszene dreimal begegnet. Übrigens wird Heinrich schon vom Grafen als „wesentlicher Mensch" apostrophiert (VI, 194; I, 1037).
181 VI, 214 (I, 1050).
182 Auffällig auch, daß der alte Ich-Erzähler nur wenig persönliches Profil zeigt, da er, im Gegensatz zum jungen Erzähler, mit seinen wertenden Zwischenbemerkungen relativ sparsam verfährt. Er scheut sich wohl, das innerste „Geheimnis" seiner Erfahrungen allzu direkt preiszugeben (VI, 20; I, 924). Dafür bevorzugt er die andeutende Bildlichkeit und die Verweisungskraft von Parallel- und Kontrastfiguren.
183 Brief an Hettner vom 4.3.1851 (III, 1117).
184 III, 16.
185 IV, 97.
186 XIX, 68 (I, 596).
187 VI, 86 (I, 966). Individuelle Entwicklung im Sinn einer durch Anlage, Milieu und sozioökonomische Verhältnisse begrenzten Formbarkeit, einer seelisch-geistigen Reifung des Menschen ist dem Feuerbach-Schüler Keller nicht fremd: „[...] der Geist, welchen die Materie die Macht hat in sich zu halten, hat seinerseits die Kraft, in seinen Organen dieselbe zu modifizieren und zu veredeln" (XIX, 37).
188 VI, 41 (I, 939).
189 VI, 42 (I, 939).
190 VI, 301 (I, 1110).
191 Vgl. Heinrichs Kritik an der egozentrischen „Vervollkommnung und Ausrundung des eigenen Wesens" (VI, 154; I, 1011). Demgegenüber seine Hochachtung vor dem entsagenden Statthalter, dem es gelingt, „eine gezwungene Stellung [...] auszufüllen, ohne mürrisch oder gar gemein zu werden" (IV, 201).
192 XVIII, 25 f. (I, 404).
193 VI, 1, 23 (I, 912, 926).
194 Brief an Petersen vom 21.4.1881. Dieses dialektisch strukturierte Lebensgefühl prägt auch Heinrichs Zeitauffassung, denn gerade die Vergänglichkeit der Dinge verleiht ihnen einen besonderen Erlebniswert.
195 V, 271 (I, 883).
196 VI, 311 (I, 1113).
197 VI, 64, 11, 74 (I, 952, 919, 959).

198 V, 5.
199 „Gerne hätte ich sie [Judith] noch durch einige Szenen hindurch leben lassen; allein es drängte zum Ende [...]." (Brief an Petersen vom 21. 10. 1880; I, 1153.)
200 Keller sah darin die „Hauptfrage der Form": „nicht der objektive Dichter und Erzähler spricht, sondern dessen Figurenkram [...]". (Brief an Storm vom 11. 4. 1881; III, 1247.)
201 VI, 179 (I, 1027).
202 VI, 62 (I, 951).
203 VI, 326 (I, 1122).
204 Vgl. auch M. Swales, The German Bildungsroman from Wieland to Hesse, Princeton/N. J., 1978, pp. 103—104.
205 So entwirft der Erzähler etwa ein leitbildhaftes Vaterbild, indem er versucht, sich schreibend „das nie Erlebte zu vergegenwärtigen", sich „ein Bild seines [des Vaters] innern Wesens" zu erschaffen (III, 23 f.).
206 Brief an Auerbach vom 25. 2. 1860 (III, 1178).
207 „Gerne hätte ich sie [Judith] noch durch einige Szenen hindurch leben lassen; allein es drängte zum Ende [...]." (Brief an Petersen vom 21. 10. 1880; I, 1153.)
208 Schon in der ersten Fassung betont der Erzähler, er wolle keinen „sogenannten Künstlerroman" schreiben, sondern „das menschliche Verhalten, das moralische Geschick" des Protagonisten schildern (XVIII, 132; I, 474).
209 III, 216.
210 Brief an Petersen vom 4. 6. 1876; vgl. auch Franz Beyel, Zum Stil des „Grünen Heinrich", Tübingen 1914, S. 25 ff.
211 Brief an Storm vom 16. 8. 1881 (III, 1256).
212 VI, 359.
213 Jeremias Gotthelf, Sämtliche Werke, hg. v. J. Fränkel, a. a. O., Bd. 22, S. 65 f.
214 So wird beispielsweise die Kapitelzahl in der Jugendgeschichte auf das Dreifache gesteigert, um die großen Erzählphasen der Erstfassung besser zu gliedern und damit übersichtlicher zu gestalten.
215 G. Kaiser, dessen große Monographie nicht nach Gattungsstrukturen, sondern nach dem „Verhältnis von Leben und Werk" (654) fragt, meldet zwar Vorbehalte gegenüber der Zuordnung des *Grünen Heinrich* zum Entwicklungsroman an, spricht aber immerhin von Heinrichs „Entwicklungsschub in der Zyklik" (138) des naturhaft-biologischen Lebensrhythmus. (Gerhard Kaiser, G. Keller, Das gedichtete Leben, Frankfurt a. M. 1981.) — J. Jacobs vermißt die „gerundete Bildungsgeschichte". (W. Meister und seine Brüder, a. a. O., S. 187.) Ähnlich H. Laufhütte in seiner gedankenreichen Untersuchung (Wirklichkeit und Kunst in Kellers Roman „Der grüne Heinrich", Bonn 1969, S. 357 ff.). In einem späteren Aufsatz plädiert der Verf. überzeugend gegen ein epochenunabhängiges Gattungsmodell, das epochenspezifische variable Darstellungsmuster vermissen läßt. Er beraubt sich allerdings eines umfassenden, auch auf den modernen Bildungsroman anwendbaren Strukturmodells, wenn er als transepochale Konstante nur die exemplarische „Biographie- bzw. Autobiographie-Erzählung" gelten läßt. Für ihn endet der Bildungsroman in der Mitte des 19. Jahrhunderts. Wie hier dargelegt, weist aber Kellers Roman noch weitere dem Bildungsroman eigene Konstanten auf: zumindest die den Romanschluß konstituierende Selbstfindung des knapp dreißigjährigen Protagonisten sowie die didaktisch geprägte Erzählhaltung samt deren formalen Dependenzen. (H. Laufhütte, G. Keller, Der grüne Heinrich; in: H. Steinecke [Hrsg.], Zu G. Keller, Stuttgart 1984, S. 37 ff.) Vgl. auch die Ausführungen über das Verhältnis von Bildungsroman und Autobiographie im Schlußkapitel des Buches.

Wilhelm Raabe: Stopfkuchen

216 Wilhelm Raabe, Sämtliche Werke, Bd. 18, bearbeitet von Karl Hoppe, Göttingen 1963, S. 66 f. — Nach dieser Ausgabe wird im folgenden zitiert.
217 23. 7. 1892; in: Jb. der Raabe-Gesellschaft, Braunschweig 1960, S. 127. — Vgl. Fontanes etwa zur gleichen Zeit formulierte unmutige Äußerung: „Ich bin fast bis zu dem Satz gediehen: Bildung ist ein Weltunglück. Der Mensch muß klug sein, aber nicht gebildet." (Brief vom 9. 8. 1895.)
218 Vgl. Fritz Jensch, W. Raabes Zitatenschatz, Wolfenbüttel (Werkregister). Etwa dasselbe Verhältnis von neuhumanistischer und volkstümlicher Wissenstradition bestimmt auch die Zitate im *Hungerpastor*.
219 Bd. 18, a. a. O., S. 117; vgl. die dazugehörige Anmerkung (S. 458).
220 Stegmann überliefert eine Äußerung Raabes, die Klassiker hätten nur einen ganz geringen Einfluß auf ihn gehabt. (Mitt. der Raabe-Gesellschaft, XX, Braunschweig 1930, S. 98.) Aufschlußreich, daß beispielsweise der humanistisch gebildete Magister Buchius in seiner Lebensangst „keine Antwort [...] aus der Welt der Klassiker" erhält; weit eher tröstet ihn die christliche Überlieferung. (Das Odfeld, Sämtliche Werke, a. a. O., Bd. 17, S. 114.) Goethe nimmt allerdings eine gewisse Sonderstellung ein; vgl. Gerhart Mayer, Die geistige Entwicklung W. Raabes, Göttingen 1960, S. 69 ff.
221 Eine wichtige Ausnahme bilden Eduards strukturell bedeutsame Zitate am Anfang und Schluß des Romans.
222 Vgl. auch Hermann Helmers, Die bildenden Mächte in den Romanen W. Raabes, Weinheim 1960, S. 87 ff.
223 S. 116, 82. — W. H. Riehl sprach damals von der „Überhebung der klassisch Gebildeten gegen alle anderen Bildungskreise"; in: Realismus und Gründerzeit. Manifeste und Dokumente zur dt. Literatur 1848—1880, hg. v. M. Bucher u. a., Bd. 1, Stuttgart 1976, S. 244. (Enthält aufschlußreiches Material zur dominierenden Stellung des humanistischen Gymnasiums im 19. Jahrhundert.)
224 Tinchens Selbstentfaltung vollzieht sich nach demselben Muster: da bereits „alles in ihr verstöpselt" lag, bedurfte es nur der Begegnung mit Schaumann als einem katalytischen „Korkzieher" (113).
225 Zu Recht betont H. Ohl Schaumanns „Unbedingtheit des Selbstseins". Der Bürger und das Unbedingte bei Raabe; in: Jb. der Raabe-Gesellschaft, Braunschweig 1979, S. 15.
226 Raabe war der Ansicht, er habe in diesem Roman „die menschliche Kanaille am festesten gepackt" (Bd. 18, S. 427).
227 Brief an E. Sträter vom 13. 6. 1891; W. Raabe, Briefe, hg. v. Karl Hoppe, Sämtliche Werke, Ergänzungsband 2, Göttingen 1975, S. 301.
228 Aphorismen Raabes, a. a. O., in: Jb. der Raabe-Gesellschaft, Braunschweig 1960, S. 124.
229 Anders Peter Detroy, dessen sonst wertvolle Arbeit Schaumann und Eduard nicht als Kontrastfiguren begreift, sondern beide der Haltung des Humors verpflichtet sieht. (Wilhelm Raabe, Der Humor als Gestaltungsprinzip in „Stopfkuchen", Bonn 1970, bes. S. 121 ff.)
230 Auch Schaumann sieht in Eduard einen Vertreter der von ihm verachteten bürgerlichen Gesellschaft, wenn er ihn ständig in der zweiten Person Pluralis anredet.
231 Daraus erklären sich auch seine Versuche der verharmlosenden Verschleierung: er versteht seinen Bericht als „reine Privatsache" (207) und ist beim Abschied erleichtert, daß die Rote Schanze „ruhig liegenblieb, wo sie lag", so daß er glaubt, sie in idyllischer Verklärung „als einen sonnenbeleuchteten Punkt im schönsten Heimatgrün" im Gedächtnis bewahren zu können (205 f.).

232 Vetter Just, mit Schaumann geistig verwandt, charakterisiert sein Denken und Sprechen: „Es ist gar keine Logik darin." (Alte Nester; Sämtliche Werke, Bd. 14, S. 194.)
233 Vgl. etwa die bedeutungsgeladenen Bilder des Herdenkastens, der Hecke oder des Faultieres.
234 Die Welt als Wille und Vorstellung, Bd. 2, 3. Buch, Kap. 31, S. 432 f.; Arthur Schopenhauer, Sämtliche Werke, hg. v. A. Hübscher, Bd. 3, Leipzig 1938.
235 Vgl. Sämtliche Werke, Bd. 18, S. 426.
236 Vgl. zu folgendem den Aufsatz des Verf.: Die humorgeprägte Struktur von Jean Pauls „Flegeljahren"; Zs. für deutsche Philologie, Bd. 83, Heft 4, 1964, bes. S. 422 ff.
237 Vgl. Stopfkuchens Berufung auf die „Weltregierung", den trotz chaotischer Wirrnis immer wieder erfahrbaren, sinnvoll determinierenden Urgrund des Seins. Dazu Gerhart Mayer, Die geistige Entwicklung Wilhelm Raabes, a. a. O., S. 95 f.
238 November 1874; Karl Hoppe, Aphorismen Raabes, chronologisch geordnet; Jb. der Raabe-Gesellschaft, Braunschweig 1960, S. 101.
239 Bd. 18, S. 67. Der Satz folgt unmittelbar auf die Angabe des Themas, das Stopfkuchens Erzählen umkreist. Er entstammt bezeichnenderweise der biblisch-volkstümlichen Lebensweisheit des Predigers Salomo (9. Kap., Vers 11). Vgl. dazu Hubert Ohl, Bild und Wirklichkeit. Studien zur Romankunst Raabes und Fontanes, Heidelberg 1968, S. 129 f.
240 1878; Jb. der Raabe-Gesellschaft, a. a. O., 1960, S. 118.
241 Alte Nester; Sämtliche Werke, Bd. 14, S. 108.
242 Vgl. den Aufsatz des Verf.: Zum Wesen von Raabes humoristischer Sprachform; in: Jb. der Raabe-Gesellschaft, Braunschweig 1960, S. 77—93. Außerdem: Hermann Helmers, Die Verfremdung als epische Grundtendenz im Werk Raabes; in: Jb. der Raabe-Gesellschaft, Braunschweig 1963, S. 7—30.
243 „Mit dem Schema holt man weder dem Zusammenhang der Dinge noch dem Zufall gegenüber den Kern des eben vorbeigleitenden Daseins heraus." (Kloster Lugau; Sämtliche Werke, Bd. 19, S. 89). Auch Hans Dierkes sieht Eduard als Vertreter des wissenschaftlich-kausalen Denkens; allerdings nähert er ihn allzusehr der Apperzeptionsweise von Schaumann an, wenn er ihm den „Zugang zu einem Bereich zeitenthobener Sinn- und Werthaftigkeit" zubilligt. (H. Dierkes, Der „Zauber des Gegensatzes"; Schopenhauer-Jahrbuch, 54, Frankfurt a. M. 1973, S. 103.)
244 Beide Hauptfiguren weisen Züge satirischer Deformation auf; als „Dicker" und „Dünner" stehen sie in einer ikonographischen europäischen Karikaturtradition. Vgl. G. v. Graevenitz, Der Dicke im schlafenden Krieg; in: Jb. der Raabe-Gesellschaft, Braunschweig 1990, S. 6 ff.

Die Jahrhundertwende

Einleitung

1 Rudolf Borchardt, Der Kaiser; Süddeutsche Monatshefte, 5, 1908, II, S. 241.
2 Ecce Homo (1888); Friedrich Nietzsche, Werke in drei Bänden, hg. v. Karl Schlechta, Darmstadt 1966, Bd. 2, S. 1070.
3 Max Weber, Gesammelte politische Schriften, hg. v. J. Winckelmann, Tübingen 1958, S. 306 f. − Vgl. dazu Hans J. Schoeps (Hrsg.), Zeitgeist im Wandel, Das Wilhelminische Zeitalter, Stuttgart 1967, S. 11 ff.; ders., Deutsche Geistesgeschichte der Neuzeit, Bd. 5, Mainz 1980, S. 60 ff.
4 Otto Ernst, Semper der Mann, Leipzig 1916, S. 346.
5 Eduard Spranger, Wilhelm von Humboldt und die Humanitätsidee, Berlin 1909, S. 492 f.
6 Morgenröte; Friedrich Nietzsche, Werke in drei Bänden, hg. v. Karl Schlechta, Darmstadt 1966, Bd. 1, S. 1142.
7 Unzeitgemäße Betrachtungen, 1. Stück; ebd., S. 143 f.
8 Morgenröte, a. a. O., S. 1104.
9 Ebd., S. 1104. − Nietzsche stellte den Wert fremdbestimmter Arbeit, wie sie das bürgerliche Erwerbsleben beherrschte, entschieden in Frage. Dem hektischen Aktivismus der Zeit warf er vor, nicht zum „Otium" fähig zu sein, die lebensnotwendige „vita contemplativa" zu vernachlässigen. Die fröhliche Wissenschaft, 4. Buch, Abschnitt 329; Fr. Nietzsche, Werke, a. a. O., Bd. 2, S. 191.
10 Im Nachlaß der achtziger Jahre wird Nietzsches Subjektivismus besonders deutlich: „Das Subjekt allein ist beweisbar: Hypothese, daß es nur Subjekte gibt − daß ‚Objekt' nur [...] ein Modus des Subjekts" ist. (Werke, a. a. O., Bd. 3, S. 535.)
11 Vgl. auch Jakob Wassermanns Bildungsroman „Die Geschichte der jungen Renate Fuchs", Berlin 1901.
12 Zitiert nach Hermann Nohl, Die pädagogische Bewegung in Deutschland und ihre Theorie, Frankfurt a. M. 1949, S. 16.
13 Ferdinand Tönnies, Gemeinschaft und Gesellschaft, Berlin 1887.
14 Die Geburt der Tragödie; Werke, a. a. O., Bd. 1, S. 62.
15 Bruno Wille, Darwins Weltanschauung, Heilbronn 1966, S. XI f.
16 Vgl. Wolfdietrich Rasch, Zur deutschen Literatur seit der Jahrhundertwende, Stuttgart 1967, S. 18 ff.
17 Friedrich Meinecke, Germanischer und romanischer Geist im Wandel der deutschen Geschichtsauffassung; Sitzungsberichte der Kgl. Preußischen Akademie der Wissenschaften, VI, 1916.
18 Friedrich W. Förster, Jugendseele, Jugendbewegung und Jugendziel, Zürich 1923, S. 17.
19 Von der Seele (1917); Hermann Hesse, Gesammelte Schriften, Frankfurt a. M. 1958, Bd. 7, S. 69 f.
20 Peter Camenzind, a. a. O., Bd. 1, S. 311.
21 Vgl. Wilhelm Scherer, Kleine Schriften, hg. v. K. Burdach, Bd. 1, Berlin 1893, S. 17.
22 Ebd., S. 389.
23 Hermann Hesse, Romantik und Neuromantik; Schriften zur Literatur, Bd. 1, Frankfurt a. M. 1970, S. 108 f.
24 Vgl. zum romantischen Bildungsprinzip Lothar Pikulik, Romantik als Ungenügen an der Normalität, Frankfurt a.M. 1979, S. 518; außerdem Raymond Immerwahr, Romantisch.

Genese und Tradition einer Denkform, Frankfurt a. M. 1972 (Respublica Literaria, Bd. 7), S. 204, Anm. 8.
25 Gabriele d'Annunzio (1893); Gesammelte Werke, hg. v. Herbert Steiner, Frankfurt a. M. 1945—1959, Prosa I, S. 172 f.
26 Hermann Hesse, Lektüre für Minuten, Bd. 2, Frankfurt a. M. 1975, S. 53.
27 Der Weg des Thomas Truck (1902), 5. Aufl., Berlin 1904, Bd. 1, S. 169.
28 Vgl. zur allgemeinen literarischen Situation Hans Schwerte, Deutsche Literatur im Wilhelminischen Zeitalter; Hans J. Schoeps, Zeitgeist im Wandel. Das Wilhelminische Zeitalter, Stuttgart 1967, S. 121—145.
29 Vgl. Klaus Günther Just, Von der Gründerzeit bis zur Gegenwart, Bern/München 1973, S. 285.
30 Carl Hauptmann zählte zum Friedrichshagener Dichterkreis, Hollaender war Mitglied des Ethischen Klubs.
31 Nachwort der Ausgabe von 1926, S. 278.
32 Nachwort, a. a. O., S. 275.
33 Ebd., S. 277.
34 Asmus Sempers Jugendland, Leipzig 1904; Semper der Jüngling, ein Bildungsroman, Leipzig 1908; Semper der Mann, eine Künstler- und Kämpfergeschichte, Leipzig 1916.
35 Vgl. Richard Alewyn, Über Hugo von Hofmannsthal, Göttingen 1960, S. 109.
36 Die Erzählungen, 2. Aufl., 1953, S. 244.
37 Vgl. Jürgen Jacobs, Wilhelm Meister und seine Brüder, München 1972, S. 205 ff. — Auf eine einläßlichere Interpretation des Romans kann verzichtet werden, da er wegen seines fragmentarischen Charakters für die Typologie des Bildungsromans irrelevant ist.
38 Dasselbe gilt etwa für Hermann Burtes Roman eines „Heimatsuchers": *Wiltfeber, der ewige Deutsche* (1912).
39 Hilligenlei, 1. Aufl., Berlin 1905, S. 387.
40 Die erstarrten konservativen Denk- und Verhaltensmuster des Wilhelminischen Wirtschaftsbürgertums werden in Heinrich Manns Roman *Der Untertan* (1918) mit satirischer Schärfe angeprangert. Ähnlich wie Peter Michel wird auch Diederich Heßling in seiner Entwicklung von den Bildungsmächten des bürgerlichen Mittelstandes geprägt: von Elternhaus und Schule, von Beruf und Familie. Auch Heßling ermangelt der stabilisierenden personalen Mitte; auch er unterliegt der Fremdbestimmung durch Erziehung und Milieu. Michel und Heßling repräsentieren zwei Spielarten eines zu humaner Persönlichkeitsbildung unfähigen Mittelstandes: der eine ein unpolitischer Bildungsphilister, der andere ein dem Staate höriger, chauvinistischer Wirtschaftsbürger. *Der Untertan* demonstriert den Typus des monarchistisch gesinnten Deutschen in seiner Genese und in seiner politisch-sozialen Wirksamkeit. Heßlings charakteristische Entwicklung ist mit dem zweiten Kapitel im wesentlichen abgeschlossen; er rühmt sich am Ende der Studienzeit seiner „wohlerworbenen Grundsätze". Die folgenden vier Kapitel öffnen sich dann zum Zeitroman; sie zeichnen ein satirisch-polemisches Bild des Wilhelminischen Staates, seiner Parteien und sozialen Klassen, seiner juristischen und kirchlichen Institutionen. Diese gesellschaftskritische Intention formuliert der ursprüngliche Untertitel des Romans: „Geschichte der öffentlichen Seele unter Wilhelm II".
41 Es wird nach der 1905 in Heidelberg erschienenen zweiten Auflage zitiert.
42 Vgl. dazu E. Hacheberg/G. Quast, Heinrich Lilienfein: Modernus (1904); in: Dieter Kafitz (Hrsg.), Dekadenz in Deutschland, Frankfurt a. M./New York 1987, S. 189—202.
43 Eine ähnliche Kritik am dekadenten Ästhetizismus der Zeit formulierte Arthur Schnitzler in seinem Roman *Der Weg ins Freie* (1908). Der Protagonist, Georg von Wergenthin, entzieht sich einer nicht bewältigten, entfremdeten gesellschaftlichen Realität in eine un-

verbindliche ästhetische Existenz. Er lebt ein „Doppeldasein", verarmter Aristokrat und dilettierender Künstler in einem. Unfähig, seine tiefe Identitätskrise zu meistern, verläßt er seine Heimatstadt Wien und seine Geliebte. Nur scheinbar findet er den „Weg ins Freie", denn sein Freiheitsbegriff ist rein negativ geartet, ermangelt doch die Existenz des sozial beziehungslosen, lebensschwachen Protagonisten jeder entschiedenen Zielsetzung. Schnitzler sah sich mit seinem Werk in der Tradition des Bildungsromans, nämlich „auf der großen Linie der deutschen Romane Meister, Heinrich [...]". (Tagebuch vom 6.1.1906. Zitiert nach Rolf-Peter Janz/Klaus Laermann, Arthur Schnitzler, Stuttgart 1977, S. 168.) Freilich destruierte der Autor deren Grundstruktur, indem er seinem Protagonisten jede Entwicklung versagte; die Fabel mündet in dessen Identitätsverlust. Allerdings wird das Werk von dem Genre des Gesellschaftsromans überlagert, denn Schnitzler bietet vor allem eine sozialpsychologische Diagnose der zeitgenössischen Wiener Gesellschaft. Daher gruppiert sich ein großes, eigenständiges Figurenensemble ohne wesentliche funktionale Zuordnung um den Protagonisten. Georg Brandes kritisierte zu Recht diese Überlagerung der Romanarten in einem Brief an den Autor: „Aber haben Sie nicht zwei Bücher geschrieben? Das Verhältnis des jungen Barons zu seiner Geliebten ist Eine Sache, und die neue Lage der jüdischen Bevölkerung in Wien durch den Antisemitismus eine andere, die mit der ersteren, scheint mir, in nicht notwendiger Verbindung steht." (Zitiert nach Janz/Laermann, a.a.O., S. 174.)
44 Paul Kornfeld, Der beseelte und der psychologische Mensch (1918); in: Th. Anz/M. Stark (Hrsg.), Manifeste und Dokumente zur deutschen Literatur 1910—1920, Stuttgart 1982, S. 222.

Felix Hollaender: Der Weg des Thomas Truck

45 Velhagen und Klasings Monatshefte; zitiert nach Rudolf Novak, Das epische Werk Felix Hollaenders, Diss., Wien 1970, S. 304.
46 F. Hollaender, Der Weg des Thomas Truck, 5. Aufl., Berlin 1904, I, S. 398. Nach dieser Ausgabe wird künftig zitiert: I = Buch 1 und 2; II = Buch 3 und 4.
47 Vgl. dazu R. Novak, a.a.O., S. 61 ff.
48 Thomas betont: „Die ganze Geistesrichtung eines Menschen liegt angedeutet in seiner Kindheit" (II, 410).
49 I, 228, 369.
50 Julius Hart; zitiert nach Albert Soergel, Dichtung und Dichter der Zeit, 5. Aufl., Leipzig 1911, S. 603.
51 Ebd., S. 603 f.
52 Hollaender fühlte sich, wie er im Vorwort zur 1930 erschienenen Neuauflage versicherte, der Tradition des „deutschen Erziehungs- und Entwicklungsromans, der von Goethe bis G. Keller und über diese beiden Klassiker hinaus alle bedeutenden Schriftsteller immer wieder gereizt hat", verpflichtet.
53 Vgl. Hollaenders Schrift „Die neue Gemeinschaft, ein Orden vom wahren Leben" (1901).

Franziska zu Reventlow: Ellen Olestjerne. Eine Lebensgeschichte

54 Briefe der Gräfin Franziska zu Reventlow, hg. v. Else Reventlow, München 1929, S. 67.
55 Ellen Olestjerne; Franziska Gräfin zu Reventlow, Gesammelte Werke in einem Bande, München 1925, S. 558.

56 Ebd., S. 575.
57 Ebd., S. 632, 628.
58 Ebd., S. 702.
59 Ebd., S. 683. — Dem entspricht auch die Lebensentscheidung der Autorin, die sie Ludwig Klages, dem Freund und Förderer ihres Romans, mitteilte: „Ja ich weiß es wohl, einem Menschen volle ganze Liebe zu geben, das kann ich nicht, [...] meine Seele wird niemals mehr — auch wohl nur danach verlangen, in eine andere Seele hinüberzufließen." (Brief vom 1.4.1902; Briefe 1890—1917, hg. v. Else Reventlow, München/Wien 1975, S. 384.)
60 Ebd., S. 686.
61 Gräfin Reventlow kannte nachweislich J.P. Jacobsens Entwicklungsroman *Niels Lyhne*, wahrscheinlich auch Wassermanns Bildungsroman *Die Geschichte der jungen Renate Fuchs* (1900), die ebenfalls zu ihrer Identität findet, indem sie sich der gesellschaftlich-konventionellen Fremdbestimmung entzieht. Helmut Kreuzer ordnet das Werk der Reventlow dem „Roman der aszendierenden Bohème-Existenz" zu, einer „Sonderform des Entwicklungs- und Bildungsromans". (H. Kreuzer, Die Bohème, Stuttgart 1968, S. 83, 99 ff.)

Carl Hauptmann: Einhart der Lächler

62 Carl Hauptmann, Einhart der Lächler, Wiesbaden 1953, S. 243. Nach dieser Ausgabe wird im folgenden zitiert.
63 Carl Hauptmann, Aus meinem Tagebuch, 2. Aufl., München 1910, S. 29.
64 Carl Hauptmann, Seele; in: Der Leuchter, Darmstadt 1919, S. 248.
65 Hauptmann formulierte das Prinzip der wachstümlichen Entfaltung an anderer Stelle noch deutlicher: „Es ist ein fürchterlicher Popanz: ‚Entwickelung von der Zeit gebracht und von außen bemessen.' Nie ist Entwickelung. Immer nur Auswickelung." (C. Hauptmann, Persönlichkeit. Besinnungen [1907]; zitiert nach E. Ruprecht/D. Bänsch [Hrsg.], Literarische Manifeste der Jahrhundertwende, Stuttgart 1970, S. 460.)

Hermann Hesse: Peter Camenzind

66 Es wird zitiert nach Hermann Hesse, Gesammelte Schriften in sieben Bänden, Bd. 1, Frankfurt a.M. 1958.
67 So H. Hesse in seiner Schrift über Franz von Assisi, Berlin/Leipzig 1904, S. 32.
68 S. 369, 301.
69 Brief an Vikar D. Z. vom 3.3.1935; in: Briefe von H. Hesse, Frankfurt a.M. 1951, S. 161 f.
70 Vgl. Gerhart Mayer, Die Begegnung des Christentums mit den asiatischen Religionen im Werk H. Hesses, Bonn 1956, S. 90 ff.
71 Von der Seele (1917); Gesammelte Schriften, a.a.O., Bd. 7, S. 69 f.
72 Hesse preist in seinem 1904 verfaßten Essay den „zu einer Kunst entwickelten" kontemplativen Müßiggang des orientalischen Märchens. (H. Hesse, Die Kunst des Müßiggangs; ungekürzt bei Gisela Dischner, Fr. Schlegels „Lucinde" und Materialien zu einer Theorie des Müßiggangs, Hildesheim 1980, S. 253—258.)
73 Hesses Vorbilder hinsichtlich der Opposition von Stadt und Land sind freilich eher in bestimmten Bildungsromanen der Romantik zu suchen, nämlich in *Hyperion* und in *Ahnung und Gegenwart*.

74 Auch der Kindheitskult der Jahrhundertwende hinterläßt in dem Roman seine Spuren. Er spiegelt sich in der Verklärung kindhaft-einfältiger Charaktere wie des jugendlich-heiteren Richard, der einen frühen Tod erleidet, und des närrischen Onkel Konrad.
75 Schon der junge Camenzind singt sein „unartikuliertes Lied an die Schönheit" der Schöpfung (232).
76 H. Hesse, Steppenwolf, Gesammelte Schriften, a. a. O., Bd. 4, S. 405.
77 Hesse war allerdings kein Freund exakter poetologischer Gattungsbestimmung, denn zu Beginn erschien das Werk ohne Gattungsangabe, seit 1925 dann als „Erzählung" und ab 1950 schließlich als „Roman". — K. H. Hucke sieht das „Sujet" eines Bildungsromans nur in der „allmählichen Integration des bürgerlichen Helden in einen [...] Werte- und Normenhorizont [...] der bürgerlichen Verhältnisse" realisiert, weshalb er, ähnlich wie J. Jacobs, Hesses Werk strukturell nicht als Bildungsroman begreift. (Karl-Heinz Hucke, Der integrierte Außenseiter, Frankfurt a. M. 1983, S. 20. J. Jacobs, Wilhelm Meister und seine Brüder, a. a. O., S. 216 f.)

Hermann Hesse: Demian

78 Aus dem Vorwort zur Neuauflage von „Sinclairs Notizbuch" (1962): Schriften zur Literatur, Bd. 1, Frankfurt a. M. 1971, S. 33.
79 Brief an Carl Seelig (ca. Herbst 1919); in: Gesammelte Briefe, hg. v. U. und V. Michels, Frankfurt a. M. 1973, Bd. 1, S. 423 f.
80 Kurzgefaßter Lebenslauf; H. Hesse, eine Werkgeschichte, hg. v. S. Unseld, 2. Aufl., Frankfurt a. M. 1974, S. 55.
81 In seinem Aufsatz *Faust und Zarathustra* (1909) hatte Hesse zwar „das alte, dualistische, faustische Weltbild" des Neuhumanismus in seinem Widerspruch von naturhaft-weltlicher und geistig-idealer Sphäre mit Nietzsches monistischer Anschauung einer universalen „Einheit des Seins" konfrontiert, war jedoch nicht zu einer für ihn verbindlichen Lösung gelangt. (Nietzsche und die deutsche Literatur, hg. v. Bruno Hillebrand, Bd. 1, Tübingen 1978, S. 155.)
82 Brief an C. Haußmann vom 28. 9. 1920; Gesammelte Briefe, a. a. O., Bd. 1, S. 458 f.
83 Vgl. Hesses Aufsatz „Die Zuflucht" (1917): er sucht „einen Raum oder Punkt, wo nur Ich ist, wohin die Welt nicht reicht [...]". (Gesammelte Schriften, a. a. O., Bd. 7, S. 67.)
84 H. Hesse, Gesammelte Schriften, Bd. 3, Frankfurt a. M. 1958, S. 143. Nach dieser Ausgabe wird künftig „Demian" zitiert.
85 Ein Stückchen Theologie (1932); Gesammelte Schriften, a. a. O., Bd. 7, S. 388 ff. — In Kurzform bereits im Aufsatz „Von der Seele" (1917), ebd., S. 72. Dasselbe triadische Schema bestimmt beispielsweise auch die Entwicklung Siddharthas; vgl. Gerhart Mayer, Die Begegnung des Christentums mit den asiatischen Religionen im Werk H. Hesses, Bonn 1956, S. 57—89.
86 Ein Stückchen Theologie, a. a. O., S. 389.
87 Ebd., S. 389.
88 Vgl. George W. Field, Hermann Hesse, New York 1970, p. 51.
89 S. 232. — Hesse selbst hat darauf hingewiesen: Brief an F. Abel, Dez. 1931; Gesammelte Schriften, a. a. O., Bd. 7, S. 515.
90 Sprache (1917); Gesammelte Schriften, a. a. O., Bd. 7, S. 62.
91 Vgl. auch Gesammelte Schriften, a. a. O., Bd. 7, S. 185.
92 Vgl. George W. Field, a. a. O., pp. 50—52.
93 H. Hesse, Von der Seele (1917); Gesammelte Schriften, a. a. O., Bd. 7, S. 69 f.

94 Brief Hesses an einen jungen Menschen, Mai 1943; in: Materialien zu Hesses „Siddhartha", a. a. O., Bd. 1, S. 221.
95 H. Hesse, Künstler und Psychoanalyse (1918); Gesammelte Schriften, a. a. O., Bd. 7, S. 140. — Vgl. etwa August Stramm: „Ich bin nicht ich, nicht Person. Ich fühle mich All! All! Ich bin bewußt des Unbewußten"; in: Literaturrevolution 1910—1925, hg. v. Paul Pörtner, Neuwied 1960, Bd. 1, S. 150.
96 Brief an Frau Sarasin vom 15. 2. 1954; in: Werkgeschichte, a. a. O., S. 56.
97 Brief an eine junge Leserin, Febr. 1929, ebd., S. 58.
98 Die potentiell religiöse Qualität des Abraxas kann in diesem Zusammenhang unberücksichtigt bleiben. Er präfiguriert die namenlose metaphysische Allgottheit, den zeitlosen Urgrund des Seins, der wenig später in *Siddhartha* als „Brahman" erscheint. (Vgl. Verf., H. Hesses mystische Religiosität und dichterische Form; in: Jb. der Deutschen Schiller-Gesellschaft, IV, Stuttgart 1960, S. 440 ff.) In dieser Erzählung gewinnt Hesses Bildungsidee durch die vedantische Identitätsmystik ihre spezifische religiöse Struktur. Während in *Demian* die für die Menschwerdung erforderliche Gläubigkeit als psychische Eigenleistung, als autonome „Seelenkraft" (241) verstanden wurde, ist sie nunmehr an die Erfahrung der „Gnade" gebunden. (Gesammelte Schriften, a. a. O., Bd. 3, S. 690.) Hesse erkennt jetzt als Ziel der Menschwerdung das „hohe, heilige Ich (den Atman der Inder)", das er als unseren „Anteil an Gott [...], am Un- und Überpersönlichen" interpretiert. (Brief an einen jungen Menschen, Mai 1943; in: Materialien zu Hesses „Siddhartha", hg. v. Volker Michels, Bd. 1, Frankfurt a. M. 1977, S. 221.) Der Weg der Menschwerdung führt von nun an notwendig zu einem Bewußtsein der schlechthinigen Abhängigkeit von einer absoluten Macht. Die dritte Stufe des Bildungsprozesses der Seele besteht in einem „Vordringen zu Gnade und Erlöstsein, [...] kurz gesagt: zum Glauben". (Ein Stückchen Theologie; Gesammelte Schriften, a. a. O., Bd. 7, S. 389.)
99 Lothar Pikulik erkennt zutreffend, daß „der romantische ‚Lebens'-Gedanke [...] entschieden antinormativ" ist, daß er sich „überhaupt aus dem Gegensatz zum Normalen" versteht. (L. Pikulik, Romantik als Ungenügen an der Normalität, Frankfurt a. M. 1979, S. 518.)
100 Vgl. Wolfgang Iser, Ist der Identitätsbegriff ein Paradigma für die Funktion der Fiktion?; in: Identität, hg. v. Odo Marquard/Karlheinz Stierle, München 1979, S. 727 f.
101 Wilhelm Meisters Lehrjahre; Gesammelte Schriften, a. a. O., Bd. 7, S. 26 f.
102 H. Hesse, Faust und Zarathustra (1909); in: Nietzsche und die deutsche Literatur, hg. v. Bruno Hillebrand, Bd. 1, Tübingen 1978, S. 155. Vgl. auch Hesses Aufsatz „Zarathustras Wiederkehr" (1919).
103 Kurzgefaßter Lebenslauf; Gesammelte Werke in zwölf Bänden, Frankfurt a. M. 1970, Bd. 6, S. 405.
104 Vorrede zur 1920 erschienenen Ausgabe von „Zarathustras Wiederkehr"; in: H. Hesse, eine Werkgeschichte, a. a. O., S. 69. Hesses Zarathustra erklärt entsprechend: „Die Welt ist nicht da, um verbessert zu werden. [...] Sei du selbst, so ist die Welt reich und schön!" (Gesammelte Schriften, a. a. O., Bd. 7, S. 222.)
105 Eine Arbeitsnacht (1928), ebd., S. 303. Im übrigen spricht die Anspielung auf Hölderlins Freund Sinclair für sich.
106 Im ersten Erscheinungsjahr (1919) wurden nicht weniger als siebzehn Auflagen verkauft. Thomas Mann bewunderte „die elektrisierende Wirkung" des Romans, der „mit unheimlicher Genauigkeit den Nerv der Zeit" getroffen habe. (Vorwort zur amerikanischen Ausgabe des „Demian"; in: Werkgeschichte, a. a. O., S. 63.)
107 H. Hesse, Steppenwolf; Gesammelte Schriften, a. a. O., Bd. 4, S. 405.
108 H. Hesse, Sprache (1917); Gesammelte Schriften, a. a. O., Bd. 7, S. 61.

Friedrich Huch: Peter Michel

109 Ludwig Klages in einer Rezension des „Peter Michel"; zitiert nach Rolf Denecke, Fr. Huch und die Problematik der bürgerlichen Welt in der Zeit ihres Verfalls, Diss., Braunschweig 1937, S. 21.
110 Ebd., S. 20.
111 Peter Michel, 3. Aufl., Hamburg 1902, S. 8. Nach dieser Ausgabe wird künftig zitiert.
112 Vgl. Rilkes drei Rezensionen von „Peter Michel"; R. M. Rilke, Sämtliche Werke, Bd. 5, Frankfurt a. M. 1965, S. 507–515.
113 Zitiert nach Helene Huller, Der Schriftsteller Friedrich Huch, Diss., München 1974, S. 116.
114 Lediglich Ottilie, eine sensible, innerlich freie Natur, besitzt eine gewisse Affinität zu dieser Lebensform.

Robert Walser: Jakob von Gunten

115 Zu nennen sind Dagmar Grenz, Die Romane R. Walsers, München 1974; Hans H. Hiebel, R. Walsers Jakob von Gunten, Die Zerstörung der Signifikanz im modernen Roman; in: Über R. Walser, hg. v. Katharina Kerr, Bd. 2, Frankfurt a. M. 1978.
116 Jakob von Gunten; R. Walser, Das Gesamtwerk, hg. v. Jochen Greven, Bd. 4, Genf/Hamburg 1967, S. 470. (Nach dieser Ausgabe wird künftig zitiert.)
117 Ebd., S. 473, 393.
118 Ebd., S. 492, 472.
119 Die Wüsten-Metapher steht auch in Walsers Aufsatz über Brentano für die Dissoziation des Ichs: „Er selber war seine eigene Wüste." (Das Gesamtwerk, a. a. O., Bd. 1, S. 320.) Eine humane Utopie der Rückkehr „in das Einfach-Menschliche im sozialen Sinn" ist hier also nicht geleistet. So Jochen Greven: Existenz, Welt und reines Sein im Werk R. Walsers, Diss., Köln 1960, S. 95 f. Ähnlich Dagmar Grenz, die in der Schlußvision einen „utopischen Neuanfang" gesetzt sieht. (D. Grenz, Die Romane R. Walsers, a. a. O., S. 158.)
120 Das Institut Benjamenta, mit dem sich die Aufzeichnungen fast ausschließlich befassen, ermangelt in erheblichem Maße der Merkmale empirischer Realität. Eine gespenstisch-öde anmutende Anstalt in irgendeinem Hinterhaus irgendeiner Großstadt, völlig abgeschlossen gegenüber der Außenwelt; ein Institut, in dem sich der Schüler Jakob „wie in der bloßen Luft, nicht wie auf festem Boden" stehend empfindet (454). Nicht nur der Raum, auch die Zeit erscheint seltsam entwirklicht. Das Tagebuch weist keine datierten Eintragungen auf; auch verzichtet Jakob in seiner Lebensschilderung auf jegliche genaue Zeitangabe. Der Schulalltag kennt ebenfalls keine chronologische Progression; er besteht in der monotonen Wiederholung eines spärlich begrenzten Lehrstoffes. Die physikalische Zeit scheint zugunsten der erlebten Zeit eines in sich kreisenden subjektiven Bewußtseins aufgehoben.
121 Der autobiographische Bezug zur Person des Autors ist offenkundig, der zum Charakter des Künstlers bemerkte: „Daß er nie zur Sicherung [...] seiner selbst gelangt, scheint sein Los." (Über den Charakter des Künstlers (1911); Das Gesamtwerk, a. a. O., Bd. 6, S. 55.)
122 Dierk Rodewald spricht nur von einer „Parodie auf den klassischen Erziehungsroman". D. Rodewald, R. Walsers Prosa, Bad Homburg/Berlin 1970, S. 104. Nagi Naguib hält das Werk für einen „Anti-Bildungsroman". (N. Naguib, R. Walser, München 1970,

S. 84.) Allerdings verzichten beide Autoren auf eine strukturanalytische Begründung ihrer Thesen.

123 *Jakob von Gunten* ist ferner mit den Bildungsromanen der Jahrhundertwende verbunden durch die Kritik an der zeitgenössischen „fortschrittlichen Bildung" (444), an einem vernunft- und zivilisationsgläubigen Optimismus sowie an der Glückserwartung durch sozialen Aufstieg.

124 Das Gesamtwerk, a. a. O., Bd. 6, S. 57.

125 Walsers Lektüre des *Wilhelm Meister* während der Entstehungszeit des Romans ist belegt; vgl. das Nachwort der hier verwendeten Textausgabe, hg. v. Jochen Greven, a. a. O., S. 520.

Die Weimarer Zeit

Einleitung

1 Bertolt Brecht, Anschauungsunterricht für neues Sehen der Dinge; Gesammelte Werke in 20 Bänden, Frankfurt a. M. 1967, Bd. 15, S. 210.
2 Der „Untergang" des Theaters (1924); Robert Musil, Gesammelte Werke, Essays und Reden, Kritik, hg. v. Adolf Frisé, Hamburg 1978, S. 1121 ff. Ähnlich Hans Freyer, Zur Bildungskrise der Gegenwart; Die Erziehung, Monatsschrift für den Zusammenhang von Kultur und Erziehung in Wissenschaft und Leben, 6. Jg., 1931, S. 597 ff.
3 Ebd., S. 1125.
4 Thomas Mann, Stockholmer Gesamtausgabe, Reden und Aufsätze I, Frankfurt a. M. 1965, S. 734. – Ernst Jünger, Der Arbeiter. Herrschaft und Gestalt, Hamburg 1932, S. 123.
5 Robert Musil, Das hilflose Europa oder Reise vom Hundertsten ins Tausendste (1922), Essays und Reden, Kritik, a. a. O., S. 1087 f.
6 Hugo von Hofmannsthal, Das Schrifttum als geistiger Raum der Nation (1927); Gesammelte Werke, Prosa IV, Frankfurt a. M. 1955, S. 400.
7 Georg Lukács, Die Theorie des Romans, Neuwied 1971, S. 32.
8 Hans Grimm, Der Schriftsteller und die Zeit, München 1931, S. 59.
9 Wilhelm Meridies, Zum deutschen Bildungsroman der Gegenwart; in: Literarischer Handweiser, 64. Jg., 1927/28, Sp. 496 f.
10 Zitiert nach Kurt Sontheimer, Antidemokratisches Denken in der Weimarer Republik, München 1962, S. 339.
11 Weltbühne, Jg. 15, 1919, I, S. 279 f.
12 Ernst Krieck, Philosophie der Erziehung, Jena 1925, S. 279, 306 f.
13 Bd. I: Johannes. Roman einer Kindheit, Stuttgart 1922; Bd. II: Die Jünglingszeit des Johannes Schattenhold, Stuttgart 1930; Bd. III: Eine deutsche Wanderschaft, Berlin 1933; Bd. IV: Kampf und Reife, Stuttgart 1939.
14 In dem 1939 erschienenen vierten Band rühmt der Held das Dritte Reich als die Epoche, in welcher der „ewige Reichtum aus großen Seelen und erleuchteten Geistern" zu neuen Taten aufgerufen sei (IV, 599).
15 Bd. IV, S. 577. In diesen Umkreis gehört auch Meinrad Inglins Roman *Die Welt in Ingoldau* (1922). Eine traditionsgebundene, katholisch geprägte schweizerische Kleinstadt um die Jahrhundertwende, in der mehrere junge Menschen aufwachsen, die vor allem durch falsche Erziehung auf Irrwege geraten. Um sie bemüht sich die Zentralfigur des Kaplans Reichlin, der sich aus Protest gegen die dogmatische Enge seiner Kirche von dieser löst. Er huldigt einer naiven Lebensgläubigkeit, das Dasein erscheint ihm trotz aller Widersprüche „prächtig geordnet" (596). In der Nachfolge G. Kellers versucht Inglin das Menschenbild des sittlichen Maßes zu bewahren, indem er sich an den Ordnungen der Natur und eines heimatgebundenen Geschichtsbewußtseins orientiert.
16 Bd. IV, S. 583, 597.
17 Ebd., S. 585.
18 Ebd., S. 582. – In diesen Umkreis gehört auch Wilhelm Pleyers autobiographisch geprägter Roman „*Till Scheerauer. Der Roman eines jungen Deutschen*" (1932). Auch hier wird in epigonaler Manier der Werdegang eines jungen Künstlers aus dem deutsch-böhmischen Grenzgebiet geschildert, von der ländlichen Kindheit bis zur Selbstfindung als Bildhauer. Es ist der Bildungsweg einer gemüthaft-einfältigen Seele, die sich zu einer kraftvoll-harmonischen Persönlichkeit entwickelt, in der die anfänglichen Widersprüche von

Sittlichkeit und Sinnenhaftigkeit überwunden sind. Wie bei Schaffner herrscht eine antimodernistische Haltung vor, die sich auf die Bildungsmächte von heimatlicher Landschaft und deutschem Volkstum gründet. Die Entwicklung des Protagonisten wird mittels einer chronologisch geordneten, einsträngigen Fabel dargeboten; die Nebenfiguren sind der Zentralgestalt funktional zugeordnet.

19 Ebd., S. 578.
20 Ebd., S. 586.
21 Ludwig Klages, Der Geist als Widersacher der Seele, Leipzig 1928/32, III, 1, S. 1046.
22 Robert Musil, Über die Dummheit (Vortrag von 1937); R. Musil, Gesammelte Werke, Essays und Reden, Kritik, a. a. O., Bd. 2, S. 1287.
23 Vgl. Th. Ziolkowski, Der Hunger nach dem Mythos; in: Die sogenannten Zwanziger Jahre, hg. v. R. Grimm/J. Hermand, Bad Homburg/Berlin/Zürich 1970, S. 169—201.
24 Robert Musil, Analyse und Synthese (15. 11. 1913); R. Musil, Gesammelte Werke, Essays und Reden, Kritik, a. a. O., Bd. 1, S. 1009.
25 Karl Bröger, Der Held im Schatten, Jena 1919, S. 180.
26 Auch in bürgerlichen Kreisen erkannte man den Widerspruch zwischen humaner Bildungsidee und berufspraktischer Realität. So bemühte sich etwa Georg Kerschensteiner, die Probleme der Arbeitswelt in eine umfassende, moderne Bildungskonzeption zu integrieren.
27 III, 751. Bilder aus dem Leben zweier Menschen von heute und aus der norddeutschen Tiefebene in neun Büchern dargestellt, Leipzig 1924. Nach dieser Ausgabe wird im folgenden zitiert: der Band in römischen, die Seiten in arabischen Ziffern.
28 So der Autor in seinem „Kommentar zum Helianth"; in: Preußische Jahrbücher, Bd. 196, 1924, S. 35.
29 Ebd., S. 27.
30 Ebd., S. 25.
31 Ebd., S. 19.
32 Ebd., S. 25. — Der Einfluß von Jean Pauls *Titan*, von Schaeffer bestritten, ist schwerlich abzuleugnen: die ähnliche Thematik der ästhetischen Erziehung eines Prinzen zum Herrscher, dessen Begegnungen mit Frauen der unterschiedlichsten Art, Motive des Abenteuer- und Kolportageromans, mystifizierte Verwandtschaftsbeziehungen und nicht zuletzt die Neigung zu einem hohen, metaphorisch gesteigerten Sprachton.
33 Vgl. dazu Dietrich Scheunemann, Romankrise, Heidelberg 1978, S. 118 ff.
34 Otto Flake, Die Krise des Romans; in: Die neue Bücherschau, 2. Folge, 1922, S. 92.
35 Vgl. den Aufsatz des Verf.: Hermann Hesse. Mystische Religiosität und dichterische Form; in: Jb. der deutschen Schiller-Gesellschaft, Bd. 4, Stuttgart 1960, S. 434—462.
36 Bei Hesse vollzog sich allerdings in der letzten Schaffensperiode eine Wandlung zu einer gesellschaftsnäheren „logozentrischen Anschauungsart". (Hesses Brief an Vikar D. Z. vom 3. 3. 1935; in: Briefe von Hermann Hesse, 1951, S. 161 f.) Auch Hanns Julius Wille vertrat in seinem Roman *Nach verlorenen Jahren* (1930) einen antimodernistischen Individualismus. Georg Gast, ein junger Kriegsteilnehmer, sucht nach „verlorenen Jahren" die eigene Identität zu finden. Kritisch setzt er sich mit einem nationalistischen Bürgertum, mit einer inhumanen Geschäftswelt und mit den pervertierten zeitgenössischen Formen der Liebe auseinander. Er findet, nicht zuletzt durch die Niederschrift seines bisherigen Lebens, zu einer irrationalen Lebensbejahung, zu einem „Glücksgefühl kosmischen Verbundenseins" (391), und entschließt sich, Schriftsteller zu werden.
37 H. v. Hofmannthal, Das Schrifttum als geistiger Raum der Nation; Gesammelte Werke, Prosa IV, Frankfurt a. M. 1955, S. 411 f.
38 Ernst Troeltsch, Deutsche Bildung, Darmstadt 1919, S. 11, 40.

39 Die Erziehung, Bd. 2, Leipzig 1927, S. 160.
40 Robert Musil, Gesammelte Werke in drei Bänden, Bd. 2, hg. v. Adolf Frisé, Hamburg 1955, S. 237.
41 Robert Musil, Ansätze zu neuer Ästhetik (1925), Gesammelte Werke, Bd. 2, Essays und Reden, Kritik, a. a. O., S. 1143.
42 Robert Musil, Das hilflose Europa (1922); Gesammelte Werke, Bd. 2, a. a. O., S. 1092 f.
43 Robert Musil, Der Mann ohne Eigenschaften, Bd. 2; Aus dem Nachlaß, hg. v. Adolf Frisé, Hamburg 1978, S. 1845.
44 Ursprünglich als „Geschichte dreier Personen" konzipiert, begriff Musil sein Werk, wohl kurz nach Kriegsende, als „utopischen Roman". 1927 erhielt dieser dann den endgültigen Titel. Vgl. dazu Adolf Frisé, Von einer „Geschichte dreier Personen" zum „Mann ohne Eigenschaften"; in: Jb. der deutschen Schiller-Gesellschaft, Bd. 26, Stuttgart 1982, S. 432 f.
45 Die Krisis des Romans (1931). Gesammelte Werke, Essays und Reden, Kritik, a. a. O., S. 1410. — Robert Musil, Tagebücher, Aphorismen, Essays und Reden, Hamburg 1955, S. 572.
46 Der Mann ohne Eigenschaften, hg. von Adolf Frisé, Bd. 2 (Aus dem Nachlaß), Hamburg 1978, S. 1900 f.
47 Ebd., S. 1855.
48 Ebd., S. 1904.
49 Ebd., S. 1937 f.
50 Ebd., S. 1851.
51 Kurz vor seinem Tod notierte Musil über den *Mann ohne Eigenschaften*: „Er ist überhaupt kein Roman, sondern ein Essay von ungeheuren Dimensionen [...]" (ebd., S. 862).
52 Thomas Mann, Von deutscher Republik; Gesammelte Werke, Reden und Aufsätze, Bd. 2, Frankfurt a. M. 1965, S. 52.
53 Vgl. Dietrich Scheunemann, Romankrise, Heidelberg 1978.
54 Hans Grimm, Von der zeitlichen Aufgabe des Romans und der Novelle (1927); Hans Grimm, Der Schriftsteller und die Zeit, München 1931, S. 54.
55 Thomas Mann, Der Entwicklungsroman (1916); in: Romantheorie, hg. v. E. Lämmert u. a., Köln 1975, S. 117.
56 Brief an F. Bertaux vom 23. 7. 1924; Dichter über ihre Dichtungen, Thomas Mann, hg. v. H. Wysling, Teil I, o. O. o. J., S. 478.
57 E. G. Kolbenheyer, Reps, die Persönlichkeit, München 1931, S. 119.

Karl Bröger: Der Held im Schatten

58 Vgl. dazu Martin H. Ludwig, Arbeiterliteratur in Deutschland, Stuttgart 1976 (Sammlung Metzler, Bd. 149).
59 Vgl. Julius Bab, Arbeiterdichtung, Berlin 1924.
60 Nützlich in diesem Zusammenhang die Arbeit von Gudrun Heinsen-Becker, Karl Bröger und die Arbeiterdichtung seiner Zeit, Nürnberg 1977, S. 86 ff.
61 Während der Weimarer Zeit setzte Bröger seine journalistische Tätigkeit im Dienste der Arbeiterbewegung fort. Er wurde 1933 entlassen und vorübergehend inhaftiert. Der Nationalsozialismus bemächtigte sich ideologisch umdeutend seiner Werke, besonders der Lyrik. Bröger blieb jedoch seinen sozialdemokratischen Überzeugungen treu und wich in die innere Emigration aus, indem er sich der Jugendliteratur und der Gestaltung historischer Stoffe zuwandte. Vgl. dazu Walther G. Oschilewski, Über Karl Bröger, mit einer Bibliographie, Nürnberg 1961.

62 Die in Klammern gesetzten Seitenzahlen beziehen sich auf folgende Ausgabe: Karl Bröger, Der Held im Schatten, Jena 1920.
63 K. Bröger, Vom neuen Sinn der Arbeit, Jena 1919, S. 10.
64 Ebd., S. 7.
65 Bröger war allerdings kein Anhänger der Monarchie. Nachdrücklich setzte er sich für die republikanische Staatsform ein, der allein er die Entwicklung sozial gerechter Lebensformen zutraute. Vgl. K. Bröger, Deutsche Republik, Berlin o. J. (ca. 1926).
66 Selbstanzeige des Romans; Albert Soergel, Dichtung und Dichter der Zeit. Im Banne des Expressionismus, Leipzig 1926, S. 531.
67 K. Bröger, Phantasie und Erziehung, Leipzig 1923, S. 30.
68 Zitiert nach der materialreichen Monographie von Gerhard Müller, Für Vaterland und Republik, Wiesbaden 1985, S. 285.
69 In den dreißiger Jahren stellte Bröger eine Fortsetzung des Romans fertig. Sie sollte den Titel *Die Wolkenschieber* erhalten und war als Satire auf den Nationalsozialismus angelegt. Vgl. G. Heinsen-Becker, a. a. O., S. 29.
70 Selbstanzeige des Romans; zitiert nach G. Müller, Für Vaterland und Republik, a. a. O., S. 307.
71 Gewisse Ähnlichkeiten mit M. Andersen-Nexös proletarischem Entwicklungsroman *Pelle, der Eroberer*, den Bröger bewunderte, sind unübersehbar. Jedoch grenzte er sich von dem dänischen „Epos der proletarischen Gesellschaftsidee" dadurch ab, daß er auf ein breites Panorama sozialen Elends zugunsten der Entwicklungsthematik verzichtete. Vgl. Brögers gleichnamige Besprechung des dänischen Romans; in: Die Furche, VI, 1913, Nr. 5, S. 18 f.
72 Ernst Löhners Lektüre konzentriert sich auf die Epochen von Klassik und Bürgerlichem Realismus. Der Protagonist begreift sich emphatisch als dichterischer „Seher der Zukunft" (131), als „Auserwählter in Geist und Gnade" (88).

Jakob Wassermann: Christian Wahnschaffe

73 Rede über Humanität (ca. 1924); J. Wassermann, Lebensdienst, Leipzig/Zürich 1928, S. 404.
74 J. Wassermann, Auflösung der Form; Lebensdienst, a. a. O., S. 207.
75 J. Wassermann, Mein Weg als Deutscher und Jude, Berlin 1921, S. 113.
76 Rede über Humanität, a. a. O., S. 410.
77 Christian Wahnschaffe, Berlin 1919, Bd. 2, S. 451. Nach dieser Ausgabe wird im folgenden zitiert (der Band in römischen, die Seite in arabischen Ziffern).
78 J. Wassermann, Mein Weg als Deutscher und Jude, a. a. O., S. 77.
79 Natürlich spielt hier auch Wassermanns gescheiterte familiale Primärsozialisation herein.
80 Ebd., S. 122.
81 J. Wassermann, Der Jude als Orientale; Lebensdienst, a. a. O., S. 177.
82 J. Wassermann, Rede an die studentische Jugend, Neue Rundschau, 43, Teil 1, 1932, S. 532.
83 J. Wassermann, Mein Weg als Deutscher und Jude, a. a. O., S. 16.
84 Rede über Humanität, a. a. O., S. 419.
85 Nützliche Beobachtungen zur epischen Form des Romans bei John C. Blankennagel, The Writing of J. Wassermann, Boston 1942, pp. 157—176.
86 Rede an die studentische Jugend; Lebensdienst, a. a. O., S. 381. Vgl. auch „Was bedeutet die Gestalt?"; J. Wassermann, Gestalt und Humanität, München 1924, S. 83.

87 Selbstbetrachtungen; in: Bekenntnisse und Begegnungen, hg. v. Paul Stöcklein, Zürich 1949, S. 38.
88 Ebd.
89 Wassermann wollte die durch „fortschreitende Dezentralisation" und Differenzierung der Gesellschaft „beständig wachsende Fülle von Schicksalsmöglichkeiten" erzählerisch bewältigen. (J. Wassermann, Der Literat als Psycholog; in: Literarische Manifeste der Jahrhundertwende, hg. v. E. Ruprecht/D. Bänsch, Stuttgart 1970, S. 229.)
90 Die Wirkung des Romans wird durch eine in die erzählerische Breite drängende Fabulierfreude nicht unwesentlich beeinträchtigt. Wassermann versuchte zwar diese Schwäche durch eine straffende Überarbeitung zu beheben, aber es gelang ihm nicht, seine Neigung zu kolportagehaften Spannungseffekten und zu übersteigerten Situationen zu überwinden.
91 *Christian Wahnschaffe* erreichte in der Weimarer Zeit mehr als hundert Auflagen.

Thomas Mann: Der Zauberberg

92 Eintragung vom 17.4.1919; Th. Mann, Tagebücher 1918—1921, hg. v. Peter de Mendelssohn, Frankfurt a. M. 1979, S. 200 f.
93 Thomas Mann, Einführung in den „Zauberberg"; Th. Mann, Der Zauberberg, Stockholmer Gesamtausgabe, Frankfurt a. M. 1966, S. XI, I. Nach dieser Ausgabe wird im folgenden zitiert.
94 Thomas Mann, Adel des Geistes, Stockholmer Gesamtausgabe, Frankfurt a. M. 1967, S. 265. Im Roman erscheint das Zitat in fast wörtlicher Übereinstimmung (S. 720), eines von mehreren kryptischen Selbstzitaten.
95 Aus Th. Manns Rede in Stralsund am 18.8.1924; zitiert nach Heinz Sauereßig, Die Entstehung des Romans „Der Zauberberg"; in: Besichtigung des Zauberbergs, hg. v. H. Sauereßig, Biberach 1974, S. 41.
96 Vgl. Kurt Sontheimer, Thomas Mann als politischer Schriftsteller; in: Thomas Mann, hg. v. H. Koopmann, Darmstadt 1975, S. 185.
97 Von deutscher Republik (1922); in: Thomas Mann, Reden und Aufsätze, Bd. 2, Stockholmer Gesamtausgabe, Frankfurt a. M. 1965, S. 51.
98 Brief an Hanns Kreuz (?) vom 18.4.1927; Dichter über ihre Dichtungen, Thomas Mann, Bd. 1, München 1979, S. 525.
99 Auch Thomas Mann empfand sich, weltanschaulich wie politisch, als „Mensch des Gleichgewichts". (Brief an Karl Kerényi vom 20.2.1934; Dichter über ihre Dichtungen, Thomas Mann, Bd. 2, München 1979, S. 147.) Bereits 1922 sah er die lebensfreundliche „deutsche Mitte" als Hort der Humanität: „sozial und innerlich" zugleich, „zwischen Romantizismus und Aufklärung, zwischen Mystik und Ratio" angesiedelt. (Von deutscher Republik, a. a. O., S. 30 f.) Mehrere Jahre später suchte er diese vage Vorstellung zu konkretisieren, indem er einen „Pakt der konservativen Kulturidee mit dem revolutionären Gesellschaftsgedanken, zwischen Griechenland und Moskau" forderte. Auf eine dialektische Vermittlung solcher Art zielen bereits die sozialpolitischen Streitgespräche zwischen Settembrini und Naphta. (Kultur und Sozialismus [1930]; in: Reden und Aufsätze, Bd. 2, Stockholmer Gesamtausgabe, Frankfurt a. M. 1955, S. 397.)
100 S. 823. — Auch Th. Mann verweist in späteren Jahren auf die „noch nicht entwickelte Persönlichkeit" Hans Castorps. (Die Schule des Zauberbergs [1939]; Reden und Aufsätze, a. a. O., Bd. 1, S. 758.)
101 Goethe und Tolstoi (1921); in: Adel des Geistes, a. a. O., S. 175 f.

102 Bekenntnis und Erziehung (1922); in: Gesammelte Werke in 13 Bänden, 2. Aufl., Bd. 13, Frankfurt a. M. 1974, S. 252.
103 Ebd., S. 254 f.
104 Brief an J. Ponten vom 5. 2. 1925; Dichter über ihre Dichtungen, a. a. O., Bd. 1, S. 491.
105 Brief an F. Bertaux vom 23. 7. 1924, ebd., S. 478.
106 Strukturell wenig ergiebig sind an sich nicht unrichtige Bezeichnungen wie philosophischer Roman, Initiationsroman, mythologischer Roman oder auch Zeitroman, im wörtlichen Sinn verstanden. Denn die qualitative Veränderung der Kategorien von Raum und Zeit ist durch die Grundthematik der hermetischen Steigerung bedingt, ist also funktionaler Ausdruck von Castorps sich wandelnder Apperzeption und damit in die Grundstruktur des Bildungsromans integriert. Auch die Bezeichnung des Werkes als Parodie des Bildungsromans leistet wenig für die Erhellung der Werkstruktur. Im übrigen impliziert ja der Begriff der Parodie eine erkennbar porträtierende Beziehung zu einem bestimmten literarischen Text, der dann in gewissem Umfang deformiert wird, was im *Zauberberg* nicht der Fall ist.
107 Thomas Mann umriß seine Darstellungsweise in einem Gespräch mit B. Guillemin wie folgt: „Jede Doktrin [...] wird irgendwie ironisiert. Doch gerade diese Ironie, die [...] eine lebensfreundliche ist, überwindet den Nihilismus. Sie ist lebensoffen, weltoffen." (Th. Mann, Dichter über ihre Dichtungen, a. a. O., Bd. 1, S. 510.)
108 Vgl. Jürgen Jacobs, Wilhelm Meister und seine Brüder, a. a. O., S. 234.
109 Vgl. dazu Helmut Koopmann, Die Entwicklung des intellektualen Romans bei Thomas Mann, Bonn 1962, S. 155 ff.
110 Tagebucheintragung Th. Manns vom 17. 4. 1919; Tagebücher 1918—1921, a. a. O., S. 200 f.
111 Betrachtungen eines Unpolitischen, Stockholmer Gesamtausgabe, Frankfurt a. M. 1956, S. 311.
112 Walter Weiss hat in seiner wichtigen Studie die „Einbeziehung der Gegenperspektive" als „das Hauptmerkmal von Thomas Manns ironischem Stil" bezeichnet. (Thomas Manns Kunst der sprachlichen und thematischen Integration, Düsseldorf 1964, S. 66; Beihefte zur Zeitschrift „Wirkendes Wort", 13.)
113 Damit erledigt sich die Frage nach der Dominanz von steigenden oder fallenden Strukturlinien im Roman. (Vgl. H. Kurzke, Thomas Mann, München 1985, S. 210; B. Kristiansen, Unform—Form—Überform. Th. Manns Zauberberg und Schopenhauers Metaphysik, Kopenhagen 1978, S. 55.) Beide Erlebnisweisen, ob dem Verfall oder dem aufsteigenden Leben verpflichtet, bereichern den Protagonisten und bilden die Voraussetzung für seinen dialektisch vermittelnden Schneetraum. In ihm vollzieht Castorp, wie dargestellt, seine Selbstfindung, die sich in einer veränderten mentalen Disposition und einer gewandelten Verhaltensbereitschaft bekundet. (Anders J. Scharfschwerdt, für den Castorps Bildungsziel, bedingt durch die schroffe Diskrepanz zur tödlichen Realität des Romanschlusses, nicht im „Schnee"-Kapitel liegt. [J. Scharfschwerdt, Thomas Mann und der deutsche Bildungsroman, Stuttgart 1967, S. 156.]) Auch wenn Castorp seine personale Identität im gesellschaftsfernen Raum des Zauberbergs nur eingeschränkt verwirklichen kann, besteht doch kein Grund, von „Ich-Zerfall" (Kristiansen, S. 140) oder von „Depersonalisation" (Kurzke, S. 210) zu sprechen. Der Erzähler betont zuletzt, Castorp werde „im Geist überleben", was ihm allerdings im Fleisch wohl nicht gelingen könne (994).
114 Gespräch mit B. Guillemin (1925); Dichter über ihre Dichtungen, Bd. 1, a. a. O., S. 510.
115 Gedenkrede auf W. Rathenau (1923); Gesammelte Werke in zwölf Bänden, Frankfurt a. M. 1960, Bd. 11, S. 860.

Hans Grimm: Volk ohne Raum

116 Hans Grimm, Volk ohne Raum, 2 Bände, 11.—15. Tausend, München 1927. Nach dieser Ausgabe wird im folgenden zitiert: die Bandzahl in römischen, die Seitenzahl in arabischen Ziffern.
117 Forderung an die Literatur (1928); Hans Grimm, Der Schriftsteller und die Zeit, München 1931, S. 58 f.
118 Bezeichnend in diesem Zusammenhang ist Grimms Urteil über die Weimarer Republik, ihr fehle „allzusehr Statik". (H. Grimm, Suchen und Hoffen, Lippoldsberg, o. J., S. 164.)
119 Volk ohne Raum, a. a. O., I, 596; II, 253.
120 Hans Grimm, Von der zeitlichen Aufgabe des Romans und der Novelle (1927); H. Grimm, Der Schriftsteller und die Zeit, a. a. O., S. 56.
121 Ebd., S. 56.
122 Die klischeehafte Verschwommenheit dieser fragwürdigen Ideologie zeigt sich bereits an der Beschreibung des neuen Menschen der Zukunft: „Schön und Gut und Gesund und Adel und Deutschland [...]" (II, 659).
123 Vgl. dazu Woodruff Smith, The colonial novel as political propaganda; in: German Studies Review, Tempe/AZ, 6, 1983, pp. 215—235.
124 Vgl. Ernst Keller, Nationalismus und Literatur, Bern 1970, S. 129.
125 Von der zeitlichen Aufgabe des Romans und der Novelle, a. a. O., S. 53.
126 Der Schriftsteller und die Zeit (1923); H. Grimm, Der Schriftsteller und die Zeit, a. a. O., S. 50.
127 H. Grimm, Vom deutschen Versagen des deutschen Schriftstellers (1922), ebd., S. 42—48.
128 Vgl. H. Grimm, Der Schriftsteller und die Zeit (1923), a. a. O., S. 48.
129 II, 646; I, 10.
130 Von der zeitlichen Aufgabe des Romans und der Novelle (1927), a. a. O., S. 54.
131 Durch die Darstellung eines kompletten Lebensweges konnte Grimm seinen Helden auch als opferbereiten Märtyrer enden lassen.

Friedrich Griese: Winter

132 Friedrich Griese, Mein Leben. Von der Kraft der Landschaft, Berlin 1934, S. 64.
133 Ebd., S. 63.
134 Friedrich Griese, Winter, Lübeck/Berlin/Leipzig 1928, S. 70. Nach dieser Ausgabe wird im folgenden zitiert.
135 Jona wird schon als Kind von einer instinkthaften Intuition geleitet, die ihm während der Naturkatastrophe das Leben rettet, während die Jungbauern, deren rationales „Denken [...] sie falsch" lenkt, in der winterlichen Einöde umkommen (378). Ähnlich Jürgen Boye, der Held des Romans *Ur*, der den Sinn des Lebens „hinter den Worten" sucht, der sich bemüht, „alles zu vergessen", was er gelernt hat, „um das neue Wissen zu erlangen". (Friedrich Griese, Ur. Eine deutsche Passion, München 1922, S. 121 f.; vgl. auch S. 98.).
136 Fr. Griese, Die Dörfer der Jugend, Kempen 1947, S. 244.
137 Vgl. Kurt May, Das Wiederaufleben der Saga in der jüngsten deutschen Prosa; Von deutscher Art in Sprache und Dichtung, Bd. 4, Stuttgart 1941, S. 415—434.

138 Vgl. dazu Armand Nivelle, Fr. Grieses Romankunst, Paris 1951, S. 219 ff.
139 Vgl. Karl Otto Conrady, Ein Disput um eine Preisverleihung an Friedrich Griese; K. O. Conrady, Literatur und Germanistik als Herausforderung, Frankfurt 1974, S. 215 ff.

Erwin G. Kolbenheyer: Reps, die Persönlichkeit

140 Aufruf der Universitäten; E. G. Kolbenheyer, Stimme. Eine Sammlung von Aufsätzen, München 1931, S. 170.
141 Ebd., S. 172.
142 Ebd., S. 171.
143 E. G. Kolbenheyer, Aufsätze, Vorträge und Reden; Gesammelte Werke in acht Bänden, Bd. 8, München o. J., S. 130 f.
144 Einiges über die Lebensgesetze der Dichtkunst, besonders des Dramas; Stimme, a. a. O., S. 99.
145 Die Bauhütte, Grundzüge einer Metaphysik der Gegenwart, neue Fassung, München 1943, S. 494.
146 Ebd., S. 18.
147 Für den Geist, wider den „Geist"; Stimme, a. a. O., S. 50.
148 Ebd., S. 54.
149 Die Bauhütte, a. a. O., S. 494.
150 Ebd., S. 427; Lebenswert und Lebenswirkung der Dichtkunst in einem Volke (1932); E. G. Kolbenheyer, Seht an — die Kunst, Heusenstamm 1982, S. 45.
151 Ebd., S. 122.
152 Ebd., S. 488.
153 Ebd., S. 471 ff.
154 Zuspruch für die Jugend; Stimme, a. a. O., S. 59.
155 Ebd., S. 58 f.
156 Lebenswert und Lebenswirkung der Dichtkunst in einem Volke (1932); E. G. Kolbenheyer, Seht an — die Kunst, Heusenstamm 1982, S. 43.
157 Die *Paracelsus-Trilogie* zählt, trotz gewisser Affinität zum Bildungsroman, zum historisch-biographischen Romantypus: der Lebensweg des Helden wird von der Geburt bis zum Tod in aller Breite geschildert, und Paracelsus erscheint als der Träger von Kolbenheyers Naturphilosophie, die in der metaphysischen Botschaft des dritten Bandes gipfelt. Der Schwerpunkt der Darstellung liegt in der Entfaltung deutschen Volkslebens, das in seiner bunten Fülle von Figuren und Begebenheiten, von Städten und Landschaften vergegenwärtigt wird. Daher sind die Nebenfiguren keineswegs, im Gegensatz zum Bildungsroman, der Zentralgestalt funktional zugeordnet. Das entspricht auch Kolbenheyers Auffassung, der Protagonist des Romans müsse als „eingeordneter Bestandteil im Überindividuellen" wirken. (Einiges über die Lebensgesetze der Dichtkunst, a. a. O., S. 100.)
158 Es wird nach folgender Ausgabe zitiert: Reps, die Persönlichkeit. Roman in einer kleinen Stadt, München 1931.
159 Lebenswert und Lebenswirkung der Dichtkunst in einem Volke, a. a. O., S. 47. Vgl. dazu einen der führenden nationalsozialistischen Pädagogen: „Die Freiheit [...] der Persönlichkeit zielt nicht dahin, sich von anderen zu unterscheiden [...], sondern daß sie den Grundgehalt der Gemeinschaft in Sonderform und Sonderfunktion möglichst vollkommen zur Darstellung bringt." (Ernst Krieck, Philosophie der Erziehung, Jena 1922, S. 90 f.)

Das Dritte Reich

Einleitung

1 Brief an Eduard Korrodi vom 3.2.1936; zitiert nach Heinz L. Arnold (Hrsg.), Deutsche Literatur im Exil 1937—1945, Bd. 1, Frankfurt a.M. 1974, S. 110. — Ähnlich urteilte damals der englische Literaturhistoriker Henry G. Atkins; das Wesen des Nationalsozialismus „liegt in der Verwerfung jener gemeinsamen europäischen Tradition, die in der griechisch-römischen Kultur fundiert ist und beseelt durch die Ethik des Christentums [...]". H. Atkins, German Literature Through Nazi Eyes, London 1941, p. 91; zitiert nach Klaus Vondung, Völkisch-nationale und nationalsozialistische Literaturtheorie, München 1973, S. 137.
2 Ernst Bergmann, Deutschland das Bildungsland der neuen Menschheit, Breslau 1933, S. 53.
3 H.F. Blunck, Deutsche Kulturpolitik; in: Das Innere Reich, April 1934, S. 127 f.
4 Alfred Rosenberg, Das Wesensgefüge des Nationalsozialismus. Grundlagen der deutschen Wiedergeburt, 10. Aufl., München 1934, S. 59.
5 Paul Ernst, Das deutsche Volk und der Dichter von heute; in: Heinz Kindermann (Hrsg.), Des deutschen Dichters Sendung in der Gegenwart, Leipzig 1933, S. 19.
6 Joseph Goebbels, Richard Wagner und das Kunstempfinden unserer Zeit; J. Goebbels, Signale der neuen Zeit, München 1934, S. 192.
7 Ulrich Sander, Axel Horn, Hamburg 1938, S. 240.
8 Alfred Rosenberg, Das Wesensgefüge des Nationalsozialismus, a.a.O., S. 59.
9 E.R. Jaensch, Der Gegentypus. Psychologisch-anthropologische Grundlagen deutscher Kulturphilosophie, ausgehend von dem, was wir überwinden wollen, Leipzig 1938, S. 358.
10 Alfred Rosenberg, Das Wesensgefüge des Nationalsozialismus, a.a.O., S. 7.
11 E.R. Jaensch, Der Gegentypus, a.a.O., S. 94.
12 Ebd., S. XXIII.
13 Adolf Hitler, Rede auf der Kulturtagung des Reichsparteitages der NSDAP 1933; zitiert nach Klaus Vondung, a.a.O., S. 84.
14 Vgl. etwa die leichtsinnig-oberflächliche Mary und den lüsternen Juden Dr. Seidschnur (E. Strauß, Das Riesenspielzeug) oder die ehefeindliche Eva Oberegger (W. Kramp, Die Jünglinge).
15 In Editha Klipsteins Roman *Anna Linde* findet die Heldin in caritativer Tätigkeit den Sinn des Daseins (Hamburg 1935).
16 Walter Benjamin, Gesammelte Schriften, Bd. 3, Frankfurt a.M. 1972, S. 574.
17 E.R. Jaensch, Der Gegentypus, a.a.O., S. XXIII; vgl. auch S. 358.
18 Die neue Literatur, 1933, S. 295.
19 Hermann Stehr, Dichter, Zeit und Ewigkeit; in: Heinz Kindermann, Des deutschen Dichters Sendung in der Gegenwart, Leipzig 1933, S. 13.
20 Zitate von Hanns Johst; zitiert nach Dietrich Strothmann, Nationalsozialistische Literaturpolitik, Bonn 1960, S. 86 ff.
21 „Volksgenosse Thiele" erschien in Leipzig, „Axel Horn" in Hamburg.
22 Volksgenosse Thiele, Leipzig 1935, S. 170.
23 Ebd., S. 18.
24 Axel Horn, a.a.O., S. 240; Volksgenosse Thiele, a.a.O., S. 152.
25 Axel Horn, a.a.O., S. 97, 86.
26 Ebd., S. 104, 152.

27 Volksgenosse Thiele, a.a.O., S. 172.
28 Axel Horn, a.a.O., S. 169, 77.
29 Ebd., S. 121; Michael, a.a.O., S. 178.
30 Michael, a.a.O., S. 21; Axel Horn, a.a.O., S. 75.
31 Axel Horn, a.a.O., S. 188.
32 Hierher gehört auch Johannes Freumbichlers Roman *Auszug und Heimkehr des Jodok Fink* (Tübingen 1942). Der österreichische Bauernsohn zieht in die große Stadt, wo er als Holzschnitzer tätig ist. Seine Ziele sind „Bildung und Kunst, [...] Freiheit und goldenes Leben" (289). Auf Grund zahlreicher enttäuschender Erlebnisse durchschaut Jodok schließlich die städtische Zivilisation als „Schein- und Schattenwelt" (318), in der er sich als Mensch und Künstler unverstanden fühlt. Er findet zuletzt zu sich selbst in der Einsicht, daß er sich nur in der heimatlichen Welt seiner Herkunft erfüllen kann, im „einfachen und glücklichen Landleben" (447). Freumbichler vertritt eine völkisch-national getönte, antimodernistische Bildungskonzeption.
33 Hans Künkel, Ein Arzt sucht seinen Weg, Berlin 1939.
34 Walter Kramer, Gestaute Flut, Stuttgart/Berlin 1941.
35 Zitiert nach Dietrich Strothmann, Nationalsozialistische Literaturpolitik, a.a.O., S. 404.
36 Karl Benno von Mechow, Vorsommer, München 1933, S. 320.
37 Das belegt auch Mechows Reisebericht aus Oberösterreich, in dem er den Spuren Stifters folgt; *Leben und Zeit*, Freiburg 1938.
38 Der Begriff der „Inneren Emigration" wird hier im engeren Sinn für die erkennbar oppositionelle antifaschistische Literatur verwendet; vgl. Reinhold Grimm, Innere Emigration als Lebensform; in: Exil und innere Emigration, hg. v. R. Grimm / J. Hermand, Third Wisconsin Workshop, Wiesbaden 1972, S. 48 f.
39 Karl Benno von Mechow, Leben und Zeit, a.a.O., S. 108, 146.
40 Eduard Claudius, Grüne Oliven und nackte Berge, Berlin 1945, S. 267. In ähnlicher Weise bediente sich auch der nationalsozialistische Roman der Bauform des Entwicklungsromans. Hans Zöberlein thematisierte in *Der Befehl des Gewissens* nicht die Entwicklung des jungen Protagonisten, sondern „die Wirren der Nachkriegszeit und der ersten Erhebung", wie der Untertitel besagt (München 1937). Auch im völkisch-nationalen Roman findet sich eine solche Verwendung der Form des Entwicklungsromans zu Zwecken der Zeitschilderung, beispielsweise in Walter von Molos *Der kleine Held* (Berlin 1934).
41 W.J. Guggenheim, Erziehung zum Menschen, Zürich/New York 1940, S. 150.
42 Vgl. Jürgen Jacobs, Wilhelm Meister und seine Brüder, a.a.O., S. 243.
43 Joseph und seine Brüder, einbändige Ausgabe, Frankfurt a.M. 1964, S. 20, 18.
44 Brief an L. Servicen vom 23.5.1935; Dichter über ihre Dichtungen, Thomas Mann, Bd. 2, hg. v. H. Wysling, München 1979, S. 170.
45 Brief an Agnes E. Meyer vom 8.3.1942, ebd., S. 250.
46 Th. Mann, Vom Buch der Bücher und Joseph (1944), ebd., S. 290.
47 Th. Mann, Gesammelte Werke in zwölf Bänden, Frankfurt a.M. 1960, Bd. 11, S. 531.
48 Hans Wysling, Th. Manns Pläne zur Fortsetzung des „Krull"; H. Wysling, Dokumente und Untersuchungen, Bern 1974, S. 158.
49 On Myself (1940); Brief Th. Manns an F. Bertaux vom 1.3.1923; Dichter über ihre Dichtungen, Thomas Mann, hg. v. Hans Wysling, Bd. 1, o.J., S. 318, 312.
50 Th. Mann, Bekenntnisse des Hochstaplers Felix Krull, 1954, S. 8 f.; J.J. Rousseau, Bekenntnisse, übersetzt von Levin Schücking, hg. v. K. Wolter/H. Bretschneider, Bibliographisches Institut, Leipzig/Wien, o.J., S. 9, 12.
51 Th. Mann hat sich dazu im Brief vom 3.8.1915 an Paul Amann ausdrücklich bekannt; Dichter über ihre Dichtungen, a.a.O., S. 305.

52 Stockholmer Gesamtausgabe, Frankfurt a. M. 1957, S. 127.
53 Hans Wysling, Th. Manns Pläne zur Fortsetzung des „Krull", a. a. O., S. 158.
54 Vgl. dazu Karl L. Schneider, Th. Manns „Felix Krull". Schelmenroman und Bildungsroman; in: Vinzenz J. Günther u. a. (Hrsg.), Untersuchungen zur Literatur als Geschichte, Festschrift für Benno von Wiese, Berlin 1973, S. 550 f.
55 Brief vom Januar 1955 an R. Pannwitz; Materialien zu H. Hesses „Das Glasperlenspiel", hg. v. V. Michels, Bd. 1, Frankfurt a. M. 1973, S. 295.
56 Brief vom 28. 1. 1933 an G. Bermann-Fischer; Materialien, a. a. O., S. 61; Brief vom Januar 1955 an R. Pannwitz, ebd., S. 296.
57 Vgl. Gerhart Mayer, Die Begegnung des Christentums mit den asiatischen Religionen im Werk Hermann Hesses, Bonn 1956, S. 62 ff.
58 Brief vom 10. 12. 1935 an G. Rutishauser; Gesammelte Briefe, Bd. 2, Frankfurt a. M. 1979, S. 489.
59 Ein Stückchen Theologie (1932); Gesammelte Schriften, Bd. 7, Frankfurt a. M. 1958, S. 397.
60 Brief vom 3. 3. 1935 an D. Z.; Materialien, a. a. O., Bd. 1, S. 115.
61 H. Hesse, Das Glasperlenspiel; Gesammelte Schriften, Bd. 6, Frankfurt a. M. 1958, S. 249. Nach dieser Ausgabe wird im folgenden zitiert.
62 Brief vom 30. 1. 1939 an Helene Welti; Materialien, a. a. O., Bd. 1, S. 202.
63 H. Hesse, Stunden im Garten; Gesammelte Schriften, Bd. 5, S. 342. Das Glasperlenspiel, Bd. 6, a. a. O., S. 385.
64 Brief vom 9. 1. 1943 an Otto Engel; Materialien, a. a. O., Bd. 1, S. 26; Brief an Siegfried Unseld, 1949/50, ebd., S. 284. (Vgl. auch S. 232.)
65 Brief vom Januar 1955 an R. Pannwitz; Materialien, a. a. O., Bd. 1, S. 294.
66 Auch die Entstehungsgeschichte des Romans bestätigt, daß es dem Autor nicht in erster Linie um die einmalige Lebensgeschichte des Spielmeisters Joseph Knecht zu tun war. Stellte er doch dessen Biographie zurück und begann mit der Niederschrift des ersten Romanteils, der Einführung in das Glasperlenspiel. Anschließend verfaßte er den dritten Teil, nämlich die drei aus Knechts Feder stammenden Lebensläufe. Er wollte dem Leser die Existenz einer transempirischen Geisteswelt erschließen, indem er die „Utopie nach vorn, in die Zukunft" durch eine Vision „nach hinten, in die Jahrhunderte zurück" ergänzte. (Brief vom Mai 1934 an E. Morgenthaler; Materialien, Bd. 1, a. a. O., S. 89.) Erst 1938, sechs Jahre nach dem ersten Gesamtentwurf, wandte sich Hesse der Niederschrift des zentralen Lebenslaufes zu. Dessen kompositorischen Stellenwert erkannte er schon zu jener Zeit recht genau: „Immerhin ist vom Ganzen so viel fertig, daß der Sinn fast ganz erkennbar und das Fragment als solches lesbar wäre, auch wenn nichts mehr hinzukäme." (Brief an H. Welti; Materialien, a. a. O., Bd. 1, S. 186.)
67 In L. Franks Roman *Mathilde*, in dem der Modus wachstümlicher Selbstentfaltung dominiert, führt die innere Progression der Titelfigur nicht zur Selbstfindung, vielmehr vollzieht sich Mathildes Reifungsprozeß als zunehmendes Bewußtwerden der eigenen Potentialität.

Joseph Goebbels: Michael

68 Es existiert bisher keine Interpretation des Romans. Nützliche Informationen finden sich bei Helmut Heiber, Joseph Goebbels, Berlin 1962, S. 27–41; auch in dem Aufsatz von Marianne Bonwit: Michael. Ein Roman von Joseph Goebbels, im Licht der deutschen

literarischen Tradition; Monatshefte für deutschen Unterricht, deutsche Sprache und Literatur, 49, Madison/Wisc. 1957, S. 193—200.
69 Helmut Heiber, Joseph Goebbels, a. a. O., S. 13.
70 Tagebuch vom 29. 8. 1925; Helmut Heiber, Das Tagebuch von J. Goebbels 1925—26, Stuttgart 1960, S. 24.
71 Vgl. Helmut Heiber, Joseph Goebbels, a. a. O., S. 35 ff.
72 Tagebuch vom 6. 11. 1925, a. a. O., S. 40.
73 Michael. Ein deutsches Schicksal in Tagebuchblättern, München 1929, S. 157 f. Nach dieser Ausgabe wird im folgenden zitiert.
74 Vgl. Tagebuch vom 15. 11. 1925, Anm. 1; H. Heiber, Das Tagebuch von J. Goebbels, a. a. O., S. 39.
75 Vgl. H. Heiber, J. Goebbels, a. a. O., S. 28 f.
76 Joseph Goebbels, Wesen und Gestalt des Nationalsozialismus, Berlin 1935, S. 6.
77 Vgl. H. Heiber, J. Goebbels, a. a. O., S. 39.
78 J. Goebbels, Wesen und Gestalt des Nationalsozialismus, a. a. O., S. 18.
79 Michael, S. 139, 86, 227.
80 Vgl. Kurt Sontheimer, Antidemokratisches Denken in der Weimarer Republik, München 1962, S. 327 ff. — Bezeichnend ist Goebbels' Begeisterung für den amoralisch-wahnwitzigen Satz aus dem Gneisenau-Drama von Wolfgang Goetz: „Gott gebe Euch Ziele — gleichgültig, welche!"
81 Zitiert nach H. Heiber, J. Goebbels, a. a. O., S. 58.
82 J. Goebbels, Wesen und Gestalt des Nationalsozialismus, a. a. O., S. 5 f.
83 Hitler erscheint dem Tagebuchschreiber als „Prophet", der einer „gläubigen Gemeinde" den rechten Weg weist (157, 29).
84 S. 175, 18. Daher bedarf der Typus des heroischen Führers letztlich keiner Erziehung — im Gegensatz zum Massenmenschen, aus dem durch politische Bildung „Volk und aus Volk Staat" geformt wird (31).
85 J. Goebbels, Wesen und Gestalt des Nationalsozialismus, a. a. O., S. 19.
86 S. 54, 139. — In seiner Dissertation bejaht Goebbels den Kampf der jugendlichen Romantiker gegen „Philistrosität und Banausentum" des bürgerlichen Mittelstandes. (J. Goebbels, W. von Schütz als Dramatiker. Ein Beitrag zur Geschichte des Dramas der romantischen Schule, Diss., Heidelberg 1922, S. 26.)
87 Bei Goebbels tritt der Entwicklungsgedanke gegenüber der Idee der Präformation des Charakters zurück. So vertrat er die Ansicht, daß „niemand ein Dichter oder Maler oder Musiker werden kann, sondern es sein muß [...]" (ebd., S. 23).
88 So formuliert Hitler nur die Heilslehre, die der Protagonist schon potentiell in sich trägt: „Was in mir seit Jahren lebte, hier wird es Gestalt [...]" (156).
89 S. 56; vgl. auch S. 118 f.
90 Der promovierte Germanist Goebbels kannte natürlich die wesentlichen deutschen Bildungsromane; Michael liest *Wilhelm Meister* und *Der grüne Heinrich*. Eine gewisse formale Ähnlichkeit mit *Die Leiden des jungen Werther* ist auffällig: dort die emphatische Konfession in Briefform, hier das Bekenntnis in der Form des Tagebuchs. Beide Romane werden erzählerisch durch die Titelgestalt, die als Integrationszentrum fungiert, bestimmt. Beide Werke weisen auch einen ähnlich gearteten epischen Rahmen auf.
91 Tagebuch vom 15. 7. 1926; H. Heiber, a. a. O., S. 90.

Emil Strauß: Das Riesenspielzeug

92 Emil Strauß, Das Riesenspielzeug, München 1935, S. 402 f. Nach dieser Ausgabe wird im folgenden zitiert.
93 Brief an Hildegard Ohnhäuser, ohne Datum; H. Ohnhäuser, Das Riesenspielzeug von E. Strauß, Dissertation der Philosophischen Fakultät der Universität Wien, 1943, S. 9.
94 Das Riesenspielzeug, S. 195, 33.
95 Ebd., S. 988, 181.
96 Ebd., S. 986, 636.
97 Hellmuth Langenbucher, Volkhafte Dichtung der Zeit, 6. Aufl., Berlin 1941, S. 9.
98 Brief an H. Ohnhäuser, a. a. O., S. 9.

Willy Kramp: Die Jünglinge

99 Brief vom 5.12.1972 an Michael L. Hadley; zitiert nach M. L. Hadley, Ideology and Fiction: A Case for Christian Realism in Germany and Russia in the Thought of Willy Kramp; Germano-Slavica, Waterloo/Ontario, vol. 1, 1973, nr. 2, p. 9.
100 Willy Kramp, Wir werden leben; Ostpreußenblatt vom 15.4.1952; zitiert nach Ernst Rose, W. Kramps Überwindung der Heimatkunst; Monatshefte für deutschen Unterricht, 45, Madison/Wisc. 1953, S. 151.
101 W. Kramp, Geist und Gesellschaft, Diss., Würzburg 1937, S. 67.
102 Willy Kramp, Die Jünglinge, Berlin 1943, S. 274 f. Nach dieser Ausgabe wird im folgenden zitiert. (1949 erschien eine Neuauflage des Romans.)
103 Ebd., S. 540, 609.
104 Willy Kramp, Die Last der Wahrheit, Ratingen 1967, S. 47.
105 Die Jünglinge, a. a. O., S. 611, 620.
106 Ebd., S. 539, 343, 299.
107 Brief an M. L. Hadley vom 1.10.1973; M. L. Hadley, Ideology and Fiction, a. a. O., p. 6.
108 Ebd., p. 12.

Leonhard Frank: Mathilde

109 Leonhard Frank, Links wo das Herz ist; Gesammelte Werke, Bd. 5, Berlin 1957, S. 480.
110 Zitiert nach Klaus Weissenburger, Leonhard Frank. Zwischen sozialem Aktivismus und persönlicher Identitätssuche; in: Hans Wagener (Hrsg.), Zeitkritische Romane des 20. Jahrhunderts, Stuttgart 1975, S. 67.
111 Links wo das Herz ist, a. a. O., S. 579.
112 Der Roman erschien zuerst in englischer Sprache, 1948 dann in deutscher Fassung (Querido Verlag, Amsterdam). Nach dieser Ausgabe wird im folgenden zitiert.
113 Links wo das Herz ist, a. a. O., S. 579.
114 Ebd., S. 582. — Schon im *Ochsenfurter Männerquartett* hatte Frank sein weibliches „Wunschtraumbild" gestaltet (ebd., S. 565).
115 Vgl. Mathilde, S. 444.
116 Leonhard Frank, Die Ursache, Gesammelte Werke in sechs Bänden, Bd. 3, Berlin 1957, S. 71 f.
117 L. Frank, Der Bürger, Berlin 1929, S. 159.

118 S. 244, 261.
119 Das zyklische Bauprinzip begegnet auch in dem Roman *Der Bürger* (1924): der Protagonist verrät um des gesellschaftlichen Aufstiegs willen seine sozialistischen Jugendideale, kehrt aber, nach schwersten inneren Konflikten, zu den Werten seiner Jugend und in seine Heimatstadt zurück.

Die Nachkriegszeit (Westeuropa)

Einleitung

1 Alfred Andersch, Deutsche Literatur in der Entscheidung. Ein Beitrag zur Analyse der literarischen Situation, Karlsruhe 1948, S. 20.
2 Friedrich Meinecke, Die deutsche Katastrophe, Wiesbaden 1946, S. 176. Frank Thieß, Die geistige Revolution. Zwei Vorträge, Bremen 1947, S. 26. − 1945 beriefen sich manche Richtlinien für den Schulunterricht auf die „ewigen Werte des Geistes" und forderten, der Schüler müsse zu einer „zutiefst christlich-humanistischen Lebensbewährung" hingeführt werden. Vgl. Klaus Lindemann, Ob ich mir oder mich assimiliere; Die Zeit, 26. 12. 1980, S. 23.
3 Heimito von Doderer, Grundlagen und Funktion des Romans, Nürnberg 1959, S. 35, 38.
4 Heimito von Doderer, Tangenten, 1964, S. 425.
5 Karl August Horst, Zero, Frankfurt.a. M. 1951, S. 546.
6 Karl Kloter, Markus. Ein Entwicklungsroman aus unserer Zeit, Zürich 1959.
7 Theodor Ziolkowski hat zwar die Bauform dieser Romanart zutreffend beschrieben, sie aber durch die Festlegung des Lebensalters der Zentralfigur − „Der Roman des Dreißigjährigen" − unnötig eingeschränkt. (Th. Ziolkowski, Strukturen des modernen Romans, München 1972, S. 225−248.) So zählt die Zentralgestalt in Heinz Risses Roman *Dann kam der Tag* (1953) siebzig Jahre, und auch der Gymnasiallehrer Loser steht im höheren Mannesalter (Peter Handke, Der Chinese des Schmerzes, Frankfurt a. M. 1983).
8 Max Frisch, Stiller, Fischer-Bücherei, Frankfurt a. M. 1965, S. 306.
9 Ebd., S. 307; vgl. P. Handke, Der Chinese des Schmerzes, a. a. O., S. 229.
10 Heinz Risse, Dann kam der Tag, a. a. O., S. 260.
11 Jürgen Habermas, Moralentwicklung und Ich-Identität; J. Habermas, Zur Rekonstruktion des Historischen Materialismus, suhrkamp taschenbuch, Frankfurt a. M. 1976, S. 85.
12 H. Heissenbüttel, Das Medium ist die Botschaft (1969); zitiert nach Frank Trommler, Realismus in der Prosa; in: Th. Koebner (Hrsg.), Tendenzen der deutschen Literatur seit 1945, Stuttgart 1971, S. 268.
13 Teile des Werkes waren seit 1962 in Fortsetzungen erschienen.
14 Oswald Wiener, die verbesserung von mitteleuropa, Hamburg 1969, S. CLIV, CXCI.
15 Zitiert nach Hellmut Becker, Organisatorische Probleme der Bildungspolitik; in: Festschrift für Carlo Schmidt, 1971, S. 231.
16 Vgl. Zur Situation und Aufgabe der deutschen Erwachsenenbildung; in: Empfehlungen und Gutachten des Deutschen Ausschusses für das Erziehungs- und Bildungswesen, Stuttgart 1960.
17 Aufschlußreich sind schon die zahlreichen Neubildungen: von der Bildungspolitik über den Bildungsnotstand und die Bildungskatastrophe bis zur Bildungsreform, die die Bildungsschranken überwinden und neue Bildungschancen eröffnen sollte.
18 Alexander Mitscherlich, Auf dem Weg zur vaterlosen Gesellschaft, München 1963, S. 32.
19 Empfehlungen und Gutachten des Deutschen Ausschusses für das Erziehungs- und Bildungswesen, Zur Situation und Aufgabe der deutschen Erwachsenenbildung, Folge 4, Stuttgart 1960, S. 20.
20 Vgl. Gutachten zur politischen Bildung und Erziehung vom 22. 1. 1955; in: Gutachten und Empfehlungen des Deutschen Ausschusses für das Erziehungs- und Bildungswesen, Stuttgart 1960, 1. Folge, S. 37 ff.
21 Vgl. Zur Situation und Aufgabe der deutschen Erwachsenenbildung, a. a. O., S. 24 ff.

22 Ebd., S. 30.
23 Dieter Wellershoff, Literatur und Veränderung, Köln/Berlin 1969, S. 30.
24 Schattseite, Salzburg 1975, S. 186.
25 Franz Innerhofer, Die großen Wörter, suhrkamp taschenbuch 563, Frankfurt a. M., S. 45.
26 Ebd., S. 10. Vgl. Schattseite, a. a. O., S. 77.
27 Schattseite, a. a. O., S. 215.
28 Die großen Wörter, a. a. O., S. 149.
29 Ebd., S. 97. — Die 1982 erschienene Erzählung *Der Emporkömmling* zeigt die ausweglose Situation der Zentralfigur noch deutlicher; sie fühlt sich nach einem literarischen Erfolg innerlich leer und hofft, durch Rückkehr zur Welt manueller Arbeit endlich ihre Identität zu gewinnen.
30 Schattseite, a. a. O., S. 207 f. Vgl. auch das Interview mit dem Autor, a. a. O., S. 34.
31 Interview mit dem Autor, a. a. O., S. 33.
32 So fordert Helene „Bildung" für die unterprivilegierten Schichten, „um zu begreifen, wo wir sind und was wir sein könnten [...]". (Schattseite, a. a. O., S. 187.)
33 Wolfgang Bittner, Der Aufsteiger oder Ein Versuch zu Leben, Frankfurt a. M. 1978, S. 187.
34 Vgl. S. 199 f.
35 Beat Weber, Ich & Wir, Bern 1981, S. 57. — Eine ähnliche Grundfigur menschlichen Scheiterns zeichnet Mathias Noltes Roman *Großkotz. Ein Entwicklungsroman* (Zürich 1984).
36 Die Gesellschaftssatire dieses Romans stößt teilweise ins Leere, da die Ursachen für das Scheitern des Protagonisten mehr in seiner seelischen Anormalität als in seinem sozialen Umfeld beschlossen liegen. Auch Alfred Cordes' Roman *Caspar Coppenrath* (München 1987) tendiert eher zur privaten Krankheitsgeschichte als zum Antibildungsroman mit gesellschafts- und erziehungskritischem Anspruch. Die Titel- und Zentralfigur zieht sich infolge verunsichernder Jugenderlebnisse — eine nicht mehr heile Familie, über der noch die Schatten einer faschistischen Vergangenheit liegen — in eine subjektive Traumwelt zurück, konstituiert durch „von der üblichen Wahrnehmung unabhängige Innenbilder" (299). Zunehmend entgleitet Coppenrath dadurch die empirische Realität, weshalb er schließlich in geistiger Umnachtung endet. Cordes thematisiert weniger den mißlungenen Sozialisationsprozeß eines Einzelgängers als die Geschichte eines psychischen Verfalls. Das Vorbild der *Blechtrommel*, die mehrfach erwähnt wird, ist deutlich: einmal in inhaltlicher Hinsicht, denn auch dieser Protagonist endet, volljährig geworden, in der psychiatrischen Anstalt. Zum andern war wohl auch hier eine Parodie des Bildungsromans beabsichtigt, denn das Strukturmuster der Romanart ist im wesentlichen beibehalten, während der Werdegang der Zentralfigur zur Geschichte eines totalen Identitätsverlusts deformiert ist.
    Auch die Titelfigur von Helmut Eisendles Roman *Oh Hannah* scheitert in dem Bemühen, durch Befreiung aus der verhaßten bürgerlichen Tradition zur eigenen Identität zu finden. In ihrem Beruf als Psychologin sozial angepaßt, versucht die neurotisch gestörte Protagonistin vergeblich, ihr wahres Ich zu ergründen. Ihr intellektualistisches „Spiel mit den Gedanken" kreist ausweglos in sich selbst, kulturelle Bildung verkommt zu substanzloser „Einbildung". (H. Eisendle, Oh Hannah, Wien/Darmstadt 1988, S. 16, 179.)
37 Gruppenbild mit Dame, Deutscher Taschenbuchverlag, München 1974, S. 50. Nach dieser Ausgabe wird im folgenden zitiert.
38 H. Böll / D. Wellershoff, Gruppenbild mit Dame. Ein Tonband-Interview; Akzente 18/4, 1971, S. 334, 343.

39 Die satirische Verzerrung zeigt sich etwa an Lenis profitgierigem Vetter Werner Hoyser, der ausgerechnet sie als „inhuman" beschimpft (325).
40 Kapitel 1 und 14 bilden den Rahmen, markieren die Position der achtundvierzigjährigen Leni; Kapitel 2 bis 8 schildern die Zeit vom 16. bis zum 23. Lebensjahr, das mit dem Ende des Weltkrieges zusammenfällt und eine deutliche Zäsur darstellt. Die beiden folgenden Kapitel spielen wesentlich später und beschreiben Lenis Konfrontation mit der Gesellschaft, die sich in Kapitel 11 bis 13 dann auf indirekte Weise selbst darstellt, nämlich durch eine unangemessene, verzerrte Beschreibung von Personen, die zu Lenis Kreis zählen.
41 Hier liegt der wesentliche Unterschied zu den anderen zeitgenössischen Antibildungsromanen, deren Zentralfiguren nicht zu ihrer Identität finden.
42 Der im Titel hergestellte Bezug zum ersten bedeutenden deutschen Frauenroman, der *Geschichte des Frl. von Sternheim* von Sophie La Roche, verdeutlicht den Anspruch der Erzählerin; indem sie den „Erziehungsroman meiner Seele" (67) schreibt, möchte sie, wie ihre Vorgängerin, eine unverwechselbare weibliche Individualität schildern, aber nunmehr eine Frau, die sich von sozialen Zwängen, die ihre Selbstverwirklichung verhindern, zu befreien sucht.
43 Sogar Oskar Matzeraths Position unter den Röcken wird andeutend zitiert (64).
44 Georg Heinzen/Uwe Koch, Von der Nutzlosigkeit, erwachsen zu werden, Hamburg 1985, S. 12.
45 Peter Weiss, 10 Arbeitspunkte eines Autors in der geteilten Welt (1965); Materialien zu P. Weiss' „Marat/Sade", ed. suhrkamp 232, Frankfurt a. M. 1967, S. 118.
46 Peter Weiss, Die Ästhetik des Widerstands, Bd. 1, Frankfurt a. M. 1975, S. 86 f.; Bd. 2, 1978, S. 103 f.
47 Der Begriff der (personalen) Identität ist im 19. und frühen 20. Jahrhundert nicht gebräuchlich. Er erscheint weder in Grimms Deutschem Wörterbuch (1877) noch bei Trübner (1943).
48 J. Habermas/D. Henrich, Zwei Reden aus Anlaß der Verleihung des Hegel-Preises, Frankfurt a. M. 1974, S. 31 f.
49 J. Habermas, Moralentwicklung und Ich-Identität; J. Habermas, Zur Rekonstruktion des Historischen Materialismus, Frankfurt a. M. 1976, S. 67 ff.
50 Die im Vergleich zu früheren Zeiten retardierte Adoleszenz führt im modernen Bildungsroman dazu, daß die Zentralfigur hin und wieder dreißig oder mehr Jahre zählt. (Helmut Schelsky verlegt den Abschluß der Adoleszenz an das „Ende der zwanziger Lebensjahre", wo das „Stadium der relativ festen Charakterprägung" einsetze. [H. Schelsky, Die skeptische Generation, Düsseldorf/Köln 1963, S. 14.])
51 Auch Alexander Mitscherlich koppelt sein Bildungskonzept mit dem Identitätsbegriff; vgl. A. Mitscherlich, Auf dem Weg zur vaterlosen Gesellschaft, a. a. O., S. 115. Ähnlich Lothar Krappmann, Soziologische Dimensionen der Identität, Stuttgart 1969, S. 208 ff. Aufschlußreich auch Odo Marquard, Identität: Schwundtelos und Mini-Essenz — Bemerkungen zur Genealogie einer aktuellen Diskussion; in: O. Marquard/K. Stierle (Hrsg.), Identität, München 1979, S. 347—369.
52 Vgl. P. Handke, Die Geschichte des Bleistifts, Salzburg 1982, S. 70.
53 P. Handke, Ich bin ein Bewohner des Elfenbeinturms, Frankfurt a. M. 1972, S. 19 f.
54 Nicht Literatur machen, sondern als Schriftsteller leben. Gespräch mit P. Handke (1975); Heinz L. Arnold, Als Schriftsteller leben, Reinbek 1979, S. 26. — Andererseits freilich immer erneut Handkes bestürzende Erfahrung: „Meine immer wieder aussetzende Identifikation mit mir, mit meiner Erscheinung, mit meinem Leben [...]; P. Handke, Das Gewicht der Welt, ein Journal (1975—77), Frankfurt a. M. 1979, S. 175.

55 Nicht Literatur machen, sondern als Schriftsteller leben. Gespräch mit P. Handke, a. a. O., S. 23.
56 P. Handke, Prosa, Gedichte [...], Frankfurt a. M. 1969, S. 42–46.
57 P. Handke, Ich bin ein Bewohner des Elfenbeinturms, a. a. O., S. 28.
58 Christian Linder, Die Ausbeutung des Bewußtseins. Gespräch mit P. Handke; Frankfurter Allgemeine Zeitung, Nr. 11, vom 13.1.1973.
59 Peter Handke, Das Gewicht der Welt, a. a. O., S. 13.
60 Daher kann es sich nicht um ein ungebrochenes „messianisches Heilsprogramm" handeln. So Manfred Durzak, Peter Handke und die deutsche Gegenwartsliteratur, Stuttgart 1982, S. 158.

Vinzenz Erath: Größer als des Menschen Herz (Trilogie)

61 So lautet der Untertitel des ersten Bandes: „Größer als des Menschen Herz", Tübingen/Stuttgart 1951. Der zweite Band, „Das blinde Spiel", erschien 1954; der letzte Band, „So hoch der Himmel", im Jahre 1962.
62 Vgl. die Interpretation von W. Kramps Roman „Die Jünglinge".
63 So hoch der Himmel, a. a. O., S. 283.
64 Ebd., S. 414.
65 Größer als des Menschen Herz, a. a. O., S. 247.

Heimito von Doderer:
Die Strudlhofstiege oder Melzer und die Tiefe der Jahre

66 H. v. Doderer, Tangenten, München 1964, S. 800 (16.9.1950). Philosophisch war der Autor vor allem gewissen Ideen von E. Mach und O. Weininger verpflichtet, während sein Begriff der Menschwerdung aus dem Expressionismus, der Endphase der Epoche der Jahrhundertwende, stammt.
67 Die Strudlhofstiege, München 1951, S. 181. Nach dieser Ausgabe wird im folgenden zitiert.
68 Tangenten, a. a. O., S. 181 (1942/43).
69 Ebd., S. 265 (1944).
70 Ebd., S. 264 (1944).
71 Ebd., S. 181 (1942/43).
72 Ebd., S. 522 (30.10.1946).
73 Ernst Mach, Die Analyse der Empfindungen und das Verhältnis des Physischen zum Psychischen, 4. Aufl., Jena 1903, S. 10 ff.
74 H. v. Doderer, Die Wiederkehr der Drachen, München 1970, S. 199 f.
75 Die Strudlhofstiege, a. a. O., S. 894. Konsequenterweise wird René Stangeler, Melzers kluger junger Freund, der an dem Zwiespalt von Wollen und Vollbringen krankt, als „wesentlich ungebildeter Mensch" bezeichnet (130), weil er seine innere „Diskontinuität" nicht zu überwinden vermag. (Tangenten, a. a. O., S. 194 [1942/43]).
76 Nicht zu Unrecht spricht Hans J. Schröder von einer „Ideologisierung der Apperzeption", weil der objektive Wahrheitsanspruch, welcher der „ersten Wirklichkeit" zugeschrieben wird, nicht erkenntniskritisch abgesichert ist. H. J. Schröder, Apperzeption und Vorurteil. Untersuchungen zur Reflexion H. v. Doderers, Heidelberg 1976, S. 59 ff., 419 ff.

77 Dietrich Weber sieht als „festen Finalpunkt", „mit dem [...] die Hauptgeschichte einrastet", den Tag von Marys Unfall (21. Sept. 1925). Dies gilt sicherlich für die Handlungsebene der Fabel, nicht aber für Melzers innere Progression in die „Tiefe der Jahre", für seinen permanenten Wechsel zwischen den Zeitebenen, den der Roman in erster Linie thematisiert. Dietrich Weber, Heimito von Doderer, München 1987, S. 45.
78 Tangenten, a. a. O., S. 194 (1942/43).
79 Ebd., S. 542 f. (1. 11. 1946). D. Weber nennt diese Handlungskreise wegen ihrer relativen Eigenständigkeit „Epizentren". (D. Weber, H. von Doderer, Studien zu seinem Romanwerk, München 1963, S. 105.) Vgl. auch Maria Wiedenhofer, Die Konfiguration in Doderers „Strudlhofstiege", Diss., Wien 1970, S. 27 ff., 43 ff., 53 ff.
80 Tangenten, a. a. O., S. 510 (11. 10. 1946).
81 Ebd., S. 615. Freilich stellt für Doderer „die Entwicklung von Personen" zu existentieller Identität „einen überaus seltenen Ausnahmsfall" dar (ebd., S. 782 [18. 8. 1950]). Der Glücksfall der Menschwerdung kann sich nur dann ereignen, wenn neben einem schöpferisch selektierenden Erinnerungsvermögen die zufallsbestimmte Gunst der Umstände waltet, die erst das Erlebnis des sinnstiftenden „Augenblicks" ermöglicht.
82 H. von Doderer, Grundlagen und Funktionen des Romans, Nürnberg 1959, S. 17.
83 S. 323. Vgl. Doderers Notiz: „Melzer denkt (beim Gespräch mit René), daß es keine ‚Epochen' gebe [...]." Vgl. Roswitha Fischer, Studien zur Entstehung der „Strudlhofstiege" Heimito von Doderers, Wien/Stuttgart 1975, S. 263.
84 Daher kehrt das leitmotivische Symbol der Strudlhofstiege, in der die Vergangenheit in der Gegenwart bewahrend aufgehoben ist, in Teil III/IV ständig wieder. In präludierendem Einsatz erscheint es erstmals auf S. 319.

Peter Handke: Der kurze Brief zum langen Abschied — Langsame Heimkehr — Die Wiederholung

85 Vgl. die Einleitung zur Nachkriegszeit, S. 300 f.
86 Volker Hage, Ein Gespräch mit Peter Handke; in: Bücherkommentare, Nr. 2, 1972, S. 11.
87 Der kurze Brief zum langen Abschied, Frankfurt a. M. 1972. (suhrkamp taschenbuch 172, S. 165. Nach dieser Ausgabe wird im folgenden zitiert.)
88 Vgl. auch Theo Elm, Die Fiktion eines Entwicklungsromans; in: Norbert Honsza (Hrsg.), Zu Peter Handke. Zwischen Experiment und Tradition, Stuttgart 1982, S. 58 f.
89 Auch John Fords idyllischer Landsitz wird nicht etwa als „Natur", sondern als Produkt menschlicher Kultivierung beschrieben (190).
90 P. Handke, Langsame Heimkehr, Frankfurt a. M. 1979, S. 12. Vgl. auch S. 44: „[...] ein idealer Ort, zivilisiert und zugleich elementar [...]."
91 H. Karasek, Ohne zu verallgemeinern. Ein Gespräch mit Peter Handke; Michael Scharang, Über Peter Handke, Frankfurt a. M. 1972, S. 88. — Der Erzähler zieht selbst die — freilich problematische — Parallele zum Schluß des *Grünen Heinrich* (172).
92 Handkes Gespräch mit M. Durzak; M. Durzak, Gespräche über den Roman, Frankfurt a. M. 1976, S. 319.
93 Christian Linder, Die Ausbeutung des Bewußtseins. Gespräch mit Peter Handke; Frankfurter Allgemeine Zeitung, Nr. 11 (13. 1. 1973).
94 Hellmuth Karasek, Ohne zu verallgemeinern, a. a. O., S. 88.
95 Ebd., S. 86, 88.

96 Rede zur Verleihung des Franz-Kafka-Preises (1979); Peter Handke, Das Ende des Flanierens, Frankfurt a. M. 1980, S. 158.
97 Der kurze Brief zum langen Abschied, a. a. O., S. 615.
98 P. Handke im Gespräch mit H. Gamper; in: Aber ich lebe nur von den Zwischenräumen, Zürich 1987, S. 36. Handke weist diese Thematik dem „Entwicklungsroman" zu.
99 P. Handke, Langsame Heimkehr, Frankfurt a. M. 1979, S. 140, 7. Nach dieser Ausgabe wird im folgenden zitiert.
100 Erinnernd beginnt Sorger zuletzt einen „Sinn für die Wiederholung" (195), für die Konstanten des eigenen Erlebens zu entwickeln, wodurch ihm die entfremdete, in zusammenhanglose Einzelheiten zerfallene Umwelt „heimeliger" zu werden scheint (167): eine deutliche Affinität zu Stifters *Nachsommer*, dessen mythosnaher Kosmos durch die gesetzhafte Wiederkehr des Gleichen stabilisiert wird.
101 P. Handke, Aber ich lebe nur von den Zwischenräumen, a. a. O., S. 35 ff.
102 P. Handke, Die Wiederholung, Frankfurt a. M. 1986, S. 322. Nach dieser Ausgabe wird im folgenden zitiert.
103 Handke hat als „Grundmotiv" der Erzählung bezeichnet, „daß alles, was der Held wahrnimmt [...], ihm begegnet als hervorzuholende Schrift", d. h., es wird Kobals Weg zur Fähigkeit des wiederholenden Erzählens thematisiert.
104 Handkes kühnes Prinzip poetisch-imaginativer Sinngebung findet sich in *Die Lehre der Sainte-Victoire*: „Jeder einzelne Augenblick meines Lebens geht mit jedem anderen zusammen — ohne Hilfsglieder. Es existiert eine unmittelbare Verbindung; ich muß sie nur freiphantasieren." (Die Lehre der Sainte-Victoire, suhrkamp taschenbuch 1070, Frankfurt a. M. 1980, S. 79.)
105 Handke, Aber ich lebe nur von den Zwischenräumen, a. a. O., S. 81.
106 S. 333. Vgl. auch Handkes existentiell-ästhetische Maxime: „Also das letzte Reich und auch das einzig vernünftige und nicht metaphysische Reich wird sicher das Reich der Schrift sein, das Reich der Erzählung" (ebd., S. 158).
107 S. 201. Vgl. auch S. 321. Aber ich lebe nur von den Zwischenräumen, a. a. O., S. 157.
108 Die Lehre der Sainte-Victoire, a. a. O., S. 70, 78.
109 Aber ich lebe nur von den Zwischenräumen, a. a. O., S. 230.
110 Vgl. die Einleitung zur Nachkriegszeit, S. 299 f.
111 Aber ich lebe nur von den Zwischenräumen, a. a. O., S. 35.
112 Auch Handke spricht von „Entstofflichung"; Langsame Heimkehr, a. a. O., S. 148. „Ich möchte nicht nur episch feststellen (wie etwa Stifter, Fontane oder Gottfried Keller), sondern auch noch hinzufügen können: ‚Glaubt mir und haltet euch daran!'" (Peter Handke, Die Geschichte des Bleistifts, Salzburg 1982, S. 203.)
113 Aber ich lebe nur von den Zwischenräumen, a. a. O., S. 82.
114 Vgl. S. 101 f., 207, 215, 275. — Peter Handke setzte sich noch in einem weiteren Werk mit dem Modell des Bildungsromans auseinander, nämlich in der 1973 entstandenen Filmerzählung *Falsche Bewegung*. Er bezog sich hier auf *Wilhelm Meisters Lehrjahre*, das Paradigma der Romanart. Die äußeren Analogien sind deutlich: einige freilich abgewandelte, wesentliche Figuren aus Goethes Roman tragen in modifizierter Konstellation die Handlung. Wilhelm Meister, ein junger Mann, der sich zum Schriftsteller berufen glaubt, die ihm nahestehende Schauspielerin Therese, ferner der „Alte", ein Mann mit dubioser politischer Vergangenheit, und Mignon, das Artistenkind. Wie bei Goethe wird Wilhelms Suche nach der eigenen Identität thematisiert: „Ich muß versuchen, mehr über mich herauszufinden." (Falsche Bewegung, suhrkamp taschenbuch 258, Frankfurt a. M. 1975, S. 11. Nach dieser Ausgabe wird hier zitiert.) Auch der Protagonist verläßt

sein Elternhaus und tritt eine Reise an, die ihn allerdings nicht in die Gesellschaft zurückführt, sondern mit seiner totalen Vereinsamung auf der Zugspitze jäh abbricht.

In welchem Verhältnis steht nun die Filmerzählung zu *Wilhelm Meisters Lehrjahre*? Versucht sie, die harmonische, gesellschaftsbezogene klassische Bildungsidee auf die dissonante, entfremdete Gegenwart zu übertragen? Oder parodiert sie ein überholt scheinendes Paradigma? Offensichtlich treten die äußeren Analogien gegenüber den Abweichungen zurück. Diese betreffen vor allem Wilhelms Verhältnis zur Gesellschaft. Die erstrebte zwischenmenschliche Kommunikation — „ich möchte mich in jemanden verlieben" (13) — mißlingt ihm ständig. Zwischen den Figuren herrscht eine von latenten Aggressionen genährte Beziehungslosigkeit. Wilhelm reist mit Eichendorffs *Taugenichts* und Flauberts *L'éducation sentimentale* im Gepäck: Figuren, die, unfähig zu echter menschlicher Bindung, der Mahnung der Mutter entsprechen, um der persönlichen Selbstverwirklichung willen auch ein gesellschaftlich „unnützes Leben" (14) in Kauf zu nehmen. Wilhelm, „ohne Lust auf Menschen" (8), repräsentiert die gesellschaftsferne ästhetische Existenz. Deren heillose Weltentfremdung spiegelt sich in der zufallsbestimmten Gestaltung der Fabel, deren ziellose Aktionen des inneren Zusammenhangs entbehren. Der Zerfall der Wirklichkeit gewinnt Gestalt in den rasch wechselnden, extrem kurzen filmischen Bildschnitten. Wilhelm, ungeduldig nach künstlerischer Selbstverwirklichung drängend, ist weder bereit noch fähig zu Erfahrungen. Narzißhaft in sich kreisend, entzieht er sich der sachlich-bedächtigen Auseinandersetzung mit der Umwelt. Er vermag sich nicht zu entwickeln, weil er glaubt, sein Existenzproblem allein durch ästhetische Gestaltung bewältigen zu können. Die Selbstfindung bleibt ihm versagt, da ihm die Heimkehr in das reale „Spiel der Welt" total mißlingt. (Langsame Heimkehr, a. a. O., S. 135.)

Dieses negative Ergebnis ist allerdings nicht am Schluß der Erzählung ablesbar, der eine scheinbare Offenheit bewahrt. Der Titel des Werkes verrät freilich, daß Wilhelm die falsche Richtung einschlägt, weil er sich dem zentralen Problem, nämlich seiner Weltentfremdung, nicht ernsthaft stellt. (Handke wollte, wie er in einem Interview erklärte, die Situation darstellen, „daß jemand aufbricht, unterwegs ist, um etwas zu lernen, um etwas anderes zu werden, um überhaupt was zu werden [...]. Das ist es auch — da bin ich ganz sicher, worauf es Goethe angekommen ist: eine Bewegung oder die Anstrengung, eine Bewegung zu unternehmen." [R. Fischer / J. Hembus, Der neue deutsche Film 1960—1980, München 1981, S. 105.]) Daß Handkes Protagonist die falsche Richtung einschlägt, ergibt sich auch aus den Interpretationen von *Der kurze Brief zum langen Abschied* und *Langsame Heimkehr*, die entstehungsgeschichtlich diese Erzählung umrahmen. In beiden Werken führt der Weg zur eigenen Identität nur über die zu erringende Fähigkeit, sich geduldig auf die Erscheinungswelt einzulassen und aufmerksam sie sich anzueignen: „Ich will dich haben und ich will dein Teil sein!" (Langsame Heimkehr, a. a. O., S. 198.) Beide Werke sind dem Prinzip einer weltoffenen, gesellschaftsbezogenen personalen Identität verpflichtet.

Leonie Ossowski: Wilhelm Meisters Abschied

115 Leonie Ossowski, Dankrede anläßlich der Verleihung des Schillerpreises der Stadt Mannheim; in: Mannheimer Hefte, Mannheim 1983, S. 78.
116 Leonie Ossowski, Wilhelm Meisters Abschied, Weinheim/Basel 1982, S. 122. Nach dieser Ausgabe wird im folgenden zitiert.

117 Auch begegnet im Bildungsroman nur selten, wie hier der Fall, eine erzählte Zeit von wenigen Monaten. Die Autorin konzentriert sich auf den Kern ihrer Entwicklungsthematik, nämlich Wilhelms Abschied von seiner bürgerlichen Herkunft und seine Ankunft in einer anderen Gesellschaftsschicht.

Kurt E. Becker: Du darfst Acker zu mir sagen

118 Kurt E. Becker, Du darfst Acker zu mir sagen, Landau 1982, S. 89. Im folgenden wird nach dieser Ausgabe zitiert.
119 Mit Ausnahme des vierten Kapitels, das Oberleutnant Gronau gewidmet ist, einer Kontrastfigur zum Protagonisten.
120 Im Gegensatz dazu gelingt es Georgs Vorgesetztem Gronau nicht, seine personale mit seiner sozialen Identität zu vermitteln. Dem skeptischen Intellektuellen erscheint die gesellschaftliche Ordnung als starr normiertes System, das „keinen Platz mehr [...] für Individualisten" bietet (199). Besonders in der Armee sieht er keinen Freiraum für die volle Selbstverwirklichung des einzelnen; eine Ansicht, die auch der Erzähler teilt, der konstatiert: „Soldatsein schließt Individualität aus" (52).
121 Der Erzähler hält sich um der „dokumentarischen" Objektivität willen bewußt zurück, indem er die Figurenperspektive wählt und sich vorwiegend der szenisch-dialogischen Erzählform bedient.
122 Der Lebensbereich der Bundeswehr wird detailgetreu geschildert, stilistisch realisiert durch Militärsprache und soldatischen Jargon.

Peter Weiss: Die Ästhetik des Widerstands

123 Peter Weiss, Abschied von den Eltern/Fluchtpunkt, Berlin 1966, S. 107.
124 Abschied von den Eltern, ed. suhrkamp 85, Frankfurt a. M. 1961, S. 74.
125 Die Ästhetik des Widerstands, Bd. 1, Frankfurt a. M. 1975, S. 136. (Der zweite Band erschien 1978, der dritte 1981. Künftig wird nach dieser Ausgabe zitiert: die Bandnummer mit römischen, die Seitenzahl mit arabischen Ziffern.)
126 Peter Weiss im Gespräch mit R. Michaelis; Die Zeit, Nr. 42, 10. Oktober 1975.
127 III, 95; vgl. P. Weiss, Notizbücher 1971—1980, Frankfurt a. M. 1981, S. 608. (Wird künftig als N zitiert.)
128 N, S. 837.
129 N, S. 420; vgl. N, S. 782.
130 Peter Weiss im Gespräch mit Burkhardt Lindner; in: K. H. Götze/K. Scherpe (Hrsg.), „Die Ästhetik des Widerstands" lesen. Über Peter Weiss, Berlin 1981, S. 151. Vgl. III, 28.
131 Peter Weiss im Gespräch mit Rolf Michaelis, a. a. O.
132 H. L. Arnold im Gespräch mit Peter Weiss; in: Alexander Stephan (Hrsg.), Die Ästhetik des Widerstands, Materialien, Frankfurt a. M. 1983, S. 48.
133 III, 46. Vgl. auch N, S. 169.
134 N, S. 665.
135 N, S. 888.

136 W. Kässens/M. Töteberg, Gespräch mit Peter Weiss; in: Sammlung. Zweites Jahrbuch für antifaschistische Literatur und Kunst, hg. v. M. Naumann, Frankfurt a. M. 1979, S. 223.
137 Alfred Döblin, Der historische Roman und wir; in: Das Wort, Jg. 1, 1936, Heft 4, S. 70. — Auch dem Erzähler der *Ästhetik des Widerstands* wird, unter Berufung auf Döblin, das „Kaleidoskopische [...] zur Verlockung" (III, 117).
138 Sie bestimmen die übergreifende Gliederung der Textblöcke mittels thematischer Sequenzen. Vgl. Stephan Meyer, Kunst als Widerstand, Tübingen 1989, S. 25 ff.
139 N, S. 419. Vgl. auch I, 77.
140 Der Erzähler thematisiert sich selbst bzw. seine Eltern innerhalb des ersten Bandes in vierzehn, im zweiten Band in sechzehn und im letzten Band in acht Textblöcken, natürlich auch hier vermischt mit den beiden anderen Themenkreisen.
141 Hier liegt der entscheidende Unterschied zum Bildungsroman des Sozialdemokraten Karl Bröger (*Der Held im Schatten*), dessen Protagonist sich an der kulturellen Tradition des Bürgertums orientiert.
142 I, 169. Weiss notierte über den ersten Band: „Kampf um die Gewinnung der Kultur" (N, S. 817).
143 N, S. 817.
144 Die Figur des erlebenden Ichs besitzt etwa dasselbe Gewicht wie die Gestalten von Dr. Hodann, Coppi und Heilmann.
145 Das Bemühen des Erzählers, die überbordende Stoffülle durch eine einheitliche Deutungsperspektive zu bewältigen, spiegelt sich auch in seiner Sprache. Er schmilzt die widersprüchlichen Gesprächsäußerungen der Figuren in seinen Diskurs ein, indem er sich vorwiegend der indirekten Rede bedient, aber auch deren direkte Rede seinem eigenen Duktus anpaßt. Auf diese Weise entsteht eine syntaktisch und stilistisch homogene Sprache, die einer distanzierten Haltung emotionsfreier Sachlichkeit entspricht. Sie strebt nach dokumentarischer Faktizität, sie vermeidet im allgemeinen emphatische Stilformen, bis hin zum kategorischen Verzicht auf affektbetonende Satzzeichen. Andererseits tritt die leidenschaftliche Teilnahme des Erzählers am Geschehen in den zahlreichen Beschreibungen von Kampf, Leiden und Tod offen zutage, in denen sein Sprechen eine reißende Dynamik gewinnt.

Günter Grass: Die Blechtrommel

146 G. Grass, Rückblick auf die „Blechtrommel"; SZ am Wochenende, 12./13. Januar 1974, S. 99 f.
147 Vgl. das Interview von Grass in: Peter A. Bloch, Gegenwartsliteratur, Bern 1975, S. 214.
148 Vgl. Werner Frizen, Zur Entstehungsgeschichte von G. Grass' Roman „Die Blechtrommel"; Monatshefte für deutschen Unterricht, deutsche Sprache und Literatur, vol. 79, nr. 1, Madison/Wisc. 1987, S. 216 f.
149 Diskussionsbeiträge zur Podiumsdiskussion „Lyrik heute"; Akzente, 8, 1961, S. 38 ff; vgl. auch das frühe Gedicht „Diana — oder die Gegenstände".
150 Gertrude Cepl-Kaufmann, Günter Grass, Kronberg 1975, S. 303 (Gespräch mit Günter Grass).
151 S. 197. Es wird im folgenden nach der 1966 erschienenen Ausgabe des Luchterhand-Verlages zitiert. Der Autor selbst verhehlte nie seine Meinung über den korrumpierten zeitgenössischen klassisch-antiken Humanismus: er bezeichnete ihn als „Lückenbüßer" und mokierte sich über das „Humanismusgequatsche". (G. Grass, Aufsätze zur Literatur,

Darmstadt/Neuwied, S. 62. Heinz L. Arnold, Gespräche mit G. Grass, Text und Kritik, Heft 1/1a, München 1971.)
152 Rede von der Gewöhnung (1967); G. Grass, Über das Selbstverständliche, Neuwied/Berlin 1968, S. 165.
153 Heinz L.Arnold, Gespräche mit Günter Grass; in: Text und Kritik, a. a. O., S. 6.
154 G. Grass, Atelier des Metamorphoses, Entretiens avec Nicole Casanova, Paris 1979, p. 61. Vgl. auch Georg Just, Darstellung und Appell in der „Blechtrommel" von G. Grass, Frankfurt a. M. 1972, bes. S. 75, 217. Ferner: Eberhard Mannack, Die Auseinandersetzung mit literarischen Mustern — G. Grass, Die Blechtrommel; E. Mannack, Zwei deutsche Literaturen?, Kronberg 1977, S. 66—83. Auch: Manfred Durzak, Der deutsche Roman der Gegenwart, 3. Aufl., Stuttgart/Berlin 1979, S. 261.
155 Im Gegensatz dazu kennt der Bildungsroman keine totale Parodie, sondern nur die Deformation einzelner Strukturelemente (Figuren, Bildungsbereiche, Motive etc.). So wird etwa im *Zauberberg* die Gesamtstruktur nicht deformiert, weshalb die Bildungsidee, wenn auch relativiert, erhalten bleibt.
156 G. Grass, Der Inhalt als Widerstand; G. Grass, Aufsätze zur Literatur, Darmstadt/Neuwied 1980, S. 7 f.
157 Oskar produziert übrigens durch fotographische „Montagen" (53) selbst synthetische Figuren.
158 Die leitmotivische Verknüpfung erfolgt vor allem durch dingliche Attribute, die den Figuren zugeordnet sind: etwa der schützende Rock der Großmutter, Herberts Narben, Mamas Aale oder Oskars Trommel und sein „Bildungsbuch".
159 Diese Zwischenphase verklammert mit insgesamt sechs Kapiteln das zweite mit dem dritten Buch.
160 Anders Georg Just, der im dritten Buch einen strukturell unmotivierten „Bruch im Werk" annimmt (a. a. O., S. 90).
161 G. Grass, Über meinen Lehrer Döblin (1967); G. Grass, Aufsätze zur Literatur, a. a. O., S. 75.
162 Die autobiographische Erzählweise ermöglicht Oskar eine distanzierte, alles überblickende Rückschau auf seine Vergangenheit bis zum 28. Lebensjahr (1924—52). Die zweite Zeitebene wird durch die in die Heilanstalt verlegte Erzählergegenwart konstituiert. Sie umfaßt zwei Jahre und endet mit dem 30. Geburtstag des Protagonisten. Auf dieser Ebene wird die zunehmende Verdüsterung von Oskars seelischem Horizont besonders deutlich sichtbar; er beginnt seine Niederschrift in relativ heiterem „Gleichgewicht" (10), er beendet sie in müder Resignation, denn das schützende dichterische Wort versagt sich ihm zuletzt angesichts der lähmenden Bedrohung durch die Übermacht der Schwarzen Köchin.
163 Klaus Schwind, Satire in funktionalen Kontexten, Tübingen 1988, S. 88.
164 So etwa Volker Neuhaus, G. Grass „Die Blechtrommel", 2. Aufl., München 1988, S. 35.
165 „Ganz gewiß helfen Kästchenvorstellungen wie ‚der neue Schelmenroman' überhaupt nicht weiter." (H. L. Arnold, Gespräche mit G. Grass, a. a. O., S. 6.) Oskar wächst, im Gegensatz zum pícaro, nicht ohne Eltern auf; er stellt nicht nur die Gesellschaft kritisch in Frage, sondern verneint auch radikal die eigene Existenz.
166 G. Grass, Atelier des Metamorphoses, a. a. O., p. 129.
167 Grass spricht von seiner „Sucht zum Gegenstand". Zitiert nach Kurt L. Tank, Günter Grass, 5. Aufl., Berlin 1974, S. 47.
168 Ungeachtet der Anspielung auf E. T. A. Hoffmanns *Kater Murr* — das Goethe und Rasputin vereinigende „Bildungsbuch" — besitzt *Die Blechtrommel* keine antithetisch verschränkte humoristische Struktur. Anders Werner Frizen, der von einer „postromanti-

schen Gesamtkonzeption" spricht. W. Frizen, Blechmusik: Oskar Matzeraths Erzählkunst; Études Germaniques, 42, 1987, S. 43.

Hermann Kinder: Der Schleiftrog

169 Hermann Kinder, Der Schleiftrog, Zürich 1977, S. 26. Nach dieser Ausgabe wird im folgenden zitiert.
170 Schleiftrog, S. 75. So in der Druckfassung. In der ersten Manuskriptfassung war sogar provokativ von einem „Einbildungsroman" die Rede. Vgl. K. Modick/M.J. Fischer, Kalkulierte Sinnlichkeit. Überlegungen zum Werk H. Kinders; Merkur, 37, 1983, S. 698.
171 Die Erfahrungen des intellektuellen Literaten Bruno sind zu einem nicht geringen Teil nur literarisch vermittelt, daher die Überfülle von Zitaten und Zitatanspielungen. Bibel und Kirchenlied repräsentieren die christliche Glaubenswelt, Goethe das klassisch-humanistische Menschenbild, Marx steht für die Ideen des Sozialismus, Rilke und Benn unterstreichen die Ansprüche einer realitätsfernen Innerlichkeit, Benjamin und Adorno schließlich bestätigen den Erzähler in seiner Grunderfahrung einer krisenhaften gesellschaftlichen Entfremdung.
172 Daher seine Bemerkung über den „Philosoph und Künstler" Hamlet, der nur deshalb „die Wirklichkeit durchschauen und richten kann", weil er sich von ihr fernhält (39).
173 Vgl. Kinders paradoxe Verse zum Tod von Ernst Bloch, dem Verkünder des „Prinzips Hoffnung": „[...] den ich zärtlich / haßte wegen seiner Kunst das Scheitern / in Zuversicht zu wandeln [...]". Für E. Bloch; Litfass, 10, Berlin, Juni 1978, S. 51.
174 Vgl. Klaus Schwind, Satire in fiktionalen Kontexten, Tübingen 1988, S. 88.
175 Vgl. S. 10 f., 99, 113, 138.
176 H. Kinder, Von den Bildern im Kopf; H. Kinder, Der Mensch, ich Arsch, Zürich 1983, S. 69.
177 Vgl. ebd., S. 71; Schleiftrog, S. 139.

Der sozialistische Bildungsroman

Einleitung

1 Georg Lukács, Wilhelm Meisters Lehrjahre (geschrieben 1936); G. Lukács, Schriften zur Literatursoziologie, hg. v. Peter Ludz, Neuwied 1961, S. 402.
2 G. Lukács, Gottfried Keller; G. Lukács, Deutsche Realisten des 19. Jahrhunderts, Berlin/DDR 1952, S. 208.
3 So etwa Wilhelm Girnus, der in der bürgerlich geprägten, traditionellen Erscheinungsform der Romanart „nur die Bildung des Individuums schlechthin zu einer allseitigen Persönlichkeit" dargestellt fand. (W. Girnus, J. W. Goethe. Über Kunst und Literatur, Berlin/DDR 1953, S. 79.) Natürlich existieren auch Ausnahmen, sowohl unter den Autoren wie in der Literaturwissenschaft. Etwa bei Wolfgang Joho, der sich dem deutschen „Bildungsroman" verpflichtet fühlt, (Traditionsbeziehungen unserer Schriftsteller; Weimarer Beiträge, 17, 1971/72, S. 93) oder Hermann Kant, der sein Werk *Der Aufenthalt* einen „deutschen Bildungsroman" nennt. Vgl. G. Jäckel, Schuld und Freiheit im „deutschen Bildungsroman"; H. Kant, Der Aufenthalt; Studia Germanica Posnaniensia, 8, 1979, S. 54, Anm. 28.
4 Vgl. etwa die parteioffizielle „Geschichte der deutschen Literatur von den Anfängen bis zur Gegenwart", Bd. 11, Berlin/DDR 1976, S. 328 ff.
5 Helmut Klein, Bildung in der DDR, Hamburg 1974, S. 23.
6 Noch 1968 stellte Erich Fabian den Weg der Selbstfindung eines jungen Mannes dar, der sich vom wilhelminischen Bürgertum löst und „auf dem langen Umweg über den Humanismus zum Sozialismus" gelangt. (E. Fabian, Der Weg aus der Mitte, Rostock 1968, S. 100.)
7 *Tinko* (1954) kann trotz mancher formaler Ähnlichkeiten schon wegen des kindlichen Alters der Titelfigur nicht als Bildungsroman gelten. Dem zehnjährigen Protagonisten fehlt der notwendige selbstreflexive Bewußtseinsstand, um sich zwischen den gegensätzlichen Positionen von sozialistischem Fortschritt und Konservatismus, mit denen er sich konfrontiert sieht, in angemessener Weise entscheiden zu können. Winfried Taschner kann so verschiedenartige Werke wie *Tinko*, den Betriebsroman von Eduard Claudius *Menschen an unserer Seite* oder Herbert Jobsts vierbändigen proletarischen Entwicklungsroman dem Bildungsroman zurechnen, weil er seine Untersuchung auf keine zureichende Bestimmung der Romanart stützt. *Der dramatische Lebensweg des Adam Probst* (1957—73), eines pikarischen Helden, wird über mehrere Jahrzehnte hinweg geschildert, wobei die Umwelt konstituierenden Figuren der Zentralgestalt meist nicht funktional zugeordnet sind. (W. Taschner, Tradition und Experiment. Erzählstrukturen und Funktionen des Bildungsromans in der DDR-Aufbauliteratur, Stuttgart 1981, S. 313.)
8 Anna Seghers, Rede auf dem IV. Deutschen Schriftstellerkongreß (1956); A. Seghers, Über Kunstwerk und Wirklichkeit, hg. v. Sigrid Bock, Bd. 1, Berlin/DDR 1970.
9 Vgl. auch Dieter Noll, Reinowskis Romanwerk und Fragen des Schematismus; Neue deutsche Literatur, Jg. 1, 1953, Heft 6, S. 178—182.
10 Werkstattgespräch; Funk und Fernsehen, Nr. 20, 1965.
11 Die Abenteuer des Werner Holt, a. a. O., Bd. 2, S. 293.
12 Das belegen etwa die trivialisierten Bildungsromane von J. Knappe und H. Weber (vgl. hier S. 350).
13 Der Autor spricht in einem späteren Interview (1977) von der Tradition des deutschen „Entwicklungsromans", in der sein Held Hagedorn stehe. Schulz rechnet sein Werk dem

„neuen Entwicklungsroman" zu, der Anfang der sechziger Jahre entstanden sei und der die „Ankunft" des Helden im Sozialismus darstelle. (Klaus Schuhmann, Interview mit M. W. Schulz; Weimarer Beiträge, 23, 1977, Heft 8, S. 57, 63.)
14 M. W. Schulz, In eigener und nicht nur in eigener Sache, a. a. O., S. 16.
15 Dem Autor war bewußt, daß sein „Entwicklungsheld" am Schluß „sozusagen zu sich gekommen sein" sollte, weshalb er schon 1962 einen Fortsetzungsband ankündigte (ebd., S. 14, 25).
16 M. W. Schulz, In eigener und nicht nur in eigener Sache, a. a. O., S. 14.
17 M. W. Schulz, Muscheln, grüne Stachelbeeren, Kafka usw.; in: Stegreif und Sattel, a. a. O., S. 33.
18 Interview mit Klaus Schuhmann, a. a. O., S. 51.
19 Vgl. die Einleitung zur Nachkriegszeit, S. 288 f.
20 Der Holzweg (1974); G. de Bruyn, Im Querschnitt, Halle/Leipzig 1980, S. 330.
21 Der Holzweg, a. a. O., S. 327.
22 Ebd., S. 330 f.; vgl. auch Sigrid Töpelmann, Interview mit Günter de Bruyn; Weimarer Beiträge, 14, 1968, Heft 6, S. 1178.
23 Von der Streitbarkeit des Romans. Prof. Hans Koch schreibt an Erik Neutsch; in: Kritik in der Zeit. Der Sozialismus, seine Literatur, ihre Entwicklung, Halle 1970, S. 612.
24 Vgl. dazu Jürgen Scharfschwerdt, Literatur und Literaturwissenschaft in der DDR, Stuttgart 1982, S. 21 ff.
25 Gerhart Neuner, Zur Theorie der sozialistischen Allgemeinbildung, Köln 1973, S. 36.
26 Ebd., S. 131.
27 Vgl. dazu Wolfgang R. Friedrichs, Kritische Analyse der Leitbildfunktionen in der Prosaliteratur der DDR, Diss., Bonn 1981.
28 Helmut Klein, Bildung in der DDR, Reinbek 1974, S. 21.
29 Walter Ulbricht (1964); in: Elimar Schubbe (Hrsg.), Dokumente zur Kunst-, Literatur- und Kulturpolitik der SED, Stuttgart 1972, S. 1001.
30 Alexander Abusch. Kulturelle Probleme des sozialistischen Humanismus, Berlin/Weimar 1967, S. 195; ders., Grundfragen unserer neueren Literatur auf dem Bitterfelder Weg; Sonntag, Nr. 16, 19. 4. 1964.
31 Hans Koch et al., Zur Theorie des sozialistischen Realismus, Berlin/DDR 1974, S. 220.
32 Vor allem Joachim Knappe, Mein namenloses Land. Zwölf Kapitel einer Jugend im Dikkicht der Jahrhundertmitte, Halle 1965. Hans Weber, Sprung ins Riesenrad, Berlin/DDR 1968. Erich Fabian (1893—1969) zieht sich mit seinem Roman *Der Weg aus der Mitte* (Rostock 1968), der J. R. Bechers *Abschied* verpflichtet ist, in die Frühzeit der kommunistischen Bewegung zurück.

Der westdeutsche Autor Uwe Timm fühlt sich dem sozialistischen Bildungsroman verpflichtet, der nach seiner Meinung „den Weg eines Individuums [...] zu einem kollektiven Bewußtsein" schildert. (U. Timm, Zwischen Unterhaltung und Aufklärung; Kürbiskern, 1, München 1972, S. 88.) Timm beschreibt in *Heißer Sommer* (1974) den Ausbruch eines Studenten aus der Enge seiner kleinbürgerlichen Herkunft. Das aufwühlende Erlebnis der Protestbewegung von 1968 gibt dem Prozeß seiner Selbstfindung die entscheidende Richtung; sein Bekenntnis zur gesellschaftsverändernden Kraft des Sozialismus, dem er sich zuletzt zuwendet, bestimmt beruflich wie privat seinen Lebensentwurf.
33 W. Ulbricht, Die gesellschaftliche Entwicklung in der DDR bis zur Vollendung des Sozialismus. Referat auf dem VII. Parteitag der SED, Berlin/DDR 1967, S. 271.
34 M. Naumann (Hrsg.), Gesellschaft — Literatur — Lesen, Berlin/Weimar 1973, S. 45.

35 Karl B. Mandelkow, Die literarische und kulturpolitische Bedeutung des Erbes; in: Hans-Jürgen Schmitt (Hrsg.), Die Literatur der DDR, München/Wien 1983, S. 110 (Hansers Sozialgeschichte der deutschen Literatur vom 16. Jahrhundert bis zur Gegenwart, Bd. 11).
36 Stephan Hermlin, Abendlicht, Leipzig 1979, S. 22 f.
37 Hans Kaufmann, Gespräch mit Christa Wolf; Christa Wolf, Fortgesetzter Versuch, Leipzig 1979, S. 103.
38 Wolfgang Kohlhaase, Diskussionsbeitrag auf dem VII. Schriftstellerkongreß der DDR; Protokoll der Arbeitsgruppen, S. 12; zitiert nach Christel Berger, Der Autor und sein Held, Berlin 1983, S. 108.
39 Gerhart Neuner, Zur Theorie der sozialistischen Allgemeinbildung, a.a.O., S. 35 f.
40 Die Darstellung des Helden entspricht der parteioffiziellen Interpretation des Individuums als Subjekt der Geschichte: nur „als Mitglied von bestimmten sozialen Klassen [...] kann jedes Individuum zu sich selbst kommen, zur individuellen Persönlichkeit werden" (ebd., S. 36 f.).
41 G. Görlich in seinem Diskussionsbeitrag auf dem VIII. Schriftstellerkongreß der DDR; Neue deutsche Literatur (NDL), 8, 1978, S. 46.
42 So bleiben in den Romanen von G. Görlich und M. Künne den Helden folgenschwere Fehlentscheidungen und Irrwege erspart. Die Sprache dieser Romane ist reflexionsarm, oft auch undifferenziert und entartet häufig zu Gemeinplätzen.
43 In parteioffizieller Sicht zählten die Protagonisten des gesellschaftskritischen Bildungsromans freilich nur zu den politisch „Indifferenten", den bürgerlichen „Individualisten".
44 Wolfgang Joho, Die Kastanie, Berlin/Weimar 1970, S. 324.
45 Günter Görlich, Heimkehr in ein fremdes Land, 7. Aufl., Berlin/DDR 1985, S. 35.
46 Horst Bastian, Gewalt und Zärtlichkeit, Berlin/DDR. Die einzelnen Bände erschienen in den Jahren 1974, 1978, 1981, 1985, 1987 (unvollendet). Nach dieser Ausgabe wird im folgenden zitiert; die Bände in römischen, die Seitenzahl in arabischen Ziffern.
47 Vgl. z.B. II, 181.
48 Der infolge Bastians frühem Tod Fragment gebliebene fünfte Band sollte 1975, mit dem Ende des Vietnamkriegs, ausklingen.
49 Horst Bastian, Barfuß ins Vaterland. Nachlesebuch, Berlin/DDR 1987, S. 238.
50 So sollte der Roman, nach einem 1984 vom Autor verfaßten Exposé, enden; V, 183.
51 Waldsommerjahre, Berlin/DDR 1981, S. 235. (Die drei Bände werden mit römischen Ziffern zitiert.)
52 Ebd., S. 211.
53 Ebd., S. 343.
54 Ebd., S. 552.
55 Ebd., S. 346.
56 Der Autor selbst äußert sich über seine persönliche Situation optimistischer: er sei „Sozialist", in dessen Leben „jetzt geradezu ein Idealzustand erreicht" sei. K.H. Roehricht im Gespräch; Neue deutsche Literatur (NDL), 9, 1978, S. 57.
57 Waldsommerjahre, a.a.O., S. 567.
58 Verhaltene Tage, Köln 1980, S. 145. Dieser Band wird mit I zitiert.
59 Veränderung der höheren Semester, Berlin/Weimar 1982, S. 268. Dieser Band wird mit II zitiert.
60 Vgl. etwa I, 32.
61 Karl Heinz Berger, Im Labyrinth oder Spaziergänge in zwei Landschaften, Berlin/DDR 1984, S. 352. (Dieser Band wird künftig mit II zitiert; der erste Band, 1976 erschienen, mit I.)
62 I, 29; II, 177.

63 Aus naheliegenden Gründen beeilt sich der Autor, den exemplarischen Anspruch seiner den sozialistischen Normen nicht entsprechenden Figur einzuschränken; vgl. II, 11.
64 Thomas Brasch, Kargo, 32. Versuch auf einem untergehenden Schiff aus der eigenen Haut zu kommen, Frankfurt a. M. 1977, S. 46.
65 Werner Schmoll, Eine Wolke aus Blech oder Meine verrückten Geschichten, 1. Aufl., Berlin/DDR 1973, S. 21.
66 S. 240. Auch in seiner Familie beklagt Viktor das Fehlen von „Tradition" (221). Aus dieser Zeit des Dritten Reiches ist ihm nur der Tod seines Großvaters im KZ gegenwärtig.
67 So der neue Untertitel der 2. Auflage, Berlin/DDR 1977.
68 Vgl. Dieter Eue, Ketzers Jugend, Hamburg 1982, S. 348, 154; vgl. auch S. 369.
69 Vgl. etwa S. 323.
70 Ebd., S. 106.
71 Vgl. ebd., S. 401.
72 Ebd., S. 349; vgl. S. 162. Aufschlußreich auch die Anspielung auf Döblins Figur Franz Biberkopf, der ebenfalls an der Gesellschaft zugrunde gegangen sei (S. 238).
73 Thorsten Beckers Erzählung *Die Nase* (Darmstadt 1987) stellt einen Sonderfall dar, denn hier schildert ein in der ehemaligen Bundesrepublik aufgewachsener Autor den Werdegang eines in der DDR geborenen jungen Schauspielers, dem dort der berufliche Erfolg versagt bleibt, worauf er in die Bundesrepublik emigriert und hier eines frühen Todes stirbt. Eine etwas sorglos komponierte Erzählung, deren thematische und sprachliche Affinität zum Antibildungsroman freilich unübersehbar ist. Wie der Blechtrommler verstümmelt sich der Protagonist aus sozialem Protest schon in der Kindheit; wie Oskar mißlingt auch ihm die Sozialisation, verfehlt auch er seine persönliche Identität. Er scheitert ferner im Bemühen um eine zeitgemäße Adaption von Goethes *Lehrjahre* im Medium eines geplanten Filmes, der die Überwindung der „Spaltung des Bürgers in Citoyen und Bourgeois" (122) ästhetisch realisieren sollte. Was den Protagonisten wirklich in seiner Entwicklung hemmt, bleibt allerdings recht unklar. Die beabsichtigte „Kritik am Erziehungsroman" (74) findet nicht statt, denn der Autor bekennt sich entschieden zum Sozialismus, „wie furchtbar er auch immer war, ist oder werden wird" (204).
74 H. Kants Roman *Der Aufenthalt* bildet infolge der ungewöhnlichen Stoffwahl eines Gefängnisaufenthalts eine Ausnahme.

Johannes R. Becher: Abschied

75 Becher plante ursprünglich eine Fortsetzung, die „dem Standhaften Leben [...] ein Denkmal setzen" sollte. (Abschied, 8. Aufl., Berlin/Weimar 1977, S. 403.) Wahrscheinlich wollte er darin, analog zum eigenen Lebensweg, die Entwicklung seines Helden innerhalb der politischen Opposition der Weimarer Republik und des Dritten Reiches schildern. Die Fortsetzung mißlang vor allem deshalb, weil der Autor zwischen epischer und lyrischer Gestaltung seines Sujets schwankte und sich schließlich von der erzählenden Prosa abwandte. Daher strich er 1952 den ursprünglichen Untertitel „Einer deutschen Tragödie erster Teil: 1900–1914" und ersetzte ihn durch die Bezeichnung „Roman". Vgl. dazu Dieter Schiller, Im Chaos der verstellten Stimmen, Entwicklungsroman als Bewußtseinsroman; in: Sigrid Bock/Manfred Hahn (Hrsg.), Erfahrung Exil, Berlin/Weimar 1979, S. 270.
76 Vgl. D. Schiller, a. a. O., S. 292 ff.
77 Georg Lukács, Gottfried Keller; G. Lukács, Deutsche Realisten des 19. Jahrhunderts, Berlin/DDR 1952, S. 209.

78 Johannes R. Becher, Über Literatur und Kunst, Berlin/DDR 1962, S. 686.
79 Literatur und Lebensfrage (1944); Johannes R. Becher, Bemühungen I, Gesammelte Werke, Bd. 13, Berlin/Weimar 1972, S. 34 f. Obwohl Becher den vorbelasteten Terminus „Bildungsroman" vermied, benutzte er ohne Scheu den Begriff der Bildung. Während der Arbeit an seinem Roman notierte er: „Wissen und Bildung gehören zum Wesen einer Persönlichkeit [...]." J.R. Becher, Über Literatur und Kunst, a.a.O., S. 399.
80 Vgl. Johannes R. Becher, Das poetische Prinzip, Berlin/DDR 1957; in: E. Lämmert (Hrsg.), Romantheorie. Dokumentation ihrer Geschichte in Deutschland seit 1880, Köln 1975, S. 326 ff.
81 Auffällig ist die expressionistischer Tradition verpflichtete Verwendung von säkularisierten christlichen Topoi wie „Licht" und „Dunkel" oder auch das „glückhafte Schiff", das die neue, wahre Lebensgemeinschaft beschwört, wie sie schon in Fischarts „Glückhaftem Schiff von Zürich" begegnete.

Jurij Brězan: Felix-Hanusch-Trilogie

82 Von Enge und Weite; J. Brězan, Ansichten und Einsichten, Berlin/DDR 1976, S. 127.
83 Ebd., S. 128.
84 Gorkis proletarische Entwicklungsromane entsprechen nicht dem Strukturmodell des Bildungsromans. Die Zentralfigur befindet sich nicht auf der reflektierenden Suche nach der eigenen Identität. Es dominiert — mittels einer unübersehbaren Fülle von Personen — die breite sozialkritische Darstellung eines übermächtigen Milieus, wodurch diese Romane eine Affinität zur Memoirenliteratur gewinnen. Die zahlreichen Figuren, die ein extensives Eigenleben besitzen, sind der Zentralgestalt meist nicht funktional zugeordnet.
85 Der Gymnasiast, 15. Aufl., Berlin/DDR 1977, S. 218.
86 Felix Hanusch und ich; J. Brězan, Ansichten und Einsichten, a.a.O., S. 46.
87 Semester der verlorenen Zeit, 7. Aufl., Berlin/DDR 1968, S. 267.
88 Vgl. Mannesjahre, 6. Aufl., Berlin/DDR 1968, S. 83, wo diese Einsicht bildhaft verschlüsselt formuliert ist.
89 Vgl. Gespräch mit J. Brězan; Sinn und Form, 31, Heft 5, 1979, S. 1009.
90 J. Brězan, Ansichten und Einsichten, a.a.O., S. 44.
91 Vgl. Gespräch mit J. Brězan; Sinn und Form, a.a.O., S. 1003. — Der Autor erwähnt zwar, der allgemeinen Sprachregelung der ehemaligen DDR folgend, die „Form des Entwicklungsromans", an die er sich gehalten habe, er denkt aber dabei offensichtlich an die Tradition des *Wilhelm Meister*. Vgl. J. Brězan, Ansichten und Einsichten, a.a.O., S. 45.
92 Der Protagonist dominiert in 31 von insgesamt 39 Kapiteln.
93 Beispielsweise die Schwierigkeiten bei der Schulgründung, die Kritik an Hanuschs künstlerisch mißlungenem Theaterstück, der Widerstand des Bürgermeisters gegen die Leitungsmethoden des Protagonisten und nicht zuletzt die ablehnende Haltung der Großbauern gegenüber der von ihm vertretenen Kollektivierungspolitik.
94 J. Brězan, Ansichten und Einsichten, a.a.O., S. 48.
95 Von der Streitbarkeit des Romans. Prof. Hans Koch schreibt an Erik Neutsch; in: Klaus Jarmatz u.a. (Hrsg.), Kritik in der Zeit. Der Sozialismus, seine Literatur, ihre Entwicklung, Halle 1970, S. 612.

Dieter Noll: Die Abenteuer des Werner Holt

96 Dieter Noll, Die Abenteuer des Werner Holt, Roman einer Heimkehr, Berlin/Weimar 1963, S. 440. (Bd. 2 wird künftig mit der römischen Ziffer II zitiert.)
97 Dieter Noll, Reinowskis Romanwerk und Fragen des Schematismus; Neue Deutsche Literatur, Jg. 1, 1953, Heft 6, S. 178—181; Hans J. Geerdts, Literatur der Deutschen Demokratischen Republik, Bd. 1, Berlin/DDR 1976, S. 315.
98 Dieter Noll, Die Abenteuer des Werner Holt, Bd. 1, Roman einer Jugend, Berlin/Weimar 1960, S. 311. (Bd. 1 wird künftig mit der römischen Ziffer I zitiert.) Vgl. auch Bd. 2, S. 214, 441.
99 Klaus Bellin, Ein Gespräch mit Dieter Noll; in: Junge Kunst, Heft 3, 1961, S. 30 ff.; zitiert nach Hans J. Geerdts, Literatur der Deutschen Demokratischen Republik, Bd. 1, Berlin/DDR 1976, S. 315.
100 Klaus Bellin, Ein Gespräch mit Dieter Noll, ebd., S. 324.
101 Dieter Noll, Reinowskis Romanwerk und Fragen des Schematismus, a. a. O., S. 181.

Brigitte Reimann: Franziska Linkerhand

102 B. Reimann, Die geliebte, die verfluchte Hoffnung. Tagebücher und Briefe 1947—1972, hg. v. E. Elten-Krause und W. Lewerenz, Darmstadt/Neuwied 1984, S. 146 (18. 11. 1962). Wenig später war sie sich darüber klar, daß die Lebenskurve der Titelfigur mit einem „Tiefpunkt" einsetzen und dann in eine „Steigerung" übergehen solle (ebd., S. 196).
103 Ebd., S. 167 ff. (11. und 14. 6. 1963).
104 Ebd., S. 235 (24. 4. 1965).
105 Ebd., S. 235.
106 Ebd., S. 296 f.
107 Ebd., S. 152, 159.
108 Wenn die Wirklichkeit sich meldet: Gespräch mit Annemarie Auer; Sonntag 7/1968.
109 B. Reimann, Die geliebte, die verfluchte Hoffnung, a. a. O., S. 150 (8. 12. 1962).
110 Franziska Linkerhand, dtv, München 1977, S. 262. Nach dieser Ausgabe wird im folgenden zitiert.
111 B. Reimann notierte schon 1969: „[...] alles läuft ja schon seit dem Erscheinen Benjamins auf Abschied hinaus." (Die geliebte, die verfluchte Hoffnung, a. a. O., S. 276). Aus der unzureichenden Kommunikation zwischen den Liebenden erklärt sich auch die monologisierende Anrede an Ben, der selbst kaum zu Wort kommt.
112 B. Reimann, Die geliebte, die verfluchte Hoffnung, a. a. O., S. 190.
113 Ebd., S. 276.
114 Ebd., S. 177 (17. 7. 1963).
115 Ebd., S. 273, 324.
116 Ein Reizwort ist für B. Reimann die sozialistische „Perspektive", in der sie nur die unverbindliche Vertröstung auf eine ferne Zukunft sieht. So schreibt sie über ihre Diskussionen mit Städteplanern: „Sie sagen ‚Perspektive', und ich sage ‚Heute'. Nun ja, wir haben so unsere Verständigungsschwierigkeiten." (Brief an A. Auer vom 26. 11. 1963; in: Was zählt, ist die Wahrheit. Briefe von Schriftstellern der DDR, Halle 1975, S. 304.)
117 Die geliebte, die verfluchte Hoffnung, a. a. O., S. 279.

118 Vgl. Dieter Schlenstedt, Die neuere DDR-Literatur und ihre Leser, München 1980, S. 200 ff.
119 So etwa der auf dem Friedhof stehende steinerne Engel Aristide, in dessen Schweigen sich Franziska zunehmend wohler fühlt. Übrigens eines der zahlreichen Motive der Vergänglichkeit des Daseins, die Franziskas optimistischen Lebensbericht kontrapunktisch durchziehen.
120 Kindheit und Jugend (1.–3. Kap.), Studium und scheiternde Ehe (4. Kap.), berufliche Enttäuschungen in Neustadt (5.–7. Kap.), erste menschliche Kontakte und Liebe zu Trojanowicz (8.–11. Kap.), Annäherung an Schafheutlin, Entfremdung von Trojanowicz (12.–15. Kap.).
121 Vgl. ihre wiederholt wiederkehrende Selbstermahnung, „nachzudenken, wie du leben sollst". Franziska Linkerhand, S. 405, 58.
122 Dafür zwei Beispiele. Mit ihrer lebensfrohen Großmutter, der unangepaßten „fröhlichen Anarchistin" (22), der „anderen Franziska" (440), teilt die Protagonistin die Haltung provokativer Unbekümmertheit. Dagegen kontrastiert sie deutlich mit der resignierten Frau Bornemann, die ihren Traum vom. gesellschaftlichen Aufstieg infolge widriger sozialer Umstände nicht verwirklichen kann.
123 B. Reimann, Die geliebte, die verfluchte Hoffnung, a.a.O., S. 268.
124 Ebd.
125 Klaus Höpcke, Probe für das Leben. Literatur in einem Leseland, Halle/Leipzig 1982, S. 109, 113.
126 Eva und Hans Kaufmann, Ein Vermächtnis, ein Debüt; E. u. H. Kaufmann, Erwartung und Angebot, Berlin/DDR 1976, S. 215.

Hermann Kant: Der Aufenthalt

127 Anneliese Große, Interview mit H. Kant; Weimarer Beiträge, 18/8, 1972, S. 46.
128 In diesem Zusammenhang ist auch Kants Äußerung aufschlußreich, jedem kommunistischen Autor sei es gestattet, das Kunstprinzip des „Sozialistischen Realismus" auf seine eigene Weise zu verwirklichen. Vgl. Joan E. Holmes, An Interview with H. Kant; Studies in 20th century Literature, 4, Manhattan/Kansas 1979/80, Heft 1, p. 94.
129 Hermann Kant, Der Aufenthalt, Darmstadt/Neuwied 1979, S. 77 f. Nach dieser Ausgabe wird im folgenden zitiert.
130 Der Aufenthalt, S. 179, 405.
131 Vgl. ebd., S. 448, 368.
132 Vgl. Kants Interview, abgedruckt im Klappentext. Vgl. auch seine Worte über das Verhältnis der Literaturen in der DDR und der Bundesrepublik: es gebe Werke, „die hier entstehen und dort ein Bedürfnis erfüllen — wenn sie sich z.B. auf gehabte Vergangenheit [...] richten". H. Kant im Gespräch mit E. Högemann-Ledwohn; Kürbiskern, München 1980, Heft 4, S. 116.
133 Niebuhr verweigert im Lager entschieden die Mitarbeit beim kommunistischen Nationalkomitee Freies Deutschland.
134 H. Kant im Gespräch mit E. Högemann-Ledwohn, ebd., S. 112.
135 Vgl. dazu Schlenstedts Hinweis auf den Kontext, dem Brechts Gedicht entstammt, nämlich „Der Messingkauf". S. und D. Schlenstedt: Sehen, Wissen, Erinnern. H. Kant, Der Aufenthalt; Neue Deutsche Literatur (NDL), 6, 1977, S. 117. — Vgl. auch Niebuhrs dialektische Interpretation seines Entwicklungsprozesses: „Ich rede von Kristallen, die lange gewachsen sind, und zur Anlagerung hat es Keime gebraucht, aber die waren da" (333).

136 H. Kant im Gespräch mit E. Högemann-Ledwohn; Kürbiskern, a. a. O., S. 119.
137 Diese Motivketten entstammen vor allem dem Gedankengut von Fleming, aber auch der Bibel. Ihr ist das Bild der Grube als Ort der Prüfung und Läuterung entnommen. Kant dürfte das Motiv aber eher aus Th. Manns Josephstetralogie übernommen haben.

Exkurs

Zum Strukturmuster des englischen und amerikanischen Bildungsromans

1 So etwa bei Susan Howe, Wilhelm Meister and his English kinsmen, New York 1930, oder bei Philip B. Linker, der das Strukturmuster nur unzureichend gegenüber Entwicklungs- und Erziehungsroman abgrenzt: The Search for the Self, A Study of the Apprenticeship Novel in England, France and Germany, New York University, Ph. D., 1975, p. 29.

2 Stuart L. Burns, The Novel of Adolescence in America 1940–1963, unveröff. Diss., University of Wisconsin 1964. Auch Arno Heller geht vom amerikanischen „Adoleszenzroman" als einem „in zahlreichen Variationsformen auftretenden Formtypus" aus: A. Heller, Odyssee zum Selbst. Zur Gestaltung jugendlicher Identitätssuche im neueren amerikanischen Roman, Innsbruck 1973, S. 175.

3 So bei Hans Wagner, Der englische Bildungsroman bis in die Zeit des ersten Weltkriegs, Diss., Bern 1951. Der Verf. läßt sich nicht auf eine Differenzierung zwischen Bildungs-, Erziehungs- und Entwicklungsroman ein, wodurch die Auswahl der Werke dem Thema der Studie nicht gerecht wird. Ähnliche Tendenzen begegnen auch bei G. B. Tennyson, The Bildungsroman in Nineteenth-Century English Literature; in: Medieval Epic to the Epic theater of Brecht, ed. R. P. Armato and J. M. Spalek, Los Angeles 1968, p. 138. Ähnlich Judy Robinson Rogers, The Evolution of the Bildungsroman, Diss., Chapel Hill 1973. Jerome H. Buckley schließlich bezieht Romane wie *David Copperfield* ein, die einen Werdegang von etwa vier Jahrzehnten schildern, oder Goldings *Free Fall*, der die Identitätskrise eines Erwachsenen beschreibt. J. H. Buckley, Season of Youth, The Bildungsroman from Dickens to Golding, Cambridge/Mass., 1974.

4 Vgl. W. Voßkamp, Der Bildungsroman in Deutschland und die Frühgeschichte seiner Rezeption in England; in: Jürgen Kocka (Hrsg.), Bürgertum im 19. Jahrhundert, Bd. 3, München 1988, S. 273 f.

5 Der Protagonist wird einmal mit dem von Carlyle verehrten Jean Paul in direkte Beziehung gesetzt. Sartor Resartus, The Works of Thomas Carlyle in thirty volumes, Centenary Edition, vol. I, London o. J., p. 25.

6 Die Anklänge an Goethes Lebensethos sind nur ephemerer Art, denn Carlyles Bildungsidee beruht nicht auf organisch-gestalthafter Entwicklung der Persönlichkeit aus innerem Gesetz. Sie ist primär der puritanisch-pietistischen Tradition verpflichtet: Teufelsdröckh erlebt nach einem Zustand der "Annihilation of Self" den geistigen Durchbruch ("Spiritual New-birth"), der ihn für immer von der quälenden Weltangst befreit und zu tätiger Lebensbejahung führt (ebd., pp. 149, 135). Das säkularisierte Erweckungserlebnis, das dem einsamen Lebenspilger zuteil wird, bestätigt ihn in seinem unnachgiebigen Kampf gegen den orientierungslosen Zeitgeist.

7 Dieses und die folgenden Zitate entstammen dem Vorwort zur Ausgabe des Romans von 1845. Es wird nach der Bradenham Edition der Werke Disraelis zitiert, vol. 4, London 1927.

8 Contarini Fleming, p. 361.

9 Ebd., p. 363. Seine ursprünglichen politischen Ambitionen sind allerdings noch latent vorhanden.

10 Auch E. Bulwer Lytton wies in seiner Besprechung des Romans auf Goethes bestimmenden Einfluß hin: "And I am quite certain that if *Wilhelm Meister* never had been written,

Contarini Fleming would never have walked into the ideal world." (The New Monthly Magazine, July 1832, part II, vol. 35, p. 27.)
11 Pp. IX, 57. Zitiert wird nach der Tauchnitz Edition, Leipzig 1842. Vgl. auch H. Goldhahn, Über die Einwirkung des Goetheschen Werthers und Wilhelm Meisters auf die Entwicklung E. Bulwers; in: Anglia, Bd. 16, 1894, S. 267 ff.
12 Ernest Maltravers, pp. 388, VIII.
13 Zitiert nach H. Goldhan, a. a. O., S. 307 f., 295.
14 Daher betont Bulwer im Vorwort zu Recht: "There is scarcely a page in this work episodical to the main design [...]" (VII).
15 Charles Dickens' Romane *David Copperfield* und *Great Expectations* entsprechen trotz gewisser Affinitäten, die vor allem wohl Bulwer Lyttons Einfluß zuzuschreiben sind, nicht der Grundstruktur des Bildungsromans. Der Autor schildert jeweils die Geschichte eines geglückten bzw. gescheiterten sozialen Aufstiegs. Das zentrale Thema der beiden Werke ist die rein pragmatische Suche des Protagonisten, der sich mit einer oft feindseligen Umwelt konfrontiert sieht, nach Integration in die viktorianische Gesellschaft. Das Lebensziel beider Helden realisiert sich in der Gewinnung häuslicher Geborgenheit an der Seite einer geliebten Frau, in der ökonomischen Existenzsicherung durch berufliche Tätigkeit und in einem durch desillusionierende Erfahrungen erworbenen Wissen um die wahren humanen Werte.

Bei Dickens tritt jedoch, im Gegensatz zu Bulwer Lytton, die selbstreflexive innere Biographie des Protagonisten, seine Gedanken- und Gefühlswelt, gegenüber der detaillierten Schilderung des gesellschaftlichen Umfeldes zurück. Dieses gewinnt eine beachtliche Eigenständigkeit, eine anschauliche Lebensfülle, die der Konvention des englischen komisch-realistischen Gesellschaftsromans verpflichtet ist. Daher sind zahlreiche Nebenfiguren dem jeweiligen Protagonisten keineswegs funktional zugeordnet. Erzähler und Held enthalten sich weitgehend der analysierenden Innenschau; sie verzichten auch auf die theoretische Erörterung von Fragen humaner Entwicklung, von Problemen sittlicher oder weltanschaulicher Art.
16 Konsequenterweise lautet daher der vom Autor vorgesehene Titel, den der Herausgeber verwarf: „Ernest Pontifex, or the Way of All Flesh".
17 The Way of All Flesh, London 1945, p. 322.
18 Vgl. auch Kurt Otten, Der englische Roman vom 16. zum 19. Jahrhundert, Berlin 1971, S. 170—175.
19 The Way of All Flesh, a. a. O., p. 148.
20 Ebd., pp. 148—149, 322—323.
21 Aus solch negativer Bewertung des gesellschaftlichen Einflusses auf die Entwicklung des Individuums erklärt sich wohl auch Butlers Ablehnung von Goethes *Wilhelm Meister*: "I cannot call to mind a single character, or even passage, which does not disgust and depress me." (Zitiert nach J. H. Buckley, Season of Youth. The Bildungsroman from Dickens to Golding, Cambridge/Mass. 1974, p. 304.)
22 Vgl. dazu Robert L. Calder, W. S. Maugham and the Quest for Freedom, London 1972, p. 85.
23 Zweifellos hat auch Merediths Verurteilung des viktorianischen Erziehungssystems in *The Ordeal of Richard Feverel* Maugham beeinflußt. Nicht zufällig wird das Buch als Lektüre des Protagonisten erwähnt.
24 W. S. Maugham, Of Human Bondage, Penguin Book, London 1963, p. 258.
25 Ebd., p. 573.
26 R. Calder rubriziert das Werk als "novel of adolescence" — ein unscharfer Terminus, der besonders in der modernen amerikanischen Literatur auch andere Romanarten umfaßt.

Calder spricht allerdings auch von "bildungsroman — the novel of all-around development and self-culture". (R. Calder, a. a. O., p. 83.)

27 Die Kindheit im Pfarrhaus (Kap. 1—9), die Internatsjahre (10—21), Literaturstudium in Heidelberg und kaufmännische Tätigkeit in London (22—39), Kunststudium in Paris (40—52), Medizinstudium und erotische Verstrickung (55—97), Berufswahl und Heirat (98—122).

28 Vgl. Jerome H. Buckley, Season of Youth, The Bildungsroman from Dickens to Golding, Cambridge/Mass. 1974, p. 226.

29 Portrait of the Artist as a Young Man, Penguin Book, London 1976, p. 162.

30 Eine deutliche Affinität zum Bildungsroman zeigt das Werk von David Lodge *Out of the Shelter* (1970). Der Autor ordnet es mit einem gewissen Recht der Tradition des Bildungsromans zu und verweist zudem auf den Einfluß von Joyce' *Portrait of the Artist*. Untypisch ist allerdings die weitgehende Konzentration der Fabel auf wenige Wochen, die als "turning-point" für die Entwicklung des Protagonisten verstanden werden.

31 Frederick J. Hoffmann, Dogmatic Innocence: Self Assertion in Modern American Literature; The Texas Quarterly, 6, 1963, p. 162.

32 Erik H. Erikson, Jugend und Krise, 2. Aufl., Stuttgart 1974, S. 13, 15, 229. An anderer Stelle bezeichnet Erikson die innere Struktur der mit sich identischen Persönlichkeit als "wholeness". (E. H. Erikson, Identität und Lebenszyklus, Frankfurt a. M. 1973, S. 168, Anm. 8.)

33 Ralph Ellison, Society, Morality, and the Novel; in: Granville Hicks (ed.), The Living Novel: a symposium, New York 1957, p. 89.

34 Ralph Ellison, Shadow and Act, New York 1964, p. 177.

35 Ebd., p. XXII.

36 R. Ellison, Invisible Man, Penguin Book, London 1968, p. 17. Nach dieser Ausgabe wird im folgenden zitiert.

37 R. Ellison, Shadow and Act, a. a. O., p. 57.

38 Invisible Man, a. a. O., pp. 450, 468.

39 Shadow and Act, a. a. O., p. 57.

40 Society, Morality, and the Novel, a. a. O., p. 68.

41 R. Ellison, zitiert nach Robert Bone, R. Ellison and the Uses of the Imagination; in: John Hersey (ed.), Ralph Ellison, New Jersey 1974, p. 104.

42 Aufschlußreich, daß Ellison in einem Interview sein Werk in deutlicher Anspielung auf Joyce' Roman als "the portrait of the artist as a young rabble-rouser" bezeichnet. The Art of Fiction: An Interview; R. Ellison, Shadow and Act, a. a. O., p. 179.

43 Der Prolog schildert den Bewußtseinsstand des Erzählers vor Abfassung seiner Lebensgeschichte; der Epilog bietet dagegen das Ergebnis seiner schriftlichen Selbsterkundung, seinen "plan of living" (468). Darüber Ellison in einem Interview: "The Epilogue was necessary to complete the action begun when he sat out to write his memoirs." (The Art of Fiction, a. a. O., p. 179.)

44 Ellison fordert vom Roman die Gestaltung von "patterns of universal significance". R. Ellison, Society, Morality, and the Novel, a. a. O., p. 61.

45 Vgl. sein Interview „The Art of Fiction", a. a. O., p. 178.

46 Saul Bellow, The Adventures of Augie March, Penguin Book 2494, London 1966, p. 7. (Nach dieser Ausgabe wird im folgenden zitiert.)

47 S. Bellow, Distractions of a Fiction Writer; in: G. Hicks (ed.), The Living Novel, New York 1957, p. 4.

48 An Joyce' Bildungsroman kritisierte er, dort werde nur dem Künstler, nicht aber dem Durchschnittsmenschen eine souveräne Position zugebilligt. (G. L. Harper, Saul Bellow;

in: Alfred Kazin [ed.], Writers at Work, Paris Review Interviews, 3rd Series, New York 1967, p. 188.)
49   Zitiert nach St. J. Kanitz / V. Colby (eds.), Twentieth Century Authors: A Biographical Dictionary of Modern Literature, First Supplement, New York 1955, p. 73.
50   Bellow hatte ursprünglich als Titel seines Romans vorgesehen: „Life of the Machiavellians".
51   "in yourself you [...] settle scores" (602).
52   In einem Interview erklärte Bellow, er habe sich in *Augie March* von seinen "respects to formal requirements" erstmals freigeschrieben. Gleich darauf schränkt er jedoch ein: "When I began to write *Augie March*, I took off many of these restraints. I think I took off too many, and went too far, but I was feeling the excitement of discovery." (Alfred Kazin [ed.], Writers at Work. Paris Review Interviews, 3rd Series, New York 1967, p. 182.)
53   Alfred Kazin, Writers at Work, Interview, a. a. O., pp. 194—195. Wenn allerdings Bellow an dieser Stelle *Herzog* als Bildungsroman bezeichnet, so ist dem nicht zuzustimmen. Trotz gewisser Affinitäten entspricht dieser Roman nicht dem gattungsspezifischen Strukturmuster. Er thematisiert nicht die phasengegliederte, chronologisch geordnete Entwicklung eines jungen Protagonisten, sondern die kritische Selbsterforschung eines Erwachsenen, der infolge von zwei gescheiterten Ehen in eine bedrohliche Existenzkrise geraten ist. Der Erzähler, assistiert von der Titelfigur, analysiert in hektischer Unrast Herzogs Leben. Die Gliederung des Romans orientiert sich an der Handlungsgegenwart: fünf Tage werden geschildert, in denen Herzogs Krise ihren Höhepunkt erreicht und schließlich überwunden wird. Die zahllosen Rückblenden in seine Vergangenheit sind durch kein chronologisches Zeitgerüst geordnet, denn der Autor intendiert ja nicht die Darstellung eines Entwicklungsprozesses.
54   Aber dennoch herrscht auch hier eine chronologische Ordnung. Auf Kindheit und Jugendjahre (Kap. 1—4) folgen die Begegnungen mit Einhorn (Kap. 5—7) und mit Mrs. Renling (Kap. 8). Die Kapitel 9—13 umfassen weitere Erlebnisse.
55   Vgl. etwa die Gehorsamsverweigerung des dressierten Adlers Caligula oder Augies Kampf mit einem von utopischen Weltverbesserungsideen besessenen Wissenschaftler in einem Boot auf hoher See.
56   Das hier skizzierte epische Strukturmuster besitzt nur geringe Affinität zum pikarischen Roman. Bellows Werk weist keine durchgängige episodische Struktur auf; auch ist die Titelfigur nicht etwa ein passives Beobachtungsmedium für gesellschaftliche Vorgänge, sondern sie schildert mittels dieser Geschehnisse ihre eigene Bewußtseinsveränderung. Anders Arno Heller, der von einer „Verschmelzung der pikaresken Form mit den Elementen des Sozialromans" spricht. (Arno Heller, Odyssee zum Selbst. Zur Gestaltung jugendlicher Identitätssuche im neueren amerikanischen Roman, Innsbruck 1973, S. 53.) Eusebio L. Rodrigues sieht immerhin in Bellows Roman "a lumpy amalgam of the picaresque and the Bildungsroman". (E. L. Rodrigues, Quest for the Human, London/Toronto 1981, p. 60.)

Der Strukturtypus des deutschen Bildungsromans

1 J. Piaget, Le Structuralisme, Paris 1968, zitiert nach Klaus W. Hempfer, Gattungstheorie, UTB 133, München 1973, S. 139 ff.
2 « [...] un système de transformations, [...] qui se conserve ou s'enrichit par le jeu même de ses transformations, sans que celles-ci aboutissent en dehors de ses frontières ou fasse appel à des éléments extérieurs. » (J. Piaget, Le Structuralisme, a. a. O., p. 6.)
3 Vgl. Johann G. Herder, Sämtliche Werke, hg. v. B. Suphan, Bd. 13, S. 314; Bd. 30, S. 230, 252, 288, 394.
4 Dies gilt nicht für Stifters *Nachsommer*, der als idyllenhafte Utopie eine Sonderstellung einnimmt, und nur eingeschränkt für Raabes *Hungerpastor*, der noch in gewissem Umfang der romantischen Tradition verhaftet ist.
5 Die strukturellen Differenzen zwischen den Bildungsromanen dieser beiden Epochen beruhen vorwiegend auf autorspezifischen variablen Strukturelementen, wie die Interpretationen ergeben haben.
6 Jean Pauls *Titan* kommt, wie die Interpretation zeigte, aus bestimmten Gründen eine Sonderstellung zu.
7 Die einzige strukturell relevante, die Fabel verändernde Variable in einigen jener Bildungsromane ist eine zusätzliche Entwicklungsphase des Protagonisten, nämlich dessen Zeit „gesellschaftlicher Bewährung" im Sozialismus.
8 Klaus Schwind, Satire in funktionalen Kontexten, Tübingen 1988, S. 88. Der Verf. nennt als sprachliche Operationen der Verformung die Addition, die Subtraktion, die Substitution und die Permutation (S. 93).
9 Dieter Wellershoff, Literatur und Veränderung, Köln/Berlin 1969, S. 30.
10 Vgl. Klaus Detlef Müller, Autobiographie und Roman. Studien zur literarischen Autobiographie der Goethezeit, Tübingen 1976, S. 354.
11 Freilich erscheint das autobiographische Erzählmuster bereits in *Agathon* und in *Wilhelm Meisters Lehrjahre* in Form von Einlagen.
12 Vgl. den Artikel „Selbstbiographie" im Reallexikon der deutschen Literaturgeschichte, 2. Aufl., Bd. 3, Berlin/New York 1977, S. 805.
13 Vgl. die Interpretation des „Grünen Heinrich".
14 Vgl. Rolf Tarot, Die Autobiographie; in: Klaus Weissenberger (Hrsg.), Prosakunst ohne Erzählen, Tübingen 1985, S. 37.
15 Sicherlich spielt beim in Ich-Form verfaßten Bildungsroman häufig auch das Motiv existentieller Selbstvergewisserung eine Rolle.
16 Goethe, Dichtung und Wahrheit (Vorwort).
17 So Lothar Köhns Definition, in Anlehnung an E. Lämmert formuliert. (L. Köhn, Entwicklungs- und Bildungsroman. Ein Forschungsbericht; DVjs, Bd. 42, 1968, S. 435.)
18 Freilich ist das invariante Formmuster des Entwicklungsromans nicht im strengen Sinn ahistorisch, denn es setzt den erstmals durch Wieland literarisch realisierten modernen Individualitätsbegriff voraus. So kann beispielsweise Grimmelshausens *Simplicissimus* diesem Formmuster nicht zugeordnet werden. (Vgl. die Einführung, S. 25—27.)
19 Vgl. etwa den Roman einer Jugend von Otto Gmelin, Das Haus der Träume, Ch. Dickens' „David Copperfield" und R. Rollands „Jean-Christophe" bzw. J. P. Jacobsens „Niels Lyhne".
20 Das führt beispielsweise in Stifters *Nachsommer* zu einer Gattungsmischung, da durch die Mentorgestalt des lebensweisen Risach zwei komplementäre Mittelpunktsfiguren vor-

handen sind, wodurch die für den Erziehungsroman bezeichnende polare Personenkonstellation entsteht.
21 Im Erziehungsroman des späten 18. Jahrhunderts beschränken sich die pragmatischen Handlungsanweisungen häufig auf bestimmte Problembereiche: auf Gesundheit, Glück, Ehe, Kindererziehung u. a. Vgl. Helmut Germer, The German Novel of Education from 1764 to 1792, Bern 1982, p. 14.
22 In Pestalozzis *Lienhard und Gertrud* fungieren neben Gertrud der Junker, der Pfarrer und der Lehrer als Mentoren; in Gotthelfs *Uli der Knecht* der Meisterbauer Johannes und Ulis Frau Vreneli. Raabes Erziehungsroman *Die Leute aus dem Walde* stellt eine Gruppe von Mentoren vor, deren weltanschauliche und pädagogische Einsichten die Aussage des Werkes im wesentlichen bestimmen. Ihr „Erziehungsplan" an Robert Wolf wird am Schluß als vollendet bezeichnet: der junge Mann hat mehr oder minder kritiklos die Lehren der älteren Generation akzeptiert, ohne sich aus eigener Kraft und Verantwortung mit der Welt auseinandergesetzt zu haben.
23 Die Gemeinsamkeiten und Unterschiede der beiden Romanarten hat Jürgen Jacobs recht präzise formuliert. J. Jacobs, Bildungsroman und Pikaroroman. Versuch einer Abgrenzung; in: Amsterdamer Beiträge zur neueren Germanistik, Bd. 20, Amsterdam 1985/86, S. 9—18.
24 Vgl. die Interpretation der „Blechtrommel".
25 Paul Tillich, Die politische Bedeutung der Utopie im Leben der Völker, Berlin 1951.
26 Vgl. Götz Müller, Gegenwelten. Die Utopie in der deutschen Literatur, Stuttgart 1989, S. 12.
27 Wilhelm Voßkamp betont in seinem rezeptionsgeschichtlich orientierten Forschungsansatz zu Recht das immanent „Utopische des Bildungsbegriffs", das innerhalb der zeitlichen Progression des einzelnen Individuums allerdings nur „annäherungsweise" erfüllbar sei. (W. Voßkamp, Der Bildungsroman — eine deutsche Zeitutopie?; in: DAAD, Dokumentationen und Materialien, hg. v. H. J. Althof u. a., Bonn 1989, S. 119 f.)
28 Vgl. die Interpretation der „Lehrjahre".
29 In *Heinrich von Ofterdingen* konnte Novalis den geplanten utopischen Schluß, die universale poetische Versöhnung von erinnertem Goldenem Zeitalter und erahnter Zukunft, von Immanenz und Transzendenz nicht mehr fertigstellen. Wahrscheinlich hätte sich auch eine solche kosmische Welterlösung der Darstellung entzogen. (Vgl. dazu Hans-Joachim Mähl, Der poetische Staat. Utopie und Utopiereflexion bei den Frühromantikern; in: W. Voßkamp [Hrsg.], Utopieforschung, Bd. 3, suhrkamp taschenbuch 1159, Stuttgart 1985, S. 290 ff.)
30 Vgl. die Interpretation der „Geschichte des Agathon".
31 Vgl. die Interpretation des „Nachsommer".
32 Der Nachsommer, hg. v. Max Stefl, Augsburg 1954. Nach dieser Ausgabe wird hier zitiert.
33 Vgl. dazu Peter Uwe Hohendahl, Die gebildete Gemeinschaft: Stifters „Nachsommer" als Utopie der ästhetischen Erziehung; in: W. Voßkamp (Hrsg.), Utopieforschung, a. a. O., Bd. 3, S. 348 ff.
34 Auch P. U. Hohendahl hält „die Frage nach Ordnung" für die thematische Mitte des Romans (ebd., S. 339).
35 Vgl. die Interpretation des „Nachsommer".

Autoren- und Werkregister

Andersen-Nexö, Martin
  Pelle, der Eroberer *471*
Arnim, Ludwig J.
  Gräfin Dolores 67, 103

Bastian, Horst
  Gewalt und Zärtlichkeit 356 f.
Becher, Johannes R.
  Abschied 342, 368—371
Becker, Kurt E.
  Du darfst Acker zu mir sagen 302, 322—323
Becker, Thorsten
  Die Nase *496*
Bellow, Saul
  Herzog *504*
  The Adventures of Augie March 403—406
Berger, Karl H.
  Die Wohnung oder Auswege ins Labyrinth 361
  Im Labyrinth oder Spaziergänge in zwei Landschaften 361—363
Bertram, Werner
  Volksgenosse Thiele 260—262
Bittner, Wolfgang
  Der Aufsteiger oder Ein Versuch zu Leben 292—294
Blanckenburg, Friedrich v.
  Versuch über den Roman 17, 27 f.
Böll, Heinrich
  Gruppenbild mit Dame 295 f.
Brentano, Clemens
  Godwi 67
Brězan, Jurij
  Felix-Hanusch-Trilogie 348, 372—376
Bröger, Karl
  Der Held im Schatten 219, 226—229
Bruyn, Günter de
  Buridans Esel 347 f.
  Der Hohlweg 346
Bulwer Lytton, Edward
  Alice, or The Mysteries 394 f.
  Ernest Maltravers 394 f.
Burte, Hermann
  Wiltfeber, der ewige Deutsche *461*
Butler, Samuel
  The Way of All Flesh 395 f.

Carlyle, Thomas
  Sartor Resartus *392*
Claudius, Eduard
  Grüne Oliven und nackte Berge 264
  Menschen an unserer Seite *493*
Cordes, Alfred
  Caspar Coppenrath *483*

Demski, Eva
  Goldkind 294 f.
Dickens, Charles
  David Copperfield *502*
  Great Expectations *502*
Disraeli, Benjamin
  Contarini Fleming 392—394
Doderer, Heimito v.
  Die Strudlhofstiege 288, 306—310

Eichendorff, Joseph v.
  Ahnung und Gegenwart 65, 71, 98—104; *450*, *451*, *463*
  Aus dem Leben eines Taugenichts *488*
Eisendle, Helmut
  Oh Hannah *483*
Ellison, Ralph
  Invisible Man 401—403
Erath, Vinzenz
  Größer als des Menschen Herz (Trilogie) 303—305
Erler, Ursula
  Die neue Sophie 296 f.
Ernst, Otto
  Semper der Jüngling 179
Ernst, Paul
  Der schmale Weg zum Glück 179
Eue, Dieter
  Ketzers Jugend 364 f.

Fabian, Erich
  Der Weg aus der Mitte *494*
Flake, Otto
  Die Stadt des Hirns 220 f.
Flaubert, Gustave
  L'éducation sentimentale *488*

Fontane, Theodor
  Allerlei Glück 127
François, Luise v.
  Stufenjahre eines Glücklichen 127 f.
Frank, Leonhard
  Der Bürger 219; *481*
  Mathilde 258 f., 264, 265, 269, 284—286; *478*
Frenssen, Gustav
  Hilligenlei 180
Freumbichler, Johannes
  Auszug und Heimkehr des Jodok Fink *477*
Freytag, Gustav
  Soll und Haben 120, 125, 143—150, 151, 154, 155; *454*

Goebbels, Joseph
  Michael 258, 260—262, 271—276
Goethe, Johann W. v.
  Dichtung und Wahrheit 266, 393
  Wilhelm Meister's Apprenticeship 391
  Wilhelm Meisters Lehrjahre 13, 16, 18, 19, 22 f., 29 f., 43—59, 61, 68, 73, 76, 79, 87, 92, 99, 108, 117, 122, 124, 125, 128, 143, 148, 153, 204, 213, 274 f., 320 f., 342, 343, 347, 368, 391, 393, 397, 410, 413; *435, 438, 449, 451, 487 f., 496, 497, 501 f.*
Görlich, Günter
  Heimkehr in ein fremdes Land 355 f.
Grass, Günter
  Die Blechtrommel 291, 297, 330—336, 337, 340; *483*
Griese, Friedrich
  Ur *474*
  Winter 218, 248—251
Grimm, Hans
  Volk ohne Raum 216, 243—247
Grimmelshausen, Hans J. Chr. v.
  Simplicius Simplicissimus 25—27
Guggenheim, Johannes
  Erziehung zum Menschen 265

Hamsun, Knut
  Segen der Erde 250
Handke, Peter
  Der kurze Brief zum langen Abschied 301, 311—313
  Die Lehre der Sainte-Victoire *487*
  Die Wiederholung 301, 315—318
  Falsche Bewegung *487 f.*
  Halbschlafgeschichten 300 f.
  Langsame Heimkehr 301, 314—315

Hauptmann, Carl
  Einhart der Lächler 175, 191—194
Herder, Johann G.
  Ideen zur Philosophie der Geschichte der Menschheit 45; *424*
Herrmann-Neiße, Max
  Cajetan Schaltermann 181
Hesse, Hermann
  Das Glasperlenspiel 267 f.
  Demian 175 f., 200—206, 267, 365, 400
  Peter Camenzind 175, 195—199, 267
  Siddhartha 221; *465*
Historia von D. Johann Fausten 419 f.
Hoffmann, E. T. A.
  Die Elixiere des Teufels 67 f.
  Lebens-Ansichten des Katers Murr 66, 113—119, 168
Hofmannsthal, Hugo v.
  Andreas oder die Vereinigten 179 f.
Hölderlin, Friedrich
  Hyperion oder Der Eremit in Griechenland 93—97, 204, 312; *463*
Hollaender, Felix
  Der Weg des Thomas Truck 175 f., 183—186
Horst, Karl A.
  Zero 288
Huch, Friedrich
  Peter Michel 180, 207—209, 255

Immermann, Karl L.
  Die Epigonen 121; *447*
  Münchhausen *447*
Inglin, Meinrad
  Die Welt in Ingoldau *468*
Innerhofer, Franz
  Die großen Wörter 291 f.
  Schattseite 291 f.
  Schöne Tage 291 f.

Jacobsen, Jens P.
  Niels Lyhne *463*
Jean Paul
  Die unsichtbare Loge *435*
  Flegeljahre 65 f., 105—112, 117 f., 168
  Hesperus *435*
  Levana 64, 79, 80, 82, 84, 106, 107; *436, 444*
  Titan 79—86, 105—109, 111; *442 f., 469*
  Vorschule der Ästhetik 111, 170
Jobst, Herbert
  Der dramatische Lebensweg des Adam Probst *493*

Joho, Wolfgang
   Die Kastanie 354 f.
Joyce, James
   A Portrait of the Artist as a Young Man 397–399, 402, 503

Kant, Hermann
   Der Aufenthalt 387–390
Keller, Gottfried
   Der grüne Heinrich 156–164, 199, 311, 313, 368, 486
Kinder, Hermann
   Der Schleiftrog 337–340
Klipstein, Editha
   Anna Linde 476
Kloter, Karl
   Markus 288
Knappe, Joachim
   Mein namenloses Land 350
Koch, Uwe
   Von der Nutzlosigkeit, erwachsen zu werden 297 f.
Kolbenheyer, Erwin G.
   Paracelsus-Trilogie 475
   Reps, die Persönlichkeit 225, 252–255
Krämer-Badoni, Rudolf
   In der großen Drift 288
Kramp, Willy
   Die Jünglinge 263, 281–283
Künne, Manfred
   Jugendträume 356
   Reifejahre 356

La Roche, Sophie
   Geschichte des Frl. von Sternheim 484
Lilienfein, Heinrich
   Modernus 181
Lodge, David
   Out of the Shelter 503

Mann, Heinrich
   Der Untertan 461
Mann, Thomas
   Bekenntnisse des Hochstaplers Felix Krull 266 f.
   Betrachtungen eines Unpolitischen 241
   Der Zauberberg 222, 223, 225, 234–242, 388, 491
   Joseph und seine Brüder 265 f.
Maugham, William S.
   Of Human Bondage 396 f.

Mechow, Karl B. v.
   Vorsommer 263 f., 269
Molo, Walter v.
   Der kleine Held 477
Musil, Robert
   Der Mann ohne Eigenschaften 222
Nietzsche, Friedrich
   Also sprach Zarathustra 303
Noll, Dieter
   Die Abenteuer des Werner Holt 377–380
Nolte, Mathias
   Großkotz *483*
Novalis
   Heinrich von Ofterdingen 69, 87–92, 177, 204; *506*

Ossowski, Leonie
   Wilhelm Meisters Abschied 302, 319–321

Pleyer, Wilhelm
   Till Scheerauer *468 f.*

Raabe, Wilhelm
   Der Hungerpastor 123, 124, 137–142, 149, 163, 269, 286; *458*
   Die Leute aus dem Walde *447 f.*
   Stopfkuchen 127, 165–172, 295
Reimann, Brigitte
   Franziska Linkerhand 366, 381–386
Reventlow, Franziska zu
   Ellen Olestjerne 174, 176, 187–190
Roehricht, Karl H.
   Großstadtmittag 358–360
   Vorstadtkind 358–360
   Waldsommerjahre 358–360

Sander, Ulrich
   Axel Horn 260–262
Schaeffer, Albrecht
   Helianth 219 f.
Schaffner, Jakob
   Johannes Schattenhold 217 f.
Schlegel, Friedrich
   Lucinde 66 f.
   Über Goethes Meister 61
Schleiermacher, Friedrich
   Monologen 62
Schmoll, Werner
   Eine Wolke aus Blech 363 f.

Schnitzler, Arthur
    Der Weg ins Freie *461 f.*
Schulz, Max W.
    Triptychon mit sieben Brücken 345 f.
    Wir sind nicht Staub im Wind 344 f.
Schummel, Johann G.
    Wilhelm von Blumenthal *420 f.*
Spielhagen, Friedrich
    Hammer und Amboß 120, 126, 151–155
Stifter, Adalbert
    Der Nachsommer 122, 123, 130–136, 263, 269, 414; *487*
Strauß, Emil
    Das Riesenspielzeug 263, 277–280
Strittmatter, Erwin
    Ochsenkutscher 343
    Tinko *493*

Tieck, Ludwig
    Franz Sternbalds Wanderungen 72–78
Timm, Uwe
    Heißer Sommer *494*
Trampe, Wolfgang
    Veränderung der höheren Semester 360 f.
    Verhaltene Tage 360 f.

Unger, Friederike H.
    Bekenntnisse einer schönen Seele *433*

Wackenroder, Wilhelm H.
    Herzensergießungen eines kunstliebenden Klosterbruders 72

Walser, Robert
    Jakob von Gunten 181, 210–213
Wassermann, Jakob
    Christian Wahnschaffe 221, 230–233
    Die Geschichte der jungen Renate Fuchs *463*
Weber, Beat
    Ich & Wir 294
Weber, Hans
    Sprung ins Riesenrad 350
Weiss, Peter
    Abschied von den Eltern 324
    Die Ästhetik des Widerstands 298 f., 324–329
    Fluchtpunkt 324
Wezel, Johann C.
    Herrmann und Ulrike 28 f.
Wickram, Jörg
    Der Goldtfaden 23–25
    Der jungen Knaben Spiegel 23–25
Wieland, Christoph M.
    Beiträge zur geheimen Geschichte des menschlichen Verstandes und Herzens 35 f.
    Geschichte des Agathon 27, 29, 31–42, 45, 414; *450*
Wiener, Oswald
    die verbesserung von mitteleuropa 289
Wille, Hanns J.
    Nach verlorenen Jahren *469*

Zöberlein, Hans
    Der Befehl des Gewissens *477*

Jürgen H. Petersen
Der deutsche Roman der Moderne

Grundlegung – Typologie – Entwicklung

1991. VI, 424 Seiten, gebunden.
ISBN 3-476-00782-0

Der deutsche Roman der Moderne wird hier erstmals in seiner Gesamtheit dargestellt. Die Untersuchung berücksichtigt etwa 450 Romane aus dem deutschsprachigen Raum zwischen dem Ende des 19. Jahrhunderts (Scheerbart) und dem Jahr 1988 (Blatter, Ransmayr, Piwitt u. a.). Dabei wird »Moderne« nicht als willkürlich gezogene zeitliche Grenze oder Begrenzung verstanden (etwa als Epoche nach 1945 oder seit 1900, seit dem Subjektivismus des ausgehenden 18. Jahrhunderts oder gar seit der Renaissance usf.) Die Bestimmung ihres Wesens erfolgt auf der Grundlage einer Interpretation jener Überlegungen, welche die Erfinder des Begriffs »Moderne« seit 1887 in mannigfachen Schriften artikuliert haben. In der Moderne erblickten sie eine durch die beginnende Herrschaft von Naturwissenschaft und Technik bestimmte, völlig neuartige Phase der Weltgeschichte, in der sich der Mensch nicht mehr – wie bisher – der Wirklichkeit anpaßt, sondern über sie in aller Souveränität verfügt. Dieser radikalen Subjektivierung entspricht der Verlust jedes verbindlichen Wertsystems, das bloße Gesetztsein der Welt und der jeweiligen Realität, das So-oder-auch-anders anstelle des So-und-nicht-anders, d. h. die Etablierung reiner Möglichkeit als Grunddimension des Daseins. Diese und andere Gesichtspunkte werden in einer Interpretation der Geistesgeschichte und der Geschichte der Ästhetik als Grundkategorien der modernen Kunstauffassung herausgearbeitet. Auf die Gattungsstrukturen erzählender Dichtung projiziert, sind sie erzähltypologisch wertvoll und hilfreich. Im zweiten Teil des Buches erfolgt eine Verifizierung der Typologie sowie ihre Differenzierung durch Textinterpretation. Die »Entwicklung« im dritten Teil bezieht das gesamte übrige Textmaterial mit ein. Die Arbeit erhebt den Anspruch, den deutschen Roman der Moderne erstmals als Typus gegen den vor- und nicht-modernen Roman abzugrenzen, seine Ausformungen zu umreißen und deren Entwicklung nachzuzeichnen.

J. B. Metzler Verlag